HISTÓRIA DA FILOSOFIA CRISTÃ

Dados Internacionais de Catalogação na Publicação (CIP)
(Câmara Brasileira do Livro, SP, Brasil)

Boehner, Philotheus
   História da filosofia cristã : desde as origens até Nicolau de Cusa / Philotheus Boehner, Etienne Gilson ; tradução e nota introdutória de Raimundo Vier. – 13. ed. – Petrópolis, RJ : Vozes, 2012.
   Título original: Christliche Philosophie von ihren Anfängen bis Nikolaus von Cues.
   Bibliografia.

   9ª reimpressão, 2024.

   ISBN 978-85-326-0737-9
   I. Cristianismo – Filosofia – História 2. Filosofia e religião
I. Gilson, Etienne. II. Vier, Raimundo. III. Título.

08-04522   CDD-201

Índices para catálogo sistemático:
1. Filosofia cristã : História : Cristianismo 201

PHILOTHEUS BOEHNER – ETIENNE GILSON

HISTÓRIA DA FILOSOFIA CRISTÃ

Desde as origens até Nicolau de gusa

Tradução e nota introdutória de
Raimundo Vier, O.F.M.

Professor da Faculdade de Filosofia
da Universidade Federal do Paraná

EDITORA VOZES

Petrópolis

© 1952 a 1954, Verlag Ferdinand Schoeningh, Paderborn.

Versão portuguesa sobre a segunda edição alemã de *Christliche Philosophie – Von ihren Anfängen bis Nikolaus von Cues. In Zusammenarbeit: Philotheus Boehner – Etienne Gilson.*

© da tradução portuguesa.
1970, Editora Vozes Ltda.
Rua Frei Luís, 100
25689-900 Petrópolis, RJ
www.vozes.com.br
Brasil

Todos os direitos reservados. Nenhuma parte desta obra poderá ser reproduzida ou transmitida por qualquer forma e/ou quaisquer meios (eletrônico ou mecânico, incluindo fotocópia e gravação) ou arquivada em qualquer sistema ou banco de dados sem permissão escrita da editora.

CONSELHO EDITORIAL	PRODUÇÃO EDITORIAL
Diretor	Aline L.R. de Barros
Volney J. Berkenbrock	Marcelo Telles
	Mirela de Oliveira
Editores	Otaviano M. Cunha
Aline dos Santos Carneiro	Rafael de Oliveira
Edrian Josué Pasini	Samuel Rezende
Marilac Loraine Oleniki	Vanessa Luz
Welder Lancieri Marchini	Verônica M. Guedes
Conselheiros	**Conselho de projetos editoriais**
Elói Dionísio Piva	Isabelle Theodora R.S. Martins
Francisco Morás	Luísa Ramos M. Lorenzi
Gilberto Gonçalves Garcia	Natália França
Ludovico Garmus	Priscilla A.F. Alves
Teobaldo Heidemann	
Secretário executivo	
Leonardo A.R.T. dos Santos	

Diagramação: Sheilandre Desenv. Gráfico
Capa: Érico Lebedenco

ISBN 978-85-326-0737-9

Este livro foi composto e impresso pela Editora Vozes Ltda.

Nota do tradutor

A despeito das múltiplas imperfeições que ainda afetam o ensino da filosofia em nosso país, cremos poder registrar a existência, nos meios universitários e culturais, de um interesse sempre crescente pela nobre disciplina. Foi a constatação deste fato que nos animou a empreender a árdua tarefa de verter para o vernáculo esta *História da filosofia cristã* de Gilson e Boehner.

É verdade que já dispomos de algumas excelentes histórias gerais da filosofia. Não obstante, cremos serem poucos os estudiosos sérios da história das ideias que não hajam sentido a falta, na maioria desses compêndios, de um tratamento adequado da filosofia cristã. É nossa convicção sincera que a presente obra – das melhores no gênero – servirá para preencher esta lacuna, bastante sensível, da nossa literatura filosófica.

Será necessário fazer a apresentação dos autores? Os méritos de Etienne Gilson em ordem à causa da filosofia cristã e medieval são tão conhecidos, que nos dispensamos de referi-los. Menos conhecido entre nós é o nome do seu coautor, Philotheus Boehner. Fundador e primeiro diretor do Instituto Franciscano da Universidade de São Boaventura, no Estado de Nova York, foi ele um dos pesquisadores mais incansáveis e competentes da história do pensamento franciscano medieval e, notadamente, da Escolástica do século XIV. Merecem destaque especial os seus estudos sobre Guilherme de Ockham, cuja doutrina procurou revalorizar, situando-a no seu justo ambiente histórico. Infelizmente a irmã morte, que o colheu na flor da idade, não lhe permitiu levar a termo o grande sonho de sua vida: o lançamento, em edição crítica, das obras completas do *Venerabilis Inceptor*.

À memória deste amigo da verdade, por cujo intermédio aprendemos a conhecer e a amar os grandes mestres medievais, dedicamos a presente versão.

Curitiba, janeiro de 1970.

Raimundo Vier

Do Prefácio à Primeira edição

Destina-se esta *História da filosofia cristã* a servir de manual para estudantes, aos quais tenciona delinear, nas figuras mais representativas, a evolução da filosofia cristã, desde os seus primórdios até o final da Idade Média. A seleção que tivemos de fazer, na sucessão impressionante dos pensadores – em particular nos séculos XIII e XIV – poderá parecer arbitrária. Estamos certos, porém, que o leitor benévolo compreenderá tal opção.

Na exposição dos diversos sistemas, adotamos como norma suprema o recurso às próprias fontes, segundo o método, já comprovado, de Gilson. Um tal "rodeio", conquanto penoso, vem a ser, afinal, o caminho mais curto. Por este motivo renunciamos inteiramente ao uso de fontes secundárias, exceto para fins de interpretação. Nosso intuito é tornar acessíveis ao leitor moderno as ideias dos pensadores cristãos na evolução viva do seu próprio pensamento, e não segundo os esquemas de uma "filosofia sistemática". Assim sendo, cremos plenamente justificada a desistência de uma exposição pormenorizada de certo número de sistemas. Não podemos nem queremos oferecer mais do que uma simples introdução. O fim precípuo da presente história é conduzir o leitor às próprias fontes. Ela terá cumprido a sua função quando se fizer supérflua, isto é, quando o leitor tiver aprendido a ir haurir, também ele, nos textos originais. Outro não é o objetivo dos textos anexos a cada capítulo; mais que simples aditamentos, visam completar a própria exposição. Vale, no caso, o que o grande Duerer escreveu sob um quadro de Erasmo de Roterdão, o grande neerlandês: O melhor retrato no-lo oferecem seus próprios escritos.

Uma segunda regra que norteou o nosso trabalho foi a de dar à exposição a máxima clareza possível. Este livro nasceu de uma série de preleções realizadas por ambos os autores: donde a sua finalidade essencialmente didática. Como dissemos, ele quer ser um orientador para principiantes, razão por que desistimos, propositadamente, de incluir extensas notas bibliográficas.

Enfim, uma palavra de agradecimento. De modo especial, quero agradecer ao meu amigo, Professor Etienne Gilson, sem o qual esta obra jamais teria vindo à luz. Quando, há alguns anos, lhe sugeri a composição de uma História da filosofia cristã, ele recusou-se, ao mesmo tempo que me convidava a colaborar com ele nesta obra. Pôs-me à disposição todo o vasto material das suas preleções, autorizando-me a utilizá-lo como bem entendesse; dele extraí a maior parte do livro. A meu encargo ficou a elaboração e complementação da obra. Peço ao leitor que atribua a mim o que nela encontrar de imperfeito ou até errado.

Do Prefácio à Segunda edição

Para a segunda edição observaram-se as mesmas regras que presidiram à primeira. A obra foi totalmente revista. Diversos capítulos foram abreviados. Outros tiveram de ser ampliados, ou mesmo completamente remodelados.

Com referência a esta edição, o autor sente-se no dever de frisar, mais uma vez, que é dele, e não de Gilson, seu paternal amigo, a responsabilidade dos pontos de vista aqui expostos. Para a primeira edição, como ficou dito, pude dispor do rico material cedido por Gilson. Isto não significa que me visse obrigado a ater-me incondicionalmente a ele. Na presente edição distanciei-me ainda mais do referido material, bem como, em parte, das opiniões do meu antigo mestre que, aliás, nunca pretendeu cercear-me a liberdade. Concluindo, faço votos que este livro seja um símbolo de união na verdade que liberta.

The Franciscan Institute, St. Bonaventure University, St. Bonaventure, Nova York, 8 de dezembro de 1951.

Philotheus Boehner, O.F.M.

Abreviaturas

Altaner	= B. Altaner, Patrologie. 3. ed. Freiburg, Brisgóvia, 1951.
Beitraege	= Beitraege zur Geschichte der Philosophie des Mittelalters (Contribuições para a História da Filosofia da Idade Média), ed. por Clemens Baeumker, Muenster, 1891ss. A série teve sequência sob o título: "Beitraege zur Geschichte der Philosophie und Theologie des Mittelalters" (Contribuições para a História da Filosofia e da Teologia da Idade Média), ed. por Martin Grabmann.
BKV	= Bibliothek der Kirchenvaeter (Biblioteca dos Padres da Igreja), ed. por Bardenhewer-Weyman-Schermann, 1911ss.
CSEL	= Corpus scriptorum ecclesiasticorum latinorum, ed. pela Academia de Ciências de Viena.
Dictionnaire Catholique	= Dictionnaire de Théologie Catholique, Paris, Letouzey et Ané.
ed.- Schmitt	= S. Anselmi Cantuarensis Archiepiscopi Opera Omnia, Rec. F.S. Schmitt, O.S.B., vol. 1 Sevoci, 1938; vol. II Romae, 1940.
FloPatr	= Florilegium Patristicum, ed. Geyer-Zellinger, Bonn.
GCS	= Griechische christliche Schriftsteller der ersten drei Jahrhundere (Escritores cristãos gregos dos três primeiros séculos), ed. pela Academia de Ciências de Berlim.
MG	= Migne, Patrologia, série grega.
ML	= Migne, Patrologia, série latina.

SUMÁRIO

Introdução, 11

LIVRO I – HISTÓRIA DA FILOSOFIA PATRÍSTICA

Parte I: A Filosofia Helênico-Patrística, 25

    Capítulo I: Justino, filósofo e mártir, 25

    Capítulo II: A Escola de Alexandria, 33

    Capítulo III: Os três grandes capadócios, 79

    Capítulo IV: Nemésio de Emesa, 106

    Capítulo V: Dionísio Pseudo-Areopagita, 115

    Capítulo VI: João Damasceno, 126

Parte II: A filosofia da Patrística Latina, 130

    Capítulo I: Tertuliano, 130

    Capítulo II: Santo Agostinho, o Mestre do Ocidente, 139

    Capítulo III: Boécio, 209

LIVRO II – HISTÓRIA DA FILOSOFIA ESCOLÁSTICA

Parte I: A Primeira Escolástica, 227

    Capítulo I: João Scoto Erígena, 229

    Capítulo II: Dialéticos e antidialéticos do século XI, 249

    Capítulo III: Santo Anselmo de Cantuária, Pai da Escolástica, 254

    Capítulo IV: A imagem medieval do mundo, 276

    Capítulo V: São Bernardo de Claraval. Doctor Mellifluus, 283

    Capítulo VI: Pedro Abelardo, 295

    Capítulo VII: A Escola de Chartres, 318

    Capítulo VIII: Hugo de São Vítor, 334

Parte II: A alta Escolástica, 349

    Capítulo I: As causas do novo florescimento científico, 349

Capítulo II: A Escola de Oxford, 363
Capítulo III: Alberto Magno. Doctor universalis, 394
Capítulo IV: A escola franciscana de Paris, 414
Capítulo V: Santo Tomás de Aquino. Doctor communis, 447
Capítulo VI: João Duns Escoto. Doctor subtilis, 487
Capítulo VII: Mestre Eckhart, 521
Parte III: A Escolástica Posterior, 533
Capítulo I: Guilherme Ockham. Inceptor venerabilis, 534
Capítulo II: As correntes filosóficas dos séculos XIV e XV, 552
Capítulo III: Nicolau de Cusa, 557

Conclusão, 569
Índice onomástico, 573
Índice geral, 583

INTRODUÇÃO

§ 1. Conceito de filosofia cristã

Defronta-nos a história com uma série de sistemas filosóficos cujo caráter distintivo provém da fé cristã. Em seu conjunto, estes sistemas formam um grupo bem delimitado e nitidamente distinto de outros grupos de sistemas, dos helênicos, dos latinos, dos chineses, dos islamíticos, por exemplo. A despeito de todas as divergências, por vezes notáveis, e até mesmo dos contrastes que se nos deparam no seio desse grupo, ele não deixa de constituir um todo fundamentalmente unitário. A este conjunto, que compreende os sistemas filosóficos surgidos desde os tempos apostólicos até os nossos dias, dá-se o nome de "filosofia cristã".

Não é nossa intenção oferecer uma justificação sistemática do conceito da filosofia cristã, visto que lhe emprestamos, na presente obra, um sentido exclusivamente histórico. Limitar-nos-emos, pois, a apurar-lhe este sentido específico, com o fim de demarcar o mais exatamente possível o fato histórico por ela representado. Provisoriamente poderíamos defini-la nos seguintes termos:

> É cristã toda filosofia que, criada por cristãos convictos, distingue entre os domínios da ciência e da fé, demonstra suas proposições com razões naturais, e não obstante vê na revelação cristã um auxílio valioso, e até certo ponto mesmo moralmente necessário para a razão.

Esta fórmula exige uma explicação. Para facilitá-la, faremos uma distinção entre propriedades essenciais e as notas características da filosofia cristã.

I. Propriedades essenciais
da filosofia cristã

1. Uma filosofia cristã consta exclusivamente de proposições susceptíveis de demonstração natural.

Não falaremos, pois, em filosofia cristã senão quando o assentimento às proposições por ela enunciadas se basear na experiência, ou em reflexões de ordem racional. Em outros termos, seu ponto de partida lógico não deve situar-se no domínio das verdades reveladas, inacessíveis à razão. Há pois uma diferença essencial entre a filosofia cristã e a teologia cristã, que abrange principalmente as proposições direta ou indiretamente reveladas por Deus, e bem assim as que delas se derivam com a ajuda de verdades naturalmente conhecidas.

Donde se segue que teremos de excluir desta exposição histórica todas as proposições de caráter estritamente teológico. Não quer isso dizer que devamos fugir a toda e qualquer referência à teologia, pois, como se sabe, existe um nexo íntimo entre a especulação filosófica e as doutrinas teológicas cristãs.

2. Uma filosofia cristã jamais irá de encontro às verdades de fé claramente formuladas pela Igreja.

É evidente que, por ser cristã, uma filosofia não se torna infalível, visto que em matéria filosófica a razão humana não goza do privilégio da inerrância. O ideal de uma *única* filosofia verdadeira é meta que provavelmente não alcançaremos jamais no decurso da vida terrestre. Todavia, como filosofia perene, o pensamento cristão não deixa de aspirar a este ideal, por um esforço incansável de aprofundamento, e pela revisão constante dos seus conceitos, das suas proposições e dos seus argumentos. Admitindo embora a falibilidade da filosofia cristã, devemos frisar, entretanto, que nenhuma filosofia cristã tolera a contradição aberta e claramente consciente à doutrina da Igreja. Um sistema onerado de tal contradição pode merecer o nome de filosofia, nunca porém o de filosofia cristã. Por esta razão renunciaremos, nesta história, à exposição das doutrinas heréticas, da do gnosticismo por exemplo. Admitimos, porém, que tais sistemas podem ser denominados cristãos, pelo menos em sentido lato, visto que sua formação não se deu sem algum influxo do cristianismo.

Uma filosofia cristã deve originar-se sob a influência consciente da fé cristã. Mas esta influência não é de natureza sistemática, e sim psicológica. Manifesta-se, sobretudo, de quatro maneiras:

a) A fé preserva a filosofia de muitos erros. Com efeito, há certas proposições que toda filosofia cristã rejeita de antemão, por contradizerem a verdade revelada. A fé traça à razão certos limites de caráter inviolável. Longe de se sentirem constrangidos por tal delimitação, os lídimos pensadores cristãos veem nela verdadeiro benefício para a filosofia, que assim se isenta de erro em questões essenciais.

b) A fé propõe certas metas ao conhecimento racional. Mesmo submetendo-se voluntariamente às exigências da fé, o filósofo cristão não faz da fé o objetivo de sua filosofia. Pois a fé, ou seja, a aceitação de uma verdade por causa da autoridade de outrem, é menos perfeita que o conhecimento evidente do objeto em si mesmo. Cabe, pois, à razão analisar e aprofundar as verdades reveladas, procurando descobrir-lhes um fundamento acessível ao saber natural, a fim de transformar as convicções religiosas em evidências racionais. É o que fazem os pensadores cristãos quando procuram demonstrar racionalmente, por exemplo, a verdade revelada da criação do mundo. Destarte a fórmula *"Fides quaerens intellectum"* torna-se uma divisa obrigatória para toda filosofia cristã.

Por outro lado, há verdades que precedem logicamente a fé, tornando-a um *"obsequium rationabile"*; tal é a proposição: "Deus existe". A averiguação de tais verdades não é apenas objetivo desejável: é uma exigência absolutamente impreterível. A proclamação do dogma da cognoscibilidade natural de Deus pelo primeiro Concílio do Vaticano outra coisa não é senão uma aplicação particular da referida tarefa, e, portanto, uma afirmação enérgica da dignidade e do poder do pensamento racional.

c) A fé determina a atitude cognoscitiva do filósofo cristão. Para os filósofos antigos e a maioria dos modernos a filosofia é uma espécie de religião natural, ou um sucedâneo da religião. É nela que buscam a satisfação de suas necessidades intelectuais, e notadamente, a resposta às questões mais decisivas da vida. O filósofo cristão não pede tal resposta à filosofia; sua concepção do mundo é determinada pela fé, que lhe proporciona uma visão onicompreensiva do mundo e da vida. É por isso que, graças a uma espécie de necessidade psicológica – sempre passível de exceção – o filósofo cristão desconhece, em matéria cosmovisual, aquela tensão apaixonada, aquele tatear e investigar irrequieto, que caracteriza a especulação abandonada a si mesma. Sua atitude difere radicalmente da do pesquisador cético e criticista, que não cessa de questionar e de formular e reformular indefinidamente os mesmos problemas.

d) A fé determina o sentido do labor filosófico. Conquanto o pensador cristão não veja na filosofia um sucedâneo da religião, ele não deixa contudo de encará-la como tarefa genuinamente religiosa. Seu filosofar não se orienta pelo ideal aristotélico do *bios theoreticós*, que busca a verdade, nela encontrando sua maior ventura; nem pelo ideal baconiano do domínio do homem sobre a natureza, mediante o saber; nem, finalmente, pelo ideal goetheano do tender e investigar infatigáveis. Seus esforços visam a busca da verdade eterna, que é o próprio Deus. Destarte o seu labor filosófico assume a feição de verdadeira tarefa religiosa, pondo-se a serviço da "edificação", no sentido paulino do termo.

II. Notas características da filosofia cristã

1. Toda filosofia cristã norteia-se pela tradição, pois todo sistema cristão tem consciência de ser parte e parcela de uma empresa coletiva, para a qual deverá contribuir, levando adiante a obra dos predecessores.

A história da filosofia cristã desconhece qualquer tentativa de demolir a totalidade daquilo que se construíra no passado, com o fim de erguer um edifício em bases inteiramente novas. Quase todos os pensadores cristãos levam em conta seus predecessores imediatos, cuja obra procuram aprofundar e melhorar. E todos, sem exceção, reportam-se pelo menos a um ou outro antecessor, de quem se sentem devedores; Justino, por exemplo, descobre elementos cristãos na filosofia grega, e muitos "escolásticos" do século XVIII se apoiam em Agostinho e nos Padres da Igreja. Em parte alguma se verifica ruptura completa com o passado. Este apego à tradição chega mesmo a degenerar numa fé exagerada na autoridade. É o que se vê no período áureo da escolástica: conservam-se as fórmulas tradicionais, embora emprestando-se-lhes um sentido diverso do original, a fim de garantir o apoio das autoridades para as próprias opiniões – Como se vê, a filosofia cristã remonta ininterruptamente ao tempo dos apóstolos (Cardeal Ehrle).

2. A filosofia cristã tende, quase sempre, a fazer seleção entre os seus problemas.

Em princípio, a filosofia cristã mantém-se aberta a todo e qualquer problema filosófico. Na prática, porém, vemo-la distinguir entre problemas de primeira e segunda ordem, bem como entre questões essenciais e subordinadas. A investigação de certos assuntos chega a ser qualificada por muitos de "vã curiosidade". Esta nota da filosofia cristã torna-se inteligível a partir de sua finalidade, que consiste principalmente na elucidação da fé. Nem todos os problemas interessam igualmente ao filósofo cristão, pela simples razão de não interessarem igualmente à fé. Podemos distinguir pelo menos três classes de problemas, do ponto de vista de sua relação para com a fé. Em primeiro lugar temos os problemas de base, tais como o da existência e da imortalidade da alma, o da liberdade etc.; em segundo lugar, há os problemas imprescindíveis para toda construção filosófica, tais como as questões de natureza lógica e epistemológica, as da divisão e estrutura das ciências; e, finalmente, os problemas não essenciais, que pertencem, quase todos, à filosofia da natureza.

3. A filosofia cristã manifesta, quase sempre, forte tendência sistematizadora.

A filosofia cristã aspira a uma visão total da realidade. Empenha-se menos em aprofundar problemas isolados do que em coordenar os problemas já aprofundados num grande conjunto harmônico. Sua relativa carência de espírito criativo é amplamente compensada pelo vigor da visão de conjunto. A revelação, e, sobretudo, a ciência sistemática da fé, já proporciona ao pensador cristão uma visão geral, que não poderia deixar de beneficiar a sua filosofia. O pendor para a composição de sumas – ainda que não exclusivamente filosóficas – parece constituir um traço distintivo da filosofia cristã.

Antes de iniciarmos a exposição concreta dos múltiplos sistemas da filosofia cristã, consoante a breve conceituação já delineada, convém esclarecer o que entendemos por "sistema". Ao falarmos em sistemas filosóficos cristãos, não pensamos em estruturas filosóficas acabadas e definitivamente encerradas. Nenhum dos pensadores recenseados neste livro compôs um "sistema de filosofia". A rigor, nem sequer podemos denominá-los de filósofos, visto terem sido teólogos, que também se ocuparam de questões filosóficas. Não obstante, fala-se com razão em sistemas filosóficos cristãos, no sentido acima delimitado, posto que das sínteses teológicas pode eruir-se um conjunto mais ou menos completo e sistemático de ideias filosóficas. A tendência sistematizadora transparece, de modo particular, no esforço de reunir a teologia e a filosofia numa visão unitária do mundo.

Não poderíamos deixar de lembrar, também, a importância decisiva de um livro que marca o ponto de partida para todo desenvolvimento doutrinário cristão; este livro é a Sagrada Escritura.

§ 2. A filosofia cristã e a Sagrada Escritura

O aparecimento do cristianismo foi bem diverso do das antigas filosofias. Na verdade, ele nem sequer se apresentou como filosofia, mas como religião. Sua primeira manifestação exterior liga-se a uma série de fatos históricos.

A um pequeno grupo de galileus incultos coube anunciar ao mundo a boa-nova do aparecimento, no país da Palestina, de um homem extraordinário, chamado Jesus. Nascido de uma virgem, num estábulo de Belém, apresentou-se como o Messias anunciado pelos profetas ao povo judeu e a toda a humanidade. Viveu como homem entre os homens, e não obstante declarou ser Deus, confirmando seu testemunho com milagres. Prometeu a vinda do Reino de Deus, a que os homens deviam preparar-se pela penitência e pelas boas obras. Depois de percorrer a Palestina, fazendo o bem e operando milagres, morreu na cruz, dando cumprimento às profecias e resgatando a humanidade pecadora. Ao terceiro dia ressuscitou do sepulcro, demonstrando definitivamente sua divindade. Sua vitória sobre a morte constitui um penhor de ressurreição para todos os que lhe aceitam a doutrina e se deixam batizar. Finalmente subiu ao céu, donde tornará com grande poder e glória, para julgar os vivos e os mortos e fundar um novo reino que não terá fim. A imagem temporal deste reino é a comunidade dos seus discípulos, presidida pelos apóstolos.

Enquanto mensagem histórica da redenção – com as exigências morais, ascéticas e religiosas que a acompanham – o cristianismo não pode ser tido por uma filosofia; ele é e permanece uma religião.

Toda filosofia tem seu ponto de partida no homem; apela principalmente ao seu intelecto, e trata de noções e problemas puramente naturais. Seu objetivo é proporcionar uma interpretação racional do mundo, da natureza, da sociedade, do homem e de sua vida interior, a fim de torná-lo verdadeiramente sábio e orientá-lo para a consecução de sua meta natural. É o que se pode verificar, com facilidade, na filosofia de Platão e de Plotino.

A religião, ao contrário, e em particular a religião cristã, parte de Deus e se endereça à indigência espiritual e moral do homem, oprimido e infelicitado pela culpa, e, por conseguinte, impossibilitado de encontrar, por si só, o caminho de retorno a Deus. Contudo, a religião cristã não se limita a apontar-lhe o pecado como a origem e causa dos seus sofrimentos; proporciona-lhe também o remédio da graça. Adverte-o da importância decisiva da vida presente para o seu destino eterno. Ensina-lhe a buscar a redenção em Cristo; só Ele é capaz de arrancá-lo à escravidão do pecado e de infundir-lhe vida nova. Fazemos questão de salientar esta função redentora, e portanto essencialmente religiosa do cristianismo, visto ser frequentemente esquecida. Por onde se vê que o cristianismo não só não constitui uma forma de filosofia, mas nem sequer tem, de per si, a missão de propor uma filosofia ao mundo.

Não obstante isso, porém, ele deu origem a um movimento filosófico de proporções gigantescas. Esta evolução se deve, não só a uma necessidade histórica externa, como também a uma exigência psicológica interna. Por um lado, com efeito, o cristianismo defrontou-se com uma filosofia dominante, que exigia uma tomada de posição; e, por outro lado, ele próprio estava prenhe de ideias suscetíveis de serem desenvolvidas e valorizadas por um esforço especulativo sistemático.

Era imperioso que o cristianismo assumisse atitude crítica perante a filosofia helênica, posto que também esta se ocupara com questões de ordem religiosa. A posse de uma verdade absoluta, garantida pela revelação, proporciona aos cristãos um critério seguro de julgamento em face das especulações gregas. À especulação cristã cabe a tarefa de desmascarar os erros da filosofia pagã. Ademais, a fé cristã faz ver à razão a necessidade de se deixar curar pela fé e pela graça. Destarte a razão, orientada pela fé, torna-se capaz de retificar e aprofundar as aquisições da razão lesada dos pagãos, e de realizar a meta que a filosofia grega só pudera esboçar em traços gerais.

Por outro lado, a doutrina cristã oferece numerosos pontos de partida para o aprofundamento racional das verdades da fé. Com efeito, as verdades religiosas contêm em germe, e em estado latente, muitas doutrinas filosóficas que, uma vez trazidas à luz pelo esforço especulativo de gerações sucessivas de pensadores eminentes, mostram-se passíveis de um desenvolvimento filosófico extraordinariamente fecundo. Justifica-se, pois, a tentativa do historiador para deslindar o teor filosófico da revelação cristã à luz das realizações de muitos séculos, e de retraçar, de certo modo, o caminho da evolução histórica até ao seu ponto inicial. É o que faremos logo a seguir. Limitar-nos-emos aos escritos canônicos, isto é, aos livros do Antigo e do Novo Testamento, os quais, no consenso unânime da filosofia cristã, constituem uma concatenada unidade.

Não nos propomos, entretanto, apontar todos os germes filosóficos que vieram a amadurecer no decurso dos séculos; consideraremos apenas três grandes complexos de ideias de particular importância.

I. O conceito de Deus

1. O conceito de Deus no Antigo Testamento

Não é fácil determinar com certeza o âmbito e o conteúdo da teologia natural da filosofia grega. No que concerne ao seu período culminante, podemos dizer com segurança que nem mesmo os seus representantes máximos, Platão e Aristóteles, nos deparam um conceito claro e distinto de Deus. Neste ponto o pensamento antigo estava condenado ao malogro, por ter carecido de uma noção clara da criação.

Tanto Platão como Aristóteles admitem a existência de um ser supremo. Platão o encontra na Ideia do Bem, razão última do ser e da essência, e causa do saber e da verdade (*República* VI, 508-509). No Timeu (28) Platão chega a falar no "arquiteto e pai deste universo". Todavia, mesmo deixando indecisa a questão sobre se a ideia do Bem é algo real, ou até mesmo um ser pessoal, e se o arquiteto e pai está ou não subordinado às Ideias, o fato é que Platão empresta um sentido muito amplo aos termos "divino" e "Deus"; e é impossível provar que tenha possuído conceito rigoroso da criação. O deus de Aristóteles parece afastar-se ainda mais do Deus cristão. O primeiro motor imóvel, concebido como espírito e pensamento (νόησι νοήσεω), é o príncipe supremo do mundo; mas a seu lado há numerosos outros seres eternos e necessários, desde a razão suprema até à divindade "negativa" da matéria primeira.

a) O conceito da criação – Em oposição aos velhos mitos e à posterior especulação filosófica, a revelação começa pela frase: "No princípio criou Deus o céu e a terra". Tanto o céu como a terra, isto é, todas as coisas espirituais e materiais, foram criadas exclusivamente por Deus, que as tirou do nada por um ato de sua vontade.

É difícil avaliar em toda a plenitude o alcance desta verdade revelada para a evolução da filosofia cristã. A problemática por ela suscitada principia pelo próprio conceito de criação. Desde cedo recorreu-se ao mecanismo conceptual platônico-aristotélico para determinar e explicar um ato para cuja compreensão ele não fora excogitado. A noção de criatura enquanto criatura, com sua dependência essencial e existencial, fez surgir os problemas da contingência e da relação entre a perfeição limitada da criatura e a perfeição infinita do ser divino. O tempo e a eternidade aparecem numa luz inteiramente nova. A ideia de uma eternidade criada (*aevum*), recebida da filosofia pagã, é afinal reconhecida como contraditória por São Boaventura e Ockham, mediante análise cuidadosa do conceito de criação. Com efeito, para poder existir, a criatura precisa ser mantida na existência por meio de uma "criação contínua", o que implica forçosamente o fator sucessão. À concepção aristotélica de um mundo eterno a revelação contrapõe a doutrina do começo temporal do universo; compete ao filósofo cristão demonstrar esta verdade, ou, pelo menos, provar-lhe a possibilidade. Dada a equivalência entre eternidade e necessidade na filosofia aristotélica, a ideia da temporalidade e da contingência do mundo prepara o caminho para a concepção do ato criador como ato livre de Deus.

A par da verdade fundamental da criação das coisas a partir do nada, o primeiro capítulo do Gênesis estimulou o pensamento cristão a investigar a ordem hierárquica da criação e a determinar o lugar do homem no conjunto do cosmos.

A descrição da obra dos seis dias, ou hexaêmeron, levou à composição de numerosas coletâneas, visando reunir a totalidade dos conhecimentos naturais e conciliá-los com o teor do texto sagrado. De particular importância para a especulação cristã foram as palavras do Gênesis: "Façamos o homem à nossa imagem e semelhança". A espiritualidade da alma, sua imortalidade, sua dignidade, sua semelhança com Deus, bem como a relação das faculdades anímicas entre si e dessas para com a própria alma tornam-se doravante problemas especificamente cristãos. Uma das principais tarefas dos pensadores cristãos será a elaboração de uma psicologia que faça justiça à alma humana enquanto imagem do seu arquétipo divino: o Deus trino e uno. Pode-se afirmar, sem exagero, que toda a psicologia medieval inspirada por Agostinho constitui um grande comentário à referida passagem escriturística.

b) Deus, o ser por excelência – O Deus cristão é Criador, Primeiro Princípio e origem de todo ser. Todos os seres criados dependem dele e só existem por Ele; sua existência é totalmente condicionada pela existência de Deus, que é o ser inteiramente incondicionado (*anhypótheton*). Deus "é", independentemente de qualquer condição. É fora de dúvida que a exclusividade, a plenitude, a perfeição e a transcendência próprias ao ser divino permaneceram ocultas a Aristóteles e até mesmo a Platão. Este conceito do ser divino foi revelado pelo próprio Deus, ao indagar-lhe Moisés acerca do seu nome: "Disse Deus a Moisés: Eu sou o que sou. Eis aqui, prosseguiu Ele, o que tu hás de dizer aos filhos de Israel: Aquele que é (O 'eu sou') me enviou a vós" (Ex 3,14).

Esta passagem do Êxodo constitui o ponto de partida para toda a especulação cristã sobre Deus enquanto Ser absoluto e último. O problema primordial da filosofia – a saber: Qual a realidade última e absoluta, o ὄντως ὄν? – fora solucionado pelo próprio Deus. Ele, e só Ele, é o Incondicionado; não foi e não será; Ele é, pura e simplesmente, graças à sua transcendência ao tempo e à mudança. Não é limitado por coisa alguma, mas é o limite de todas as coisas. É de si mesmo, por si mesmo e para si mesmo todas as demais coisas provêm dele e existem por Ele e para Ele. Só Ele é necessário e infinito. Pensá-lo como inexistente implica contradição, na enérgica expressão de Santo Anselmo. Ele possui o ser em sua plenitude infinita; ou, na feliz expressão de Gregório de Nazianzo: Deus é um pélago do ser.

c) A ideia da unicidade de Deus – Não consta com certeza se Platão e Aristóteles atinaram ao monoteísmo puro. Aos olhos dos pensadores cristãos a unicidade de Deus já não oferece problema. "Ouve, Israel, o Senhor nosso Deus é o único Senhor" (Mc 12,29), respondeu Cristo ao doutor da lei que lhe perguntava pelo primeiro e maior mandamento. Como se vê, Jesus contenta-se com reiterar uma noção familiar aos judeus e uma verdade básica de sua religião.

É verdade que a aceitação incontroversa do monoteísmo só se impôs ao fim de longo processo educativo, embora já viesse proposto com toda a clareza desejável no Deuteronômio (6,4). A luta incansável dos profetas contra as várias formas do politeísmo nos dá uma ideia da estranheza com que o homem antigo acolhia a doutrina monoteísta. O cristianismo recebeu-a como herança preciosa, e os filósofos cristãos farão grande empenho em penetrá-la racionalmente. Doravante a prova da unicidade de Deus constitui parte integrante dos argumentos da existência de Deus.

2. O conceito neotestamentário de Deus: Deus é o amor

O Antigo Testamento não deixara a menor dúvida sobre a unicidade e a personalidade de Deus. Ele é o supremo e único Senhor, Criador de todos os seres, ordenador onipotente do mundo, Senhor onisciente e dominador absoluto dos povos e das nações, e remunerador justíssimo do bem e do mal. O que os evangelhos acrescentam de novo à ideia de Deus – sem derrogar em nada à antiga – é que Ele, sobre ser o ente por excelência, é também amor, e que seu verdadeiro nome é Pai.

a) Deus é amor – Já o Antigo Testamento exalta frequentemente a Deus como Pai e Pastor do seu povo, e celebra-lhe a misericórdia; mas estas ideias não retêm ainda o lugar eminente que o Novo Testamento lhes reserva. Toda a Nova Aliança se apoia na verdade grandiosa de que "Deus é o amor" (1Jo 4,7.16). "A tal ponto amou Deus o mundo que lhe deu o seu Filho Unigênito, para que todo o que nele crer não pereça, mas tenha a vida eterna" (Jo 3,16). Nisto o evangelho se avantaja de longe ao Antigo Testamento e contrasta vivamente com a filosofia grega.

Em Cristo manifestou-se a infinita caridade e a grande misericórdia de Deus. Qual Pai amoroso, apiedou-se dos seus filhos caídos, indo ao extremo de enviar-lhes o seu Filho

Unigênito. Não é a multidão das ofensas que fixa os limites do seu amor, mas unicamente a soberba e a presunção humanas. Seu amor não exclui senão a quem voluntariamente lhe recusa os dons. Deus se antecipa ao homem e não lhe pede senão que, reconhecendo humildemente a sua insuficiência, fraqueza e pecaminosidade, busque refúgio em Deus e pague o amor com o amor. Destarte toda a vida religiosa se eleva ao nível da entrega pessoal, ancorando-se no próprio cerne da personalidade humana. A própria condenação eterna deriva do amor o seu significado mais profundo, consoante a palavra de Dante: "*Fecemi... il primo amore*" (*Inf.* III, 6).

Desta forma o *eros* dos antigos transforma-se na "caridade" da revelação cristã. Para Aristóteles, a única forma de amor compatível com a razão é a que se realiza por um movimento ascendente, do amante ao amado. Parece-lhe absurdo admitir que um Deus, plenamente satisfeito de sua própria perfeição, seja capaz de amar um mundo imperfeito. A esse deísmo dos antigos, e a todas as especulações sobre o *eros*, opõe-se nitidamente a doutrina cristã, tão eloquentemente expressa na Primeira Epístola de São João: "Nisto está o amor: não em que nós tenhamos amado a Deus, mas em que Ele nos amou" (1Jo 4,10; cf. a versão da Vulgata: "quoniam ipse *prior* dilexit nos"). Como se vê, o conceito de Deus se enriquece, no Novo Testamento, de elementos essenciais e de valores eminentemente pessoais. É escusado salientar a radical incompatibilidade entre este conceito de Deus e toda e qualquer forma de fatalismo, de moira ou de kismeth.

b) A ética da caridade – O aprofundamento e a sublimação da ideia de Deus, concebido como o amor, não poderia deixar de reformar, outrossim, a concepção das relações do homem para com Deus, e bem assim as relações mútuas dos homens entre si; numa palavra, era forçoso que surgisse uma nova atitude ética. A teologia do amor constitui o fundamento para uma ética da caridade.

Não há dúvida de que as leis fundamentais do Novo Testamento já se contêm nos livros sagrados do Antigo Testamento. Todavia, ao salientar duas leis particulares dentre a imensa multidão dos preceitos da antiga lei, as quais deveriam servir de base para a vida nova, Cristo transformou inteiramente a vida religiosa, e inaugurou uma norma moral nova e mais elevada. Ao doutor da lei, que lhe perguntava pelo grande mandamento (Mt 22,37-40), Jesus respondeu com uma dupla citação (Dt 6,5; Lv 19,18): "Amarás o Senhor teu Deus de todo o teu coração, de toda a tua alma e de toda a tua mente. Este é o primeiro e o maior dos mandamentos. O segundo, porém, é semelhante a este: Amarás o teu próximo como a ti mesmo. Nestes dois mandamentos se baseiam toda a lei e os profetas". A novidade do mandamento de Cristo reside menos na ideia do que na sua aplicação universal, exclusiva de todo limite nacional ou racial.

Cumpre que a teologia do amor venha acompanhada de uma ética da caridade. Esta consiste no amor a Deus sobre todas as coisas e na renúncia a tudo o que possa contrariar este amor; exige-se, além disso, que todos os homens se amem mutuamente, como convém aos filhos de um mesmo Pai celeste, irmanados em Cristo Jesus, e chamados a se tornarem membros de seu corpo místico, pela infusão de um mesmo espírito de amor. Esta teologia da caridade é o que há de mais especificamente cristão. É a fé atuando pela caridade. Para o discípulo de Cristo, a prática humilde e sincera da caridade é penhor seguro de salvação. É verdade que também a filosofia grega nos depara numerosas considerações sobre a função e a necessidade do amor. Entretanto, a ideia teológico-ética e teológico-social do amor-caridade, tal como a encontramos na Patrística e na Idade Média, é exclusivamente própria do cristianismo.

II. A doutrina do Logos

Seria difícil exagerar a importância do prólogo do evangelho joanino para a história do pensamento cristão; na verdade, este se tornaria incompreensível sem aquele. Não se sabe ao certo se João emprestou o conceito do "Logos" à filosofia grega. De qualquer forma, o termo aplicado a Jesus, Filho de Deus e Salvador, era familiar à especulação helênica.

Pessoalmente, inclinamo-nos à opinião de que as especulações dos gregos acerca do Logos não eram desconhecidas ao evangelista, posto que o quarto evangelho foi redigido em Éfeso, onde, a partir de Heráclito, empregou-se o termo "Logos" para designar a inteligência cósmica ou razão do mundo, princípio fontal do ser e do conhecimento. É provável que conhecesse também as especulações de Filo, o filósofo judeu, que via no Logos a ideia divina do mundo, e o meio pelo qual Deus opera no mundo. Mas, ao passo que em todas estas especulações o Logos é apenas algo de divino, ou algo presente em Deus, para João ele tem significado mais profundo:

1. O Logos é Deus e Pessoa – O Logos é o Deus vivo; não está apenas em Deus e com Deus: Ele é o próprio Deus. É o Verbo pelo qual foi feito o mundo e que se fez carne para remi-lo. É o Filho de Deus, que está com o Pai, e nos trouxe a graça e a verdade.

Podemos dizer, sem receio de exagero, que a personalidade do Logos e sua Encarnação, além de constituírem escândalo para os judeus e loucura para os gentios, põem as mais altas exigências à especulação cristã. Os primeiros séculos da teologia cristã abundam em controvérsias trinitárias e cristológicas. Embora sem relação direta à filosofia, estas polêmicas influenciaram-na sob dois aspectos importantes. Em primeiro lugar, convenceram os pensadores cristãos da insuficiência da filosofia para penetrar nos mistérios de Deus, fundamentando assim a reverência à Divindade, incompatível com qualquer forma de racionalismo. Em segundo lugar, contribuíram notavelmente para esclarecer os conceitos de pessoa, de natureza e de hipóstase. E, além disso, serviram de estímulo à disciplina da lógica; basta lembrar, por exemplo, os modos de predicação resultantes da comunicação dos idiomas em Cristo.

2. O Logos como pensamento vivo e pessoal de Deus – O Logos, isto é, Deus, contém em si as Ideias. Ainda que o prólogo do Evangelho de São João estivesse longe de secundar a doutrina platônica das Ideias, não há dúvida de que ele encorajou os pensadores cristãos a intercalar no seu contexto a teoria do filósofo grego.

Esta evolução doutrinária foi favorecida pela variante, certamente espúria, dos versículos 3-4 do prólogo: "O que foi feito era vida nele". (A lição correta é: "E nada do que foi feito, foi feito sem o Verbo. Nele está a vida".) Se as coisas vivem no Logos, esta vida há de ser, forçosamente, de natureza espiritual e intelectual, uma vida de ideias no espírito criador de Deus. Estabeleceu-se assim um ponto de contato muito natural entre a doutrina platônica das Ideias e a teodiceia cristã. Mas era necessário que aquela se sujeitasse a uma transformação profunda, pois era impossível reter a autonomia do reino das Ideias, do κόσμο νοητό ; era mister ancorar as Ideias no próprio pensamento de Deus. Coube às especulações posteriores a tarefa de decidir se o lugar das Ideias é o próprio Logos, que é Deus e está com Deus, ou simplesmente o intelecto divino, idêntico à essência de Deus.

3. O Logos é a luz do mundo – São João nos apresenta o Logos como a luz (λόγο = ζωή + ῶ) "que ilumina todo o homem" (1,9). Trata-se, evidentemente, de uma luz espiritual; esta nova determinação do Logos só pode significar que ele é a fonte de todo conhecimento.

É por isso que todos os pensadores cristãos que exigem uma iluminação divina como fundamentação derradeira do conhecimento humano fazem apelo a este texto da Escritura. O sentido desta iluminação é problema filosófico, que será minuciosamente discutido, e diversamente solucionado por um Agostinho e um Pseudo-Areopagita, um Boaventura e um Tomás, um Henrique de Gand e um Duns Escoto.

Sendo o Logos simultaneamente princípio do mundo e luz, era muito natural que se fizesse da luz o próprio princípio do mundo. E visto que a luz visível é a mais eminente das analogias materiais da luz invisível ou do Logos, ela vem a assumir lugar particularmente importante na explicação do mundo criado pelo Logos. Esta ordem de ideias explica em ampla medida a simpatia de tantos pensadores cristãos pela metafísica da luz, de proveniência árabe; a luz material é por eles concebida como a substância original do cosmos.

III. A doutrina da sabedoria

Ao lado do prólogo do Evangelho de São João, foram as epístolas paulinas que mais influenciaram o desenvolvimento da filosofia cristã. À oposição joanina do Logos divino ao Logos cósmico da especulação judaico-helênica corresponde, em São Paulo, a contraposição consciente entre a sabedoria cristã e a sabedoria pagã e mundana.

1. A sabedoria cristã como ciência da salvação – Não se trata de um saber filosófico de ordem superior, ou de uma *gnosis* visando a satisfazer principalmente a razão, mas, sim, do saber simples e despretensioso de Jesus Cristo, o Crucificado, fonte de vida e salvação.

Embora ocorra em São Paulo, a expressão *gnôsis* nada tem a ver com gnosticismo. O apóstolo foi obrigado a pronunciar-se sobre esta importante diferença por ocasião de uma dissensão irrompida na comunidade cristã de Corinto (1Cor 1,18; 2,16). Um sábio de Alexandria, por nome Apolo, reunira em torno de si um grupo de cristãos coríntios, atraídos por sua cultura, seu brilho e pela amenidade de suas pregações; começaram eles a ufanar-se da profundeza dos seus conhecimentos. Diante disso, e visando a restabelecer a unidade daquela comunidade, São Paulo desenvolveu a sua doutrina da sabedoria cristã. Ei-la, em breve resumo:

a) Sabedoria cristã versus sabedoria deste mundo – Em linguagem bíblica, "a sabedoria deste mundo" designa a sabedoria do mundo hostil a Deus. Também a filosofia grega, que Paulo conhecera nos seus representantes mais indignos em Atenas, faz parte, em grande medida, desta sabedoria mundana. É fora de dúvida que São Paulo jamais pretendeu estabelecer contraste entre a razão e a revelação; não obstante isso, sentiu claramente a oposição que existia entre a filosofia helênica e a doutrina cristã. O cristianismo condena a soberba e a autossuficiência da razão mundana e exige, antes de mais nada, a sujeição humilde à cruz de Cristo. O evangelho não oferece provas evidentes: propõe, em primeiro lugar, uma série de fatos históricos; prega um Deus morto na cruz pelos pecados do mundo. Em lugar de imponente sistema de ideias, erigido em fundamentos puramente racionais e sustentado por sua própria coerência interna, ele defronta os gregos com o absurdo de um Deus morto, ressuscitado e elevado à glória do céu. O apóstolo se dá conta de que tudo isso constitui uma pedra de escândalo aos olhos da sabedoria grega: "Os gregos buscam a sabedoria... Nós, porém, pregamos a Cristo, o crucificado... um escândalo para os gregos!" (1Cor 1,22). Por isso, ao apelar para uma sabedoria nova e mais profunda (2,6), sua intenção não é trazer nova contribuição à filosofia grega, e sim, substituir a ciência puramente humana pela sabedoria salvífica de Deus. Pois a sabedoria cristã é infinitamente superior às débeis especulações humanas. É "o próprio Jesus Cristo, o qual por Deus se tornou para nós sabedoria, e justificação, e santificação, e redenção" (1,30).

b) A humildade: o fundamento da sabedoria cristã – Sendo a sabedoria um dom de Deus, e não produto da mera razão natural, ela não depende de recursos humanos. Manifesta-se, ao contrário, na fraqueza humana, segundo a lei universal da graça, solenemente enunciada na oração de Cristo: "Graças te dou, ó Pai, Senhor do céu e da terra, porque ocultaste estas coisas aos sábios e entendidos, e as revelaste aos simples" (Mt 11,25). A razão humana, segura de si mesma, arrogante e soberba, há de, por força, aberrar; Paulo chega a dizer que Deus a declarou por loucura: ἐμώρανεν τὴν σο ίαν τοῦ κόσμου (1Cor 1,20); só os que reconhecem sua própria fraqueza e indigência estão em condições de acolher, sem perigo, a força e a sabedoria de Deus: "O que passa por estulto aos olhos do mundo, isto escolheu Deus para confundir os sábios... para que nenhum mortal se glorie em face de Deus" (1,27-29).

c) A sabedoria cristã culmina na teologia da salvação – Após traçar nítida linha divisória entre a sabedoria pagã, tal como a deparamos na filosofia grega, e a sabedoria de Deus manifestada em Cristo, Paulo passa a restringir a expressão em seu pleno significado à compreensão mais profunda do evangelho e, com isso mesmo, à teologia cristã. Ao escrever aos coríntios: "Verdade é que também nós pregamos a sabedoria entre os perfeitos... Mas o que anunciamos é a sabedoria de Deus, misteriosa e oculta, sabedoria que Deus trazia reservada para a nossa glorificação, antes que o mundo existisse... A nós, porém, a revelou Deus por seu espírito..." (2,6), o apóstolo não quer aludir a um saber novo ou esotérico, exclusivo a uma casta privilegiada, mas a uma inteligência aprofundada dos mistérios do cristianismo, provinda de uma iluminação interior do Espírito Santo, graças à oração, e à meditação. Tal é a verdadeira origem da teologia cristã, a que compete, por seu caráter de saber vivo e santo, a denominação de sabedoria por excelência. Desta forma se estabelece também o seu verdadeiro primado, que nenhum filósofo cristão jamais lhe contestará. Daí resulta, como consequência natural, o problema das relações entre a filosofia e a teologia, o qual irá acompanhar toda a história da filosofia cristã, dando ensejo a fecundos debates.

2. A sabedoria cristã não só não suprime, mas pressupõe a razão – A oposição paulina entre a sabedoria cristã e a sabedoria pagã não deve ser entendida como oposição entre a razão e a fé. A filosofia pagã deriva, em grande extensão, do abuso da razão. Em si mesma, porém, esta é e permanece dom de Deus. Embora incapaz de penetrar nos mistérios mais profundos de Deus, ela pode aplicar-se com êxito a certos problemas de sua competência. Tais são, indubitavelmente, os problemas da existência de Deus e dos mandamentos da lei moral natural.

a) A existência de Deus é naturalmente cognoscível – Em um texto clássico, que se tornou rica fonte de especulação para a Idade Média, São Paulo ensina que também os pagãos têm acesso a certos conhecimentos de Deus: "Pois, o que de Deus se pode conhecer, bem o conhecem eles; porque Deus lho manifestou. Com efeito, o que nele há de invisível, contempla-o a inteligência em suas obras desde a criação do mundo: o seu poder sempiterno e a sua divindade" (Rm 1,19-20). De sorte que os gentios possuem algum conhecimento de Deus, independentemente de qualquer revelação especial. Entretanto, por não lhe haverem tributado a devida reverência, o seu entendimento se obscureceu e tombaram na mais absurda idolatria. Por isso são inescusáveis (1,23).

Como se vê, São Paulo não deprecia o trabalho da razão dentro de sua esfera própria, nem mesmo no que diz respeito a Deus; pois nem todo empenho racional conduz necessariamente ao erro. Donde se segue que o ceticismo não tem direito de cidadania no cristianismo, tendo de ceder lugar a um otimismo gnoseológico moderado. Todos os argumentos da existência de Deus baseados na investigação do mundo sensível partem do referido texto paulino.

b) Também a lei moral natural é naturalmente cognoscível – A par do conhecimento natural de Deus, São Paulo reconhece aos gentios um saber natural acerca da lei moral: "Se os pagãos, que não possuem a lei, fizerem de modo natural o que pede a lei, então eles, que não têm a lei, servem de lei a si mesmos; por sinal que mostram levar gravada no coração a essência da lei. É o que lhes testifica a consciência, bem como os pensamentos a se acusarem ou defenderem mutuamente..." (Rm 2,14s.). Estas linhas contêm o germe de uma ética natural e a ideia de uma lei natural, as quais irão ser desenvolvidas pela filosofia cristã. O mesmo texto nos faz compreender, outrossim, que a ciência moral cristã pudesse fazer uso tão amplo e fecundo da ética natural de um Aristóteles.

3. A sabedoria cristã nos desvenda o sentido da história – Dentro da visão unitária do Antigo e do Novo Testamento, interpretados à luz do plano salvífico universal, que São Paulo, sempre fiel à doutrina de Cristo, nos descortina, transparece também o significado do grande drama da história universal.

Deus é o alfa e o ômega, isto é, o princípio e o fim de todas as coisas. A desobediência do primeiro homem introduziu a desordem na criação. E visto que em Adão todos pecaram, assim todos incorrem, com ele, na pena de morte. Desde Adão até Moisés a humanidade viveu sob o domínio da morte. Com Moisés inaugura-se um novo período. Sobreveio a lei a fim de pôr em relevo o poder do pecado. "Mas, onde avultava o pecado, superabundava a graça" (Rm 5,20). Esta apareceu em Cristo, o qual, por sua morte, nos restituiu a filiação divina, e nos deu a força moral de cumprirmos a lei divina. Com o advento de Cristo entrou o terceiro período, no qual o homem deverá optar entre o serviço da graça e da vida e o serviço do pecado e da morte. De sua escolha dependerá sua incorporação na grande comunidade dos filhos do Reino, ou na dos filhos do mundo. Estas duas comunidades batem-se numa luta de vida e morte. A grande decisão virá no juízo final, que porá termo ao terceiro período e dará início a uma nova era, que não terá fim.

Esta concepção da história é retomada por Santo Agostinho, que a desenvolve numa imponente teologia da história, indo influenciar o espírito ocidental até Comte e Hegel.

Eis aí alguns dos temas que mais repercutiram no desenvolvimento da filosofia cristã. Poder-se-iam citar muitos outros, por exemplo a doutrina de São Paulo sobre a graça e a liberdade, de importância capital para a filosofia ocidental. O que vai exposto, porém, parece-nos o suficiente para comprovar a nossa afirmação de que – sem ser um sistema filosófico, nem mesmo em estado rudimentar – a Sagrada Escritura ou a revelação divina influiu profundamente no pensamento especulativo cristão.

LIVRO I
HISTÓRIA DA FILOSOFIA PATRÍSTICA

PARTE I
A FILOSOFIA HELÊNICO-PATRÍSTICA

CAPÍTULO I
JUSTINO, FILÓSOFO E MÁRTIR

O cristianismo é uma religião essencialmente universal. Destina-se indistintamente aos homens de todas as raças, de todas as nações e de todas as camadas sociais. Entretanto, é um fato histórico que a "Boa-nova" recrutou seus primeiros ouvintes e adeptos principalmente entre as classes humildes. Já São Paulo faz questão de lembrá-lo aos coríntios: "Não são muitos os sábios, no sentido mundano, nem muitos os poderosos, nem muitos os nobres" (1Cor 1,26). Mas é igualmente um fato histórico que dentro em pouco, e em número sempre crescente, muitos homens cultos encontraram na sabedoria da cruz a plena satisfação da sua sede de verdade, dos seus anseios espirituais, e até mesmo das suas exigências científicas. Para eles, a conversão não implicava de modo algum a renúncia à cultura intelectual. Conquanto o imperativo cristão do *metanoeite* lhes abrisse um novo panorama ideológico, e projetasse novas luzes sobre os problemas de Deus, do homem e do mundo, não se lhes exigia uma rendição ao absurdo. Muito pelo contrário. O imperativo cristão é uma força positiva, que tudo submete ao serviço da cruz, inclusive a reflexão. Os primeiros a renderem tal serviço foram os apologetas dos séculos II e III. Coube-lhes a tarefa de mostrar que a mensagem de Cristo, além de representar o cumprimento das profecias do Antigo Testamento, oferecia à razão soluções mais profundas do que as de qualquer filosofia. A seus olhos, o cristianismo constitui a verdadeira filosofia, e tudo quanto os gregos haviam logrado elucubrar em matéria de verdade passa a ser uma herança legítima dos cristãos. Deram ocasião às obras dos apologetas os ataques ao cristianismo por parte dos filósofos contemporâneos.

Importa distinguir, porém, entre a simples ocasião histórica e as causas mais profundas desta literatura apologética. Sua razão mais profunda encontra-se no ideal da sabedoria perfeita, a que todo cristão deve aspirar, porquanto, no dizer de São Pedro, os cristãos devem estar "sempre prontos a satisfazer a quem quer que lhes peça razões da esperança que os anima" (1Pd 3,15). Historicamente, as apologias têm sua origem nas calúnias e inverdades que então circulavam entre os pagãos a respeito da doutrina cristã, e nas investidas de certos filósofos. Conhecemos os nomes de alguns destes filósofos: Fronto de Cirta, o mestre de Marco Aurélio, o retor Luciano de Samósata (c. 170), o platônico Celso (c. 178) e, em época posterior, o neoplatônico Porfírio e o Imperador Juliano Apóstata.

Dentre os apologetas mais antigos destaca-se a figura de Justino, cujas obras melhor se prestam para ilustrar os propósitos dos apologetas no que concerne à filosofia. Quanto aos demais apologetas, tais como Quadrato, discípulo dos apóstolos, o filósofo Aristides de Atenas, Taciano, Atenágoras, São Teófilo de Alexandria e Ireneu, remetemo-los aos manuais de Patrística.

Vida – Justino, filósofo e mártir, – como já lhe chamava Tertuliano (Adversus Val. 5) – nasceu em Nablus, a antiga Siquém na Samaria, no primeiro quartel do século II. Seus pais eram gentios. Já adulto, converteu-se ao cristianismo, provavelmente em Éfeso, após haver cultivado apaixonadamente o estudo da filosofia. Pôs-se a pregar a Palavra de Deus, sem depor o manto filosófico (Eusébio, *Hist.* 4,11; Justino, Dial. 1). Reuniu em torno de si um grupo de discípulos e fundou uma escola durante a sua segunda estadia em Roma. Sofreu o martírio entre os anos de 163 e 167, na mesma cidade. É possível que ele, que tanto se ufanava do título de "filósofo", fosse denunciado por seu colega Crescêncio, o filósofo cínico, a quem acerbamente combatera. Foi condenado à morte pelo prefeito Rústico, no tempo de Marco Aurélio – ambos estoicos. Conservam-se as atas autênticas do seu martírio. O papa Leão XIII incluiu-lhe o nome no Missal e no Breviário romano. Sua festa celebra-se no dia 14 de abril.

Obras – Eusébio (*Hist.* 4,18,1ss.) cita nada menos de oito escritos de Justino, três dos quais chegaram até nós.

1. As duas apologias. Ambas endereçavam-se, provavelmente, ao imperador Antonino Pio. Contêm, em substância, uma defesa dos cristãos, uma refutação dos erros dos pagãos e uma prova da verdade do cristianismo. Carecem de um nexo interno rigoroso. A primeira apologia foi redigida, provavelmente, por volta de 155; a segunda não passe, talvez, de uma parte daquela; é possível, contudo, que se trate de uma obra à parte contra o retor Fronto, escrita em 164-165.

2. O Diálogo com Trifon. Relata uma entrevista (fictícia?) com o rabino Tarfon (*c.* 135) e investe contra os judeus. Justino procura demonstrar que a antiga lei foi abolida pela lei de Cristo, que este é Deus, e que os pagãos são chamados ao Reino de Deus, do qual os judeus se excluíram.

Edições – Edição completa: MG 6, 327-800. As apologias são facilmente acessíveis na edição da Biblioteca de Autores Cristianos, Padres Apologistas Griegos (s. II), ed. bilíngue por D. Ruiz Bueno, Madri 1954, p. 182-278; Diálogo com Trifon, ibid., 300-548.

Sem ser grande estilista, Justino escreve contudo com sincera convicção. No Diálogo (58) lemos: "Citar-vos-ei os textos da Escritura. Renuncio a uma forma perfeitamente metódica de exposição, pois para tanto falta-me o talento. Não recebi de Deus senão a graça da inteligência de suas Escrituras".

§ 1. A experiência filosófica de Justino

Justino fora pagão. Passou sua primeira juventude em terras palestinenses. Talvez a história singular desse país despertasse ou fortalecesse aquele pendor religioso, tão característico de sua idade madura. Era natural que um jovem gentio, proveniente do âmbito cultural grego, buscasse na filosofia a satisfação dos seus anseios espirituais. Para Justino, a filosofia é aquilo que nos conduz a Deus e nos une a Ele[1]. A dificuldade, porém, estava em escolher uma dentre as muitas filosofias que se lhe defrontavam.

1. Justino desilude-se da filosofia grega – Por algum tempo Justino sentira-se satisfeito com a filosofia platônica. Mas não demorou em verificar que a filosofia grega não estava em condições de dar resposta aos problemas mais essenciais.

A exemplo de muitos jovens contemporâneos, Justino passou por várias escolas filosóficas[2]. Desiludido sucessivamente por um estoico, um peripatético e um pitagórico, – sempre por razões diversas – volveu-se afinal para o platonismo. Pôs-se a frequentar, com grande assiduidade, um mestre afamado desta escola. E teve a impressão de haver encontrado o que buscava. O que sucederia mais tarde a Agostinho, sucedeu também ao jovem Justino: entusiasmou-se pela elevação e pelo idealismo da especulação platônica e, em particular, pela doutrina da existência de realidades incorpóreas: as Ideias. Asseguravam-lhe até que não tardaria a contemplar a Deus, "pois este é objetivo da filosofia de Platão"[3]. Cheio de alegria, retirou-se a um lugar solitário à beira do mar, a fim de entregar-se à meditação. Certo dia deparou-se com um ancião que o interrogou acerca dos seus desígnios. Justino respondeu que viera àquele lugar para cultivar a filosofia, da qual lhe adviria a felicidade. Ao que o ancião lhe perguntou o que entendia por filosofia e por felicidade. "A filosofia, retrucou Justino, é a ciência do ser e o conhecimento da verdade; a felicidade é o prêmio desta ciência e desta sabedoria." Interrogado sobre Deus, respondeu: "Deus é aquilo que permanece invariavelmente idêntico e é a causa do ser dos demais seres".

Estas respostas de Justino nos dão uma ideia de quanto o seu conceito de Deus se distancia, desde já, do politeísmo pagão. E, com efeito, o ancião cristão, que continua a dirigir o diálogo, nada tem a objetar contra a definição. Suas objeções visam antes às pressuposições internas de um tal conhecimento; pelo que pergunta: "Como podem os filósofos chegar a um conceito correto ou a uma afirmação verdadeira acerca de Deus se não possuem nenhum conhecimento dele, nem jamais o viram ou ouviram?"[4] Ao que Justino responde que, segundo Platão, dispomos de um olho espiritual, que nos capacita a contemplar em si mesmo aquele ser que é a causa de todas as coisas sensíveis; ademais, existe um parentesco entre a alma e Deus. É claro, porém, que o homem deve se purificar e se dispor para esta contemplação por meio de uma vida virtuosa[5]. O ancião impugna a existência de um parentesco entre Deus e a alma humana; tampouco é verdade que esta seja algo de divino, ou uma parte do espírito divino. Demonstra a incoerência da doutrina da metempsicose e prova que a alma, não menos que o mundo e o corpo, têm um início de sua existência, e portanto sua imortalidade não é igual à de Deus. Por fim Justino se vê forçado a admitir que seus grandes mestres são incapazes de conduzi-lo à meta almejada. Desalentado, pergunta: "A quem, então, se há de tomar por mestre, e donde esperar ajuda, se nem mesmo nestes homens se encontra a verdade?"[6]

---

1. Dial. 2.
2. Cf. texto anexo.
3. Dial. 2.
4. Ibid., 3.
5. Ibid., 4.
6. Ibid., 7.

2. Justino descobre a verdadeira filosofia no cristianismo – Visto que a alma não pode obter a visão de Deus enquanto permanece no domínio meramente natural, só lhe resta um caminho: a aceitação daquela religião que não só promete conduzi-la a Deus, mas que além disso lhe proporciona os meios de alcançar este objetivo soberano. O cristianismo cumpre as promessas da filosofia, e por isso ele é a verdadeira filosofia.

Justino cede aos argumentos de seu interlocutor e manifesta o desejo de saber onde se encontra o verdadeiro caminho para Deus. O ancião o remete às Sagradas Escrituras. Estas foram redigidas por homens inspirados do Espírito Santo, os quais confirmaram suas doutrinas com milagres. Eles viram a verdade e anunciaram-na sem temor e sem ambições terrenas. Seus escritos estão conservados e são de grande utilidade para o conhecimento de tudo quanto cabe a um filósofo saber. Contudo, estes autores exigem fé; não trazem argumentos, pois são testemunhas oculares da verdade. O ancião lhe dá a entender, outrossim, que a leitura dos livros sagrados deve ser precedida da oração, "para que as portas da luz se abram ao teu espírito. Pois estas coisas só as contempla e compreende aquele a quem Deus e o seu Cristo conferem a necessária inteligência"[7].

Justino sente-se tomado, desde logo, de um amor ardente aos profetas e amigos de Cristo. Está persuadido de que a doutrina deles contém a única filosofia fidedigna e salutífera. Faz-se cristão. "Eis aí, conclui ele, por que e como vim a ser um filósofo"[8].

3. Justino refunde o conceito da filosofia – Seria difícil superestimar a importância destas palavras de Justino: "Eis por que e como vim a ser um filósofo". Significam nada menos do que uma transformação completa do conceito da filosofia. Das mãos dos gregos, a filosofia passa às mãos dos cristãos.

Justino está ciente de que os problemas ventilados pela sabedoria grega são idênticos àqueles que são levantados e solucionados pelo cristianismo; tanto os filósofos como os cristãos buscam a Deus e aspiram à união da alma com Deus. Sabe igualmente que ao aspirar a um objetivo religioso, a filosofia sincretista dos gregos criou para si um problema insolúvel, posto que superior às forças da razão humana. Com efeito, ou a filosofia visa a um objeto que lhe é proporcionado e acessível, o qual por isso mesmo não poderá ser de natureza religiosa, ou o seu objetivo é de caráter propriamente religioso, e nesse caso será necessário transcender a filosofia meramente natural e adotar a religião cristã, à qual se há de reservar, por conseguinte, o nome de "filosofia". E é este, precisamente, o sentido que Justino empresta à filosofia. Assim se justifica a conclusão aparentemente contraditória, ou melhor, a conclusão dialética (na acepção genuinamente platônica do termo) de que a conversão o transformou num verdadeiro filósofo. Pois foi na fé cristã que se lhe deparou a verdadeira filosofia, que embalde procurara nas escolas. Esta é a única filosofia segura e verdadeira, que proporciona à razão as verdades mais imprescindíveis. E o que é mais, a par da verdade, o cristianismo nos confere a graça divina, tornando-se assim um penhor da salvação, graças ao temor salutar que as palavras do Senhor incutem naqueles que se desviam do caminho reto, e à paz dulcíssima que gozam todos os que nele se aprofundam[9].

---

[7]. Ibid., 8.
[8]. Ibid., 8.
[9]. Ibid., 8.

§ 2. O Logos na filosofia pagã

Embora aparentemente simples em suas grandes linhas, a solução do problema da verdadeira filosofia suscita graves dificuldades. Justino não procurou evitá-las. Se é verdade que só o cristianismo oferece uma solução cabal ao problema filosófico, que opinião se há de ter a respeito dos filósofos anteriores a Cristo? Teremos o direito de condená-los por haverem ignorado a revelação? Paulo apelara à lei inscrita nos corações dos gentios, para condená-los em nome dela. Justino envereda por um caminho diferente, ainda que não diretamente oposto. Os mestres gregos o haviam conduzido ao limiar do cristianismo; por isso não pode animar-se a condená-los ou a preteri-los, pura e simplesmente. No intuito de assegurar-lhes um lugar no seio do cristianismo, Justino elabora a sua doutrina da participação dos gregos no Verbo, ou Cristo, tornando-se assim o fundador do humanismo cristão.

Justino sentiu-se como que compelido a tal doutrina. Era-lhe impossível negar que na filosofia grega não só se conhecera, mas também se praticara a verdade. Ora, toda a verdade está no Logos, que "ilumina todo o homem que vem a este mundo"; esse texto escriturístico certamente era conhecido de Justino[10]. Logo, toda a verdade deve ser relacionada ao Logos. De outro lado, porém, Justino não pôde deixar de reconhecer que a verdade dos gregos era ainda imperfeita e fragmentária.

1. Os germes do Logos e o Logos integral – Justino admite, sem hesitar, que os antigos filósofos que conheceram e praticaram a verdade, tais como Platão e os estoicos, tiveram parte no Logos; contudo, eles não o possuíram integralmente. O Logos total (ὁ πᾶ λόγο) aparece em Cristo, ao passo que aqueles filósofos possuíram-no apenas germinalmente ou em parte (ἔμ υτα σπέρματα [μέρη] τοῦ λόγου).

a) Os filósofos participam do Logos. "Pois tudo quanto os filósofos e legisladores descobriram e proclamaram de acertado: todos estes conhecimentos e descobertas eles os conquistaram trabalhosamente na medida em que tiveram parte no Logos"[11]. Ao número destes filósofos pertencem Sócrates, Platão e os estoicos, pelos quais justino tem sincera admiração; mas nem por isso exclui de sua companhia os poetas, os legisladores e os historiadores. Descobre excelentes normas de moralidade nos poetas e nos estoicos. No que respeita a Platão, é manifesto que Justino desejaria dar mais um passo, pois sente-se na obrigação de explicar por que este pensador é, a bem dizer, um cristão, e não um platônico. Não obstante isso, e ainda que não haja diferença radical entre a doutrina platônica e a cristã, nem Platão, nem os demais filósofos, podem rivalizar com Cristo[12].

b) Os filósofos não possuíram o Logos total, pois é inegável que discordam uns dos outros. O que só era possível porque cada um deles não possuía senão uma parte do Logos, e falava de acordo com ela[13]. Para designar este Logos parcial, comunicado aos filósofos, Justino serve-se de uma expressão dos estoicos: trata-se de um "germe" ou de uma semente do Logos (σπέρμα

---

10. Cf. Apol. II, 10: "Pois Ele é o Verbo, que está em todo homem".
11. Apol. II, 10.
12. Apol. II, 13.
13. Ibid.

τοῦ λόγου). Este germe ou semente do Logos está presente em todos os homens. Como a se mente está para o fruto maduro, assim o germe do Logos dado aos pagãos está para o Logos inte gral manifestado em Cristo. Dado, pois, que os filósofos e escritores antigos dispunham apena de um Logos germinal, é claro que a verdade só lhes era acessível na medida de sua capacidad mental; donde a possibilidade de doutrinas contraditórias e a inevitabilidade de opiniões con trastantes[14].

c) Os filósofos participavam tanto imediata como mediatamente no Logos: imediatamen te pela iluminação do Logos, e mediatamente pela revelação. Justino não nos esclarece sobre o que entende por participação imediata. Poder-se-ia tomá-la, talvez, no sentido de um uso acertado da razão natural; talvez pensasse também numa espécie de iluminação, embora não o declare expressamente. No que concerne à participação mediata, ele está persuadido de que os antigos filósofos sofreram a influência do Antigo Testamento. Esta opinião revela o influxo de certos escritores judeus, que tratavam de desprestigiar a filosofia grega, afirmando que ela haurira suas persuasões mais profundas do Antigo Testamento. Justino perfilha este ponto de vista, ao menos em sua primeira apologia (14). A segunda apologia silencia sobre esta opinião, donde se concluiu que ele a tenha abandonado mais tarde.

2. A filosofia cristã da história e o humanismo cristão – Jesus Cristo é o Logos. Os filósofos antigos participaram dele, pelo que podemos chamar-lhes cristãos anteriores a Cristo. Esta reflexão induziu o nosso mestre a traçar o primeiro esboço de uma filosofia da história e a lançar os fundamentos de um humanismo cristão.

O Logos é odiado pelos demônios, contra os quais Ele está em luta. Todos os homens que vivem consoante o Logos, e fogem aos vícios, compartilham a mesma sorte. Antes de Cristo, o ódio dos demônios triunfou do Logos, promovendo o assassínio de filósofos da têmpera de um Heráclito e de um Sócrates; esse ódio atingiu o auge na sangrenta perseguição aos cristãos que participam do Logos total[15]. Com o propósito de impedir a vitória do Logos, os demônios inventaram a mitologia pagã e propalaram as lendas mais fantásticas, para que os milagres de Cristo fossem acolhidos com o mesmo ceticismo que tiveram de enfrentar as fábulas dos poetas[16]. Sendo que os antigos filósofos, além de participarem do mesmo Logos, compartiram também o destino doloroso dos cristãos, podemos com razão denominá-los cristãos antes de Cristo[17]. A comunidade cristã, formada pela participação, quer parcial, quer total, no mesmo Logos, existiu, pois, em todo o curso da história. Destarte a história da filosofia vai ter, muito naturalmente, na história do cristianismo. E assim vemos emergir, desde Justino, os primeiros lineamentos, débeis ainda, mas já bem perceptíveis, de uma filosofia da história, os quais irão desdobrar-se numa visão universal da história na *Civitas Dei* de Santo Agostinho.

Ao mesmo tempo o humanismo conquista o direito de cidade no seio do cristianismo. Todo o mal que jamais se praticou visava o Logos; e todo o bem que jamais se fez foi feito em virtude do mesmo Logos. Por conseguinte, todo o bem é obra de Cristo, e pertence aos cristãos por direito de herança. Escreve Justino: "Tudo o que já se disse de acertado, por quem quer que seja, pertence a nós cristãos"[18]. Em Justino, o cristianismo reivindica para si, pela vez pri-

---

14. Ibid., 13.
15. Apol. II, 8.
16. Apol. I, 54.
17. Apol. I, 40.
18. Apol. II, 13.

meira, o direito de herança à cultura antiga, senão em toda a sua extensão, pelo menos no que respeita aos seus valores mais elevados. E não é de estranhar que a fundamentação do humanismo cristão, feita por Erasmo muitos séculos mais tarde, nada mais seja do que um comentário à fórmula de Justino.

Apreciação

Podemos omitir, sem maior inconveniente, as reflexões de Justino sobre Deus e a alma, visto tratar-se, em grande parte, de simples empréstimos de caráter eclético. Ademais, a imperfeição da forma literária em que estão vazadas, não permite divisar nelas qualquer sistema positivo. Justino foi principalmente um apologeta, e como tal teve de manter-se em constante posição de combate. Nestas condições não é de admirar que carecesse de tempo e lazer para investigações teóricas. Sua importância primordial está em haver dado domicílio à filosofia no seio do cristianismo. Seu grande amor à sabedoria, e sua reverência pelos filósofos antigos recusava-se a condenar indistintamente toda a filosofia, tanto mais que entre os seus cultores houve muitos varões ilustres, pelo menos parcialmente iluminados por Deus, e adversários irredutíveis das trevas. Mas não terá ele, por sua vez, caído no extremo oposto? Foi o que pensaram alguns estudiosos[19], que o censuram de confundir cristianismo com platonismo, e de continuar a ser, no fundo, e a despeito da sua conversão, um filósofo platônico, ou pelo menos pagão. Com o correr do tempo, porém, prevaleceu uma interpretação mais favorável ao nosso apologeta. E com boas razões, pois ele jamais sacrificou sua religião à filosofia. O seu martírio representa, por si só, uma prova impressionante da sinceridade das suas convicções cristãs. A ele devemos as belas palavras: "Ninguém creu em Sócrates a ponto de dar a vida por sua doutrina. Quanto a Cristo, porém, a quem Sócrates já conheceu em parte..., nele creem não só os filósofos e sábios, como também os artesãos e as pessoas simples, e isto com o mais perfeito desprezo às honrarias, ao temor e à morte. Pois Ele é a força do Pai inefável, e não um vaso da razão humana"[20]. Não há dúvida que o cristianismo veio de encontro às exigências da sua razão. Mas ele não o abraçou por razões puramente especulativas. Para ele, o cristianismo é, acima de tudo, força e vida em Cristo. Justino considerava os antigos filósofos como irmãos, por haverem aspirado à vida cristã. Mas, visto que só o cristianismo pode conduzir à perfeita união com Deus, tratou de elevar a filosofia a um plano superior ao da pura razão.

As desilusões de Justino

"Também eu nutria, a princípio, o desejo de tratar com algum destes filósofos. Dirigi-me, pois, a um estoico e passei com ele bastante tempo. Entretanto, como nada adiantasse no conhecimento de Deus – ele mesmo era incrédulo e julgava desnecessário tal saber – abando-

---

19. Sobre esta controvérsia, cf. BARDENHEWER, O. *Geschichte der altchristlichen Literatur (História da literatura cristã da Antiguidade)*, vol. I, Freiburg 1902, p. 230-232.
20. Apol. II, 10.

nei-o e associei-me a um dos que passam pelo nome de peripatéticos. Este homem se tinha em conta de muito perspicaz. Frequentei-o por alguns dias. Pediu-me então que lhe pagasse um salário, para que as nossas relações não resultassem inúteis. Por isso abandonei-o, deixando mesmo de tê-lo em conta de filósofo.

Mas como a minha alma persistisse no desejo ardente de conhecer a natureza e excelência da filosofia, fui ter com um renomado pitagórico, que muito se gloriava do seu saber. Ao tratar com ele da minha admissão como ouvinte e discípulo, perguntou-me: "Como assim? Já estudaste, porventura, a música, a astronomia e a geometria? Ou julgas poder contemplar alguma daquelas realidades que conduzem à felicidade, sem teres aprendido primeiro estas ciências, que desembaraçam a alma das coisas sensíveis, e a tornam apta para as inteligíveis, de modo a poder contemplar o que é belo e bom em si mesmo?" E tendo elogiado sobremaneira aquelas ciências, e insistido na sua necessidade, despediu-me, pois tive de confessar que as ignorava. É escusado dizer que me entristeci bastante com esta nova desilusão, tanto mais que eu tivera a impressão de que ele sabia alguma coisa. Mas, refletindo sobre o tempo que teria de gastar naquelas disciplinas, não me senti disposto a tão longa demora.

Cada vez mais perplexo, resolvi procurar os platônicos, que também desfrutavam de grande fama. Ora, justamente naqueles dias chegara à nossa cidade um dos representantes mais doutos e eminentes desta escola. Pus-me a frequentá-lo com a máxima assiduidade. Fiz grandes progressos e apliquei-me diariamente a ele, tanto quanto me era possível. Senti-me tomado de um grande entusiasmo pelo conhecimento das coisas incorporais, e a contemplação das Ideias dava asas ao meu espírito. Comecei logo a ter-me por sábio, e tolo como era, cuidei chegar sem demora à contemplação de Deus. Pois este é o objetivo da filosofia platônica".

Diálogo com Trifon, MG t. 6, c. 477 As.

CAPÍTULO II
A ESCOLA DE ALEXANDRIA

À cidade de Alexandria cabe a honra de haver produzido o primeiro instituto cristão de ensino superior. Ponto de convergência da cultura helenística nos inícios do século III, Alexandria era, sem dúvida, o lugar mais indicado para a formação de uma escola deste tipo. Contava este gigantesco empório industrial e comercial cerca de quinhentos mil habitantes. Suas instituições de ensino superior eram um modelo de organização; cultivavam-se ali com raro brilho a filologia e as ciências da natureza. O Museion e o Serapion podiam gloriar-se de possuir duas das mais amplas bibliotecas da antiguidade. Ao lado destes grandes centros havia as escolas judaicas, que cultuavam a memória de Filon, bem como as escolas gnósticas, onde ensinavam Basílides e Carpócrates. Era natural que os cristãos não quisessem ficar atrás.

É muito provável que a fundação de uma escola cristã oficial seja de data muito remota. A crermos em Eusébio[1], "a Escola das Ciências Sagradas" deve ter sido uma instituição antiquíssima. Panteno de Sicília, a quem muitos têm por seu fundador, foi apenas o seu primeiro diretor conhecido (EUSÉBIO. *História Eclesiástica*); ensinou no tempo do Imperador Cômodo, pelo ano 180. Panteno fora estoico; após sua conversão pregou o Evangelho no Oriente, supondo-se que haja penetrado até a Índia. Retornando ao Egito, assumiu a direção da Escola de Alexandria. Nada escreveu; mas, em compensação, deixou um grande discípulo na pessoa de Clemente de Alexandria.

A. Clemente de Alexandria

Vida – Tito Flávio Clemente, filho de pais gentios, nasceu provavelmente em Atenas pelo ano 150. Convertido ao cristianismo, percorreu a Grécia, a Ásia Menor e a Palestina. Estudou com diversos professores, nenhum dos quais conseguiu satisfazê-lo. Finalmente dirigiu-se a Panteno, em Alexandria, onde encontrou a ciência que buscava. Ao que parece, Clemente não tardou a associar-se a Panteno, na qualidade de professor-assistente. Após a morte do mestre (200) assumiu a direção da escola. Na perseguição de 202 deixou o Egito e rumou para Cesareia na Capadócia, para junto do seu ex-discípulo, o Bispo Alexandre. É provável que não tenha retornado ao Egito. Uma carta de Alexandre, datada de 211 ou 212, exalça-lhe os méritos pela Igreja de Deus; uma segunda missiva escrita pelo mesmo bispo em 217, e en-

---

1. Hist. V, 10.

dereçada a Orígenes, inclui-o no rol dos falecidos. Sua morte ocorreu, pois, entre 212 e 217. Não consta com certeza que tenha sido sacerdote.

Obras – Vários escritos de Clemente se extraviaram. Dos seus "Esboços" ('Υποτυπώσει) restam apenas alguns fragmentos. A crermos em Fotino, continham eles certas doutrinas perigosas; tal opinião, porém, não era compartilhada pelos contemporâneos de Clemente. Além da homilia "*Quis dives salvetur*", chegaram até nós as três obras seguintes:

1. *Exortação aos pagãos (Protreptikos, Cohortatio ad gentes)*, anterior ao ano 200. Na primeira parte Clemente nos dá a conhecer o Cristo como arauto e mestre de um novo reino; traça um quadro tenebroso da estultície e da imoralidade da mitologia pagã e os cultos dos mistérios; refuta as doutrinas dos filósofos gregos acerca da natureza de Deus. Na segunda parte expõe a doutrina cristã da salvação.

2. *O Pedagogo (Paidagogós, Paedagogus)*. Compreende três livros e foi redigido entre 200 e 202. Dirige-se aos que atenderam à sua exortação e se converteram ao cristianismo. O primeiro livro intenta orientá-los para Cristo, o mestre da vida nova. Os dois últimos contêm diretivas para a vida cotidiana do cristão.

3. *Tapetes* ou exposições científicas da verdadeira filosofia (*Stromata*). Consta de oito livros, compostos depois de 202. A respeito desta sua obra-mestra, que não apresenta uma disposição rigorosa e trata dos mais variados assuntos, escreve o próprio Clemente: "No que concerne a esta obra, ela constitui um escrito elaborado sem grande arte e sem pretensões a ostentação. Trata-se muito simplesmente de uma série de anotações que pretendo conservar para os anos de minha velhice, à guisa de preventivo contra o olvido. Minha intenção é traçar outros tantos retratos e imagens evocativos daqueles discursos brilhantes e cheios de vida, bem como daqueles varões santos e verdadeiramente notáveis, aos quais tive o privilégio de escutar. Um deles, a quem chamavam o Jônio, viveu na Grécia, e os demais, na Grande Grécia (um nascera na Celessíria, e outro, no Egito); outros ainda, eram do Oriente, sendo que um era assírio, e um segundo, nascido na Palestina, de origem hebraica. Depois de travar conhecimento com este último, que aliás era o primeiro em importância, deixei de procurar, pois que o havia descoberto no Egito, onde se ocultava. Era na verdade uma abelha siciliana, acostumada a sugar o mel nos prados dos profetas e dos apóstolos, e a semear nas almas dos seus ouvintes a abundância dos mais puros conhecimentos"[2].

Estas três obras principais formam uma espécie de trilogia, segundo uma observação do próprio autor no começo do "Pedagogo". O plano de Clemente é expor as etapas sucessivas pelas quais o Logos deseja conduzir as almas à perfeição. Após uma exortação inicial (*Cohortatio*), o Logos assume o papel de educador (*Paedagogus*) para a vida virtuosa; finalmente, Ele nos inicia numa espécie de ciência superior, contida nos *Stromata*[3]. Como se vê, o objetivo de Clemente é essencialmente religioso. É o que não devemos perder de vista se quisermos entender-lhe corretamente a filosofia.

Edições – MG 8-9. GCS, 3 vols.: 1. Protr. Paed, 1905; 2. Strom. 1-6. 1906; 3. Strom. 7-8, 1909, edit. por Staehlin.

Nas citações indicaremos tanto os livros como os capítulos; os números que vêm depois do ponto e vírgula referem-se aos parágrafos e alíneas da ed. GCS.

---

2. Strom. I, 1; II, 1-2.
3. Paed. I, 1; 1-3.

§ 1. O problema filosófico

I. A justificação da filosofia

Na opinião de muitas almas simples a filosofia é completamente supérflua para os cristãos. Há mesmo quem a repute por invenção diabólica[4]. Não foi porventura nas fontes da filosofia que costumavam abeberar-se os pagãos? E quem desconhece a sua influência perniciosa sobre os gnósticos? É na fé, e só nela, que o cristão deve buscar a salvação. Entendiam esses adversários da filosofia que não havia motivo algum para um cristão ocupar-se de assuntos estranhos à fé, e em particular, de um estudo tão notoriamente perigoso como é o da filosofia. Para o crente, só existe uma doutrina necessária e útil: a sua fé[5]; tanto mais que – segundo a opinião do próprio Clemente – a única filosofia verdadeiramente digna deste nome é o cristianismo[6]. Clemente viu-se constrangido a combater esta atitude, tanto mais que ela visava, indiretamente pelo menos, a sua própria posição. De fato, não faltavam os que lhe reprochassem um interesse excessivo pela filosofia grega[7].

Diante disso, Clemente se esforça por mostrar que a filosofia, como tal, é boa. Os que a cultivam estão cumprindo a vontade do próprio Deus, e um uso razoável da mesma só pode ser benéfico. "É inconcebível que a filosofia seja má, visto que torna os homens virtuosos. Por isso ela deve ter sua origem em Deus, que só pode fazer o bem; aliás, tudo o que vem de Deus é dado para o bem e recebido para o bem. E, por sinal, os homens maus não costumam interessar-se pela filosofia"[8]. Esta réplica reaparece constantemente, e nas mais diversas formulações, traindo o interesse apaixonado de Clemente por esta questão. No intuito de justificar o seu ponto de vista, Clemente prova, primeiro, a importância soteriológica da filosofia com relação ao paganismo, e, segundo, o seu valor perene para o cristianismo.

1. A função soteriológica da filosofia na era pré-cristã – Longe de ser obra do demônio, a filosofia grega é, ao contrário, um bem. Para provar este ponto, Clemente não só retoma, como também realça e desenvolve a tese de Justino sobre a função soteriológica da Lei mosaica e da filosofia grega.

a) À filosofia antiga coube a tarefa pedagógica de encaminhar os gentios para Cristo (παιδαγωγό εἰ Χριστόν), como a antiga Lei servira para conduzir a Ele os judeus.

A fé em Cristo, a que agora se pretende restringir o alcance da razão humana, não existiu antes do advento do Salvador, quando se dispunha apenas da Lei judaica e da filosofia grega. A Lei era, indubitavelmente, uma expressão da vontade de Deus. O Antigo Testamento foi uma preparação do Novo, e este é o remate e a complementação daquele; há, pois, uma verdadeira

---

4. Strom. I, 16; 80, 5; cf. VI, 8; 66, 1.
5. Strom. I, 9; 43, 1.
6. Strom. VIII, 1 1, 1.
7. Strom. I, 1; 18, 2-3.
8. Strom. VI, 17; 159, 7-8.

continuidade na Revelação divina. Também os gregos, a despeito de todas as diferenças, encontravam-se numa situação semelhante. É verdade que não possuíam nem a Lei nem a fé; a verdade lhes vinha exclusivamente do uso da razão natural. Era esta que – no dizer de São Paulo (Rm 2,14) – os julgava, e os preparava para a acolhida do Evangelho. Isto se pode colher sem dificuldade da leitura de Platão e dos antigos poetas. A razão natural teve até mesmo os seus profetas, isto é, os filósofos que, a seu modo, deram testemunho da verdade. Não que Deus lhes falasse diretamente; mas nem por isso deixou de guiá-los indiretamente pela razão, que é também uma luz divina. De forma que a razão era para os pagãos o que a Lei era para os judeus[9].

É mister admitir, porém, que Clemente nem sempre é suficientemente claro no que respeita à fonte da verdade da filosofia grega. Há muitas passagens obscuras. Por vezes parece supor que a razão natural capacitava os filósofos a encontrar a verdade. Outras vezes, porém, declara que a emprestaram aos hebreus[10]. Há textos em que ambas as possibilidades vêm mencionadas lado a lado; donde talvez se possa concluir que, a seu ver, as duas fontes se complementam mutuamente.

b) A filosofia antiga teve até mesmo o efeito de justificar, até certo ponto, os seus representantes. Pois, ainda que o valor da filosofia fosse indubitavelmente inferior ao da Lei mosaica, ela partilhava com os dois Testamentos a tarefa de justificar os que levavam uma vida honesta e conforme à verdade.

Clemente fala repetidamente deste efeito justificador da filosofia antiga[11]. Trata-se de uma consequência lógica de sua convicção de que a filosofia grega exerceu a função de "educar" ou preparar a humanidade para o cristianismo. Em qualquer hipótese, Clemente está de acordo com Justino em ver nos filósofos antigos outros tantos cristãos antes de Cristo.

c) Pela mesma razão o cristianismo é uma continuação natural da filosofia antiga. Na qualidade de guia para o Cristo, compartida com o Antigo Testamento, a filosofia grega vem dar, como este, no Novo Testamento. De modo que a história do conhecimento da verdade é comparável ao curso de duas grandes torrentes; uma nasce na Lei revelada aos judeus no Antigo Testamento, e a outra, na razão; suas águas confluem numa terceira corrente: a Revelação cristã. "Não há dúvida que o caminho para a verdade é um só; mas nele desembocam, como num caudal inesgotável, os afluentes vindos de todos os lados[12]."

2. A função da filosofia no Novo Testamento – Àquela tarefa sublime, desempenhada pela filosofia na era pré-cristã, corresponde uma função semelhante, e até mais decisiva, na economia neotestamentária.

a) De fato, ela continua a servir de guia a todos quantos se convertem ao cristianismo, encaminhando-os para a fé, com a ajuda de argumentos racionais[13].

---

9. Strom. VI, 5-8; 42, 1ss.
10. Strom. ibid., e I, 17; 81; Protr. 6; 70, 1.
11. Strom. I, 20; 99, 3. I, 4-5; 25-32.
12. Strom. I, 5; 29, 1.
13. Strom. I, 5; 28, 1; cf. I, 2; 2-4.

Como se vê, Clemente começa por traçar um paralelo entre a filosofia e a Lei, e, a seguir, compara a função da filosofia no passado com sua função atual. Surge daí a pergunta, aliás perfeitamente justificada: Se a Revelação cristã não veio abolir a Lei, mas sim cumpri-la, por que razão a fé haveria de suprimir a filosofia, que era para os gregos o que a Lei era para os judeus? E, se antes de Cristo a filosofia serviu de preparação para a fé, por que não se lhe há de atribuir, no presente, uma função análoga em benefício dos que ainda não aportaram à fé? "Os gregos foram educados para Cristo por intermédio da filosofia, como os judeus por intermédio da Lei. Assim a filosofia prepara o caminho para aquele que é chamado à perfeição por Cristo"[14].

b) A filosofia é útil também para os que já professam a fé cristã. É ela que lhes fornece as armas necessárias para a defesa da fé. É impossível descobrir as emboscadas dos sofistas, a menos que a sabedoria da fé venha aliada ao saber filosófico[15]. Ademais, o estudo da filosofia é uma vocação agradável a Deus.

Clemente faz ver, não sem fineza, que embora a filosofia fosse inútil, a demonstração de sua inutilidade já representaria algo de valioso. Os gregos costumam ser condenados pelos que só os conhecem de oitiva, sem se darem ao trabalho de estudá-los a fundo e nas próprias fontes. Todos aqueles, ao contrário, que baseiam suas pesquisas na razão e na experiência, além de obterem resultados perfeitamente seguros, põem-se em condições de convencer os amantes da verdade. Assim a filosofia contribui positivamente para assegurar a fé[16].

Ademais, é um fato comprovado pela Escritura (Ex 28,3) que certos homens receberam de Deus uma inteligência particularmente profunda. Aliás, também nas artes há os que se avantajam aos outros: o músico dispõe de um ouvido mais delicado que o comum dos homens, ao passo que o oleiro tem um sentido táctil altamente desenvolvido. Do mesmo modo os que se aplicam aos estudos receberam certos dons especiais de Deus, a saber: um entendimento apto a desvendar o sentido dos escritos filosóficos, e, bem assim, a energia e a perseverança necessárias para tais estudos. Todos estes dons provêm de Deus; logo, a filosofia, a cujo cultivo eles se destinam, não pode ser má[17].

c) Para que a filosofia possa desempenhar cabalmente a função que lhe cabe no cristianismo, é mister que não exorbite das suas atribuições nem do seu domínio competente. Sua função é apenas auxiliar. A filosofia é a serva da sabedoria ou da fé iluminada.

Precata-nos a Escritura contra a familiaridade com as mulheres estranhas (Pr 5,2-20), dando a entender, assim, que devemos fazer uso das ciências profanas, mas sem nos determos nelas. Elas são as servas da filosofia, como esta é a serva da sabedoria. A sabedoria, na definição estoica, é a ciência das coisas divinas e humanas e das suas causas; filosofar, por sua vez, significa tender a esta sabedoria. A sabedoria é, pois, a senhora da filosofia, como esta o é das

---

14. Strom. I, 5; 28, 3.
15. Strom. I, 5; 28, 4.
16. Strom. I, 2; 19, 1.
17. Strom. VI, 17; 159, 7-8.

ciências particulares: ἔστι γὰρ ἡ μὲν φιλοσοφία ἐπιτήδευσις σοφίας ... κυρία τοίνυν ἡ σοφία τῆς φιλοσοφίας ὡς ἐκείνη τῆς προπαιδείας[18].

De forma que já em Clemente se nos depara a ideia de que a filosofia e as ciências particulares se subordinam à sabedoria, ou, em outros termos, que a filosofia é a serva da teologia.

II. Relações entre a fé e a filosofia

A tentativa de mostrar a utilidade da filosofia para os cristãos já implica a existência de uma relação positiva da filosofia para com a fé. Como entende Clemente esta relação?

1. Possibilidade de colaboração entre fé e filosofia – Esta possibilidade decorre do fato de a fé e a razão não serem de natureza heterogênea; seus resultados são pois perfeitamente compatíveis. As várias atividades espirituais do homem formam uma unidade, ou, na expressão de Clemente, não há senão uma única atividade espiritual (φρόνησις), cujas denominações variam de acordo com a variedade de suas manifestações.

Chama-se *pensamento* (νόησις) enquanto tem por objetivo as causas primeiras; enquanto procura demonstrar este pensamento por meio de razões, ela assume o caráter de *conhecimento* (γνῶσις), de *sabedoria* (σοφία) e de *ciência* (ἐπιστήμη); enquanto atende a assuntos religiosos e aceita as doutrinas de Deus independentemente de inferências racionais, denomina-se *fé* (πίστις); enquanto se ocupa das coisas sensíveis, toma o nome de *opinião correta* (δόξα ὀρθή); no domínio das artes manuais recebe a designação de *arte* (τέχνη); enquanto se atém, na ordem prática, a certas regras tradicionais, sem indagar-lhes as razões profundas, dá-se-lhe o nome de *experiência* (ἐμπειρία)[19]. Nada se opõe, portanto, à colaboração entre a fé e a razão, visto tratar-se de duas atividades diferentes de uma só faculdade espiritual.

2. Esta colaboração realiza-se de três maneiras:

a) A fé é o critério da verdade, pois é por meio dela que se distingue a verdade do erro nas doutrinas dos filósofos: κυριώτερον οὖν τῆς ἐπιστήμης ἡ πίστις, καὶ ἔστιν αὐτῆς κριτήριον[20]. Clemente está persuadido de que os filósofos não atinaram com a verdade total[21]. Além disso, entenderam mal certas doutrinas emprestadas aos judeus. De modo geral, porém, Clemente é de opinião que a filosofia grega contém poucos elementos falsos ou inaceitáveis do ponto de vista cristão. A bem dizer, desejaria excluir apenas o ateu Epicuro[22], que repõe no prazer o bem supremo do homem e nega a Providência. Contudo, também Epicuro é posto a serviço da ideia de Clemente, que consegue desviar para ele todos os anátemas de Paulo contra a filosofia grega; pois, na opinião de Clemente, o nome de "sabedoria deste mundo" aplica-se apenas a esta filosofia dissoluta e egoísta[23].

---

18. Strom. I, 5; 30, 1. Cf. a explicação alegórica da imortalidade dos Patriarcas (§ 29-30). Neste ponto Clemente segue de perto a Filo.
19. Strom. VI, 17; 155, 3.
20. Strom. II, 4; 15, 5,
21. Strom. VI, 7; 55, 4.
22. ἀθεότητος, κατάρχοντι, Strom. I, 1; 1,2.
23. Strom. VI, 8; 67, 2.

Todos os demais filósofos, ao contrário, contêm sementes de verdade, que nos cabe recolher e aproveitar. A verdade assemelha-se ao corpo de Penteu, que foi despedaçado pelas bacantes, cada uma das quais desejava possuí-lo todo inteiro. O mesmo se dá com a verdade nas escolas filosóficas; cada qual se jacta de possuí-la integralmente, quando na realidade só a tem em parte. A verdade total apareceu no Logos, em cuja pessoa os membros despedaçados da verdade tornaram a formar um todo homogêneo. A fé, e só ela, tem a tarefa de reintegrar todas as verdades parciais num conjunto verdadeiramente sistemático[24]. Esta ideia, já sugerida por Justino, torna-se plenamente consciente no Alexandrino, passando a desempenhar um papel importante no pensamento cristão.

b) A fé é uma antecipação de certas verdades ainda ignoradas pela razão. É à luz da fé que esta chega ao saber – O termo "antecipação" é tirado de Epicuro; "também ele, que à verdade antepunha o prazer, vê na crença uma como antecipação do conhecimento". Por antecipação entende-se uma ideia clara, oriunda dos sentidos, e indispensável para todo e qualquer trabalho frutuoso de pesquisa, de dúvida, de juízo e de raciocínio[25]. A antecipação e a fé têm, pois, a mesma função. Com efeito, a aprendizagem é impossível a menos que se disponha de um conceito prévio daquilo que se deseja aprender e compreender. O aprender e o compreender consistem precisamente na transformação de antecipações em outros tantos conceitos e conhecimentos.

Também a fé constitui uma antecipação, com a diferença de ser aceita com inteira liberdade (πρόληψι ἑκούσιο). Donde se segue que sem ela é impossível chegar à inteligência: "Se não crerdes, não compreendereis", já dizia o Profeta (Is 7,9). Sem a fé a alma jamais lograria elevar-se à ordem transcendental[26]. Assim a fé vem a ser o ponto de partida de toda especulação cristã. Do mesmo modo que a respiração é necessária para a vida física, assim a fé é indispensável para todo entendimento aprofundado. "Como é impossível viver sem os quatro elementos, assim é impossível adquirir qualquer conhecimento sem a fé. Esta é o fundamento da verdade: Αὕτη τοίνυν κρηπὶ ἀληθεία [27].

c) A fé atinge sua perfeição na gnose, que ultrapassa a fé – O saber é superior ao crer. A ciência ou *gnosis*, isto é, uma espécie de saber aprofundado, constitui o remate e o acabamento da fé. Sem dúvida, é preciso partir da fé; mas importa ultrapassá-la; e, à medida que vamos crescendo na graça, devemos empenhar-nos por obter um conhecimento sempre mais perfeito de Deus[28].

III. O gnóstico cristão

Nos escritos de Clemente deparamos, repetidamente, com três tipos de homens: o pagão, o crente e o gnóstico. Há quem queira deduzir a existência de três ordens essencialmente diversas. Na verdade, porém, o sistema de Clemente só comporta duas. À primeira pertencem os pagãos, e à segunda, os fiéis e os gnósticos, visto que o gnóstico não é senão o crente perfeito[29]. Ao igualar o gnóstico ao crente, e ao enraizá-lo na mes-

---

24. Strom. I, 13; 57, 7; cf. VI, 7; 55.
25. Strom. II, 4; 16, 3.
26. Strom. II, 2; 8, 4.
27. Strom. II, 6; 31, 3.
28. Strom. IV, 14; 109, 1; VII, 10; 55.
29. Strom. IV, 21; 130, 1.

ma fé dos simples fiéis, Clemente conseguiu superar o grave perigo que o gnosticismo herético representava para a fé cristã. Ao gnosticismo heterodoxo opôs ele a sua gnose ortodoxa que, no fundo, outra coisa não é senão o conhecimento perfeito do místico.

1. Como se distingue o gnóstico do filósofo e do crente? – Para diferenciá-los, Clemente se utiliza da figura paulina do ramo e da oliveira bravia (Rm 11,17). O filósofo é comparável a uma oliveira bravia; apesar do alimento abundante que lhe vem do solo, esta permanece estéril. Mas, tão logo o jardineiro lhe enxerta um ramo de oliveira, a totalidade do alimento absorvido passa ao ramo enxertado, que o transforma em frutos saborosos. Semelhante efeito produz a fé, quando enxertada no pensamento de algum filósofo.

Esta enxertia pode ser feita de quatro maneiras. Primeiro, pode enxertar-se um ramo entre a casca e o caule. É o que ocorre com o geral dos gentios, os quais soem instruir-se apenas nas noções elementares da religião, razão por que a sua fé permanece bastante superficial. Segundo, a enxertia pode praticar-se também numa fenda aberta no caule, na qual se introduz o galho. Coisa análoga se dá com os pagãos familiarizados com a filosofia. A fé produz uma brecha nas suas convicções, não tardando a lançar raízes e a conduzi-los ao reconhecimento da verdade. O mesmo processo de enxertia aplica-se também aos judeus. Um terceiro processo consiste na união do ramo ao cavalo. Cortam-se dois ramos, afasta-se o córtex e a madeira branca, descobre-se o cerne e atam-se os ramos. Este método lembra o processo violento pelo qual certos hereges chegam à fé. E, finalmente, há a enxertia em forma de escudo; toma-se um gomo com bastante casca, e substitui-se a um gomo cortado do cavalo. A este método corresponde, na esfera religiosa, aquele processo de enobrecimento espiritual que culmina na gnose. Esta analogia admite duas interpretações: ou a oliveira bravia, isto é, o espírito do gnóstico, transplanta-se para Cristo, ou – o que Clemente julga preferível – a fé se transplanta para o espírito do gnóstico[30].

Para Clemente nem todos os cristãos são gnósticos, pois que a fé nem sempre atinge a perfeição. Mas todo gnóstico digno deste nome é cristão, porquanto a verdadeira gnose consiste na fé perfeita. O mesmo se lê na passagem que trata dos vários graus de perfeição. A perfeição cristã pode manifestar-se na piedade, na paciência, na temperança, no trabalho, no martírio ou na gnose. É impossível realizar, na vida presente, todas estas modalidades de perfeição; só em Cristo encontramos a presença simultânea e consumada de todos os graus de perfeição. Entretanto, o gnóstico chega a atingir, já nesta vida, o máximo grau de perfeição acessível ao homem. Para ele, a Lei não é apenas uma norma de ação; procura compenetrar-se dela, para transformá-la em verdade viva e vivida, mediante a sua gnose. Faz-se um mártir, pelo testemunho da própria vida, e só no término dela será chamado perfeito[31]. Como se vê, para Clemente, o gnóstico é simplesmente um cristão perfeito.

---

30. Strom. VI, 15; 117-122.
31. Strom. IV, 21; 130.

2. As características do gnóstico – Do exposto, é fácil inferir os traços característicos do gnóstico. Sua vida é a de um verdadeiro sábio, toda inspirada na fé e na caridade, segundo as exigências da perfeição evangélica.

a) O gnóstico ama o seu Deus em atenção a Ele mesmo, e sem o menor egoísmo – Não busca outra satisfação, salvo a que deriva do amor a Deus. Embora não duvide da recompensa futura, o seu amor não se inspira na esperança do prêmio prometido. A contemplação e o amor de Deus: eis toda a sua recompensa. Suas ações não procedem do desejo de fama, de honra ou de qualquer outra vantagem. A prática do bem torna-se uma como exigência de sua natureza; sente-se compelido a ser bom, consoante a imagem e semelhança do seu Senhor[32].

b) Seu fim último e sua satisfação suprema encontram-se no conhecimento e no amor de Deus – A meta de todos os seus esforços intelectuais é um conhecimento sempre mais perfeito de Deus. Este desejo de conhecimento é uma expressão natural do seu amor a Deus. Se fosse possível forçá-lo a optar entre o conhecimento de Deus e a sua própria salvação – o que naturalmente é contraditório, segundo a observação expressa de Clemente – o gnóstico escolheria a primeira alternativa, isto é, a perfeição da fé, que outra coisa não é do que o saber inspirado no amor. E é neste conhecimento de Deus que o gnóstico reconhece o maior de todos os bens[33].

c) Graças a este conhecimento amoroso de Deus, o gnóstico chega a desembaraçar-se de todos os impulsos e paixões humanas, para firmar-se na divina impossibilidade, que é a "apatia" gnóstica – O gnóstico está completamente morto para a carne. Já não sente a necessidade de praticar a abstinência, pois a sua renúncia é total. A sua alma, outrora pecaminosa, está inteiramente norteada para Deus, e o seu corpo, morto ao pecado, pertence exclusivamente a Deus[34].

A insistência de Clemente na apatia tem sido mal-entendida, e há lugar para nos perguntarmos se ele de fato não se excedeu. Antes de mais nada, não pode haver a menor dúvida quanto à origem estoica do termo. Não menos manifesto, porém, é o caráter genuinamente cristão desta apatia gnóstica: dois fatos que importa não perder de vista. Tanto no estoicismo antigo, como no gnosticismo cristão de um Clemente, a supressão das paixões pressupõe a erradicação total da concupiscência, que é a fonte de toda paixão. Não obstante isso, a apatia estoica difere grandemente da cristã. O gnóstico descrito nos *Stromata* não é um estoico que renuncia aos seus apetites e desejos em vista da impossibilidade de sua realização, mas, sim, um cristão que encontra na caridade a satisfação de todos os seus anelos. É, pois, com toda a razão que o gnóstico cristão se diz "apático" (isento de paixões). Na realidade, a supressão das paixões é apenas um desaparecimento da paixão como tal, que é substituída por algo mais elevado, a saber: pelo amor e pela sabedoria. Esta apatia nada tem em comum com aquele isolamento altivo do estoico, que vive exclusivamente para si mesmo; é um estado de felicidade íntima, efeito da comunhão com Deus pelo amor e o conhecimento. A diferença entre a apatia estoica e a apatia cristã é a mesma que existe entre o amor reprimido e o amor plenamente realizado. "Está escrito: 'Ao que tem dar-se-lhe-á' (Lc 19,26): à fé a gnose, à gnose o amor, e ao amor a herança"[35].

---

32. Strom. IV, 22; 135.
33. Ibid., 136.
34. Strom. IV, 22; 137-138. Cf. texto anexo.
35. Strom. VII, 10; 55, 7.

§ 2. Doutrinas filosóficas

O caráter incompleto e fragmentário das exposições de Clemente dificulta sobremaneira a interpretação de sua obra. A seguinte exposição, subordinada aos títulos "A dúvida" e "A Teodiceia", é o resultado de uma simples respiga no campo das suas doutrinas filosóficas.

I. A dúvida

As sumárias considerações de Clemente acerca da demonstração (*Strom.* 8,1-8) baseiam-se pela maior parte em Aristóteles e nos seus comentadores. Mas também aqui se faz notar a influência estoica. Insatisfeito com os debates intermináveis e infrutíferos de seus contemporâneos, Clemente busca a salvação nos métodos já comprovados dos antigos. Sem dúvida, a verdade está prometida a todos os que a procuram, mas é mister procurá-la à luz da Lógica. Ademais, convém abstrair de todas as considerações humanas e procurar unicamente a verdade. Dadas estas condições, torna-se possível conquistá-la e vencer a dúvida[36].

1. A impossibilidade da dúvida universal ou da *epoqué* pirrônica – Embora o filósofo possa permanecer na dúvida em relação a problemas de menor importância, não se pode contudo justificar a doutrina pirrônica, cujos partidários duvidam de tudo, ou pelo menos exigem que se pratique a *epoqué* ou suspensão do juízo e do assentimento a não importa que proposição[37]. Na refutação desta doutrina Clemente dá provas de notável habilidade dialética. Sua argumentação procede em três etapas:

a) A proposição: "Nada é verdadeiro" anula-se a si mesma – Afirmam os céticos que nada é certo ou verdadeiro. Ora: ou eles concedem que tal proposição é verdadeira, e neste caso há algo de verdadeiro, e a proposição "Nada é verdadeiro" é falsa; ou, ao contrário, admitem que também esta proposição não é verdadeira, e neste caso não têm o direito de afirmá-la. Portanto, a dúvida universal é um absurdo[38].

b) O pirronismo é necessariamente incoerente – O pirronista pretende suspender o juízo. Ora, para ser coerente consigo mesmo, ele deveria abster-se inclusivamente deste juízo, e renunciar àquela regra da *epoqué*, para entregar-se ao mais absoluto silêncio: com efeito, é impossível afirmar a necessidade da *epoqué*, sem *ipso facto* comprometer-se a alguma coisa. Pois é evidente que o pirrônico renuncia à dúvida ou *epoqué* no que respeita a esta mesma dúvida ou *epoqué*. De fato, não lhe ocorre duvidar do fato da dúvida, como também não duvida de que é homem[39].

c) O pirronista que admite a necessidade de se praticar a epoqué *da* epoqué*, ou seja, a abstenção da abstenção do juízo, é levado a admitir, com isso mesmo, a possibilidade de pelo menos um conhecimento verdadeiro* – De fato, com tornar-se objeto de dúvida, a primeira

---

36. Strom. VIII, 1; 1-2.
37. Strom. VIII, 5; 16,3. Sobre a causa da dúvida e do ceticismo cf. VIII, 7; 22; nesta passagem encontram-se também as fontes das exposições de Clemente.
38. Ibid., 5; 15, 4-6.
39. Ibid., 15, 7-9.

epoqué torna-se incerta; e admitindo isto, admite-se a possibilidade de algum conhecimento certo. De forma que a dúvida da dúvida abre a possibilidade para um conhecimento certo[40].

Uma vez removido o perigo do ceticismo, resta-nos sair em busca de um caminho seguro para a verdade. Deparamo-lo na demonstração.

2. Demonstração, silogismo, persuasão e análise – É necessário distinguir cuidadosamente a demonstração da simples persuasão; uma e outra, por sua vez, devem diferençar-se do silogismo. O silogismo não passa de um raciocínio correto, pelo qual se passa de duas premissas pressupostas a uma conclusão, ao passo que a demonstração é um raciocínio cujo antecedente não consta de premissas meramente supostas, mas garantidamente verdadeiras. A persuasão, ao contrário, é uma conclusão tirada de premissas prováveis. A análise é um processo que segue um caminho inverso ao da demonstração.

A demonstração é um processo conclusivo (Aristóteles emprega a mesma expressão imprecisa de "λόγο ") pelo qual a partir de duas verdades conhecidas se obtém uma terceira, antes desconhecida. As premissas podem derivar sua evidência, quer da experiência sensível, quer do pensamento; em ambos os casos levam a uma conclusão cientificamente certa (ἀπό δειξι ἐπιστημονική τε καί δεδαία). É claro que tais conclusões podem servir de premissas para novas demonstrações. De sorte que a demonstração deriva invariavelmente de premissas seguras e indubitáveis, dando início a toda uma sequência de novas proposições obtidas por via silogística. A análise, ao revés, procede pelo caminho inverso; visa encontrar as primeiras proposições evidentes que dão origem ao conhecimento certo de outras proposições menos evidentes[41].

A opinião é um silogismo provável, quer dizer, um raciocínio formado de proposições meramente verossímeis; é claro que um tal raciocínio só pode conduzir à "confiança" (πίστι), isto é, a uma certa persuasão, comparável à convicção produzida num auditório pelo orador que não se serve de razões evidentes. Se, porém, as premissas não forem nem evidentes nem prováveis, teremos um silogismo que, apesar de correto, carece de força convincente[42].

Clemente discute, outrossim, as condições exigidas dos vários elementos constitutivos da demonstração. Também aqui as suas exposições se fundam nos "Segundos Analíticos" de Aristóteles. Propõe, enfim, uma teoria das causas, onde a divisão estoica é reduzida à divisão aristotélica[43].

II. Teodiceia

Seria inútil pedir a Clemente uma exposição perfeitamente sistemática da Teologia Natural. Só esporadicamente toca na questão do conhecimento natural de Deus. Mais de uma vez, dá a entender que os filósofos auferiram dos hebreus os seus conhecimentos mais profundos sobre a essência divina. Donde a dificuldade de fixar exata-

---

40. Ibid., 16, 1.
41. Strom. VIII, 4; 8, 3.
42. Ibid., 6-8.
43. Strom. VIII, 9; 25ss.

mente as possibilidades atribuídas à razão natural neste assunto. Bastem, pois, algumas poucas observações sobre a sua Teologia Natural.

1. A existência de Deus é universalmente conhecida

Esta afirmação é tida por evidente. Não há povo que não admita algum ser supremo. Todos os homens chegam a formar uma ideia de Deus, pois trazem implantada em suas almas uma "antecipação" (πρόληψι) deste saber[44]. Esta "antecipação" provém de uma influição divina que se fez notar principalmente nos filósofos, que dela receberam a ideia de um Deus único, princípio e fim do universo[45]. Todos eles sofreram a influência de uma espécie de iluminação natural de Deus[46].

2. A essência de Deus permanece oculta ao homem

Não sabemos o que Deus é; podemos saber, contudo, o que Ele não é. É impossível conhecê-lo por meio de argumentos baseados em princípios superiores a Ele; pois Deus não tem causa, senão que, ao contrário, Ele próprio é a razão e a causa de todas as outras coisas. Não foi sem razão que Paulo pregou, em Atenas, o "Deus desconhecido", pois a sua essência permanece incognoscível à razão natural[47]. O saber aproximativo que dela se obtém com a ajuda de certas analogias, não passa, no fundo, de um saber meramente negativo. Pois não se deve perder de vista que Deus excede toda determinação, e por esta razão não cabe em nenhuma categoria. Esta transcendência divina é de difícil compreensão. Como todo conhecimento filosófico, o conhecimento de Deus pressupõe que o homem comece por desvencilhar-se das impressões sensíveis que o envolvem à maneira de uma crosta impenetrável[48].

3. O conhecimento negativo de Deus é obtido por via analítica

A fim de penetrar o mais possível no conhecimento negativo de Deus, temos que recorrer à análise, ou seja, ao processo que, a partir dos dados da experiência, remonta ao primeiro princípio espiritual de todas as coisas. Esta análise consta de uma série progressiva de abstrações. Inicialmente, removem-se das coisas sensíveis as três dimensões de comprimento, altura e largura: o que resta é um simples ponto que, a despeito de sua simplicidade real, continua a ocupar uma posição no espaço. Abstraindo desta posição espacial teremos uma unidade puramente espiritual, ou uma causa situada acima de todo lugar, de todo tempo e de todo conhecimento. Se, afinal, abstrairmos de todos os aspectos corporais e incorporais do ser, e nos elevarmos à grandeza de Cristo, e até ao conceito da imensidade, então estaremos em condições de obter um certo conhecimento do Todo-poderoso, ainda que não nos seja dado saber o que Ele é, mas só o que não é[49]. Pois – como diz Clemente em outro contexto, em harmonia literal com Fílon – Deus está acima da própria Unidade: ἕν δὲ ὁ θεὸ καὶ ἐπέκεινα τοῦ ἑνὸ καὶ ὑπὲρ αὐτὴν μονάδα[50].

---

44. Strom. V, 14; 133, 9.
45. Protr. 6; 67-72; Strom. V, 13; 83-89.
46. Protr. 6, 68, 2; 52, 2.
47. Strom. V, 12; 82, 4.
48. Strom. V, 11; 72, 2.
49. Strom. V, 11; 71, 2-5.
50. Paed. I, 8; 71,1; cf. Filo, Leg. Alleg. II,3.

4. Deus e o Verbo. A criação

Clemente demonstra pouca originalidade em suas exposições acerca de Deus considerado como Criador. Afirma, como é natural, que Deus é o Criador de todas as coisas e o princípio absoluto de tudo. Mas é em vão que lhe solicitamos uma conceituação clara e inequívoca da criação. Esta é atribuída ao Logos[51] que, segundo a Escritura, produziu o mundo do nada: doutrina esta, que Platão e os estoicos tiraram de Moisés. Chegaram também ao conhecimento de um duplo universo: o κόσμο νοητό ou κόσμο ἀρχέτυπο e do κόσμο αἰσθητό. Referem eles o mundo inteligível à mônade, e o sensível à héxade, visto que o número seis, segundo os pitagóricos, é o número do matrimônio e da geração. A mônade, porém, é de natureza celestial. O mundo sensível foi feito a modelo do mundo espiritual[52].

a) Criação livre – Deus criou o mundo por um simples ato de sua vontade[53]. Este ato é uma expressão de sua bondade, porém livre e espontânea. Pois Deus não é bom no mesmo sentido em que o fogo é quente, ou por necessidade de natureza; sua bondade é voluntária, isto é, livre[54].

b) Intemporalidade do ato criativo – Bastou que Deus o quisesse, e o mundo se fez. Todas as coisas, sem excetuar o tempo, foram produzidas por sua vontade. Contudo, a vontade criativa de Deus não é temporal, mas eterna e intemporal. Não durou um certo número de dias, nem se fragmentou em vários atos sucessivos. Antes, as coisas se originaram em virtude de um só ato simples da vontade divina, pelo qual continuam a subsistir até o presente momento[55].

c) Bondade da criação – Tudo o que Deus criou é bom. Esta proposição decorre, logicamente, do que se expôs acima. Pois tudo quanto existe foi criado por Deus, cuja essência é bondade e amor; e visto que a bondade e o amor são a única razão de sua atividade criadora, é-lhe impossível criar qualquer coisa de mau[56].

Poderíamos citar vários outros ensinamentos de Clemente, tais como a sua doutrina das Ideias, do homem como imagem de Deus, do universo e da ética. Não nos demoraremos na análise das mesmas, por não se encontrarem suficientemente elaboradas. Para um tratamento mais sistemático destas e de outras doutrinas teremos de aguardar o trabalho dos seus sucessores.

Apreciação

A obra de Clemente tem sofrido as mais diversas interpretações. Para uns ela é essencialmente cristã, para outros o seu cristianismo é meramente formal; do ponto de vista material, ela seria platônica ou estoica. Ainda outros creem descobrir um perfeito equilíbrio entre o cristianismo e a ideologia helênica. Segundo Harnack[57], Clemente teria operado uma transformação radical da tradição cristã, convertendo-a numa filosofia religiosa de caráter helenístico.

---

51. Strom. VI, 7; 58, 1-7.
52. Strom. V, 14; 92, 1-94.
53. Protr. 4; 63, 3.
54. Strom. VII, 7; 42, 4-6.
55. Strom. VI, 16; 142, 1-4.
56. Paed. I, 8; 63, 1.
57. Lehrbuch der Dogmengeschichte I Bd., 4. ed., 1909, p. 641ss.

Não obstante estas divergências, os intérpretes concordam em distinguir um elemento cristão e um elemento grego na doutrina de Clemente. Ademais, reconhecem, unanimemente, que ele se empenhou sinceramente por ser cristão e por fazer prevalecer os elementos cristãos. Por outro lado, não há dúvida de que Clemente manteve uma atitude exageradamente otimista frente à cultura grega, crendo divisar certas concordâncias entre o cristianismo e a filosofia platônica ou estoica, onde uma reserva prudente teria sido mais aconselhável.

Bem pesadas as coisas, não se pode subscrever à opinião dos que veem em Clemente um filósofo essencialmente helenista, e só acidentalmente cristão. Antes ao contrário: ele é antes e acima de tudo um cristão sincero e convicto, e como tal, enriqueceu profundamente o patrimônio ideológico cristão com o precioso legado do pensamento antigo, contribuindo poderosamente para o aprofundamento da doutrina cristã. E é nisto que está a importância primordial deste grande iniciador.

A apatia gnóstica

"É da natureza do gnóstico não obedecer senão aos impulsos necessários para o sustento corporal, tais como a fome, a sede, e outros do mesmo gênero. Entretanto, seria ridículo afirmar que o corpo do Senhor, enquanto corpo, necessitasse de serviços para o seu sustento. Pois Ele não se alimentava por causa do seu corpo, que era conservado por uma força sagrada, mas com o único intuito de evitar que os seus familiares viessem a formar uma ideia errada a seu respeito, como, de fato, mais tarde alguns julgaram que a sua revelação não passasse de mera aparência. Todavia, não estava sujeito a nenhuma paixão, e era inacessível a quaisquer movimentos passionais de prazer ou de dor. Também os apóstolos, instruídos pelo Senhor, eram capazes de dominar, à maneira de verdadeiros gnósticos, a ira, o temor, e a concupiscência; não cediam nem mesmo aos impulsos passionais tidos em conta de bons, tais como a coragem, o zelo, a alegria e a jovialidade, mantendo-se numa espécie de disposição de ânimo inteiramente inabalável, e numa atitude de domínio inalterável de si próprios – pelo menos após a ressurreição do Senhor.

Pois ainda que os referidos impulsos sejam considerados bons na medida em que se fazem acompanhar da razão, não se pode contudo admiti-los no homem perfeito. Pois este não tem motivo para ser corajoso, visto não se expor a perigos, porque nada do que a vida lhe depara lhe parece perigoso, e porque, mesmo independentemente da coragem, nada consegue demovê-lo do amor de Deus. Tampouco necessita da alegria, pois nunca cede à tristeza, convencido de que tudo lhe reverterá em bem; também não se irrita, porque nada pode provocar à ira a quem não cessa de amar a Deus e de entregar-se inteira e exclusivamente a Ele. Pela mesma razão não alimenta ódio contra qualquer criatura de Deus. É-lhe estranho também todo zelo apaixonado, pois de nada carece para conformar-se ao bem e ao belo; e com razão não ama a pessoa alguma com este amor comum; ao contrário, ele ama o Criador através das criaturas.

Não está, pois, sujeito à cobiça, nem a qualquer outro desejo, e não sente falta de coisa alguma, pelo menos no que respeita à alma; pois já se encontra unido ao seu amado pela caridade, e inseparavelmente ligado a ele por sua própria escolha; aproxima-se progressivamente dele, graças ao seu autodomínio; sente-se feliz na abundância dos seus bens e esforça-se por assemelhar-se o mais possível ao Mestre pelo domínio das paixões.

Pois a Palavra de Deus é espiritual, e por isso a sua imagem só se manifesta no homem; com efeito, o homem bom é igual e semelhante a Deus, graças à sua alma, como também Deus é semelhante ao homem. Pois a nota distintiva de todo homem é o espírito, pelo qual participamos da essência que nos caracteriza. Por este motivo, aquele que peca contra um homem é criminoso e ímpio.

Há quem diga, com vã loquacidade, que não convém privar o gnóstico e o perfeito da ira e do ânimo, porque sem estas qualidades ele se tornaria incapaz de enfrentar os reveses e suportar os perigos. Se, além disso, lhe tirássemos a alegria, ele sucumbiria ao peso das adversidades, e sua morte seria extremamente triste. Mais ainda: quem carece de toda aspiração apaixonada não sente nenhum desejo pelas coisas que nos aparentam com o belo e o bem; é assim que muitos pensam.

E, perguntam eles, se é impossível achegar-se ao belo sem almejá-lo, como poderia alguém aspirar a ele sem sentir-se apaixonado? Os que assim falam parecem desconhecer o modo de proceder do amor divino; pois este, ao invés de ser uma aspiração do amante, é uma aproximação amorosa, que transporta o gnóstico à unidade da fé, e isto, sem qualquer dependência do espaço e do tempo. O amor lhe faz atingir, desde já, o lugar que lhe está reservado para o futuro, antedando-lhe, pelo conhecimento, o objeto de sua esperança. Por isso já não deseja coisa alguma, pois já possui, na medida do possível, tudo quanto é digno de ser desejado. É, pois, com razão que ele, amando à maneira dos gnósticos, mantém-se naquela disposição inalterável. Também não tende apaixonadamente a assemelhar-se ao belo, pois já participa da beleza pelo amor. Que lhe aproveitariam o ânimo e o desejo, uma vez que já lhe foi dado aproximar-se, pelo amor, do Deus impassível, e ser contado, pelo mesmo amor, no rol dos seus amigos?

Ser gnóstico ou perfeito, portanto, significa estar livre de toda agitação da alma. Pois o conhecimento produz o domínio de si próprio, e este, fixando-se numa disposição ou estado durável, tem por efeito a apatia, e não a simples moderação das paixões; pois a apatia é o fruto da completa extinção dos apetites.

Mas o gnóstico também se aparta das chamadas tendências boas, ou seja, das emoções que acompanham as paixões; quero referir-me, por exemplo, à alegria (que acompanha o prazer), ao abatimento (que se prende à aflição) e à cautela (que nasce do temor). Renuncia igualmente à exaltação apaixonada (associada à ira), se bem que muitos afirmem que tais emoções são um bem, e não um mal. Pois é impossível que, uma vez chegado à perfeição da caridade, e admitido às alegrias imperecíveis, perenemente deliciosas e inesgotáveis da contemplação, alguém possa continuar a agradar-se nas coisas inferiores e terrenas. Com efeito, que motivo racional haveria para volver aos bens mundanos, depois de atingida a "luz inacessível", se não em termos de tempo e lugar, pelo menos por meio daquele amor gnóstico que conduzirá à herança e à restauração, quando o "retribuidor" virá confirmar efetivamente aquilo que o gnóstico já antecipou pelo amor, graças à sua decisão? Na verdade, o gnóstico que, impelido pelo amor, sai em busca do Senhor, – embora o tabernáculo do seu corpo permaneça visível na terra, – por certo não se desfaz da própria vida (isto lhe é vedado), mas torna a viver, depois de haver destruído seus apetites e cessado de depender do seu corpo, ao qual permite apenas o uso do que é necessário para impedir sua dissolução".

Stromata 6,9; 71,1 – 75,3.

B. Orígenes

Com Orígenes, a escola catequética de Alexandria atinge o seu ponto mais alto. A extensão das suas atividades e a cópia dos seus escritos fazem de Orígenes o sábio mais prolífico do período pré-niceno. Seu ascendente sobre a Igreja universal não encontra paralelo entre os Padres Gregos, e uma avaliação objetiva não deixará de atribuir-lhe um posto de honra entre os príncipes da filosofia e da teologia cristã. É, indiscutivelmente, a figura mais notável antes de Agostinho. Pensador de raros dotes especulativos, dotado de uma férrea energia de trabalho (o que lhe valeu o apelido de "homem duro como aço"), de uma vontade inquebrantável de ortodoxia (uma heresia culposa se lhe afigura pior do que uma aberração moral), Orígenes toma vivo interesse em quase todos os domínios espirituais e científicos (é polemista, pregador, apologeta, exegeta, dogmático, moralista e místico). O âmbito do seu saber é contrabalançado pela profundeza de sua especulação. Não há dúvida de que o seu mestre foi uma das condições de sua grandeza; mas é igualmente certo que Orígenes supera Clemente em todos os pontos de vista, e sobretudo pela penetração especulativa. Sobre os fundamentos lançados por Clemente, pôde erguer o primeiro edifício sistemático doutrinal, a despeito de todas as falhas inevitáveis numa iniciativa deste gênero. Sua obra foi objeto de violentas controvérsias entre ortodoxos e heréticos, e até hoje é a mais discutida das de todos os Padres da Igreja. O que é testemunho eloquente da importância imperecível do grande mestre.

Vida – A grande maioria das informações sobre a vida de Orígenes nos vem de Eusébio, que lhe dedicou a quase totalidade do sexto livro da *História Eclesiástica*. Orígenes nasceu no Egito, pelo ano 185. Seu pai, de nome Leônidas, tratou de educá-lo em própria pessoa; simultaneamente fê-lo frequentar a escola catequética, onde com toda a certeza atraiu a atenção do seu mestre Clemente e do Bispo Demétrio. Entre 201 e 202 Leônidas foi preso e executado por causa de sua fé. A mãe teve de recorrer a toda sorte de astúcia para reter em casa o filho, que ardia por sofrer com seu pai – certa vez chegou a esconder-lhe as vestes –, mas Orígenes continuou a animá-lo por meio de cartas. Depois do martírio de Leônidas, os bens da família foram confiscados, e Orígenes, que contava então 17 anos, teve de sustentar a família lecionando. Por esse tempo, premido pela perseguição, Clemente abandonou, por algum tempo, a escola catequética e a cidade de Alexandria. Tão alta era, já então, a estima geral pelo jovem professor que o Bispo Demétrio o nomeou diretor da escola catequética, cargo este que exerceu até 230.

Os anos 203 a 218 foram decisivos para a vida e a evolução filosófica e teológica de Orígenes. Sua conduta irrepreensível e literalmente concorde às exigências de Evangelho – chegou mesmo a castrar-se num imprudente acesso de zelo – granjeou-lhe a estima de gentios e cristãos. Depois de 205 frequentou a escola filosófica de Amônio Sacas, considerado como fundador da escola neoplatônica e mestre de Plotino. Reconhecera a necessidade de conhecer mais de perto a filosofia grega; seu débito para com Amônio é considerável. Em 212 empreendeu uma viagem a Roma, "para ver a mais antiga das igrejas" e familiarizar-se com sua doutrina autêntica. A partir de 218 sentiu-se suficientemente preparado para começar a escrever.

Nos anos seguintes Orígenes desenvolveu uma atividade quase incrível. Tendo confiado aos discípulos o ensino das ciências profanas, passou a dedicar-se exclusivamente à teologia. Um amigo abastado, a quem convertera e que o provera de taquígrafos, copistas e caligrafistas, não cessava de estimulá-lo ao trabalho, razão por que Orígenes lhe chamava, gracejando, de "inspetor de escravos". Foi em meio a esta intensa atividade que se apresentaram também as primeiras dificuldades. Em 230 Aborígenes fizera uma viagem à Grécia, e, passando pela Palestina, foi ordenado sacerdote pelos bispos Alexandre de Jerusalém e Teoctisto de Cesareia, seus amigos. De volta a Alexandria o Bispo Demétrio, desaprovando o gesto dos dois bispos, suspendeu-o, alegando não ser permitido a um eunuco ordenar-se sacerdote. Aborígenes retirou-se então para Cesareia na Palestina, onde abriu nova escola e fundou uma biblioteca. Seguiram-se muitos anos de trabalho imperturbado. Sua fama espalhou-se por todo o orbe cristão. Por volta de 255, na perseguição de Décio, foi preso e torturado. Faleceu com cerca de 70 anos, provavelmente em Tiro, e, ao que parece, em consequência das torturas sofridas.

Excelente professor, Orígenes soube conciliar o afeto irrestrito dos seus alunos. Sentia-se pessoalmente responsável por eles, lecionava gratuitamente, e procurava instilar-lhes uma reverência profunda pela verdade, por tudo o que é humanamente grande e nobre, e sobretudo, inflamá-los de um acendrado amor ao cristianismo. Seu discípulo, Gregório o Taumaturgo, ao despedir-se da escola em 238, ergueu-lhe um monumento imperecível na sua oração de agradecimento.

Obras – Segundo Epifânio, Orígenes teria escrito nada menos de 6.000 obras, o que é seguramente um exagero. Segundo Jerônimo, teriam sido pelo menos 600. Trata-se, na maioria, de trabalhos exegéticos. Apenas uma parcela desta imensa obra foi conservada, e só nos restam poucas obras em grego. Sobre o destino da doutrina de Orígenes e o de seus livros, intimamente ligado àquele, remetemos aos manuais de Patrologia e de História Eclesiástica. A controvérsia acerca de Orígenes, sinceramente admirado também por muitos varões de grande santidade, levou à ruptura das relações amistosas entre São Jerônimo e Rufino, e, finalmente, à solene condenação de Orígenes no 5º Concílio Ecumênico de Constantinopla, no ano 553. As duas obras que mais nos interessam aqui são:

1. De Principiis (Περὶ ἀρχῶ). Contém quatro livros, escritos entre 220 e 230. A única versão completa que possuímos desta obra é a tradução, não inteiramente correta, feita por Rufino; a tradução de São Jerônimo extraviou-se. Conservaram-se, porém, numerosos fragmentos em língua grega. O livro foi publicado em estado incompleto a instâncias de um amigo de Orígenes, de nome Ambrósio. Mais adiante trataremos do conteúdo e da disposição da obra.

2. Contra Celsum (Κατὰ Κέλσου), em oito livros, 248. Nesta obra Orígenes refuta, passo por passo, as invectivas do filósofo Celso contra o cristianismo. Com P. Koetschau podemos dividi-la em quatro partes. A primeira contém objeções do ponto de vista judaico (1,28-2,79); a segunda, as objeções de Celso contra as doutrinas fundamentais do cristianismo (3-5); na terceira parte Orígenes refuta a afirmação de Celso de que as doutrinas cristãs são plágios e falsificações da filosofia grega (6-7,58); a quarta parte combate a tese de Celso, favorável a uma religião estatal de tipo pagão (7,62-8,71).

Edições – MG 11-17. GCS: Contra Celsum, vols. 1-2. B.A.C., n. 271: Orígenes Contra Celso. Introducción, Versión y Notas por Daniel Ruiz Bueno, Madri, 1967. *De principiis*, vol. 5, organizado por P. Koetschau. Citaremos esta edição, indicando os livros e os capítulos, e, separadas por um ponto e vírgula, as páginas e as linhas. Também as outras obras serão citadas segundo a edição GCS.

§ 1. O sistema da teologia cristã

Já chamamos a atenção para a multiplicidade dos interesses de Orígenes. Deixando de parte as obras de caráter exegético e puramente teológico, procuraremos familiarizar-nos, tanto quanto possível, com suas ideias filosóficas. Estas se encontram expostas, principalmente, no *De Principiis*, que representa a primeira tentativa de sistematização da fé e da doutrina cristã em geral. A maneira mais fácil de se avaliar o progresso de Orígenes sobre Clemente de Alexandria é um confronto entre a Trilogia deste último e os "Princípios" de Orígenes. Amigos e adversários são unânimes em reconhecer a importância capital desta obra. Os adversários proscrevem-na como herética; os amigos, ao contrário, defendem sua ortodoxia, insistindo em que tudo depende da interpretação correta. É evidente que os elementos filosóficos continuam muito estreitamente ligados aos elementos teológicos, não se devendo separar uns dos outros senão rara e mui cautelosamente; em geral será preciso interpretá-los em conjunto. Apresentaremos, em primeiro lugar, um esboço dos "Princípios", o qual nos permitirá delinear o sistema de Orígenes; a seguir, estudaremos o objetivo da obra, bem como seu método e suas relações para com a filosofia grega.

I. Exposição sumária do De Principiis

A obra começa por um prólogo, em que Orígenes explica o significado da palavra ἀρχή, a que ele dá o sentido de verdade básica do cristianismo. No intuito de dissipar quaisquer dúvidas acerca destas verdades básicas, o autor trata de arrolar, desde logo, os pontos aceitos como seguros por todas as Igrejas e os que são tidos por menos certos ou duvidosos. A própria obra divide-se em quatro partes, que podem ser assim caracterizadas, segundo P. Koetschau:

I Livro (Deus). Conteúdo: as três Pessoas divinas: as criaturas espirituais, sua origem, natureza, liberdade, queda e restauração; a animação dos astros; a diferença entre o ser material e o ser imaterial.

II Livro (O universo). Conteúdo: o mundo, sua essência, seu começo e seu fim; a gênese de novos mundos; a união de corpo e alma; a queda do homem, sua redenção pela Encarnação do Logos, sua iluminação e santificação pelo Espírito Santo; a identidade do Deus da Antiga e da Nova Aliança; o fim do mundo, o juízo, o inferno e a bem-aventurança.

III Livro (A liberdade). Conteúdo: a relação entre o homem e Deus; pecado e redenção; liberdade humana e justiça divina; os poderes hostis ao homem e as paixões; a educação que Deus dá ao mundo.

IV Livro (Revelações). Conteúdo: a inspiração; o tríplice sentido da Sagrada Escritura; a necessidade da exposição da Escritura – Os últimos capítulos contêm um sumário dos três primeiros livros.

A obra contém muitas repetições; mas convém notar que o autor, as mais das vezes, se dá conta disso. De qualquer maneira, é fácil discernir o plano de uma "suma" cristã. Em vista da forma especulativa que Orígenes lhe imprimiu, a obra pode chamar-se, com razão, uma suma escolástica, segundo a criteriosa observação de Cayré.

II. O objetivo da obra

Orígenes declara visar primariamente os fiéis que aspiram a uma compreensão aprofundada das verdades da fé, e secundariamente os hereges, entre os quais inclui os filósofos, a fim de rebater os seus ataques[1]. Sua intenção é, pois, ensinar a todos, fiéis e infiéis, os princípios, ou seja, as verdades básicas da fé, as quais se agrupam em torno de Deus, do mundo, do homem e da Revelação. Não pode haver a menor dúvida de que Orígenes tenciona ser antes e acima de tudo, e quase diríamos, exclusivamente, teólogo; como tal, procura entranhar-se nos tesouros da fé com a ajuda da especulação, a fim de vir em auxílio dos fiéis e dos infiéis. A filosofia lhe serve de simples auxiliar e serva para a elucidação especulativa das verdades de fé. Embora ainda não empregue a fórmula *fides quaerens intellectum*, a sua atitude e o seu modo de proceder condizem plenamente com ela. Seu propósito, diz, é especular a Palavra de Deus: φιλοσοφεῖν ... τὰ κατὰ τὸν λόγον[2].

Esta atitude se evidencia no cuidado com que verifica, desde o início de sua obra principal, o que há de seguro na tradição da fé e o que é mais ou menos suscetível de dúvida. A mesma posição se observa, aliás, em todas as suas obras. Seu ponto de partida é, invariavelmente, uma verdade de fé, ou, mais exatamente, um texto escriturístico, donde se lança às suas especulações às vezes bastante ousadas.

Orígenes é, como se vê, um discípulo fiel de Clemente. Distinguindo-se embora, enquanto dialético, dos simples fiéis (*simpliciores*), compartilha todavia com eles a mesma fé, que procura enriquecer com a especulação. Sente-se como que obrigado a transcender a simples fé e a tender para uma teologia especulativa. O estímulo principal veio-lhe da própria Escritura. Não foi a recomendação platônica da dialética que o conduziu à especulação, mas sim Salomão (Pr 10) e Jesus, filho de Siraque (Eclo 21,16-17), bem como o Apóstolo Paulo, que nos exorta a "ministrar a sã doutrina e refutar os contraditores" (Tt 1,9). Sobretudo, porém, foi Cristo quem nos convidou a perscrutar as Escrituras, a inquirir e a bater sem intermissão, até que se nos revele o seu conteúdo[3].

O êxito desse trabalho de pesquisa, pensa Orígenes, irá beneficiar não somente os cristãos letrados, mas também os mais simples. Nosso dever é cavar cisternas profundas no chão das Escrituras, para nos abeberarmos e darmos de beber aos outros: "*et in tantum fodiamus, ut su-*

---

1. Princ. IV, 45 (32); 356, 14-20.
2. Cels. III, 79; 270, 15. Cf. Princ. praef. 3,9.
3. Mt. 7, 7. Cels. VI, 7; 77, 10.

perabundent aquae putei in plateis nostris, ut non solum nobis sufficiat scientia scripturarum, sed et alios doceamus et alios instruamus, ut bibant homines, bibant et pecora. Audiant prudentes, audiant simplices quique: Sapientibus enim et insipientibus debitor est doctor ecclesiae"[4].

III. O método

A especulação se apoia na revelação e procura aprofundar o patrimônio da verdade. É claro que tal empresa é inexequível sem uma exposição adequada da Escritura. Necessita-se, além disso, de um critério que nos permita julgar da verdade ou da falsidade da interpretação escriturística.

1. O critério da especulação cristã é a tradição apostólica

Na qualidade de teólogo cristão, Orígenes sentiu as dificuldades decorrentes de uma doutrina de fé ainda não suficientemente fixada. A fim de pôr-se ao corrente do que era aceito universalmente, e do que permanecia mais ou menos indeciso, empreendeu extensas viagens, que o conduziram até Roma. Para determinar a doutrina autêntica da Igreja adotara-se o seguinte critério: deve ser tido por seguramente verdadeiro aquilo que foi pregado desde os tempos apostólicos: "*Illa sola credenda est veritas, quae in nullo ab ecclesiastica et apostolica traditione discordat*"[5]. Baseado neste critério, Orígenes distingue dois grupos de verdades. Ao primeiro pertencem as que são essenciais à fé cristã e por isso devem ser aceitas por todos os cristãos. O segundo grupo é constituído das verdades que não se contêm tão claramente na tradição apostólica; compete à especulação pronunciar-se acerca das mesmas[6].

A seguir, enumeraremos algumas destas doutrinas seguras, e algumas das que permanecem indecisas, limitando-nos sempre àquilo que apresenta algum interesse filosófico.

Para Orígenes, *os elementos seguros da tradição apostólica* são, entre outros:

Há um só Deus que criou e ordenou todas as coisas; "criar" significa tirar do nada.

A alma é uma substância dotada de um princípio vital próprio; ao deixar este mundo ela é recompensada com a vida eterna ou relegada ao fogo eterno, de acordo com seus méritos ou culpas.

A alma racional é dotada de livre-arbítrio; é ela própria que decide do seu destino em meio à luta contra os poderes adversos; a influência dos astros, neste ponto, é nula.

O mundo foi criado, e, por conseguinte, teve um começo temporal; tornará a ser destruído em vista de sua corrupção.

A Sagrada Escritura, inspirada por Deus, comporta um sentido espiritual além do sentido literal.

Os elementos ainda indecisos e duvidosos da tradição apostólica são, entre outros:

Ainda não se decidiu com segurança se a alma se origina do sêmen dos progenitores ou se tem alguma outra origem. Se for este o caso, ainda não consta com certeza se ela se origina por geração ou não, nem se advém ao corpo de fora ou não.

---

4. In Genesis Hom. XIII, 4; 121, 7.
5. Princ. praef. 1, 2; 8.
6. Cf. texto anexo.

Embora o mundo tenha um começo e um fim, permanece indeciso se não foi precedido por outro, ou se não será seguido de algum outro mundo.

Para evitar um juízo injusto acerca do cometimento de Orígenes, não se deve perder de vista que em vários pontos importantes ele não estava em condições de verificar o conteúdo exato da tradição apostólica segura. O primeiro grande teólogo a empreender uma aplicação consciente e sistemática da especulação à verdade revelada não dispunha ainda de um conjunto doutrinal definido em todos os seus pormenores pela Igreja; antes, teve de contentar-se, em substância, com as verdades fundamentais do símbolo dos apóstolos. Sua ideia diretriz foi indubitavelmente sã e correta.

2. O método é a explicação alegórica da Escritura – Com a ajuda da especulação, Orígenes propõe-se a coordenar os elementos seguros da tradição num sistema doutrinário cristão[7]. Dado porém que a especulação precisa basear-se na Revelação, isto é, na Escritura Sagrada, pergunta-se: Como é possível derivar desta um corpo de doutrinas sistematicamente organizado? A Escritura não é uma obra sistemática; propõe suas doutrinas sob as mais diversas formas literárias, das quais é preciso extraí-las. Muito característico de Orígenes e de sua escola é o emprego da explicação alegórica: um método herdado de Fílon, o judeu. Este tipo de explicação se atém menos estritamente à letra, abrindo caminho a uma atividade especulativa quase ilimitada.

a) *A exposição alegórica da Escritura* é, aos olhos de Orígenes, uma necessidade manifesta. Com efeito, além de sancionada pela tradição[8], tal interpretação parece constituir o único meio para se atribuir um sentido razoável a muitas passagens chocantes e aparentemente absurdas.

Orígenes chama a atenção para uma dificuldade que irá causar preocupações ao próprio Santo Agostinho: se é verdade que tanto o Antigo como o Novo Testamento são inspirados pelo Espírito Santo, parece impossível que se deva entender ao pé da letra um grande número de passagens escriturísticas. Porventura não é absurdo imaginar Deus revestido de formas corporais, ou representá-lo a plantar o paraíso com suas próprias mãos? Não é igualmente absurdo que uma criança não circuncidada no oitavo dia deva ser exterminada, já que esta omissão deve ser imputada a seus pais, e não a ela? Não é absurdo também que a Escritura proíba comer da carne do hircocervo (*tragelaphus*), um animal inexistente? E ainda, como poderia ter havido um dia antes da criação do sol? De que maneira podia Caim fugir da face do Senhor? Orígenes aduz um grande número de outras impossibilidades, fazendo ver, ao mesmo tempo, que tais pedras de escândalo foram colocadas na Escritura, não para causar embaraços ao leitor, e sim, para que a elegância do estilo não o seduzisse a deter-se na letra, impedindo-o assim de penetrar na verdade profunda e realmente divina dos livros sagrados[9]. "A despretensiosidade da letra nos conduz à preciosidade da compreensão espiritual: *Unde vilitas litterae ad pretiositatem nos spiritualis remittit intelligentiae*"[10].

---

7. Princ. praef. 10.
8. Princ. praef. 8; 14s.
9. Princ. IV, 2, 9; 321, 25ss.
10. In Num. XII, 1; 93, 22s.

b) Podem distinguir-se *três sentidos* ou interpretações da Bíblia: o sentido *material*, o *psíquico* e o *pneumático*. Muitas vezes é difícil distinguir estes três sentidos; foi a aplicação irrestrita da exposição alegórica que induziu Orígenes em erro.

Orígenes não duvida de que o texto sagrado seja invariavelmente verdadeiro; insiste, contudo, na necessidade de se entendê-lo corretamente. O sentido material, ou literal, ou gramático, ou, em outros termos, o sentido que na vida ordinária se atribui aos fonemas, revela-se muitas vezes como totalmente inaceitável, porque falso[11]. Em tais casos torna-se necessário indagar logo o sentido alegórico ou metafórico, por ser este o único sentido visado em tais textos. Ainda que Orígenes atribua grande utilidade ao sentido literal ou histórico[12], dificilmente resiste à tentação de resolver o sentido material no alegórico. Isto lhe possibilita arrancar toda uma filosofia ou teologia de não importa que passagem escriturística.

Pela divisão do sentido alegórico em sentido psíquico e pneumático (este último é o sentido mais profundo ou místico), Orígenes obtém três sentidos diversos da Sagrada Escritura. Estes podem relacionar-se às três partes constitutivas do homem: ao corpo ($\sigma\tilde{\omega}\mu\alpha$), à alma ($\psi\upsilon\chi\acute{\eta}$) e ao espírito ($\pi\nu\varepsilon\tilde{\upsilon}\mu\alpha$); estas, por sua vez, relacionam-se com a verdade histórica, moral e mística das Escrituras. E, finalmente, os graus de perfeição permitem classificar os cristãos, respectivamente, em cristãos simples, avançados e perfeitos: "*Triplicem in scripturis divinis intelligentiae inveniri saepius diximus modum: historicum, moralem et mysticum; unde et corpus inesse ei et animam ac spiritum intelleximus*"[13]. O que acaba de ser dito pode ser ilustrado esquematicamente da seguinte maneira:

O homem	Sentido da Escritura	Verdade	Grau de perfeição
corpo	literal = somático	histórica	cristão simples
alma	psíquico alegór. =	moral	cristão avançado
espírito	pneumático	mística	cristão perfeito

IV. Orígenes e a filosofia grega

Orígenes é um filósofo cristão. Seu propósito, como já se disse, é edificar um sistema do saber cristão a partir do patrimônio seguro da fé. Nesta empresa teve de valer-se da filosofia grega. Qual a sua atitude para com a sabedoria pagã?

1. Orígenes teve um amplo conhecimento da filosofia grega

Dizia a pura verdade ao assegurar a Celso que não cultivara apenas o estudo das Escrituras, mas também o da filosofia, e que o fizera por amor à verdade ($\iota\lambda\alpha\lambda\acute{\eta}\theta\omega$)[14]. Esta assertiva é corroborada pelo testemunho insuspeito de Porfírio: "Platão foi seu companheiro insepa-

---

11. Princ. IV, 2, 5; 314s.
12. Ibid., 6; 315, 4s.
13. In Levit. V, 5; 344, 8s.; cf. 1; 332, 19s.
14. Cel. V, 62; 66, 2ss.

rável; manuseava constantemente as obras de Numênio e de Crônio, de Apolófanes, de Longino, de Moderato e de Nicômaco, bem como as dos célebres pitagoristas. Utilizou igualmente os livros do estoico Cairemon e de Cornuto"[15]. Uma ligeira inspeção de suas obras, e particularmente dos livros *Contra Celsum*, confirma plenamente a verdade deste testemunho. Platão foi seu melhor amigo, e Epicuro seu maior inimigo. Na ética, segue muitas vezes os pitagóricos, e com maior frequência os estoicos. Entretanto, é impossível classificá-lo entre os platônicos ou adjudicá-lo a qualquer outra escola. Em filosofia foi um eclético, a exemplo de Amônio, seu mestre; ou, antes, um cristão que, na base de um princípio de seleção – a fé –, eruía da filosofia grega os elementos que julgava aproveitáveis para a elaboração do seu sistema cristão. E fê-lo de maneira consciente e com escrupulosa sinceridade. Em seu discurso de agradecimento, Gregório o Taumaturgo testifica que Orígenes costumava admoestar seus alunos a estudarem todos os filósofos gregos, com a só exceção dos ateus. E no tocante à sua própria pessoa, Orígenes declara que jamais se permitia torcer qualquer doutrina verdadeira dos filósofos gregos.

2. Orígenes manteve uma atitude bastante reservada para com os filósofos

A despeito do grande otimismo com que encarava as obras dos filósofos, não os tinha em alta conta enquanto homens. Dificilmente se poderia chamá-lo um amigo dos filósofos, à diferença do que ocorria, por exemplo, com Clemente e com Justino. Com efeito, o nosso mestre, a quem Porfírio chamava de "grego", refere-se com grande reserva aos antigos filósofos, reserva que não raro atinge os limites do desprezo. Acusa-os de muitos erros e exprobra-lhes as fraquezas morais.

Os erros dos filósofos gregos são retratados em cores particularmente vivas numa passagem em que Orígenes rebate a afirmação de Celso de que os cristãos teriam recorrido a um médico falso, isto é, a Cristo, de preferência aos verdadeiros médicos, que são os filósofos. Em sua resposta, Orígenes faz ver a ignorância e os erros destes médicos de Celso. Com efeito, quem são estes "verdadeiros médicos"? Os epicureus, que negam a Providência e apregoam que o prazer é o sumo bem? Porventura não é mais digno de louvor aquele que preserva os homens da enfermidade causada por tais médicos? Os peripatéticos, que ensinam que o mundo não é governado por Deus, e que este se conserva inteiramente alheio à sorte dos homens? Não será verdadeira obra de caridade curar os que se deixaram ferir tão cruelmente por tais filósofos-médicos? Os estoicos, que anunciam um Deus corruptível? Não será nosso dever reconduzi-los ao verdadeiro Criador? Ou, finalmente, os platônicos, que creem na migração das almas? Não será melhor médico aquele que os convence de uma justa retribuição no além?[16]

As deficiências morais dos filósofos transparecem nitidamente na discrepância flagrante entre as suas doutrinas e a sua conduta. Nem mesmo os mais estimáveis dentre eles – Platão e Sócrates – fazem exceção à regra. Em oposição a Clemente, Orígenes aplica o anátema paulino à totalidade dos filósofos. Pois também Sócrates (Platão) possuiu a verdade na injustiça. Apesar de sua profunda inteligência da natureza de Deus e do Sumo Bem, não se pejou de rezar a Ártemis no Pireu, nem de contemplar com agrado as assembleias solenes de homens ignorantes que para ali afluíam. E não obstante as suas belas palavras sobre a necessidade de se enveredar para uma vida melhor, não se envergonhou de

---

15. Eusébio, Hist. VI, 19, 8.
16. Cels. III, 75; 266, 15ss.

mandar sacrificar um galo a Esculápio. Por mais profundos que fossem os seus conhecimentos acerca dos mistérios divinos, os filósofos não lograram elevar-se à verdadeira sabedoria, nem ao verdadeiro culto de Deus[17].

O malogro dos filósofos torna-se particularmente evidente pelo fato de não haverem conseguido elevar o nível moral dos seus seguidores, com a possível exceção de Fédon, a quem Sócrates dissuadiu de frequentar as casas de má reputação, e de Filêmon, que se converteu a uma vida honrada, abandonando os seus costumes levianos[18]. Não é de admirar que, tendo em tão baixa estima os filósofos, Orígenes se mostrasse favorável à opinião de que as doutrinas mais profundas de Platão seriam de proveniência judaica[19].

A despeito desta atitude de reserva, é um fato que Orígenes fez uso copioso da filosofia grega. Mas nem por isso ousaríamos denominá-lo um humanista cristão. Certamente não o foi no sentido de um Justino ou de um Clemente. O reconhecimento e a utilização das ideias de outrem pode distanciar-se muito da amizade e da solidariedade.

§ 2. Deus

Em sua teologia Orígenes remata, de certo modo, o trabalho dos Padres Gregos. Recolhe cuidadosamente os dados da tradição, para aprofundá-los e reduzi-los a uma unidade. Sua teologia merecerá a atenção dos mais nobres representantes desta ciência, e em particular a dos grandes Capadócios. Apresentaremos, a seguir, uma seleção das ideias mais interessantes do ponto de vista filosófico.

I. A unicidade de Deus

Orígenes julga desnecessário demonstrar a existência de Deus. Limita-se a provar-lhe a unicidade contra o politeísmo. Este encontrava-se profundamente arraigado na mentalidade do povo simples, e até mesmo na de muitos eruditos. Celso, por exemplo, mantinha que o monoteísmo, que lhe parecia ridículo, fora excogitado por uns pobres pastores do Egito. Para Orígenes, ao contrário, a razão conduz inexoravelmente ao monoteísmo. Sua argumentação baseia-se na existência de um cosmos ordenado e harmonioso. A harmonia impressionante do universo pressupõe a existência de um arquiteto que a tenha produzido, e de um ser transcendente, isto é, diverso do mundo, que a conserve. É impossível que a unidade e a ordem cósmicas se originem de uma multidão de espíritos, ou dos supostos deuses das esferas[20].

Orígenes propugna este monoteísmo verdadeiro, não só em face dos gentios, como também contra os gnósticos. Os adeptos do gnosticismo herético admitiam pelo menos dois deuses: o do Antigo e o do Novo Testamento, o primeiro dos quais é justo, mas desprovido de

---

17. Cels. VI, 3-4; 73, 8ss.
18. Cels. I, 64; 116s.
19. Cels. VI, 19; 90, 4s.
20. Cels. I, 23; 73, 22ss.

bondade, e o segundo, bondoso, mas falto de justiça. Orígenes trata de aluir este dualismo pela base, fazendo ver que a justiça é perfeitamente compatível com a bondade[21].

II. Imaterialidade e espiritualidade de Deus

Estes atributos divinos já haviam retido a atenção de vários pensadores cristãos anteriores. Orígenes propôs-se a assegurá-los definitivamente, dedicando-lhes todo o primeiro capítulo do *De Principiis*.

O que não nos deveria causar surpresa, uma vez que a imaterialidade divina envolve certas dificuldades ainda não inteiramente removidas por aqueles pensadores; tanto assim que o próprio Tertuliano deixou-se induzir em erro. Tais enganos haviam sido ocasionados pela própria Escritura. Afirmava-se que Deus era um ser corporal, porque a Bíblia no-lo descreve como fogo devorador, como sopro (pneuma) ou como luz; tais expressões eram por muitos tomadas ao pé da letra[22].

Orígenes lançou mão de todos os recursos de sua penetrante inteligência contra estas falsas interpretações. Faz ver, não só que em Deus não há, de fato, nenhum elemento de ordem corporal, mas que a materialidade é completamente inconcebível em Deus: "*Non posse corpus intelligi Deum*"[23].

A prova da incorporeidade de Deus é bem característica do modo de pensar de Orígenes, e atesta sua grande força especulativa. Baseia-se na imaterialidade do espírito humano.

1. Nosso espírito independe totalmente do espaço para poder existir e exercer suas atividades. Objeta-se a isso que os navegadores, quando arremessados de um lado a outro no mar tempestuoso, sentem esvair-se-lhes o vigor e a energia. Isto é verdade, mas pode ser facilmente explicado, recordando que o homem é um animal composto de corpo e alma (*animal ex corporis animaeque concursu*), cujo lugar natural é a terra firme, dada a sua constituição física. Não é de admirar, pois, que ao encontrar-se num lugar tão desnatural como é o mar, o corpo humano se sinta incapaz de prestar os devidos serviços à alma. Mas o espaço não influi no espírito senão de maneira indireta, e através do corpo. Deus, ao contrário, é absolutamente simples; não se compõe de matéria e espírito, e por isso não depende de nenhum lugar[24].

2. O espírito atua independentemente das dimensões corporais. O olho corporal precisa adaptar-se ao tamanho variável dos objetos: dilata-se ou contrai-se, conforme apreende objetos grandes ou pequenos. Não assim o espírito, cuja grandeza é exclusivamente espiritual ou imaterial; não cresce à maneira do corpo, pela adição de grandezas quantitativas e espaciais, mas pela aprendizagem e pelo emprego dos seus talentos[25].

3. O espírito é capaz de apreender e julgar as coisas mais difíceis e sutis; o que seria inexplicável caso se tratasse de um ser corporal. Com efeito, donde derivaria ele a energia da memória, a intuição das coisas invisíveis e as ideias de objetos incorporais? Como poderia uma

---

21. Princ. II, 5, 1ss.; 132ss.
22. Princ. I, 1,1; 16s.
23. Princ. I, 1, 2; 17, 19.
24. Princ. I, 1, 6; 22, 4ss.
25. Ibid., 23, 1ss.

natureza corporal dispor de uma faculdade das ciências, ou apreender as revelações divinas: coisas indubitavelmente incorporais?[26]

4. A quem ocorreria a ideia absurda de perguntar pela forma ou a cor do espírito? Contudo, tais propriedades deveriam poder verificar-se nele, caso fosse um ser corporal: *"Verum qualem colorem mentis secundum hoc, quod mens est et intelligibiliter movetur, describere quis posset aut dicere, non adverto"*[27].

5. A imaterialidade do espírito é confirmada pela disposição hierárquica das coisas. A cada sentido corporal corresponde um objeto material próprio; o olho, por exemplo, tem por objeto a cor e a forma, o ouvido, o som etc. Sendo o espírito incomparavelmente superior aos sentidos corporais, seria absurdo supor que não houvesse nenhuma substância correspondente ao "sentido" espiritual e ordenada a ele como seu objeto próprio; não menos absurdo é supor que o espírito não passe de um acidente do corpo[28].

A partir da imaterialidade do espírito Orígenes prova a imaterialidade de Deus. A natureza divina é inteiramente simples e espiritual, dado que em Deus o espírito se identifica à natureza. Por isso é preciso excluir dele todas as propriedades corporais que acabamos de eliminar da alma, visto que Deus transcende todo espírito humano. Como ser absolutamente simples, Deus não é parte de algum todo; mas tampouco Ele é um todo, pois o que é incorpóreo não tem partes, e por conseguinte não pode ser um todo[29]. Deus é o Espírito Absoluto, e podemos chamá-lo de "mônada" ou Unidade espiritual absoluta: *"Non ergo corpus aliquod aut in corpore esse putandus est Deus, sed intellectualis natura simplex, nihil omnino in se adiunctionis admittens; uti ne maius aliquid et inferius in se habere creatur, sed ut sit ex omni parte* μονά *, et ut ita dicam* ενά *et mens ac fons, ex quo initium totius intellectualis naturae vel mentis est"*[30]. Esta unidade espiritual é absolutamente incorpórea e por isso independente de todo espaço e lugar: οὐδαμοῦ γὰρ ἡ μονά, καὶ οὐδαμοῦ τὸ σύμ ωνον καὶ ἕν[31].

III. A transcendência de Deus

A espiritualidade de Deus é o fundamento de sua transcendência em relação ao mundo visível, e sua absoluta simplicidade o situa muito acima das forças do nosso espírito.

1. Deus é inacessível a todo entendimento humano – Orígenes não deixa a menor dúvida a este respeito: *"dicimus secundum veritatem quidem Deum incomprehensibilem esse atque inaestimabilem"*[32].

A causa principal desta incompreensibilidade é o nosso próprio corpo. Preso a este cárcere carnal, o espírito sente-se diminuído em suas forças. Embora seja capaz de transcender a na-

---

26. Ibid., 7; 23, 15ss.
27. Ibid., 23, 22ss.
28. Ibid., 24, 1ss. Cf. Filo, De opif. mundi 20.
29. Cels. I, 23; 73, 30ss.
30. Princ. I, 1, 6; 21, 10 e 22, 4ss.
31. In Joan. V, 5; 102, 34.
32. Princ. I, 1, 5; 20, 5.

tureza corporal, a apreensão das coisas incorporais não deixa, contudo, de custar-lhe grande esforço. Se mal conseguimos perceber a luz tão débil do nosso próprio espírito, como haveríamos de intuir o Deus imaterial? *"Quid autem in omnibus intellectualibus, id est incorporeis, tam praestans omnibus, tam ineffabiliter atque inaestimabiliter praecellens quam Deus? Cuius etiam natura acie humanae mentis intendi atque intueri, quamvis ea sit purissima mens atque limpidissima, non potest"*[33].

Embora a plenitude da luz divina nos permaneça inacessível, podemos todavia captar-lhe alguns raios atenuados, feitos visíveis nas criaturas. E ainda que não nos manifestem a própria fonte da luz, estes reflexos nos reconduzem e orientam para ela: *"Ita ergo quasi radii quidam sunt Dei naturae opera divinae providentiae et ars universitatis huius ad comparationem ipsius substantiae eius ac naturae. Quia ergo mens nostra ipsum per se ipsum sicut est non potest intueri, ex pulchritudine operum ac decore creaturarum parentem universitatis intellegit"*[34].

A despeito do grande abismo que medeia entre o Criador e a criatura, e cuja causa está na incompreensibilidade essencial de Deus, Orígenes procurou um meio de transpô-lo tanto quanto possível; encontrou-o na analogia ou semelhança entre o Criador e as criaturas.

2. A função dos enunciados negativos e superlativos para o conhecimento de Deus – Os enunciados negativos referem-se a todas as propriedades corporais incompatíveis com a natureza divina: Deus é imaterial, não composto ou simples, invisível etc.

A oposição suscitada pela afirmação da invisibilidade divina parece não ter sido inteiramente justificada. Com efeito, ao afirmar que a visão de Deus é vedada a todos, inclusivamente ao Filho de Deus, Orígenes visa excluir apenas a visibilidade corporal, não a contemplação espiritual: *"videri et videre corporum res est, cognosci et cognoscere intellectualis naturae est. Quicquid ergo proprium corporum est, hoc nec de Patre nec de Filio sentiendum est; quod vero ad naturam pertinet deitatis, hoc inter Patrem et Filium constat"*[35].

Os enunciados superlativos dizem respeito às propriedades puramente espirituais; conhecemo-las mediante o nosso espírito, graças à sua afinidade com Deus[36]. É na base desta relação de semelhança que tais propriedades espirituais são aplicáveis a Deus; convém recordar, porém, que Deus transcende até mesmo estes enunciados: Deus é espírito, mas está ainda mais além do espírito[37]; é o Pai da verdade, mas é mais que a verdade, e maior do que ela; é o Pai da sabedoria, mas é melhor que a sabedoria[38]. Deus é vida, mas é maior que a vida[39]. Deus é ser, mas está além do ser[40].

Em vista disso não é de estranhar que Orígenes (em harmonia com Clemente, e, em última instância, com Filo) denegue ao homem a capacidade de "nomear" a Deus no sentido pró-

---

33. Ibid., 19ss.
34. Ibid., 6; 21, 5ss.
35. Ibid., 8: 26, 2ss.
36. "*quod quaedam sit propinquitas mentis ad Deum*"; ibid., 7; 24, 18.
37. ἐπέκεινα νοῦ. Cels. VII, 188, 11.
38. In Joan. II, 23, 80, 13s.
39. μείζων τῆ ζωῆ . Ibid. XIII, 3; 229, 9.
40. Cels. VI, 64; 135, 4s. Cf. VII, 38; 188, 11.

prio. Não quer isto dizer que não possamos enunciar absolutamente nada a respeito dele, mas, sim, que não dispomos de nenhum conceito adequado para exprimir o que Deus é em si mesmo. Embora inadequada, a nossa terminologia não se torna necessariamente falsa, nem destituída de todo sentido. É o que Orígenes faz questão de frisar em oposição a Celso, fazendo notar que não rejeita senão a denominabilidade adequada de Deus[41].

IV. A onipotência de Deus

Dentre os atributos divinos enunciados em termos superlativos, desejamos destacar o da onipotência. O tratamento desta questão revela certos traços característicos do pensamento origenista. Orígenes ensina, como é natural, que Deus pode tudo. Mas que significa "tudo"? É claro que a onipotência não pode ter por objeto o absurdo nem o arbitrário; sua ação deve conformar-se à razão e à reta ordem. Por isso Orígenes procura determinar o alcance da divina onipotência, excluindo dela tudo o que é contrário à razão (παράλογον) e a Ele mesmo, Deus[42].

1. Está claro que nem Deus é capaz de fazer o que é absolutamente impensável. Tampouco o que é disforme ou infame, por contraditório à sua dignidade, e portanto à sua natureza[43].

2. Deus não pode fazer o que é contrário à natureza. Para se entender corretamente esta afirmação é preciso notar que ela ocorre num contexto polêmico (contra Celso), onde a natureza é tomada em sentido estoico, isto é, como algo de divino e necessário. Uma ação contrária à natureza, concebida como divina e necessária, significaria nada menos que a autossupressão de Deus. Mas nada obsta a que Ele faça algo que ultrapassa a natureza no sentido cristão do termo. Por exemplo, Deus poderia, se o quisesse, elevar a natureza humana a uma condição mais espiritual e divina. O que não seria absolutamente contrário à natureza, nem a prejudicaria, senão que apenas a modificaria[44].

3. Deus também não pode criar uma multidão infinita de coisas. Segundo Orígenes, que neste ponto se atém fielmente ao pensamento helênico, a ilimitação como tal é ininteligível. Ademais, a Escritura nos diz que Deus dispôs as coisas com medida, número e peso. Donde se segue que tanto o ser criatural como a perfeição divina exigem que a criação seja limitada ou finita. O poder de Deus apresenta-se como intrinsecamente determinado e limitado; com efeito, se fosse ilimitado, ele permaneceria ininteligível ao próprio Deus: ἐὰν γὰρ ᾖ ἄπειρο ἡ θεία δύναμι, ἀνάγκη αὐτὴν μηδὲ ἑαυτὴν νοεῖν τῇ γὰρ ’ύσει τὸ ἄπειρον ἀπείγηπτον[45]. Além disso, a Providência Divina seria incapaz de velar por um número infinito de criaturas. Por esta razão Deus limitou-se a criar um número suscetível de ser ordenado e governado. Em contraste com muitos pensadores posteriores, que irão ressaltar precisamente a onipotência como a razão profunda do ser divino, Orígenes segue, nesta questão, a tradição grega, estabelecendo um nexo íntimo entre a ideia de perfeição e a de medida e limitação. Em consequência disso, viu-se coagido a supor que Deus não pôde criar senão aquilo que de fato criou: um ponto fraco que não tardará a ser descoberto pelos adversários.

---

41. Cels. VI, 65; 135, 26ss.
42. Cels. V, 24; 25, 27.
43. Cels. V, 23; 24, 15. Cf. 24; 25, 2.
44. Ibid., 23; 24, 18ss.
45. Princ. II, 9, 1; 164, 5s.

§ 3. O mundo

A cosmologia e a antropologia são as partes mais cuidadosamente elaboradas de toda a filosofia de Orígenes, e as que maior influência exerceram sobre a posteridade. Mas foram precisamente as doutrinas ali expostas que lhe valeram as críticas mais violentas. Na interpretação destas questões algo melindrosas, tentaremos seguir um curso médio, esforçando-nos, sempre que possível, por entender a doutrina de Orígenes em sentido ortodoxo.

I. O Logos como verdade original do mundo

Baseado na Revelação, Orígenes ensina que o mundo foi criado por Deus, ou mais exatamente, pelo Logos. Deus é o ser verdadeiro, como sabemos por seu próprio testemunho; pelo que todas as coisas devem participar de algum modo deste ser: *"Ex eo autem, qui vere est, qui dixit per Moysen: Ego sum qui sum, omnia quae sunt, participium trahunt"*[46]. Que se há de entender por tal participação? Significa, por um lado, que todas as criaturas participam no ser de Deus, de quem receberam o ser, enquanto efeitos de Deus; por outro lado, ela significa que todas as coisas compartilham da verdade de Deus, ou do Logos, no qual Deus as conhece.

O Logos é a sabedoria hipostática do Pai e o Verbo eterno pelo qual tudo foi feito. Este Logos-sabedoria existia "no começo de todos os caminhos" do Senhor, isto é, antes da criação de qualquer criatura. Nele estava a Verdade, isto é, as Ideias ou imagens originais ou prototípicas (*species, rationes*), a cujo modelo as coisas foram feitas[47]. De modo que a verdade das criaturas se reduz inteiramente ao Logos: *"In hac ipsa ergo sapientia subsistentia quia omnis virtus ac deformatio* (esboço, esquema) *futurae inerat creaturae, vel eorum quae principaliter existunt vel eorum quae accidunt consequenter, virtute praescientiae praeformata atque disposita: pro his ipsis, quae in ipsa sapientia vel descriptae ac praefiguratae fuerant, creaturis se ipsam per Salomonem dicit creatam esse sapientia 'initium viarum' Dei, continens scilicet in semetipsa universae creaturae vel initia vel rationes vel species"*[48].

Poder-se-ia, pois, denominar o Logos de "lugar" das Ideias, ainda que tal expressão não ocorra em Orígenes. Talvez se estranhe que, numa exposição desta natureza, Orígenes tenha deixado de servir-se da terminologia platônica; mas é preciso não esquecer o seu escrupuloso empenho em excluir a concepção platônica de um mundo de Ideias separado de Deus[49].

II. A criação do mundo a partir do nada

O dogma cristão da criação *ex nihilo* não poderia deixar de causar graves dificuldades aos pensadores gregos. Parecia-lhes mais, fácil conceber uma matéria eterna a que Deus, o demiurgo, tivesse dado a forma deste nosso cosmos. Plenamente cons-

---

46. Princ. I, 3, 6; 57, 1s. Cf. a tradução divergente de Rufino ao pé da página.
47. Princ. I, 2, 3; 30, 9ss.
48. Ibid., 2; 30, 2ss.
49. Princ. II, 3,6; 121, 26ss. Cf. Cels. VI, 64; 135, 9ss., onde orígenes questiona acerca da permissibilidade de se chamar o Logos de essência da essência ou Ideia da Ideia.

ciente desta dificuldade básica, Orígenes aplica-se a provar que a organização de uma suposta matéria incriada não apresenta menos dificuldade do que a sua criação propriamente dita.

É natural que admite a existência de uma matéria que, de per si, carece de toda qualidade. A experiência nos diz, com efeito, que os corpos estão sujeitos a muitas transformações: a lenha se transforma em fogo, o fogo em fumo, e o fumo em ar. O princípio que se encontra na base de todas estas mutações é precisamente a matéria: *"Materiam ergo intelligimus quae subiecta est corporibus, id est ex qua inditis atque insertis qualitatibus corpora subsistunt"*. A diversidade dos corpos se origina pelo fato de as quatro qualidades (o calor, o frio, o seco e o úmido) virem inserir-se nesta matéria que, embora indeterminada em si mesma, jamais existe sem certas qualidades bem determinadas[50].

Tendo exposto a natureza, da matéria, o nosso autor manifesta a sua estranheza face à suposição de que esta matéria – tão apropriada do ponto de vista quantitativo e qualitativo para a formação dos vários corpos e a intuscepção de tantas e tão diferentes qualidades e formas – não tenha sido criada por Deus, mas seja um produto do acaso. Os que perfilham tal doutrina não têm o direito de censurar os que se recusam a ver em Deus o arquiteto e governador supremo do mundo, pois incorrem na mesma impiedade dos que negam a criação da matéria, atribuindo-lhe uma existência eterna[51].

Como se vê, o problema de Orígenes não diz respeito precisamente à possibilidade da existência de uma matéria eterna e incriada, mas, sim, à sua origem fortuita. A teoria por ele combatida tem em comum com a opinião da eternidade e necessidade da matéria a afirmação de que Deus, para poder atuar, deve utilizar-se de uma matéria não criada por Ele. Sobre este ponto Eusébio nos conservou, em sua História Eclesiástica, um fragmento interessante de uma obra extraviada de Orígenes[52].

a) Segundo Orígenes, o erro dos adversários resulta de uma concepção exageradamente antropomorfa de Deus. Incapazes de pensar em Deus, salvo em conceitos humanos, concebem-lhe a atividade à maneira da do escultor ou do carpinteiro, que necessitam de mármore ou madeira para poderem trabalhar. Aplicando tais condições humanas a Deus, concluem que também Ele nada pode fazer sem dispor de matéria preexistente. Orígenes acha inconcebível que um Deus providente e capaz de fazer tudo o que lhe apraz, possa produzir formas e qualidades previamente inexistentes, mas não as próprias substâncias portadoras de tais propriedades.

b) Segundo os adversários, Deus depende do acaso. Daí se segue que, se não tivesse deparado com aquela matéria preexistente, Ele careceria, forçosamente, dos atributos decorrentes de sua atividade. Em uma palavra, seria apenas "por um feliz acaso" que Deus topou com a matéria. E seria igualmente por acaso que lhe chamamos de Originador do universo, de Pai, de Criador e Senhor do mundo.

c) Para os adversários, Deus e o acaso situam-se num mesmo plano. Suponhamos, com efeito, que Deus haja encontrado aquela matéria-produto-do-acaso. Ainda assim Ele não po-

---

50. Princ. II, 1, 4; 109, 11ss.
51. Princ. II, 1, 4; 110, 7ss.
52. Praeparatio evangel. VII, d. 20.

deria ordená-la e dar-lhe forma, a menos que ela já possuísse uma aptidão ou suscetibilidade prévia para receber as respectivas formas e qualidades; além disso, era necessário que houvesse a quantidade exata de matéria que lhe fosse possível plasmar. Mas qual a origem de todas estas determinações? Donde sobretudo aquela medida exata? Já que os adversários se recusam a derivá-la da Providência divina, só lhes resta atribuí-la ao acaso; é pois por mera casualidade que existe tal quantidade precisa de matéria condizente ao poder de Deus. Donde se conclui que as obras do acaso possuem um valor igual ao das obras divinas. Nada do que Deus produz pode ser considerado melhor do que aquilo que procede do puro acaso. Orígenes insurge-se vigorosamente contra tais doutrinas: "É indubitavelmente absurdo afirmar que este mundo tão artisticamente arquitetado se originasse por si mesmo, e sem a mão de um mestre. Mas é igualmente absurdo afirmar que a matéria, com sua quantidade determinada, com suas propriedades e sua docilidade para a arte do Logos divino, possa existir sem ter sido criada"[53].

De tudo isto se infere que é mais difícil representar-se um Deus que arquiteta e ordena o mundo em dependência do acaso do que concebê-lo como Criador da própria matéria. De fato, basta tomar a sério o conceito de Deus para se perceber o absurdo contido na ideia de uma matéria incriada, bem como na de uma matéria existente por acaso e independentemente da vontade divina.

III. A eternidade da criação

A despeito de sua enérgica defesa da criação da matéria, Orígenes não a julga incompatível com a eternidade do mundo. À diferença de muitos pensadores cristãos posteriores, não crê apenas na possibilidade de uma criação eterna, senão que a sustenta como um fato.

1. A tese da eternidade da criação vem exposta em dois argumentos intimamente conexos. Baseiam-se na eternidade dos atributos relativos de Deus e na bondade divina.

A existência de uma relação pressupõe a existência dos correlatos. Ora, não há dúvida que existe uma relação de domínio entre Deus e o universo, pois Deus é o Senhor do universo; o que seria impossível se não existissem pessoas e coisas suscetíveis de serem dominadas; logo, Deus não é Senhor do universo senão enquanto existem pessoas ou coisas sujeitas ao seu domínio. Ora, é melhor ser Senhor do universo do que não sê-lo. E se é impossível haver qualquer acréscimo de perfeição em Deus, não há como fugir à conclusão de que Deus foi Senhor do universo desde a eternidade, e que desde toda a eternidade existiram criaturas sujeitas ao seu domínio[54]. A mesma coisa se pode provar a partir da bondade divina, que é aquele poder benévolo pelo qual Deus plasma o mundo. Seria absurdo supor que em algum momento este poder tenha estado inativo, ou que Deus alguma vez deixasse de realizar obras dignas de si. Não havendo, pois, nenhum motivo externo ou interno que impeça o exercício do poder divino, segue-se que Deus está incessantemente a fazer o bem e a produzir obras dignas de si: "*Et ideo nullum prorsus momentum sentiri potest, quo non virtus illa benefica benefecerit. Unde consequens est fuisse semper quibus benefaceret, conditionibus videlicet vel creaturis suis, et*

---

53. MG t. 12, col. 48s. Cf. Princ. II. 1, 4; 110, 17ss.
54. Princ. I, 2, 10; 42, 11ss.

bene faciens ordine et merito in his sua beneficia virtute providentiae dispensaret. Et per hoc consequens videtur quod neque conditor neque beneficus neque providens Deus aliquando non fuerit"[55].

Sendo que a perfeição de Deus é inconciliável com o começo temporal do mundo, Orígenes se vê forçado a concluir que os gêneros e as espécies, e, de certo modo, até os próprios indivíduos, sempre existiram[56].

Embora esta teoria seja mais aristotélica do que cristã, Orígenes crê poder confirmá-la com a passagem escriturística: "Que é o que foi? O mesmo que o que há de ser. Que é o que se fez? O mesmo que se há de fazer. Não há nada que seja novo debaixo do sol, e ninguém pode dizer: Eis, aqui está uma coisa nova, porque ela já existiu nos séculos que passaram antes de nós" (Ecl 1,9-10).

A doutrina que acabamos de expor encontrou um adversário à altura na pessoa de Metódio (m. 312) que, no *Liber de creatis*, rebate passo a passo todas as provas de Orígenes[57].

2. O mundo atualmente existente não é eterno; não obstante, sempre houve um mundo.

Orígenes, ao que parece, teve consciência da ousadia dessa tese; é o que se deduz da alusão a um conflito entre as várias razões: "*Cum ergo inter se humanarum cogitationum atque intellectuum pugna sit, rationibus utrobique validissimis occurrentibus ac repugnantibus*"[58]. De fato, a doutrina topa com uma dupla dificuldade. Por um lado a Escritura refere-se claramente ao começo e ao fim do mundo. Por outro lado a tese entra em conflito com a concepção origenista do poder divino, que é incapaz de abranger o infinito, inclusivamente o infinito temporal, pois o que carece de começo e fim é totalmente incompreensível: "*Nam quod penitus sine ullo initio est, comprehendi omnino non potest*"[59]. Em consequência disso, Orígenes se vê frente a frente com o seguinte dilema: ou o mundo é eterno, e neste caso ele é incompreensível e não está sujeito à Providência Divina, ou é criado no tempo e terá um fim, e nesta hipótese Deus alguma vez esteve inativo e sofreu alteração ao tornar-se ativo[60]. Para fugir a esta alternativa Orígenes propõe a solução seguinte.

Ainda que o mundo atualmente existente haja começado, outros mundos o precederam e outros virão após ele. Temos, pois, uma série sucessiva de mundos finitos que, precisamente por serem tais, podem ser governados por Deus. Entretanto, Deus jamais começou a criar, e nunca esteve privado dos atributos eternos de Criador, de Senhor etc.[61]

---

55. Princ. I, 4, 3; 66.
56. Princ. 1, 4, 5; 68, 10s.
57. MG t. 18, col. 333ss.
58. Princ. I, 4, 5; 67, 3s.
59. Princ. III, 5, 2; 272, 18s.
60. Princ. III, 5, 2; 272.
61. Princ. III, 5, 2; 273, 12ss.

Orígenes dá a impressão de estar apenas protelando o problema; é inegável, porém, que de certo modo ele se mantém coerente consigo mesmo. Não afirma que Deus cria novos mundos do nada, mas tão somente que Ele faz mundos novos. A substância da criação eterna permanece idêntica, como também as criaturas espirituais continuam sendo o que sempre foram. O que há é uma renovação constante da ordem criatural. Infelizmente, porém, Orígenes não chegou a solucionar o problema da infinidade.

Parcialmente ao menos, a doutrina de Orígenes parece ter sido desenvolvida sob influência estoica. Não obstante isso, ou quiçá por isso mesmo, ele reage vigorosamente contra a opinião estoica de que cada um dos mundos existentes seja uma repetição perfeita do mundo anterior. Tal opinião, com efeito, vai de encontro à doutrina da Redenção, além de ser incompatível com o livre-arbítrio, tão intransigentemente defendido por nosso autor[62].

IV. A perfeição do mundo

Não obstante a sua existência *ab aeterno*, a criação é finita e limitada em si mesma, como convém a uma obra da bondade e da providência divinas.

1. Deus limitou-se a criar o número de criaturas racionais e a quantidade de matéria necessárias para a beleza e a perfeição do mundo – Diz a Escritura que Deus criou e dispôs todas as coisas com número, medida e peso (Sb 11,20). Já vimos que para a mentalidade grega, a ideia da medida e da determinação é inseparável da de perfeição e de ordem. Daí decorre, *ipso facto*, que o mundo é uma obra de arte. De sorte que a necessária limitação do poder divino e as exigências de uma obra de arte digna dele nos obrigam a concluir que Deus não criou maior número de criaturas do que lhe fosse possível reger e governar, nem maior quantidade de matéria do que fosse necessária para o ornato e a conservação do mundo: "*numerus quidem recte aptabitur rationabilibus creaturis vel mentibus, ut tantae sint, quantae a providentia Dei et dispensari et regi et contineri possint. Mensura vero materiae corporali consequenter aptabitur, quam utique tantam a Deo creatam esse credendum est, quantam sibi sciret ad ornatum mundi posse sufficere*"[63].

2. Deus criou o mundo por pura bondade – Com sua insistência na beleza e na ordem do mundo, Orígenes assume uma posição oposta à dos gnósticos, que instavam na imperfeição do mundo, e encaravam o Deus Criador do Antigo Testamento como um demiurgo de ordem inferior. Sob a inspiração evidente do platonismo, Orígenes se empenha, com toda a acuidade do seu gênio especulativo, em frisar o ponto de vista contrário. Deus criou um mundo inteiramente perfeito, fazendo com que cada criatura fosse perfeita em seu próprio gênero. Isto vale inclusivamente e sobretudo para o homem. Pois a razão por que Deus criou o mundo e os homens encontra-se exclusivamente em sua própria bondade: "*Hic cum in principio crearet ea, quae creare voluit, id est rationabiles creaturas, nullam habuit aliam rationem nisi se ipsum, id est bonitatem suam*"[64]. Por isso as obras de Deus são forçosamente belas[65].

A convicção de que todas as criaturas de Deus são belas e boas é a ideia fundamental que impregna todo o sistema de Orígenes. Este otimismo imperturbável transparece igualmente na antropologia e na pneumatologia.

---

62. Princ. II, 3, 4; 129, 11s. Cf. tb. as referências a "Contra Celsum".
63. Princ. II, 9, 1; 165, 6ss.
64. Princ. II, 9, 6; 169, 22ss.
65. In Joan. XX, 23; 357, 11.

§ 4. O mundo dos espíritos

O mundo é obra de um Deus bondoso. Todavia, não há como ignorar o fato da presença, neste mundo, de muitos males e imperfeições. Como conciliar este fato com a bondade divina? Para solucionar este problema da Teodiceia, Orígenes desenvolveu uma antropologia, ou antes, uma pneumatologia (doutrina ou tratado dos espíritos), intimamente conexa com sua cosmologia. Seu ponto de partida é, como sempre, a Sagrada Escritura. Embora passível de restrições, o sistema especulativo assim obtido não deixa de suscitar admiração.

I. O problema: A desigualdade dos espíritos

Antes de mais nada, é necessário encarar o problema exatamente como Orígenes o encarou. Não se trata, para ele, da simples presença do mal e da imperfeição no mundo, mas de uma questão de muito maior alcance, a saber: Qual a razão da diversidade entre as criaturas racionais? A diferença entre o bem e o mal representa apenas um caso específico dentro daquela diversidade.

Historicamente, a formulação do problema em termos tão amplos explica-se pela existência das escolas gnósticas de Marcião, de Valentino e de Basílides. Partindo do fato inegável da dessemelhança entre os seres racionais[66], estes hereges concluem para a existência de um princípio do mal, dotado de justiça, e Criador deste mundo, mas diverso do Deus bondoso do Novo Testamento. Com efeito, assim raciocinam, se o Criador de todas as coisas é ao mesmo tempo justo e bom, como se explica a existência de tantas e tão grandes desigualdades no mundo? Um Deus que tivesse a vontade e o poder de fazer uma obra inteiramente boa e perfeita não poderia ter criado seres racionais revestidos de graus tão diversos de perfeição. Não menos inútil seria invocar o livre-arbítrio como explicação das referidas desigualdades, uma vez que não depende dele o nascer alguém numa ou noutra classe de espíritos. Só nos resta, pois, atribuir a razão desta injusta desigualdade ao acaso, ou, então, ao capricho de um Deus desprovido de bondade[67].

II. Solução: O abuso do livre-arbítrio

Ao mesmo tempo que se empenha por não forçar os fatos, Orígenes trata de exterminar pela raiz a ideia gnóstica de um princípio mau (*ne haereticorum insolentiam reticendo nutriamus*[68]) e de isentar a justiça divina de toda e qualquer suspeita (*iustitia debet creatoris in omnibus apparere*[69]). Com esse fim ele ensina, *negativamente*, que a desigualdade das criaturas racionais não é obra de Deus, que é justo, bom, e Criador de todas as coisas. Com efeito, se ponderarmos que a única razão da criação foi a

---

66. Princ. II, 9, 3-4; 166ss.
67. Princ. II, 9, 5; 169, 12ss.
68. Princ. II, 9, 6; 169, 18. Cf. ibid., I, 8, 2; 98, 8ss.
69. Ibid., 9, 7; 171, 24; Cf. 5; 168.

divina bondade, e que em Deus não há a menor sombra de mutabilidade, não há como fugir à conclusão de que todas as criaturas racionais devem ter sido criadas iguais: *"Quia eorum, quae creanda erant, ipse exstitit causa, in quo neque varietas aliqua neque permutatio neque impossibilitas inerat, aequales creavit omnes ac similes quos creavit, quippe cum nulla ei causa varietatis ac diversitatis existeret"*[70]. Positivamente, Orígenes sustenta que é nas próprias criaturas racionais que se deve colocar a causa de sua diversidade. Pois foi por sua livre vontade que elas se aproximaram de Deus ou dele se apartaram; a causa de sua diversidade é, pois, o livre-arbítrio: *"Et haec exstitit... inter rationabiles creaturas causa diversitatis, non ex conditoris voluntate vel iudicio originem trahens, sed propriae libertatis arbítrio"*[71]. Para fugir ao dualismo gnóstico[72], Orígenes se vê forçado a atribuir ao livre-arbítrio um papel decisivo. Donde o seu empenho de assegurar a existência do livre-arbítrio contra toda e qualquer objeção, para mostrar, logo a seguir, que é a partir dele que se explica a desigualdade dos seres espirituais.

1. A existência do livre-arbítrio se prova pela especulação e pela experiência.

a) Há uma ordem hierárquica nas criaturas, a qual se manifesta através dos seus movimentos. No grau ínfimo desta hierarquia encontram-se os seres dotados de movimentos puramente passivos, seguindo-se-lhes os seres providos de movimentos mais ativos, e, finalmente, os seres que se movem livremente. – Alguns seres movem-se por influências exclusivamente externas (τὸ κινοῦν ἔξωθεν); são os que carecem de alma e de natureza ativa, e por isso se movem de maneira puramente passiva, tais como as pedras e todos os corpos em geral. Outros se movem em virtude de um princípio interno, isto é, de uma natureza ativa ou alma, tais como as plantas e certos metais (magnetos!); tais seres movem-se de dentro para fora (ἐξ ἑαυτῶν). Ainda outros se movem de dentro para fora, mas guiados por representações da fantasia; é o que se dá com os animais que se movem de si mesmos (ἀ' ἑαυτῶν). Um quarto grupo, o mais elevado de todos, consta das criaturas racionais, que se movem por si mesmas (δι' ἑαυτῶν), quer dizer, por determinação própria. Logo, os que afirmam ser o homem incapaz de agir por decisão própria, negam-lhe a natureza racional, equiparando-o ao animal[73].

Onde há uma razão, ali também há liberdade. Pois pensar racionalmente significa julgar. Também as emoções humanas estão sujeitas ao juízo racional. Julgando-as, a razão é capaz de pronunciar-se a respeito delas; em outros termos: ela tem o poder de desaprovar e recusar o que lhe desagrada, e de aprovar e reter o que lhe agrada. Por

---

70. Ibid., 6; 169, 25ss.

71. Ibid., 9, 6; 170, 2ss.

72. *"ne forte incurramus in illas ineptas atque impias fabulas eorum, qui naturas spirituales diversas et ob hoc a diversis conditoribus instituta tam in caelestibus quam etiam inter animas hominum fingunt, dum et uni eidemque conditori diversas naturas rationabilium creaturarum ascribi videtur absurdum, sicut vere absurdum est, et causam tamen in eis ignorant"* (Princ. I, 8, 2; 98, 8ss.).

73. De Oratione VI, 1-2; 311, 16ss. Princ. III, 1,2; 196, 3ss.; 197, 9 ss. – Cf. Clemente de Alex., Strom. II, 20; 110, 4; Stählin 173, 17, onde se indicam as fontes deste argumento.

isso podemos querer o que é justo e louvável, como também o que é feio e vil; é, pois, com toda a justiça que somos chamados a prestar contas[74].

b) A existência do livre-arbítrio prova-se também pela experiência interna. Orígenes convida os negadores do livre-arbítrio a volver o olhar para o seu próprio interior; quem o fizer não tardará a convencer-se de que há ali um princípio de comando (ἡγεμονιϰόν), que decide em sentido afirmativo ou negativo sobre os nossos motivos. Assim, um homem que deseja viver castamente não se deixará levar ao vício pela primeira mulher que se lhe depara. E se faltar a seu bom propósito, ele mesmo é responsável por suas faltas, pois não quer resistir à tentação. Graças ao exercício e à meditação, porém, muitos homens chegam a dominar-se a ponto de menosprezarem todo prazer inferior[75].

c) Uma terceira prova do livre-arbítrio é a educabilidade do homem – Já nos dias de Orígenes havia negadores do livre-arbítrio que pretendiam basear toda a conduta moral na constituição corporal do homem: uma tese absurda e refutada pelos efeitos da atividade pedagógica. A instrução e a admoestação podem fazer com que, de dissolutos, ásperos e bestiais, os homens se tornem sóbrios, gentis e senhores de si. Acontece até que tais homens se tornem melhores do que outros, possuidores de uma índole mais feliz. Por outro lado, pode observar-se que, sob a influência das más companhias, certos homens se deixam arrastar às piores infâmias. Nem mesmo a idade madura encontra-se a salvo de tais perigos. Todos esses fatos seriam inexplicáveis se o caráter e o agir humanos fossem determinados pela constituição corporal[76].

2. É pelo livre-arbítrio que se explica a desigualdade das criaturas racionais. Pois, enquanto propriedade criatural, ele participa da mutabilidade essencial de todo ser criado.

a) Toda criatura é essencialmente mutável – Pelo mesmo fato de ter sido tirada do nada, toda criatura teve um começo de existência; por outras palavras, sua existência é posterior à não existência. Por isso nenhuma criatura é por si mesma aquilo que é. Só Deus existe por si mesmo, por ser Ele a fonte de toda bondade[77]. As criaturas, ao contrário, receberam sua bondade do Criador, pelo que também podem tornar a perdê-la; em outros termos: elas são necessariamente mutáveis: "*hoc ipso, quia non erant et esse coeperunt, necessario convertibiles et mutabiles substiterunt, quoniam quaecumque illa inerat substantiae earum virtus, non naturaliter inerat, sed beneficio conditoris effecta*"[78].

b) Abandonar ou perder a bondade é sinônimo de tornar-se mau: "*Recedere autem a bono non aliud est quam effici in malo*" – O mal é a privação ou ausência da bondade; é um não ser, e, como tal, é o oposto do ser e do bem[79]. Na proporção em que o homem se aparta do bem, ele perde sua perfeição e cresce no mal[80].

As criaturas racionais foram criadas livres para que pudessem apropriar-se ativamente da bondade que lhes foi dada, transformando-a num bem pessoal mediante um ato voluntário:

---

74. Princ. III, 1, 3; 197, 9ss.
75. Princ. III, 1, 4; 198, 12ss.
76. Ibid., 5; 199, 2ss.
77. Princ. I, 8, 3; 100, 12.
78. Princ. II, 9, 2; 165, 18ss.
79. In Joan. II, 13; 69, 15.
80. Princ. II, 9, 2; 165, 28ss.

"Voluntarios enim et liberos motus a se conditis mentibus creator indulsit, quo scilicet bonum in eis proprium fieret, cum id voluntate propria servaretur"[81]. A liberdade só é compreensível a quem vê na criatura racional um ser pessoal e essencialmente livre; pois só a um ser pessoal pode caber a tarefa de fazer sua uma bondade gratuitamente recebida, ou seja, de conquistar para si a bondade inerente ao seu próprio ser, e decidir-se assim livremente por Deus. As pessoas que faltarem a esta tarefa, e deixarem de orientar suas ações pelas diretivas da reta razão, irão perdendo gradativamente a perfeição, devido à sua própria negligência ou culpa. Por esta apostasia voluntária elas perdem sua bondade e tornam-se más[82].

III. A hierarquia das criaturas racionais

A diversidade de perfeição, condicionada pelo maior ou menor grau de apostasia, tem por efeito uma graduação hierárquica das criaturas racionais. Embora criadas sem distinção, elas se diversificaram por sua livre decisão e por suas ações boas e más. Os espíritos assim diferenciados foram por Deus lançados sobre o mundo inteiro, como outras tantas sementes. O fato de uns serem homens, e outros demônios ou anjos, não deve atribuir-se a uma decisão arbitrária de Deus, mas, sim, à liberdade dos próprios espíritos[83].

1. Anjos, homens e demônios – Se bem que toda esta diversidade seja uma consequência da apostasia, ela não carece, todavia, de uma beleza peculiar, visto servir de fundamento a uma grandiosa hierarquia.

Orígenes traça um quadro grandioso desta hierarquia espiritual[84]. No ápice encontra-se a ordem dos espíritos celestiais, distribuída em quatro graus: os Anjos, no significado mais estrito da palavra, os Poderes, os Tronos e as Dominações. Graças a seus méritos constituem eles a ordem mais excelsa e mais nobre, a qual se manifesta pela multiplicidade admirável dos seus ofícios[85]. – À ordem celestial se opõe a ordem das forças adversas, dos espíritos maus e impuros, dominadores do mundo das trevas. É constituída daqueles espíritos que a si mesmos se precipitaram na maldade, de modo a se encontrarem antes indispostos do que incapazes de aceitar e responder ao convite de retorno. É que o mal se lhes converteu em prazer e deleite. – Um terceiro grau, enfim, compreende as almas humanas. Também estas são o que mereceram ser, e retêm, dentro da hierarquia espiritual, um lugar correspondente à sua culpa, isto é, abaixo dos anjos e acima dos demônios. Nada as impede de tenderem ao alto, e as que o fizerem são chamadas filhas de Deus, da luz, da paz e da ressurreição; mas podem também tender para baixo, vindo a ser piores do que eram. Existe mesmo a possibilidade de que aquelas que por seus crimes se tornaram semelhantes aos brutos, venham a ser encerradas em corpos de animais. Neste contexto Orígenes parece esposar a opinião de que as almas humanas podem também transmigrar para corpos de animais. Todavia, em face da viabilidade de uma explicação alegórica, particularmente familiar a Orígenes, é duvidoso que ele admitisse uma verdadeira

---

81. Princ. II, 9, 2; 165, 25ss.
82. Ibid., 165, 23.
83. Princ. II, 9, 2; 166, 6ss.
84. Princ. II, 1, 2; 107, 19ss.
85. Princ. I, 8, 4; 101.

metempsicose. Tal interpretação é perfeitamente consistente com a tradução de Rufino de Princ. 1,8,4; 105, a qual pode ser entendida até mesmo como uma rejeição da metempsicose. Também Jerônimo opina que Orígenes não se pronunciou definitivamente sobre este problema: "*Haec, inquit, iuxta nostram sententiam non sint dogmata, sed quaesita tantum atque proiecta, ne penitus intractata viderentur*"[86]. Em vista do que ficou exposto acima (§ 1 IV,2) acerca de sua atitude contrária à metempsicose, talvez nos seja permitido afirmar que Orígenes rejeita esta doutrina como uma opinião desenxabida.

2. A posição do homem em particular – Entre a ordem dos anjos e a dos demônios situam-se as almas dos homens. O pecado por elas cometido não chegou a convertê-las em demônios; por outro lado, porém, foram reputadas demasiadamente imperfeitas para virem a ser anjos. Foi em benefício delas que Deus criou este mundo visível, degredando-as para dentro dos corpos humanos[87]. Originalmente, pois, o homem era espírito puro; por efeito do pecado passou a ser um espírito ligado a um corpo, isto é: alma. A doutrina da preexistência da alma faz parte integrante do sistema de Orígenes, que, para prová-la, recorre inclusivamente à Sagrada Escritura[88]. De sorte que, desde a queda, o homem consta de dois princípios diferentes: de corpo e de alma.

a) Mesmo enquanto alma o espírito retém sua dignidade original – Residindo embora no cárcere do corpo, a alma conserva contudo as características essenciais do ser espiritual: a incorporeidade, a imortalidade e a afinidade com Deus. O espírito humano é capaz de elevar-se à Divindade e de contemplá-la. A doutrina do parentesco entre a alma e Deus, que constitui o cerne da doutrina cristã da imagem, permanece intacta em Orígenes. Fazem injustiça ao próprio Deus os que não percebem "*quod propinquitas quaedam sit menti ad Deum, cuius ipsa mens intellectualis imago sit, et per hoc possit aliquid de deitatis sentire natura, maxime si expurgatior ac segregatior sit a materia corporali*"[89].

b) Orígenes não chegou a uma concepção clara sobre a união entre o espírito e o corpo; o certo é que a sua relação não é natural – A razão principal de suas dificuldades está em ter ficado indeciso sobre se a alma é ou não idêntica ao espírito, e, por conseguinte, sobre se é preciso admitir ou não uma bipartição da alma. A opinião dos filósofos gregos, que dividiam a alma numa parte racional e noutra irracional, e esta última numa parte concupiscível e noutra irascível – donde resulta uma divisão tripartida da alma –, é rejeitada por não encontrar confirmação nas Escrituras[90]. As duas concepções restantes, porém, merecem ser tomadas a sério. A bipartição encontra apoio na Escritura, já que esta distingue entre o espírito e a carne; a carne, que é o princípio vivificador do corpo, tem menor valor, é mais afim à terra e opõe-se ao princípio mais nobre, o espírito, que é de natureza celestial e provém do alto. De acordo com esta opinião, a alma inferior originar-se-ia do esperma, e não poderia existir sem o corpo, pelo que

---

86. Cf. a nota à p. 105, 13 da ed. G.C.S.
87. Princ. I, 81; 96, 8s.
88. Princ. I, 7, 4; 89, 17ss.
89. Princ. I, 1, 7; 24, 18s.
90. Princ. II, 4, 1; 264, 14.

também se chama carne[91]. – Consoante uma terceira opinião, porém, há uma só alma no homem, a qual é espiritual e dá vida e movimento ao corpo. Orígenes parece dar preferência a esta concepção, embora – pelo menos nesta passagem –, deixe ao leitor a liberdade de optar pela que mais lhe agrade[92]. A segunda opinião lhe parece aproximar-se perigosamente da doutrina gnóstica sobre a existência de um princípio bom e de um princípio mau no homem[93]. A primeira opinião nos parece enquadrar-se melhor no conjunto do seu sistema.

§ 5. O drama cósmico das criaturas racionais

As doutrinas até aqui expostas permitem esboçar a história das criaturas racionais, tal como Orígenes a concebe. Assemelha-se esta história a um drama de proporções gigantescas. Mas esse drama não constitui uma tragédia no sentido grego do termo; é, ao contrário, uma expressão a mais do inabalável otimismo de Orígenes.

I. A apostasia das criaturas racionais.

É no céu que teve início o grande drama das criaturas racionais. Criadas antes que houvesse o tempo (πρὸ τῶν αἰώνων), dotadas de pureza e de idêntica dignidade, todas elas serviam a Deus com fidelidade. Incorporais e imateriais, sem divisão numérica ou de nome, eram iguais em essência, em força e atividade, bem como no conhecimento de Deus.

1. O pecado – É no seu estado de beatitude e no seu livre-arbítrio que devemos procurar a causa da queda das criaturas racionais. Tão saturadas estavam elas do amor e da contemplação de Deus, que sentiram-se tomadas de fastio. O futuro satã deu o sinal de revolta, arrastando consigo os demais espíritos, que em graus diversos se rebelaram contra Deus[94].

2. O castigo – Foi condizente com o grau da apostasia. Os que se desligaram inteiramente de Deus transformaram-se em demônios; os que pecaram menos gravemente tornaram-se anjos. Entre os anjos e os demônios estão as almas dos homens, cujo pecado não foi bastante grave para merecerem tornar-se demônios, nem bastante leve para merecerem ser anjos. Sendo que, em punição do seu pecado, devessem ser encarceradas em corpos materiais, foi preciso que Deus criasse este mundo[95].

Mais precisamente, a punição das criaturas racionais, que iria determinar suas respectivas posições na hierarquia dos espíritos, é imaginada por Orígenes como consistindo numa maior ou menor participação na matéria. Poder-se-ia crer, pois, que todas as criaturas decaídas fos-

---

91. Ibid., 2; 264, 17ss.
92. Ibid., 5; 270, 27ss.
93. Ibid., 5; 270, 14ss.
94. Princ. I, 8, 1; 95, 14ss.; II, 8, 3 (II); 159, 4ss.
95. Princ. I, 8, 1; 90, 10s.

sem unidas a um corpo. Esta conjetura vem confirmada por um documento incluído na condenação das doutrinas origenistas; é provável, porém, que não haja sido extraído literalmente do *De Principiis*. Segundo este documento, todos os espíritos teriam sido transformados em almas, e unidos, em graus diversos, a outros tantos corpos. Isto se confirma, outrossim, pela explicação que Orígenes dá à palavra ψυχή (alma), que ele deriva de ψῦχο (frio, algidez). De sorte que as criaturas racionais tornaram-se almas por haver-se esfriado o seu amor a Deus[96]. Em vista da menor gravidade da sua falta, os anjos foram punidos com um corpo mais tênue[97]. O espírito puro do homem, porém, veio a ser uma alma propriamente dita, pois o seu amor esfriara a ponto de exigir um corpo mais denso. Os demônios e os diabos, cuja perversão fora completa, foram aprisionados nos corpos mais frios e tenebrosos de todos[98].

Por esta razão a criação do mundo vem a ser, literalmente, uma καταβολή, isto é, uma "deposição", uma demissão e uma apostasia, pois foi em consequência dela que as criaturas, no dizer de São Paulo (Rm 8,20), foram sujeitas à corruptibilidade. Orígenes faz um jogo de palavras com o termo καταβολή, a que comumente se atribui o sentido de "fundamentação" e de "instituição". Visto que o mundo é uma consequência da queda, a criação não é uma "instituição", mas uma "destituição"; não é uma construção, mas uma demolição: "*Vanitati quippe creatura subiecta est non volens, sed propter eum, qui subiecit in spe, qua vel sol vel luna vel stellae vel angeli Dei explerent obsequium mundo; et his animabus, quae ob nimios defectus mentis suae crassioribus istis et solidioribus indiguere corporibus et propter eos, quibus hoc erat necessarium, mundus iste variabilis institutus est. Ex hoc ergo communiter omnium per hanc significantiam, id est per* καταβολήν, *a superioribus ad inferiora videtur indicari deductio*"[99].

II. O retorno das criaturas racionais

O pecado transformou a ordem original da criação. De acordo com as exigências de sua justiça, Deus teve de punir os espíritos na medida do seu resfriamento na caridade. E foi assim que se originou a presente ordem. Mas Deus sabe tirar o bem do mal. A punição não se fez sem o influxo de sua bondade, que terminará por triunfar sobre o mal. Cristo veio ao mundo, na qualidade de pedagogo e mestre, para nos remir de todo o mal. Virá o dia em que tudo estará sujeito a Cristo, e em que o próprio Cristo se submeterá a Deus, "para que Deus seja tudo em todas as coisas" (1Cor 15,27). É nesta palavra da Escritura que Orígenes baseia sua esperança no desaparecimento definitivo de todo o mal.

1. O primeiro remédio do pecado é a matéria – A justiça é o aspecto que toma a bondade divina em face das criaturas corrompidas, com o fim de libertá-las de sua desordem. Deus não castiga por castigar, mas para emendar[100]. Por isso não agrilhoou

---

96. Ibid., II, 8, 3 (IV); 160, 1ss. Cf. Jerônimo 158, 17ss.
97. Ibid., 159, 10ss. e III; 159, 15ss.
98. Ibid., IV; 160, 1ss. Cf. Jerônimo Princ. I, 4, 2; 64, 9ss.
99. Princ. III, 5, 4; 275, 9ss.
100. Cels. IV, 72; 341, 9s. e Princ. II, 5, 3; 135, 30ss.

os espíritos à matéria com o intuito exclusivo de castigá-los, mas também, e principalmente, para corrigi-los. Neste sentido a matéria constitui um remédio para os espíritos decaídos.

Entretanto, não se vê bem como Orígenes concebe esta cura pela matéria. Pela junção à matéria os espíritos se acham impedidos e embotados em sua atividade: *"dum hi, qui in corpore sunt, per naturam materiae corporalis mentis acumen videntur obtundi. Si vero extra corpus sunt, tunc omnem molestiam huiuscemodi perturbationis effugient"*[101]. Em meio à miséria e às fadigas a que estão sujeitos, eles se convencem, outrossim, de que não podem salvar-se sem a ajuda da graça divina[102]. É provável que Orígenes concebesse a matéria como força inibitiva, destinada a refrear a malícia dos espíritos.

Enquanto remédio, a matéria não pode ser má em si mesma. Criada por Deus, ela se transforma, em suas mãos, nesta admirável obra de arte que é o nosso mundo. Deus destinou a cada espírito a quantidade de matéria necessária para a sua emenda e para a perfeição do cosmos. Em sua infinita sabedoria Deus previu todos os movimentos dos espíritos, e sintonizou-os uns aos outros no ato da criação. Assim como o corpo humano, composto de muitos órgãos diferentes, deve sua consistência a uma só alma, assim o macrocosmos, constituído de muitas criaturas diversas, é presidido por Deus como por sua alma. "E por isso temos para nós que Deus, o Pai de todas as coisas, pela razão inefável de seu Verbo e de sua sabedoria, tudo dispôs de tal modo para a salvação de todas as suas criaturas, que todos os espíritos ou seres racionais, ou como quer que se chamem as subsistências racionais, fossem obrigados a fazer apenas o que Ele intencionava, embora sem violar-lhes o livre-arbítrio..., de tal forma que os seus vários movimentos há pouco mencionados se adaptassem conveniente e utilmente à harmonia deste único mundo; pois alguns necessitam de auxílio, e outros podem prestá-lo, e ainda outros dão ensejo à luta e à emulação nos mais adiantados"[103].

2. O segundo remédio do pecado é a destruição do mundo – Não obstante o saneamento pela matéria, a maldade vai-se insinuando em medida sempre crescente neste nosso mundo. É verdade que a matéria consegue atalhar até certo ponto o progresso do mal; mas este pode recrudescer a tal ponto que Deus se veja obrigado a recorrer a um remédio novo e mais radical. Este consiste no envio de dilúvios de água ou de fogo, pelos quais o mundo torna a decompor-se nos seus elementos primitivos. Tais catástrofes não sobrevêm em épocas fixas, mas nos tempos decretados pela Providência sapientíssima de Deus.

Portanto, o extermínio do mundo constitui, no fundo, um verdadeiro benefício para a criação; é comparável a um processo terapêutico radical, que, embora extremamente doloroso, é contudo salutar ao organismo doentio. De sorte que a história do nosso mundo vem a ser uma simples fase da grande história supercósmica, abrangendo todos os mundos passados e futuros. Cada mundo particular representa apenas uma quadra dentro desta história onicompreensiva. Deus semeia eras e colhe idades[104]. Em cada novo mundo faz-se a sementeira

---

101. Princ. II, 3, 3; 117, 12ss.
102. Ibid.; 118, 17ss. Cf. a tradução de Jerônimo.
103. Princ. II, 1, 2; 107, 28ss.
104. Cels. IV, 69; 339, 4ss.

dos espíritos, e é dos seus méritos ou deméritos que depende o destino da semente. Os que no mundo anterior pertenceram ao número dos justos entrarão para as fileiras dos anjos; os que foram maus terão de submeter-se, mais uma vez, às tribulações terrenas, numa nova tentativa de salvação[105].

3. A restauração universal – Do que precede se deduz que virá um tempo em que todas as coisas tornarão à sua condição primitiva. Os mundos consecutivos não são iguais uns aos outros; antes, há um progresso ininterrupto em demanda do melhor. Segundo o texto paulino citado mais acima, haverá um tempo em que tudo estará sujeito a Cristo, e em que Deus será tudo em todas as coisas. Vejamos o que Orígenes tem a dizer sobre este estado definitivo.

a) Quando Deus for tudo em todas as coisas, já não haverá lugar para o mal – "*Ita ne nullam quidem malitiam ad illum finem putandum est pervenire, ne dum 'in omnibus Deum esse' dicitur, etiam in aliquo malitiae vasculo inesse dicatur*"[106]. Os espíritos serão purificados de toda malícia e a sordidez do pecado será totalmente eliminada. Quando Deus for tudo em todas as coisas, as criaturas já não desejarão comer da árvore do conhecimento do bem e do mal, pois vivem perenemente no bem, isto é, em Deus. E assim se restaura a ordem primitiva da criação[107].

b) Com o desaparecimento do mal desaparecerá também o remédio do pecado: o corpo – Esta ideia decorre logicamente de todo o sistema origenista; é mencionada expressamente por Jerônimo, e faz parte das doutrinas anatematizadas pelo Sínodo de Constantinopla (553). Segundo Orígenes, pois, os espíritos despojar-se-ão um dia do seu invólucro corporal, a fim de participarem da vida incorporal de Deus[108].

c) Uma vez removida a causa da desigualdade – o pecado – todas as criaturas racionais tornarão a ser iguais – A diversidade dos corpos que haviam servido de cárceres aos espíritos era um simples reflexo de sua diversidade interna. Com a eliminação do pecado e a união universal com Deus, desaparecerá também aquela desigualdade interior: "*Denique cum varietate et diversitate mundus indiguit, per diversas rerum facies speciesque omni famulatu praebuit se matéria conditori, utpote domino et creatori suo, quo diversas caelestium terrenorumque ex ea duceret formas. Cum vero res ad illud coeperint festinari, 'ut sint omnes unum', sicut est 'pater cum filio unum', consequenter intelligi datur, quod, ubi omnes 'unum' sunt, iam diversitas non erit*"[109].

E assim, segundo todas as aparências, a doutrina de Orígenes culmina na convicção de que o mundo será reconduzido ao seu estado inicial, mediante um processo cujo termo nos permanece imprevisível. É a doutrina da restituição de todas as coisas ao estado primitivo: ἀποκατάστασι τῶν πάντων. Todavia, os textos a nós transmitidos não permitem tirar uma conclusão definitiva, tanto mais que Orígenes não poderia ter ignorado os textos escriturísticos acerca da eternidade das penas do inferno;

---

105. Princ. II, 3, 1-5; 113ss.
106. Princ. III, 6, 3; 283, 5s.
107. Princ. II, 10, 8; 183, 3s.; cf. III, 6, 3; 283, 14ss.
108. Cf. o testemunho de São Jerônimo relativamente a Princ. III, 6, 1; 281, 12. Cf. II, 8, 3 (VI a); 160, 21ss.
109. Princ. III, 6, 4; 286, 3ss.

consta, além disso, que por um determinado período a sua doutrina se inspira na Escritura[110]. Acresce ainda uma outra circunstância, repetidamente lembrada pelo próprio Orígenes, a saber: a de que estes pensamentos são por ele avançados apenas à guisa de "problemata" e não de "dogmata".

Apreciação

Para fazer justiça a Orígenes é preciso distinguir cuidadosamente entre a sua pessoa e a sua obra. Orígenes não foi apenas um cristão convicto, mas um herói e um mártir. Sua pessoa está, pois, isenta de toda suspeita. É inconcebível que um homem que não duvidou em sacrificar a vida em defesa de suas convicções se entregasse a um jogo temerário e sacrílego com as questões mais vitais da humanidade.

Embora professemos a maior admiração pela pessoa de Orígenes, não podemos subscrever sem reservas as suas doutrinas. Seu método unilateral induziu-o a muitas opiniões estranhas e errôneas. Mais do que qualquer outro escritor cristão, ele dedicou seus melhores esforços à exegese. Seu sistema visa possibilitar uma interpretação inteligível e racional de textos escriturísticos divergentes. Mas nem sempre soube encontrar os pontos de partida que iriam tornar-se decisivos para a tradição doutrinal cristã. Frequentemente toma ao pé da letra certas passagens que necessitavam de interpretação, ao passo que empresta um sentido alegórico a outras que deveriam ser entendidas literalmente. Estas falhas podem reduzir-se a duas razões principais. Em primeiro lugar, não se dispunha ainda, naquela época, do corretivo de uma tradição dogmática nitidamente delineada. Orígenes tentou remediar esta deficiência, tornando-se assim o primeiro grande teólogo cristão. Embora nem sempre acertasse, são muito mais numerosos os casos em que soube descortinar o caminho certo. A segunda razão está em sua formação helênica. Era impossível que a filosofia e a cultura gregas, conscientemente assimiladas, deixassem de influir profundamente no seu sistema. Inspirado na ideia da integral inteligibilidade deste nosso mundo, buscou, espontaneamente, o auxílio da filosofia grega; e, embora avisado das suas limitações, nem sempre as teve na devida conta. É inegável que perfilhou certos elementos helênicos dificilmente conciliáveis com o cristianismo.

A despeito de todas estas deficiências, porém, não se há de subestimar o grande significado de sua doutrina. Orígenes determinou de modo decisivo a ulterior evolução da filosofia patrística grega; seu ascendente estende-se, quer direta, quer indiretamente, até à Primeira Escolástica, que nos depara ideias de proveniência indiscutivelmente origenista em Scoto Erígena. Através de São Bernardo, que também lhe sofreu a influência, a sua exposição do Cântico dos Cânticos virá a ser, subsequentemente, o livro clássico do misticismo.

---

110. Cels. III, 78; 269, 20.

Em talento especulativo, Orígenes retém um posto sem par entre os Padres Gregos. Rico do patrimônio espiritual da Antiguidade, e sempre atento aos problemas do seu tempo, seu espírito é um manancial inesgotável de ideias originais. A semeadura lançada por ele revelou-se extraordinariamente fecunda. Verdade é que grande parte da semente foi estéril, e por isso teve de perecer; mais numerosos, porém, foram os grãos que germinaram e cresceram vigorosamente, produzindo frutos copiosos a seu tempo.

Os pontos seguros e os pontos duvidosos em matéria de fé

4. Species vero eorum, quae praedicationem apostolicam manifeste traduntur, istae sunt: Primo, quod unus est Deus, qui omnia creavit atque composuit, quique, cum nihil esset, esse fecit universa. (Seguem-se alguns artigos de fé concernentes a Cristo e ao Espírito Santo.)

Eis a essência do que nos foi transmitido claramente pela pregação apostólica: Primeiro, há um Deus que tudo criou e ordenou e, a partir do nada, deu existência a todas as coisas.

5. Post haec jam quod anima substantiam vitamque habens propriam, cum ex hoc mundo discesserit, pro suis meritis dispensabitur, sive vitae, aeternae ac beatitudinis hereditate potitura, si hoc ei sua gesta praesti terint, sive igni aeterno ac suppliciis mancipanda, si in hoc eam scelerum culpa detorserit; sed et quia erit tempus ressurrectionis mortuorum, cum corpus hoc, quod nunc in "corruptione seminatur, surget in incorruptione", et quod "seminatur in ignominia surget in gloria".

Segundo: a alma possui ser e vida próprios, e ao deixar este mundo será recompensada consoante os seus méritos: ou receberá por herança a vida eterna e a bem-aventurança, se os seus atos o merecerem, ou será entregue aos suplícios do fogo eterno, no caso de se haver transviado pela culpa dos seus crimes. Mas haverá também uma ressurreição dos mortos, quando este corpo, semeado na corrupção e na ignomínia, ressurgirá incorruptível e glorioso.

Est et illud definitum in ecclesiastica praedicatione omne animam rationabilem esse liberi arbitrii et voluntatis; esse quoque ei certamen adversum diabolum et angelos eius contrariasque virtutes, ex eo quod illi peccatis eam onerare contendant, nos vero si recte consulteque vivamus, ab huiuscemodi labe exuere nos conemur. Unde et consequens est intelligere, non nos necessitati esse subiectos, ut omni modo, etiamsi nolimus, vel mala vel bona agere cogamur. Si enim nostri arbitrii sumus, impugnare nos fortasse possint aliquae virtutes ad peccatum et aliae iuvare ad salutem, non tamen necessitate cogimur vel recte agere vel male; quod fieri arbitrantur hi, qui stellarum cursum et motus causam dicunt humanorum esse gestorum, non solum eorum, quae extra arbitrii accident libertatem, sed et eorum, quae in nostra sunt posita potestate.

Também consta da pregação da Igreja que toda alma racional dispõe de livre-arbítrio e vontade; que lhe incumbe lutar contra o demônio e os seus anjos, e contra as potências adversas, os quais se empenham por sujeitá-las ao domínio do pecado; de nossa parte, devemos fazer por livrar-nos de tais máculas, por meio de uma vida reta e prudente. É necessário reconhecer, com efeito, que não estamos sujeitos à necessidade, de modo a sermos absolutamente coagidos a fazer o mal ou o bem, quer o queiramos, quer não. É verdade que, sendo livres, certas forças talvez possam impelir-nos ao pecado ao passo que outras promovem a nossa salvação; todavia, não somos necessitados a agir bem ou mal, contrariamente ao que opinam aqueles que vêem no curso dos astros e nos seus movimentos a causa das ações humanas, não só das que ocorrem independentemente do livre-arbítrio, como também das que estão em nosso poder.

De anima vero utrum ex seminis traduce ducatur, ita ut ratio ipsius vel substantia inserta ipsis corporalibus seminibus habeatur, an vero aliud habeat initium, et hoc ipsum initium si genitum est aut non genitum, vel certe se extrinsecus corpori inditur, necne: non satis manifesta praedicatione distinguitur. (Seguem-se algumas considerações acerca dos anjos.)

7. Est praeterea et illud in ecclesiastica praedicatione, quod mundus iste factus sit et a certo tempore coeperit et sit pro ipsa sui corruptione solvendus. Quid tamen ante hunc mundum fuerit, aut quid post mundum erit, iam non pro manifesto multis innotuit. Non enim evidens de his in ecclesiastica praedicatione sermo profertur.

(Segue-se um trecho bastante extenso sobre a Sagrada Escritura e o seu sentido e sobre o conceito do ἀσώματον*).*

9. Quaeremus tamen si vel alio nomine res ipsa, quam graeci philosophi ἀσώματον *(id est incorporeum) dicunt, in sanctis scripturis invenitur. Deus quoque ipse quomodo intelligi debeat requirendum est, corporeus et secundum aliquem habitum deformatus, an alterius naturae quam corpora sunt, quod utique in praedicatione nostra manifeste non designatur. Eadem quoque etiam de Christo et de sancto spiritu requirenda sunt, sed et de omni anima atque omni rationabili natura nihilominus requierendum est.*

10. Est etiam illud in ecclesiastica praedicatione, esse angelos dei quosdam et virtutes bonas, qui ei ministrant ad salutem hominum consummandam; sed quando isti creati sint, vel quales, aut quomodo sint, non satis in manifesto distinguitur. De sole autem et luna et stellis, utrum animantia sint aut sine anima, manifeste non traditur.

No que diz respeito à nossa alma, a pregação não nos faz ver distintamente se ela deriva de um tanchão seminal – o que significaria que a sua essência ou substância inere à própria semente corporal, – ou se tem outra origem; nem se esta é, por sua vez, causada ou incausada; tampouco se declara com certeza se é infundida no corpo de fora ou não.

Consta da mesma pregação eclesiástica que este mundo foi criado e começou num tempo determinado, e entrará em dissolução até desvanecer-se. Quanto ao que houve antes deste mundo, e ao que haverá depois dele, disto a maioria não possui qualquer noção clara. Pois a pregação eclesiástica não nos esclarece a este respeito.

Vejamos, porém, se a Sagrada Escritura nos depara, quiçá sob outro nome, aquilo mesmo que os filósofos gregos chamam de incorporeidade. Importa examinar, outrossim, o modo como se deve conceber o próprio Deus: se à maneira de um ser corpóreo e de algum modo desfigurado, ou se a sua natureza é diversa da dos corpos; também isto não aparece manifestamente em nossa pregação. Investigações semelhantes deverão ser feitas sobre o Cristo e o Espírito Santo, como também sobre todas as almas e criaturas racionais.

A pregação eclesiástica também nos informa da existência de certos anjos de Deus e de certas potências benéficas que o servem em benefício da salvação dos homens; contudo, não se discerne com suficiente clareza quando e de que modo e em que condição eles foram criados. Quanto ao Sol, à Lua e às estrelas, porém, não se diz com clareza se são animados ou não.

Oportet igitur velut elementis ac fundamentis huiusmodi uti secundum mandatum, quod dicit: "Inluminate vobis lumen scientiae" (Os 10,12), omnem qui cupit seriem quandam et corpus horum omnium ratione perficere, ut manifestis et necessariis assertionibus de singulis quibusque quid sit in vero rimetur, et unum, ut diximus, corpus efficiat exemplis et affirmationibus, vel his, quas in sanctis sciputuris invenerit, vel quas ex consequentiae ipsius indagine ac recti tenore reppererit.

De Principiis 1, praef. 4-10; 9-16.

Estas coisas, como outros tantos elementos e fundamentos, devem ser aproveitadas por quem quer que deseje aplicar sua razão em reduzir tudo isso a um conjunto ordenado, consoante o mandamento divino: "Fazei resplandecer em vós a luz da ciência"; e assim poderá investigar, através de juízos evidentes e necessários, a verdade de cada uma destas coisas em particular; como já foi dito, é preciso que se forme também um conjunto, com a ajuda de exemplos e afirmações, e por meio daquilo que se encontra nas Sagradas Escrituras, ou daquilo que se descobrir no exame de sua consequência, segundo as normas da verdade.

O Logos e as Ideias

Cristo é Criador enquanto princípio e enquanto sabedoria. Pois é em vista da sabedoria que Ele se chama princípio. Com efeito, ela diz, pela boca de Salomão (Pr 8,22): "Deus me criou no princípio de seus caminhos para as suas obras", para que "no princípio fosse o Verbo", isto é, na sabedoria. Concebemo-lo como sabedoria, porque Ele reúne em si a contemplação e os pensamentos de todas as coisas, e como Logos, porque as coisas contempladas são afins aos seres racionais. Nem se deve estranhar que, como dissemos, o nosso Redentor possua em si muitos bens pensados como primeiros, segundos e terceiros.

Com efeito, João diz com referência ao Logos: "O que foi feito era vida nele"; logo, a vida foi feita no Logos. Não há outro Logos senão o Cristo, o Verbo de Deus, que está com o Pai e pelo qual tudo foi feito; e não há vida fora do Filho de Deus, consoante a sua própria palavra: "Eu sou o caminho, a verdade e a vida". Portanto, como a vida foi feita no Logos, assim no princípio era o Logos.

Reflete sobre se esta designação não nos permite entender a expressão: "No princípio era o Logos" no sentido de que o universo foi feito segundo a sabedoria e de acordo com certos protótipos (do sistema). Pois eu tenho para mim que do mesmo modo que uma casa, ou uma embarcação, é construída e executada segundo os projetos e as formas presentes no espírito dos que lhe dirigem a construção – e a casa ou o navio têm sua origem nos protótipos presentes no construtor –, assim também o universo foi feito segundo as razões futuras previamente reveladas por Deus na sabedoria: "Pois Ele fez todas as coisas na sabedoria" (Sl 104,24). Em outras palavras: Deus criou, por assim dizer, a sabedoria vivente, incumbindo-a de formar os seres e a matéria, e de plasmá-los segundo os protótipos nela contidos.

In Johannem 1,19; 23,18-24,10.

CAPÍTULO III
OS TRÊS GRANDES CAPADÓCIOS

Talvez o leitor estranhe o fato de passarmos, sem transição, de Orígenes aos três grandes capadócios. Não quer isto dizer que ignoremos a atividade intelectual que medeia entre estes grandes expoentes do pensamento cristão. Tal atividade, porém, respeita principalmente ao domínio da Teologia, onde se logra, entre outras coisas, um notável progresso na elucidação das doutrinas trinitárias e cristológicas. Os capadócios marcam o término destas controvérsias teológicas; neles, a tradição vai-se cristalizando gradativamente em direção a uma clareza sempre mais luminosa. Viveram eles numa época particularmente propícia ao desdobramento da cultura cristã. O Edito de Milão (313) pusera fim às grandes perseguições. O povo afluía em massa à Igreja, que começou a tomar consciência da sua missão de mestra dos povos. A filosofia grega, embora continuasse a ser cultivada nas escolas, perdera a sua vitalidade. Em lugar de despenderem suas energias na refutação das investidas e dos preconceitos pagãos, os pensadores cristãos passam a dedicar-se, neste período relativamente tranquilo, à tarefa mais positiva da sistematização da doutrina cristã.

Há uma segunda razão que justifica a passagem direta aos grandes capadócios. Animados do mesmo amor a Orígenes, e de posse de uma tradição mais estabilizada e mais rigorosamente formulada, além de um senso mais seguro da norma da fé, os três mestres se empenham em fornecer uma interpretação ortodoxa do grande alexandrino. A importância deste empreendimento é inegável, visto ter conduzido à madureza os melhores elementos da doutrina origenista e traçado as linhas mestras para a evolução futura da patrística grega.

Importa notar, desde logo, que os capadócios foram essencialmente teólogos; à exceção de São Gregório de Nissa, a sua contribuição ao progresso da problemática filosófica foi relativamente insignificante. Nem por isso se lhes há de negar o direito a uma exposição à parte; merecem-no, pelo menos como expoentes típicos do seu tempo. Focalizaremos especialmente os pontos de doutrina que mais influenciaram o desenvolvimento da filosofia cristã: a Teodiceia de Gregório Nazianzeno, a Cosmologia de Basílio Magno, e, mais pormenorizadamente, a Antropologia de Gregório de Nissa, que é, dos três, o mais eminente em força especulativa.

A. Gregório de Nazianzo

Vida – A vida de Gregório Nazianzeno nos é conhecida através de um longo poema autobiográfico (MG 37,1029-1166). Nasceu em 329 ou 330 na quinta de Arianzo, perto de Nazianzo. Seu pai, que em 325 se convertera ao cristianismo a instâncias de sua piedosa mulher Nona, terminou por ordenar-se presbítero, sendo nomeado bispo de Nazianzo. O batismo de Gregório, segundo o costume da época, foi deferido para a idade adulta. Cristãmente educado pela mãe, fez seus primeiros estudos na escola de retórica em Cesareia, na Capadócia; ali travou amizade com Basílio, a qual, renovada mais tarde em Atenas, iria uni-los até à morte. Frequentou também as escolas cristãs de Cesareia na Palestina e de Alexandria. Esta cidade conservara viva a memória de Orígenes, em cujo pensamento o jovem estudante foi iniciado por Dídimo, professor da escola catequética. Concluiu sua formação científica em Atenas, um dos últimos centros de cultura pagã, onde, em companhia de Basílio, aprofundou-se no estudo dos clássicos e dos filósofos. Aos trinta anos de idade voltou para Nazianzo, onde recebeu o batismo. A seguir, retirou-se por algum tempo à solidão, às margens do Íris no Ponto, juntamente com Basílio. Regressando a Nazianzo, foi ordenado sacerdote, a contragosto, pelo próprio pai. Revoltado, deixou precipitadamente a cidade natal, e, na intenção de justificar-se, compôs um livro sobre a dignidade do sacerdócio (*Liber apologeticus de fuga*). Pouco após, volta a Nazianzo, onde assiste ao pai na administração da diocese. Em 372 é consagrado bispo de Sasima por Basílio que, com o fito de consolidar sua influência, começara a fundar uma série de novas dioceses. Todavia, não chegou a tomar posse do cargo. Continuou a administrar por algum tempo a Diocese de Nazianzo, que ficara vaga com a morte do pai. A fim de restabelecer a fé ortodoxa na capital aceitou, em 379, a direção da sede episcopal de Constantinopla, cargo a que renunciou em 381 no interesse da paz. Voltou a Nazianzo, onde, por dois anos, dirigiu os negócios da diocese vacante. Finalmente retirou-se ao campo, onde dedicou seus últimos anos aos exercícios ascéticos e a trabalhos literários. Morreu em 390. A festa do grande Doutor da Igreja celebra-se no dia 9 de maio.

Em suas homilias Gregório surge como um mestre hábil e vigoroso da palavra. Seu grande apreço pela forma literária e sua predileção pelas locuções poéticas chega a imprimir ao seu estilo um sabor algo teatral; não desdenha também de referir-se à sua própria pessoa.

Obras – 45 orações dogmáticas, 240 cartas, cerca de 500 poemas. Particularmente importantes são os chamados *cinco sermões teológicos*, que servirão de base para a nossa exposição, e os *poemas dogmáticos.*

Edições – MG 35-38 – Os cinco sermões teológicos aparecem no t. 36, números 27-31, p. 12-172; os poemas dogmáticos: t. 37, p. 427-522.

Teodiceia

Os cinco sermões teológicos, dos quais extrairemos a teologia natural de Gregório, foram pronunciados no ano 380 em Constantinopla, contra a seita dos eunomianos, que representava, então, a mais séria ameaça à fé ortodoxa na capital do Império. Doutrinava Eunômio que a essência da Divindade consistia em ser ela ingênita, sendo por isto inteiramente inteligível. O Filho, por sua vez, é essencialmente gerado, e por conseguinte não é Deus. Travou-se violenta controvérsia, assanhando todos os ânimos. Em toda a parte, inclusive nas ruas e praças públicas, discutiam-se as mais difíceis questões trinitárias.

Gregório investiu com todo o vigor de sua eloquência contra as afirmações heréticas dos eunomianos e contra o diletantismo teológico. Tão profunda foi a repercussão dos seus sermões que a posteridade lhe conferiu o título de "Teólogo".

Obedecem estes sermões a uma estruturação tripartida. O primeiro (27; cf. texto anexo) arrola as pressuposições ou disposições interiores que se exigem daqueles que ousam abordar as mais elevadas especulações teológicas, quais sejam: um certo grau de maturidade espiritual, a pureza do coração e a reverência. O segundo (28) pormenoriza a possibilidade e o alcance do nosso conhecimento de Deus. Os três últimos (29-31) versam sobre o dogma da SS. Trindade.

I. A cognoscibilidade de Deus

Platão afirma no Timeu[1] que é difícil conhecer a Deus, e impossível exprimi-lo por palavras. Gregório prefere antepor a inefabilidade à incognoscibilidade: é impossível enunciar a Deus por palavras, e mais impossível ainda é conhecê-lo[2]. Pois – e de bom grado perdoaremos esta afirmação ao hábil e eloquente orador –, o que se compreende pode-se tornar inteligível a quem disponha de alguma inteligência. Menos perdoável é a acusação de que a engenhosa fórmula de Platão visa apenas disfarçar sua própria ignorância.

É inegável que Gregório quase se excede na negação da cognoscibilidade de Deus. Mas nem por isso a sua posição importa em agnosticismo, como se vê pelas distinções que estabelece. Antes de mais nada, não é a existência de Deus que é incognoscível, mas tão somente a sua natureza e essência: ἡ ὐσι ἄληπτό τε καὶ ἀπερίληπτο λέγω οὐχ ὅτι ἔστιν, ἀλλ' ᾗτι ἐστίν[3]. Não possuímos um conhecimento distinto e positivo da essência divina, visto ser ela puramente espiritual. Não que Deus nos denegasse mesquinhamente tal conhecimento; a razão está em nossa própria natureza corporal. Aliás, este obstáculo não deixa de ter suas vantagens, pois, quanto mais difícil se nos afigura algum saber, tanto mais apreço lhe votamos; pois não costumamos estimar o que apreendemos com facilidade. Ademais, tal dificuldade é um preservativo eficaz contra a soberba de Lúcifer que, inundado da luz do conhecimento, recusou curvar a cerviz diante de Deus. E, enfim, o nosso empenho pelo conhecimento não deixará de ter sua justa recompensa no além. Tais são as razões principais para a existência daquela barreira corporal entre o entendimento humano e Deus. A "má visibilidade" e "escuridão" resultantes desta nossa condição corporal afetam todas as nossas especulações; por mais que nos concentremos sobre nós mesmos e por grande que seja o nosso desprendimento das coisas sensíveis, os nossos conceitos sempre incluirão algum elemento corporal; e isto nos proíbe o acesso às realidades puramente espirituais e à Divindade, a despeito dos laços de parentesco que a ela nos prendem. Reza o ditado que o homem não pode saltar por cima da própria sombra; o mesmo vale em matéria de conhecimento: como o olho necessita de luz e ar para apreender as coisas externas, e como o peixe precisa de água para poder nadar, assim também nós não podemos chegar a Deus senão através das coisas corporais e sensíveis[4].

---

1. 28 C.
2. 28, 4; 29 C.
3. Ibid., 5; 32 B.
4. Ibid., 12; 40 Cs.

Portanto, dizer que Deus é incognoscível equivale a admitir a nossa incapacidade de formar quaisquer conceitos puramente espirituais acerca dele; é por esta razão, e neste sentido, que a sua natureza nos é incognoscível. Só no além é que o homem terá acesso ao protótipo divino, do qual ele é a imagem[5]. E Gregório se esforça por dar a prova de que nem mesmo as pessoas que, segundo o testemunho da Escritura, tiveram um comércio especial com Deus, puderam vê-lo tal qual Ele é em si mesmo[6].

II. Nosso conhecimento da existência de Deus

Em duas ocasiões diferentes, Gregório procurou provar a existência de Deus em forma retórica. Visto que as ideias propostas são essencialmente idênticas, exporemos apenas o segundo argumento, que é também o mais explícito. Sua ideia fundamental é que a criação aponta para além de si mesma a um Criador, a um Ordenador e a um Conservador[7].

Um simples olhar para a criação nos convencerá de que não é nela mesma, e sim em algo transcendente, que devemos buscar-lhe a razão de ser. Com efeito, ela nos defronta com um problema irrecusável: Quem é o autor desta ordem determinada e concreta que reina nos corpos celestes e terrestres, bem como em todos os seres que povoam os ares e as águas? Ou, antes, quem pôs tal ordem nos elementos que precedem e condicionam tais coisas, a saber: no céu, na terra, no ar e na água? Quem é responsável por sua mistura e união? Não será preciso concordar com o filósofo (Platão ou Opiano) e admitir a existência de um arquiteto que tenha colocado nas coisas este Logos, ou seja, esta maneira de haver-se, tão cheia de significado e tão bem acomodada à natureza do universo, à sua conservação e ao seu governo? Mas quem será este arquiteto? O acaso? Gregório insurge-se com dramaticidade contra tal hipótese. Suas exposições acerca do acaso foram retomadas quase literalmente por João Damasceno, que as transmitiu ao Ocidente. Suponhamos, com efeito, que as coisas sejam um produto do acaso. Mas como se há de explicar, nesta suposição, a existência da ordem e da harmonia, reinantes nas coisas? Dir-se-á que também ela se origina do acaso. Tal hipótese, porém, não suprime a questão de sabermos quem conserva e mantém aquela ordem. É óbvio que não se pode apelar indefinidamente ao acaso, e que é mister atribuir a conservação da ordem do universo à influência de Deus. Desta forma o Logos, ou a lei da natureza, que tudo penetra e domina, e que foi criada conosco mesmos, faz-nos chegar a Deus a partir das coisas sensíveis[8].

É verdade que o "Deus", cuja existência Gregório prova em termos mais poéticos do que filosóficos, não passa de um demiurgo. Mas convém recordar que o paganismo já fora superado, e tudo leva a supor que já não se tomasse a sério a ideia de um Deus Ordenador que não fosse simultaneamente o Criador do ser; aos olhos de Gregório, pelo menos, a questão não implica algum problema. À luz desta observação podem explicar-se também os saltos lógicos na argumentação; falhas estas, tanto mais compreensíveis quanto o grande "Teólogo" levanta o

---

5. Ibid., 17; 40 Cs.
6. Ibid., 19; 49 Cs.
7. Para o primeiro argumento cf. ibid., 6; 32 Cs. Ambas as provas traem a influência de Orígenes e foram transmitidos à Escolástica por João Damasceno.
8. Ibid., 16; 45 Ds.

problema da existência de Deus, não tanto a partir da problemática filosófica do que à guisa de complementação de suas exposições teológicas. Gregório não deixa de acrescentar que este argumento não nos permite saber o que seja a essência concreta de Deus[9].

III. O conhecimento negativo de Deus

Em face da Divindade o olho espiritual depara um abismo imenso e impenetravelmente obscuro. É-lhe vedado penetrar na essência de Deus. Restrito a saber o que Deus não é, só lhe resta enveredar pelo caminho da teologia negativa. A exposição de Gregório sobre este saber negativo permanece algo vaga; na verdade, aborda apenas o problema da incorporeidade, posto por Orígenes, além de alguns outros conceitos. Não obstante, as suas ideias merecem ser consideradas, em vista da repercussão que tiveram no Ocidente por influência da obra do Damasceno.

1. Deus não é um ser corporal, porque Ele carece das propriedades distintivas dos corpos.

Com efeito, Deus é imenso, infinito e sem figura, intangível e invisível. Numa palavra, os seus atributos são diametralmente opostos às propriedades corporais.

Em Deus não há composição. Os corpos, ao contrário, são compostos; e o que é composto traz em si o germe da dissolução. A composição é a razão (ἀρχή) da luta, a luta é a razão da divisão, e a divisão é a razão da dissolução. A dissolução, porém, é indubitavelmente estranha a Deus. Donde se conclui que Deus não é um corpo[10].

Deus está presente em todo o mundo, e por conseguinte é incorporal. Fosse Ele um corpo a preencher o vazio do universo, já não haveria espaço para as demais coisas. A não ser que lhe atribuíssemos a capacidade de confundir-se com os outros corpos e de coexistir lado a lado com eles, numa espécie de mistura, comparável à que resulta da água com o vinho. Mas nesta suposição Ele se encontraria inteiramente fragmentado, pois cada partícula de sua substância teria de insinuar-se entre duas partículas de outra substância: uma concepção cuja inépcia excede até mesmo a da admissão dos átomos de Epicuro[11].

Mas não se poderia atribuir a Deus algo assim como uma corporeidade particularmente sutil, a exemplo do que fazem os filósofos peripatéticos, que identificam a Deus com o quinto elemento, dotado de movimento circular? Gregório procura rebater esta concepção com as armas dos próprios filósofos, isto é: a partir do conceito aristotélico do movimento. Admitamos, com efeito, uma tal substância quase incorporal; suponhamos, também, que ela se mova como as outras coisas. É claro que não poderemos fugir à questão: Donde deriva esta substância o seu movimento? Se de outra substância anterior a ela, teremos de perguntar por aquilo que move esta outra substância, e assim por diante, até ao infinito. Um regresso ao infinito, porém, é um absurdo que deve ser simplesmente rejeitado. Na opinião de Gregório o movimento corporal se reduz, forçosamente, a algo incorporal[12].

---

9. Ibid., 17; 48 C.
10. Ibid., 7; 33 Bs.
11. Ibid., 8; 33 Ds.
12. Ibid., 8; 36 As.

2. Outras determinações negativas de Deus podem obter-se pela negação dos conceitos colhidos do ser criatural. É certo que com isto não obtemos quaisquer determinações positivas de Deus. Gregório faz questão de frisar este ponto: o fato de qualificarmos a Deus de incorporal não nos proporciona a menor informação a respeito de sua essência. Como a incorporeidade, assim também o não ser gerado (ἀγέννητο), a carência de começo (ἄναρχο) ou de fim (ἄθαρτο) são conceitos negativos[13].

Fiel ao espírito da escola alexandrina, Gregório dá um passo avante. Também os conceitos de espírito, de fogo, de luz, de sabedoria, de justiça, de razão e de intelecto nada nos dizem da essência divina. Com efeito, quem de nós é capaz de compreender o que seja um espírito sem movimento e desligado de toda corporeidade? Ou de conceber um fogo sem matéria, sem chamas, sem forma e cor próprias? Ou uma luz que não se mistura ao ar e existe separadamente de sua fonte? E que espécie de razão seria Deus? Não, por certo, a que habita no homem e se manifesta através dos pensamentos! E que espécie de inteligência seria Ele? A que foi infundida, ou, antes, dissolvida, em nós? E quem é capaz de conceber a sabedoria, exceto à maneira de uma propriedade que nos capacita a contemplar as coisas divinas e humanas? E qual a nossa ideia de justiça ou de amor? Será, porventura, a que formamos daqueles afetos louváveis, contrários à injustiça e ao ódio, afetos que ora aumentam, ora diminuem, conferindo-nos determinadas propriedades, assim como as cores as conferem aos corpos?[14]

O propósito de Gregório é dar a entender, em termos retóricos, que os conceitos aplicados a Deus são produtos humanos, e por isso inadequados. Todos eles incluem um elemento corporal, pois não nos é possível abstrair totalmente da sensibilidade. Nestas condições, como poderíamos conceber e enunciar com palavras a espiritualidade pura de Deus?

Quererá isto dizer que os nossos conceitos não enunciam absolutamente nada sobre Deus? Gregório, ao que parece, não chegou a elaborar o conceito da analogia, embora não o desconheça de todo, como se pode concluir de certas passagens, onde se lê que nem mesmo os espíritos bem-aventurados logram apreender a Deus, posto que Ele habita numa luz inacessível. Claro está que Deus está presente no mundo, mas ao mesmo tempo Ele o transcende; Deus é toda a beleza, mas não obstante Ele excede toda a beleza; Deus ilumina o espírito, mas por mais célere e alcandorado que seja o voo da mente, ela é incapaz de alcançar a Deus, pois Ele se subtrai a nós na mesma medida em que o compreendemos; e assim, numa espécie de jogo amoroso, Deus atrai a si aqueles que o amam[15].

IV. O ser como verdadeiro nome de Deus

Gregório objeta a si mesmo: Se Deus é absolutamente incognoscível, e se nada compreendemos de sua essência, como nos é possível tender a Ele?[16] Em sua resposta

---

13. Ibid., 9; 36 C.
14. Ibid., 13; 41 Cs.
15. Oratio II, 76; 484 AB.
16. Or. XXXVIII e XLV.

ele atenua um tanto as afirmações anteriores e propõe algumas fórmulas que foram incorporadas no patrimônio comum da tradição cristã.

1. O ser infinito – Ainda que Deus seja dificilmente cognoscível (δυσθεωρ- ητόν), pode-se contudo predicar dele pelo menos a infinidade do ser, a ἀπειρία. Esta expressão trai, por si só, o pensador cristão. Orígenes, como vimos, recusara-se a fazer uso do conceito da infinidade com relação a Deus; aos olhos de Gregório, ao invés, e aos da posteridade (e de modo especial em Duns Escoto) ela constitui o aspecto mais característico da essência divina. Deus é o ser infinito; por isso, ao perguntar-lhe Moisés pelo nome, Ele respondeu, simplesmente: Eu sou aquele que é. De fato, Deus compreende em si a plenitude do ser, e por esta razão carece de princípio e de fim; antes, Deus *é* seu próprio ser: um oceano imensurável e ilimitado de substância[17].

2. O ser eterno – Em sua imensidade Deus excede todos os limites do espaço e do tempo. A independência do espaço decorre da incorporeidade. Mas Ele independe também do tempo. Não se pode dizer que foi ou há de ser, mas apenas que é, e que nele se compreende todo o ser no presente; numa palavra: Deus é eterno. O conceito de eternidade exclui todo e qualquer elemento temporal[18].

Nós, as criaturas, ao contrário, somos seres temporais, devido à nossa corporeidade: existimos à maneira de uma natureza fluente: ρευστῇ ύσεω [19]. Eis por que a nossa existência se mede pelo movimento do sol. Deus está acima de toda temporalidade, sem excluir a medida (ἀίδια); pois também estes se encontram de algum modo no tempo, não, por certo, no tempo que se mede pelo movimento solar, mas num outro, semelhante ao nosso, e cuja extensão coincide com a deles[20].

Apreciação

Não é fácil dar uma apreciação justa do grande teólogo e Doutor da Igreja no que respeita à sua posição filosófica. Seria erro encará-lo como um simples orador, capaz de dissertar com espírito sobre problemas filosóficos; por outro lado, não podemos contá-lo entre os príncipes do reino da filosofia. Sua obra é pouco mais que medíocre; mas cabe-lhe o mérito de haver lançado mão de novos símbolos e novas fórmulas. Foi por esta razão que João Damasceno incorporou em sua síntese final da patrística grega um número considerável de ideias tiradas da obra de Gregório, citando-as quase sempre à letra.

Os sermões de Gregório não demoraram a ser vertidos em latim; Rufino deu o exemplo, traduzindo nove de suas orações. Agostinho conheceu e estimou o grande

---

17. Or. XXXVIII, 7; 317 Bs. e XLV, 3; 625 Cs.
18. Or. XXXVIII, 8; 320 AB e XLV, 4; 628 C.
19. Or. XXXVIII, 7; 317 B e XLV, 3; 625 C.
20. Or. XXXVIII, 8; 320 B e XLV, 4; 628 C.

teólogo. Também o Pseudo-Areopagita parece ter sofrido a sua influência. E assim sucedeu que a Idade Média dispusesse das mais variadas vias de acesso à obra do Nazianzeno, a qual deve ser tida como uma fonte importante da Escolástica.

O homem e a filosofia

Nem todos, ó ouvintes, estão em condições de filosofar sobre Deus, nem todos! Pois não se trata de empresa fácil, nem própria a quem se arrasta pelo chão. E acrescento: não é empresa de toda hora, nem para todos, nem a respeito de tudo; deve, antes, restringir-se a determinado tempo, a determinados homens e a uma determinada medida.

Não se destina a todos, mas só aos escolhidos e versados na especulação, e aos puros de corpo e alma, ou, pelo menos, aos que estão em vias de tornar-se tais. Há perigo em se tocar o puro com o impuro; aliás, um olho doente é incapaz de fitar a luz do sol.

Quando se há de fazê-lo? Quando nos encontrarmos desembaraçados do lodo e do tumulto externo, e quando as coisas mais elevadas não estiverem sendo turvadas por devaneios e imagens indignas, pois do contrário estaríamos a misturar letras formosas com letras disformes, e o odor da mirra com a imundície. O homem necessita de lazer para poder conhecer a Deus e ajuizar em boa hora do rumo a seguir na teologia.

A quem cabe fazê-lo? Àqueles que se consagram à referida tarefa com seriedade, e não como a qualquer outra, como se se tratasse de um passatempo agradável, como por exemplo, depois dos páreos, das representações teatrais, dos concertos ou das refeições, ou depois de algo ainda inferior a tudo isso. É uma ocupação imprópria para quem vê nela apenas uma nova forma de diversão, isto é, de sua parolice leviana acerca de tais coisas e da sutileza das controvérsias.

A respeito de quê, e em que medida, se há de filosofar? Só na medida em que isto estiver ao nosso alcance, e a compreensão do ouvinte o puder atingir, para que não suceda que, assim como o ouvido e o corpo sofrem com o excesso da voz e o abuso da alimentação – ou se o preferires: assim como os retardatários se veem tolhidos pelos fardos demasiadamente pesados, e a terra sofre com o excesso das chuvas –, assim também os ouvintes se sintam como que embaraçados e oprimidos pelo peso das palavras e percam seu ardor inicial.

Oratio XXVII, III, c. 13-16.

B. Basílio Magno

Vida – Basílio teve o privilégio de pertencer a uma família de profundas convicções cristãs; seu avô materno sofrerá o martírio; sua avó paterna Macrina, sua mãe Emélia, sua irmã Macrina e seus irmãos Gregório e Pedro são venerados como santos. Nasceu Basílio por volta de 330 em Cesareia na Capadócia. Frequentou as escolas de retórica da cidade natal e de Constantinopla. Em seguida, cursou medicina e humanidades em Atenas, onde, coadjuvado de Gregório de Nazianzo, formou uma espécie de associação de acadêmicos idealistas. Voltando a Cesareia, recebeu o batismo a instâncias de sua irmã Macrina (c. 357), renunciou ao magistério e à propriedade, e visitou os mais famosos ascetas da Síria, da Palestina e do Egito. Retirou-se depois à solidão, nas margens do Íris, onde fundou uma colônia monástica. As regras para a direção dos monges, compostas em colaboração com seu amigo Gregório, serviram de modelo e base para todas as futuras instituições monacais do Oriente. Por esse tempo compôs também, sempre assistido pelo amigo, um florilégio das obras de Orígenes, conhecido com o nome de *Philocalia*. Uns cinco anos mais tarde foi chamado para Cesareia pelo Bispo Eusébio, que lhe conferiu a ordenação sacerdotal e o tomou por auxiliar na administração da diocese. Em 370 foi eleito sucessor de Eusébio. Feito assim metropolita da Capadócia e exarca imperial da Província do Ponto, empreendeu uma luta sem tréguas contra a heresia dos arianos; seus escritos e ordenações foram decisivos para a vitória da ortodoxia. Faleceu em 379. Basílio foi um verdadeiro príncipe da Igreja, dotado de um sólido senso da realidade e de uma piedade profunda e sadia. Pertence ao número dos quatro grandes doutores a Igreja grega; sua festa celebra-se no dia 14 de junho.

Obras – As que mais nos interessam aqui são as *nove homilias sobre a obra dos seis dias* (Hexaêmeron). Basílio segue de perto o relato bíblico, que procura interpretar o mais literalmente possível. Existe uma versão latina destas homilias, feita no século V por Eustátio. Ambrósio serviu-se delas em ampla escala em seu próprio Hexaêmeron, citando-as frequentemente à letra.

Edições – MG 29-32. Homilias sobre o Hexaêmeron: 29,4-208. Citamos, primeiro, os números e parágrafos; ao ponto e vírgula segue-se a indicação das colunas e letras da ed. MG.

A cosmovisão de Basílio

Nas homilias sobre o Hexaêmeron Basílio trata de aliar os conhecimentos cosmológicos e científicos do seu tempo com os dados bíblicos. Visto que a sua imagem do mundo serve, pelo menos implicitamente, de suposto para suas especulações metafísicas, não podemos fugir a uma exposição da mesma. Por mais primitiva que tal concepção nos pareça hoje em dia, – pelo menos em matéria de ciência natural, – o tentame de Basílio não deixa de constituir a primeira contribuição importante ao problema das relações entre fé e ciência, e, como tal, ela irá determinar a atitude dos pensadores cristãos pelo espaço de vários séculos.

I. A criação do mundo

Como Criador de todas as coisas, Deus está no princípio do mundo e dos tempos. Quão parcas de conteúdo se nos apresentam, em face desta concepção, as especulações contraditórias dos filósofos, para os quais o mundo se origina, ou de algum dos quatro elementos, como ensinam os jônios, ou dos átomos, como julga Demócrito. Na verdade, dão a impressão de quererem ancorar o mundo numa teia de aranha[21].

---

21. Hex. I, 2; 5 Cs.

1. A criação no tempo – Basílio afirma inequivocamente que Deus deu existência ao mundo no tempo por meio de um ato eterno e intemporal.

a) Impossibilidade de um mundo sem começo. Só há um ser sem começo: Deus, de quem tudo o mais se origina. É verdade que o movimento circular e ininterrupto dos corpos celestes nos dá a ilusão de ser sem começo, posto que é impossível determinar onde se situa o começo ou o fim de um círculo. Não obstante, devemos reconhecer que todo círculo tem, por força, um princípio. E este princípio foi posto por Deus, que também atribuiu as distâncias exatas às respectivas revoluções astrais. E tendo começado, as revoluções terão fim, pois tudo quanto começou com o tempo há de necessariamente terminar no tempo[22].

b) O próprio ato criativo, porém, é intemporal, visto ser ele que põe o começo temporal. Logo, o começo do tempo não é, por sua vez, temporal, nem divisível em partes temporais, pois do contrário seria preciso buscar-lhes, por seu turno, um começo, o que nos levaria a um processo infinito, sem chegarmos jamais a um começo propriamente dito. Sendo, pois, que o começo não é temporal, segue-se que o ato que põe o começo não se situa no tempo. Em outros termos, é um ato intemporal (ἄχρονον)[23].

c) O tempo só começa com o mundo, e não com a criação como tal; pois antes do nosso mundo já haviam sido criados os anjos, que constituem o mundo suprassensível e espiritual. E o próprio mundo sensível já existia num estado supratemporal (ὑπέρχρονο) e eterno (ἀίδιο)[24]. O tempo só aparece com este nosso mundo, a cujo vir a ser e deixar de ser está intimamente vinculado. Pois o curso do tempo é um devir e um perecer ininterrupto e um fluir incessante. O passado já deixou de ser, o presente foge à nossa percepção e o futuro ainda não existe[25].

2. A matéria – Basílio refere-se com certa ironia à concepção grega da matéria, à de Aristóteles, por exemplo. Muito piores, porém, são os "falseadores da verdade" (παραχαράκται τῇ ἀληθεία) que, ao invés de entenderem a Escritura com singeleza e simplicidade, retorcem-na, emprestando-lhe um sentido puramente humano. Pretendem eles que a terra criada por Deus, a qual estava deserta e vazia em seu estado inicial, outra coisa não é senão a matéria dos antigos. E foi desta matéria, afirmam, que Deus se serviu para formar o mundo[26].

Os argumentos contra a existência de uma matéria incriada são essencialmente idênticos aos de Orígenes. Como este, Basílio divisa a raiz psicológica deste erro no fato de se haver exagerado a analogia entre a atividade divina e o trabalho artístico do homem[27]. Particularmente digno de reparo é a circunstância de Basílio considerar o próprio conceito de matéria primeira como algo de ridículo e destituído de qualquer sentido razoável. Chega a acautelar os seus ouvintes contra a tentação de ponderar sobre aquilo que possa constituir o substrato dos corpos. Em todo o caso, não se deve buscá-lo numa natureza indeterminada que, tomada em si mesma, carecesse de toda e qualquer propriedade. Convém saber, ao contrário, que tudo quanto se pode observar numa coisa contribui para constituir sua existência e aperfeiçoar-lhe a es-

---

22. Ibid., 3; 9 As.
23. Ibid., 6; 16 Cs.
24. Ibid., 5; 13 A.
25. Ibid.; 13 Bs.
26. Hex. II, 2; 29 Cs.
27. Cf. ibid.; 32 Bs.

sência. Pois se eliminarmos, uma a uma, todas as propriedades de uma coisa, chegaremos, afinal, ao nada. Com efeito, afastemos de uma coisa a cor, a temperatura, o peso, a densidade, o gosto e todas as demais propriedades sensíveis, e nada restará que lhes sirva de substrato[28].

II. As criaturas consideradas em particular

1. A estrutura do mundo origina-se a partir dos quatro elementos: fogo, ar, água e terra. O céu ou firmamento não consta de uma natureza corporal especial, a suposta quintessência, mas de uma substância sutil, aeriforme e ígnea; todavia Basílio foge a todo pronunciamento decisivo sobre a relação desta substância para com os elementos[29]. O firmamento é comparável a um filtro, deixando passar o que é tênue e aeriforme, e retendo o que é terreiforme; separa também as águas superiores das inferiores. O éter, que é de natureza ígnea, consome o excedente de água, de tal modo que o seu calor é mitigado pelas nuvens em ascensão e pela umidade do ar[30]. Abaixo do céu se escalonam as matérias ponderáveis: o ar, a água e a terra, ainda que originariamente todos os elementos formassem uma mistura. Cada elemento possui uma tendência para seu lugar natural; por isso a terra se situa no centro: tal é sua posição natural[31].

2. A luz foi criada logo após os elementos. Na falta de portadores, ela constituía, de início, uma substância luminosa pura. Esta concepção irá influir decisivamente na metafísica medieval da luz, tão característica da Escola de Oxford. O sol só foi criado mais tarde, para servir de sustentador e transmissor da luz. O esplendor (isto é, a luz irradiada) e o seu respectivo portador podem ser separados a qualquer tempo pelo poder de Deus[32]. Uma vez recebida no ar, a luz propagou-se instantânea e intemporalmente em todas as direções. Pois a substância do ar é tão transparente e sutil que a luz pode penetrá-la e atravessá-la sem dificuldade, e alcançar imediatamente os limites do espaço aéreo[33].

3. Os elementos vêm descritos na quarta homilia. Cada elemento possui uma qualidade específica: o fogo é cálido, a água é fria, o ar é úmido e a terra é seca. Entretanto, é só no seu estado primitivo que os elementos apresentam estas propriedades específicas. O que se apresenta aos sentidos sob a forma de fogo, água, terra e ar é o resultado da mistura de todos os elementos. "E de modo geral, nada do que é visível e sensível existe inteira e exclusivamente para si, de maneira simples e pura; antes, a terra é seca e fria, a água é fria e úmida, o ar é quente e úmido e o fogo é quente e seco. E é a associação destas propriedades que possibilita a mistura dos elementos. Pois é em virtude das propriedades comuns que cada elemento se mistura com aquele que lhe é mais afim, e mercê da concordância que reina entre cada elemento e aquele que lhe é respectivamente mais próximo, ele se combina (afinal) com seu contrário... E assim se origina uma espécie de ciranda ou coro harmonioso, pois todos os elementos se harmonizam e coordenam (συστοιχούντων); é, pois, com toda a razão que se lhes aplica a designação de "fileiras" ou "linhas" (στοιχεῖα)"[34].

---

28. Hex. I, 8; 21 As.; ²BKV 47, p. 19s.
29. Hex. I, 11; 25 As.
30. Hex. III, 4 e 7; 60 e 68.
31. Hex. I, 7: 20 Bs.
32. Hex. VI, 2 e 3; 121 As.
33. Hex. II, 7; 44 Cs.
34. Hex. IV, 5; 89 Bs., ² BKV p. 68s.

4. As plantas representam o primeiro grau da escala orgânica. Todos os corpos orgânicos se estruturam a partir dos elementos. Dividem-se em três reinos: o vegetativo, o animal e o humano. A causa do crescimento da planta não é o sol, mas a terra. Todas as plantas trazem sementes, que ora aparecem em forma visível, ora permanecem ocultas nos bulbos ou nas raízes. Da semente origina-se invariavelmente a mesma espécie, que permanece constante através das gerações sucessivas. A semente só se desenvolve em contato com a terra úmida e quente, que tem o efeito de torná-la macia e porosa; em consequência disso, ela se espraia no solo circunjacente e atrai as matérias da mesma espécie. Desse modo as dimensões da semente vão crescendo gradativamente, até lançar raízes e vergônteas e desenvolver-se numa planta perfeita e completa[35].

5. No reino animal manifesta-se a vida sensitiva; esta é superior à dos vegetais, que só possuem a capacidade de alimentação e crescimento[36]. A vida dos animais inferiores se originou das águas e dos lodaçais – como, aliás, pode suceder ainda hoje, até com os ratos[37]. A respiração serve para atenuar o calor interno dos organismos animais[38]. Há vários graus de vida animal; os animais marítimos ocupam um grau inferior, como se pode concluir do seu olhar embaciado; as formas mais perfeitas da vida anímica só aparecem nos animais terrestres. A alma animal é de natureza térrea; o que se explica pelo fato de Deus haver comunicado à terra a força de produzir tais almas[39]. A sede da alma sensitiva é o sangue; corrompendo-se este, a alma se extingue[40]. Seu característico é a irracionalidade; mas esta imperfeição é compensada pelo fato de Deus lhes haver proporcionado um "saber" hereditário: o instinto. Graças a ele, os animais exercem atividades realmente admiráveis. O cão, por exemplo, é capaz de formar um entimema: "Aquilo que os filósofos levaram longos anos a descobrir, a saber, os entimemas, o cão o aprende da natureza, como é fácil verificar. Com efeito, ao rastejar uma caça, e ao seguir-lhe os vestígios ora numa, ora noutra direção, ele procede de acordo com o seguinte silogismo: A caça fugiu numa de três direções; ora, ela não fugiu nesta nem naquela direção; logo, deve ter corrido para um terceiro lado. Como se vê, o cão descobre a verdade pela exclusão do erro. Que outra coisa fazem os sábios que com ares solenes se dedicam ao estudo dos problemas matemáticos, traçando linhas na areia e acabando por rejeitar duas de três suposições e por reter a restante como verdadeira?"[41]

Em último lugar, Deus criou o homem à sua imagem e semelhança. Sobre este assunto, porém, ouviremos, logo a seguir, a palavra autorizada de Gregório de Nissa.

Apreciação

Encarada do ângulo de vista moderno, a cosmovisão de Basílio é assaz ingênua e primitiva. Suas exposições não contêm praticamente nada de original. Sua intenção, aliás, não é transmitir conhecimentos científico-naturais. Ele mesmo declara repetidas vezes que seu único desejo é edificar os fiéis, e não satisfazer-lhes a curiosidade.

---

35. Hex. V, 1-3; 96 As.
36. Ibid., VII, 1; 148 C.
37. Ibid.; cf. IX, 2; 189 Cs.
38. Ibid., 149 B.
39. Hex. VIII, 1; 164 C.
40. Ibid., 168 A.
41. Hex. IX, 4; 197 Bs. ²BKV p. 147.

Estas restrições, porém, não diminuem em nada o valor das homilias de Gregório. Testemunham elas um grande amor à natureza, na qual não se vê apenas uma manifestação da Divindade, mas algo revestido de um valor e de uma beleza dignos de serem estimados em si mesmos. Alexandre de Humboldt descobre em Basílio uma sensibilidade profunda pela natureza, e, bem assim, uma fina capacidade de observação, a qual o aproxima aos modernos[42].

Mas o valor principal das homilias deriva do seu interesse histórico. Basílio é o primeiro pensador cristão a tomar uma posição plenamente consciente, e inspirada no cristianismo, perante as questões científico-naturais. Destarte abriu acesso a todo um novo domínio que a princípio parecia estar cerrado à especulação cristã. Doravante já não pode haver dúvida de que a doutrina cristã é superior à Física, à qual pode comunicar conhecimentos valiosos, sem sentir-se, aquela, ameaçada em seu conteúdo pelas pesquisas desta. Foi assim que a posteridade avaliou a obra de Basílio, e sob este aspecto seria difícil exagerar-lhe a importância.

Descrição da natureza

Há ali uma alta montanha, coberta de espessa vegetação, e regada, em sua encosta setentrional, de frias e cristalinas águas. Embaixo, no sopé da montanha, estende-se uma larga planície, sempre fértil graças à umidade do morro. Dir-se-ia que a mata virgem a seu derredor, com suas variegadas e múltiplas árvores, serve-lhe de cercado, de tal sorte que, em comparação com ela, a própria Calipso, que Homero admirava sobre todas as outras ilhas por causa de sua beleza, se nos afigura como insignificante.

Sua semelhança a uma ilha se acentua pelo fato de estar inteiramente rodeada de bastiões. De dois lados abrem-se profundas gargantas, isolando o ermo das cercanias.

Do lado oposto da montanha precipita-se um rio espumejante, formando uma espécie de muralha extensa e difícil de escalar. Uma cumeeira, sulcada de depressões fulciformes vem juntar-se às gargantas, barrando a vereda ao pé do morro.

Há uma só via de acesso ao nosso dispor. A nossa choupana repousa numa outra crista da montanha, defronte de um chapadão bastante elevado. Dali pode-se avistar não só a referida planície, como também o curso do rio em torno. Este, a meu ver, oferece um panorama não menos aprazível que o Strímon, visto de Anfípolis. Pois este último, com seu curso demasiadamente lento, vai-se alargando até formar uma espécie de lago; tão grande é a sua lentidão, que já não é propriamente um rio. O rio do meu ermo, porém, mais caudaloso que todos os outros que conheço, despedaça-se de encontro às saliências rochosas e despenca escachoante para o abismo. É um espetáculo maravilhoso para mim e para todos os que o veem; grande é sua utilidade para os moradores da zona, pois os seus remoinhos alimentam uma quantidade inimaginável de peixes.

Que direi das emanações da terra ou das brisas refrescantes que se erguem do espelho das águas? Outros que venham admirar a multiplicidade das flores e a abundância de aves canoras; quanto a mim, não disponho de lazer para dar-lhes a devida atenção. O maior mérito da região, porém, e o que maiores elogios lhe merece, é produzir ela, não só todas as espécies possí-

---

42. Cf. Kosmos, t. II, p. 27 e 29. Cf. tb. o texto anexo.

veis de frutas, mercê de sua situação privilegiada, mas também e sobretudo porque produz aquele fruto que dentre todos me parece o mais delicioso: o repouso.
Epístola 14,2; MG t. 32, c. 276 C-277 B.

C. Gregório de Nissa

Vida – Nascido pelo ano 335, Gregório de Nissa foi educado sob a direção de São Basílio, seu irmão mais velho, razão por que Gregório costumava chamar-lhe de pai e mestre. Depois de haver exercido o cargo eclesiástico de leitor, escolheu a profissão de retor. Decorrido algum tempo tornou a abraçar a vida espiritual e retirou-se à solidão de Neocesareia, em companhia da mãe e da irmã. Em 371 Basílio consagrou-o bispo de Nissa. Não obstante a sua pouca habilidade em assuntos de alta política eclesiástica – Basílio chegou a repreender-lhe a excessiva benevolência e simplicidade – Gregório foi um teólogo eminente e de uma ortodoxia a toda prova. Não é de estranhar, pois, que os arianos lhe movessem violenta luta; não descansaram até que o Sínodo de Nissa decretasse sua deposição em 376. Depois da morte do Imperador Valente, porém, pôde reassumir o cargo, sendo recebido triunfalmente por seus diocesanos em 378. Participou do segundo Concílio de Constantinopla. Faleceu em 394. Seu caráter pacífico e introvertido, e até mesmo algo retraído e tímido, inclinava-o à mansidão e à transigência. Sua falta de aptidão para as fainas da vida ativa era amplamente compensada pela robustez dos seus talentos intelectuais. Gregório avantaja-se aos dois outros capadócios, não só pela força especulativa, como pela extensão e profundeza do saber.

Obras – Em nossa exposição, recorreremos às seguintes obras:

1. A grande Catequese (Λόγο κατηχητικὸ ὁ μέγα . *Oratio catechetica magna*). Esta obra contém uma súmula dogmática, destinada aos catequistas e acompanhada de uma série de normas diretivas para convencer os heterodoxos da verdade cristã e para resolver-lhes as dúvidas. Gregório utiliza em ampla escala o método dialético. Mais particularmente, o livro contém a doutrina sobre Deus, o homem, a Encarnação e a Redenção, e sobre os sacramentos.

2. Diálogo com Macrina sobre a alma e a imortalidade, ou, mais brevemente, *Makrinia* (Περὶ ψυχῆ καὶ ἀναστάσεω , ὁ λεγόμενος λόγο τὰ Μακρίνια. *De anima et resurrectione dialogus*). Profundamente desolado pelo falecimento de Basílio, Gregório acorre ao leito de morte de sua irmã, que o consola, lembrando-lhe a imortalidade e a ressurreição. Macrina conduz o diálogo, enquanto Gregório avança suas dúvidas (metódicas). Embora inferior ao seu modelo platônico (o *Fédon*), a obra nada lhe deve em profundeza e seriedade.

3. Sobre a criação do homem (Περὶ κατασκευῆ ἀνθρώπου. *De hominis opificio*). Uma descrição da obra do sexto dia, destinada a servir de complemento ao Hexaêmeron de seu irmão, o qual ficara incompleto. Baseado na palavra da Escritura: "Façamos o homem à nossa imagem e semelhança", Gregório elabora uma antropologia concisa e profunda. Devido aos frequentes e longos excursos, a exposição ressente-se de uma certa descontinuidade.

4. Sobre a virgindade (Περὶ παρθενία . *De virginitate*). Apresenta uma justificação do ideal da virgindade na base das concepções antropológicas, expostas na obra anterior.

De interesse especial para a mística são os *Comentários ao Cântico dos Cânticos e às oito bem-aventuranças*.

Edições – MG 44-46. Este texto é uma simples reimpressão de edições antigas e bastante defeituosas. Uma edição crítica está sendo preparada por Werner Jäger – Cat. MG 45, 9-105 – Macrínia 46, 12-160 – Opif. 44, 125-256 – Virg. 46, 317-416. As nossas citações referem-se aos capítulos (à exceção de Macrínia, que não apresenta esta divisão); após o ponto e vírgula indicamos as colunas e as letras, sempre de acordo com MG.

Antropologia

A tarefa de colher e coordenar as ideias do Nisseno apresenta certa dificuldade devido ao caráter ocasional dos seus escritos, cada um dos quais representa uma tomada de posição perante algum problema urgente do seu tempo. Infelizmente o nosso autor não dispôs de lazer para dar uma forma sistemática e coerente às suas reflexões; ou, talvez, a sua natureza cismadora fosse avessa às sínteses. Esta circunstância, porém, empresta às suas obras o caráter de um contato íntimo com a vida concreta, caráter esse a que uma exposição compilatória, como é a nossa, jamais poderia fazer plena justiça. O pensamento de Gregório de Nissa gira inteiramente em torno do homem, criado e plasmado à imagem e semelhança de Deus.

1. O homem como ser composto de corpo e alma

1. O homem, ponto de convergência da natureza e do espírito – Divide-se o universo em dois grandes domínios: o mundo sensível e o mundo espiritual. Distanciam-se de tal modo um do outro, que aquilo que caracteriza o primeiro está ausente do segundo, e vice-versa. Suas próprias definições exprimem este contraste. O espírito é incorporal, intangível e invisível, em oposição ao mundo visível que, como o nome indica, é perceptível aos sentidos. O homem, por sua vez, constitui o elo entre os dois domínios. Quis o Criador que nele ambas as esferas se unissem, a fim de que todas as coisas pudessem participar, por seu intermédio, da bondade divina e entrar em contato com a natureza superior. Desta maneira fica assegurada, no homem e pelo homem, a grande unidade cósmica[43].

a) O homem como ponto culminante do mundo visível – Ponto de união entre o mundo sensível e o mundo invisível, o homem deve situar-se na sumidade do mundo inferior. O mundo visível consta de quatro níveis ou graus de ser que, em escala ascendente de perfeição, vão terminar no ser humano, por cujo intermédio entram em contato com o mundo espiritual. O grau ínfimo é o ser corporal inanimado, nitidamente distinto de todos os demais graus do ser corpóreo. Destituído embora da força vital (ζωτικὴ δύναμι), constitui entretanto a condição indispensável de toda a vida. Sobre este primeiro grau vão-se escalonando, sucessivamente, as plantas, os animais e o homem. As plantas são superiores aos corpos inanimados em virtude de sua energia vegetativa e nutritiva; suas almas, porém, são ainda bastante imperfeitas, por

---

43. Cat. 6; 25 B-D.

carecerem de energia sensitiva[44]. Seguem-se os animais, que possuem as mesmas potência que as plantas, às quais acresce, ainda, a energia sensitiva e motriz. O grau mais elevado e mais perfeito da vida intracorporal (ἐν σώματι ζωή) realiza-se na natureza racional do ho mem que, além das energias nutritiva e sensitiva, dispõe de uma potência racional.

b) *O homem encerra todos os demais graus*: "Pois esta criatura racional, que é o ho mem, compõe-se de todas as espécies de vida". Com efeito, o homem se alimenta como a plantas e sente como os animais; mas nele as duas energias confluem numa terceira, a racio nal, exatamente como na energia sensitiva confluem todas as forças naturais da planta. De forma que a natureza humana reúne em si todos os graus inferiores do ser, ligando-os ac mundo espiritual[45].

2. A união de corpo e alma – Na qualidade de laço de união entre dois mundos, o homem depara-nos um grande enigma. Como se realiza nele a união entre espírito e matéria? Tão grandes são as dificuldades implícitas neste problema, que Gregório o tem por insolúvel, pois a "comunhão entre espírito e corpo é inexpressável e incompreensível"[46]. Não obstante, podemos tentar descobrir alguns traços característicos desta misteriosa união.

a) Que é a alma? – O princípio espiritual do homem é uma alma, quer dizer, um princípio animador de um corpo. Por esta razão Gregório define a alma humana como "uma substância criada, viva e racional, que confere por si mesma a vida e a sensibilidade a um corpo organizado e suscetível de sensações, e isso enquanto durar a natureza que delas é capaz"[47].

Desta definição se deduz que a função vivificadora do corpo pertence à mesma essência da substância anímica, inclusive enquanto esta é alma racional. Pelo que a parte racional não é algo de extrínseco ao composto de alma e corpo. Gregório rejeita expressamente esta suposição; não há no homem uma alma vegetativa e uma alma sensitiva, a par da racional; trata-se simplesmente de três potências constituindo uma só realidade κατὰ ύσιν[48]. Esta união se realiza na alma racional, a única a merecer o nome de alma na acepção rigorosa e própria do termo. Já vimos que a vida pode dividir-se em três potências, e que de fato ela se encontra assim dividida na natureza, a saber: na potência vegetativa, na sensitiva e na racional; mas isto deve entender-se no sentido de que o grau respectivamente superior inclui em si o grau imediatamente inferior. Por este motivo a alma verdadeira e perfeita, a alma una por natureza, é a alma racional e imaterial; ela se mescla com a natureza material por intermédio de suas potências sensitivas[49].

b) Quando se origina a alma? – No tempo de Gregório ventilava-se em todas as Igrejas o problema: περὶ σώματο καὶ ψυχῇ [50]. O nosso Doutor lhe dá uma formulação bem precisa: Quando foi criada a alma: antes do corpo, depois dele ou com ele?

---

44. ψυχὴ τελεία, Opif. 30; 256 B.
45. Opif. 8; 144 Ds.; Makr. 60 As.
46. Opif. 15; 177 B.
47. Macr. 29 B.
48. Opif. 13; 170 A.
49. Opif. 14; 176 A-B.
50. Opif. 28; 229 B.

Houve quem optasse pela primeira alternativa. A referência a um Logos περὶ ἀρχῶν, onde tal opinião é proposta, leva-nos a pensar na doutrina de Orígenes. Gregório mostra a conexão interna da doutrina da preexistência com a da transmigração e, refutando esta última, invalida também a primeira[51]. Um segundo argumento contra a teoria da preexistência pode ser encontrado nos Makrinia. Eis o raciocínio de Gregório: segundo a doutrina da preexistência, os espíritos seriam relegados para determinados corpos humanos ou animais, consoante as suas respectivas culpas; nesta hipótese, porém, dever-se-ia admitir uma singular harmonia e perfeita coordenação entre os pecados dos espíritos celestes e os atos generativos terrestres. E sendo que a fecundação da maioria dos animais ocorre durante a primavera, seria necessário que nesta estação do ano os pecados dos espíritos fossem particularmente numerosos, para que houvesse um número suficiente de almas para os animais gerados[52]. Ademais, esta doutrina tem o inconveniente de anular a distinção manifesta das espécies animais e dos seres vivos em geral. Pois se fosse verdade que as flores e os arbustos, os animais e os corpos humanos servem de moradia às mesmas almas espirituais, então já não haveria nenhum limite fixo e estável entre os seres; chegar-se-ia mesmo à conclusão de que, em última análise, todos os seres são da mesma natureza[53].

Gregório repele igualmente a hipótese segundo a qual a alma seria criada depois do corpo, pois um corpo inanimado não é um verdadeiro corpo, mas um cadáver. Na realidade, porém, o corpo do homem, como tal, já está animado, e, por conseguinte, não pode existir antes da animação. Não só isso: se a alma fosse criada depois do corpo, ela seria criada exclusivamente em atenção a ele, e, em consequência, a sua dignidade seria inferior à do corpo; pois o valor do meio é sempre inferior ao do fim[54].

Resta, pois, que a alma e o corpo foram criados simultaneamente. Ambos aparecem ao mesmo tempo, de sorte que o homem inteiro começa a existir num só e mesmo momento. Isto se aplica tanto à criação do primeiro homem no paraíso como à geração de cada homem individual.

c) De que maneira se origina a alma, e como organiza ela o seu corpo? – Será a alma criada por Deus no momento da geração, ou dever-se-á supor que procede da alma dos progenitores, à maneira de um rebento? Os textos de Gregório nem sempre são claros a esse respeito. Todavia, certas passagens, e em particular as da Grande Catequese, parecem abonar o criacionismo. Gregório traça um paralelo entre o renascimento pela água (o batismo) e o nascimento do homem individual. No batismo temos a água natural, inanimada, que só pelo poder de Deus opera o nascimento sobrenatural; também na geração humana temos um líquido inanimado, que tira toda sua eficácia do poder de Deus: "Assim a nossa resposta é evidente, a saber..., que ele (o sêmen) se transforma em homem pelo poder divino; pois sem a presença deste, ele permanece imóvel e ineficaz"[55].

Mas, se é certo que pelo ato generativo o homem passa a existir de modo simultâneo e total, resta averiguar se tal afirmação logra fazer justiça ao fato manifesto do desenvolvimento do ser humano. Gregório encontra uma solução que prenuncia o pensamento moderno. O homem pode ser encarado sob um dúplice aspecto: o visível e o invisível. O germe humano, produto da concepção, já contém em si, de maneira invisível, o homem inteiro. Como a semente,

---

51. Ibid., 232 B.
52. Makr. 116 Cs.
53. Makr. 109 Bs.
54. Opif. 28; 233 B e Ds.
55. Cat. 32; 84 Cs.

o homem só se desenvolve com o tempo, desdobrando gradativamente as potencialidades contidas no sêmen. À exceção dos alimentos, o homem nada assume de novo ou de essencial; seu desenvolvimento se opera de dentro para fora, mercê de suas próprias virtualidades internas. Esta energia interior é a alma, integralmente presente desde a concepção, embora incapaz de exercer desde logo a plenitude de sua atividade, devido à carência de órgãos adequados ao seu exercício. Mas na medida em que se desdobra a moradia corporal, vão-se manifestando também as energias anímicas. A primeira força a despertar é a nutritiva: como a raiz tira seu alimento do solo, assim o homem que dormita no seio materno outra coisa não faz do que vegetar, isto é, de nutrir-se e crescer. Ao vir à luz, o corpo humano – à semelhança do germe – apruma-se por assim dizer em direitura ao sol, ao mesmo tempo que desperta nele a energia sensitiva. E, finalmente, ao amadurecer, desperta-se a faculdade racional[56]. Dessa maneira o corpo e a alma encontram-se perfeitamente sincronizados, o que se deve ao fato de a própria alma ir plasmando o instrumento de que se serve.

d) Qual é a sede da alma? – Gregório está perfeitamente ao par das numerosas e estranhas tentativas de localização da alma no corpo. Para ele, ao contrário, a alma não está ligada a nenhum sítio particular do corpo. Não reside num órgão determinado, mas em todo o corpo, na medida em que este consta de carne viva.

Mui intimamente unida ao corpo, a alma atua de acordo com a constituição peculiar de cada órgão, exatamente como o músico tira um som diferente de cada corda do seu instrumento. Os únicos lugares que se subtraem à sua atividade são as cavidades, isto é, os lugares onde não há carne viva. De modo semelhante a sua ação é débil ou nula nos órgãos doentes ou enfraquecidos; o corpo enfermo assemelha-se a um instrumento quebrado, do qual nem o mais hábil artista logra extrair uma melodia[57].

e) A duração da união de corpo e alma – Por quanto tempo dura a união da alma ao corpo? A esta pergunta aparentemente estranha Gregório dá uma resposta que à primeira vista parece mais estranha ainda: a alma permanece unida ao corpo para todo o sempre. E a morte? A morte nada mais é do que o retorno do homem ao estado invisível.

O homem se torna invisível em consequência da decomposição dos elementos que entram na formação do seu corpo. Mas nem por isso se rompe o nexo da alma com as partes constitutivas deste mesmo corpo. Antes, ela lhes permanece necessariamente ligada. Tal união é possível, mesmo após a morte, porque a alma carece de extensão espacial. "Assim nada impede a alma de ficar unida aos elementos do corpo, pouco importando que estes se encontrem unidos e mesclados, ou dispersos e separados"[58].

Esta doutrina, que nada tem de excêntrico, parece inspirar-se em duas ideias essencialmente cristãs, a saber: na doutrina da ressurreição futura do corpo, isto é, do mesmo corpo em que o homem viveu e morreu, e na convicção profundamente cristã de que o homem, a despeito de sua natureza composta de corpo e alma, é um ser uno e unitário. Assistimos, em Gregório, a um afastamento completo do dualismo platônico: uma separação da alma e do corpo é tida como impossível. Nem a morte é capaz de dissociá-los.

---

56. Opif. 29; 233 Dss.
57. Opif. 12; 156 C-161 B.
58. Makr. 44 C-48 C.

II. O Nous *do homem*

No diálogo com Macrina, Gregório procura dar a prova da ressurreição corporal do homem. Tal prova é possível na suposição de se poder verificar a presença de um "Nous" no corpo humano, do mesmo modo como se pode provar a presença de Deus no mundo. Ora, não pode haver dúvida de que o Deus imortal jamais se distancia do mundo, senão que, ao contrário, Ele o penetra, mercê de sua ubiquidade. Semelhantemente, a alma ou *nous* humano é inseparável do corpo por ela habitado e informado, ainda mesmo que ele se decomponha em seus elementos. Como se vê, Gregório baseia-se na ideia de um paralelismo entre o *nous* humano e o *nous* divino. É por esta razão que ele põe tanto esmero em provar, no mesmo diálogo, a existência do *nous*[59].

1. A prova da existência de um princípio espiritual no homem

Os adversários mais perigosos da doutrina da imortalidade são os epicuristas e os estoicos. Para Epicuro, a natureza das coisas é um produto do acaso e do capricho. A vida humana é comparada a uma bolha de espuma cheia de ar, a qual dura somente enquanto é por ele sustentada. Assim que o ar se escapa, ela se desfaz e desaparece. Epicuro pertence ao número dos que limitam o real àquilo que se pode ver e tocar, e isto porque repõem na percepção sensível o limite de todo conhecimento. Incapazes de contemplar as coisas espirituais, não logram sobrelevar-se às coisas sensíveis, nem atingir o espiritual e o divino. Ora, é claro que os negadores da existência de um *nous* no ser humano hão de negar, forçosamente, a existência de um nous no universo. E vice-versa, os que admitem a prova da existência de Deus admitirão também a prova da existência da alma. Urge começar, pois, pela demonstração da existência de Deus[60].

a) É impossível negar a existência de Deus, pois a criação anuncia em alta voz a existência do seu autor – Basta atentar para a harmonia do universo, para as maravilhas do céu e da terra, e para a união invisível de tantos elementos antagônicos em vista de um só e mesmo fim. O que não é suscetível de mistura jamais se separa do conjunto em que está integrado, ao passo que as qualidades que *de per si* admitem a mistura, nem por isso se perdem nela. Quem poderá contemplar tais maravilhas com os olhos do espírito sem reconhecer a arte e a sabedoria de um poder divino a manifestar-se nas coisas, a unir as partes no todo e a rematar o todo nas partes? Quem poderá deixar de verificar a existência de uma força bem-determinada a garantir a subsistência, o movimento e o lugar do universo? Existe, pois, um princípio espiritual deste mundo[61].

b) A admissão de um nous *divino implica o reconhecimento de um* nous *humano* – É com razão que o homem é chamado um pequeno mundo, ou microcosmo. Pois ele encerra em si todos os elementos que entram na estrutura do grande mundo, ou macrocosmo. E assim como o nosso espírito, qual "intérprete e arauto da sabedoria onipotente", descortina algo de suprassensível a partir do macrocosmo, assim podemos concluir para a existência, em nosso microcosmo, de uma realidade latente e espiritual[62]. Consegui-lo-emos se, a conselho do sábio, fizermos um esforço sincero de autoconhecimento. Este nos fará reconhecer que a alma, em

---

59. Makr. 28 As.
60. Makr. 21 Bss.
61. Makr. 25 As.
62. Ibid., 28 Bss.

consonância com sua natureza, opera de maneira incorporal; e visto que ela manifesta suas atividades através dos órgãos corporais, podemos chegar a conhecê-la por intermédio dos seus efeitos. Macrina aduz uma *"demonstratio ad hominem"* chamando a atenção para o modo de proceder do seu médico. Quando este lhe toma o pulso, o sentido do tato só lhe faz perceber umas batidas débeis e breves; contudo, estas batidas lhe dizem algo mais: por intermédio delas o médico escuta a linguagem oculta da natureza. Ora, como poderia ele interpretar os sinais das pulsações se não possuísse um espírito? Porventura não é por meio deste que ele interpreta e julga as pulsações, chegando assim a localizar a enfermidade, ainda que esta lhe seja invisível em si mesma? Coisa semelhante ocorre em todos os métodos de pesquisa. Todos eles supõem uma força superior, suprassensível e espiritual. Se cada órgão corporal dispõe desta energia perceptiva, isto se deve exclusivamente ao espírito, que o ensina e orienta. Acaso não é assim que logramos avaliar corretamente o tamanho do sol e formar uma ideia da mecânica celeste? – Um último argumento é tirado das demonstrações geométricas; se bem que sejam realizadas com a ajuda de figuras sensíveis, elas nos orientam para algo de suprassensível, demonstrando assim que em nossa natureza se oculta algo de espiritual[63].

c) A teoria mecanicista da vida – Gregório não se dá por satisfeito com estas provas, perenemente válidas, da existência de um princípio espiritual no homem. Convencido embora de que os referidos efeitos – inexplicáveis pela só atividade sensível – apontam necessariamente para um princípio espiritual, Gregório objeta que talvez fosse possível referi-los diretamente a Deus como a seu princípio. Neste caso o homem não passaria de uma espécie de máquina engenhosamente arquitetada pelo Criador. Em outros termos, ele nada mais seria do que a concretização de uma ideia divina, assim como uma máquina ou uma obra de arte representa, em concreto, a ideia do artista. O trabalho de um tal aparelho não careceria de significado, mas nem por isso ele possui um espírito. Numa palavra, o homem seria uma simples máquina pensante, construída por Deus[64].

Macrina, por sua vez, vale-se da imagem da máquina para provar o ponto de vista contrário. Vejamos, com efeito, como se origina uma máquina feita pelo homem. A primeira condição é, obviamente, que o construtor seja capaz de exercer uma determinada atividade espiritual. E, de modo particular, a perfeita ajustagem das diversas peças da máquina seria impossível sem um trabalho prévio de reflexão e estudo. Em suma, a capacidade de construir máquinas exige a presença de um espírito dotado de atividade criadora. Donde se deduz a seguinte conclusão:

Uma máquina não se origina do acaso, nem da natureza dos elementos, mas de um artifício que os ordena e dispõe.

Ora, não há dúvida que todo artifício é uma espécie de pensamento que, com a ajuda da matéria, concretiza-se em vista de um determinado fim.

O pensamento, por seu turno, é um movimento ou uma atividade inteiramente peculiar do *nous*.

Logo, o *nous* é algo diverso dos elementos[65].

Destarte Gregório faz ver que há no homem um princípio espiritual distinto do corpo. Resta saber como este princípio incorpóreo atua no corpo humano e, sobretudo, qual a sua relação para com a atividade sensitiva.

---

63. Ibid., 28 Ds.
64. Ibid., 33 Cs.
65. Ibid., 36 Bs.

2. O *nous* e a atividade sensitiva

a) A dependência recíproca entre o *nous* e os sentidos – No composto humano há uma só alma, a racional, que dá vida e sensibilidade ao corpo. Como o corpo necessita da alma, assim a alma precisa do corpo: a sensibilidade seria impossível sem uma natureza material, e a potência intelectiva não poderia atuar sem a sensibilidade[66].

Como se deve entender esta relação recíproca? Gregório oferece uma explicação do fenômeno do sono, a qual facilitará a resposta à pergunta. O sono é uma suspensão das atividades vitais da alma, à exceção da energia vegetativa. Ao passo que as potências racional e sensitiva entram em descanso, a potência vegetativa permanece desperta e inteiramente dedicada à tarefa da nutrição e do crescimento. É verdade que, à primeira vista, as imagens oníricas parecem desmentir esta explicação; pois não indicam elas porventura uma atividade racional? Gregório diverge desta opinião. Tais imagens não podem provir do *nous*, pois muitas vezes nos dão a ilusão de coisas impossíveis e absurdas; o *nous*, ao contrário, é uma potência racional[67]. Ademais, o *nous* deve necessariamente silenciar durante o sono, visto não dispor do material sensível que lhe é indispensável para poder atuar. A atividade sensitiva está suspensa, porque no sono o *nous* se ausenta dos sentidos, privando-os da energia necessária para as percepções sensíveis: "Com a cessação das percepções sensíveis cessa forçosamente a atividade cogitativa"[68]. Há, pois, uma relação de interdependência entre a atividade sensitiva e a racional. Sem atividade sensitiva não há atividade intelectual, e vice-versa: enquanto o *nous* está ausente, ou quando ele dorme, não há sensação. A ação dos sentidos é como uma brisa refrescante que transforma em chama viva a luz bruxuleante do *nous*[69].

b) A primazia do *nous* – Embora dependente da sensação para ativar-se, o *nous* não se subordina a ela. Ao contrário, sobreleva-se aos sentidos, julgando-os e ordenando-os. Os sentidos são simples instrumentos de que ele se serve para entrar em contato com o mundo externo; são simples portas pelas quais as coisas exteriores penetram na cidade do espírito.

Gregório queda-se cheio de admiração perante esta força do *nous*, e a sua capacidade ilimitada de apreensão. E ele se põe a traçar um quadro multicolor desta cidade interior: o ouvido acolhe uma multidão infinita de palavras e sons, a vista admite imagem após imagem, e de modo semelhante os demais sentidos. Nem por isso reina ali uma confusão irremediável, ou um caos de percepções, senão que tudo está muito bem ordenado, exatamente como numa cidade. Com efeito, uma cidade tem várias portas para dar entrada aos homens que a ela acorrem; mas estes não se dirigem todos a um mesmo lugar: alguns vão ao mercado, outros ao palácio, ao teatro etc. As portas da cidade espiritual são os sentidos, pelos quais as coisas externas alcançam o *nous*, que irá ordená-las. Pode suceder que, tendo penetrado na cidade por portas diferentes, dois ou mais compatriotas ou parentes se encontrem e passem a morar na mesma casa; por outro lado, acontece que várias pessoas entrem pela mesma porta para irem morar lado a lado como estranhos. Coisa semelhante ocorre na cidade do espírito. Um e o mesmo

---

66. Opif. 14; 176 B.
67. Opif. 13; 168 BC.
68. Ibid., 168 Ass.
69. Ibid., 169 BC

sentido pode colher dados diferentes, que são preservados separadamente pelo espírito; por exemplo, o sentido do gosto percebe o amargor da bílis e a doçura do mel. O mel sozinho, por sua vez, pode ser percebido por vários sentidos: pela audição, pela visão, pelo paladar, pelo olfato, e pelo tato, os quais percebem respectivamente o som da palavra que o designa, a sua cor, o seu sabor, o seu aroma e a sua consistência; e, não obstante, o espírito apreende-o como uma só coisa[70]. Donde se conclui que o *nous* é uma potência superior que atua nos sentidos, cujos dados ele avalia, julga e ordena.

c) A linguagem como meio de expressão do *nous* – Através dos sentidos, o mundo externo age sobre o *nous*; pela linguagem, o *nous* age sobre o mundo externo. Pois é por meio dela que se manifesta a atividade espiritual interior. A linguagem serve para lançar pontes entre os homens, cujos espíritos não podem perceber senão o que lhes vem pelos sentidos[71]. É por esta mesma razão que o homem foi dotado do instrumento admirável da mão: era necessário desafogar a boca e seus órgãos auxiliares, para que pudessem aprimorar-se devidamente para a produção de sons articulados[72].

III. O homem como imagem de Deus

O homem é um ser privilegiado. Sua grandeza deriva precisamente da posição que ocupa entre o mundo dos puros espíritos e o dos corpos. Para certos filósofos, a grandeza do homem está em ser ele um microcosmo, ou seja, uma semelhança deste mundo visível; pois o homem encerra em si todos os elementos de que se compõe este mundo. O Nisseno objeta que o mesmo pode dizer-se de qualquer animal, inclusive da mosca e do camundongo. É a Igreja que nos descobre a verdadeira razão da dignidade humana; esta se encontra, não na sua parecença com a natureza criada, mas na semelhança com a natureza criadora, isto é, com o próprio Deus[73].

Dir-se-á que a condição concreta do homem condiz muito mal com tal semelhança. A natureza humana, com efeito, é inerme, finita, mortal e exposta a mil vicissitudes, ao passo que Deus é a própria beatitude, isenta de toda instabilidade, imortal e imutável. Gregório oferece uma resposta original, obtida com o auxílio da fé[74] e pelo estudo das três grandes fases da história do gênero humano, a saber: o seu estado primitivo, a sua queda e o seu retorno a Deus.

1. O estado primitivo do homem

Ao criar o homem à sua imagem, Deus dotou-o de todos os seus bens[75]. Gregório salienta que a expressão "dotou-o de todos os seus bens" deve ser tomada em sua

---

70. Opif. 10; 152 Bss.
71. Opif. 9; 149 Bs.
72. Ibid., 8; 147 Cs. Cf. texto anexo.
73. Opif. 16; 177 Ds.
74. Ibid., 180 C.
75. Ibid., 16; 184 As.

acepção estrita: o homem possui todos os bens possuídos pelo próprio Deus: "Pois o que é criado segundo a imagem é em tudo semelhante ao seu protótipo"[76].

Não obstante, a imagem permanece distinta do seu modelo; a diferença entre Deus e o *nous* está em que Aquele é incriado, e este, criado. Deus possui todos os bens enquanto natureza incriada, o homem os possui enquanto natureza criada, e da maneira em que um ser criado e finito é suscetível de recebê-los, a saber, em forma diminuída ou atenuada. Como o sol, apesar de sua grandeza, pode espelhar-se num fragmento de vidro, "assim a nossa natureza limitada reflete as propriedades inefáveis da Divindade"[77].

Deus presenteou o homem com todo o gênero de beleza e exornou sua imagem com um espírito apto a conhecer e a amar; e, o que é mais, concedeu-lhe uma vontade livre[78], isto é, um poder de autodeterminação, isento de toda coação e de toda sujeição a qualquer poder estranho[79]. À semelhança da Divindade todo-poderosa, o homem exerce um verdadeiro domínio sobre si mesmo e sobre o mundo. Numa palavra, o homem é uma natureza régia: seu porte é real e seu andar ereto; seu olhar dirige-se ao alto, como convém à dignidade real de um senhor[80]. A fraqueza do seu corpo indefeso incita-o a conquistar o domínio do mundo pelo espírito[81]. Pois a sua realeza reside principalmente no espírito. Por isso Deus não o revestiu de púrpura, mas de virtude: a mais real de todas as roupagens; em lugar do cetro, conferiu-lhe a ventura da imortalidade; em lugar da coroa real, ornou-o da coroa da justiça: τίνο γὰρ ἄλλου τοῦτο, καὶ οὐχὶ βασιλέω ἐστίν[82].

2. A queda do homem e a origem do mal

O homem foi criado a fim de tornar-se partícipe da Divindade. Deus imprimiu-lhe as imagens dos seus bens para despertar-lhe o desejo dos arquétipos destas imagens e para estimulá-lo a tender com todas as suas energias para Deus[83]. Como imagem de Deus, incumbe-lhe a tarefa de aspirar à participação no protótipo de todo o bem, que é Deus – participação esta que lhe será outorgada como prêmio da virtude[84]. A virtude, por sua vez, pressupõe a existência do livre-arbítrio.

a) A origem do mal – O livre-arbítrio nos conduz à razão metafísica do pecado. A doutrina do pecado e da queda retém um lugar central no sistema de Gregório, que a desenvolve, não só em função de sua antropologia, como em vista da solução do problema da Teodiceia. Não obstante a sua dependência de Orígenes, a exposição não carece

---

76. Macr. 41 C
77. Ibid.; cf. Opif. 16; 184s.
78. Opif. 4 e 5; 136 e 137.
79. Ibid., 16; 184 C
80. Ibid., 8; 144.
81. Ibid., 7; 140s.
82. Ibid., 4; 136.
83. Cat. 5s.; 21 Cs.
84. Ibid., 5; 24 D.

de originalidade. O Nisseno não se restringe à interpretação do relato bíblico, senão que procura desvendar os próprios fundamentos metafísicos do pecado. Estes residem, primariamente, na mesma natureza da criatura. A natureza divina é soberanamente livre; incriado, Deus está isento de toda alteração ou mudança; e é invariavelmente fiel a si mesmo. Os seres que devem sua existência a um ato criador, ao invés, são forçosamente inconstantes e propendem por natureza para a mudança. Sua própria existência se deve a uma mudança ou alteração, a saber: à substituição do não ser pelo ser, por um ato da onipotência divina. Também o livre-arbítrio é criado e, por conseguinte, essencialmente mutável: pode decidir-se, livremente, pelo bem ou pelo mal[85]. Ora, é um fato que o homem pronunciou-se livremente contra Deus; e é nisto que está o pecado.

O pecado é, pois, a inexistência de algo que deveria existir, a saber, da decisão por Deus. Não é nada de positivo, nada de criado por Deus, mas, sim, algo de privativo, uma carência, um verdadeiro nada[86]. O pecado é, de certo modo, uma criação do homem. A natureza do pecado, enquanto ato, pode ilustrar-se com a seguinte comparação. A luz do sol brilha igualmente para todos os homens, de forma que cada qual pode partilhá-la e contemplá-la; por outro lado, basta fechar os olhos para se deixar de recebê-la. O sol continua presente, mas o homem pode cerrar os olhos à ação dos seus raios, recusando-se a vê-los. De modo semelhante o homem pode agir de encontro à sua natureza e recusar os valores éticos e estéticos a seu dispor; foi o que fez: desviou-se premeditadamente da virtude, cedendo às solicitações do mal[87].

b) As sequelas do pecado – O pecado é a fonte de todas as perversidades e de todos os males que afligem a natureza humana. A imagem de Deus desfigurou-se a ponto de tornar-se irreconhecível, como o rosto de quem teve a má sorte de cair na lama[88]. Entre os males que invadiram a natureza humana como decorrência do pecado, dois merecem ser salientados, mercê de sua íntima relação mútua, a saber: a mortalidade e a sexualidade.

aa) O homem está destinado a morrer – A imortalidade do homem fazia parte do plano originário da criação; e era muito natural que assim fosse, pois do contrário ele careceria de uma nota essencial de Deus: a eternidade. Pelo pecado o homem permitiu que o mal se introduzisse em sua natureza e a pervertesse. Contudo, tal influência do mal não atinge a natureza interior ou espiritual, mas apenas a natureza exterior ou corporal. Pois pelo pecado o homem sujeitou-se ao domínio do sensível e, em consequência, o seu corpo tornou-se inútil, visto encerrar em si um elemento sensível e essencialmente estranho à essência do espírito. E é por esta razão que, doravante, o corpo está votado à morte. Gregório compara esta adulteração da parte animal do ser humano com uma ocorrência da vida cotidiana. Suponhamos que num momento de distração alguém derrame chumbo derretido num recipiente de barro; o chumbo não tarda a solidificar-se e a aderir firmemente ao vaso. Que fazer para retirar o chumbo? Não há outro meio senão romper o vaso e mandar fazer um novo. De modo semelhante é preciso que o

---

85. Cat. 6; 28 D.
86. Ibid., 5; 24 C.
87. Virg. 12; 369 Css.
88. Ibid., 12; 372 B.

invólucro corporal do homem, invadido pela sensibilidade, seja despedaçado pela morte, a fim de que, purificado do mal, possa ressurgir com nova glória[89].

bb) A sexualidade é uma decorrência da mortalidade – Os planos de Deus sobre o primeiro homem não incluíam o fator sexualidade[90]. Sem o pecado original, os homens ter-se-iam multiplicado de um modo puramente espiritual, como os anjos. Ao abandonar, por sua livre vontade, esta condição angélica, o homem rebaixou-se ao estado animal. E como Deus previsse esta queda, criou-o varão e mulher, desde o início, segundo relata a Escritura. A sexualidade não faz parte nem da natureza humana, nem da imagem de Deus; é antes um véu a encobrir a imagem. Não só isso: o matrimônio e a procriação sexual são uma decorrência da mortalidade: sem eles a humanidade, reduzida ao estado animal, estaria condenada à extinção[91]. Gregório escreve, literalmente, no seu tratado sobre a virgindade: "Foi pela impostura (do anjo mau) que a concupiscência entrou em nós, dando origem à nossa infelicidade. À paixão do prazer seguia-se a vergonha e o temor, e por isso já não ousavam apresentar-se ao Criador, mas cobriram-se de folhas e ocultaram-se na sombra. Depois disso, revestidos de peles mortas, foram desterrados para o país das canseiras e da enfermidade; e ali inventou-se o matrimônio para servir de consolo e lenitivo à morte"[92].

3. O retorno a Deus

Promete-nos a Escritura que não somos forçados a permanecer neste estado. Exorta-nos a depor a sordidez e tudo o que é estranho à nossa natureza, e a reassumir o que é nosso e o que nos compete por natureza. É verdade que não podemos realizar esta purificação por nossas próprias forças; ela é um dom de Deus. Todavia, é nosso dever cooperar para ela, reconhecendo a necessidade de nos purificarmos de nossa sordidez e de fazermos resplandecer a beleza oculta em nós (δια ωτίσαι).

Um símbolo dessa tarefa é a parábola bíblica da dracma perdida. A dracma que devemos procurar significa a imagem do Rei em nosso ser; só Ele é capaz de dar valor às demais dracmas, isto é, às demais virtudes. Por isso devemos começar por acender a candeia da razão a fim de iluminar o que estava oculto; a seguir, devemos varrer a casa, isto é, depor a impureza da carne por uma conduta irrepreensível. Postas estas condições, depararemos o que procurávamos, e cheia de alegria, a alma convocará suas vizinhas, isto é, as potências cogitativa e volitiva, os afetos da ira e da dor, a fim de participarem do seu regozijo, e admirarem o novo esplendor da imagem de Deus e a beleza indescritível do tesouro encontrado[93].

Os corpos, por sua vez, purificam-se percorrendo, em sentido inverso, o caminho que conduziu os primeiros pais ao pecado e à perda do paraíso. A estação terminal deste caminho foi o matrimônio. "E assim a razão nos ensina a deixar para trás, em primeiro lugar, esta estação, que é de certo modo a última"[94]. A seguir, devemos depor as peles de animais, isto é, a inclinação carnal, renunciando a tudo aquilo que a vergonha manda ocultar, para podermos

---

89. Cat. 8; 33 B.
90. Opif. 17; 189 D et alibi.
91. Ibid., e Virg. 12; 373 Ds.
92. Ibid.
93. Ibid., 372 Ds.
94. Ibid., 376 A.

comparecer perante o Criador desapegados das coisas sensíveis. Daí em diante Deus voltará a ser o conselheiro único da alma, e esta, como outrora no paraíso, tornará a colher o bem em toda a sua pureza, sem mistura e sem acréscimo de mal. "A meu ver, acrescenta Gregório, tal estado outra coisa não é senão um festim contínuo e incessante na companhia exclusiva de Deus... Empregando uma expressão ousada, diríamos que então o homem talvez torne a ser arrebatado para aquele mesmo paraíso atingido por Paulo, que ali percebeu maravilhas inefáveis e contemplou coisas invisíveis, que a nenhum homem é concedido exprimir"[95].

Apreciação

Como já tivemos ensejo de salientar, o mérito principal de Gregório consiste em ter imprimido uma direção essencialmente cristã ao caudal de ideias proveniente de Orígenes. Sua definição da alma é perfeitamente cristã e isenta de todo sabor filosófico pagão de tipo aristotélico ou platônico; cristã é também a sua concepção do corpo. Apenas na avaliação da sexualidade sobrevive o dualismo origenista.

É inegável que, do ponto de vista do vigor filosófico-especulativo, o Nisseno só é inferior a Orígenes entre os Padres Gregos. Naturalmente propenso à intuspecção, Gregório descobriu, deslumbrado, o mundo do espírito, e transmitiu à posteridade uma multidão de argutas observações psicológicas. E os pósteros não deixaram de recorrer, em ampla escala, a esta fonte preciosa. Não só na tradição grega, como também na latina transparece o influxo do grande capadócio. Inconfundível é, por exemplo, o nexo entre a antropologia de São Bernardo e a de Gregório. Como este, o Doutor Melífluo repõe a dignidade do homem no livre-arbítrio; para ele, como para Gregório, a liberdade é a "dignitas humana" por excelência, a imagem indestrutível de Deus em nós; nem mesmo o pecado é capaz de apagá-la. Não se sabe, até hoje, de que maneira se realizou tal influxo. É possível que a ação de Gregório sobre o Ocidente fosse antes indireta, exercendo-se através de outros Padres gregos, ou ainda pela versão de Scoto Erígena (séc. IX).

Da linguagem humana

"Sendo o homem um ser vivo dotado de linguagem, era necessário que o instrumento do seu corpo fosse convenientemente adaptado para tal fim. Com efeito, observamos que os músicos produzem suas melodias consoante a natureza dos instrumentos: não usam a lira para tocar flauta, nem a flauta para tocar cítara; de modo semelhante a conformação dos órgãos teria que adaptar-se à fala para que esta se produzisse com toda a naturalidade através dos órgãos vocais.

É por isso que o corpo foi dotado de mãos. Sem dúvida, os peritos nas artes da paz e da guerra poderiam nomear um sem-número de funções vitais dependentes do emprego das mãos, estes órgãos tão hábeis quanto úteis; mas a natureza deu-as ao corpo principalmente em atenção à linguagem. Pois se o homem estivesse privado de mãos, a forma do seu rosto deveria ser inteiramente semelhante à dos animais, a fim de poder desempenhar as funções nutritivas: terminaria em ponta, estreitando-se na parte do nariz; os lábios seriam salientes, calosos e grossos, para poderem arrancar a forragem; a língua situar-se-ia na parte interna da dentadura e seria diferente-

---

95. Ibid., 376 C.

mente constituída, isto é: carnosa, resistente e áspera, para assistir aos dentes na trituração dos alimentos; ou então, seria úmida e delgada nas bordas externas, como nos cães e outros animais carnívoros, nos quais ela se derrama pelos interstícios dos dentes agudos.

Se, portanto, o corpo não dispusesse de mãos, como poderia ele produzir a voz articulada, já que a conformação dos órgãos da boca seria imprestável para a formação dos fonemas? Nada restaria ao homem senão balar ou berrar e rinchar, ou emitir bramidos à maneira dos bois e dos burros, ou produzir algum outro som semelhante ao dos brutos. Mas já que o corpo foi provido de mãos, a boca torna-se livre para servir de instrumento para a linguagem. Quem não vê, pois, que as mãos são uma propriedade característica da natureza dotada de linguagem, pois foi por este meio que o Criador a tornou apta para o discurso.

Tendo presenteado as suas criaturas com um dom divino, o Criador depositou em sua imagem as semelhanças dos seus próprios bens; e por isso beneficiou-nos também, por pura bondade, com os demais bens. Do *nous* e do entendimento não se pode dizer que tenham sido propriamente doados, senão que foram 'condoados', ao proporcionar Deus à imagem o ornato de sua própria natureza.

Todavia, em vista do caráter espiritual e incorpóreo do *nous*, este dom de nada lhe aproveitaria para a sociedade e o intercâmbio mútuo, a não ser que se encontrasse um meio de manifestar-lhe os movimentos. Era-lhe necessário, pois, um tal instrumento orgânico, que lhe possibilitasse tanger os órgãos vocais à maneira de uma cítara, e expressar os movimentos internos pela articulação exata dos sons. Assim como o músico que, tendo perdido a própria voz em consequência de alguma enfermidade, deseja exibir a sua arte, faz executar os seus hinos por vozes estranhas, e passa a usar da flauta ou do alaúde para manifestar a sua perícia, assim o espírito humano, este inventor de toda a sorte de pensamentos, faz soar, qual músico habilidoso, os órgãos vivos de sua voz, servindo-se do seu timbre para exprimir seus pensamentos ocultos, já que não lhe é dado transmiti-los pela alma sozinha aos que não chegam ao conhecimento salvo pelas percepções corporais".

Opif. 8s.; 148 C-149 C.

CAPÍTULO IV
NEMÉSIO DE EMESA

Corria na escolástica medieval um tratado latino *De natura hominis*, atribuído, por muitos séculos, a São Gregório de Nissa. E com alguma razão, pois a obra contém muitas ideias deste Doutor da Igreja Oriental; por outro lado, o escrito afasta-se em pontos essenciais do pensamento legítimo do Nisseno, justificando assim a conclusão de que deve ter sido redigido por algum autor independente e crítico. O texto grego, obviamente incompleto, das nossas edições, atribui a autoria ao Bispo Nemésio de Emesa, de quem, aliás, nada sabemos. Os critérios internos permitem datar a obra pelo ano 400, ou mais tarde.

Edições – MG 40 504-817. Os capítulos 2 e 3 encontram-se nas obras de Gregório de Nissa, MG 45; 187-222 – Citaremos, como sempre, os capítulos, e, separadas por ponto e vírgula, as colunas e letras da edição MG 40.

Traduções latinas. A versão de A. de Alfano, arcebispo de Salerno, 1085, foi organizada por C. Holzinger, Leipzig, 1887; nova ed. por K.J. Burkhard, Bibliotheca Teubneriana, Leipzig, 1917 – A tradução de João Burgúndio, dedicada ao Imperador Frederico Barbarrossa, 1159, foi organizada por K.J. Burkhard, 1891-1902, em forma de cinco programas ginasiais, Viena.

Antropologia

Para Nemésio, o estudo do homem é a primeira e mais importante de todas as ciências. Baseada nos dados das ciências particulares e nutrida no seio da filosofia, restitui com usura o que delas recebeu. Pois desta ciência brotam, como de um tronco, os mais variados ramos do saber. Por isso Nemésio também intitula o seu tratado de πρέμνον υσικόν, isto é, tronco das ciências naturais. No estudo do homem se compreende o estudo do universo inteiro[1].

I. O homem
1. A natureza do homem

Nemésio principia as suas considerações com uma citação que declara ser aceita por muitos varões excelentes: "O homem se compõe de uma alma racional e de um corpo; tão perfeita e tão bela é esta sua composição, que seria impossível fazê-lo ou

---
1. Ed. Burkhard 1917, Prol. 3.

compô-lo de outra maneira"[2]. Tal definição não é nem platônica nem aristotélica, e, sim, cristã; e não pode haver dúvida que aqueles "numerosos e excelentes varões" são, antes de tudo, os Padres da Igreja.

Como se vê, estamos pisando, desde o início, em solo cristão, e isso nos permite julgar com facilidade as opiniões dos filósofos e dos heréticos. Várias destas opiniões são mencionadas, e se Nemésio não as refuta pormenorizadamente, isto não quer dizer que as aprove, visto que a sua definição continua sendo o padrão de referência. Menciona, em especial, a concepção tricotomista de Plotino, a qual teria sido abonada por Apolinário, bispo de Laodiceia; segundo esta doutrina, o homem consta de três princípios: corpo, alma e nous ou espírito. Em segundo lugar, expõe a concepção aristotélica, que admite um *nous* duplo, um dos quais é criado juntamente com o homem (o nous em potência), ao passo que o outro – que não faz parte da essência do homem – lhe advém de fora, e encontra-se exclusivamente nos filósofos dados às mais altas especulações. Finalmente, cita o ponto de vista platônico, segundo o qual o homem seria uma alma que se serve de um corpo. Nemésio reconhece o alto valor moral desta concepção; não obstante, rejeita-a explicitamente: "Como pode a alma constituir uma unidade com uma vestimenta?"[3] O propósito de Nemésio é mostrar a discordância entre os filósofos quando se trata de determinar a essência do homem. Contudo, não deixa de salientar que "todos, porém, estão convencidos de que a alma é o que há de mais excelente no ser humano"[4].

2. A posição do homem no universo

Como ser composto de corpo e de alma racional, o homem representa o traço de união entre a natureza puramente espiritual e o mundo animal. Seu espírito penetra no mundo dos espíritos; seu corpo faz parte da criação irracional[5]. Em tudo isto se manifesta de modo admirável a unidade do Criador. Pois só um Deus único poderia ter criado esta uniformidade que preside à totalidade da natureza, e que se pode observar na transição suave e imperceptível que vai das criaturas mais ínfimas até as substâncias puramente espirituais[6].

Na parte ínfima desta escala temos as pedras inertes; entre estas e as plantas temos umas pedras chamadas magnetes que, pela virtude que têm de atrair o ferro e de comunicar-lhe a sua força atrativa, revelam já um começo de energia assimilativa. Entre as plantas e os animais situam-se aquelas singulares criaturas marítimas que poderíamos designar de zoófitos; estes já possuem sensibilidade, mas carecem de movimento. A transição entre os zoófitos e os animais perfeitos, dotados de todos os sentidos e de uma faculdade motriz livre, realiza-se através de uns crustáceos de limitada faculdade motriz. O abismo que separa o homem do animal é transposto, enfim, por certos animais que se avantajam a todos os outros em prudência e habilidade. O homem representa o ponto de ligação entre aquilo que só é visível ao espírito e o que é acessível aos sentidos[7].

Desta posição-limite do homem decorrem certas vantagens e certos perigos.

---

2. 1; 504 A.
3. 3; 593 B.
4. 1; 505 B.
5. 1; 508 A.
6. Cf. Gregório de Nissa.
7. 1; 508-512 B.

a) Os perigos. Sendo o homem um ser que se projeta para dentro de dois mundos, não é de estranhar que lhe seja possível optar entre um e outro. Poderá decidir-se pelo mundo visível e escolher os prazeres do corpo, ou então, pelo mundo superior ou espiritual. Se a sua escolha recair sobre o mundo sensível, tornar-se-á terrestre (ἄνθρωπο χοιϰό), – segundo a expressão de São Paulo, – e, em consequência disso, terá de ouvir a palavra: "Terra és, e à terra hás de tornar"; se, ao contrário, escolher o mundo espiritual, tornar-se-á celeste (ἄνθρωπο ἐπουράνιο). E, de fato, o homem sucumbiu ao perigo8[8].

b) As vantagens são de natureza muito diversa. Em primeiro lugar, a referida posição-limite torna possível o desenvolvimento das artes e das ciências. Deste ponto de vista originou-se até mesmo uma nova definição do homem: este é um animal racional e mortal, suscetível de espírito e de ciência (Sexto Empírico). Observa Nemésio que em virtude destas propriedades o homem se diferencia de certos demônios, que seriam mortais, mas dotados de um saber "natural" e incapazes de aprender[9].

É o espírito que faz do homem o dominador da natureza. Já no "dogma dos hebreus" se diz que o universo visível foi criado para os homens[10]. Tal domínio, aliás, decorre diretamente de sua própria natureza. Pois o irracional subordina-se por natureza ao racional[11]. Do mesmo modo que as duas partes irracionais de nossa alma, o apetite e o ânimo, estão sujeitas ao *nous*, ao qual devem prestar obediência, assim as criaturas irracionais do macrocosmo, do qual o homem é uma imagem, devem obedecer ao homem racional. Se este domínio já não se manifesta com tanta clareza, e se existem animais que hostilizam o homem e o vencem com sua força, isto deve ser interpretado como uma consequência do pecado; pois os animais se mostram incapazes de infligir qualquer dano aos homens perfeitos, a Daniel e a Paulo, por exemplo[12].

A par destas duas prerrogativas naturais, o homem possui duas outras, de ordem sobrenatural; recebeu-as precisamente em atenção à sua posição-limite, e por isso representam algo de caracteristicamente humano; são elas: primeiro, a capacidade de penitenciar-se dos seus erros, e assim merecer o perdão, e, segundo, a participação do corpo na imortalidade da alma[13]. Ainda que ambos estes privilégios se devam à graça divina, eles se baseiam, contudo, na própria natureza humana; com efeito, Deus perdoa o pecado por ser este uma consequência da corporeidade: um motivo de escusa que não vale para o anjo; a imortalidade lhe é conferida para que também o corpo possa compartilhar da imortalidade da alma[14].

A despeito de sua debilidade e do risco incessante a que se vê exposto como parte deste mundo sensível[15], o homem representa algo de grande e maravilhoso, e Nemésio encerra esta parte com um panegírico ardente à nobreza desta criatura insigne[16].

---

8. 1; 512 Css.

9. 1; 524 B; cf. 520 As. e 532 A.

10. 1; 525 A.

11. 1; 529 B.

12. 1; 529 B-533 B.

13. 1; 521 A.

14. 1; 521 Cs.

15. 1; 513 Bss.

16. Cf. texto anexo.

II. A alma

Determinada a posição metafísica do homem, Nemésio procura delimitar a parte mais egrégia de sua natureza, que é a alma. O que lemos sobre este assunto num longo, mas substancioso capítulo da nossa edição (536-589), equivale a um tratado independente e altamente artístico sobre a alma. Começa o autor por analisar várias opiniões sobre a natureza da alma, as quais passa logo a criticar, apoiando-se nos próprios filósofos pagãos. Em primeiro lugar, rejeita a opinião dos que veem na alma um ser corpóreo (servem de críticos: Amônio, "o mestre de Plotino", Numênio e Xenócrates). Provada a incorporeidade da alma, Nemésio passa a demonstrar-lhe a substancialidade, em oposição a Dicaiarco e Símias (crítico: Platão), a Galeno e Aristóteles (cf. a crítica mais adiante) e aos pitagóricos. Segue-se a refutação da doutrina de Eunômio e dos maniqueus, da tese platônica sobre a alma do mundo e a metempsicose, que, aliás, é qualificada como uma interpretação errônea de Platão. Ao fim do capítulo o autor expõe brevemente os seus próprios pontos de vista, que passamos a comentar, juntamente com a crítica do conceito de entelequia.

1. Crítica do conceito aristotélico de entelequia

Julga Nemésio que, ao aplicar à alma a designação de entelequia, Aristóteles alinha-se com aqueles que tomam a alma por uma qualidade, o que implica a negação de sua substancialidade. É o que se conclui da análise do conceito de entelequia.

a) Que é uma entelequia? – Aristóteles distingue três espécies de substância. A primeira é um substrato ou matéria, que tomada em si mesma é um puro nada, mas está em potência para tornar-se alguma coisa; a segunda é a forma ou eidos, isto é, aquilo que imprime a forma à matéria. A terceira é "o composto de ambas", ou seja, o resultado da união de matéria e forma, e que doravante (λοιπόν) possui a vida[17]. A matéria é a potência; a forma é o εἶδο ou entelequia. Nesta é preciso distinguir uma primeira e uma segunda entelequia, entre as quais vigora a mesma relação que existe entre um hábito e seu ato, ou entre a faculdade visual e o ato da visão. O olho só alcança a sua entelequia, estando presente a faculdade visual; semelhantemente, o animal só se origina depois de gerada a alma, que é o estado de perfeição do corpo, exatamente como a potência visual é o estado de perfeição do olho. Por isso a alma não é o corpo, e sim algo pertencente a ele e nele existente; por si mesma e por sua própria força, porém, ela nada é: σῶμα μὲν οὐκ ἔστιν ἡ ψυχή σώματο δέ ἐστι, καὶ διὰ τοῦτο ἐν σώματι ὑπάρχει καὶ σώματι τοιῷδέ καθ᾽ ἑαυτὴ δὲ οὐκ ὑπάρχει[18].

b) Crítica do conceito de entelequia – Já o primeiro argumento em contrário deixa transparecer o pensamento genuinamente cristão de Nemésio e a sua nítida consciência da unidade do ser humano. Com razão censura a separação estabelecida por Aristóteles entre a parte racional e a própria alma, pois desta separação se segue que só a parte inferior é que me-

---

17. 2; 561 A.
18. 2; 564 A.

rece o nome de alma. Aristóteles errou por não tomar na devida conta a alma integral, mas apenas a sua parte inferior[19].

A segunda objeção de Nemésio visa a ideia de um corpo contendo a vida em potência. Esta expressão implica a existência de um corpo potencialmente vivo, antes mesmo de gerada a alma. Pois é óbvio que um tal corpo deve, antes de tudo, existir na realidade. Mas nenhum corpo pode existir na realidade antes de possuir a respectiva forma, pois a matéria destituída de propriedades ainda não constitui um corpo. Ora, o que ainda não existe realmente, nada pode produzir por sua própria força. Mas, como vimos, o corpo existe apenas em potência, já que a forma que lhe dá a existência real é a alma. Como pode, pois, um corpo em potência possuir a vida em potência?[20]

A esta refutação de caráter mais lógico Nemésio acrescenta vários argumentos tirados da experiência. Com efeito, haverá qualquer sentido razoável em se falar de uma vida em potência com relação a um ser vivo? No ser vivo a vida deve estar sempre presente em ato, pois mesmo enquanto ele dorme a sua alma continua a atuar, pois também no sono o animal se recorda, respira e cresce. O que supõe a presença da vida. De tudo isto se segue que é impossível que algo possua a vida apenas em potência; só se pode possuí-la em ato. É que a vida é uma propriedade da própria alma; o corpo só a compartilha[21].

O terceiro argumento é simultaneamente uma prova da substancialidade da alma. Enquanto substância, o corpo pode conter em si propriedades contrárias, não porém no seu *eidos*. Pois qualquer alteração no *eidos*, ou forma, importa numa alteração da mesma natureza, e por conseguinte na produção de um ser vivo diverso do primeiro. Por isso um *eidos*, tomado em si mesmo, não pode conter elementos contrários. Ora, a alma encerra coisas contrárias, visto ser suscetível de virtude e de vício. Logo, é mister que ela seja uma substância incorpórea e acabada, um *eidos* atualizado e perfeito em todas as suas partes[22].

Desta crítica se erui que Nemésio concebe a alma como uma substância, que é o princípio do movimento do corpo, e isto por si mesma, e não de maneira puramente acidental. Em outros termos: a alma move o corpo diretamente, e não apenas indiretamente, por uma espécie de tendência do corpo à beleza da alma, em virtude da qual esta o moveria. O que é demonstrado pormenorizadamente contra Aristóteles[23].

2. A natureza da alma

Nemésio só nos dá uma exposição muito sumária deste assunto no final do capítulo sobre a alma. Procuraremos completá-la, tomando por base a sua crítica às opiniões dos adversários. É óbvio que tal empresa exige certa prudência, pois segundo o seu próprio testemunho Nemésio nem sempre compartilha os pontos de vista dos filósofos gregos de cujos argumentos se serve.

a) Que é a alma? – Não é um corpo, nem uma qualidade, nem uma enteléquia aristotélica, e sim uma substância incorpórea e completa[24], que se move em virtude de sua própria es-

---

19. 2; 564 A.
20. 2; 564 AB.
21. 2; 564 B.
22. 2; 565 A.
23. 2; 565 B-568 A.
24. 2; 565 A.

sência e tem sua existência no movimento. Enquanto substância, ela possui também o seu *eidos*, a saber, a vida, intimamente ligada (σύμ υτο) à alma; para descrever esta união, Nemésio emprega o mesmo termo que usara em sua crítica do conceito aristotélico da enteléquia informadora da matéria: a vida εἰδαποιεῖ a alma[25]. Não se refere, porém, a qualquer espécie de matéria da alma. A alma é uma só, não havendo razão alguma para se admitir duas almas distintas, uma das quais fosse de natureza superior ou racional, e a outra, de ordem inferior[26].

b) Como se acha a alma unida ao corpo? – Se o conceito nemesiano da alma se assemelha, à primeira vista, ao do platonismo, o nosso autor não demora em dar-lhe uma nota caracteristicamente cristã. Como vimos acima, ele rejeita expressamente a tese platônica, segundo a qual a alma se reveste do corpo como de um manto[27]. A solução que mais lhe agrada é, ao que parece, a de Gregório de Nissa, que vê no corpo um instrumento da alma[28]. Em abono desta doutrina, Nemésio reporta-se explicitamente a Amônio e Porfírio[29].

Do exposto se segue que a alma está presente no corpo e o penetra de sua luz, à semelhança do sol, que, ao penetrar o ar, o transforma em luz, mas sem misturar-se ou alterar-se. Há uma grande diferença, porém: o sol é um corpo e ocupa um lugar determinado, ao passo que a alma é incorporal e não ocupa lugar. Antes, ela impregna o corpo, e está totalmente em todo o corpo e totalmente em cada uma de suas partes; pois a alma não está circunscrita pelo corpo: este não é um receptáculo da alma, senão que esta envolve o corpo, que se encontra na alma. Para melhor compreensão desta relação, é necessário prescindir de todas as imagens espaciais, e buscar comparações em outra esfera do ser, na dos afetos do coração, por exemplo. Como o amante ao amado, assim a alma se une ao corpo. A união do amor é de natureza inteiramente diversa de uma simples coexistência corporal ou local. A alma está no corpo mercê de sua atividade e função[30]. Corpo e alma formam uma unidade por sentirem unidamente: sumpaθεῖ γὰρ ὅλό ἑαυτῶ τὸ ξῶον, ὦ ἕν ὄν[31]. Tal união é um efeito da vontade de Deus; não é verdade que estejamos presos ao corpo em consequência de um castigo, como pretende a doutrina "introduzida" por Orígenes, em oposição flagrante com a Escritura e a doutrina dos cristãos[32].

c) A origem da alma – A este respeito Nemésio limita-se a fazer algumas referências negativas e a rejeitar outras opiniões, pelo que apenas podemos insinuar-lhe a doutrina. A alma não é criada depois do corpo, nem juntamente com ele, pois tudo quanto nele se origina, ou com ele se cria, é mortal. A Escritura declara expressamente que Deus descansou de toda a sua obra após o sexto dia da criação. Donde se segue que Ele já não cria, presentemente, nenhuma alma. Será permissível concluir daí que não resta senão a doutrina da preexistência? Se assim for, só pode tratar-se de uma preexistência exclusiva de toda ideia de pecado e castigo[33].

d) A imortalidade da alma – A imortalidade decorre imediatamente da incorporeidade. Com efeito, um ser incorpóreo não se compõe de partes, como os corpos visíveis, e por conseguinte é imperecível. Ademais, a alma se move por si mesma, isto é, mercê de sua própria es-

---

25. 2; 564 B.
26. 2- 564 A.
27. 3. 593.
28. 2; 560 AB.
29. 3; 594 B e 601 B.
30. 3; 597 B – 608 A.
31. 3; 596 B.
32. 3; 608 A.
33. 2; 572-576.

sência, e sem interrupção; nada pode constrangê-la a cessar o seu movimento. De resto, Nemésio reporta-se aos argumentos do *Fédon* de Platão; mas estes argumentos são bastante sutis e algum tanto difíceis de compreender. O cristão deve contentar-se com o testemunho das Escrituras e com a ideia de que a alma não pertence ao rol das coisas corporais e perecedoras[34].

III. O livre-arbítrio

Em virtude de sua posição intermédia entre o mundo corporal e o espiritual, o homem tem a faculdade de optar entre um e outro. Donde se segue que ele possui o domínio de suas próprias ações. Nemésio entra em longas considerações para provar a existência de energias e operações inteiramente sujeitas ao império do homem. De forma que a expressão "livre-arbítrio" talvez fosse preferível substituir pela de "autodeterminação", tanto mais que Nemésio não oferece uma análise psicológica da atividade anímica.

1. A existência da autodeterminação – Na opinião dos adversários, todos os acontecimentos se explicam a partir de seis causas, a saber: Deus, a necessidade, o destino (*fatum*), a natureza, a fortuna e o acaso. Logo, se o homem não é a causa de suas ações, será necessário atribuí-las a uma destas seis causas; mas isto é impossível, objeta Nemésio, pois não se concebe como *Deus* possa produzir atos repugnantes e maus, tais como o homem muitas vezes os pratica. Tampouco as nossas ações são causadas pela *necessidade*, pois o que ocorre por necessidade ocorre invariavelmente, e sempre da mesma maneira; não assim as nossas ações. Pela mesma razão deve-se excluir o *destino*, pois o que acontece fatalmente é, *ipso facto*, necessário. A *natureza* não pode ser a causa das nossas ações por não abranger senão o crescimento e a procriação no domínio vegetal e animal; nem a *fortuna*, visto que as nossas ações livres não são, de modo algum, inesperadas ou raras; nem o *acaso,* que só atua nos seres inanimados e irracionais. E assim, eliminadas todas as demais alternativas, só nos resta admitir que o próprio homem é causa e princípio de suas ações[35].

Nemésio confirma a exposição com quatro argumentos incisivos, tirados da observação psicológica e da vida cotidiana. *Primeiro*, o fato de refletirmos antes de agir é prova de que nos determinamos a nós mesmos; pois do contrário não haveria necessidade de reflexão, o que tornaria supérflua precisamente a mais bela e preciosa faculdade humana. *Segundo*, as virtudes e os vícios são prova decisiva da existência da liberdade, pois é evidente que nós mesmos é que somos a causa de nossas virtudes e vícios, já que alguns homens são virtuosos, e outros viciosos. E visto que estas duas disposições se originam da iteração de ações boas ou más, mister se faz que estas estejam sujeitas à nossa autodeterminação. *Terceiro*, os conselhos e exortações que os homens costumam dar-se uns aos outros evidenciam que somos livres para fazer o que nos é aconselhado. Ninguém nos aconselha a não sentirmos fome ou sede, pois isto não depende da liberdade. *Quarto*, a criação de leis e preceitos denota que todos os homens estão convencidos da liberdade da vontade. Os povos deixariam de promulgar leis para si mesmos se não estivessem convencidos de que elas podem ser observadas: υσικῶ ἄρα πᾶσιν ἀνθώποι ἤ γνῶσι τοῦ ἐ ' ἡμῖν συγκατέσπορται[36].

2. O âmbito da autodeterminação – Do exposto se segue que o homem tem o domínio de tudo o que dele procede enquanto homem. Ora, o homem é a causa de tudo quanto se realiza voluntária e refletidamente. Com isto Nemésio repõe a liberdade no domínio psíquico.

---

34. 3; 589 BC.

35. 39; 761 B-764 B.

36. 39; 764 B-765 B.

Com efeito, é mister distinguir entre os atos psíquicos e as ações externas ou físicas; Deus julga os pensamentos e as decisões da vontade, não porém as ações visíveis[37]. Os atos eletivos internos sempre visam algo de contingente, ou seja, aquilo cujo contrário é igualmente possível: em tais casos a decisão é, de fato, nossa; somos verdadeiramente αὐτεζούσιοι[38]. Também a atividade artística, na mais ampla acepção da palavra, entra no domínio da autodeterminação humana. Tal atividade, com efeito, situa-se na esfera de ação tipicamente humana, visto não brotar automaticamente da natureza humana, mas ser um efeito plenamente consciente e voluntário: ἐν γὰρ τῷ τεχνίτῃ τὸ ποιεῖν.

3. Qual a razão de ser da vontade livre? – A partir desta pergunta Nemésio intenta desvendar as raízes mais profundas do livre-arbítrio e do pecado. A exposição norteia-se por duas ideias básicas: 1º) o livre-arbítrio nos é dado juntamente com a razão, e, 2º) tudo o que foi feito está, por sua mesma essência, sujeito à mudança e à alteração[39]. Por isso o homem é, por natureza, livre e mutável. É livre, graças à sua razão, e mutável, por ter vindo a ser. Esta mutabilidade se manifesta, entre outras coisas, na capacidade humana de escolher entre o bem e o mal, e, em consequência – para mencionar apenas o aspecto negativo da questão –, na sua pecabilidade. A possibilidade de pecar é inerente à própria natureza humana[40], e isso em razão de ter sido feita, e de estar intimamente ligada à matéria mutável. Por conseguinte, quem quisesse responsabilizar a Deus pelo pecado, por haver Ele criado o livre-arbítrio, daria provas de não haver compreendido o estado da questão. Com efeito, só havia duas possibilidades: ou Deus criaria uma natureza racional, e portanto necessariamente mutável e capaz de pecar, ou teria de abster-se de criá-la[41].

Claro está que a pecabilidade não significa que o pecado se torne uma necessidade. Somos os senhores das nossas ações. A insistência de Nemésio neste ponto acarretou-lhe a acusação de pelagianismo. Acusação injusta, ao que nos parece. Pois não se pode esperar que um autor responda a um problema que ele próprio deixou de formular. Nemésio nem sequer alude ao problema religioso da graça. De um ponto de vista filosófico justifica-se plenamente a sua afirmação de que está em nosso poder sermos justos ou maus[42].

Apreciação

Nemésio propugna uma concepção essencialmente cristã do homem, e, em particular, de sua alma. Urge ressaltar expressamente este ponto, em vista da pertinácia com que se defende a opinião preconcebida de que os Padres latinos e gregos teriam perfilhado a noção platônica da alma, em oposição ao conceito aristotélico, que teria prevalecido na Alta Escolástica. Uma e outra asserção são falsas. O conceito cristão da alma, representado em Nemésio, medeia entre as duas concepções, ainda que, na elaboração concreta, propenda ora para a corrente platônica, ora para a aristotélica.

A despeito da indiscutível predominância do elemento cristão, é inegável que Nemésio, mais talvez do que qualquer outro padre grego, situa-se conscientemente na tradição da filosofia helênica. Recolhe diligentemente as opiniões dos filósofos, e de-

---

37. 40; 769 A-C.
38. Ibid., 768 B.
39. 41; 776 AB.
40. Cf. Orígenes e Gregório de Nissa.
41. 41; 776 A.
42. 41; 777 B.

pois de examiná-las criticamente, trata de incorporar os elementos aproveitáveis na sua própria concepção do homem. Sob este aspecto, ele se antecipa à obra do Damasceno e prenuncia a Escolástica. Cita e utiliza, com frequência, as obras de Platão, Aristóteles, Amônio, Galeno e outros. A exatidão que põe na determinação dos conceitos, e a maneira como discute ou rejeita numerosos elementos aristotélicos, estoicos e epicureus, granjearam-lhe uma grande reputação na Igreja Oriental (suas obras até foram vertidas para o armênio e o sírio). Damasceno muito lhe deve, contribuindo, com sua autoridade, a que muitas ideias de Nemésio fossem transmitidas à Escolástica. Mas havia também a possibilidade de acesso direto aos seus escritos. Devido à confusão que se estabeleceu entre Nemésio e Gregório de Nissa (Nyssenus, em lugar de Nemesius), aquele tornou-se uma fonte importante de elementos doutrinários, notadamente para Alberto Magno e Tomás de Aquino[43].

Da dignidade do homem

Quem poderia admirar condignamente a nobreza deste vivente, em cuja pessoa a mortalidade se alia com a imortalidade, e o racional com o irracional; que traz em sua natureza a imagem de toda a criação (pelo que também lhe chamam de microcosmo); que foi julgado digno por Deus de uma providência especial; para quem existem todas as coisas presentes e futuras; em atenção a quem o próprio Deus se fez homem; que só se contenta com a eternidade e foge do que é mortal; que, criado à imagem de Deus, impera sobre os céus, vive unido a Cristo, é filho de Deus e preside a todo o domínio e poder?

Quem poderia enumerar as excelências de um tal vivente? Transpõe os mares, percorre o céu com o olho do espírito, conhece o curso dos astros, suas distâncias e medidas, explora a terra e o mar, despreza os animais ferozes e os monstros marinhos, entrega-se com êxito a toda sorte de ciência, arte e pesquisa, comunica-se a longa distância por meio da escrita com quem quiser, não se deixa confinar pelo corpo e prediz o futuro.

Tudo domina, de tudo se assenhoreia, de tudo goza; conversa com Deus e os anjos, impera sobre a criação, dá ordens aos demônios, esquadrinha a natureza das coisas, empenha-se por Deus e torna-se a morada e o templo de Deus. Todas estas coisas ele as adquire pela virtude e pelo espírito de piedade.

Mas talvez se julgue fora de propósito escrevermos um hino de louvor ao homem, ao invés de lhe expormos simplesmente a natureza, segundo nos propuséramos. Por isso lhe poremos fim, posto que com a enumeração de suas prerrogativas naturais já estejamos tratando de sua natureza.

Sabemos da nobreza que nos foi outorgada pelo fato de sermos uma como planta celestial; não profanemos, pois, esta natureza, para não sermos reputados indignos de tais dons, e não nos privarmos de tão grande poder, distinção e felicidade, renunciando ao gozo das coisas eternas em troca de alguma vantagem desprezível ou prazer efêmero. Antes, conservemos a nossa dignidade pela prática das boas obras, pela abstenção do mal e a reta intenção, à qual Deus costuma dar sua assistência especial, e pela oração. É o que tínhamos a dizer sobre este assunto.

De natura hominis. 1. MG t. 40, c. 532 C-536 A.

---

43. Cf., p. ex., S. theol. I, 81, 2 e alhures.

CAPÍTULO V
DIONÍSIO PSEUDO-AREOPAGITA

Como a de Nemésio, assim a figura de Dionísio se oculta por trás de sua obra. Todavia, se Nemésio se subtrai à luz da pesquisa histórica pelas condições desfavoráveis de sua época, a vida de Dionísio permanece obscura devido a uma falsificação consciente ou inconsciente. Durante muitos séculos prevaleceu a convicção de que o autor das obras que circulavam sob o nome de Dionísio se identificasse com Dionísio o Areopagita, convertido por São Paulo. O próprio Dionísio, aliás, contribuiu para despertar esta impressão. Aquilo que, na sua intenção, talvez não passasse de um meio de disfarce ou de uma simples pilhéria pietística, foi tomado a sério pela posteridade, que passou a tributar às suas obras uma veneração semelhante à que rendia à própria Bíblia.

Hoje o erro está retificado. O que naturalmente não diminui em nada a enorme influência de Dionísio sobre a evolução da teologia e da filosofia. Seus escritos foram zelosamente estudados, e parcialmente comentados, pelos grandes escolásticos. Todos enxergavam nele a figura veneranda dos tempos apostólicos, o *"Doctor Hierarchicus"*, o mestre do mais excelso misticismo. Se, em vista disso, a sua importância é principalmente de natureza teológica, nem por isso se há de menoscabar-lhe o significado filosófico; pois foi por intermédio dele que numerosos elementos neoplatônicos penetraram no Ocidente.

Vida – Sabe-se, hoje, que as obras divulgadas sob o nome de Dionísio datam do fim do século V ou começo do século VI. Ao que parece, o autor viveu entre os monges da Síria: eis tudo quanto se pode dizer com alguma probabilidade sobre a sua personalidade.

Obras e edições – 1. *De caelesti Hierarchia* (= CH). Dividida em 15 capítulos, a obra trata da hierarquia celeste, isto é, do mundo angélico – MG 3; 119-340.

2. *De ecclesiastica Hierarchia* (= EH). Trata, em sete capítulos, da hierarquia eclesiástica, e corresponde à obra anterior; Dionísio discorre sobre a essência e a organização da Igreja, os sacramentos do Batismo, da Eucaristia e da Unção, e sobre os três estados discentes e subalternos – MG 3; 369-569.

3. *De divinis nominibus* (= DN), contendo, em treze capítulos, a doutrina de Deus, elaborada em forma de uma exegese dos nomes atribuídos a Deus na Sagrada Escritura – MG 3; 585-984.

4. *De mystica theologia* (= MTh). Expõe, em cinco capítulos, a maneira em que Deus se dá a conhecer pela ignorância mística – MG 3; 997-1048.

Citaremos por capítulos (e parágrafos) e, após o ponto e vírgula, por colunas e letras, sempre segundo a edição MG.

§ 1. Deus

Toda a vez que aborda o mistério de Deus, a linguagem do Pseudo-Areopagita tresborda em alegorias e fórmulas solenes. Ontologicamente transcendente, a natureza íntima da Divindade permanece incompreensível a todo entendimento humano, essencialmente limitado ao ser finito. Não é, pois, pela via ordinária do conhecimento que devemos achegar-nos aos mistérios divinos. O homem "perito" busca a Deus na obscuridade do não saber. É por isso que Deus não se dá a conhecer aos "imperitos", que não percebem senão as coisas sensíveis da natureza exterior e que, não obstante, cuidam poder conhecer Aquele que se oculta na obscuridade. E até mesmo o saber do "perito" é apenas aproximativo em face daquela absoluta invisibilidade e intangibilidade, devendo, por isso, terminar num silêncio reverente[1].

I. As três vias para o conhecimento de Deus

Dionísio não chegou a elaborar uma teoria completa do nosso conhecimento de Deus. Não obstante, a sua obra nos permite estabelecer, com alguma certeza, três modalidades de conhecimento, a saber, a da teologia afirmativa, a da negativa e a da simbólica.

1. A teologia afirmativa (καταφαντικὴ θεολογία) principia com o próprio Deus, de quem afirma várias propriedades. Dizemos, por exemplo, que Deus é uno e trino; falamos, igualmente, da paternidade divina, da filiação e do nome do Espírito Santo. Mas, na medida em que nos alongamos de Deus, recorrendo a conceitos tirados das coisas sensíveis, tais enunciados afirmativos vão se tornando sempre mais inadequados[2].

2. A teologia negativa (ἀποφαντικὴ θεολογία) segue o caminho inverso. Ao invés de proceder do alto, ela parte das criaturas mais humildes, negando de Deus o que lhes delimita a finitude, e terminando por verificar que Deus, em sua absoluta transcendência, esconde-se nas trevas do mistério[3]. Eis alguns destes conceitos: Deus não é essência nem vida, nem entendimento nem razão; não é um corpo; não ocupa lugar; não tem figura nem qualidades, nem sentidos; não está sujeito à mudança[4]. Ademais, Deus não é ordem nem grandeza; não é ciência nem verdade; não é bondade nem espírito ("segundo o nosso modo de conhecer o espírito"); não é pa-

---

1. MTh 1, 1-2; 997-999.
2. MTh 3; 1032s.
3. MTh 2; 1025 BC.
4. Ibid., 4; 1040 D.

ternidade nem filiação; não é nada do que é nem do que não é; não é treva nem luz, não é erro nem verdade, visto não haver afirmações de ordem geral a seu respeito. E ao afirmarmos ou negarmos algo dele, não o pomos nem o negamos, dado que está acima de toda posição, e é a causa perfeita e singular de tudo; em suma, Ele transcende toda a negação[5].

3. A teologia simbólica (συμβολικὴ θεολογία) medeia entre o conhecimento negativo e o afirmativo. Tira seus conceitos da ordem sensível, aplicando-os a Deus em sentido figurado. Fala da figura divina, do ornato de Deus, de sua ira, de sua tristeza etc.[6]

Os conceitos positivos e negativos são os que mais se aproximam entre si, e os mais valiosos, cabendo a primazia aos negativos. As noções positivas se originam da obscuridade, e por isso, na proporção em que se aproximam das coisas humanas e terrenas, tendem a servir-se progressivamente de expressões conhecidas, razão por que vão se tornando sempre mais verbosas; quando, ao contrário, nos elevamos a Deus a partir da criatura, eliminando gradualmente tudo quanto é incompatível com Ele, a nossa linguagem se revela sempre mais débil e inadequada, terminando por emudecer de todo, quando, intimamente unidos a Deus, nos sentimos envoltos na obscuridade[7].

II. Os nomes divinos

À primeira vista Dionísio parece defender a absoluta incognoscibilidade de Deus, a exemplo dos capadócios; na realidade, porém, não demora em corrigir – conscientemente talvez – esse ponto de vista. É verdade que Deus transcende, em absoluto, o nosso saber, e por esta razão é conhecido antes pelo silêncio e o não saber do que por meio de afirmações; todavia, o Sumo Bem é de algum modo participado pelas coisas criadas, e, além disso, revelou-se a si mesmo nas Escrituras. E é esta nossa comunhão com Deus que nos proporciona um conhecimento correspondente da Divindade[8]. Nada nos impede, pois, de investigarmos os nomes que a Escritura lhe atribui, e de nos informarmos, por meio deles, sobre a natureza divina. Os nomes divinos dividem-se em dois grandes grupos: o primeiro compreende todos aqueles que descrevem a Deus em sua unidade (θεία ἕνωσις); o segundo, os que dizem respeito à distinção das Pessoas (θεία διάκρισις)[9].

---

6. Ibid., 3; 1033 AB.
7. Ibid.
8. DN 1,2; 588 C; cf. texto anexo.
9. DN 2, 4; 640 D.

1. **Os nomes que designam a unidade de Deus,** ou os ἑνούμενα[10], referem-se à Trindade inteira, ou seja, à Divindade una e indistinta, não porém às Pessoas em particular. Trata-se, entre outros, dos nomes obtidos por abstração e pela superlativação; tais são as denominações de superbom, superdivino, superessencial, supervivente, supersábio, ou, ainda, aquelas que se enunciam de Deus enquanto causa daquilo que vem expresso nestes nomes; são os αἰτιολογικά, por exemplo: o bem, a beleza, o ser, a vida, a ciência etc.[11] Visto designarem a Deus em sua unidade, o significado de tais nomes nos é incompreensível, pois a realidade positiva a que se referem transcende absolutamente tudo quanto existe fora de Deus; enunciam propriedades distintas de algo que é inteiramente simples.

Dentre os nomes da divindade indistinta, o que retém a primazia sobre os demais é o do "bom" (cf. Mt 19,17). Como os termos ser, vida, sabedoria, ele compete a Deus em sua indistinção. Se, contudo, considerarmos tais atributos em relação às emanações ou teofanias, ou seja, em relação às obras de Deus, depararemos uma gradação singular: a denominação "o bom" aplica-se a Deus em vista de todas as emanações da causa universal; enquanto bom, Deus é a origem de tudo: do que é e do que não é (matéria); de forma que, por este nome, designa-se a superioridade de Deus sobre tudo o mais: o ser e o não ser. Por outro lado, o nome "Aquele que é" não possui a mesma extensão, pois não designa senão a superioridade ao ser, ou àquilo que é. O nome "vida" relaciona-se apenas ao domínio da vida e designa a soberania de Deus sobre todos os seres vivos. O nome "sabedoria" indica a sua superioridade a todos os seres espirituais ou racionais e que se servem dos sentidos para o seu conhecimento[12]. Não quer isto dizer, porém, que o bem, o ser, a vida e a sabedoria sejam outras tantas realidades distintas em Deus, ou outras tantas causas diversas, correspondentes à distinção das coisas, senão que denotam a Deus de um ponto de vista determinado, enquanto Criador e Revelador. O nome "o bom", por exemplo, abrange a Deus em sua providência universalíssima, ao passo que os outros o designam apenas como Criador de um determinado setor do ser[13]. Por mais numerosas que sejam, as distinções oriundas de Deus não afetam, em absoluto, a sua unidade, visto que Deus é distinguido na unidade: ἑνουμένῳ διακρίνεται[14].

2. **Os nomes que designam as distinções divinas** dizem respeito às pessoas da SSma. Trindade: "o Pai", "o Filho", "o Espírito Santo". Estes nomes só se devem atribuir às pessoas divinas, visto serem os seus atributos completamente distintos[15]. Já não se aplicam, pois, indistintamente, à Divindade total.

III. A Divindade indistinta como fonte das distinções

Dionísio mostra, pormenorizadamente, como Deus, nos seus vários aspectos, é a fonte da diversidade.

---

10. Ibid., 3; 640 B.
11. Ibid.
12. DN 5, 1; 816 B.
13. Ibid., 5, 2; 816 Cs.
14. Ibid., 2,11; 649 Bs.
15. Ibid., 3; 650 Bss.

1. A bondade divina é a causa de toda diversidade[16] – Deus é comparável a um sol, que irradia o ser a todas as coisas e faz brilhar sua bondade sobre tudo quanto existe. Desde o ser espiritual até à matéria, todas as coisas se abrem aos raios de sua bondade e dele recebem a subsistência, a percepção e o conhecimento[17]. Não só isso: a bondade divina é também a *causa dos movimentos celestes* e da ordem dos corpos celestes e de todo o seu esplendor[18]. Enquanto bem, Deus é *luz*. Seu nome é "luz espiritual", pois comunica sua luz aos espíritos supracelestes e expele o erro e a ignorância das almas[19]. Enquanto bem, é também a origem de toda a *beleza*. E é precisamente em razão de sua beleza que Ele encerra em si os arquétipos de todas as coisas[20]. Finalmente, enquanto bem, Deus é *amor:* "Foi o amor bondoso e ativo ao ser, o qual preexiste superabundantemente no bem, que não lhe permitiu (ao divino Originador) permanecer esterilmente infecundo em si mesmo; foi ele que o levou a atuar de acordo com a plenitude superabundante de sua onipotência criativa"[21].

2. O mal não deriva do bem – Como se viu, Deus é a fonte exclusiva e total do ser e até mesmo do não ser. Aqui surge, inevitavelmente, a questão: Será Ele também a fonte do mal? A fim de fugir a esta consequência, Dionísio elimina o mal da esfera do ser; tampouco o mal pode residir no não ser (isto é, na matéria), pois também este é abrangido pelo Bem. Logo, o mal não se encontra nem nas coisas que são, nem nas que não são; "antes, ele dista ainda mais do bem que o próprio não ser, em razão de sua heterogeneidade e de sua maior falta de essência"[22].

Donde se origina, então, o mal, uma vez que é impossível negar-se-lhe a existência manifesta?[23] O mal, enquanto tal, não tem ser; tampouco ocupa um lugar nas coisas onde existe: οὐκ ἄρα ὄν τὸ κακόν, οὐδὲ ἐν τοῖ οὖσιν τὸ κακόν. Οὐδαμοῦ γὰρ τὸ κακόν[24]. De forma que o mal não se encontra nem nos anjos nem nos demônios; não está na alma, nem nos animais, nem na natureza, nem nos corpos; não se encontra nem mesmo na matéria, como Dionísio procura provar em longa exposição[25]. O mal não é nem sequer uma privação (στέρησι)[26].

Positivamente, ele se origina de numerosas deficiências parciais: τὸ δὲ κακὸν ἐκ πολλῶν μερικῶν ἐλλείψεων[27]. Não provém, pois, de uma causa, como a totalidade do ser e do não ser, que tudo deve ao Bom, mas, sim, da ausência de várias causas. Em suma, o mal é uma fraqueza e uma omissão do bem. Ademais: tão longe está de ser algo de positivo, que nem sequer é apetecível; pois, como frisa Dionísio, quem apetece alguma coisa sempre tende a algum bem; o mal, enquanto tal, porém, jamais é apetecido[28].

---

16. Ibid., 4; 693-736.
17. Ibid., 4, 1-3.
18. Ibid., 4, 4.
19. Ibid., 4, 5.
20. Ibid., 4, 10.
21. Ibid., 4, 10; BKV² p. 71.
22. Ibid., 4, 19; 716 D.
23. Ibid.
24. Ibid., 4, 34; 733 C.
25. Ibid., 4, 22-28; 724-729.
26. Ibid., 4, 29; 729 C.
27. Ibid., 4, 30; 729 C.
28. Ibid., 4, 31; 732 B.

3. Os demais nomes de Deus, enquanto causa das diversidades, Dionísio trata-os com relativa brevidade, porquanto o nome propriamente essencial de Deus é "o Bom". Enquanto bom, Deus é a fonte da totalidade do ser e do não ser; enquanto ser, sua eficiência se estende apenas ao existente. Mas este inclui também o possível[29], a ideia do ser e as ideias de todas as coisas[30], bem como todos os princípios[31] e tudo quanto é de algum modo produzido.

Enfim, enquanto Bem e Ser, Deus é também a *vida* e a fonte de toda a vida[32]. Dele se origina a vida em si, a ideia da vida, da qual toda a vida, desde a sua forma mais ínfima, é uma participação. E, enquanto *sabedoria*, Deus é a fonte da sabedoria em si, da qual todos os seres racionais participam pelo conhecimento.

Por conseguinte, toda a multiplicidade das coisas mundanas procede de Deus enquanto bem, enquanto ser, enquanto vida e sabedoria. O efeito total é um cosmos magnífico e santo: a hierarquia celeste e terrestre.

§ 2. A hierarquia

A ideia da hierarquia desempenha um papel relevante, não só no sistema dionisiano, como em toda a tradição cristã subsequente. Que entende Dionísio por hierarquia? Eis a sua definição: "A meu ver, a hierarquia é uma ordem santa, um saber e um obrar santo, que se assemelha tanto quanto possível ao divino, e, de acordo com as iluminações divinamente infusas, eleva-se até à semelhança com Deus"[33]. Como se vê, Dionísio distingue entre uma hierarquia-estado e uma hierarquia-função.

I. A hierarquia como estado

Numa definição ulterior, Dionísio ressalta o caráter de estado da hierarquia: "Entenda-se por hierarquia uma determinada e mui santa instituição (distribuição, disposição), imagem da beleza incriada, que nos respectivos graus e conhecimentos hierárquicos põe em ação os mistérios de sua própria iluminação, assemelhando-se o mais possível à sua própria origem"[34].

O autor desta hierarquia é Deus, o primeiro hierarca. Em sua nímia sabedoria Deus revestiu, por amor, todas as coisas com suas respectivas essências, e elevou-as à existência. Pois é exclusivamente à causa absoluta e à bondade suprema que cabe chamar os diversos seres à participação de sua existência, e isto na medida em que, de acordo com seu respectivo ser, eles são aptos a participar da natureza divina[35].

De sorte que todos os seres participam de Deus, num escalonamento gradativo. O grau ínfimo cabe aos seres inanimados, que participam de Deus pelo simples fato de existirem. Se-

---

29. Ibid., 5, 4; 817 C.
30. Ibid., 5, 5; 820.
31. Ibid., 5, 6; 820s.
32. Ibid., 6; 856-857.
33. CH 3, 1; 164 D.
34. CH 3, 2; 165 B.
35. Ibid., 4, 1; 177 BC.

guem-se os organismos ou seres vivos, que participam da vida divina, que dá a vida, mas transcende toda a vida. E, enfim, o reino dos espíritos racionais participa da sua sabedoria, que excede todo entendimento e toda compreensão. E assim os seres se aproximam de Deus conforme o seu menor ou maior grau de participação[36]. Mais elevada ainda que a dos seres racionais "de nossa estirpe" é a medida de participação dos anjos. O mundo angélico, por seu lado, apresenta uma admirável ordem hierárquica. Há nove graus angélicos, distribuídos em três ordens principais. A primeira tríade abrange os coros angélicos mais chegados ao trono de Deus, a quem estão imediatamente unidos: os Serafins, que contemplam a divina essência, toda feita de luz e amor, os Querubins, que profundam os divinos decretos, os Tronos, que se extasiam em adoração reverente perante os juízos divinos. A segunda tríade compreende as Dominações, que emitem ordens consoante a vontade de Deus, as Potestades, que as executam, e as Virtudes, que guardam e conservam o que foi executado. A terceira tríade inclui os Principados, encarregados de cuidar da humanidade inteira, dos Arcanjos, que governam as nações, e dos Anjos, que velam pelos homens individuais[37].

À hierarquia celeste corresponde a hierarquia eclesiástica ou terrestre, que se escalona, igualmente, em três vezes três graus. A primeira tríade abrange a ordem dos sacros mistérios que veiculam a vida da graça: o batismo, a eucaristia e a ordem ou os santos óleos. A segunda compreende os órgãos que nos dão acesso aos sagrados mistérios, a saber: o bispo (ou hierarca), o sacerdote e o diácono, juntamente com os demais ministros sacros. A terceira tríade consta da multidão dos que são admitidos aos sagrados mistérios por intermédio daqueles órgãos, a saber: os que já se encontram na via unitiva (os terapeutas, tais como os monges e os eremitas), os que trilham o caminho da iluminação (o povo cristão em geral) e os que ainda se encontram no caminho da purificação (os catecúmenos e os penitentes)[38].

II. A hierarquia como função

Ao criar a variedade dos seres segundo uma ordem hierárquica e à imagem de sua própria formosura, Deus traçou, ao mesmo tempo, uma função ou tarefa bem determinada para cada um deles. Consoante a finalidade da criação, essa tarefa se resume, em última análise, numa união e assemelhação progressiva com Deus[39]. Visto porém, que todos os seres, salvo o Ser supremo e o ser ínfimo, representam outros tantos graus, eles procurarão executá-la numa espécie de colaboração mútua. Há um movimento ascendente e outro descendente.

1. O movimento descendente é, em substância, uma iluminação e uma transmissão de energia aos graus inferiores – No ápice de tudo está Deus, cuja natureza bem-aventurada é absolutamente pura e impermista, repleta de luz eterna; sua perfeição absoluta exclui toda e qualquer imperfeição. Ela purifica, ilumina e aperfeiçoa[40]. "Assim como o nosso sol... pelo simples fato de existir, ilumina todos os seres aptos a participar da luz solar, assim o bem emite analogamente... e de modo imediato os raios de sua bondade integral sobre todos os seres. Por ela subsistem todos os seres inteligíveis, e intelectuais, todas as forças e energias; dela os seres espiri-

---

36. Ibid., 177 CD.
37. Ibid., 4, 2; 200 Ds.
38. EH 2-6; 392-537.
39. Ibid., 3, 2; 165 A.
40. Os três atos hierárquicos; ibid., 3, 2; 165 C.

tuais derivam **o ser e a vida**"[41]. Toda a ordem subsequente toma a Deus por mestre. Pela contemplação perene da imagem da beleza divina, os espíritos bem-aventurados reproduzem, na medida do possível, a cópia desta imagem, adquirindo, destarte, a perfeição de imagens divinas, de espelhos inteiramente puros e imaculados; e uma vez repletos dos esplendores da luz divina, transmitem-nos sem inveja, para que resplandeçam também nos graus inferiores[42].

O processo iluminativo obedece, pois, a uma lei. A iluminação dos graus inferiores não procede imediatamente do primeiro; antes, efetua-se a partir do grau respectivamente superior: "Ele se irradia sobre a natureza inferior por intermédio da superior"[43]. Cada hierarca individual começa por santificar-se pelo conhecimento dos sagrados mistérios e, de certo modo, diviniza-se consoante à sua natureza, à sua aptidão e à sua dignidade. A seguir, comunica aos seres a ele subordinados tudo aquilo de que hão mister para que possam assemelhar-se, também eles, a Deus, na medida de sua aptidão. Estes, por sua vez, atraem os seres a eles subordinados, os quais, tendo obedecido àquela atração, passam, por seu turno, a dar ordens a outros. E assim, graças a tais relações divinas e harmoniosas, cada qual termina por participar da beleza, da sabedoria e da bondade essencial, na proporção em que lhe permite o seu respectivo grau[44].

2. Ao movimento descendente corresponde exatamente um movimento ascendente – A gradação hierárquica dos seres, com efeito, tem como consequência que uns purifiquem e outros sejam purificados, que uns iluminem e outros sejam iluminados, que uns comuniquem a perfeição e outros a recebam[45]. Cada hierarca aspira ao seu respectivo grau de assemelhação com Deus. E assim a atuação hierárquica não terá fim até que os *purificados* estejam livres de toda impureza e de tudo quanto deve ser expurgado; que os *iluminados* se encham da claridade divina e seus olhos espirituais se exercitem na casta contemplação; que os *perfeitos* deponham sua imperfeição primitiva e participem do saber admirável das doutrinas maravilhosas que lhes foram reveladas[46].

A maneira em que se realiza este movimento de ascensão vem descrito no caminho da mística.

§ 3. O retorno da alma para Deus

A hierarquia foi perturbada pelo pecado. Não que Deus cessasse, por isso, de irradiar sua luz ou de iluminar os espíritos, em consonância com sua graduação hierárquica. Mas basta que eles abusem de sua liberdade e se deixem seduzir pelo mal, para que a luz se lhes oculte. Embora continue a brilhar sem a menor mudança, e a irradiar sobre a alma enferma, esta já não a percebe, por haver-se excluído a si mesma da luz[47]. Isto pode ocorrer porque a alma, insatisfeita com o estado em que se encontra,

---

41. DN 4, 1; 693 B. ²BKV p. 56s.
42. CH 3, 2; 165 A.
43. Ibid., 13, 4; 305 B.
44. Ibid., 1, 2; 121 AB.
45. Ibid., 3, 2; 165 BC.
46. Ibid., 3, 3; 165s.
47. EH 2, Contempl. 3; 397 Ds.

pode aspirar a um grau mais elevado, pretendendo assim à contemplação de uma luz superior às suas forças. Por este modo a alma imperfeita intromete-se em coisas perfeitas, e esta presunção lhe faz perder os dons que já lhe haviam sido comunicados[48]. Felizmente, porém, há sempre uma possibilidade de retorno.

I. Como se efetua este retorno?

1. O primeiro passo é o conhecimento de si mesmo (cf. Gregório de Nissa) – "Assim como a divindade é a fonte da ordem boa e santa, de acordo com a qual os espíritos bem-aventurados se conhecem a si mesmos, assim aquele que volta a sua atenção para a esfera cognoscível de sua própria natureza, deve começar por conhecer-se a si mesmo, a fim de colher, primeiro, este santo fruto do seu amor à luz. Atendendo, com olhar desapaixonado, à sua própria condição, não tardará a emergir dos recantos escuros de sua ignorância. Contudo, visto que ainda não se encontra maduro para uma união e comunhão inteiramente perfeita com Deus, não aspirará imediatamente a ela; entretanto, animado pelo bom êxito obtido, elevar-se-á em breve a algo ainda melhor, e daí ao sumo bem para, enfim, tornado partícipe da perfeição, alçar-se gradativamente às alturas divinas"[49].

2. O caminho passa pela fé e pela meditação – A fé conduz a alma à inteligência; a fé e a Escritura são o fundamento inabalável e o princípio da unidade[50]. Foi mister que Deus, como ser oculto e superessencial, se revelasse através da Escritura: caso contrário, nem sequer estaríamos em condições de conhecê-lo[51]. Se nos dedicarmos à meditação da Escritura e nos aprofundarmos nos santos nomes de Deus – o livro *De divinis nominibus* serve de iniciação para isso –, então a meditação terá seu remate natural na oração; pois não nos aproximaremos da Divindade se não a invocarmos com reta disposição e com pureza de intenção[52]. A oração, por sua vez, culmina no êxtase, que é obra do amor, pois o amor faz com que as almas se renunciem a si mesmas e se transformem em propriedade do amado[53]. Assim a alma chega à divinização, que outra coisa não é senão o máximo grau possível de assemelhação e identificação com Deus[54].

II. A alma atinge a meta final

Atingido o cume da perfeição, a alma entra a participar dos movimentos dos espíritos celestes. Estes movimentos se realizam em *forma circular, retilínea e helicoidal*, como se deduz do seguinte texto (também conhecido de Dante), que citamos em tradução literal: "No que respeita à alma, o movimento *circular* significa um passar de fora para dentro de si mesma, uma concentração unitária de suas energias espirituais, a qual – como no interior de um círculo – a preserva da divagação e a desvia da multiplicidade das coisas externas, concentrando-a primeiro em si mesma, para então, uma vez obtida aquela uniformidade, uni-la às potestades (anjos)

---

48. Ibid.
49. Ibid., Contempl. 4; 400 BC. ²BKV, p. 111.
50. DN 7, 4; 872 C.
51. Ibid., 1, 2 e 3; 588s. Cf. texto anexo.
52. Ibid., 3, 1; 680 B.
53. Ibid., 4, 13; 712 A.
54. EH 1, 3; 376 A.

tornadas uniformes, e assim encaminhá-la ao belo e ao bem que é superior a toda essência, uno e idêntico, sem começo e sem fim. A alma se move em forma *helicoidal* quando, conformemente à sua natureza, é iluminada pelos conhecimentos divinos, não de modo espiritual e unitivo, mas pelo raciocínio discursivo e como que por atividades mistas e alternantes (no objeto). O movimento *retilíneo*, enfim, é próprio da alma que não se reconcentra em si mesma, nem se move numa espiritualidade peculiar (tal movimento, como vimos, é o circular), mas progride no seu próprio ambiente e, a partir das coisas externas, como de outros tantos símbolos, múltiplos e diversificados, alça-se aos conceitos simples e unitários"[55]. Destarte a alma, juntando-se ao ritmo dos movimentos dos espíritos celestes, chega a participar da vida de Deus.

Apreciação

Na obra de Dionísio deparamos duas correntes de pensamento nitidamente distintas. Uma deriva da filosofia grega e conduz, principalmente, ideias neoplatônicas; a segunda diflui da revelação cristã e carreia o legado espiritual da patrística grega. Qual a torrente principal, e qual a secundária? Qual delas determina o curso, e qual apenas concorre com suas águas, incorporando-as no leito predeterminado? Ou acaso as duas correntes confundem suas águas para formar um novo caudal, de modo a excluir a preponderância de uma sobre a outra? Todas as três interpretações tiveram seus representantes. A leitura atenta das obras dionisianas parece demonstrar, entretanto, que, ao invés de um pensador grego ou de um criador de uma síntese intermédia, o seu autor deve ser tido como um legítimo teólogo, que soube incorporar o patrimônio das ideias e dos conceitos neoplatônicos num sistema fundamentalmente cristão e inseparável da tradição, embora tivesse de proceder a uma "cristianização" prévia daqueles elementos neoplatônicos. Por esta razão, preferimos adotar o ponto de vista de Stiglmayr: "Repetidamente, Dionísio tem sido chamado um neoplatônico em vestes cristãs. Mais acertado seria ver nele um cristão revestido do manto filosófico neoplatônico"[56].

Embora não se deva exagerar-lhe a originalidade, aliás indiscutível, seria difícil sobrestimar a influência que teve no desenvolvimento da filosofia cristã. Sua linguagem altaneira e a profunda reverência com que se acerca do Inefável, bem como a ideia de que todo saber deve culminar na mística, fizeram com que os séculos subsequentes avistassem nele uma autoridade de primeira grandeza. Depois que Máximo o Confessor (m. 662), com seus escólios, indicou o caminho para uma interpretação ortodoxa, e os próprios papas (Gregório Magno e Martinho I) e concílios (de Constantinopla e o II de Niceia) apelaram à sua autoridade, Dionísio passou a gozar de um prestígio inconteste através de toda a Escolástica.

O conhecimento de Deus pela fé reverente

Acerca desta Divindade superessencial e oculta nada se ouse dizer ou pensar que contrarie as revelações que pela vontade de Deus nos vieram das Sagradas Escrituras. Pois, como ela mesma (a Divindade) bondosamente nos deu a entender pela Escritura, a ciência e a contemplação de sua essência permanece inacessível a todos os viventes, por achar-se superessencialmente remota de todos. E encontrarás muitos teólogos que a celebraram, não só como invisível e incompreensível, mas também como inescrutável e insondável, à falta de quaisquer traços que nos permitam penetrar em sua recôndita imensidade.

---

55. DN 4, 9; 705 AB. ²BKV 68s.
56. Introd. a DN. ²BKV, p. 10.

Todavia, o bem não é inteiramente incomunicável a qualquer (outro) ser. Antes, ele emite um raio que lhe pertence constante e ininterruptamente, e isto por pura bondade e a modo de iluminações adaptadas às naturezas individuais; e na medida do possível eleva à sua contemplação, sociedade e semelhança os espíritos bem-aventurados que santa e convenientemente participam do seu contato, sem contudo se alçarem temerariamente, e acima de suas forças, a um grau superior à teofania que se lhes confere segundo a sua respectiva ordem; que não descaem pela transigência com o mal, mas, ao contrário, alteiam-se, firmes e inflexíveis, de encontro à luz, e com um amor ordenado às iluminações recebidas, reverente, modesta e piedosamente desferem o voo pelas regiões do espírito.

Atendo-nos àquela balança divina, que também regula constantemente todas as santas ordens dos coros supracelestes, e renunciando a uma investigação exaustiva, honremos com atos de reverência espiritual aquela Divindade oculta que transcende todo entendimento e toda essência, e com humilde silêncio rendamos culto ao Inefável; e assim nos elevaremos aos raios luminosos que irradiam das Sagradas Escrituras. Estas nos conduzirão a uma lúcida inteligência dos hinos divinais (dos nomes divinos!), pois enchem-nos de luz supramundana e nos transformam consoante as santas hinologias, capacitando-nos para a contemplação das luzes divinas que nos transmitem na devida proporção e habilitando-nos a louvar a fonte de todo bem e de toda santa iluminação, segundo o que Ele mesmo nos comunicou a seu respeito nas Sagradas Escrituras.

De div. nominibus 1,2-3: c. 588 C-589 B.

CAPÍTULO VI
JOÃO DAMASCENO

Com João Damasceno encerra-se, praticamente, a patrística grega. Ao termo das seculares disputas com a filosofia e a heresia, as energias espirituais parecem haver-se esgotado. A especulação filosófica entra em declínio, passando a transmitir-se em fórmulas estereotipadas. O trabalho dos epígonos cifra-se à compilação e assimilação do patrimônio da fé e da tradição, de preferência a um ulterior aprofundamento. A única figura de relevo do período é João Damasceno, o mestre da síntese.

Vida – Pouco sabemos da vida deste santo Doutor da Igreja. Se destacarmos os dados históricos dos elementos legendários, obtemos, mais ou menos, o seguinte quadro. Damasceno, como o próprio nome está a indicar, nasceu em Damasco, pelo ano 675. Descendia de família cristã. Do avô herdou o nome árabe Mansur, "o Vitorioso". Seu pai foi oficial superior da aduana sob o reinado do califa Abdul Melek. É possível que também o filho exercesse por algum tempo esta função, porquanto se diz ter abandonado tudo, a exemplo do Apóstolo São Mateus. Pelos trinta anos de idade ingressou no mosteiro de São Sabas, em Jerusalém. Recebeu a ordenação sacerdotal das mãos do patriarca de Jerusalém, João IV, de quem afirma ter sido discípulo. Teve um papel preponderante na controvérsia iconoclasta. Faleceu em idade provecta no ano 749. No começo do século IX Teófanes aplicou-lhe o apelido de Crisórroas, isto é, "manancial de ouro".

Obras – Dos escritos do Damasceno interessa-nos, aqui, apenas a sua obra-mestra intitulada *Fons scientiae* (Πηγὴ γνώσεω). Divide-se em três partes: Capita philosophica ou Dialectica (= Dial.); De Haeresibus e Expositio accurata fidei orthodoxae (= Fid. orth.). O título *Fons scientiae* não compete, em rigor, senão à Dialética (Dial. 2; 533 A). A "Exposição da fé ortodoxa" foi vertida para o latim por Burgúndio de Pisa no século XII. Pelos meados do século XIII a obra se tornara acessível aos latinos em sua quase totalidade (tradução de Grosseteste?), sob o título de *Fons scientiae*. Segundo Muckle, C.S.B., a obra compreendia os tratados: De Dialectica (De Logica), De Haeresibus, Elementarium Dogmatum, incluindo, este último, os seguintes títulos: De duabus Voluntatibus... et una Hypostasi, De Hymno Trisagion e De Fide Orthodoxa.

Edição – MG 94, 521-1228. As citações referem-se aos capítulos, colunas e letras desta edição.

O sistemático

João Damasceno é, sobretudo, um sistematizador, um colecionador e um ordenador. Não pretende propor ideias novas, mas reunir num conjunto ordenado o patrimônio doutrinário herdado dos seus antecessores. Não se trata, porém, de um simples trabalho de compilação. Embora as suas doutrinas se retraem, quase sem exceção, aos autores precedentes, João Damasceno soube coordená-las numa síntese impressionante e revesti-las de uma forma original e bem meditada.

Damasceno deixou-se instruir, conscientemente, pelos antigos mestres, no intuito de recolher e ordenar as verdades que o Espírito Santo lhes prodigalizara. Ao número destes mestres pertencem não apenas os Padres da Igreja, como também os gentios. Pois a iluminação divina é bastante generosa para comunicar-se também a estes. Todo dom perfeito procede do Pai das luzes (Tg 1,17). Mas, visto que o inimigo semeou abundantes cizânias no campo dos pagãos, Damasceno resolve fazer sua colheita à maneira das abelhas: o bem por eles excogitado deve ser retido, e o mal, rejeitado[1].

1. A filosofia – Como se disse, o objetivo do Damasceno é a exposição sistemática da verdade católica. Todo arquiteto necessita de instrumentos de trabalho e materiais de construção. No presente caso, os utensílios e materiais nos são ministrados pela filosofia. Por isso Damasceno expõe, em 68 capítulos, as verdades filosóficas fundamentais que, a seu ver, constituem a propedêutica indispensável da teologia. Todavia, andaria enganado quem quisesse descobrir neles uma espécie de manual filosófico. A intenção do Damasceno é bem mais modesta. Quando muito, poderíamos falar de um sumário da Lógica, elaborada sob a orientação exclusiva de Amônio e Porfírio.

De início, o nosso autor arrola nada menos de seis definições da filosofia; depois disso, passa a explicar os conceitos do ser, da substância e do acidente; seguem-se algumas considerações sobre os fonemas, a divisão e a definição, e, enfim, um tratamento minucioso dos predicáveis. Há, ainda, um estudo igualmente pormenorizado das categorias de Aristóteles. A obra se encerra com uma série de definições.

Como se vê, o trabalho filosófico do Damasceno resume-se em proporcionar ao leitor uma farta aparelhagem conceptual; não lhe ocorre oferecer uma exposição racional da metafísica como ciência preliminar da teologia.

Convém notar, também, que esta "filosofia" desempenha um papel essencialmente subordinado. Nem poderia ser de outro modo, por ser a teologia, indiscutivelmente, a rainha das ciências. Como todas as rainhas, porém, ela deve cercar-se de damas de honra. A melhor maneira de recrutá-las é arrancar à tirania da impiedade as verdades até agora sujeitas ao serviço dos gentios, em cujas mãos haviam sofrido toda sorte de abusos, e conduzi-las à sua legítima senhora, a quem unicamente podem servir de maneira conveniente[2].

2. As heresias – Terminada a colheita das verdades entre os pagãos, é preciso expor as doutrinas contrárias à fé católica. Tal exposição, porém, não é um fim em si mesmo. É mister patentear a falsidade dessas doutrinas, a fim de ancorar mais solidamente a fé católica nos seus fundamentos. Em sua exposição, o Damasceno se atém, de um modo geral, a Epifânio, a cuja lista acrescenta, entre outras, a heresia do islamismo. A esta catalogação das doutrinas heréticas, em número de cem, segue-se uma solene profissão de fé.

---

1. Prol. 524 C-D.
2. Dial. I, 532 B.

3. **Exposição da verdadeira fé** – Todo cristão tem o dever de conhecer a fé em toda sua beleza e profundidade. Damasceno se propõe exorná-la e ataviá-la com as palavras dos profetas inspirados pelo Espírito Santo, as dos pescadores (apóstolos) instruídos por Deus e as dos pastores e mestres divinos (Padres da Igreja). As expressões por eles empregadas servem para guarnecer a sagrada teologia de umas como franjas douradas, para que a glória divina resplandeça do seu interior, iluminando com seus raios os que se lhe aproximam de coração puro e sem pensamentos desordenados[3].

Esta "Exposição da verdadeira fé", tantas vezes citada pelos escolásticos sob o nome *De Fide orthodoxa*, compreende 100 capítulos e costuma dividir-se, hoje, em quatro livros, à imitação dos quatro livros das Sentenças do Lombardo, a quem a obra de João Damasceno serviu de modelo.

O primeiro livro trata dos problemas teológicos da cognoscibilidade, da existência e da unicidade de Deus, bem como da doutrina trinitária. O segundo contém a doutrina da criação, a história da criação, baseada no Gênesis, uma angelologia, um "Hexaêmeron", uma antropologia e uma psicologia minuciosamente elaboradas. O terceiro é inteiramente dedicado à cristologia; o tratado da natureza humana de Cristo encerra valiosas contribuições para a psicologia. O quarto, e último, dá seguimento à cristologia, para continuar com uma doutrina dos sacramentos, à qual se sucedem vários outros assuntos, dispostos sem muita ordem: questões mariológicas e escriturísticas, discussões sobre a fé, a cruz, o bem e o mal, a liturgia, a virgindade, o anticristo e a ressurreição dos mortos.

Infelizmente a obra não pôde ser levada a cabo pelo Santo Doutor. Os textos revelam redações várias e as repetições são bastante frequentes. Tais imperfeições devem atribuir-se ao fato de o autor não ter podido dominar, desde logo, o enorme acervo de materiais fornecidos pelas fontes. O que não é de estranhar, dada a grande diversidade de orientação das autoridades utilizadas; baste-nos lembrar as diferenças entre os capadócios (e, em particular, Gregório de Nazianzo), Dionísio Pseudo-Areopagita, Nemésio e os filósofos gentios.

Renunciamos a uma exposição pormenorizada das doutrinas de João Damasceno, visto que tal exposição importaria, em substância, numa simples repetição dos pontos de vista, já referidos, dos Padres da Igreja que o precederam.

Apreciação

A importância do Damasceno, repetimos, está em ter recolhido com grande diligência as opiniões dos seus predecessores e de as ter integrado numa síntese orgânica, comparável a um manual facilmente compreensível. Ao mesmo tempo que leva a termo a tradição grega, esta síntese serve de estímulo à tradição latina, através das versões que dela se fizeram no Ocidente. Pedro Lombardo fez uso da tradução de Burgúndio de Pisa. Os escolásticos estiveram familiarizados com a obra mestra de João Damasceno. Foi por intermédio dele que uma larga torrente do patrimônio espiritual helênico veio a ser tributária do grande movimento escolástico.

---

3. Prol. 525 A.

O conhecimento

Nada mais excelente que o conhecimento. O conhecimento, com efeito, é a luz da alma racional. Seu contrário, a ignorância, é treva. Pois como a privação da luz vem a ser escuridão, assim a falta de saber é um entrevecimento da razão. O próprio dos seres irracionais é a ignorância; o dos seres racionais, ao contrário, é o conhecimento. Por isso, aquele que carece de conhecimento, embora a sua essência o destine ao conhecimento, este – a despeito de sua natureza racional – é inferior aos irracionais, pois sua alma é negligente e leviana.

Por conhecimento entendo a noção verdadeira acerca das coisas que são, pois só há conhecimento das coisas existentes. O conhecimento falso, enquanto conhecimento do não existente, é antes ignorância que conhecimento. Pois o falso outra coisa não é senão o que não é.

Sendo que não vivemos como puros espíritos e a nossa alma se encontra envolta no manto da carne, a alma se serve da mente (*nous*) como de um olho que vê e conhece as coisas existentes, adquirindo assim a ciência; todavia, não é por si mesma que ela obtém o conhecimento, e por isso necessita de um mestre.

Acheguemo-nos, pois, do mestre que não nos engana, isto é, da própria verdade! Cristo é a própria sabedoria subsistente; nele se encerram todos os tesouros do saber. Ele é a sabedoria e a virtude de Deus, nosso Pai. Atendamos à sua voz que nos fala pelas divinas Escrituras e aprendamos dele o verdadeiro conhecimento de todas as coisas existentes! A ele acorramos, cheios de zelo! Aproximemo-nos com o coração puro e não permitamos que as paixões nos ofusquem a visão! Pois, por límpida e perspicaz que seja a nossa vista, é só com dificuldade que se logra apreender distintamente a verdade. Quanto maior será a escuridão se a nossa luz, isto é, o *Nous*, se entrevecer!

Aproximemo-nos com toda a alma e com toda a mente! Assim como a vista, quando distraída por divagações incessantes, é incapaz de enxergar distintamente as coisas, a menos que forceje por fixar firmemente o seu objeto, assim também nós queremos livrar-nos de toda perturbação da razão e aproximar-nos da verdade sem quaisquer sentimentos mundanos. Mas não basta ir-lhe ao encontro e chegar à sua porta, senão que é mister bater com força, para que, ao abrir-se-nos a porta da câmara nupcial, possamos contemplar a formosura que ali reside.

A porta é a letra. O aposento nupcial que se encontra por detrás da porta e a beleza de pensamentos que nele se oculta é realmente o espírito da verdade. Batamos com insistência, leiamos uma, duas e mais vezes; se assim cavarmos, depararemos o tesouro do conhecimento e teremos riquezas em abundância. Procuremos, pesquisemos, examinemos, perguntemos! Pois quem pede recebe, quem procura encontra e a quem bate abrir-se-lhe-á. "Pergunta a teu pai, e ele te informará; pergunta aos teus maiores (em conhecimento) e eles te dirão". Se formos estudiosos, muito saberemos. Pois tudo deve ser conquistado à força de zelo e trabalho; antes de tudo e depois de tudo, porém, pela graça de Deus, o Doador.

Dialectica, cap. 1; col. 529-532 A.

PARTE II
A FILOSOFIA DA PATRÍSTICA LATINA

CAPÍTULO I
TERTULIANO

A história da Patrística latina desenrola-se primeiro e principalmente em terras africanas. De há muito a África Setentrional – a antiga Cartago – tornara-se a província mais florescente do Império Romano; de par com a cultura e os costumes romanos, adotara-se ali também a língua latina. Relativamente pouco atingida pelas lutas entre imperadores e contraimperadores, devido à sua remota situação geográfica, a velha colônia gozava de uma prosperidade invejável, que aliás não deixava de beneficiar a própria Roma. Criaram-se assim as condições materiais necessárias para um incremento notável da cultura literária e científica.

É provável que o cristianismo se implantasse bastante cedo em Cartago, sendo anunciado não pelos próprios apóstolos, mas por pregadores vindos de Roma. Pelo ano 200 já havia ali uma numerosa comunidade cristã. Não tardou em chamar a atenção das autoridades, que lhe moveram feroz perseguição. Neste período deve localizar-se também a vida de Tertuliano, o protagonista literário da comunidade cristã africana.

Vida – Filho de pais gentios, Quinto Setímio Florêncio Tertuliano nasceu em Cartago, provavelmente entre os anos 150 e 160. A princípio costumara escarnecer dos cristãos e levara uma vida dissoluta, segundo sua própria confissão posterior. Todavia, terminou por abraçar a nova religião, movido, talvez, pela perseverança dos mártires. Era casado e não consta que haja sido sacerdote. Por volta de 205 aderiu à seita montanista, que parece tê-lo atraído pelo rigor ascético dos seus adeptos. Mas não tardou a desentender-se também com estes. Finalmente fundou uma seita própria, a dos tertulianistas, que ainda no tempo de Agostinho possuíam uma basílica em Cartago. O bispo de Hipona teve a satisfação de poder reconciliá-los com a Igreja. A data da morte de Tertuliano é desconhecida.

Era Tertuliano de gênio fogoso e colérico, e de uma fantasia ardente. Formado em jurisprudência, dispunha de um domínio perfeito da língua latina. No *De Pallio*, onde se justifica por haver trocado a toga de tribuno pelo manto de filósofo, deparamos textos quase indecifráveis. Senhor de um estilo admirável e de uma notável vivacidade mental, comandava todos os recursos que fazem um grande jurista. Cunhou grande número de fórmulas incisivas, muitas das quais, graças à sua extraordinária precisão, passaram a fazer parte integrante da terminologia teológica (p. ex. as expressões: "Um Deus em três pessoas", "Trinitas" etc.). A par da Vulgata, a linguagem de Tertuliano foi a que mais profundamente influiu no latim eclesiástico.

Obras e edições – 1. *Apologeticum* ou *Apologeticus* (= Apol.). É o seu escrito mais completo e visa convencer as autoridades romanas a desistirem das suas perseguições aos cristãos. Após uma série de argumentos jurídicos, Tertuliano demonstra que as acusações atiradas sobre os cristãos atingem antes os gentios e seus falsos deuses. Expõe a doutrina cristã e prova que os cristãos sempre se portaram como bons cidadãos, embora se recusassem a oferecer sacrifícios – ML 1,305-604. CSEL 69 (H. Hoppe). FloPatr 6,1933 (Martin). Citaremos esta última edição, por capítulos, sentenças e páginas.

2. *De Praescriptione haereticorum* (= Pr. Haer.). Para o conteúdo desta obra, ver a exposição abaixo – ML 2,13-92. CSEL 70,1-58 (A. Kroyman). FloPatr. 4,1930 (Martin). As citações são extraídas desta edição.

3. *De anima.* Discorre sobre a essência, as propriedades, a origem e a imortalidade da alma – ML 2,681-798. CSEL 20 (I) 298-396, de A. Reifferscheid e G. Wissowa. Citaremos esta edição.

§ 1. Tradição e filosofia

Tertuliano é adversário irredutível da filosofia grega. A seu ver, as heresias são o fruto do fascínio e da sedução que ela exerce sobre os espíritos, e por isso não cessa de lamentar-lhe os êxitos palpáveis. Pois não é um fato que inúmeros homens se deixaram engodar pelas fantásticas doutrinas dos gnósticos, e nomeadamente por aquelas da Escola de Marcião?[1] À diferença dos outros apologetas, Tertuliano recorre a um argumento essencialmente jurídico, o da prescrição.

I. O tradicionalismo de Tertuliano

O argumento da prescrição é frequentemente utilizado por Tertuliano, que, aliás, não lhe explica o sentido. Donde a conveniência de algumas notas elucidativas. Determinava a Lei das Doze Tábuas que um bem de que se fizesse uso incontestado pelo espaço de um ano, ou um terreno de que se usufruísse sem contestação por espaço de pelo menos dois anos, passaria a ser propriedade legítima do usufrutuário. Leis semelhantes vigoravam nas províncias. Em todo caso, qualquer pessoa que tivesse exercido a posse incontestada de alguma coisa por certo espaço de tempo, podia – mediante uma prévia decisão judicial, baseada no título de prescrição (*longae possessionis praescriptio*) –, rejeitar qualquer contestação por parte do antigo proprietário.

Tertuliano aplica esta regra à teologia cristã. Os gnósticos pretendem interpretar as Escrituras, mas injustamente, já que estas não lhes pertencem de direito. A Igreja, ao contrário, pode apelar a uma tradição ininterrupta, a partir dos tempos primitivos até o presente. Na base desta transmissão contínua da Escritura e da verdade, a Igreja

---

1. Pr. Haer. 7; 16; cf. texto anexo.

retém um legítimo direito de prescrição, ao passo que aos gnósticos, que são uns novatos, não cabe o menor direito a elas[2].

Neste estranho argumento, que domina toda a exegese de Tertuliano, transparece a orientação geral do nosso autor: uma orientação acentuadamente tradicionalista na interpretação do pensamento cristão.

1. *A doutrina cristã representa, antes de tudo, a verdade enquanto doutrina objetiva, e não enquanto profissão subjetiva.* Individualmente, os membros da Igreja estão sujeitos ao erro. Nenhuma dignidade eclesiástica, nem mesmo o martírio, esta profissão suprema da fé, pode eximi-los de erro[3]. Também o mártir herético continua sendo herege. É mister, pois, julgar as pessoas de acordo com sua fé, e não a fé de acordo com as pessoas.

Por isso a pessoa individual não é livre para aceitar ou rejeitar o cristianismo, segundo suas convicções pessoais, nem para abraçar algumas de suas doutrinas e para rejeitar outras. A aceitação da fé cristã implica a renúncia ao direito de livre exame dessa fé[4].

2. *Pela mesma razão, a fé não admite progresso.* Sendo a fé um fato objetivo, que é preciso aceitar como tal, não é lícito acrescentar-lhe ou subtrair-lhe o que quer que seja: cumpre aceitá-la em sua integridade: "... *sed nec eligere* (licet), *quod aliquis de arbítrio suo induxerit*"[5]. Nesse contexto, Tertuliano apela à palavra de São Paulo: "Ainda que um anjo do céu pregasse evangelho diferente do que vos temos pregado – maldito seja!"[6]

Tertuliano não deixou de perceber o quanto a sua posição se alonga da dos filósofos-hereges. O filósofo investiga; vive exclusivamente para a pesquisa; pouco se lhe dá alcançar ou não o seu objetivo. Numa palavra, a busca e a investigação vêm a constituir um fim em si mesmas[7]. O que é vã "curiosidade". A fé põe fim a esta curiosidade malsã. É verdade que também Cristo nos diz: "Buscai e achareis" (Mt 7,7); mas esta exortação não significa um convite à cisma e à dúvida inquietante. Para bem compreendê-la, Tertuliano parte do fato histórico: Cristo propôs uma só doutrina claramente definida a ser aceita por todos; logo, também os gentios devem procurá-la e abraçá-la assim que a encontrarem. Ora: não é possível buscar indefinidamente uma doutrina única e tão nitidamente delineada. Nosso dever é procurar até encontrá-la, e crer nela tão logo que a encontrarmos. Eis tudo quanto se exige de nós: que retenhamos ou guardemos aquilo que cremos. Ademais, do momento em que alguém se convence de haver encontrado a doutrina de Cristo já não deve crer, nem por conseguinte procurar outra coisa, porquanto esta mesma doutrina reclama que nada se busque fora dela[8]. Basta que nos atenhamos à regra da fé: nada mais é necessário[9].

---

2. Ibid., 20-21; 30-32.
3. Ibid., 3; 11.
4. Ibid., 6; 15.
5. Ibid.
6. Gl 1,8; ibid., 6,15s.
7. Cf. texto anexo.
8. Ibid., 9. 3-5; 21.
9. Ibid., 13, 1; 24.

A *regula fidei* constitui, assim, a norma única a que devemos atender. Além de ser suficiente em si mesma, ela também delimita o âmbito das nossas investigações. Toda transgressão desses limites conduz à heresia[10]. Por isso é preferível permanecer na ignorância a expor-se ao perigo de ultrapassar os devidos limites: *"novissime ignorare melius est, ne quod non debeas noris, quia quod debeas nosti"*. Os que se atêm à norma da fé conhecem tudo quanto lhes é necessário; o que passa daí é vã curiosidade; e o que contradiz àquela norma é pura ignorância: *"Adversus regulam (fidei) nihil scire omnia scire est"*[11]. Como se vê, Tertuliano rejeita por completo a ideia de um desenvolvimento interno da fé com o auxílio da filosofia.

II. A condenação da filosofia

Pelo exposto, não admira que Tertuliano adotasse uma atitude radicalmente hostil para com a filosofia. Em sua opinião, os filósofos não são apenas os partidários dos hereges: são os próprios patriarcas dos heréticos[12]. Nenhum filósofo antigo, nem mesmo Sócrates, consegue fugir a esse veredicto impiedoso.

1. *No seio do cristianismo não há lugar para a filosofia.* Nem poderia ser de outro modo, visto que pela fé até mesmo os iletrados chegam a conhecer muitas verdades inacessíveis à filosofia. "Qualquer operário cristão já encontrou a Deus e dá testemunho dele, respondendo por suas ações a todas as perguntas que se lhe possam fazer a respeito de Deus; Platão, ao contrário, afirma não ser fácil encontrar o arquiteto do universo, e, mesmo que se o tenha encontrado, declara ser difícil fazê-lo conhecido de todos"[13].

2. *Para o cristão a filosofia, além de supérflua, representa um verdadeiro perigo,* visto ser contrária à fé. Não há negar que ocasionalmente os filósofos toparam com a verdade e concordam conosco: *"Plane non negabis aliquando philosophos iuxta nostros sensisse"*. Mas isto se deve atribuir a um erro feliz ou à sorte cega: *"Nonnumquam et in procella confusis vestigiis caeli et freti aliqui portus prospero errore, nonnumquam et in tenebris aditus quidam et exitus deprehenduntur caeca felicitate"*[14].

3. *A fé e a razão quase se contradizem.* Não há dúvida de que Tertuliano encontra uma oposição, e até uma contradição, entre a fé e a filosofia; não se pode afirmar, porém, que admita uma contradição entre a fé e a razão, se bem que as suas expressões pareçam insinuá-la.

Seus escritos, com efeito, nos deparam expressões assaz fortes; mas a sua mesma forma aforística permite uma certa elasticidade de interpretação. Em qualquer hipótese, a fórmula *credo quia absurdum* jamais foi empregada por Tertuliano. Esta frase não passa de uma inter-

---

10. Ibid., 13, 6; 25.
11. Ibid., 14, 25.
12. De an. 3; 302, 29.
13. Apol. 46, 9; 152.
14. De an. 2; 300, 20.

pretação de certas expressões suas, tais como: "*Crucifixus est Dei Filius, non pudet, quia pudendum est. Et mortuus est Dei Filius, prorsus credibile, quia ineptum est. Et sepultus resurrexit; certum est, quia impossibile est*"[15]. O que estas frases querem exprimir é simplesmente isso: se a fé não nos propusesse nada de incompreensível, ela deixaria de ser crença, para transformar-se em ciência e conhecimento. Não há negar que, ao pé da letra, Tertuliano vai mais longe; mas, de outro lado, não se devem forçar demasiadamente as expressões lapidares de um retor, tanto mais que se trata daquele mesmo orador que nos deixou o exercício retórico *De Pallio*. É possível que Tertuliano queira dizer apenas que a razão, quando abandonada a si mesma, incide forçosamente em erro, a menos que demande a própria fonte da verdade, que é Deus: "*cui enim veritas comperta sine Deo?*"[16] Este encontro com a verdade se realiza na fé e pela fé. Mas esta vem expressa, necessariamente, em fórmulas obscuras e incompreensíveis, devido ao seu caráter suprarracional. De sorte que a sua própria obscuridade vem a ser uma garantia de sua certeza.

§ 2. Ideias filosóficas

Tertuliano pagou pesado tributo à sua inimizade com a filosofia. Sempre que se põe a filosofar, envereda por caminhos os mais falsos possíveis, do ponto de vista cristão, se é que se pode admitir que ele quis permanecer cristão.

I. Em **psicologia** Tertuliano propugna uma forma estranha de materialismo; neste particular adota, em grande extensão, os pontos de vista do estoicismo.

1. *A alma é um corpo sutil, tênue e aeriforme*. Espalha-se por todas as partes do corpo, do qual assume a forma. Destarte Tertuliano cuida poder assegurar a substancialidade da alma. Só uma alma corporal pode agir sobre a matéria, isto é, sobre o seu corpo, e sofrer-lhe o influxo. Assim se explica, também, o fato de a alma depender, para sua existência e permanência no corpo, da alimentação assimilada por este.

É estranho que Tertuliano se reporte, em abono dessa doutrina, à autoridade do médico Sorano. Embora não fosse cristão e argumentasse pela mortalidade da alma, num ponto, contudo, Sorano está com a razão, a saber: quando afirma que a alma é material – embora estivesse excluído da verdade integral do cristianismo. À objeção de que a alma se nutre da verdade, devendo por isso ser incorpórea, Tertuliano responde com cáustica ironia: "Se tal fosse o caso, já muitos homens teriam perecido de fome"[17].

Mas é da Escritura que Tertuliano tira o argumento mais incisivo para a corporeidade da alma. Ali, com efeito, superabundam as provas: "*quantum ad nostros ex abundanti*". Entre outras coisas, a Bíblia refere-se aos tormentos do fogo sofridos pelas almas dos réprobos; ao rico epulão que, condenado ao inferno, solicita água do pobre Lázaro; e não diz a Escritura que João contemplou, em êxtase, as almas dos mártires?[18]

---

15. De carne Christi 5; CSEL 70, p. 200, 26s.
16. De an. 1; 299, 19.
17. De an. 6; 306s.
18. De an. 7; 308.

2. *A alma dos filhos forma-se, à maneira de um rebento, da alma paterna (traducianismo).* Assim como a árvore lança o rebento, assim uma parte da alma do pai se translada, pelo sêmen, ao filho, em cujo corpo ela se evolve e cresce independentemente: *"cuius (hominis) anima velut surculus quidam ex matrice Adam in propaginem deducta et genitalibus feminae foveis commendata"*[19].

De forma que o homem consta de duas entidades distintas: um espírito interior – *spiritus tradux*[20] – e uma forma exterior, em que o sopro pneumático se solidifica num como involtório, e da qual também recebe a forma. Pelo que a estrutura da alma se assemelha em tudo à do corpo: *"habens et ille (homo interior) oculos et aures suas, quibus Paulus dominum audire et videre debuerat, habens et ceteros artus, per quos et in cogitationibus utitur et in somniis fungitur"*[21]. Portanto, o intelecto e o próprio *nous* não passam de umas como disposições corporais inerentes à alma.

II. Igualmente na **Teodiceia** de Tertuliano predomina o materialismo estoico.

1. *Há um conhecimento natural de Deus, literalmente herdado pela alma.* A mui citada palavra de Tertuliano sobre o testemunho da alma naturalmente cristã (*testimonium animae naturaliter christianae*) deve entender-se em função da teoria traducianista, por ele perfilhada.

De Adão a alma herdou não apenas o pecado, como ainda a sua primitiva semelhança com Deus. É esta ideia que sugeriu a Tertuliano a célebre doutrina do *testimonium animae*. Visto remontarem até Adão, graças a uma transmissão contínua, todas as almas continuam retendo a similitude com Deus a ele conferida e, por este motivo, são naturalmente cristãs. Logo, basta colher os testemunhos da alma, para, a partir deles, se poder conhecer a verdade. Tertuliano se empenha por descobrir este *testimonium animae christianae* mediante uma análise da linguagem, das orações e das exclamações espontâneas dos gentios; sua conclusão – bem mais interessante que a dos modernos psicanalistas – é que a alma possui um saber inato da bondade de Deus e de sua própria imortalidade, bem como das penas e recompensas futuras[22].

2. *Deus é uma substância corpórea.* Tertuliano deriva a tese da corporeidade de Deus da proposição de que tudo o que é real é material; para ele, o que não é material não existe, é um puro nada. *"Quis enim negavit Deum corpus esse, etsi Deus spiritus est? Spiritus enim corpus sui generis in sua effigie"*[23]. A despeito de sua corporeidade, Deus é invisível, graças ao seu esplendor, exatamente como a substância do sol é invisível para nós, pois que nos cega: só lhe percebemos os raios. Eis a razão por que não nos podemos representar a Deus salvo em forma humana[24].

---

19. Ibid., 19; 331, 8.
20. Ibid., 9; 311, 18.
21. Ibid., 311; 28.
22. Cf. o escrito "De testimonio animae": ML 1; 681-692.
23. Adv. Prax. 7: CSEL 47, p. 237.
24. Ibid., 14; CSEL 47, p. 250s.

Pedimos vênia para acrescentar a estas doutrinas mais ou menos errôneas de Tertuliano uma ideia sua que, além de sua aparência bem moderna, contrasta, de certo modo, com seu rigorismo habitual. Tertuliano tem sido muito aplaudido por sua defesa da liberdade de consciência em matéria religiosa. Mas os seus talentos de advogado parecem tê-lo arrebatado a ponto de provar algo mais do que pretendia. Não há dúvida de que ele estatuiu o direito da livre escolha de religião; mas tal direito, segundo a sua posição, só pode valer para uma única forma de religião, a saber, a cristã: "*Humani iuris et naturalis potestatis est unicuique quod putaverit colere. Sed nec religionis est cogere religionem, quae sponte suscipi debeat, non vi, quum et hostiae ab animo libenti expostulentur. Ita etsi nos compuleritis ad sacrificandum, nihil praestabitis diis vestris*"[25]. Tais considerações, escritas em meio às angústias da perseguição, certamente lhe honram o caráter, embora destoem do seu rigor costumeiro.

Apreciação

A grandeza do seu caráter e o fulgor do seu talento fazem de Tertuliano uma das figuras mais fascinantes da patrística latina. Em sua obra começa a tomar corpo, no seio do pensamento cristão, a tendência ao repúdio incondicional da ordem natural, e notadamente, da filosofia. De um ponto de vista estritamente filosófico, a obra de Tertuliano é de somenos importância. Seu materialismo crasso não poderia deixar de causar estranheza, e é um fato que permaneceu estéril. Bem mais digna de atenção foi sua atividade apologética. De modo particular, Tertuliano fez-se o advogado da Igreja em face do indivíduo, no que foi imitado pelo maior dos seus discípulos, Cipriano, de quem se diz ter sido incapaz de separar-se dos escritos de Tertuliano; toda a vez que desejava compulsá-los dizia simplesmente: *Da magistrum*.

A condenação da filosofia

Hae sunt doctrinae hominum et daemoniorum, prurientibus auribus natae de ingenio sapientiae saecularis, quam dominus stultitiam vocans stulta mundi in confusionem etiam philosophiae ipsius elegit. Ea est enim sapientia saecularis, temerária interpres divinae naturae et dispositionis. Ipsae denique haereses a philosophia subornantur.

Eis as doutrinas de homens e demônios, nascidas do engenho da sabedoria mundana para encantar os ouvidos. Esta é a sabedoria que o Senhor chama de estultície, aquele mesmo Senhor que, para confundir também a mesma filosofia, escolheu o que passa por estulto aos olhos do mundo. Esta é a sabedoria profana que temerariamente pretende sondar a natureza e os decretos de Deus. E as próprias heresias vão pedir seus petrechos à filosofia.

---

25. Ad Scapulam, 2. Cf. Apol. 24; 103s.

Inde aeones, et formae nescio quae infinitae et trinitas hominis apud Valentinum; Platonicus fuerat. Inde Marcionis deus melior de tranquillitate; a Stoicis venerat. Et uti anima interire dicatur, ab Epicureis observatur; et ut carnis restitutio negetur, de una omnium philosophorum schola sumitur; et ubi materia cum deo aequatur, Zenonis disciplina est; et ubi aliquid de igneo deo allegatur, Heraclitus intervenit. Eadem materia apud haereticos et philosophos volutatur, iidem retractatus implicantur: unde malum et quare? et unde homo, et quomodo? et, quod proxime Valentinus proposuit: unde deus? scilicet de "enthymesi" et "ectromate".

Miserum Aristotelem, qui illis dialecticam instituit, artificem struendi et destruendi, versipellem in sententiis, coactam in conjecturis, duram in argumentis, operariam contentionum, molestam etiam sibi ipsam, omnia retractantem, ne quid omnino tractaverit.

Hinc illae fabulae et genealogiae indeterminabiles, et quaestiones infructuosae, et sermones serpentes velut cancer, a quibus nos apostolus refrenans nominatim philosophiam contestatur caveri oportere, scribens ad Colossenses: Videte ne quis sit circumveniens vos per philosophiam et inanem seductionem, secundum traditionem hominum, praeter providentiam spiritus sancti. Fuerat Athenis et istam sapientiam humanam, adfectatricem et interpolatricem veritatis de congressibus noverat ipsam quoque in suas haereses multipartitam varietate sectarum invicem repugnantium.

Dela se originam os tais éons e nao sei que inúmeras outras formas, tal como a divisão tripartida do homem em Valentim que, por sinal, foi um discípulo de Platão. Dela provém o "deus melhor" de Marcião, melhor, entenda-se, graças à sua tranquilidade; pois Marcião viera dos estoicos. E se há os que afirmam que a alma é mortal, é porque o aprenderam dos epicureus; se há os que negam a ressurreição do corpo, é porque o tomaram de todas as escolas filosóficas reunidas; se a matéria é equiparada a Deus, é porque tal é a doutrina de Zênon; e, quando se fala de um Deus de fogo, isto se deve a Heráclito. Hereges e filósofos soem tratar dos mesmos assuntos: nuns e noutros deparamos os mesmos temas enredados: Qual a origem e o porquê do mal? Qual a origem e a natureza do homem? E, para citar uma questão recentemente proposta por Valentim: Qual a origem de Deus? E a resposta? Da "entímese" e do "éctroma" (isto é, do desejo e do parto prematuro)!

Ó infortunado Aristóteles, tu lhes ensinaste a dialética, esta arte de construir e destruir, tão ardilosa em suas sentenças, tão afetada em suas supostas conclusões, tão teimosa em seus argumentos, tão atarefada com logomaquias, a ponto de, enfadada consigo própria, tudo revogar, para terminar sem haver tratado de nada!

Eis aí a origem daquelas fábulas e genealogias intermináveis, daquelas questões estéreis, daqueles discursos que se propagam como um cancro; é contra eles que nos alerta o Apóstolo, designando expressamente a filosofia como algo de que é preciso acautelar-se, ao escrever aos colossenses: "Estai alerta, para que ninguém vos colha no laço da filosofia e de vãos sofismas, baseados em tradições humanas" e contrários à providência do Espírito Santo. É que ele estivera em Atenas, e nos congressos ali realizados viera a conhecer a sabedoria humana, esta arremedadora e adulteradora da verdade; aliás, ela mesma se encontra fracionada em numerosas heresias, em virtude da grande multiplicidade de escolas que mutuamente se digladiam.

Quid ergo Athenis et Hierosolymis? quid academiae et ecclesiae? quid haereticis et christianis? Nostra institutio de porticu Salomonis est, qui et ipse tradiderat dominum in simplicitate cordis esse quaerendum. Viderint qui Stoicum et Platonicum et dialecticum christianismum protulerunt. Nobis curiositate opus non est post Christum Iesum nec inquisitione post evangelium. Cum credimus, nihil desideramus ultra credere. Hoc enim prius credimus, non esse quod ultra credere debeamus.

Que tem a ver Atenas com Jerusalém? Ou a Academia com a Igreja? Ou os hereges com os cristãos? A nossa doutrina vem do pórtico de Salomão, que nos ensina a buscar o Senhor na simplicidade do coração. Que inventem, pois, se o quiserem, um cristianismo de tipo estoico, platônico e dialético! Quanto a nós, não temos necessidade de indagações depois da vinda de Cristo Jesus, nem de pesquisas depois do Evangelho. Nós possuímos a fé e nada mais desejamos crer. Pois começamos por crer que para além da fé nada existe que devamos crer.

De Praescriptione Haereticorum, c. 7.

CAPÍTULO II
SANTO AGOSTINHO, O MESTRE DO OCIDENTE

Na pessoa de Agostinho a filosofia patrística e, quiçá, a filosofia cristã como tal, atinge o seu apogeu. É certo que Agostinho não pode ser contado entre os mestres da síntese. Dir-se-ia que o seu espírito, sempre vivo e pujante, empenhado em concitar o homem a decisões éticas e teoréticas sempre novas, não comporta sequer a ideia de um sistema. Seja como for, a história no-lo apresenta como a figura que – conjugando, da maneira mais feliz, o ardor púnico ao espírito helênico e à vontade romana – iria ser o pioneiro do pensamento cristão, o preceptor dos povos e o orientador dos séculos. De sua plenitude irão haurir as gerações de todo um milênio, sem jamais conseguir esgotá-la.

Encerrara-se definitivamente a era das perseguições. Todavia, às lutas externas seguem-se, e não menos árduas, as lutas internas. De um lado havia o perigo ariano a reclamar medidas enérgicas; de outro lado, o maniqueísmo com sua metafísica essencialmente anticristã e pagã, continuava ameaçando a própria medula da Igreja. E já se anunciavam as disputas sobre a graça.

É neste ambiente de renhidas lutas espirituais que se desenrola a vida do grande Doutor da Igreja. E é sobre este fundo que devemos interpretar-lhe a obra, ainda que o seu conteúdo transcenda de muito a situação histórica que a viu nascer.

Vida – Em nossa exposição da doutrina de Agostinho, teremos de fazer referências frequentes à sua vida e carreira; por isso não mencionaremos, por ora, senão os dados biográficos mais salientes. As fontes principais de que iremos servir-nos são as *Confessiones*, contendo a autobiografia de Agostinho, as *Retractationes* e uma biografia composta por seu amigo Possídio. Nasceu Agostinho a 13 de novembro de 354 em Tagasta, hoje Souk-Aras, perto de Hipona, na província romana da Numídia. Seu pai era pagão, mas converteu-se antes de morrer. Sua mãe é Santa Mônica. Estudou, sucessivamente, em Tagasta, Madaura e Cartago. Lecionou Retórica, primeiro em Cartago, depois em Roma, onde se desgostou com a conduta grosseira dos estudantes e, finalmente, em Milão. Ali, o jovem retor começou a frequentar os sermões de Ambrósio, movido, inicialmente, por um interesse puramente literário. A breve trecho, porém, sentiu-se tocado pelas palavras do bispo, e depois de muitas lutas interiores fez-se batizar (Sábado Santo de 387). Pouco mais tarde deixou Milão, para retornar à África. A meio caminho, na cidade de Óstia, faleceu-lhe a mãe. Agostinho demorou-se ainda cerca de um ano em Roma, e no outono de 388 está de volta em Tagasta, sua cidade natal. Pouco depois fundou uma espécie de mosteiro em sua casa paterna. Mas não tardou a ver-se arrancado ao seu retiro, a instâncias de Valério, bispo de Hipona, que o ordenou sacerdote e lhe confiou a missão de pregador. Alguns anos depois Valério fê-lo seu coadjutor e sucessor. Agostinho contava, então, 42 anos de idade. Faleceu a 28 de agosto de 430, durante o assédio da cidade episcopal pelos vândalos.

Prendado de caráter extraordinariamente simpático, Agostinho exerceu uma atração irresistível sobre os contemporâneos. Sua mansidão e sua capacidade profundamente humana de compreensão moderavam-lhe a passionalidade e exuberância púnicas. Conhecedor dos abismos do coração humano, contemplou-lhe também as mais sublimes alturas. Seu símbolo é um coração em chamas e o olhar voltado às alturas.

Obras e edições – Arrolaremos, a seguir, os escritos mais importantes sob o ângulo de vista filosófico.

1. *Confessiones*, em 13 livros. Redigidas em 399. A primeira parte nos descreve a vida de Agostinho até pouco antes de sua conversão; a segunda parte (livro 10) analisa o seu estado de alma ao tempo da redação; a terceira parte (livros 11-13) contém um hino de louvor a Deus, entremeado de reflexões profundas sobre a criação, inspiradas no primeiro capítulo do Gênesis. Em consonância com o duplo sentido da palavra *confessio*, a obra resume-se num reconhecimento sincero das próprias fraquezas humanas (aspecto autobiográfico) e numa exaltação entusiástica da bondade e da providência divinas (aspecto teológico, frequentemente descurado). Cf. *Conf.* X, 1ss. e *Retract.* II,32; 137: "*Confessionum mearum libri tredecim, et de malis et de bonis meis Deum laudant iustum et bonum, et in eum excitant intellectum et affectum*" – ML 32, 659-868. CSEL 30, Bibl. Teubneriana 1106. Citaremos a edição CSEL por livros, capítulos e parágrafos; os números subsequentes ao ponto e vírgula indicam a página (e a linha).

2. *Retractationes*, em dois livros. Data da redação: entre 426 e 427. Contém uma revisão crítica das suas obras, bem como uma série de correções e de indicações valiosas sobre a composição dos diversos escritos. É o mais belo monumento à sua grandeza de alma. Agostinho enumera 92 obras, num total de 232 livros – ML 32, 584-665. CSEL 36; citaremos esta última edição.

3. *Contra Academicos*, em três livros. Escritos em 386, contêm uma refutação exaustiva do ceticismo. No primeiro livro o autor examina o conceito de sabedoria; no segundo expõe a doutrina dos acadêmicos, e no terceiro oferece uma refutação da mesma – ML 32, 905-958.

4. *De beata vita*. O diálogo reproduzido neste opúsculo teve lugar no aniversário natalício de Agostinho (12 de novembro), enquanto trabalhava no *Contra Academicos*. Principia com uma descrição magistral das três classes de homens que, ao cabo de penosa viagem pelo mar da vida, se veem ameaçados pelo escolho da soberba, no momento preciso em que a embarcação chega ao porto ansiosamente suspirado. Agostinho mostra, a seguir, que a verdadeira felicidade não se encontra senão na verdade divina e na união com Deus – ML 32, 959-976. CSEL 63, 89-116. FloPatr 27. A edição citada é a CSEL.

5. *De ordine*, em dois livros. Também esta obra deve sua origem a um diálogo realizado na época em que Agostinho ainda trabalhava no *Contra Academicos* (386). Digna de menção é a participação de Mônica neste diálogo. Trata do problema da origem do mal e do caráter universal da Providência Divina – ML 32, 976-1020. CSEL 63, 119-185; as nossas citações são tiradas desta edição.

6. *Soliloquia*, espécie de monólogo, em dois livros. Foi escrito em 386. Após uma fervorosa prece inicial, Agostinho aborda o problema do conhecimento, das qualidades do sábio e da verdade, que, sendo imortal, reclama um substrato também imortal, a alma – ML 32, 869-904.

7. *De immortalitate animae*, obra redigida em Milão para seu uso pessoal. É uma continuação dos Solilóquios. Foi publicada à revelia do autor. Agostinho frisa o caráter inacabado do livro, que em parte se lhe afigurava incompreensível a ele mesmo – ML 32, 1021-1034.

8. *De quantitate animae*. Escrito em Roma no ano 388. Discorre sobre a origem, a natureza e a imaterialidade da alma e sua relação ao corpo. O tema principal, porém, é a imaterialidade – ML 32, 1035-1080.

9. *De Musica*, em seis livros. Escrito na África, antes de 391. Agostinho planejara este escrito como parte de uma obra muito mais extensa, os *Disciplinarum libri*, uma espécie de enciclopédia das artes liberais. No mesmo intuito Agostinho redigira, ainda em Milão, o *De Grammatica* (387), extraviado desde 426; apenas alguns fragmentos chegaram até nós. Os seis livros sobre a música são uma introdução à técnica do ritmo e do verso. No sexto livro o autor descreve o modo como o ritmo e o número nos conduzem ao Eterno – ML 32, 1081-1194.

10. *De Magistro*, composto em 389. É um diálogo com Adeodato (que contava então 16 anos de idade) sobre a função da linguagem e sobre Cristo, o verdadeiro Mestre – ML 32, 1193-1222.

11. *De vera religione*, escrito entre 389 e 390. Visa provar, contra os maniqueus, que o cristianismo é a única religião verdadeira. É, a nosso ver, a melhor introdução à filosofia de Agostinho – ML 34, 121-172.

12. *De libero arbitrio*, em três livros. Iniciado em 388, em Roma, só foi concluído na África, em 395. Versa sobre a origem do mal, a liberdade e a razão por que Deus nos dotou de uma vontade livre, embora previsse o abuso que dela faríamos – ML 32, 1231-1310.

13. *De Trinitate*, em 15 livros. Redigido de 399 a 419. É sua obra mestra em matéria dogmática. Os primeiros sete livros explanam a doutrina da Trindade com base na Sagrada Escritura, solucionando, ao mesmo tempo, as dificuldades decorrentes da revelação e da razão. Os oito livros restantes procuram penetrar mais a fundo no mistério, à mercê de analogias e imagens emprestadas, sobretudo, da psicologia. A obra é uma fonte preciosa para a psicologia agostiniana – ML 42, 819-1098.

14. *De civitate Dei*, em 22 livros. Data de redação: 413-426. O ensejo externo para a composição desta obra foi a tomada de Roma por Alarico, em 410. Os dez primeiros livros contêm uma grandiosa apologia do cristianismo contra as acusações dos gentios, que culpavam os cristãos pela ruína de Roma e do império. A parte restante espraia-se num amplo tratado de teologia da história – ML 41. CSEL 40,1 e 2, Bibl. Teubneriana 1104-1105. Citaremos a edição CSEL.

Ao lado destas, há muitas outras obras importantes para a filosofia de Agostinho, em particular os escritos contra os maniqueus e os comentários escriturísticos, entre os quais se destacam as três exposições do Gênesis. A segunda destas intitula-se "*De Genesi ad litteram imperfectus liber*" e a terceira, "*De Genesi ad litteram*", embora trate apenas dos três primeiros capítulos de Gênesis, em 12 livros. De igual importância são as respostas a uma série de questões, coligidas no "*De diversis quaestionibus octoginta tribus*". Os livros "*De Genesi ad litteram*" e "*De Genesi ad litteram imperfectus liber*" serão citados segundo a edição CSEL 28 (I); os demais escritos, bem como as cartas, de acordo com a edição ML.

Traduções – *Confissões*. 5. ed. Porto: [s.l.], 1955 [Trad. de J. Oliveira Santos, S.J. e A. Ambrósio de Pina, S.J.]. • *As confissões*. São Paulo: Editora das Américas, 1961 [Trad. de Frederico Ozanam Pessoa de Barros]. • *Contra academicos*. Coimbra: Biblioteca Filosófica, [s.d.] [Tradução e prefácio de Vieira de Almeida]. • *A Cidade de Deus*. 3 vols. São Paulo: Editora das Américas, 1961 [Trad. de Oscar Paes Leme].

Antes de iniciarmos a exposição da doutrina de Agostinho, convém dar uma ideia do método que iremos adotar. É de praxe proceder-se a uma coletânea das várias doutrinas do Doutor Hiponense, para reuni-las, segundo esquema preestabelecido, numa espécie de "sistema" de filosofia agostiniana. Tal procedimento oferece vantagens inegáveis: permite uma rápida orientação quanto às posições do mestre em face de certos problemas. Por outro lado, porém, este modo de proceder acarreta grave inconveniente: o resultado é uma espécie de manual da filosofia agostiniana, manual que o próprio Agostinho jamais redigiu e ao qual provavelmente se negaria a apor sua assinatura. É impossível comprimir o pensamento de Agostinho num molde preconcebido sem arriscar-se a perder o que há nele de melhor e de mais característico. Só nos resta, pois, um caminho para expor-lhe mais ou menos fielmente a doutrina: o de nos deixarmos conduzir por ele próprio, e acompanharmos com docilidade o ritmo natural do seu pensamento. E este não evolui em linha reta, senão que gira constantemente em torno de um centro único, que é Deus.

A. A emancipação filosófica de Agostinho

Todo o pensamento agostiniano, repetimos, gravita em torno de Deus. Para bem compreendermos o conceito agostiniano de Deus, teremos de examinar, pois, os antecedentes deste conceito na própria vida do nosso autor.

§ 1. A vivência filosófica de Agostinho

Foi de sua virtuosa mãe que Agostinho recebeu as primeiras noções acerca de Deus. Entretanto – e este ponto é de capital importância para a compreensão de sua evolução espiritual –, o jovem Agostinho foi educado na mais crassa ignorância do cristianismo. Se bem que Mônica fosse indubitavelmente uma cristã exemplar e mulher prudente e enérgica, sua formação teológica era quase nula. A instrução religiosa de Agostinho, segundo o seu próprio testemunho, limitou-se ao seguinte: "Ouvira falar, ainda criança, da vida eterna, que nos é prometida, graças à humildade do vosso Filho e Senhor nosso, descido até à nossa soberba. Fui marcado pelo sinal da cruz"[1]. Donde se pode concluir que Agostinho fora catecúmeno. Embora tivesse uma vaga ideia de Deus, foi só muito mais tarde que veio a conhecer o Deus do cristianismo, através da leitura das epístolas de São Paulo[2].

A precária instrução recebida de Mônica não se revelou suficiente para neutralizar as influências da educação pagã que lhe foi ministrada na Escola de Tagasta e (dos onze aos dezesseis anos) em Madaura. Alcançada a idade de 16 anos, retornou à casa paterna, onde passou um ano na ociosidade, enquanto o pai providenciava os meios necessários para mandá-lo a Cartago. Por esse tempo começou Agostinho a entregar-se a toda a sorte de excessos: "*Excesserunt caput meum vepres libidinum*"[3].

---

1. Conf. I, 11, 17; 15, 17.
2. Ibid., VII, 21, 27; 166.
3. Ibid., II, 3, 6; 33, 6.

No ano seguinte (371) foi a Cartago para cursar retórica. Precipitou-se desenfreadamente na vida devassa da metrópole[4]. Afeiçoou-se apaixonadamente ao teatro. E não tardou em associar-se àquela mulher que iria ser mãe de seu filho Adeodato. Seus conhecimentos do cristianismo eram, ainda, muito negligíveis; não admira, pois, que sua força moral fosse declinando progressivamente. Apesar de tudo, frequentava de vez em quando a igreja, mas sem manifestar grande interesse pelo culto[5].

Em 373, no curso do programa acadêmico, travou conhecimento com o diálogo *Hortênsio*, hoje perdido, de Cícero, o qual contém uma exortação à sabedoria e ao estudo da filosofia. Esta leitura teve o efeito de evidenciar os traços mais nobres do caráter de Agostinho que, a despeito da profundeza de sua queda, jamais deixara de demandar às coisas do alto. Entregou-se com ardor à leitura daquele tratado, que lhe proporcionou uma concepção radicalmente nova da vida, encaminhando-o para o cultivo da sabedoria. Numa palavra, Agostinho despertou para a vida filosófica. Verificou, com especial satisfação, que Cícero não recomendava nenhuma escola filosófica em particular, mas sim a filosofia como tal, e a busca da sabedoria em si mesma. Todavia não deixou de sentir a ausência do nome de Cristo, que "bebera com o leite materno o meu terno coração e do qual conservava o mais alto apreço"[6].

Compreende-se, em vista disso, que determinasse buscar a sabedoria na doutrina de Cristo. Dedicou-se, neste intuito, ao estudo da Escritura[7]. Este primeiro contato com a Bíblia, porém, revelou-se pouco menos que catastrófico para o jovem professor de retórica. O estilo e a linguagem dos livros sagrados pareceram-lhe extremamente ordinários e toscos; não chegavam a corresponder ao ideal e às ideias ciceronianas. Agostinho sentiu-se desorientado: saíra em busca da sabedoria a conselho de Cícero, mas não a encontrara na Escritura; desejava ser cristão, mas desagradava-lhe a forma externa do cristianismo. Neste estado, e enquanto o orgulho lhe entravava o acesso a uma compreensão mais profunda do cristianismo, tomou conhecimento da seita maniqueísta: "*Itaque incidi in homines superbe delirantes...*"[8]

Aderiu, pois, ao racionalismo gentio-cristão dos maniqueus, que menosprezavam os simples fiéis e prometiam aos seus adeptos um saber de ordem superior, bem como a prova cabal da verdade: "*et dicebant, 'veritas et veritas', et multum dicebant eam mihi...*"[9] E foi precisamente a magia desta palavra "verdade" que o seduziu. Ademais, os maniqueus lhe pareciam ser cristãos verdadeiramente esclarecidos e desembaraçados das fábulas ridículas que circulavam entre o povo simples. E assim sucedeu que o jovem Agostinho se associasse à seita por espaço de nove anos, embora na qualidade de simples "ouvinte", e sem tornar-se um membro plenamente qualificado. O que mais o impressionava não era o sistema fantástico da seita, e sim a atitude negativa com que os maniqueus rejeitavam e condenavam os dogmas católicos[10].

O espírito racionalista de Agostinho sentia-se mais à vontade entre os maniqueus do que entre os cristãos, devido ao caráter acentuadamente materialista da metafísica dessa seita, e à consequente afinidade com suas próprias concepções acerca de Deus e da alma. Segundo a doutrina de Manés, Deus é luz, vale dizer: um ente corpóreo. As

---

4. Ibid., III, 1,1; 43s.

5. Ibid., III, 3, 5; 47, 9s.

6. Ibid., III, 4, 8; 49, 22s.

7. Ibid., III, 5, 9; 50.

8. Ibid., III, 6, 10; 50, 15.

9. Ibid.; 50, 20s.

10. De utilitate credendi I, 2. ML 42, 66.

almas humanas são meras partículas desta luz divina, desterradas para os corpos visíveis. Este materialismo foi a fonte principal dos erros de Agostinho neste período de sua vida: "*et quoniam cum Deo meo cogitare vellem, cogitare nisi moles corporum non poteram, neque enim videbatur mihi esse quidquam quod tale non esset, ea máxima et prope sola causa erat inevitabilis erroris mei*"[11]. A raiz mais profunda de todos os seus erros, porém, era o seu próprio orgulho. Este o levara a inverter a ordem natural, pondo toda sua confiança em si mesmo e preferindo o saber à fé, ao invés de primeiro deixar-se orientar humildemente pela autoridade. Tendo-se abalançado a buscar a verdade sem guia seguro, não era de admirar que, uma vez desiludido do maniqueísmo, o jovem racionalista viesse ter ao ceticismo. Tal foi a primeira etapa do seu desenvolvimento, e esta é também – embora em sentido inverso – a sua doutrina, que outra coisa não é, no fundo, senão uma interpretação de sua própria experiência filosófica.

§ 2. Sua emancipação

A emancipação espiritual de Agostinho deu-se sob a ação decisiva dos seus contatos com o neoplatonismo e com Santo Ambrósio.

I. Renúncia ao racionalismo

Santo Ambrósio foi um dos primeiros exegetas ocidentais a fazer uso da interpretação alegórica, tal como fora praticada pelos alexandrinos. Com grande perícia procurava convencer seus ouvintes de que a Escritura sempre comporta um sentido aceitável, e até mesmo profundo, desde que saibamos entendê-la corretamente. Sob a letra indagava do sentido espiritual, o que lhe permitia eliminar muitos antropomorfismos. Por esse meio pôde desvendar melhor a sabedoria divina oculta na Escritura, distanciando-se a si e a Igreja docente das necedades dos maniqueus e de muitos católicos. Esta descoberta provocou uma verdadeira revolução no pensamento de Agostinho.

1. *Agostinho descobre a noção de espírito.* O contraste entre letra e espírito é apenas um exemplo da oposição muito mais compreensiva entre matéria e espírito em geral. O materialismo prático impedira a Agostinho de ultrapassar o sentido concreto e imediato das palavras e imagens escriturísticas. Mas eis que os sermões esclarecedores de Ambrósio começam a descortinar-lhe o significado profundo, e até então insuspeitado, que se oculta sob a roupagem figurativa da letra. As explanações do bispo de Milão sobre os livros da Lei e dos Profetas – que até então lhe haviam parecido absurdos – lhe causaram grande prazer, tanto mais que experimentara em sua própria pessoa que a letra mata: "*saepe in popularibus sermonibus suis dicentem Ambrosium laetus audiebam: Littera occidit, spiritus autem vivificat (2Cor 3,6), cum ea quae ad litteram perversitatem docere videbantur, remoto mystico velamine spiritualiter aperiret*"[12].

2. *Agostinho reconhece não ser absurdo principiar pela fé.* Embora iniciado por Ambrósio no sentido espiritual, Agostinho não cria, ainda, na doutrina que ele propunha, ou, antes, não tinha ainda plena segurança disso. Surpreendeu-se de que até então nem sequer lhe hou-

---

11. Conf. V. 10, 19; 106, 20s.
12. Conf. VI, 4, 6; 119, 13s.

vesse ocorrido a possibilidade de um sentido mais profundo da Escritura. Embora continuasse indeciso quanto a esta interpretação, o certo é que o seu sentimento de segurança recebera golpe mortal. Começa a dar-se conta do erro que cometera ao submeter a doutrina da Igreja ao juízo imaturo de sua própria razão e de havê-la rejeitado. Desejara começar pela ciência, e esta pretensão soberba fizera com que caísse vítima das ensinanças absurdas dos maniqueus. Doravante já não lhe parece tão irrazoável partir da fé, posto que toda a nossa vida social se baseia, em derradeira análise, na crença: *"Ex hoc tamen quoque iam praeponens doctrinam catholicam, modestius ibi minimeque fallaciter sentiebam iuberi, ut crederetur quod demonstraretur..., quam illic temeraria pollicitatione scientiae credulitatem irrideri; et postea tam multa fabulosissima et absurdissima, quia demonstrari non poterant, credenda imperari"*[13].

3. *Enfim Agostinho reconhece haver recorrido aos inimigos da Igreja a fim de instruir-se na sua doutrina.* Procedera, em matéria de religião, como não lhe ocorreria proceder em qualquer outro assunto; confessa-o, ele mesmo, no *De utilitate credendi* 6,13, onde se lê: *"De scripturis non credendum expositorum earum inimicis"*. Com efeito, quem se lembraria de pedir explicação dos livros aristotélicos, a um adversário de Aristóteles? Quem desejaria estudar a geometria de Arquimedes sob a direção de um Epicuro? Entretanto, outro não fora o seu modo de proceder quando se dirigira aos maniqueus a fim de instruir-se na Escritura confiada às mãos da Igreja.

Uma vez convencido de que a Igreja dispunha de uma inteligência muito mais profunda da Escritura, Agostinho sentiu a necessidade de investigar o porquê desta autoridade da Igreja. Todavia, para poder confiar-se completamente a ela e render-se à fé, urgia erradicar primeiro aquele mal básico que estava na origem do seu racionalismo: a presunção: *"Tumore meo separabar abs te, et nimis inflata facies claudebat oculos meos"*[14].

II. Renúncia ao materialismo

Embora já houvesse abandonado o maniqueísmo – ao qual, aliás, nunca aderira com plena convicção –, Agostinho não superara ainda o materialismo filosófico próprio desta seita. Estava às portas da Igreja, mas a ignorância da verdadeira natureza do espírito vedava-lhe o ingresso. Pela mesma razão encontrava dificuldades insuperáveis perante o problema do mal. Conta-nos, ele mesmo, que imaginava a Deus e aos anjos como se fossem seres corpóreos[15]. Via no universo uma única e imensa mole, composta de corpos diversos e de grandeza limitada. Concebia a Deus como uma substância infinita e imaginava-o a penetrar o universo inteiro, assim como a água penetra uma esponja. Ora bem, se todas as coisas foram criadas pela bondade divina, que as penetra da maneira acima descrita, elas devem ser boas em sua totalidade. E assim parece não haver lugar para o mal. Entretanto, é inegável a existência do mal físico e moral; o mal não pode ser um puro nada, visto ser objeto de temor e causa de sofrimentos. Por outro lado, ele não pode ter a Deus por autor. Que é, pois, o mal?

---

13. Ibid., 7; 120, 9s.
14. Conf. VII, 11; 153, 14s.
15. Ibid., 5, 7; 146.

Enquanto Agostinho, já prestes a fazer-se crente, forcejava por superar sua ignorância e dissipar suas dúvidas angustiantes, ocorreu um fato decisivo para seu desenvolvimento futuro: o encontro com o neoplatonismo.

Embora muitas coisas lhe parecessem obscuras, a sua fé, conquanto ainda imperfeita, não deixava de fortalecer-se dia a dia[16]. Em consequência disso, o encontro com o neoplatonismo, que lhe proporcionou uma metafísica do espírito, foi grandemente proveitoso para o jovem Agostinho. "Por intermédio de um certo homem, entumecido por monstruoso orgulho"[17], chegou a conhecer "alguns livros platônicos". A leitura destes escritos impressionou-o profundamente. Experimentou até uma espécie de vivência mística, da qual nos deixou uma descrição sem paralelo na literatura universal[18]. De certo, Agostinho não demorou a notar que não era ali que teria de procurar o cristianismo; mas verificou, com surpresa, os numerosos pontos de contato entre as duas doutrinas e, em particular, a importância capital que ambas atribuíam à doutrina do Logos. Sobretudo, porém, deparou nestes livros uma metafísica do espírito altamente desenvolvida.

1. *Em primeiro lugar, recebeu a noção de uma luz incorporal, invisível e puramente espiritual.* Esta luz excede em sublimidade tudo quanto é visível aos olhos da carne, pois ela é o princípio da verdade e a causa de todas as outras coisas. Descortinou, pela vez primeira, a espiritualidade de Deus. Deus só se dá a conhecer àquele que se aparta dos sentidos e das imagens sensíveis. Do mundo exterior devemos recolher-nos ao mundo interior, isto é, ao santuário do nosso próprio espírito, a fim de empreender, a partir dali, a nossa ascensão para Deus. Pois Deus é a luz que está acima do espírito e que só pode ser atingida se transcendermos o que há de mais elevado em nós[19].

2. *Em segundo lugar, Agostinho deve aos platônicos a doutrina da diversidade radical entre o ser absoluto – o único verdadeiramente digno do nome de ser – e o ser meramente participado.* Doravante Agostinho irá perceber o eco desta doutrina também na Sagrada Escritura: "De longe" ouve a Palavra do Senhor: "Eu sou o que sou", e da qual nunca mais poderá duvidar. Mais facilmente duvidaria de sua própria existência do que da de Deus, a Verdade eterna, claramente contemplada e percebida por meio das coisas criadas (Rm 1,20). Se Deus é o único ser absoluto, todos os outros seres são apenas relativos; nem deixam totalmente de existir, nem existem totalmente: "*nec omnino esse, nec omnino non esse*". Deus é imutável, e todas as outras coisas são mutáveis; por isso só Deus existe verdadeiramente. Em comparação com Ele as coisas não têm verdadeira existência[20]. Agostinho se dá conta de que também ele faz parte deste ser imperfeito, desta "região da dessemelhança", longe ainda da meta que lhe fora dado aflorar no seu recente enlevo místico: "*Et inveni longe me esse a te in regione dissimilitudinis*"[21].

3. *Em terceiro lugar, Agostinho deve aos platônicos a persuasão de que todas as coisas que existem são boas.* Poder-se-ia alegar, com efeito, que as coisas não são boas, porque se corrompem. Mas quem assim pensa não repara em que as coisas não se poderiam corromper se não fossem boas. De fato, a corrupção pressupõe certo grau de bondade. É verdade que as

---

16. Ibid.
17. Ibid., VII, 9, 13; 154, 5.
18. Ibid., VII, 10, 16; 157s.
19. Ibid.
20. Ibid., 11, 17; 158, 8s.
21. Ibid., 10, 16; 157, 21.

coisas não são absolutamente boas, pois do contrário não seriam corruptíveis ou alteráveis; mas nem por isso deixam de ser boas na mesma medida em que existem[22].

4. *Donde se segue que o mal não é senão a privação de um bem, e que o mal como tal não existe.* Tudo que existe é bom. Logo, o que não é bom – isto é: o mal – não existe. O mal se apresenta na mesma medida em que as coisas sofrem alguma privação no seu ser, ou, em outras palavras, enquanto se corrompem. De sorte que o mal não é nada de positivo, mas uma privação ou destituição. Por conseguinte, se todo o bem presente nas coisas fosse eliminado ou destruído, estas deixariam totalmente de existir e reverteriam ao nada: *"ergo si omni bono privabuntur, omnino nulla erunt; ergo quamdiu sunt, bona sunt: Malumque illud quod quaerebam unde esset, non est substantia; quia si substantia esset, bonum esset"*[23].

5. *Por todas estas razões, o mal não pode originar-se de Deus.* Sendo o mal um não ser, é impossível que alguém lhe haja dado o ser. Deus é o criador de todas as coisas, e tudo o que Ele criou é bom. Ainda que não criasse todas as coisas iguais, todas são boas, mesmo enquanto desiguais. A própria desigualdade é um bem, pois só ela torna possível a grandiosa harmonia do universo: *"et quoniam non aequalia omnia fecisti, ideo sunt omnia, quia singula bona sunt, et simul omnia valde bona..."*[24]

Assim Agostinho encontrou, enfim, a solução do problema que tanto o angustiara. O mal, como o pecado, não é uma substância, mas sim uma lacuna, um defeito, uma ausência de algo que deveria estar presente. O mal e o pecado constituem, pois, fundamentalmente, uma desordem. A ordem, ao invés, reina ali onde cada coisa se acha em seu devido lugar, exercendo as funções que lhe compete exercer[25].

III. Renúncia ao ceticismo

Durante o tempo em que aderira à estranha cosmogonia dos maniqueus, Agostinho não deixara de ocupar-se com os filósofos. Suas leituras o introduziram a uma astronomia científica, isto é, a uma explicação racional e natural dos fenômenos celestes. Na opinião dos maniqueus, as estrelas, divididas em dois grandes exércitos, e representando os dois princípios opostos do bem e do mal, estão empenhadas num conflito gigantesco; para os astrônomos, ao contrário, os fenômenos siderais obedecem a uma só lei e formam um só sistema. Conferindo as explicações dos maniqueus com as interpretações científicas, Agostinho reconheceu que estas eram muito mais verossímeis, merecendo a preferência às fábulas daquela seita[26]. Ora, como sabemos, ele aderira ao maniqueísmo precisamente porque este lhe prometia um saber genuinamente racional. De fato, porém, o jovem retor não conseguira convencer-se realmente, nem da cosmogonia maniqueísta, nem das demais doutrinas da seita; por isso os novos conhecimentos científicos tiveram o efeito de desiludi-lo profundamente. Foi então que seus amigos maniqueístas o encaminharam ao mestre mais celebrado da seita, Fausto de Mileve, que gozava da fama de grande sábio, e que facilmente lhe resolveria todas as dificuldades. Quando, depois de longa espera, encontrou-se afinal com Fausto, Agostinho notou que este, a despeito de sua eloquência, dispunha de uma formação científica muito deficiente, pois que apenas sa-

---

22. Ibid., 12, 18; 158.
23. Ibid., 159, 1s.
24. Ibid.; 159, 9s.
25. Cf. "De Ordine" e "De libero arbitrio".
26. Conf. V, 3, 3; 91, 4s.

bia a gramática e lera alguns discursos de Cícero e um que outro tratado de Sêneca[27]. Numa palavra, Agostinho verificou que sua própria sabedoria era superior à do mestre. Logo sentiu arrefecer-se-lhe por completo o zelo pelo maniqueísmo (*et caeterum conatus omnis meus, quo proficere in illa secta statueram, illo homine cognito, prorsus intercidit*), embora não se decidisse ainda a romper definitivamente com a seita; resolveu esperar[28].

Pouco depois dessa desilusão Agostinho veio a Roma, enfermo de corpo e alma. Mesmo depois de restabelecido de uma perigosa febre, sua alma continuava a sofrer, desesperada de alcançar a verdade. A quem recorrer? Começou a apartar-se gradativamente do maniqueísmo, ainda que continuasse a manter relações com seus adeptos; por outro lado, porém, não se lhe abrira ainda o entendimento para a doutrina da Igreja[29]. Não é de estranhar que, nestas circunstâncias, ele se voltasse para aquela filosofia que mais condizia com seu estado de alma, o ceticismo: "Ocorreu-me a ideia de ter havido uns filósofos chamados Acadêmicos, mais prudentes do que os outros, porque julgavam que de tudo se devia duvidar e sustentavam que nada de verdadeiro podia ser compreendido pelo homem..."[30].

À busca de uma justificação científica do ceticismo, recorreu a Cícero, seu velho conhecido, que o introduziu nas doutrinas acadêmicas. Avesso a toda sorte de dogmatismos, e notadamente ao dos estoicos, Cícero não pretendia ser mais do que um "grande opinador": "*ego ipse et magnus opinator*"[31]. Imitando-lhe o exemplo, Agostinho deixou de nutrir qualquer convicção segura, contentando-se com simples opiniões. No número das opiniões contava também as doutrinas cristãs, pelas quais continuou a interessar-se, mesmo no tempo em que esteve associado aos acadêmicos. Agostinho é, agora, um maniqueu tíbio e um cristão confuso. Suas dúvidas não se restringem a uma ou outra doutrina: estendem-se à própria possibilidade de obter qualquer conhecimento certo acerca das verdades mais decisivas e vitais. Prefere pôr tudo em dúvida e abster-se de qualquer afirmativa. E assim veio a cair na perigosa letargia espiritual da *epoché* (suspensão do juízo): "*Tenebam cor meum ab omni adsensione timens praecipitium, et suspendio magis necabar. Volebam enim eorum quae non viderant ita me certum fieri, ut certus essem, quod septem et tria decem sint*"[32].

O problema que agora o preocupava era, pois, o seguinte: Como é possível alcançar uma verdade certa e incontestável a respeito das coisas invisíveis? Não é que caísse no extremo da dúvida universal. Admitia, sem discussão, que possuímos uma certeza genuína das verdades matemáticas, bem como de muitas coisas que temos presentes aos sentidos. Mas o que ele exigia era uma certeza igual das coisas invisíveis: "*sed sicut hoc ita caetera cupiebam, sive corporalia quae coram sensibus meis non adessent, sive spiritualia, de quibus cogitare nisi corporaliter nesciebam*"[33]. Tampouco duvidava da definição da verdade, que concebia como uma evidência necessária, sempre constante e indefectível. Duvidava, porém, da possibilidade de se obter tal evidência no tocante às questões supremas.

---

27. Ibid., 6, 10-11; 96ss.
28. Ibid., 7, 13; 99.
29. Ibid., 10, 19; 106.
30. Ibid., 106, 4s.
31. Contra Acad. III. 14,31; 71,8; cf. Cícero, Ac. 2, 66.
32. Conf. VI, 4, 6; 119, 18s.
33. Ibid., 119, 23s.

1. A experiência da verdade

Desta vez, ainda, foi no neoplatonismo que Agostinho encontrou o que procurava. Convenceu-se, de súbito, da existência de uma realidade suprassensível, isto é: de um mundo espiritual, e, acima deste, de um Deus, Verdade segura e Luz imutável. Numa espécie de vivência mística descortinou-se-lhe o panorama de uma realidade suprassensível e até mesmo supraespiritual, e, numa espécie de intuição espiritual, tomou contato com a transcendência da luz divina: *"Intravi et vidi qualicumque oculo animae meae, supra eundem oculum animae meae, supra mentem meam, lucem incommutabilem... Qui novit veritatem, novit eam; et qui novit eam, novit aeternitatem. Caritas novit eam. O aeterna veritas, et vera caritas, et cara aeternitas! Tu es Deus meus... Et audivi sicut auditur in corde, et non erat prorsus unde dubitarem"*[34].

Esta experiência e esta súbita intuição interior bastaram para o seu convencimento pessoal. Entretanto – e nisto está a prova da profunda sinceridade do seu esforço investigador e da sobriedade do seu espírito filosófico – Agostinho não se deu por satisfeito com isso. Ele passara pela terrível experiência da dúvida e da desesperança, e como soubesse que ninguém está isento de semelhantes dificuldades, tratou de proporcionar a todos um meio eficaz de superar a tentação do ceticismo. Esta foi uma de suas principais tarefas científicas, da qual procurou desempenhar-se nos três livros *Contra Academicos*, compostos logo após a conversão, e antes mesmo de receber o batismo. Refeito de sua própria enfermidade espiritual, sentiu-se na obrigação de vir em auxílio de todos aqueles que sofriam do mesmo mal[35].

2. Refutação do ceticismo

A seguinte exposição norteia-se principalmente pelo *Contra Academicos*; num ou noutro ponto, porém, teremos de referir-nos a certas ideias posteriores a esta obra. Agostinho, com efeito, jamais perdeu de vista a sua própria experiência cética. É por isso que as suas investigações metafísicas acerca da divindade principiam, frequentemente, com a constatação da existência de uma verdade certa e inabalável.

a) A evidência imediata dos fatos – A argumentação do cético invoca invariavelmente os erros dos sentidos. Tais erros, porém, nada demonstram contra aquele que não busca a verdade nos sentidos, mas no espírito. E ainda que os sentidos não reproduzissem fielmente as coisas, é um fato incontestável que eles pelo menos *percebem* algo. O ato de percepção é um fato que não admite a menor dúvida. Supondo-se embora que o mundo não existisse, não há como negar o fato de que eu estou percebendo um mundo. Caso se negasse até mesmo este dado elementar, já não haveria sobre que discutir; com efeito, não posso iludir-me, nem enganar-me na minha percepção do mundo, a menos que esteja vendo, e vendo alguma coisa[36]. Logo, se em nossos juízos não afirmarmos senão aquilo que é dado em nossa experiência imediata, não haverá ilusão possível. Pois nenhum acadêmico poderá convencer-nos de que, quando alguma coisa se nos apresenta como branca, ela não se nos apresente como branca, ou de que aquilo

---

34. Ibid., VII, 10, 16; 157, 6ss.
35. Cf. Retract. I, 1, 1; 11.
36. Contra Academ. III, 11, 24; 64.

que nos parece amargo não seja percebido como amargo, pela simples razão de que alguma outra pessoa não experimenta a mesma impressão[37].

b) A evidência agostiniana do "Cogito" – Nos Solilóquios, onde Agostinho examina a questão da imortalidade, deparamos algumas considerações de capital importância. Trata-se, antes de mais nada, de encontrar um ponto de partida seguro para a solução do importante problema. Depois da breve invocação inicial: *"Deus, semper idem, noverim me, noverim te"*, a Ratio lhe propõe as seguintes perguntas: "Tu, que desejas conhecer-te a ti mesmo, sabes que és? – Sei. – Por onde o sabes? – Não sei. – Sabes que és movido? – Não sei. – Sabes que pensas? – Sei. – Logo, é verdade que pensas? – Sim!" Depois de várias outras perguntas e respostas do mesmo gênero, a razão verifica que uma coisa, pelo menos, é certa: "Esse te scis, vivere te scis, intelligere te scis"[38]. Como se vê, Agostinho fundamenta a verdade na existência do sujeito existente, vivente e pensante.

A argumentação culmina no De Trinitate, num capítulo dedicado ao estudo da essência da alma. As opiniões dos filósofos divergem neste ponto. Nenhum filósofo entretanto pode pôr em dúvida os dados imediatos de sua própria consciência: "Quem duvidará que vive, que recorda, que entende, que quer, que pensa, que sabe e que julga? Pois, se duvida, vive; se está em dúvida acerca daquilo de que duvida, lembra-se (ou tem consciência disso); se duvida, sabe que está duvidando; se duvida, é porque quer ter certeza; se duvida, pensa; se duvida, sabe que não sabe; se duvida, julga que não deve assentir temerariamente". E ainda que se pudesse duvidar de tudo o mais, disto não se pode duvidar. Caso contrário já não haveria do que duvidar, o que tornaria impossível a própria dúvida[39].

As mesmas reflexões reocorrem no De Civitate Dei, embora mais concisamente, e com algumas variações: *"E se te enganas?"* – *eis a incessante objeção dos acadêmicos. A resposta de Agostinho é simples e clara: Se me engano, sou: "Si enim fallor, sum"*.

"Quem não existe não pode enganar-se; por isso, se me engano, existo. Logo, se existo porque me engano, como posso enganar-me, crendo que existo, quando é certo que existo, se me engano? Embora me engane, sou eu que me engano e, portanto, em quanto conheço que existo, não me engano. Segue-se também que, enquanto conheço que me conheço, não me engano. Como conheço que existo, assim conheço que conheço"[40].

Portanto, não há erro capaz de destruir a verdade implícita na própria possibilidade do erro, a saber: a existência do sujeito que erra. A verdade está sempre um passo adiante do erro.

c) A evidência das verdades lógicas – O âmbito das verdades evidentes se amplia consideravelmente no que entramos no domínio da "disciplina das disciplinas", a Lógica, também chamada Dialética[41]. Embora também os céticos se sirvam dela a fim de invalidar com refinada sutileza todos os argumentos dos seus adversários, a Lógica nos proporciona inúmeras evidências. Antes de mais nada, ela contém muitíssimas proposições condicionais que são sempre verdadeiras e nunca podem ser falsas, por exemplo: se há quatro elementos no mundo, não há cinco; se o sol é um só, não há dois sóis. Verdadeiras são também todas as proposições em que se afirma a impossibilidade de contradição; por exemplo: é impossível que uma mesma alma seja mortal e imortal, ou: é impossível que seja dia e noite ao mesmo tempo e no mesmo

---

37. Ibid., 26; 66.
38. Solil. II, 1, 1; 885.
39. De Trinit. X, 10; 981.
40. De Civit. Dei XI, 26; 551, 6s.
41. Cf. De Ordine II, 13, 38; 174, 7s.

lugar. O mesmo vale quanto às proposições disjuntivas contendo o seu oposto contraditório, tais como: neste momento ou vigio ou durmo. Todas estas afirmativas são verdadeiras, e evidentemente tais, sem que seja preciso verificá-las pela experiência sensível[42].

d) O ceticismo é autodestrutivo e desumano – À solução teorética Agostinho faz seguir um exame dos aspectos práticos do ceticismo. Segundo os acadêmicos, o sábio deve abster-se de assentir levianamente a qualquer afirmativa, contentando-se com opiniões mais ou menos prováveis. Portanto, se quiserem ser consequentes consigo mesmo, deverão concluir que também a lei moral se reduz a uma questão de simples verossimilhança. Donde se segue que os criminosos poderiam justificar seus delitos sob o pretexto de terem agido com uma certeza meramente provável, e declinar da sentença judicial alegando ser impossível assentir a simples probabilidades[43].

e) Evolução histórica do ceticismo – Agostinho finaliza sua refutação com um relato histórico-pragmático do ceticismo. Sua origem histórica prende-se a uma medida pedagógica de Arquesilau, visando impedir o acesso de Zenon à Academia. É que este negava a imortalidade da alma e a existência de um mundo espiritual, e por isso foi reputado indigno de compartilhar os segredos da Academia. Arquesilau preferiu ocultá-los por completo, na esperança de que alguma geração futura tornasse a descobri-los; pôs todo seu empenho em libertar a Zenon e seus adeptos de suas falsas doutrinas, abalando-lhes a certeza. Arquesilau, como vemos, só adotou uma posição aparentemente crítica e cética, e isto por motivos pedagógicos. Tornou-se assim o fundador da Nova Academia. Também Carnéades propugnou um ceticismo pedagógico, em oposição a Crisipo, dando origem, assim, à Terceira Academia[44].

Na opinião de Agostinho o ceticismo é, pois, em substância, uma reação do espiritualismo platônico ao materialismo estoico. Trata-se, ao mesmo tempo, de uma reação e de um protesto, que os discípulos, infelizmente, passaram a cultivar como se fossem fins em si mesmos. E assim, reduzido à esterilidade, o ceticismo estava condenado a perecer à míngua. Seu último representante foi Cícero. Pouco depois dele desapareceu o muro protetor que guardara a doutrina de Platão. Doravante a voz de Platão torna a fazer-se ouvir com plena autoridade: *"Adeo post illa tempora non longo intervallo omni pervicacia pertinaciaque demortua, os illud Platonis quod in philosophia purgatissimum est et lucidissimum, dimotis nubibus erroris emicuit maxime in Plotino, qui Platonicus philosophus ita eius similis iudicatus est, ut simul eos vixisse, tantum autem interest temporis, ut in hoc ille revixisse putandus sit"*[45].

B. Em busca de Deus

Agostinho jamais pensou em divorciar a teoria da prática. Sua filosofia é uma interpretação de sua própria vida. E esta se resume numa busca ininterrupta de Deus. De certo, sua busca não foi vã, nem lhe faltaram grandes descobertas; ainda assim, não cessou de procurar até o fim de sua vida.

Basta ler atentamente os dois textos anexos para se verificar que ele encontrou a Deus tanto pela razão como pelo amor; e, no entanto, em cada linha das *Confissões* continua a trans-

---

42. Contra Acad. III, 13, 29; 68.
43. Ibid., III, 16, 36; 74.
44. Ibid., III, 17, 37-39, 42; 75-79.
45. Ibid., 18, 41; 79, 3s.

parecer a saudade de Deus e a inquietude da sua busca: "Não quero estar onde posso, nem posso estar onde quero: de ambos os modos sou miserável. *Hic esse valeo nec volo; illic volo nec valeo: miser utrobique*"[46].

Agostinho procura a Deus como quem sabe e ama o que busca, ainda que sem possuí-lo. Destarte a inquietude da alma vem a ser uma como súmula de toda a sua vida: "*Tu excitas, ut laudare Te delectet; quia fecisti nos ad Te, et inquietum est cor nostrum, donec requiescat in Te*"[47]. Por isso o problema vital de Agostinho não se exprime na pergunta: Que devo procurar?, e sim nesta outra: De que modo devo buscá-lo a fim de encontrar repouso na sua posse definitiva? "Então, como vos hei de procurar, Senhor? Quando vos procuro, Deus meu, busco a vida eterna. Procurar-vos-ei para que a minha alma viva...; como procurar, então, a vida feliz? Não a alcançarei enquanto não exclamar: Basta, ei-la ali!"[48]

É à luz desta busca incansável que devemos interpretar a teodiceia de Agostinho.

§ 1. A prova da existência de Deus

Agostinho nunca pôs em dúvida a existência de Deus. Nenhuma problemática, nenhum ceticismo, e nem mesmo o estudo das opiniões discordantes dos filósofos puderam arrancar-lhe a convicção de que há um Deus[49]. Pois a existência de Deus é conhecida de todos os homens, com a possível exceção de alguns poucos que têm a natureza inteiramente corrompida; com esta ressalva, a humanidade é unânime em reconhecer um Deus Criador[50].

A questão da existência de Deus não constituía, pois, um problema pessoal para Agostinho. Mas nem por isso deixou de interessar-se por ele, e de resolvê-lo de um modo inteiramente pessoal. Sua solução faz parte integrante de sua doutrina do conhecimento que, por sua vez, é resultado de sua experiência pessoal. Procuraremos mostrá-lo, expondo primeiro a prova agostiniana da existência de Deus; a seguir, retomaremos o problema a partir da análise de sua teoria do conhecimento.

Foi, de certo modo, por casualidade que Agostinho formulou o problema da existência de Deus. Numa passagem importante do segundo livro do *De libero arbitrio* um dos interlocutores pergunta se não teria sido preferível que Deus não nos tivesse concedido o livre-arbítrio, em vista do mau uso que dele fazemos. É nesse contexto que surge, imprevistamente, a questão da existência de Deus.

I. Os preâmbulos da prova

Evódio, o interlocutor de Agostinho no diálogo "De libero arbitrio", declara estar convencido, graças à revelação cristã, da existência do livre-arbítrio; este nos foi dado por Deus, e por conseguinte é um bem. Evódio alega, porém, que nada disso lhe é conhecido pela razão natural, e, por isso, propõe deixar a questão em suspenso, pelo menos provisoriamente, até encontrar-lhe a necessária demonstração. Ao que Agostinho lhe pergunta: Estás certo, pelo me-

---

46. Conf. X, 40, 65; 276, 22.
47. Ibid., I. 1, 1; 1, 7s.
48. Ibid., X, 20, 29; 248, 17s.
49. Cf. Conf. VI, 5, 7-8; 121, 11.
50. In Joh. tract. 105, 17, 4; t. 35, 1910.

nos, que existe um Deus? Evódio responde, modestamente: *"Etiam hoc non contemplando, sed credendo inconcussum teneo"*[51]. E assim já não há como fugir a uma demonstração racional, tanto mais que existem homens insensatos que dizem não crer na existência de Deus (cf. Sl 52,1). Como se há de proceder para convencê-los?

1. Primeira condição: a boa-fé

Suponhamos, diz Agostinho, que o insensato dê mostras de boa-fé e de um desejo sincero de saber a verdade daquilo que Evódio crê; suponhamos, ademais, que não seja pertinaz, mas disposto a examinar com toda a seriedade as provas propostas: porventura será possível convencê-lo? Antes de responder, Evódio insiste, por seu turno, na indispensabilidade das condições arroladas por Agostinho: *"Certe enim, quamvis esset absurdissimus, concrederet mihi, cum doloso et pervicaci de nulla omnino et maxime de re tanta, non esse disserendum"*[52]. Sempre coerente consigo mesmo, Agostinho recusa-se a formular o problema de modo puramente abstrato e independentemente das necessárias pressuposições morais. Como se há de proceder, pois, para convencer um tal indivíduo da existência de Deus?

2. Segunda condição: a fé

Evódio, que há pouco insistira na necessidade de argumentos racionais, principia a prova da existência de Deus com um apelo à autoridade. Antes de mais nada, ele se esforçaria por convencer o cético da conveniência de prestar fé às pessoas que conviveram com o Filho de Deus e nos relataram por escrito o que viram com seus próprios olhos. Muitas coisas por elas testemunhadas seriam impossíveis se Cristo não fosse o Filho de Deus. Se o cético recusasse tal testemunho, seria o caso de se lhe perguntar com que direito ele mesmo exige que demos crédito às suas palavras. Mas por que, então, ele se recusa a aceitar a nossa fé?[53]

À pergunta por que ele próprio não se dá por satisfeito com esta fé, Evódio replica: *"Sed nos, id quod credimus, nosse et intelligere cupimus"*[54].

E assim volvemos ao ponto de partida. Agostinho dá razão a Evódio: devemos partir da fé. "Senão crerdes, não compreendereis", diz Isaías (7,9). Donde decorre uma dupla exigência: 1º) que é nosso dever aspirar à inteligência daquilo que cremos, dado que o fim último do homem não é crer em Deus, e sim conhecê-lo; 2º) que é preciso partir da fé para chegar ao conhecimento de Deus: *"Deinde iam credentibus dicit: Quaerite et invenietis* (Mt 7,7): *nam neque inventum dici potest, quod incognitum creditur; neque quisquam inveniendo Deo fit idoneus nisi antea crediderit quod est postea cogniturus"*[55].

II. O ponto de partida da prova

A presença das pressuposições morais, embora indispensável, não é suficiente. Importa, outrossim, assegurar um ponto de partida absolutamente inconcusso. Agostinho vai buscá-lo na sua refutação do ceticismo.

---

51. De lib. arb. II, 2, 5; 1242.
52. Ibid.
53. Ibid., 5; 1242.
54. Ibid., 1243.
55. Ibid., 6; 1243. A mesma ordem de ideias vem exposta no "De vera religione". 24ss., 45ss.; 141ss.

A fim de apoiar a argumentação em verdades inteiramente seguras, Agostinho pergunta primeiramente a Evódio se ele sabe que existe; pois se não existisse, ser-lhe-ia impossível enganar-se: *"Si non esses, falli omnino non posses"*. Evódio concorda. Agostinho: É evidente, pois, que existes; ora, tal evidência seria impossível se não vivesses; logo, é evidente que vives. Admitido isso, Agostinho conclui: logo é evidente também que pensas[56].

Estamos aqui em face de um acontecimento de capital importância na história da filosofia. É pela primeira vez que deparamos uma prova da existência de Deus baseada na mais evidente das verdades, a saber: na existência da consciência conhecente. Não só isso: Agostinho funda a evidência desta verdade na existência do próprio sujeito que duvida, abalando assim o ceticismo pela raiz, isto é, pelo mesmo ato que lhe serve de fundamento.

Esta primeira certeza implica três verdades: visto que o sujeito que pensa não pode pensar sem viver, nem viver sem existir, ele sabe que pensa, que vive e que existe.

III. As fases da prova da existência de Deus

Agostinho desenvolve a sua prova da existência de Deus a partir de uma análise dos dados imediatos da experiência interna; além disso, adota as duas regras seguintes: 1º) aquilo que inclui certas outras perfeições, sem estar incluído nelas, é mais perfeito que estas; 2º) aquilo que julga de outras coisas é mais perfeito que as coisas sujeitas ao seu julgamento. Assim equipado, Agostinho prossegue cautelosamente o seu caminho.

1. A ordem ou gradação dos fatos fundamentais

Graças às verdades básicas que acabamos de assegurar, até mesmo o sujeito que duvida sabe que existe, vive e pensa. Qual destes conceitos será o supremo ou mais perfeito? A pedra existe, mas não vive nem pensa. O animal vive e existe, mas não pensa. O homem conhece e, conhecendo, vive e existe. De forma que o pensar envolve os dois outros conceitos, sendo, portanto, o mais perfeito[57].

2. A ordem do conhecimento sensível

No intuito de estabelecer uma gradação hierárquica na ordem do saber, Agostinho começa pelo conhecimento mais evidente: o sensível. Como se sabe, cada sentido tem seus objetos exclusivamente próprios: a vista, por exemplo, só apreende as cores, e o ouvido, os sons. Sabe-se, por outro lado, que certos objetos não se limitam a um único sentido; a figura ou forma dos corpos é perceptível tanto à vista como ao tato. Ademais, sabemos não só o que compete a cada sentido em particular, como também o que pode ser percebido por vários sentidos em comum. Ora, tal conhecimento não pode provir dos próprios sentidos externos; pressupõe a existência de uma força superior, capaz de julgar os sentidos, a saber, de um sentido interior (*sensus interior*)[58].

Não só isso: nós sentimos, e sabemos que sentimos. Este conhecimento, tampouco, pode proceder dos sentidos externos; também ele deve atribuir-se, como segunda função, ao sentido

---

56. Ibid., 3, 7; 1243.
57. Ibid., 3, 7; 1244.
58. Ibid., 8; 1244.

interior Que esta força superior deva ser um *sentido,* Agostinho o conclui do fato de a encontrarmos também nos animais[59]. De forma que não ultrapassamos, ainda, o nível do reino animal.

3. A ordem do conhecimento intelectivo

Já dispomos de uma regra que nos permite transcender o grau da animalidade. O que julga de outro, sem ser julgado por ele, é superior e mais perfeito que este outro. Ora, tal é evidentemente o caso da razão humana; logo, a razão é o que há de mais elevado no homem[60].

Eis-nos, agora, diante do seguinte problema: Será necessário ultrapassar também a própria razão? Dever-se-á admitir, pois, que a razão é julgada ou moderada por algo que não está sujeito ao julgamento dela?

Antes de prosseguir Agostinho pergunta o que poderia ser aquele "algo" superior à razão, a cujo julgamento esta se deve submeter. Será Deus? Evódio não crê que se possa identificá-lo, desde logo, com Deus; pois não lhe parece conveniente chamar Deus àquilo a que a sua razão está sujeita, mas àquilo que é superior a tudo o mais. Agostinho lhe dá razão; mas, acrescenta, no fundo é indiferente que se responda de um modo ou de outro, pois se aquilo que está acima da razão não é a realidade suprema – ou seja, Deus –, segue-se que esta realidade, ou Deus, é algo mais excelente ainda. Em qualquer caso, basta verificar que existe algo acima da razão, para dispormos de uma prova da existência de Deus[61].

Acima da razão está a Verdade, que julga e modera a razão.

Para melhor compreensão desta proposição convém tornar ao conhecimento sensível. Todo sujeito capaz de percepção está como que encerrado em si mesmo e se move dentro de sua própria subjetividade. As minhas percepções, com efeito, são exclusivamente *minhas,* vale dizer: essencialmente subjetivas, pois só eu as experimento. Os objetos percebidos, ao contrário, não são subjetivos, mas comuns a todos[62].

Poder-se-á dizer outro tanto da razão? Haverá objetos da razão comuns a todos e participados por cada razão particular, assim como a mesma luz é participada pelos olhos de muitos homens? Tais objetos comuns existem certamente no domínio da matemática. De fato, todos os espíritos estão acordes no que concerne às verdades matemáticas. Uma tal concordância, porém, não pode originar-se nos sentidos. Embora os números provenham da percepção sensível, não é dela que derivamos as leis que os regem, nem as relações eternas que vigoram entre eles. Em outros termos, o objeto da matemática transcende os sentidos. Mesmo que não houvesse dez coisas contáveis, não deixaria de ser verdade que 7 mais 3 são dez. O objeto da matemática é eterno[63].

Pois bem: segundo o testemunho da Escritura, a sabedoria é inseparável do número: *"Circuivi ego et cor meum, ut scirem, et considerarem, et quaererem sapientiam et numerum"* (Ecl 7,26). Que espécie de sabedoria é esta? É a verdade que nos permite contemplar e possuir o Sumo Bem. Tal é a verdade procurada pelos filósofos das mais diversas escolas. Ora, estes filósofos não teriam podido procurar a sabedoria, nem a vida eterna, se estas lhes tivessem sido inteiramente desconhecidas. Donde se segue que todos os homens devem trazer impressa em sua mente a ideia da sabedoria. Ela está presente em nós à maneira de um saber que contém em si as verdades eternas, necessárias e imutáveis: *"Ita etiam priusquam sapientes simus, sapien-*

---

59. Ibid., 4, 10; 1246.
60. Ibid., 6, 13; 1248.
61. Ibid., 6, 14; 1248s.
62. Ibid., 7, 15ss.; 1249ss.
63. Ibid., 8, 22ss.; 1253s.

tiae notionem in mente habemus impressam, per quam unusquisque nostrum si interrogetur: velitne esse sapiens, sine ulla caligine se velle respondet"⁶⁴.

Defronta-se-nos aqui, mais uma vez, o problema: Como foi possível que tão grande número de espíritos isolados e concentrados em si mesmos viessem a concordar numa mesma ideia? É que esta nos é concedida de antemão; não se origina dos sentidos, tampouco como os números se originam deles. É verdade que os homens não costumam ter grande apreço pelos números; mas todos estimam a sabedoria. No fundo, porém, trata-se de uma e a mesma coisa⁶⁵. E assim se nos manifesta a transcendência das verdades eternas, que são transubjetivas num sentido inteiramente diverso e superior às coisas sensíveis, pois, ao contrário destas, aquelas são verdadeiramente imutáveis: "*Quapropter nullo modo negaveris esse incommutabilem veritatem, haec omnia quae incommutabiliter vera sunt continentem; quam non possis dicere tuam vel meam, vel cuiusdam hominis, sed omnibus incommutabilia vera cernentibus, tamquam miris modis secretum et publicum lumen, praesto esse ac se praebere communiter*"⁶⁶.

Com isso chegamos ao termo da nossa jornada. Só nos resta decidir se aquilo que é comum a todos é inferior, ou igual, ou superior à nossa razão. Já conhecemos a norma segundo a qual aquilo que serve para julgar alguma coisa, sem ser julgado por ela, é de ordem mais elevada do que esta. Pois bem: será que julgamos aquelas verdades, ou estará o nosso julgamento sujeito a elas? Não pode haver dúvida de que julgamos em dependência daquelas normas interiores que compartilhamos com outros espíritos. Não somos nós que as julgamos. Não somos nós que *determinamos* que o eterno deve ser preferido ao temporal, ou que sete mais três são dez; apenas *descobrimos* que assim é: "*sed tantum ita esse cognoscens non examinator corrigit, sed tantum laetatur inventor*". É claro, outrossim, que tais verdades não se situam no mesmo plano da razão humana, posto que esta é mutável, ao passo que aquelas são imutáveis. A razão progride no saber; elas, ao contrário, são insuscetíveis de progresso. Resplandecem invariavelmente com toda a sua clareza, mesmo que as contemplemos com a vista turvada. Donde se segue que não são inferiores nem iguais à razão, mas superiores a ela⁶⁷.

Portanto, a razão depara, na consciência, algo que lhe é superior, algo de absoluto, eterno e imutável. Nessa altura, só nos resta assinalar o resultado final: "*Tu autem concesseras, si quid supra mentes nostras esse monstrarem, Deum te esse confessorum, si adhuc nihil esset superius. Si enim aliquid est excellentius, ille potius Deus est: si autem non est iam ipsa veritas Deus est*". Pouco importa que aquela realidade última seja a verdade, ou algo de mais elevado ainda; o certo é que existe algo acima da nossa razão. O que há de mais elevado, porém, deve ser Deus. Com isso fica estabelecida a verdade da existência de Deus. A dúvida acerca desta

---

64. Ibid., 9, 26; 1254s.
65. Ibid., 11, 30; 1257s.
66. Ibid., 12; 1259.
67. Ibid., 12, 33s.; 1259s.

verdade é eliminada, não só pela fé, como também pela razão. Trata-se de um saber muito débil, porém seguro (*certa, quamvis adhuc tenuissima, forma cognitionis*)[68].

IV. Características da prova agostiniana

Para apreender corretamente as características deste argumento, convém não perder de vista que a intenção primária de Agostinho não é apresentar uma prova estritamente dialética, com sua respectiva conclusão lógica, mas, sim, tornar mais nítida a nossa apreensão de um dado interior. Agostinho não prova a necessidade da existência de Deus: contenta-se com chamar a atenção para o fato de sua existência. *Não é o nosso argumento que torna necessária a existência de Deus*. O mesmo pensamento vem exposto numa carta a Evódio, escrita muitos anos depois: "*non cogi Deum esse, vel ratiocinando effici, Deum esse debere*"[69]. Também aqui Agostinho apela para a analogia dos números.

Ademais, a intenção primária de Agostinho não é estabelecer o fato da existência de um Deus, e, sim, *responder à pergunta: O que é Deus?* A verdade, como vimos, é algo que transcende a razão, pois esta lhe está sujeita. Deus deve encontrar-se no reino da verdade, ou em algo de que a verdade depende, ou em algo que explica as condições da verdade. É por isso que Agostinho não se interessa, por ora, em determinar a realidade exata que se deve atribuir a Deus. Contenta-se com a descoberta de uma realidade que ultrapassa a razão, e que, por conseguinte, deve ser buscada no domínio do espiritual.

Torna-se claro, outrossim, que a prova de Agostinho outra coisa não é senão *o resumo de sua experiência pessoal*. As experiências adquiridas no curso de sua libertação filosófica tornam-se outros tantos meios de aproximação a Deus: de racionalista, transforma-se em defensor intransigente da necessidade da fé como ponto de partida; de cético, em paladino da verdade, a ponto de basear seu argumento na verdade que, graças à sua evidência, abala o ceticismo pela própria base; de adepto do materialismo, em campeão da ideia do espírito, inseparável da verdade absoluta.

§ 2. A doutrina do conhecimento e da iluminação

Na filosofia agostiniana, a teoria do conhecimento é inseparável da prova da existência de Deus. Ou, melhor, aquela se identifica praticamente com esta; trata-se, no fundo, de uma e a mesma coisa, encarada de ângulos diferentes. Uma e outra, com efeito, terminam por conduzir-nos a Deus.

---

68. Ibid., 15, 39; 1262.
69. Epist. 162, 2; t. 33, 705.

I. O conhecimento sensível

Abordaremos, em primeiro lugar, o domínio que seduzira o jovem Agostinho ao materialismo: o conhecimento sensível. Se conseguirmos apontar um fator espiritual na percepção sensível, estaremos em condições de bater o adversário em seu próprio campo.

1. O cuidado fundamental de Agostinho é *destacar nitidamente o objeto conhecido do conhecimento que temos dele*.

A sensação já é uma forma de conhecimento espiritual; o objeto sensível, ao contrário, é algo de corporal. Eis um princípio rico de consequências. Antes de mais nada, torna-se claro que o objeto sensível é atingido pela sensação, da qual ele é a causa; ele próprio, porém, é radicalmente incapaz de sensação: *"non quia sentiunt, sed quia sentiuntur, sensibilia nuncupata sunt"*[70]. Quando se diz que o mel é doce, não se pretende significar que ele percebe a doçura, mas que causa a sensação de doçura. A sensação, ao invés, é própria à alma: seria um erro misturar qualquer coisa de corpóreo à ideia do conhecimento sensível. A sensação de dor, por exemplo, é aparentemente experimentada pelo corpo; na realidade, porém, é a alma que sofre através do corpo[71].

Em consonância com esta doutrina, Agostinho distingue duas espécies de luz: uma, de natureza corporal e percebida pelos olhos, e outra, espiritual, que os capacita a perceber a luz corporal. Aquela é um objeto de conhecimento, esta é um meio de conhecimento. A faculdade sensitiva é, pois, uma luz de natureza puramente espiritual: ela provém da própria alma. Se o cego não vê, isso se deve ao fato de ele carecer do órgão corporal indispensável à alma; mas nem por isso lhe falta a luz interior que o capacita a ver – se dispusesse do órgão correspondente[72].

2. A possibilidade da sensação

O conhecimento sensível nos defronta com um problema espinhoso e de grande alcance para a história da filosofia. A sensação é uma atividade da alma; seu objeto, porém, é um corpo. Como se deve entender a influência deste sobre aquela, suposto que tal influência seja concebível? Agostinho jamais deixou de interessar-se por esse problema. A solução mais elegante encontra-se no "De Musica" (livro 6).

Tomemos o verso *"Deus creator omnium"*. O que faz com que estas palavras venham a constituir um verso? O ritmo. Este, por sua vez, consiste de números ou relações numéricas entre as sílabas longas e breves. O nosso verso consta de quatro jambos, ou seja, de quatro sílabas breves seguidas, respectivamente, de quatro sílabas longas. De acordo com as distinções estabelecidas nos livros anteriores, os ritmos encontram-se primeiro no ar ou nos sons materiais (1° gênero de números), e a seguir, no sentido do ouvinte (2° gênero). Com isso já temos a diferença entre o sensível material e a sensação espiritual. Convém notar, porém, que o verso não existe em si, ou absolutamente, senão que depende da maneira como é recitado; por isso também a voz do declamador deve ter certa qualidade numérica: deve ser cadenciada e comu-

---

70. De civ. Dei XI, 27; 553, 11.
71. De Genesi ad litt. 3, 5; 67, 14s.
72. De Gen. ad litt. imperf. 1, 5; 473, 15s.

nicar seu ritmo interno ao ar. Se acaso decidirmos que um verso é recitado com demasiado vagar ou com excessiva rapidez, depararemos dois outros gêneros de números; pois não poderíamos emitir tal juízo se não tivéssemos na memória uma medida prévia pela qual assim julgamos. De sorte que possuímos uma memória numeral e uma capacidade de juízo numeral[73].

Isto nos dá uma ideia da grande complexidade dos atos que entram numa sensação aparentemente tão simples. Qual será o mais excelente de todos esses números? Manifestamente o último, pois é este que julga os demais, sem estar sujeito ao julgamento deles, devido à sua superioridade. Os números conservados na memória são produzidos pelos outros, devendo por isso situar-se num plano inferior[74]. Resta o problema de como se devem graduar os três outros gêneros numéricos. Em especial, cumpre examinar se a primazia compete aos *numeri sonantes*, isto é, materiais, ou aos números apreendidos pelos sentidos. A resposta está contida na teoria agostiniana da sensação.

O problema geral que orienta a exposição é o seguinte: Pode um processo corporal atuar sobre a alma e provocar uma sensação? Dir-se-á que a ação do corpo sobre a alma é coisa manifesta; todavia, um exame mais atento da questão parece sugerir a impossibilidade de um tal influxo: *mirare potius, quod facere aliquid in animam corpus potest*[75]. Mais ainda: tal influxo parece inteiramente absurdo: *sed perabsurdum est fabricatori corpori materiam quoquo modo animam subdere*. Logo, a alma não pode sofrer nenhuma influência da parte do corpo, sob pena de ficar sujeita a ele. Por conseguinte, os números presentes na alma não podem ser produzidos pelo corpo. Donde se segue que, ou o nosso problema é insolúvel, ou a sensação deve ser produzida pela alma[76].

3. A alma produz a sensação

É óbvio que a sensação pressupõe certas condições corporais. A sensação como tal, porém, só pode ser produzida pela alma. A união entre corpo e alma não é uma relação de reciprocidade; antes, a união é tal que a alma observa o corpo e, ao mesmo tempo, produz alguma coisa independentemente da influência do corpo. De forma que, toda a vez que um processo material provoca uma mudança no corpo, a alma percebe-a de maneira ativa e, percebendo-a, produz uma sensação[77].

Está claro, pois, que já não é o corpo que atua sobre a alma, e sim a alma sobre o corpo. Considerada em si mesma, a alma reside nos órgãos corporais, está presente neles, e de certo modo está de sentinela neles. A ausência de sensação indica simplesmente a existência de relações normais entre o corpo e o mundo ambiente. Mas basta leve alteração deste estado de equilíbrio para que a alma entre em atividade. Longe de se manter passiva, a alma é eminentemente ativa, pois é ela que dirige sua atenção aos respectivos órgãos corporais afetados; é ela que vê, que cheira, que prova. Como se vê, a sensação é, na realidade, uma espécie de exploração do corpo pela alma. Eis como Agostinho procura descrever

---

73. De Musica VI, 2-4, 2-5; 1163ss.
74. Ibid., 4, 6; 1165s.
75. Ibid., 4, 7; 1166.
76. Ibid., 5, 8; 1167s.
77. Ibid., 5, 10; 1169.

esta atividade espontânea da alma: *attentiores actiones, has operationes passionibus corporis puto animam exhibere cum sentit, non easdem passiones recipere*[78]. *Imagines (corporum) convolvit, et rapit factas in semetipsa de semetipsa. Dat enim eis formandis quiddam substantiae suae*"[79].

4. O processo da sensação realiza-se da maneira seguinte. Suponhamos que o meu ouvido seja atingido por uma vibração do ar, causando uma modificação no órgão auditivo. A alma logo se volta para esta modificação produzindo a sensação de som, o som ouvido. Este já é de natureza espiritual e pertence à segunda classe de sons, que é superior à primeira. A partir daqui, porém, é mister proceder com muita cautela, pois já chegamos ao terceiro grau e verificamos que a sensação é ato do próprio pensamento. Embora se costume dizer que percebemos um verso com seu respectivo ritmo, este modo de falar não corresponde à realidade. O que ouvimos não é um verso, e nem mesmo uma palavra, mas simples sucessão de sílabas. É pela memória que apreendemos o verso em sua integridade. A sílaba é apenas um som de certa duração e composto de três elementos: o inicial, o médio e o final. Ao declarar que ouço uma sílaba longa não quero dizer senão que no fim da sensação a minha memória continua a recordar-lhe o começo, o que a capacita a compor a sensação. Isto vale até mesmo para a mais breve das sílabas: também ela tem uma duração, ou seja, um começo, um meio e um fim. Ora, é indiscutível que a memória faz parte do pensar puro. Tudo isso nos permite ver, desde já, o grande número de elementos que a alma introduz na sensação, visto que não somente a mede, como até mesmo a produz.

Aludimos, mais acima, a certos ritmos retidos na memória, pelos quais podemos julgar sobre a espécie de um ritmo que está sendo recitado. Prosseguindo nesta ordem de ideias, devemos dizer: estes ritmos interiores recolhem, de certo modo, os sons materiais no mesmo instante em que estes estão prestes a desaparecer no nada, para concatená-los num conjunto harmônico. Do mesmo modo como os olhos coordenam a multiplicidade dos objetos distribuídos no espaço, reunindo-os num só campo visual e enfeixando-os num só ato de visão, assim a memória – "esta luz dos espaços temporais" (*memoria quod quasi lumen est temporalium spatiorum*)[80] – procede à coordenação de toda uma sequência de momentos que de outro modo se dissipariam. O verso "*Deus creator omnium*" não poderia existir como sensação independentemente de um espírito. Vê-se, pois, que mesmo no grau mais ínfimo do conhecimento a alma se mostra superior ao corpo[81].

É interessante notar que é precisamente na análise do conhecimento sensível que o maniqueu de outrora, que não lograra sobrelevar-se aos sentidos, encontra uma luz invisível aos sentidos. Acima daquela única luz acessível ao discípulo de Manés, e no mesmo ato em que verifica a existência dessa luz, Agostinho discerne uma nova espécie de luz: "*alia enim lux, quae sentitur oculis; alia quae per oculos agitur, ut sentiatur*". Esta outra luz promana da própria alma: "*haec lux, qua ista manifesta sunt, uti-*

---

78. De Mus. VI, 5, 10; 1159.
79. De Trinit. X, 5, 7; 977.
80. De Mus. VI, 8, 21; 1174.
81. De Gen. ad litt. 12, 16; 402.

que in anima est"[82]. E assim, a partir das coisas externas, conseguimos retornar ao nosso próprio interior; ao mesmo tempo, vencemos a primeira etapa da prova da existência de Deus. Vejamos agora como o pensamento nos conduz ao próprio Deus.

II. Pensamento e Verdade

Trata-se de verificar, pela experiência, se o nosso pensar apresenta propriedades inexplicáveis por qualquer causa que não seja Deus. Para tanto, basta prosseguir em nossa análise e investigar o pensamento até à sua fonte. Já sabemos que as sensações não são causadas pelos corpos. Será, então, a alma a causa de suas próprias ideias?

1. A interioridade do pensamento

À primeira vista as nossas ideias parecem proceder de fora. Com efeito, costumamos "trocar" ideias uns com os outros, o que seria impossível se elas não nos fossem comuns e não se deslocassem de mim para ti e de ti para mim. Acaso não as transmitimos aos outros quando nos entretemos com eles? *Sem embargo disso não há, propriamente, nenhum mestre.*

Suponhamos que um mestre queira explicar aos seus alunos o sentido de um vocábulo designativo de uma coisa sensível, por exemplo, da palavra *saraballae*, no texto "*Et saraballae eorum non sunt immutatae*" do livro de Daniel (3,94). Ouvida a explicação, o aluno terá aprendido que "saraballa" significa "coifa", suposto que saiba o que se deve entender por coifa, ou melhor: o que é uma cabeça e o que é uma coifa. Mas o que é, exatamente, uma coifa? O único meio de explicá-lo a quem não o sabe é mostrar-lhe a coisa designada por esse termo: uma coifa concreta. Não são pois as palavras, mas as próprias experiências sensíveis que nos levam ao conhecimento das coisas[83]. As palavras servem apenas para trazer à lembrança alguma experiência prévia.

Suponhamos, ainda, que no intuito de comunicar certo conhecimento ao aluno, o professor lhe proponha uma proposição de sentido bem determinado, e que ele a compreenda. Poder-se-á dizer, nesse caso, que tal saber lhe foi realmente transmitido pelo mestre? É evidente que o aluno deve ter possuído um conhecimento prévio do significado das palavras empregadas; do contrário o sentido da frase lhe ficaria oculto[84]. Por meio de perguntas habilmente formuladas o professor poderá verificar se o aluno vê resplandecer no seu próprio interior a verdade das proposições que ele apenas lhe pode sugerir com suas palavras. A verdade se encontra, pois, na alma. E é esta presença interior da verdade que capacita o aluno a responder quando se lhe dirige uma pergunta. O responder não é simples repetição daquilo que lhe foi ditado. Responder é tirar do interior do espírito o que ali se encontra em estado latente, ou, em outras palavras, é reagir positivamente a um estímulo externo. Aquele que responde não sofre nem recebe, mas age e produz.

---

82. De Gen. ad litt. imperf. 1, 5; 474, 22s.
83. De Magistro 12, 39; 1216.
84. Ibid., 40; 1217.

Donde a conclusão geral e evidente – não obstante a sua formulação paradoxal –, de que *nunca aprendemos:* "*nusquam igitur discere. Quia et ille qui post verba nostra rem nescit et qui se falsa novit audisse, et qui posset interrogatus eadem respondere quae dicta sunt, nihil verbis meis didicisse convincitur*"[85]. Nada se aprende. O que não quer dizer que o ensino seja inútil, mas sim que ele é algo inteiramente diverso do que se costuma supor. Esta conclusão paradoxal significa que aquilo que o corpo não pode dar ao pensamento, o pensamento não pode dá-lo a si mesmo. A experiência pensante é adquirida paralelamente à experiência sensível. Uma comparação dos dois exemplos citados nos permite formular a lei da interioridade do pensamento: fora da alma há agentes estimuladores ou admoestadores e sinais; a espontaneidade da alma permanece intacta, pois ela se apropria destes sinais e os interpreta: é do seu próprio interior que ela tira a substância do que aparentemente lhe vem de fora.

2. O mestre interior

Assim a alma é conduzida de fora para dentro de si mesma. Entretanto, ela não se encastela em seu interior, nem se reconcentra solipsisticamente em si. Antes, ela se abre para o alto: "*ab interioribus ad superiora*". Este é o ponto decisivo. A fim de fugir ao isolamento, a alma se refugia em Deus, que é o termo final da análise do pensamento.

A alma é solitária porque nada pode atingi-la de fora. Mas porventura ela não está em contato com outros espíritos igualmente solitários? Caso contrário, como se explicaria o perfeito acordo que reina entre eles no que respeita, por exemplo, às ideias matemáticas e morais? Há tantas inteligências humanas como homens (*tot sunt mentes hominum quot sunt homines*), e ninguém pode ver o pensamento do seu próximo: "*nec ego de tua mente aliquid cerno*"[86]. Logo, se existe a ideia de uma sabedoria que tu podes ver sem que eu o saiba, e que eu posso ver sem que tu o saibas, e que por isso não podemos mostrar um ao outro, e contudo é idêntica em todos, é mister admitir que tal ideia nos seja igualmente acessível a todos[87].

Existem, pois, certas verdades imutáveis e eternas pelas quais nos orientamos e às quais temos de submeter-nos incondicionalmente. Tais verdades devem ser transcendentes, pois independem completamente do nosso entendimento. Pois bem: a Escritura nos atesta a existência de um mestre transcendente: Cristo, o Filho de Deus, que reina no céu e nos ilumina os corações[88]. E assim podemos identificar a verdade simplesmente com Deus. O circuito que percorremos nos fez ver que a verdade outra coisa não é senão Aquele que declarou ser o único Mestre.

---

85. Ibid., 12, 40; 1217s.
86. De lib. arb. II. 9, 27; 1255.
87. Ibid., 10, 28; 1256.
88. Cf. a admirável passagem da Epístola Joan. ad Parthos. tr. IV, 2, 13; t. 35, 2004.

3. A doutrina da iluminação

A gnoseologia agostiniana alcança o seu remate na chamada teoria da iluminação, elaborada sob a influência do neoplatonismo. Não é fácil expô-la em forma sistemática, visto que Agostinho nunca a tratou *ex professo*. O seguinte resumo servirá para torná-la compreensível, pelo menos até certo ponto. É um fato que nós, seres temporais, contingentes e mutáveis, podemos conhecer verdades eternas, necessárias e imutáveis; ora, só Deus é eterno, necessário e imutável; logo, tais verdades nos são conhecidas por um contato imediato com Deus.

Ao gênero destas verdades pertencem os objetos ideais da Matemática, da Estética e da Ética.

Ao que parece, não é o conteúdo peculiar destes conhecimentos que se atribui a uma influência ou iluminação divina, mas apenas as leis e normas gerais segundo as quais julgamos dos objetos da experiência. Agostinho fala em "leis", "regras", "medidas" ou "normas". Já tivemos oportunidade de referir-nos às leis matemáticas e morais; no "*De vera religione*" Agostinho considera principalmente as leis e os objetos estéticos[89]. Tais são, por exemplo, as ideias de beleza, de unidade, de igualdade e de proporção, as quais determinam os nossos juízos estéticos.

A teoria platônica da reminiscência (ou anamnese) não oferece uma explicação satisfatória para o conhecimento dessas verdades.

O nobre filósofo grego atribui à alma uma existência prévia à do corpo; seus conhecimentos atuais seriam simples recordações das experiências outrora havidas. Para provar sua teoria, Platão chama a atenção para o fato de uma criança, quando habilmente interrogada, ser capaz de resolver corretamente certos problemas matemáticos, embora não possua a menor instrução nessa disciplina. Agostinho emprega o mesmo exemplo, mas não se contenta com a explicação. Em primeiro lugar, ela não consegue dar a razão do fato em questão; com efeito, é pouco provável que todos os homens tenham sido matemáticos em sua preexistência celeste, dada a raridade dos peritos nesta disciplina. O que Agostinho quer dizer é que a preexistência não explica, por si só, a maneira em que o espírito toma contato com as verdades eternas. A verdadeira e única explicação encontra-se na identidade e continuidade da natureza racional[90]. Ademais – e esta é sua objeção principal – a doutrina platônica da reminiscência é inseparável da doutrina da metempsicose, que ele chama de absurda[91]. À concepção platônica Agostinho contrapõe sua própria doutrina: "*sed potius credendum est, mentis intellectualis ita conditam esse naturam, ut rebus intelligibilibus naturali ordine, disponente conditore, subiuncta sic ista videat in quadam luce sui generis incorporea, quemadmodum oculus carnis videt quae in hac corporea luce circumiacent, cuius lucis eique capax confruens est creatus*"[92].

---

89. 33; 146s.
90. Cf. tb. Retract. I, 7, 2; 35.
91. De civit. Dei X, 30; 500.
92. De Trinit. XII, 15, 24; 1011.

Infelizmente Agostinho não nos oferece uma resposta clara à pergunta sobre a maneira como a razão entra em contato com as verdades eternas.

Parece haver rejeitado uma visão direta dessas verdades em Deus. Não obstante, faz uso constante de imagens que sugerem uma intuição deste tipo. É de supor-se que o faça a fim de frisar a natureza cognoscitiva desse contato com as verdades eternas. Estas atuam sobre nós, e até nos são de certo modo impressas, mas sem prejuízo de sua transcendência. O texto seguinte contém, provavelmente, o que de mais ponderado Agostinho escreveu sobre o assunto: "E onde será que eles as veem (estas regras)? Não, certamente, em sua própria natureza; pois não há a menor dúvida de que são vistas pela mente; é evidente, porém, que as mentes são mutáveis, ao passo que tais normas são percebidas como imutáveis, como o sabem todos quantos são capazes de ler no eterno. Tampouco (veem-nas) no estado habitual de sua alma, pois são regras de justiça, e suas almas são manifestamente injustas. Onde, então, encontram-se escritas estas regras? Onde até mesmo o homem injusto conhece o que é justo? Onde vê a necessidade de possuir o que não possui? Onde hão de estar escritas, senão no livro daquela luz que se chama Verdade? É dali que toda lei justa é transcrita e depositada no coração do homem que pratica a justiça, não à maneira de uma transmigração, mas por uma espécie de impressão, assim como a figura do anel se imprime na cera sem abandonar o anel. Aquele que não obra, embora saiba como deve obrar, aparta-se daquela luz, ainda que não deixe de ser atingido por ela"[93]. Pode dizer-se, pois, que as leis e normas eternas existem em si mesmas e permanecem no seu lugar, sem contudo deixar de iluminar e de atuar sobre todos quantos possam e queiram percebê-las.

Tal é a doutrina da iluminação que Agostinho legou à filosofia cristã, de cuja tradição ela entrou a fazer parte inseparável. Agostinho elaborou-a sob o influxo de Platão, de Plotino e Porfírio, não porém sem imprimir-lhe um cunho cristão. Para o nosso mestre, as verdades eternas e imutáveis do mundo espiritual platônico têm sua sede em Deus, que é a Verdade. Não as conhecemos por meio de uma recordação ou "reminiscência" de tipo platônico, mas por uma recordação tipicamente agostiniana, isto é: mediante um ato consciente de interiorização, no qual a razão toma consciência da presença de Deus. É em virtude desta presença divina que a Verdade, ou Deus, se dá a conhecer à razão, mediante a "recordação" que lhe dá acesso à infinidade de Deus.

§ 3. A função do amor na busca de Deus

Do exposto se vê que a prova agostiniana de Deus é um processo gradual de superamento das coisas, tendo por remate o contato com Deus no mais íntimo da consciência. Nessa altura defrontamo-nos com uma nova pergunta: Por que razão o espírito humano se vê obrigado a este longo caminho? O fato da prova da existência de Deus se transforma em problema. A teoria do conhecimento reclama uma ética do conhecimento.

---

93. De Trinit. XIV, 15, 21; 1052.

I. A inquietação da alma em busca de Deus

Todo desejo de saber e todo esforço de conhecer é uma espécie de amor[94]. Mas como se há de amar e procurar o desconhecido?

1. O problema da busca

Agostinho admite que não se pode amar o que se desconhece: "*nam quod quisque prorsus ignorat, amare nullo pacto potest*". Por outro lado, não se procura senão o que se ama. Mas que espécie de amor é este que impulsiona aos que desejam saber?[95]

Suponhamos que alguém queira adquirir certo conhecimento e se esforce sinceramente neste sentido. Trata-se de um processo aparentemente simples; na realidade, porém, defronta-se-nos aqui um grande problema. Com efeito, o simples desejo de conhecer uma coisa já pressupõe algum saber prévio dela: do contrário nem sequer se pensaria em procurá-la. Mas, se já a conhece, por que ainda a procura? Ponhamos um exemplo: Alguém ouve pela primeira vez a palavra *temetum*. Vem-lhe o desejo de saber-lhe o sentido; o que é um sinal de que este lhe é desconhecido. Entretanto, ele sabe, ou ao menos supõe, que aquela palavra é um sinal e, consequentemente, que as três sílabas que a compõem têm um sentido. Logo, já dispõe de algum saber, pois conhece o significado de "conhecer" e de "sentido"; e o amor a este saber o instiga a procurar o sentido da palavra. Portanto, ele procura por amor a um saber que já possui[96].

Objeta-se que é possível procurar alguma coisa sem qualquer motivo determinado, pois há homens que buscam pelo simples prazer de procurar. Tais homens são conduzidos exclusivamente pelo amor ao saber: são apenas "curiosos", e não "estudiosos". Mas nem por isso se há de dizer que amam o desconhecido enquanto desconhecido, pois todos os homens aborrecem a ignorância e aspiram ao saber. Querer saber o que se desconhece não significa amar o desconhecido, mas querer que este se torne conhecido. Numa palavra, significa ter amor ao saber: "*non enim frustra ibi est positum scire: quoniam qui scire amat incognita, non ipsa incognita, sed ipsum scire amat. Quod nisi haberet cognitum, neque scire se quisquam posset fidenter dicere neque nescire*"[97].

É claro, pois, que ninguém ama o desconhecido. Para poder tender a um objeto é necessário que a alma já possua dele uma representação prévia, por vaga ou confusa que seja. Ela forja em seu interior uma figura daquilo que deseja atingir. E o que é mais: ela tem amor a esta imagem, a ponto de sentir-se desiludida se o objeto for disconforme àquela imagem ideal. Portanto, nós amamos o desconhecido no conhecido.

---

94. De Trinit. IX, 12, 18; 972.
95. Ibid., X, 1; 971s.
96. Ibid., 1, 2; 972s.
97. Ibid., 1, 3; 974.

Se o objeto corresponder à nossa expectativa não dizemos: agora, enfim, quero te amar, e sim: eu já te amava: *"iam te amabam"*[98].

2. Em busca da alma

Poder-se-á dizer a mesma coisa da nossa alma? A rigor, a alma deveria conhecer-se a si mesma. O entendimento, com efeito, está em condições de saber que vive, que busca, que pensa. Sendo a alma um puro espírito e inteiramente simples, ela deve conhecer-se totalmente ao atingir qualquer uma de suas operações[99]. Mas, se assim é, por que recebemos o preceito de nos conhecermos a nós mesmos? E por que a alma se busca a si mesma?

Este preceito não significa que devamos procurar primeiro a nossa alma, e, sim, que devemos aprender a ajuizar corretamente dela e da nossa natureza, a fim de tomarmos o lugar que nos compete no conjunto das coisas: acima das que estão confiadas ao nosso governo e abaixo das que reclamam a nossa sujeição. Infelizmente a má concupiscência e a soberba levam o espírito a esquecer-se de si mesmo, devido aos seus apetites malsãos e desordenados. Contempla interiormente certas coisas belas numa essência mais nobre, que é Deus, e atribuindo-as a si mesmo, aparta-se de Deus e precipita-se de abismo em abismo, enquanto crê elevar-se mais e mais. E, uma vez iniciado este movimento, ele já não encontra satisfação em coisa alguma. Na sua indigência entrega-se desordenadamente às suas próprias atividades (às sensações) e aos seus deleites inquietos. E assim cai numa espécie de vertigem, lançando-se desenfreadamente sobre as coisas sensíveis, com as quais passa a identificar-se. Tão grande é o poder do amor que, à força de ocupar-se por longo tempo e com afeto das coisas temporais, o pensamento acaba por fazer-se uma só coisa com elas: *"et quia illa corpora sunt, quae foris per sensus carnis adamavit, eorumque diuturna quadam familiaritate implicita est, nec secum potest introrsum tamquam in regionem incorporeae naturae ipsa corpora inferre, imagines eorum convolvit, et rapit factas in semetipsa de semetipsa..."*[100]

Finalmente a alma se esquece inteiramente de si mesma e perde a consciência do seu eu mais nobre; o próprio Agostinho o experimentara na ingenuidade do seu materialismo. Chega-se ao ponto de crer que a alma é um corpo[101]. Assim Agostinho explica a gênese do materialismo.

Estamos agora em condições de responder à pergunta relativa ao sentido da expressão: a alma busca-se a si mesma. Trata-se antes de uma tarefa da vontade e do amor que do entendimento. É necessário que a vontade comece por desfazer-se da falsa imagem sensível que se lhe apegou tão intimamente: *"cum igitur ei praecipitur ut se ipsam cognoscat, non se tamquam sibi detracta sit quaerat, sed id quod sibi addidit detrahat"*[102]. É necessário sofrear a vontade dissipada e orientá-la para a própria alma: *"ita videbit quod numquam se non amaverit, numquam nescierit: sed aliud secum amando cum eo se confundit et concrevit quodam modo"*[103].

---

98. Ibid., 2, 4; 974s.
99. Ibid., 3-4; 975s.
100. De Trinit. X, 5, 7; 977.
101. Ibid., 7, 9; 978s.
102. Ibid., 8, 11; 979.
103. Ibid., 980.

3. Em busca de Deus

Agora vemos também a razão da nossa busca de Deus, embora Ele esteja tão próximo de nós. É a mesma que nos leva a buscar a alma: a dificuldade que temos em nos recolher: "Eis que habitáveis dentro de mim, e eu lá fora a procurar-vos!... Retinha-me longe de Vós aquilo que não existira se não existisse em Vós"[104].

Reflete-se nestas palavras a amarga experiência do próprio Agostinho. A leitura do "Hortênsio" de Cícero o despertara da tranquila despreocupação de sua juventude. Começou a aspirar pela única sabedoria capaz de lhe trazer a felicidade. Do Hortênsio passara a Manés, de Manés a Plotino, e por fim, de Plotino a Paulo e a Cristo. Esta busca traduz uma inquietação latente, que chegou ao seu termo na descoberta da verdade. A inquietação deu lugar à paz, a agitação à tranquilidade e à felicidade inerentes à posse da verdade: *"Beata quippe vita est gaudium de veritate"*[105]. Descobrir a verdade é descobrir a felicidade.

Mas como poderíamos amar a verdade e a felicidade se não tivéssemos algum conhecimento delas? Pelo que devem encontrar-se ali onde já havíamos descoberto a verdade, isto é, na memória: *"quae, quoniam res est, quam se expertum non esse nemo potest dicere, propterea reperta in memoria recognoscitur, quando beatae vitae nomen auditur"*[106].

De forma que o amor encontra o seu objeto no mesmo sítio em que já a razão o descobrira: no mais íntimo da alma, onde a memória se abre para Deus e onde mora a verdade. Na doutrina de Agostinho, a metafísica é inseparável da ética.

4. Deus presente na alma

A presença inefável de Deus na alma vem expressa em várias fórmulas:

Deus nos é mais íntimo que o nosso próprio íntimo: "Tu autem eras interior intimo meo et superior summo meo"[107].

Deus rege a alma sem qualquer intermediário: "nulla natura interposita praesidet". Não é pelos corpos, nem pela natureza, que o espírito encontra a Deus; depara-o no mais íntimo da alma[108]. De todas as criaturas, a alma é a que mais se achega de Deus: *"animam humanam non esse quod Deus est, ita praesumendum, nihil inter omnia quae creavit esse Deo propinquius"*[109].

Deus vive ocultamente na alma: "secretissime et praesentissime"[110]. Graças à sua presença total, Deus se encontra mais próximo de nós que o nosso próprio corpo[111]; donde a sua ação fecundante sobre a alma, e, em particular, sobre o pensamento: *"Deus lumen cordis mei et panis oris intus animae meae, et virtus maritans mentem meam et sinum cogitationis meae"*[112].

Deus é a vida da alma. Deus é para a alma o que a alma é para o corpo: *"vita vitae meae"*[113]; *"iam tu melior es, tibi dico anima, quoniam tu vegetas molem corporis tui praebens*

---

104. Conf. X, 27, 38; 255, 12s.
105. Ibid., 23, 33; 252, 13.
106. Ibid., 21, 31; 251, 14s.
107. Conf. III, 6, 11; 53, 10.
108. De diversis quaest. 83, q. 54; t. 40, 38.
109. De quant. an. 34, 77; 1077.
110. Conf. I, 4, 4; 3, 20.
111. De Gen. ad litt. 5, 16; 159, 20s.
112. Conf. I, 13, 21; 18, 18s.
113. Conf. VII, 1, 2; 141, 24.

ei vitam, quod nullum corpus praestat corpori, Deus autem tuus etiam tibi vitae vita est"[114]. Por esta razão Deus é a fonte do movimento, da vida e da felicidade da alma humana: "*Quocirca ut vita carnis anima est, ita beata vita hominis Deus est*"[115].

II. A sabedoria cristã

Não existe acordo entre as escolas filosóficas sobre a fonte da felicidade; todas porém pretendem conduzir-nos à beatitude. No seu livro *De philosophia*, Varrão – a quem Agostinho toma por guia na presente exposição – divide as escolas filosóficas segundo as suas respectivas posições neste assunto. Algumas buscam o sumo bem unicamente nas coisas corporais. Outras procuram-no exclusivamente na alma. Outras, ainda, o repõem tanto naquelas como nesta. Destas três posições puderam deduzir-se todas as seitas filosóficas, não só as que atualmente existem, como também as que são possíveis, num total de 288. Existem, pois, 288 opiniões divergentes sobre os meios conducentes à felicidade, e 288 opiniões convergentes sobre o fim[116]. Donde se conclui que a filosofia é a ciência da felicidade: "*philosophiam quae se docere aliquid profitetur, unde fiant homines beati*"[117].

1. A razão superior e a razão inferior

A busca da sabedoria implica a busca do saber. Contudo, a sabedoria não equivale simplesmente ao saber, visto que nem todo saber conduz à felicidade. A sabedoria é a busca daquele saber que, por sua própria natureza, torna feliz a quem o cultua. Não assim a "ciência": esta visa algum outro fim, e não a felicidade. Na base dessa distinção Agostinho discerne duas atitudes cognoscitivas, fundamentando assim a doutrina da "ratio superior" e "inferior", que tão grande influência irá exercer na Idade Média.

Há em nós um "homem interior" e um "homem exterior". O homem exterior constitui-se de tudo aquilo que temos em comum com os animais, e o interior, do que temos de propriamente humano. A vida, as sensações, as imagens e as recordações fazem parte do homem exterior. Mas o espírito humano também julga as sensações e mede os corpos e as figuras, para o que dispõe de "razões eternas". É aqui que deparamos a forma pensante propriamente dita, a "mens", o homem interior, na acepção precisa do termo[118]. Em sua espiritualidade pura, portanto, o homem se abre para as Ideias; simultaneamente, porém, tem de voltar a atenção para as coisas externas, a fim de apreendê-las e servir-se delas. Num e noutro caso é a mesma razão que atua.

Estas duas atitudes cognoscitivas já vêm adumbradas na criação da mulher: ao criar o homem Deus lhe deu uma companheira tirada do corpo dele. Assim se originou o primeiro casal humano: o varão e a mulher; embora sejam dois em número, são um na mesma carne. De modo semelhante, o pensar puro necessita de uma ajuda que atenda às necessidades tempo-

---

114. Conf. X, 6, 10; 234, 1s.
115. De civ. Dei XIX, 26; 420, 27.
116. De civ. Dei XIX, 1; 363, 24s.
117. Ibid., XVIII, 39; 330, 11.
118. De Trinit. XII, 11; 998.

rais, para que ele possa dedicar-se inteiramente à contemplação. Este auxílio só pode provir dele mesmo, só pode ser alma e pensamento, embora se destine a funções de outra ordem. Estamos na presença de duas funções de um só espírito: *"duo in mente una"*[119]. A razão superior e a razão inferior são, pois, dois "ofícios" diferentes de uma mesma alma: *"cum igitur disserimus de natura mentis humanae, de una quadam re disserimus, nec eam in haec duo quae commemoravi, nisi per officium geminamus"*[120].

Estes dois ofícios da alma exigem uma escolha. A alma que optar pela razão superior transcende-se a si mesma e tende para aquilo a que está sujeita e a cujo julgamento deve submeter-se; numa palavra, ela tende para aquilo que independe de sua própria individualidade: o universal. Renunciando-se atinge sua própria perfeição. A que se volta para as coisas sensíveis, ao contrário, escolhe o que lhe é inferior, o que lhe traz proveito e vantagem, o que pode adquirir e possuir, o que serve aos seus interesses pessoais. – Como se vê, toda opção pelas Ideias orienta a alma para o divino e o universal. Toda opção pelas coisas orienta-a para o criado e o individual.

Se esse movimento para o criado não se sujeitar ao eterno, e persistir em buscar egoisticamente os próprios interesses, ele acabará por divorciar-se da razão superior. E é nisso que consiste a cobiça, esta *"raiz de todos os males"* (1Tm 6,10). Esse movimento é cobiça porque se antepõe aos outros e recusa tomar o lugar que Deus lhe destinou. O homem que cede a esta tendência vê em sua própria pessoa o fim de tudo e entra em conflito com todos os outros. Para essa luta ele dispõe de uma arma de sua propriedade: o seu corpo. Este lhe serve de meio para assenhorear-se de tudo o mais por meio da percepção das coisas, cujas imagens vai armazenando no seu interior, para alimentar-se delas. Nesse tesouro ele chafurda como num marasmo de prazeres carnais. Sendo que nada tem de próprio, salvo o seu corpo, o homem só pode apropriar-se daquilo que lhe é proporcionado pelo corpo. Por isso a sua alma se entenebrece e se enloda numa espécie de fornicação espiritual que tem por sede a fantasia (*phantastica fornicatio*[121]). Esta impureza reside na própria alma, e devido à sua natureza totalmente interior, facilmente passa despercebida. Seu fruto, porém, é manifesto: é a ciência. O saber pelo prazer de saber, o experimentar pelo prazer de experimentar, o locupletar-se de imagens e ideias sensíveis, com o fim de avantajar-se, de desfrutar desses tesouros e de servir-se deles numa espécie de contemplação vaidosa: tal é a atitude própria do homem que busca a ciência pela ciência[122].

Como se vê, tudo principia pela soberba; a soberba gera a cobiça, que se utiliza do corpo como instrumento. O objeto do corpo são os outros corpos, as coisas temporais e passageiras. O resultado é a ciência, ou seja, o conhecimento e a utilização das coisas por elas mesmas.

2. A sabedoria

O caminho oposto conduz a alma às razões e leis eternas, imutáveis e necessárias. Ali ela depara com algo comum a todos. A contemplação das razões e leis eternas, porém, pressupõe que a alma humana renuncie à soberba, pois ninguém pode atingir tal contemplação sem sujeitar-se àquelas mesmas leis; e com isso, ela pratica o ato de hu-

---

119. De Trinit. XII, 3, 3; 999s.
120. Ibid., 4, 4; 1000.
121. Ibid., 9, 14; 1006.
122. Ibid., 10, 15; 1006.

mildade por excelência. Portanto, a humildade é o começo da sabedoria. E a sabedoria é a contemplação das coisas eternas e imutáveis. Eis a tarefa propriamente dita da razão superior.

E assim somos reconduzidos à nossa prova de Deus, tal como a deparamos no De libero arbítrio: "*Quid igitur aliud agimus, cum studemus esse sapientes, nisi ut quanta possumus alacritate, ad id quod mente contingimus, totam animam nostram quodammodo colligamus, et ponamus ibi atque stabiliter infigamus; ut non iam privato suo gaudeat quod implicavit rebus transeuntibus, sed exuta omnibus temporum et locorum affectionibus apprehendat id quod unum atque semper est?*"[123] E mais adiante: "Ai daqueles que te abandonam a ti, que és seu guia, e se põem a vaguear pelos teus vestígios, que amam os teus acenos em vez de amar-te a ti mesma, e se esquecem dos teus ensinamentos, ó luz dulcíssima, sabedoria da alma pura! Tu não cessas, com efeito, de insinuar-nos qual é tua natureza e tua grandeza, e que é nos teus vestígios que está toda a formosura das criaturas"[124].

3. A função da ciência na sabedoria

Sem a sabedoria a ciência é uma como impureza da alma. Por outro lado, não é possível haver sabedoria sem ciência. Pois sem algum conhecimento das coisas inferiores não poderíamos conformar a nossa vida com as virtudes: "*sine scientia quippe nec virtutes ipsae, quibus recte vivitur, possunt haberi*"[125]. A ciência é a arte que nos ajuda a fazer bom uso das coisas temporais: "*Distat tamen ab aeternorum contemplatione actio, qua bene utimur rebus; et illa sapientiae, haec scientiae deputatur*"[126]. Quais as relações recíprocas entre ambas?

a) Entre a sabedoria e a ciência há uma relação harmônica, suposto que se viva de acordo com a vontade de Deus. A ciência é obra da razão inferior, e a sabedoria, da razão superior. Aquela se assemelha à mulher, e esta ao homem. Como o homem e a mulher vivem num matrimônio visível e corporal, assim as duas razões vivem num matrimônio invisível e espiritual. Pois bem: sabemos o que sucedeu aos dois primeiros seres humanos no paraíso: a serpente, que não comia da fruta da árvore proibida, incitou a mulher a prová-la; a mulher, por sua vez, seduziu o homem, embora só ela tivesse falado à serpente. Algo de parecido se passa no matrimônio espiritual da razão superior com a razão inferior. A razão inferior, ou *ratio scientiae*, encontra-se mais próxima aos sentidos do corpo, e por isso é facilmente seduzida pelos prazeres sensíveis e tende a deleitar-se neles como num bem próprio e privado. E assim come da fruta proibida, podendo mesmo induzir a razão superior a imitá-la, isto é, a consentir em fazer mau uso das coisas sensíveis[127].

Por onde se vê qual deve ser a relação entre as duas razões. Tal relação só é correta se a ciência, adquirida pela razão inferior a partir das coisas externas, se nortear para o seu verda-

---

123. De lib. arb. II, 16, 41; 1263.
124. Ibid., 43; 1264,
125. De Trinit. XII, 14, 21; 1009.
126. Ibid., 22; 1009.
127. De Trinit. XII, 12, 17; 1007s.

deiro fim: o bem supremo. O que só é possível sob a direção da razão superior, que deve sujeitar-se às coisas eternas pela sabedoria[128].

b) A ciência é um auxílio indispensável à sabedoria. A poucos homens é dado alcançar a sabedoria pura com o olhar da inteligência, e mesmo quando a alcançam, não conseguem demorar-se na sua contemplação por muito tempo, pois ela os cegaria com seu esplendor[129]. É com a ajuda da ciência que este ato místico se torna possível. É ela que recolhe as experiências tidas por ocasião dele, confiando-as à memória, onde o espírito se põe a refletir sobre elas, para tornar a elevar-se à contemplação das ideias. Dá-se aqui algo de semelhante ao que sucede ao ouvirmos uma bela melodia; embora deslize no tempo, é só no silêncio que lhe percebemos a harmonia intemporal ou "numerositas". O que é percebido pelo olhar do espírito permanece guardado na memória, o que nos permite ruminá-lo pela recordação. O que assim se aprende vem a tornar-se um saber duradouro. E a partir dele podemos elevar-nos, uma vez mais, à arte eterna[130].

c) Quais são as ciências úteis à sabedoria? Responder-se-á que, em rigor, toda ciência pode ser útil à sabedoria, encontrando assim o seu lugar no ideal agostiniano da sabedoria. Em todo caso, Agostinho julgou oportuno traçar um programa detalhado daquilo que o cristão deve saber. Antes de tudo, como é natural, ele deve conhecer a Escritura. Igualmente as línguas latina, grega e hebraica, sem as quais não teria acesso aos textos originais dos livros sagrados[131]. Outrossim, deve conhecer as criaturas que exercem qualquer função nas Escrituras, pois do contrário não perceberia o simbolismo dos minerais, das plantas, dos tempos e dos lugares[132]. É preciso conhecer também as leis dos números, a fim de compreender-lhes o significado místico[133]. Além disso, o cristão deve instruir-se na ciência astronômica, não porém nas doutrinas supersticiosas dos astrólogos[134]. No domínio das artes mecânicas bastam alguns poucos conhecimentos, em cuja aquisição, aliás, não é necessário demorar-se muito, embora também eles tenham sua utilidade para a compreensão da Escritura[135]. Muito útil (*plurimum valet*) é a história profana, ainda que não se costume ensiná-la na Igreja. Com efeito, não se pode entender a história da redenção sem relacioná-la com a história universal[136]. Mesmo a Dialética oferece grandes vantagens: "*sed disputationis disciplina ad omnia genera quaestionum, quae in litteris sanctis sunt penetranda et dissolvenda, plurimum valet*"[137].

Portanto, Agostinho não exclui nenhuma ciência genuína ou não supersticiosa. Muito ao contrário, todas elas podem ser cultivadas por quem aspira à sabedoria cristã, suposto sempre que se atenha à regra áurea do *ne quid nimis*. Assim é que até a educação física encontra lugar, embora bem modesto, dentro do programa agostiniano[138].

O que se disse das ciências particulares vale igualmente para a filosofia, nomeadamente a platônica, pelo menos na medida em que soube descobrir verdades condizentes com a fé. Em lugar de temê-la, deveríamos tomá-la aos seus detentores ilegítimos e aproveitar-nos dela. Com isso Agostinho aborda o velho tema da espoliação dos egípcios pelos hebreus, que se apodera-

---

128. Ibid., e 13, 21; 1009.
129. Ibid., 14, 23; 1010.
130. Ibid., 14, 23; 1010s.
131. De doctr. christ. II, 11, 16; t. 34, 42.
132. Ibid., 16, 24; 47.
133. Ibid., 36, 25; 48. – 38, 56-57; 61.
134. Ibid., 30, 47; 57.
135. Ibid.
136. Ibid., 28, 42ss.; 55s.
137. Ibid., 31, 48ss.; 57ss.
138. Ibid., 39, 58; 62.

ram dos vasos de ouro e prata dos seus opressores. Aliás, como Agostinho observa numa interessante nota histórica, eles não foram os únicos a proceder assim: *"nonne aspicimus quanto auro et argento et veste suffarcinatus exierit de Aegypto Cyprianus doctor suavissimus et martyr beatissimus? quanto Lactantius? quanto Victorinus, Optatus, Milarius, ut de vivis taceam? quanto innumerabiles Graeci? Quod prior ipse fidelissimus Dei famulus Moyses fecerat, de quo scriptum est quod eruditus fuerit omni sapientia Aegyptiorum* (Act 7,22)"[139].

Não se exige, pois, que renunciemos ao cultivo da ciência. Todavia, o primeiro dever da moral agostiniana é restaurar a unidade da vida espiritual e subordinar as ciências particulares ao ideal da sabedoria. Esta não inclui apenas a ciência: nela a caridade e a razão se confundem numa só vida feliz.

C. O universo

As ideias cosmológicas de Agostinho nasceram em parte da sua reação contra o dualismo materialista dos maniqueus, e em parte da sua resistência às ideias necessitaristas e emanatistas do neoplatonismo. A estas duas teorias Agostinho contrapõe a doutrina cristã da criação.

§ 1. O Deus Criador

Todas as criaturas, inclusivamente as humanas, são simples degraus da escada que sobe a Deus. A doutrina agostiniana da sabedoria já permite entrever que na esfera criatural não há lugar para a pesquisa tomada como um fim em si mesmo. Pesquisa desta índole não passaria de uma forma condenável de curiosidade. O estudo das criaturas deve subordinar-se ao último fim: o conhecimento e o amor de Deus. Quando interrogadas sobre Deus, as criaturas, até as mais humildes, respondem a uma voz: não somos Deus; foi Ele quem nos criou; busca-o acima de nós[140].

I. Deus

No começo de todos os seres está Deus, o sumo ser concebível. Os homens podem errar acerca de sua natureza; mas todos estão acordes em afirmar que Deus é algo em comparação do qual nada se pode pensar de melhor ou mais sublime: *"nam cum ille unus cogitatur deorum Deus, ab his etiam qui alios et suspicantur et vocant et colunt deos sive in caelo sive in terra, ita cogitatur, ut aliquid quo nihil melius sit atque sublimius conetur attingere"*[141].

1. Sua incompreensibilidade

Embora saibamos que Deus existe, e que é a Verdade suprema e o fim último a que aspira a nossa vontade, não nos é dado compreendê-lo.

---

139. Ibid., 40, 60s.; 63.
140. Conf. X, 6, 9; 232, 12s.
141. De doctr. christ. I, 7, 7; t. 34, 22.

Nenhum dos nomes que atribuímos a Deus e nenhuma das expressões que lhe aplicamos é capaz de exprimir-lhe a essência. Mesmo quando dizemos que é inefável estamos usando uma expressão inadequada. No que respeita a Deus, o silêncio é preferível à palavra: *"quae pugna verborum silentio cavenda potius quam voce pacanda est"*[142]. Agostinho chega a declarar que o único conhecimento que a alma tem de Deus é o saber como não o sabe: *"cuius (parentis universitatis) nulla scientia est in anima nisi scire quomodo eum nesciat"*[143].

Todos os nossos conceitos derivam das criaturas corporais ou espirituais, e por isso se aplicam primariamente às coisas mutáveis e temporais. De certo, é lícito aplicá-los a Deus, visto que a própria Escritura o faz. Mas não se deve perder de vista que nenhum desses conceitos representa Deus tal qual Ele é.

Por outro lado, seria exagero afirmar a impossibilidade até mesmo de um conhecimento aproximativo de Deus. Tal conhecimento é possível, contanto que respeite as leis do ser e da razão. É certo, por exemplo, que Deus está isento de toda contradição. Seria erro afirmar que Deus tem cor; entretanto, a cor se encontra pelo menos nas criaturas. Erro mais grave seria dizer que Deus se gera a si mesmo, visto que até no domínio criatural tal afirmação é contraditória[144].

Assim Deus transcende o nosso entendimento na mesma proporção em que transcende o nosso ser. O entendimento só o vê como num espelho e de modo indistinto. Todos os nossos pensamentos e conceitos apontam para além de si mesmos e para algo que não logram exprimir[145].

Mas é justamente esta incompreensibilidade que nos incita a buscá-lo. Uma vez descoberta a existência de Deus, o nosso amor anseia por erguer o véu dos mistérios divinos: *"nam et quaeritur ut inveniatur dulcius, et invenitur ut quaeratur avidius"*[146].

2. As propriedades de Deus. Sua absoluta simplicidade

Todos os nossos conceitos se debilitam à medida que se aproximam da realidade divina, que apenas conseguem lobrigar; não obstante, eles nos dizem algo sobre Deus. Embora não nos façam saber o que Deus é em si mesmo, eles pelo menos nos informam sobre o que Ele é em relação às criaturas.

Quando comparamos as criaturas entre si logo descobrimos a existência de graus de perfeição, bem como de certos contrastes, que se relacionam uns aos outros como o bem ao mal. Não hesitamos em dar preferência ao que é bom e mais perfeito. E como antepomos o Criador a todas as coisas criadas, forçoso é confessar que Ele possui a vida em sumo grau, que conhece e compreende tudo, que não pode morrer, nem corromper-se, nem mudar; que não é corpo e sim espírito: o mais poderoso, justo, belo, ótimo e feliz de todos os espíritos[147].

De todos os conceitos aplicáveis a Deus, os mais importantes são os de "esse", "est" e "essentia". Deus é, simplesmente, sem qualquer limitação no tempo ou na perfeição. Não foi sem razão que se deu a conhecer a Moisés com as palavras: *"Ego sum*

---

142. Ibid., 6, 6; 21.
143. De ordine 2, 18, 47; 180, 16s.
144. De Trinit. I, 1, 1-2; 819s.
145. Ibid., V, 1, 2; 912.
146. Ibid., XV, 2, 2; 1058.
147. Ibid., 4, 6; 1061.

qui sum" e "*Qui est*". Sendo Deus o ser absoluto, ou a plenitude do ser, nada pode aumentar-lhe a perfeição nem causar-lhe a menor mudança: deve existir de maneira absolutamente imutável e simples[148].

Se Deus é a plenitude do ser na simplicidade, é claro que todas as nossas determinações e enunciados, apesar dos seus significados diferentes, devem exprimir a mesma realidade, quando aplicadas a Deus. Chamamo-lo eterno, imortal, imperecível, imutável, vivo, sábio, poderoso, belo, justo, bom, feliz, espírito; nenhum desses adjetivos, porém, é atribuído a Deus à maneira de propriedade; todos são predicados dele segundo a substância ou essência. Estes doze enunciados podem dividir-se em três grupos. Em cada um deles, um dos quatro predicados serve de base para os restantes. E como os doze podem ser reduzidos a três, assim esses três podem, por sua vez, reduzir-se a um só; e este exprime uma e a mesma realidade[149].

II. O Criador

Deus habita uma luz inacessível que transcende todo entendimento humano. É o originador de tudo quanto existe. Volvendo o olhar às realidades empíricas, verificamos que todas são mutáveis: tendem, sem exceção, à degeneração e ao nada. O que é prova de que não possuem a maneira mais perfeita possível do ser (*non summe sunt*), mas que existem em dependência de uma realidade imutável e perfeitíssima. Em outros termos, são feitas e conservadas pela sabedoria e bondade de Deus[149a].

Que significa a afirmação: Deus fez todas as coisas? Em outras palavras: qual é o significado da expressão: "Deus é o Criador do céu e da terra"?

1. A criação do nada

Deus fez as coisas do nada – não da sua substância, mas por seu poder; nem de alguma matéria pertencente a outrem ou anterior às coisas produzidas. As coisas foram feitas de matéria criada por Deus: "*de nihilo enim a Te, non de Te facta sunt, non de aliqua non Tua vel quae antea fuerit, sed de concreata, id est simul a Te creata materia*"[150].

É evidente que as criaturas não podem provir da substância divina. Agostinho ridiculariza a opinião que vê no mundo um ser vivo cuja alma seria Deus[151]. Tampouco o mundo pode ter sido feito de algo coexistente com Deus. Pois o que existe por si mesmo é necessário, e, consequentemente, é Deus, ou oriundo de sua substância. Mas a mutabilidade das criaturas é incompatível com a necessidade. Logo, devem ter sido feitas do nada[152].

---

148. Ibid., V, 2, 3; 912. Cf. VII, 5, 10; 942.
149. Ibid., XV, 5-6; 8-9; 1062s.
149a. De vera Rel. 11, 21ss.; 131ss.
150. Conf. XIII, 33, 48; 385, 7s.
151. De civit. Dei IV, 12-13; 180s.
152. De vera Rei. 18, 35-36; 137.

2. A causa do ato criativo de Deus

A criação é um ato da vontade de Deus. Se bem que a razão desse ato criativo seja a bondade divina, ele não é um efeito necessário dessa bondade. A vontade divina determina-se a si mesma. A criação é, pois, um ato livre de Deus.

Sendo assim, seria absurdo buscar-lhe uma causa ulterior: *"Qui ergo dicit Quare fecit Deus caelum et terram? Respondendum est ei: Quia voluit. Voluntas enim Dei causa est caeli et terrae, et ideo maior est voluntas Dei quam caelum et terra. Qui autem dicit: Quare voluit facere caelum et terram? maius aliquid quaerit quam est voluntas Dei: nihil autem maius inveniri potest. Compescat ergo se humana temeritas, et id quod non est non quaerat, ne id quod est non inveniat"*[153].

Embora incausado, o ato criativo não é contudo o efeito de uma decisão cega ou arbitrária. Também ele tem sua razão, a saber: a própria bondade divina. Três são as coisas que nos importa saber a respeito das criaturas: por quem, de que e por que foram feitas: *"Si ergo quaerimus, quis (creaturam) fecerit Deus est; si per quid fecerit: Dixit, Fiat, et facta est; si quare fecerit: Quia bona est. Nec auctor est excellentior Deo, nec ars efficacior Dei Verbo, nec causa melior quam ut bonum crearetur a (Deo) bono"*[154].

3. A criação e as ideias

Além de ser expressão da vontade e revelação da bondade divina, o ato criativo é também um ato do entendimento e uma revelação da sabedoria de Deus. Antes de serem feitas, as criaturas já existiam ou "viviam" no entendimento divino ou na "arte" divina, sob a forma de ideias.

As coisas, com efeito, têm dupla existência: uma, real, sucessiva à criação, e outra, ideal, no espírito de Deus. Do mesmo modo que um artista humano deve preconceber a obra que vai produzir, assim Deus, o Artista eterno, possui uma ideia prévia de cada criatura em sua "arte eterna"[155]. Esta arte eterna as ideias vivem de uma vida espiritual; denominam-se *"rationes"*, *"formae"* ou *"regulae"*, por serem os protótipos ou modelos originais das coisas que irão ser criadas. O nome de ideias ou formas vem de Platão. Mas, ao passo que este lhes atribuía uma existência separada, Agostinho as faz existir no próprio Deus ou no Verbo divino: *"Sunt namque ideae principales formae quaedam vel rationes rerum stabiles atque immutabiles, quae ipsae formatae non sunt, ac per hoc aeternae ac semper eodem modo se habentes quae in divina intelligentia continentur"*[156].

Todos os seres têm suas ideias exemplares na inteligência divina. E isso vale, não só para as ideias gerais das espécies e dos gêneros, mas para cada indivíduo em particular: *"Singula... propriis sunt creata rationibus"*[157]. É incontestável que Agostinho jamais duvidou de que a cada indivíduo humano corresponde uma ideia particular na inteligência divina[158].

---

153. De Genesi c. Manich. I, 2, 4; t. 34, 175; cf. Ad Orosium c. Pr. et Orig. 1-3; t. 42, 669ss.
154. De civit. Dei XI, 21; 542, 8s.; cf. ibid., 24; 548, 1ss.
155. In Joann. Evang. tract. 2, 1, 16; t. 35, 1387.
156. De diversis quaest. 83, q. 46, 1-2; t. 40, 29s.
157. Ibid., q. 45, 2; 30.
158. Cf. Epist. 14, 4; t. 33, 80.

§ 2. As criaturas

Deus criou todas as coisas do nada, por um ato de sua vontade, e em consonância com suas ideias. Todas as criaturas trazem esse duplo selo de sua origem. Agostinho frisa expressamente esta disparidade: todos os seres são bons porque criados por Deus; e todos implicam certa imperfeição intrínseca porque feitos do nada.

I. As criaturas em geral

1. O tempo

Quando criou Deus o mundo? Diz a Escritura que "no princípio criou Deus o céu e a terra" (Gn 1,1). Logo, o mundo teve um começo; não é, nem pode ser, eterno.

Agostinho admite esta verdade baseado na revelação[159]. Todavia, o grande Doutor da Igreja, perfeitamente consciente da complexidade do problema, abstém-se de fazer afirmações precipitadas. Condena decididamente os que negam a criação do mundo (*Nimis aversi sunt a veritate et letali morbo impietatis insaniunt*); de outro lado, mostra-se compreensivo para com os que creem ser ele criado, mas coeterno com Deus. Pois estes pelo menos erram de boa-fé, por cuidarem dever afastar de Deus toda suspeita de arbitrariedade ou mudança; além disso, querem obviar à objeção dos que perguntam o que Deus fazia antes da criação. De sua parte, Agostinho julga que tal asserção é dificilmente compreensível (*modo quodam vix intelligibili*), e, ademais, ela acarreta as mais sérias dificuldades em matéria antropológica. Agostinho pensa evidentemente na doutrina originista da criação eterna, intimamente relacionada com a preexistência da alma[160]. Há ainda o inconveniente de a prova mover-se num círculo vicioso. Quem quer saber o que Deus fez antes de criar o mundo dá a entender que não percebe a diferença entre tempo e eternidade. A eternidade não comporta qualquer mudança; o tempo, ao contrário, sempre implica alguma alteração. Ora, a mutabilidade faz parte da essência de toda criatura. Logo, o tempo não existe senão para a criatura: "*Quis non videat, quod tempora non fuissent, nisi creatura fieret, quae aliquid aliqua mutatione mutaret, cuius motionis et mutationis cum aliud atque aliud, quae simul esse non possunt, cedit atque succedit, in brevioribus vel productioribus morarum intervallis tempus sequeretur? Cum igitur Deus, in cuius aeternitate nulla est omnino mutatio, creator sit temporum et ordinator: quomodo dicatur post temporum spatia mundum creasse, non video*"[161].

Sendo Deus eterno, ou seja, transcendente ao tempo, e nós outros temporais, é-nos impossível resolver o problema das relações entre o tempo e a eternidade.

Certos filósofos platônicos procedem de maneira leviana e precipitada na solução desse problema: a fim de tornar compreensível a criação do mundo, excogitaram a famosa analogia do vestígio impresso *ab aeterno* na areia. Sendo causado pelo pé, o vestígio permanece impresso na areia, enquanto o pé repousa nela: a causa e o efeito coincidem no tempo. O mesmo

---

159. De Genesi ad litt. imperf. lib. 3, 8; 464.
160. De civit. Dei XI, 4; 515s.
161. Ibid., 6; 519, 6s.

sucederia com a criação do mundo. Deus sempre existiu e criou o mundo desde sempre, mas de tal maneira que o mundo teve um começo ou princípio na ordem ontológica, não porém na ordem temporal. Em outros termos, o mundo seria uma criatura eterna[162].

Este ponto de vista é falso, por confundir o conceito do tempo eterno com o de eternidade. O tempo é essencialmente uma existência parcelada, pois no momento presente o passado já deixou de existir, e o futuro ainda não existe. O presente só pode existir num instante indivisível. Se imaginarmos este instante como algo extenso num certo espaço de tempo, ele tornará a dividir-se, por seu turno, num passado, num presente e num futuro; o momento presente, porém, não tem extensão: *"Praesens autem nullum habet spatium"*[163]. E assim as três dimensões do tempo reduzem-se ao presente, em cuja lembrança o passado ainda vive de algum modo, e em cuja expectativa já vive o futuro. O presente, porém, transcorre sem cessar, a fim de dar lugar a um novo presente. De sorte que o tempo é por essência inconstante e criatural; seu ser consta de instantes indivisíveis, donde ser ele essencialmente diverso da eternidade permanente e imóvel: *"tempus autem quoniam mutabilitate transcurrit, aeternitati immutabili non potest esse coaeternum"*[164].

Em si mesmo, o tempo sempre será algo de enigmático para nós. Toda sua substância se reduz ao instante indivisível, ao presente. Mas o que é indivisível não pode ser mais longo ou mais breve. Como podemos, então, falar num tempo mais longo ou mais breve? E no entanto, nós medimos o tempo! Como porém se há de medir a extensão do passado que já não existe, ou a do futuro que ainda não existe? Para solucionar este problema alguns pensadores identificam o tempo com o movimento. É verdade que assim se elimina aquela dificuldade, mas cria-se outra muito maior. O movimento corporal consiste na passagem de um ponto do espaço a outro; mas esta mudança local é sempre a mesma, irrespectivamente à duração mais ou menos longa do movimento. E mesmo quando um corpo está imóvel pode-se determinar-lhe mais ou menos exatamente o tempo de repouso. Logo, o tempo que mede o movimento, e o movimento que mede o tempo, são duas coisas diferentes. Com que meço, então, o tempo?[165]

Para solucionar essas dificuldades, decorrentes do problema das relações entre o permanente e o transitório, Agostinho recorre à imagem da "distensão" da alma (*distentio animi*).

Esta "distensão" da alma possibilita a coexistência do futuro, do pretérito e do presente; permite também perceber e medir a duração[166]. Tomando-se o tempo em si mesmo, é impossível medi-lo, pois só se medem os tempos passados, que já não existem. A questão toma um aspecto diferente quando se atende à maneira em que o tempo é percebido pela alma. O que já deixou de ser continua a existir na memória, sob a forma de "presença psíquica" (como diríamos hoje), e é isto que nos capacita a medi-lo: *"In te, anime meus, tempora metior"*[167]. O mesmo se dá com o futuro. A alma é, pois, uma atenção extensa e distensa, que continua a reter o

---

162. De civit. Dei X, 31; 502, 25s.
163. Conf. XI, 15, 20; 294, 9s.
164. De civ. Dei XII, 16; 594, 1s.
165. Conf. XI, 26, 33; 303.
166. Ibid., 23, 30; 300 e 26, 33; 303.
167. Ibid., 27, 36; 306, 9.

que vai escoando, e já apreende o que ainda está por vir: e é esta extensão que perdura[168]. Defrontamo-nos assim, mais uma vez, com a luz dos intervalos, já mencionada em nossa análise da percepção sensível.

Por detrás desse problema psicológico oculta-se o problema metafísico. O que está sujeito à sucessão é incapaz de existir simultaneamente. Logo, as coisas são temporais por não poderem realizar de uma só vez todo o seu ser.

2. A matéria e as formas

Por um ato temporal Deus tirou do nada o céu e a terra, isto é, as criaturas invisíveis e visíveis. Por "Terra" deve entender-se, em primeiro lugar, a matéria, criada conjuntamente com as formas.

A matéria não foi criada separadamente das formas. Como as letras são a matéria das palavras, e as palavras, letras formadas, e como umas são inseparáveis das outras, assim Deus teve de criar a matéria já informada[169]. A matéria não pode existir totalmente destituída de forma; quanto mais o espírito se esforça por concebê-la de modo absoluto, ou seja, como pura matéria, tanto mais ele se aproxima da mais absoluta escuridão. É que, em última análise, só a conhecemos desconhecendo-a; não podemos determiná-la senão em termos negativos[170]. Daí o ser ela infinitamente distante de Deus. Em sua atividade criadora, o poder de Deus se detém, por assim dizer, em dois limites extremos, que são, respectivamente: a criação do anjo, o ser mais próximo, e a criação da matéria, o ser mais distante de Deus: "*Tu eras et aliud nihil, unde fecisti caelum* (o mundo dos espíritos) *et terram, duo quaedam, unum prope te, alterum prope nihil, unum quo superior tu esses, alterum, quo inferius nihil esset*"[171].

Para Agostinho, a matéria não se identifica simplesmente com a mutabilidade; com isso se insinua a ideia de uma matéria espiritual. A expressão "matéria espiritual" ocorre, de fato, nos escritos de Agostinho[172]. Todavia, não é fácil determinar até que ponto se deva entendê-la em sentido metafórico, pois por "matéria espiritual" Agostinho entende sobretudo um estado de "informidade", ou seja, de ignorância e miséria, em que se encontra a alma que vive afastada da sabedoria incomutável: "*aversa enim a sapientia incommutabili stulte et misere vivit, quae informitas eius est. Formatur autem conversa ad incommutabile lumen sapientiae, verbum Dei; a quo enim extitit, ut sit utcumque ac vivat, ad illum convertitur, ut sapienter ac beate vivat*"[173].

3. As *rationes seminales* (forças germinativas)

Embora todas as coisas tenham sido criadas simultaneamente por Deus, observamos contudo o surgimento de seres sempre novos. Importa distinguir, por isso, entre as criaturas que foram criadas desde o início na plena perfeição de suas formas, e as que foram apenas "esboçadas".

---

169. De Gen. ad litt. 1, 15; 21, 7s.
170. Conf. XII, 6, 6; 312, 21s.
171. Ibid., XII, 7, 7; 314, 15s.
172. P. ex., De Gen. ad litt. 1, 4; 7, 18.
173. Ibid., 5; 9, 1s.

As criaturas que desde logo receberam sua forma definitiva são: os anjos, o firmamento, a terra, o mar, o ar, o fogo, os astros e, enfim, a alma humana. Os germes originais dos seres vivos, porém – inclusive o corpo de Adão e de todos os outros homens –, foram criados num estado de preformação ainda não desenvolvido. Na filosofia agostiniana estes germes primordiais chamam-se *rationes seminales* ou *causales*, porque neles os seres vivos já se encontram projetados *"invisibiliter, potentialiter, causaliter, quomodo fiunt futura non facta"*[173].

Graças a estas forças germinativas, a terra está como que impregnada de causas evolutivas; ela é um campo cultivado, uma imensa sementeira densamente semeada de grãos aptos a evoluir e a sazonar. A essência das *rationes seminales* é afim à umidade, contém uma determinada energia evolutiva e é semelhante aos números: *"omnia quippe primordia seminum, sive unde omnis caro sive unde omnia fruteta gignuntur, humida sunt et humore concrescunt; insunt autem illis efficacissimi numeri trahentes secum sequaces potentias ex illis perfectis operibus Dei, a quibus in die septimo requievit"*[174].

Do exposto se segue que Agostinho certamente não aprovaria a moderna teoria da evolução, caso a conhecesse. Se por evolução se entende uma alteração ou transformação das espécies, ela é simplesmente incompatível com a doutrina do nosso Doutor, que desconhece qualquer outra origem das espécies que não seja o ato criativo de Deus; neste ato é que se baseia a possibilidade de sua formação[175]. Quando muito, admitiria uma evolução no sentido de as formas seminais ocultas, e criadas por Deus, virem à luz em tempos ou épocas diversas.

A doutrina das forças germinativas traduz uma exigência profunda do agostinismo, a saber, o desejo de restringir o mais possível a atividade criatural, em benefício da atividade divina.

É claro, pois, que a mesma lei que rege a ordem espiritual governa também a ordem material: o que vale não é quem planta, nem quem rega, mas, sim, aquele que faz crescer, isto é, Deus. Os progenitores nada são: é Deus quem forma a prole no seio materno; a mãe, que concebe a prole e a traz no seio, nada é: Deus é quem lhe dá o crescimento. Graças à ação ininterrupta de Deus, as forças germinativas continuam a desdobrar, até hoje, os seus números, fazendo surgir as formas visíveis de suas profundezas ocultas[176]. Em vista disso, Agostinho terá de rejeitar, em princípio, toda "teoria evolucionista" favorável à ideia de um aparecimento de formas novas; as formas se originam, exclusivamente, do ato criativo de Deus.

No mesmo instante da criação do mundo, Deus depositou-lhe no seio um conteúdo espiritual; tudo o que ele contém de real e de possível (em suas forças germinativas) lhe foi comunicado segundo o modelo das ideias. E visto como estas radicam na vida trinitária de Deus, o próprio mundo vem a ser vestígio da Trindade santíssima.

II. O homem

Ao criar do nada as coisas modeladas por suas ideias, Deus conferiu-lhes o ser; não, certamente, toda a plenitude do ser, que só nele existe, mas apenas uma certa participação. Dessa medida diversa de participação no ser decorre naturalmente certa gradação no ser criado: *"aliis dedit esse amplius, aliis minus; atque ita naturas essen-*

---

173. Ibid., 6, 6; 177, 22.
174. Ibid., 5, 7; 150, 10s.
175. Cf. Ds Gen. ad litt. 9, 17; 291, 9ss.
176. Ibid., 9, 15; 287; De Trinit. 3, 8, 14-15; 876s.

tiarum gradibus ordinavit"[177]. No domínio da criação visível, o lugar mais elevado cabe ao ser humano.

1. A natureza do homem

O homem é uma unidade substancial de corpo e alma. Não é infrequente afirmar-se que para Agostinho a essência do homem é uma alma que se utiliza de um corpo; todavia, é fora de dúvida que ele doutrina, clara e reiteradamente, que o homem se compõe de alma e corpo, graças a uma estreita união destes dois componentes, e que só o ser assim composto merece o nome de homem.

Desde os seus primeiros escritos Agostinho insiste energicamente nesse ponto. No *"De beata vita"*, onde se esforça por encontrar a definição do homem, deparamos uma discussão bem característica do pensamento agostiniano. No correr do diálogo, o autor pergunta: Parece-vos evidente que somos compostos de alma e corpo? Todos os interlocutores concordam, à exceção de Navígio, que professa ignorá-lo. No intuito de convencer o cético, Agostinho retorna ao ponto de partida, já conhecido: Sabes, pelo menos, que vives? Navígio: Sei. Agostinho: Portanto, sabes que tens vida? Pois ninguém pode viver a menos que tenha vida. Navígio: Também isto o sei. Agostinho: Sabes que tens um corpo? Navígio assente. Agostinho: Logo, já sabes que és composto de corpo e vida. Navígio concorda, com uma reserva, porém: não sabe se são estes os únicos componentes do homem. Mas Agostinho se dá por satisfeito e prossegue *"Ergo duo ista, inquam, esse non dubitas, corpus et animam: sed incertus es, utrum sit aliud, quod ad complendum ac perficiendum hominem valet"*. E assim todos estão de acordo no tocante ao resultado comum: *"Neque sine corpore neque sine anima esse posse hominem"*[178].

Agostinho sempre se manteve fiel a esta concepção. Também o corpo faz parte da natureza humana. Afirmar o contrário é incorrer num grande disparate: *"quisquis a natura humana corpus alienare vult, desipit"*[179]. Claro está que isto não o impede de ver na alma a parte mais excelente do ser humano. E é por este motivo que – segundo sua expressa declaração – ele por vezes denomina o homem simplesmente de alma, a exemplo da própria Escritura: *"Homo enim, sicut veteres definierunt, animal est rationale, mortale, aut sicut Scripturae nostrae loqui solent (anima)... cum a parte meliore totum appellari placet, id est, ab anima, et corpus et animam, quod est totus homo"*[180].

Quanto àquela "definição", de sabor platônico: *"Homo igitur, ut homini apparet, anima rationalis est mortali atque terreno utens corpore"*[181], importa notar que esta pseudodefinição, tantas vezes mal interpretada, ocorre num contexto de caráter moral.

2. A alma humana

Como parte superior do ser humano, a alma está incumbida de governar o corpo: *"Nam mihi videtur (animus) esse substantia quaedem ratione particeps, regendo cor-*

---

177. De civ. Dei XII, 2; 569, 2s.
178. De beata vita 2, 7; 93s.
179. De anima et ejus origine 4, 2, 3: t. 44, 525. Cf. Sermo 43, 2, 3 e Sermo 150, 4, 5; t. 38, 255 e 810. Cf. tb.: Epist. 238, 2, 12; t. 33, 1042.
180. De Trinit. VII, 4, 7; 939.
181. De Morib. Eccles. Cath. 1, 27, 52; 32, 1332.

pori accommodata"[182]. Pessoalmente, porém, Agostinho se interessa mais pelo problema da espiritualidade da alma do que pelo de sua substancialidade.

a) Sua espiritualidade – Durante o período maniqueísta, Agostinho tomara viva consciência do problema da espiritualidade da alma. Pouco após a conversão (388) consagrou-lhe um livro inteiro, intitulado *De quantitate animae*. Dialogando com seu amigo Evódio, enfrenta o problema de maneira muito típica. De início, o ex-racionalista exprime sua submissão incondicional à autoridade da fé. Contudo, o investigador apaixonado não se dá por satisfeito com a simples crença: exige compreensão daquilo que crê[183].

Em primeiro lugar, prova que é necessário afastar da alma a corporeidade, e com ela, toda e qualquer espécie de extensão quantitativa. Numa longa exposição sobre os pontos, as linhas e as superfícies matemáticas, Agostinho mostra que a alma percebe objetos completamente incorporais[184]. Donde se conclui que a alma não pode ser corporal, nem extensa[185].

Com a prova de que a alma é incorporal e isenta de toda determinação corpórea, já está provada, negativamente pelo menos, a sua imaterialidade. Mas será possível enunciar também algo de positivo sobre esta imaterialidade? A fim de responder a esta pergunta, Agostinho recorre ao saber imediatamente evidente que temos de nossa alma. Esta se apreende a si mesma, de modo imediato, como espírito dotado de atividade cognoscitiva, rememorativa e volitiva. No mesmo momento em que compreende o significado do preceito: "Conhece-te a ti mesmo", o espírito toma conhecimento de si, pela simples razão de estar presente a si mesmo: "*Cognosce te ipsam, eo ictu quo intelligit quod dictum est, Te ipsam, cognoscit seipsam; nec ob aliud, quam eo quod sibi praesens est*"[186].

Por isso a alma sabe o que é e o que não é. Mas não do mesmo modo. O que é, ela o apreende em seu próprio interior, graças a uma presença íntima e real, e não simplesmente imaginária. O que não é, ela só pode "imaginá-lo", por meio da representação das imagens de coisas corporais[187].

b) Sua origem – Agostinho permaneceu indeciso quanto à origem da alma, embora se possa afirmar que por fim propendeu mais para o chamado criacionismo. Está persuadido que a alma não procede da substância divina, visto ser uma criatura[188]; que não evoluiu da matéria nem de uma alma animal[189]; que nenhuma alma preexistiu ao corpo[190]; e, enfim, que nenhuma alma é formada de uma suposta substância imaterial, produzida no começo da criação[191]. Diante disso, restam apenas quatro possibilidades: a alma seria transmitida pelos pais; mas esta suposição dificulta a salvaguarda da personalidade humana. A alma seria criada imediatamente por Deus no momento de sua união ao corpo; o que torna difícil a explicação do pecado original. As almas teriam sido feitas no princípio da criação, para serem infundidas nos respectivos corpos

---

182. De quantit. an. 13, 22; 1048.
183. Ibid., 7, 12; 1041s.
184. Ibid., 8, 13-13, 22; 1042-1047.
185. Ibid., 14, 23; 1048.
186. De Trinit. X, 9, 12; 980.
187. Ibid., 10, 16; 982.
188. De Gen. ad litt. 7, 3-4; 202s.
189. Ibid., 9; 207.
190. Epist. 166, 9, 27; t. 33, 732.
191. De Gen. ad litt. 7, 22-23; 221s.

pelo próprio Deus (terceira possibilidade), ou espontaneamente (quarta possibilidade); mas nestes dois últimos casos, seria difícil reconhecer a razão da união entre alma e corpo[192].

Nas Retratações Agostinho confessa, sinceramente, as suas hesitações entre o criacionismo e o traducianismo: "*Nam quod attinet ad eius (animi) originem, qua fit, ut sit in corpore, utrum de illo uno sit, qui primum creatus est, quando factus est homo in animam viventem, an similiter ita fiant singulis singuli, nec tunc sciebam nec adhuc scio*"[193].

c) Sua imortalidade – Agostinho nunca teve a menor dúvida acerca da imortalidade. Conhece e faz uso das provas do Fédon de Platão, acomodando-as à sua própria orientação. O argumento mais característico baseia-se na verdade e, em última análise, na própria dúvida.

Nos *Solilóquios* a prova da imortalidade parte da verdade. Como portadora da verdade imperecível, a alma deve ser igualmente imperecível[194]. Objeta-se que, se tal é o caso, basta que a alma erre para destruir-se a si mesma; para Agostinho, porém, um tal argumento é contraditório, pois a alma só pode errar sob a condição de ser viva: "*at nisi qui vivit, fallitur nemo. Non igitur falsitas interimere animum potest*"[195]. A verdade é tão indestrutível que nem mesmo o seu oposto, o erro, é capaz de destruí-la; o mesmo vale para a alma.

Por detrás deste argumento, que aparece apenas esboçado, oculta-se a noética agostiniana. A alma está imediatamente unida à verdade divina. Nela se reflete, como num espelho, a verdade eterna, e nisso está a garantia de sua imortalidade. Em oposição ao corpo, em que há uma participação meramente passiva da verdade, e ao mundo material em geral, que só a imita até certo ponto, a alma participa ativamente da verdade eterna e imaterial: "*Restat enim animus et Deus, quae duo si propterea vera sunt quod in his est veritas, de immortalitate Dei nemo dubitat. Animus autem immortalis creditur, si veritas quae interire non potest, etiam in illo esse probatur*"[196]. Ora, já vimos que a vida da alma é Deus, a Verdade eterna. É deste pensamento que a prova agostiniana tira todo o seu significado e toda a sua força. A alma está intimamente unida a Deus, e sua vida espiritual se alimenta de Deus num sentido metafísico. É só em sentido moral que se pode dizer que a alma morre ou está morta: "*Sed anima non potest mori, et potest mori: mori non potest, quia sensus eius nunquam perit; mori autem potest, si Deum perdit. Sicut enim est ipsa anima sui corporis vita, sic Deus est ipsius animae vita*"[197].

3. Alma e corpo

Ainda que a alma seja uma substância completa, ela se une a um corpo para formar com ele uma nova substância, e para animá-lo ou vivificá-lo. Graças a esta união, a natureza inferior ou corporal se une, por intermédio da natureza superior da alma, com a natureza suprema de Deus.

A alma é o princípio vivificador do homem. Agostinho jamais cedeu à tentação de admitir uma pluralidade de almas no homem, a despeito de certas insinuações escriturísticas, aparentemente favoráveis a tal ideia: "*Nihil invenimus amplius in homine, quam carnem et animam*"[198]. Esta alma única confere ao corpo a vida, a beleza interior e exterior, e toda sua organização. De que maneira se desempenha a alma dessa tarefa?

---

192. Ibid., 24-28; 222-228. Cf. Epist. 166, 3, 7; t. 33, 723.

193. Retract. 1, 1, 8; 16, 5s.

194. Soliloq. 2, 19, 33; 901.

195. De immort. anim. 11, 18; 1030s.

196. Solil. 2, 18; 32, 900.

197. Sermo 273, 1, 1; t. 38, 1247s.

198. Enarrationes in Psalm. 145, 5; t. 37, 1887. Cf. Conf. 8, 10, 22; 188, 17s.

A fim de explicar estas funções, Agostinho não cessa de insistir em que a alma está toda inteira em todo o corpo, e toda inteira em cada uma de suas partes: *"Tota singulis partibus simul adest, quae tota simul sentit in singulis"*[199].

Totalmente presente em cada uma das partes do corpo, a alma pode fazer valer em todas elas a totalidade de sua energia. Agostinho denomina esta presença de *intentio vitalis*: tensão e atenção vital. Ela traduz, pois, uma espécie de cuidado da alma pelo corpo; mas também este cuidado é de ordem imaterial: *"Per totum quippe corpus quod animat, non locali diffusione, sed quadam vitali intentione porrigitur"*[200]. Esta ação sobre o corpo é unilateral, dado que a alma não pode sofrer qualquer influência do corpo, sob pena de tornar-se sujeita a ele[201]. Mas visto que a alma, em razão de sua espiritualidade, supera de muito o corpo, a sua união com as partes mais grosseiras e, por assim dizer, mais materiais do mesmo, realiza-se por intermédio das partes mais delicadas e, por assim dizer, mais espirituais da alma[202].

Consciente do caráter meramente hipotético destas afirmações, Agostinho se dá conta de que elas não oferecem explicação satisfatória da união entre alma e corpo. Tal união continua a ser um mistério incompreensível para o entendimento humano: *"...et iste alius modus, quo corporibus adhaerent spiritus et animalia fiunt, omnino mirus est nec comprehendi ab homine potest, et hoc ipse homo est"*[203].

O fundamento metafísico da união entre alma e corpo está na função mediadora da alma entre as ideias divinas e o corpo. A alma é o elo entre as ideias divinas e o corpo vivificado por ela. Graças à sua natureza espiritual ela se abre para aquelas ideias espirituais. O corpo, ao contrário, devido à sua extensão espacial, é incapaz de uma participação direta nas ideias. O ser do corpo resume-se na configuração, na disposição de suas partes, e nas leis dos números a que está sujeito. Tudo isto ele o deve à alma[204]. E esta lho comunica apenas por havê-lo recebido das ideias divinas. Por isso, se o corpo não participasse destas ideias, ele não seria o que é. Por outro lado, se participasse diretamente delas, ele mesmo seria uma alma. Mas o fato é que, sem ser alma, ele participa contudo da ordem e da figura, e, mais evidentemente ainda, da própria sabedoria suprema e da verdade imutável. Donde se segue que o corpo não poderia ser vivificado senão por uma alma[205].

Compreende-se assim que a alma tenha grandes responsabilidades para com o corpo. Enquanto mediadora, incumbe-lhe a obrigação de dominá-lo, submetendo-o consigo mesma, a Deus: *"Deus igitur summus et verus lege inviolabili et incorrupta, qua omne quod condidit regit, subiicit animae corpus, animam sibi, et sic omnia sibi"*[206]. Este domínio e esta sujeição da alma a Deus se realizam em sete graus, desde a função anímica mais humilde – a de vivificar o corpo – até à mais elevada, que é a contemplação da Divindade[207].

---

199. De immirt. anim. 16, 25; 1034.
200. Epist. 166, 2, 4; t. 33, 722.
201. De Musica 6, 5, 8; 1167.
202. De Gen. ad litt. 7, 15; 213, 14s.
203. De civ. Dei XXI. 10, 1; 538, 7s.
204. De immort. an. 15, 24; 1033.
205. Ibid.
206. De quant. animae 36, 80; 1079.
207. Ibid., 35, 79; 1079.

§ 3. O retorno da criatura para Deus

Pelo fato de haverem procedido de Deus, as coisas criadas são um meio de retorno a Deus para todas as almas amantes da verdade. A ideia do retorno ou da ascensão da alma a Deus provém de Plotino[208]. Mas em Agostinho ela reveste significado profundamente cristão. Se é verdade que há muitos traços de espiritualismo platônico na obra agostiniana, esta influência é consideravelmente mitigada pela ideia de que todas as coisas foram criadas por Deus, e constituem outros tantos reflexos da sabedoria e da bondade divinas. Ao passo que a "via real" de um Plotino nasceu da utópica e pretensiosa aspiração de transformar-se em puro espírito, o retorno agostiniano se inspira na caridade humilde, que mantém o homem no seu lugar devido dentro da ordem cósmica, e lhe ensina a amar as criaturas em Deus e por Deus. E é por esta razão que sua alma não encontra repouso definitivo na criatura.

I. A analogia divina nas criaturas

A possibilidade do retorno é garantida pelo fato de todas as criaturas trazerem impressos os vestígios da Santíssima Trindade. Agostinho é um pensador trinitário.

O Pai, o Filho e o Espírito Santo são uma só natureza. Eles são o Ser soberano, a soberana bondade e sabedoria e, portanto, a verdadeira eternidade, o eterno e verdadeiro amor, o princípio de todas as coisas, a beleza perfeitíssima e a suma bem-aventurança[209]. Estas perfeições, atribuídas às pessoas divinas, refletem-se no mundo criado.

Infelizmente não dispomos de espaço para uma exposição, mesmo sumária, dos múltiplos reflexos trinitários na criação, tais como Agostinho os concebe. Remetemos o leitor à exposição de Portalié, no Dictionnaire Catholique I, cols. 2351s. De nossa parte, focalizaremos algo mais detidamente a estrutura trinitária da alma humana.

A alma como imagem de Deus

O ser imagem de Deus é privilégio exclusivo da alma humana. Diz a Escritura que Deus formou o homem à sua semelhança. Ainda que toda a criação se assemelhe de certo modo a Deus, a dignidade de imagem propriamente dita é apanágio do ser humano; e neste, ela se encontra tão somente na alma, e nesta, só no espírito ou na "mente". Pois é mediante o espírito ou a mente que a alma se abre diretamente para Deus, e dele se torna capaz: "*Eo quippe ipse imago est, quo eius (Dei) capax est, eiusque particeps esse potest; quod tam magnum bonum, nisi per hoc quod imago est, non potest*"[210].

---

[208]. Cf. Conf. VII. 10, 16; 157.
[209]. Cf. p. ex. De civ. Dei XI, 28; 555. De Trinit. 4, Prooem., 887; ibid., 7, 10, 12; 932.
[210]. De Trin. XIV, 8, 11; 1044.

1. Uma primeira imagem da divina Trindade é o trinômio: mente conhecimento – amor.

O amor a um objeto qualquer inclui três fatores: o sujeito, o objeto amado e o próprio amor. Mas, no espírito, que se ama a si mesmo, o sujeito do amor coincide com seu objeto. Amar-se a si mesmo é, simplesmente, o desejo de possuir-se, com o fim de fruir de si mesmo. Se este desejo de autopossessão e autofruição abrange o espírito inteiro, o amor identifica-se ao objeto amado; são uma só coisa; são dois apenas na relação do amor. Ora, é impossível que o espírito se ame sem conhecer-se. Assim como o espírito e o amor que ele tem a si mesmo são uma só coisa em si, mas duas no amor, assim o espírito e o conhecimento que ele tem de si são dois apenas na relação do conhecer, mas um só em si mesmos: "*Sicut autem duo quaedam sunt, mens et amor eius, cum se amat; ita quaedam duo sunt, mens et notitia eius, cum se novit*". Estamos, pois, na presença de três coisas, diferentes por sua relação, mas idênticas em si mesmas: "*Igitur ipsa mens et amor et notitia eius, tria quaedam sunt, et haec tria unum sunt; et cum perfecta sunt, aequalia sunt*"[211].

Ainda não terminamos a análise deste ato de amor do espírito a si mesmo. O autoconhecimento chama-se "verbo interior", visto preceder a palavra articulada. Este verbo interior é engendrado, concebido e dado à luz no ato cognoscitivo interior. Tratando-se de um ato generativo, o verbo gerado se assemelha ao gerador, como a prole se assemelha a seu progenitor[212]. O ato de amor, porém, embora acompanhe o ato da geração, não é – como o conhecimento – um engendrar, visto ser, ou um simples impulso de conhecer, ou um tender amoroso ao objeto conhecido, e uma união desta prole espiritual a seu princípio gerador: "*Et est quaedam imago Trinitatis, ipsa mens, et notitia eius, quod est proles eius ac de se ipsa verbum eius, et amor tertius; et haec tria unum atque una substantia*"[213].

2. A imagem da Trindade transparece, também, na tríade: memória – entendimento – vontade.

Retrata-se aqui não só a unidade da essência em três pessoas, como também a interpenetração das pessoas. Há uma relação mútua muito íntima entre a "memória" (que inclui a faculdade de recordação e a consciência), a inteligência e a vontade: "Pois eu me recordo que possuo memória, entendimento e vontade; compreendo que entendo, quero e recordo; quero querer, recordar e entender, e ao mesmo tempo recordo toda a minha memória, inteligência e vontade. O que não recordo da minha memória, não está na minha memória. Nada há tão presente em minha memória como a própria memória. Logo recordo-a na sua totalidade. Do mesmo modo sei que entendo tudo o que entendo, sei que quero tudo o que quero, recordo tudo o que sei. Pelo que recordo toda a minha inteligência e toda a minha vontade. Semelhantemente, quando compreendo estas três coisas, compreendo-as todas ao mesmo tempo. Não há inteligível que não compreenda, a não ser o que ignoro. O que ignoro, porém, não o recordo nem quero. Por isso mesmo, todo inteligível que escapa à minha memória, à minha vontade, nem o recordo nem o amo. Ao contrário, todo o inteligível que recordo e quero, é para mim compreensível. Minha vontade, sempre que uso do que entendo e recordo, abarca toda a minha inteligência e toda a minha memória. Em conclusão, quando todas e cada uma mutuamente se com-

---

211. De Trin. IX, 4, 4; 963.
212. Ibid., 7-11, 12-16; 967ss.
213. Ibid., 12, 18; 972.

preendem, existe igualdade (cada uma é igual a todas) entre o todo e a parte, e as três são uma só coisa: uma vida, uma mente, uma essência"[214]. Muito embora esta tríade seja a imagem mais perfeita da Santíssima Trindade, é claro que ela é muito inferior à sua imagem original.

II. O retorno para Deus

Simples sinais ou acenos de Deus, todas as criaturas apontam para além de si mesmas, e nos convidam a regressar a Deus.

1. Agostinho não cessa de insistir no caráter obrigatório deste retorno.

Não deve o homem deter-se nas criaturas, nem repousar nelas. Não quer isto dizer que não nos possamos regozijar nas coisas criadas. Agostinho guardou-se de cair no extremo oposto do seu materialismo e sensualismo de outrora, e está longe de condenar como impuro todo contato com as coisas criadas. Pois as criaturas são vestígios de Deus; nelas resplandece a sabedoria e a bondade do Criador, para grande regozijo dos espectadores. Não há criatura que não nos fale de Deus: "*Quoquo enim te verteris, vestigiis quibusdam, quae operibus suis impressit, loquitur tibi*"[215]. Por isso Deus não proíbe o amor às criaturas, suposto que não as amemos em detrimento do nosso fim último[216].

Por isso o pecado tem início quando nos esquecemos de Deus, em consequência do amor desordenado às criaturas. A este esquecimento Agostinho não hesita em chamar de adultério. Com efeito, Deus é comparável a um noivo que presenteou sua eleita com uma aliança de rara beleza. Ora, a noiva que preferisse o anel ao noivo, ou até o olvidasse, daria a entender que prefere o símbolo à pessoa que ele deveria trazer-lhe à memória. E isto seria adultério[217].

2. Os degraus da volta são: do exterior para o interior e do interior para além do espírito.

Agostinho nos deixou numerosas descrições do processo ascensional, que vai das coisas sensíveis ao espírito, e deste, a Deus. O próprio argumento da existência de Deus, bem como a análise do conhecimento e a busca de Deus são, no fundo, outras tantas expressões desta elevação da alma a Deus. A descrição mais eloquente, porém, se nos depara no capítulo 40 do 10º livro das *Confissões*: "Percorri o melhor que pude, com os sentidos, o mundo exterior; observei em mim a vida do corpo e os próprios sentidos. Passei depois às profundezas da memória, a essas amplidões sucessivas, admiravelmente repletas de inumeráveis riquezas. Observei-as, estupefato. Mas, sem Vós, nada pude distinguir; contudo, reconheci que Vós nada disto éreis. Não era eu quem descobria estas maravilhas. É certo que as percorri a todas e tentei distingui-las e avaliá-las no seu justo valor, interrogando os seres que traziam mensagens aos meus sentidos; examinando e analisando outros que sentia unidos a mim, bem como as suas informações. Revolvia nos grandes tesouros da memória várias impressões, ora percorrendo umas, ora manifestando outras. Mas nem eu que fazia tudo isto, melhor, nem a força e virtude com que eu agia éreis Vós; porque Vós sois a luz imutável que eu consultava acerca da existência,

---

214. Ibid., X, 11, 18; 983.
215. De libero arb. 2, 16, 41; 1263.
216. In Epist. Joan. ad Parth. 2, 11; t. 35, 1595.
217. Ibid.

da qualidade e do valor de todas estas coisas. Eu ouvia os vossos ensinamentos e as vossas ordens. Costumo fazê-lo muitas vezes, porque sinto nisso grande alegria. Sempre que, nos meus trabalhos de obrigação, posso dispor de algum descanso, refugio-me nestes prazeres. Entre todas estas coisas que percorro, depois de vos consultar, só em Vós encontro reduto para a minha alma; nele se reúnem os meus pensamentos dispersos, e nada de mim se afasta de Vós. Algumas vezes, submergis-me em devoção interior deveras extraordinária, que me transporta a uma inexplicável doçura, a qual, se em mim atingisse o fastígio, alcançaria uma nota misteriosa que já não pertence a esta vida"[218].

D. A ordem moral e social

A doutrina de Agostinho supõe a existência de uma ordem objetiva. O reconhecimento desta ordem é a condição do retorno, tanto do entendimento como da vontade. A vontade a reconhece, evitando perturbá-la e respeitando-a em suas ações, mediante uma reta apreciação dos valores e por uma conduta consentânea com eles: *"ita bene agit in his anima rationalis, si ordinem servet, et distinguendo, eligendo, pendendo subdat minora maioribus, corporalia spiritualibus, inferiora superioribus, temporalia sempiternis, ne superiorum neglectu et appetitu inferiorum (quoniam hinc fit ipsa deterior) et se et corpus suum mittat in peius, sed potius ordinata caritate se et corpus suum convertat in melius"*[219].

O fim da moralidade é a manutenção da reta ordem, pois esta se identifica à bondade objetiva, ao passo que o mal consiste na transgressão culposa desta ordem: *"cum enim sint omnes substantiae naturaliter bonae, ordo in eis laudatus honoratur, perversitas culpata damnatur"*[220]. Mesmo quando a reta ordem é perturbada pela vontade humana, a justiça divina é suficientemente poderosa para restaurar o equilíbrio numa ordem superior: *"qui enim iniuste se ordinat in peccatis, iuste ordinatur in poenis"*[221].

Esta identificação do ideal moral com a reta ordem revela uma forte influência do helenismo, ou talvez mais exatamente, do ideal grego da beleza, e do ideal romano da lei. A natureza, a vida, todo o cosmos, enfim, são perfeitamente ordenados. Tudo é regido pela lei natural, pelo número e pela proporção. O resultado é uma ordem admirável, apta a deleitar a vista e o entendimento. Esta ordem é o efeito da vontade divina, que é a lei interna regendo as criaturas em harmonia com as normas eternas da divina sabedoria. Pois, como vimos, há uma união íntima entre o número ou princípio da ordem, e a sabedoria.

Donde se segue que as normas da razão e da vontade remontam à mesma fonte. Ambas possuem, por isso, a mesma validade, a mesma evidência e a mesma necessidade. O que vale das leis matemáticas, vale igualmente das normas éticas seguintes: Deve-se viver segundo a justiça; deve-se antepor as coisas superiores às inferiores; deve-se atribuir idêntico valor às

---

218. Segundo a tradução de J. Oliveira Santos, S.J. e A. Ambrósio de Pina, S.J., p. 289.
219. Epistol. 140, 2, 4; t. 33, 540.
220. Ibid.
221. Ibid.

coisas iguais sempre que se encontrem num mesmo nível; deve-se dar a cada qual o seu[222]. Por conseguinte, as leis morais não diferem, em sua origem, das leis da ciência, embora difiram delas nas suas consequências práticas. As leis da ética, pelo menos as normas supremas, não necessitam de prova; exige-se, isto sim, que lhes conformemos a nossa conduta. E isso depende exclusivamente da nossa vontade de cumprir o dever. Nem por isso Agostinho deixou de sentir profundamente a sua própria responsabilidade, bem como a discrepância entre a aceitação incondicional das normas teoréticas por um lado, e a imperfeição de sua observância por outro: "A alma que pondera atentamente a força e o poder dos números parecerá muito indigno e lamentável que, embora a sua ciência a capacite a compor corretamente um verso, ou a fazer soar harmoniosamente a lira, a sua vida, e ela mesma – que é uma alma – enverede por um caminho falso, e, sob o domínio da luxúria, produza-se nela a mais ruidosa e vergonhosa desarmonia dos vícios. Se, ao invés, ela fizer um esforço sincero e tratar de pôr ordem, harmonia e beleza em sua casa, poderá ousar contemplar a Deus e a própria fonte de que emana tudo o que é verdadeiro: o Pai da Verdade"[223].

Por isso a tarefa moral do homem resume-se na execução fiel da ordem das normas eternas.

§ 1. A ordem moral

A força motriz para a realização da ordem moral é o amor, que remata na caridade. Sua força orientadora é a vontade, que culmina na liberdade. Sua consumação é a ordem da caridade.

I. Amor e caridade

1. O amor como força motriz da vontade

A experiência atesta a presença, em cada um de nós, de um princípio de atividade, que é a vontade. Esta não forma parte do homem, à maneira de qualquer outra potência da alma; antes, ela está na própria raiz do seu ser, *a ponto de podermos identificá-lo com sua vontade:* "*Voluntas est quippe in omnibus; immo omnes nihil aliud quam voluntates sunt*"[224]. Para Agostinho todas as afeições e sentimentos da alma são outras tantas manifestações da vontade. Os afetos básicos da alma são "o desejo, a alegria, o medo e a tristeza". O desejo é um aquiescer à tendência da vontade para um objeto qualquer. A alegria é a complacência na posse de um objeto da vontade. O temor é o sentimento pelo qual a vontade se retrai e afasta de uma coisa. A tristeza é a aversão da vontade por um mal infligido[225]. Em suma, todas as afeições da alma consistem na aceitação ou na rejeição, pela vontade, de algo bom ou mau.

Qual é a causa desses movimentos da vontade? Uma referência à física grega far-nos-á compreender a resposta. Todo corpo tende ao seu lugar natural em virtude do seu próprio peso. Assim o fogo tende para o alto, e a terra para baixo; a água e o ar, por sua vez, encami-

---

222. De lib. arb. 2, 10, 28; 1256.
223. De ord. 2, 19, 50; 182, 19ss.
224. De civ. Dei XIV, 6; 11, 15s.
225. Ibid.

nham-se para um lugar intermédio entre o fogo e a terra. Pois bem: também a vontade tem seu "peso": o seu amor. *"Pondus meum, amor meus; eo feror quocumque feror"*[226].

Daí decorrem algumas consequências importantes. *O amor é a própria essência do homem*, e por isso ele não encontra repouso enquanto não encontrar o seu "lugar". Até esse momento o amor permanece inquieto: *"Da mihi vacantem amorem et nihil operantem"*: um ser capaz de amar tende, forçosamente, quer ao bem, quer ao mal[227]. E visto que o amor é uma atividade decorrente do próprio ser humano, ele não pode deixar de ser algo de apreciável. Donde se segue que tudo quanto se faz por amor se faz com prazer[228]. O amor é a alegria ontológica mais profunda. Ele não pode deixar de atuar, até mesmo na ausência do seu objeto. Neste caso ele visa ao ignoto e ao distante; torna-se uma espécie de nostalgia ou saudade do amor: tem-se amor ao próprio amor. Esta é a venturosa inquietação da juventude, tão bem descrita por Agostinho. Durante a sua estadia em Cartago, o amor pecaminoso solicitava-o de todos os lados. Ainda não amava, mas já "amava o amor" (gostava de amar): *"Nondum amabam et amare amabam"*. E gostando de amar, procurava um objeto para esse amor: *"amans amare"*[229].

Portanto, seria uma insensatez querer apartar o homem do seu amor. Se há um problema, este não diz respeito ao amor como tal, nem à necessidade de amar, mas unicamente ao objeto do amor. "Porventura, se vos diz que não deveis amar coisa alguma? De modo algum! Imóveis, mortos, abomináveis e miseráveis: eis o que seríamos se não amássemos. Ama, pois, mas atende ao que é digno do teu amor!"[230]

2. A caridade

O problema central da moralidade é, portanto, o da reta escolha das coisas a serem amadas. Não que haja a menor dúvida quanto ao objeto último do nosso querer: este não pode ser outro que o próprio Deus, segundo vimos na metafísica. Trata-se apenas de determinar e de querer o que é realmente apto a conduzir-nos a Ele. Ora, o que pode levar-nos a Deus é a "caritas", ou seja, o amor a Deus.

A caridade consiste principalmente num peso interior, que atrai a alma para Deus. Por outro lado, ela se diferencia de todas as outras modalidades de "amor", pelo fato de referir-se exclusivamente a seres pessoais. O amor a uma pessoa difere do amor a uma simples coisa. Amamos as coisas em atenção à nossa própria pessoa, a cujo serviço elas perdem sua existência, como sucede com uma iguaria que se ama e se consome[231]. O amor puro, sincero e generoso a um ser pessoal, ao contrário, visa a pessoa como tal, e em si mesma. O que não quer dizer que a caridade não atente também ao seu próprio bem.

Amar sinceramente a outrem significa amá-lo como a nós mesmos, o que só é possível num plano de igualdade: quer elevando-o ao nosso nível, quer elevando-nos ao plano da pessoa amada.

---

226. Conf. XIII, 9, 10; 351, 24s.
227. Enarrat. in Ps. 31, 2, 5; t. 36, 260.
228. De bono viduit. 21, 26; t. 40, 448.
229. Conf. III, 1, 1; 43, 16 e 18. Cf. II, 2, 2; 29, 16.
230. Enarrat. in Ps. 31, 2, 5; t. 36, 260.
231. In Epist. Joh. ad P. tr. 8, 4 e 5; t. 35, 2038.

A igualdade no amor ao próximo. Devemos amar os pobres; não porque nos proporcionam ocasião para dar esmolas; nem mesmo se deve desejar que haja pobres para se poder praticar as obras de misericórdia. "Dás de comer aos que têm fome; melhor seria que não houvesse famintos, nem ninguém que necessitasse dos teus préstimos. Dás de vestir aos nus; seria mais grato ao céu se todos os homens dispusessem de vestuários e não fosse necessário dar de vestir a ninguém. Trata de eliminar a miséria entre os homens, e assim as obras de misericórdia serão supérfluas. Crês que isto teria o efeito de extinguir o ardor da caridade? Ao contrário: há maior perfeição em amar um homem feliz a quem nada se pode dar; um tal se ama com amor mais puro e mais sincero. Com efeito, quem dá esmolas ao pobre talvez o faça com o desejo secreto de dominá-lo, de sujeitá-lo a si próprio... O que se deve desejar é que ele se torne igual a nós: *"Opta aequalem!"* Tua aspiração deve ser esta: que ambos estejais sujeitos àquele a quem nada podeis dar"[232]. A alma da caridade é o querer bem, a benevolência, e não a vontade de prestar benefícios.

Não obstante isso, a caridade nunca deixa de querer também o seu próprio bem. Pois é de sua natureza aspirar à igualdade. Mas a igualdade seria lesada se nos sacrificássemos totalmente ao objeto do nosso amor. Todo amor interpessoal reclama reciprocidade. Aquele que ama exprime o seu amor por meio de sinais, e espera que seja retribuído com amor. O amor significa uma comunhão de vida entre duas almas. Só assim se explica aquela mistura singular de egoísmo e generosidade, tão característica do amor. O amante e o amado são uma só coisa, e é por isso que podem amar-se como a si mesmos: *"Quid ergo amor, nisi quaedam vita duo aliqua copulans, vel copulare appetens"*?[233]

Agora compreendemos também a *essência do amor a Deus.* Entre o amor a Deus e o amor aos homens há um elemento comum: o amor ao bem. Portanto, o verdadeiro amor sempre terá por objeto o ser e o bem. Ora, Deus é o sumo bem e o ser por excelência. Logo, Ele merece ser amado sobre todas as coisas. Donde decorre uma diferença no objeto do amor, importando necessariamente numa diferença no seio do próprio amor. É justo que amemos o próximo como a nós mesmos, pois, enquanto bem, ele se encontra num mesmo nível conosco. Amar a Deus, porém, é amar o bem como tal. Já não pode haver questão de igualdade entre o amante e o amado. Para amar a Deus convenientemente, devemos amá-lo de modo absoluto, isto é, não com igualdade, mas com desigualdade. O que significa, em primeiro lugar, que importa amá-lo mais que a nós mesmos. E ainda: de modo absoluto, sem esperança de retribuição e sem comparação. No amor inter-humano a justiça reclama a igualdade. A mesma justiça exige que Deus seja o objeto absoluto do nosso amor. Não há comparação possível entre o amor a Deus e o amor a nós mesmos. Pelo que devemos amar a Deus de um modo absoluto e infinito. A medida do amor a Deus é o amor sem medida: *"Ipse modus est sine modo amare"*[234].

Mas como conciliar esta exigência com o conceito do amor? Não implica ela uma quase-aniquilação do próprio eu? De modo nenhum. No presente caso, esquecer-se equivale a encontrar-se, e perder-se, a ganhar-se. Pois estamos em face do bem absoluto: possuí-lo é possuir tudo. Quem o possui não necessita de mais nada. Pois quem quisesse algum outro bem, acima e além do bem absoluto, ver-se-ia privado daquele outro bem; em outras palavras: já não possuiria o bem absoluto. Tudo o que se deseja possuir além do bem supremo só serve para entravar o amor a este mesmo bem supremo.

---

232. Ibid.
233. De Trin. VIII, 10, 14; 960; cf. a experiência pessoal de Agostinho: Conf. IV, 6, 11; 72.
234. Epist. 109, 2 (Severo); t. 33, 419.

Logo, para entrar na plena posse do bem perfeito é mister que a alma se esqueça perfeitamente de si mesma. Nisto está o genuíno amor a Deus. Esta é a única forma de amor livre a Deus, e a única que traz consigo a segurança da retribuição. Este amor, que livremente se entrega, assegurando-se assim da posse do seu objeto, é o que se chama caridade[235].

3. A caridade, o cerne da moral

A caridade não é apenas o coração da moralidade; ela é a própria vida moral. O começo do amor é o começo da justiça, o progresso no amor é o progresso na justiça, a perfeição do amor é a perfeição da justiça[236]. De fato, como poderia o perfeito amor ao bem absoluto deixar de ser perfeita justiça? Dominada pelo amor, a alma cumpre cabalmente a lei divina. Amar e fazer o bem lhe são sinônimos: *"Dilige et quod vis fac"*[237].

Claro está que uma caridade tão perfeita não derroga, em absoluto, os preceitos morais. Tampouco se deve confundi-la com um quietismo comodista e inativo. A caridade deve dominar a vida moral. Corretamente interpretada, a fórmula *Dilige et quod vis fac* só admite um sentido: se amas de verdade, não poderás deixar de fazer o bem. Quem diz caridade, diz amor; quem diz amor, diz vontade; quem diz vontade, diz atividade. Assim o amor, por sua mesma natureza, tende a traduzir-se em atos.

II. Livre-arbítrio e liberdade

Para Agostinho a existência da vontade livre (ou do *liberum arbitrium*) jamais chegou a ser um problema. Trata-se, a seu ver, de uma verdade primária e evidente, e portanto incontestável. Temos consciência de nos determinarmos a nós mesmos e de sermos responsáveis por nossos atos[238]. O problema propriamente agostiniano diz respeito ao uso desta vontade livre, bem como ao seu valor e à sua bondade. Qual a razão de ser da vontade, e como conquista ela a sua perfeição na liberdade?

1. O poder da vontade para optar livremente entre o bem e o mal baseia-se na sua aptidão para participar da felicidade.

Vista em si mesma, a vontade é um valor neutro, pois podemos utilizá-la tanto para o bem como para o mal. A vontade que opta pelo mal, torna-se má; a que escolhe o bem, torna-se boa. Por isso não se pode chamá-la de boa sem primeiro determiná-la mais de perto. Na hierarquia dos valores ela medeia entre o sumo bem e os bens inferiores: *"Voluntas... medium bonum est"*[239].

Perguntar-se-á: Não será a vontade um bem perigoso, visto que podemos servir-nos dela para fazer o mal? De modo nenhum. Sabemos que o nosso destino é a participação na felicidade, o que pressupõe a presença, em nós, de uma vontade capaz de tomar posse desta felicidade. Ao contrário do sumo bem e da contemplação da verdade, que são igualmente

---

235. Cf. Sermo 34, 4, 7; t. 38, 211s. Cf. Ep. 155, 4, 14-15; t. 33 , 672.
236. De natura et gratia 70, 84; t. 44, 290.
237. In Ep. Joh. ad P. 7, 8; t. 35, 2033.
238. Conf. 7, 3, 5; 144, 8s.
239. De lib. arb. 2, 19, 52; 1268.

acessíveis a todos, a felicidade significa um bem próprio e pessoal. É verdade que não há felicidade senão na posse da verdade e do bem supremos; mas é necessário que esta felicidade decorrente do objeto comum a todos se transforme em propriedade pessoal. O que pressupõe a intervenção ativa da vontade. Minha felicidade deve ser, na realidade, minha. Não posso ser feliz senão na minha felicidade, como tu só o podes ser na tua: *"Beatitudine autem alterius hominis non fit alter beatus"*[240].

Entretanto, assim como a vontade pode fazer seus estes bens, ela pode também rejeitá-los e regozijar-se egoisticamente no seu próprio bem, ao invés de buscar a felicidade no bem incomutável e comum a todos: e nisto consiste o pecado: *"Voluntas autem aversa ab incommutabili et communi bono, et conversa ad proprium bonum, aut ad exterius, aut ad inferius, peccat"*[241]. É o que sucede quando a vontade aspira a governar-se por si mesma, ou quando procura conhecer o que não é de sua conta, ou ainda, quando sucumbe aos apetites da carne. E assim, pela soberba, a vã curiosidade e o vício, o homem se exclui a si mesmo da verdadeira vida, passando a levar uma vida de morte. Este castigo é justo, visto tratar-se também aqui de efeitos da vontade[242].

Como se vê, a liberdade para o bem, que inclui, como reverso, a liberdade para o mal, radica, em última análise, na possibilidade da felicidade.

2. Liberdade é boa vontade

Embora livre, a vontade nem sempre logra fazer o bem. Em outras palavras, nem sempre está livre dos obstáculos oriundos da culpa original e do pecado pessoal. Não gozaremos de liberdade enquanto não nos desembaraçarmos destes empecilhos.

O homem pôde cair livremente, isto é, por sua própria vontade, mas foi incapaz de reerguer-se por suas próprias forças e sem a graça de Deus[243]. Para poder recuperar a justiça perfeita que possuíra no paraíso, foi preciso que Deus o restituísse ao estado de liberdade com seu auxílio gratuito. O livre-arbítrio é inamissível, mas a força de praticar o bem procede de Deus: *"Quis enim nostrum dicat, quod primi hominis peccato perierit liberum arbitrium de humano genere? Libertas quidem periit per peccatum, sed illa quae in paradiso fuit, habendi plenam cum immortalitate iustitiam"*[244].

Nesta doutrina se retrata, mais uma vez, a experiência pessoal de Agostinho. Experimentara ele, em si mesmo, a incapacidade de fazer o bem, a despeito do conhecimento que dele tinha[245]. Depois que São Paulo lhe dera a conhecer o seu estado de alma, submetera-se humildemente à graça e, em consequência, a sua doutrina veio a culminar na frase: *"Da quod iubes, et iube quod vis"*. É a graça de Deus, e só ela, que nos torna verdadeiramente livres. Mas nem por isso a liberdade deixa de supor o livre-arbítrio, pois ela não é senão o livre-arbítrio libertado. É de Deus que vem a força para fazer o bem, mas é ao livre-arbítrio que incumbe fazê-lo: *"Adiuvat ut faciat cui iubet"*[246].

---

240. Ibid., 1269.
241. Ibid., 53; 1269.
242. Ibid.
243. Ibid., 2, 20, 54; 1270.
244. Contra duas Epist. Pelag. 1, 2, 5; t. 44, 552.
245. Conf. VIII, 8-12; 185-192.
246. De grat. et libero arb. 15, 31; t. 44, 899.

Ressalta assim, uma vez mais, a unidade profunda da doutrina agostiniana. Criatura alguma é autossuficiente, quer para existir, para conhecer ou para viver. Todo o bem procede de Deus: a existência pela criação, a verdade pela iluminação, a virtude ou a retidão da vontade por uma como iluminação ou fortalecimento de ordem moral. Todo o nosso ser depende de Deus: nossa existência de sua eternidade, nosso conhecimento das razões eternas de sua sabedoria, e nossa vida moral do seu amor. Volvemos, assim, àquela profunda vivência inicial de Agostinho, ao desvendar-se-lhe, por intermédio de Plotino, a autêntica realidade do mundo espiritual: "*Qui novit veritatem, novit eam (lucem), et qui novit eam, novit aeternitatem. Caritas novit eam. O aeterna veritas, et vera caritas et cara aeternitas!*"[247]

III. A ordem da caridade

A fim de lançar alguma luz sobre a maneira em que o homem individual chega a uma vida moral perfeita, importa atender a dois conceitos fundamentais de toda a filosofia agostiniana e, em particular, de toda a ética agostiniana. Trata-se dos conceitos do "uti" e do "frui".

1. O "uti" e o "frui"

A vida moral se traduz, forçosamente, numa sequência de atos individuais. Cada um deles implica uma tomada de posição face às coisas: ou fruímos delas ou delas nos utilizamos. "Fruir" significa afeiçoar-se a uma coisa por amor a ela mesma: "*Frui enim est amore alicui rei inhaerere propter seipsam*". "Usar", ao contrário, é servir-se de algo para alcançar um objeto que se ama: "*Uti autem, quod in usum venerit ad id quod amas obtinendum referre...*"[248] Mas Agostinho acrescenta, muito a propósito: "*Si tamen amandum est!*": "suposto que tal objeto seja digno de ser amado", pois um uso ilícito deveria antes chamar-se de excesso ou abuso.

Esta distinção dos atos pode reduzir-se, em última análise, a uma distinção entre os próprios objetos. De que podemos fruir? Em derradeira instância, só de Deus, isto é, da Divina Trindade: do Pai, do Filho e do Espírito Santo[249]. Pois Deus é o sumo bem, acima do qual não se pode conceber outro maior: "*Nam cum ille unus cogitatur deorum Deus... ita cogitatur, ut aliquid quo nihil melius sit atque sublimius, illa cogitatio conetur attingere*"[250]. Donde a fórmula clássica, que Agostinho não se cansa de repetir: não se deve fruir senão de Deus: "*Solo Deo fruendum est*"[251].

---

247. Conf. VII, 10, 16; 157, 14s.
248. De doctr. christ. 1, 4, 4; t. 34, 20.
249. Ibid., 5, 5; 21. Cf. 33, 37; 33.
250. Ibid., 7, 7, 22. Cf. S. Anselmo!
251. Ibid., 22, 20; 26.

2. A hierarquia de valores no amor

Sendo que só Deus merece um amor ilimitado, com o fim de repousar nesse objeto por excelência do amor, e de fruir dele, é mister pormos certos limites ao nosso amor a outros objetos, consoante o valor de cada um deles. Nossa primeira tarefa moral é, pois, a de ajuizar de todas as coisas segundo o seu verdadeiro valor, e de conformar o nosso amor a esta valoração. O resultado de tal procedimento será a instauração da ordem do amor pela prática da virtude, que outra coisa não é senão, o amor bem ordenado: *"Unde mihi videtur, quod definitio brevis et vera virtutis: ordo est amoris"*. O vício, por sua vez, é a inversão desta ordem do amor[252].

E assim o problema da moralidade se resume na pergunta: Que espécie de ordem se deve observar no amor? De um modo geral se pode dizer: não devemos amar o que é indigno do nosso amor, nem deixar de amar o que merece ser amado; não se deve amar com um amor maior o que só merece amor menor, nem amar com um amor menor o que merece ser amado com amor maior; também não devemos amar indiscriminadamente o que deve ser amado com discrição; e, enfim, não devemos ter amor maior ou menor ao que deve ser amado indistintamente (*aeque*). Se atendermos a esta ordem, viveremos justa e santamente: *"Ille autem iuste et sancte vivit, qui rerum integer aestimator est: ipse est autem qui ordinatam dilectionem habet"*[253].

O grau ínfimo se constitui dos bens externos, quais sejam: os alimentos, o vestuário, o ouro e a prata. Trata-se de verdadeiros bens, por terem sido criados por Deus; seria um erro tê-los em conta de males em si mesmos, como faziam os maniqueus. Mau só é o abuso de tais bens. Donde se deriva, muito naturalmente, o tema cristão do uso honesto das riquezas[254].

Acima desses bens externos estão os homens, nossos semelhantes. Também o próximo é um bem, um fim, e portanto merecedor de nosso amor. Se possuíssemos bens supérfluos, e não houvesse razão para auxiliar mais a este que àquele, então caberia à sorte determinar a quem teríamos de socorrer em primeiro lugar. Nas circunstâncias atuais, porém, já não há necessidade de recorrer à sorte. A própria natureza nos ensina que é de obrigação interessarmo-nos em primeiro lugar por nossos parentes e amigos[255].

É nosso dever, pois, amar o próximo como a nós mesmos. Mas como deve ser este amor a nós mesmos? O homem é composto de um corpo e de uma alma. Também o corpo é um bem. Cada qual o ama, e ninguém odeia sua própria carne (Ef 5,29). Se lhe impomos algum sofrimento, uma intervenção cirúrgica, por exemplo, ou se o forçamos a tomar um remédio amargo, fazemo-lo com o único fim de prover à sua saúde. Todavia, o corpo não é a parte mais excelente do nosso ser. O homem é algo de grande: *"Magna quaedam res est homo"*, posto que é criado à imagem e semelhança de Deus. É imagem de Deus, não tanto por seu corpo, quanto pela excelsa dignidade de sua alma racional. Logo, cumpre dar preferência à alma. Mas de que maneira se há de amar esta alma? Por si mesma, ou em vista de outra coisa? A resposta é inequívoca: a alma não é o bem supremo, e por isso não deve fruir de si mesma, mas "usar-se" para Deus. Donde o mandamento de amar a Deus de toda a alma. O que significa que não se

---

252. De civ. Dei XV, 22; 109, 5.
253. De doctr. christ. 1, 27, 28; t. 34, 29.
254. Sermo 50, 5, 7; t. 38, 329.
255. De doctr. christ. 1, 28 , 29; t. 34, 30.

deve reter coisa alguma apta a interpor-se entre Deus e a alma. O homem deve consagrar-se inteiramente a Deus. Esta é a razão principal de sua excelência[256].

3. A perfeição do amor na liberdade

O respeito a esta ordem do amor tem por corolário a mais perfeita sujeição ao Criador. E esta sujeição nos torna livres em face de todas as criaturas.

Só agora é que o conceito do "uti" assume o seu significado mais profundo. O indivíduo que apenas usufrui um bem não tem o direito de dispor dele senão em vista de outro bem. Mas aquele que "usa" um bem, dispõe plenamente dele, exerce verdadeiro domínio sobre ele; enfim, é senhor de tal bem. Ora, ser senhor de alguma coisa significa dispor livremente dela. Logo, o cristão que faz uso de todas as coisas é livre em face de tudo. O mais alto grau de liberdade consiste em não estar sujeito senão a Deus: "*illo solo dominante liberrimus*"[257].

Eis a razão por que a verdadeira observância da lei é a liberdade nascida do amor. Há, com efeito, duas maneiras de se cumprir a lei: por temor ou por amor. Enquanto era cumprida por temor, a vontade permanecia na escravidão; embora presente, ela não agia com liberdade. Com o advento da graça e do amor, porém, a lei passa a ser aceita e amada por amor de Deus. O homem já não se deixa conduzir cegamente pela lei, senão que lhe adere de livre e espontânea vontade: "*ducimini sed sequimini*". Pedra viva da casa de Deus, não permite que o coloquem em qualquer lugar; prefere cooperar ativamente na edificação do Reino de Deus, colocando-se espontaneamente no lugar que lhe pertence: "*lapides vivi*"[258].

§ 2. A ordem social: o Estado de Deus

A ordem social não é senão um prolongamento da ordem moral fundamental, ou seja, da reta ordem do amor. A concepção agostiniana da moralidade ou da vida feliz é inseparável de sua doutrina social: a vida moral e a felicidade pressupõem uma vida em comunidade.

I. O amor como fundamento da comunidade social

1. A função do amor na formação da comunidade

Esta função do amor consta da nossa experiência cotidiana. Todos já tivemos oportunidade de verificar, ao assistir a um espetáculo teatral, como um belo drama costuma criar uma atmosfera de mútua simpatia entre os espectadores. O aficionado do teatro que ama um ator particular, estende, muito naturalmente, a sua estima a todos quantos compartilham do mesmo sentimento. E, quanto mais alta a sua estima pelo ator em questão, tanto mais se esforçará por fazê-lo amar e admirar do maior número possível de pessoas. Procurará excitar os que manifestam pouco entusiasmo, e irritar-se-á contra os que ousam criticá-lo. Como se vê, o amor é uma força plasmadora de sentimentos comunitários.

---

256. Ibid., I, 22-25; 21-26; 26-29.
257. De mor. eccl. 1, 12, 21; t. 32, 1320.
258. Serm. 156, 12, 13; t. 38, 857.

Dá-se o mesmo com o amor de Deus. O homem que tem amor a Deus, há de tê-lo também aos seus semelhantes. Ama-os como a si mesmo, por consideração a Deus. Seu desejo é que eles amem a Deus, mas com um amor mais forte do que as coisas criadas poderiam despertar, pois amar a Deus, e fruir dele, é ser feliz. Por isso o justo ama a todos, em Deus, sem excetuar os próprios inimigos. Com efeito, não tem razão para temê-los, pois não podem arrebatar-lhe o seu Deus; antes, ele os deplora, por vê-los separados do amor de Deus. Também eles o amariam se decidissem converter-se ao seu amor[259].

2. O objetivo de toda sociedade: a paz

Toda sociedade, boa ou má, visa a um só objetivo: a paz. Ninguém que saiba o que seja a paz pode aborrecê-la[260]. A inexistência de sociedades sem guerras não contrasta senão aparentemente com este fato. Pois também as guerras visam sempre a paz, isto é: o restabelecimento ou a conservação da ordem. Isto vale até mesmo para o agressor que perturba violentamente a paz de outra nação. Recorre à guerra, não porque aborrece a paz, mas porque anseia amoldá-la aos seus próprios caprichos. E, se existisse um monstro tão feroz e abominável como o "Caco" de Vergílio[261], que no-lo descreve como averso a todo trato social, e cheio de ódio para com a humanidade inteira, não se pode imaginar que ele não desejasse viver em paz, pelo menos em sua própria caverna[262].

É óbvio, pois, que todos os homens aspiram à paz, e que ninguém pode ser tão perverso que não queira viver em paz. Há animais ferozes que vivem solitários e evitam a companhia dos outros animais da mesma espécie. Mas isto não os impede de se juntarem em determinadas épocas do ano, levados pelo impulso procriador e pela necessidade de proteger suas crias. Quanto mais não é o homem arrastado pelas leis da sua natureza a formar sociedade com todos os homens, e a conviver o mais pacificamente possível com eles! Se é verdade que esta espécie de paz vem acompanhada, por vezes, da soberba e da insubmissão a Deus, e por isso deseja impor, pela violência, o seu senhorio em lugar do dele, ela não deixa contudo de ser uma espécie de paz: "*Odit ergo iustam pacem Dei et amat iniquam pacem suam. Non amare tamen qualemcumque pacem nullo modo potest. Nullius quippe vitium ita contra naturam est, ut naturae deleat etiam extrema vestigia*"[263].

3. A ordem, condição da verdadeira paz

Há, pois, uma paz justa ou boa, e uma paz falsa, uma paz do justo, e uma paz do injusto. A condição da paz justa é a reta ordem. A ordem é a disposição que atribui a todas as coisas o lugar que lhes corresponde. Assim, a paz do corpo é a ordenada complexão de suas partes; a da alma racional a ordenada calma de seus apetites; a paz da alma racional é a ordenada harmonia entre o conhecimento e a ação; a paz do corpo e da alma, a vida bem ordenada e a saúde corporal; a paz entre o homem mortal e Deus é a obediência ordenada pela fé sob a lei eterna; a paz dos homens entre si, sua ordenada concórdia: "*Pax hominum ordinata concordia, pax domus ordinata imperandi oboediendique concordia cohabitantium, pax civitatis ordinata imperan-*

---

259. De doctr. christ. I, 29, 30; t. 34, 30.
260. De civ. Dei XIX, 12; 390.
261. Eneida VIII, 195ss.
262. De civ. Dei XIX, 12; 391s.
263. Ibid.; 393, 15s.

di atque oboediendi civium, pax caelestis civitatis ordinatissima et concordissima societas fruendi Deo et invicem in Deo". Donde a fórmula geral: "*Pax omnium rerum tranquillitas ordinis*"[264]. A paz de todas as coisas é a tranquilidade que nasce da ordem; e a ordem é a disposição que às coisas diferentes e às iguais determina o lugar que lhes compete: "*Ordo est parium dispariumque rerum sua cuique loca tribuens dispositio*"[265].

A preservação desta ordem da paz na sociedade humana depende da obediência às seguintes normas: primeiro não fazer mal a ninguém; segundo, socorrer a todos os que padecem necessidades.

Estas normas obrigam a cuidar primeiro dos próprios familiares, assegurando assim a paz doméstica. O marido deve cuidar da esposa, os pais dos filhos, os patrões dos criados. Por outro lado, a reta ordem exige que aqueles que são objeto de tais cuidados prestem obediência aos que cuidam deles; assim, as mulheres devem obedecer aos maridos, os filhos aos pais, os criados aos patrões. Contudo, esta relação puramente natural, estabelecida pela obediência, é grandemente suavizada e enobrecida na casa do justo, que vive da fé. Pois na família cristã os que parecem mandar são na realidade os servos dos outros: "*Sed in domo iusti viventis ex fide et adhuc ab illa caelesti civitate peregrinantis etiam qui imperant serviunt eis, quibus videntur imperare. Neque enim dominandi cupiditate imperant, sed officio consulendi, nec principiandi superbia, sed providendi misericordia*"[266].

O dever de ministrar, porém, não derroga ao direito e ao dever de castigar os que perturbam a paz. É dever do pai de família lançar mão de castigos adequados, a fim de corrigir os culpados e escarmentar aos outros. Ademais, a paz doméstica redunda em proveito da paz e da ordem cívicas. Por esta razão o pai de família deve cuidar que também as leis sejam respeitadas pelos membros de sua família[267].

As mesmas regras deveriam presidir à grande família do Estado. Acontece, porém, que não há Estado algum que de fato se deixe reger pelo amor de Deus. Em todos os Estados podemos discernir uma dupla comunidade, que chamaremos, respectivamente, de Estado de Deus e Estado do demônio.

II. O Estado de Deus e o Estado do demônio

Embora a famosa distinção entre o Estado (ou Cidade, na antiga acepção do termo) de Deus e o Estado do demônio lhe fosse sugerida pela Bíblia, estes dois conceitos assumem, na pena de Agostinho, significado muito mais vasto, vindo a constituir-se numa visão panorâmica de toda a história religiosa da humanidade. Releva notar, ainda, para melhor compreensão da citada distinção, que o que o nosso Doutor tem em vista não são propriamente duas corporações distintas e visíveis, tais como o Estado terreno e a Igreja, enquanto organização visível, mas antes duas comunidades inspiradas em atitudes mentais e morais divergentes. Sem dúvida, Agostinho pendia a ver no Estado "terreno" – sobretudo se por "terreno" se entende o oposto de "divino" –

---

264. Ibid., 13; 395, 6ss.
265. Ibid., 395, 16.
266. Ibid., 14; 399, 21s. Cf. tb. 15; 400, a atitude de Agostinho em face da escravatura. Esta só é permitida a título de punição, sobretudo em consequência de uma guerra justa, na qual os prisioneiros são reduzidos à servidão em lugar de serem mortos pelos vencedores.
267. Ibid., 16; 402.

e, em especial, no Estado do seu tempo, uma expressão visível do Estado do demônio. Entretanto, ele não foi até ao ponto de afirmar que todos os Estados profanos são instituições diabólicas. Ao contrário, sua convicção é que o Estado, como tal, é uma instituição benéfica, e até mesmo necessária para remediar o pecado (pelo menos no que se refere às leis[268]). Não só isso: o Estado é um dom de Deus: "*non tribuamus dandi regni atque imperii potestatem nisi Deo vero, qui dat felicitatem in regno caelorum solis piis; regnum vero terrenum et piis et impiis...*"[269]

1. A definição de povo e de Estado

Toda sociedade pressupõe um amor comum e visa um objetivo também comum: a ordem da paz. Em vista disso, torna-se possível dar uma definição de povo e de Estado suficientemente neutra para ser aplicável a qualquer povo ou nação, quer boa ou má.

Cícero define o povo dizendo-o uma "sociedade fundada sobre direitos reconhecidos e sobre a comunidade de interesses": "*Coetus multitudinis iuris consensu et utilitatis communione sociatus*" (Rep 1,25,39). Em rigor, tal definição não se aplica ao Império Romano. Pois este desconheceu a verdadeira justiça, que se revela na adoração de um só Deus. À definição de Cícero, Agostinho substitui esta outra: "*Populus est coetus multitudinis rationalis rerum quas diligit concordi communione sociatus*": "O povo é o conjunto de seres racionais associados pela concorde comunidade de objetos amados"[270]. Portanto, o que faz com que os seres racionais venham a constituir um povo é o amor a um bem comum compartilhado por todos. Para se ajuizar da índole de um povo, basta saber o que ele ama. Segue-se, ainda, que um povo será tanto melhor quanto mais nobres forem as coisas que ama, e tanto pior quanto menos nobres. Desse ponto de vista, os antigos Estados e Cidades, tais como os Estados romano, egípcio, babilônico e grego, não se podem dizer bons, visto haverem desconhecido a verdadeira justiça. Não obstante isso, constituíam verdadeiros povos ou Estados[271].

2. Diferenças entre o Estado de Deus e o Estado terreno

Há duas maneiras de nos utilizarmos das coisas temporais: ou as relacionamos em sua totalidade a um bem temporal e terreno, vale dizer: a uma paz terrena, ou as referimos a uma ordem transcendente e ultraterrena, isto é: à paz eterna e divina. Aquele é o fim do Estado terreno, este, o do Estado de Deus: "*Omnis igitur usus rerum temporalium refertur ad fructum pacis terrenae in terrena civitate: in caelesti autem civitate refertur ad fructum pacis aeternae*"[272]. Os que se associam no amor àquele fim terreno formam o Estado terreno ou Cidade do demônio; os demais, unidos pela caridade, formam o Estado de Deus ou Cidade celeste. Naqueles predomina o amor às coisas temporais, nestes, o amor a Deus na caridade.

Agostinho nos depara uma descrição clássica dos dois "Estados" no livro XIV, capítulo 28 da *Cidade de Deus*. Ei-la: "Dois amores fundaram, pois, duas cidades, a saber: o amor de si

---

268. Cf. De lib. arb. 1, 15, 31s.; 1237s.
269. De civ. Dei V, 21; 256, 5s. Para o ideal do imperador cristão, cf. ibid., 24; 260s.
270. De civ. XIX, 24; 419, 6.
271. Ibid.
272. Ibid., 14; 397, 27s.

levado até ao desprezo de Deus, a terrena; o amor a Deus, levado até ao desprezo de si, a celestial. Gloria-se a primeira em si mesma e a segunda em Deus, porque aquela busca a glória dos homens e tem esta por máxima glória a Deus, testemunha de sua consciência. Aquela ensoberbece-se em sua glória e esta diz a seu Deus: 'Sois minha glória e quem me exalta a cabeça'. Naquela, seus príncipes e as nações avassaladas veem-se sob o jugo da concupiscência de domínio; nesta, servem em mútua caridade, os governantes, aconselhando, e os súditos, obedecendo. Aquela ama sua própria força em seus potentados; esta diz a seu Deus: 'A ti hei de amar-te, Senhor, que és minha fortaleza' (Sl 17,2). Por isso, naquela, seus sábios, que vivem segundo o homem, não buscaram senão os bens do corpo, os da alma ou os de ambos, e os que chegaram a conhecer a Deus 'não o honraram nem lhe deram graças como a Deus, mas desvaneceram-se em seus pensamentos e obscureceu-se-lhes o néscio coração..., e adoraram e serviram a criatura e não o Criador, para sempre bendito" (Rm 1,21-25). Na Cidade de Deus, pelo contrário, não há sabedoria humana, mas piedade, que funda o culto legítimo ao verdadeiro Deus, à espera de prêmio na sociedade dos santos, de homens e de anjos, "com o fim de que Deus seja tudo em todas as coisas" (1Cor 15,28)"[273].

3. O convívio do Estado de Deus e do Estado terreno

O estado de Deus é uma comunidade espiritual. O mesmo vale do Estado terreno. Há entre as duas comunidades ou Estados uma distinção de ordem espiritual, e não material. Materialmente, uma se confunde com a outra, dada a íntima convivência dos seus cidadãos. Contudo, embora façam uso das mesmas coisas, eles não visam a um mesmo fim. Também o Estado de Deus tem todo o interesse em manter a paz e a ordem naturais, razão por que não as perturbará enquanto não contrariarem a lei eterna[274].

Ocorre em Agostinho um outro texto, igualmente clássico, sobre as relações entre as duas comunidades, o qual poderia entitular-se: "Das relações entre Estado e Igreja", ou, quiçá mais de acordo com o espírito do pensamento agostiniano: "Das relações entre a ordem sobrenatural, representada pela Igreja, e a ordem natural, representada pelo Estado": "A família dos homens que não vivem da fé busca a paz terrena nos bens e comodidades desta vida. Por sua vez, a família dos homens que vivem da fé espera nos bens futuros e eternos, segundo a promessa. Usam dos bens terrenos e temporais como viajantes. Não os prendem nem desviam do caminho que leva a Deus, mas os sustentam a fim de que suportem com mais facilidade e não aumentem o fardo do corpo corruptível, que oprime a alma. O uso dos bens necessários a esta vida mortal é, portanto, comum a ambas as classes de homens e a ambas as casas, mas no uso cada qual tem fim próprio e modo de pensar muito diverso do outro. Assim, a cidade terrena, que não vive da fé, apetece também a paz, porém firma a concórdia entre os cidadãos que mandam e os que obedecem, para haver, quanto aos interesses da vida mortal, certo concerto das vontades humanas. Mas a cidade celeste, ou melhor, a parte que peregrina neste vale e vive da fé, usa dessa paz por necessidade, até passar a mortalidade, que precisa de tal paz. Por isso, enquanto está como viajante cativa na cidade terrena, onde recebeu a promessa de sua redenção e como penhor dela o dom espiritual, não duvida em obedecer às leis regulamentadoras das coisas necessárias e do mantenimento da vida mortal.

---

273. Segundo a tradução de Oscar Paes Leme, Editora das Américas, 1961, t. II, p. 285s.
274. De civ. Dei XIX, 26; 421. Cf. catech. Rud. 21, 37; t. 40, 337.

Como a mortalidade lhes é comum, entre ambas as cidades há concórdia com relação a tais coisas. Acontece, porém, que a cidade terrena teve certos sábios condenados pela doutrina de Deus, sábios que, por conjeturas ou por artifícios dos demônios, disseram que deviam amistar muitos deuses com as coisas humanas... A cidade celeste, ao contrário, conhece um só Deus, único a quem se deve o culto e a servidão, em grego chamada 'latreia' (adoração), e pensa com piedade fiel não ser devido senão a Deus. Tais diferenças deram motivo a que essa cidade e a cidade terrena não possam ter em comum as leis religiosas. Por causa delas a cidade celeste se vê na precisão de dissentir da cidade terrestre, ser carga para os que tinham opinião contrária, e suportar-lhes a cólera, o ódio e as violentas perseguições, a menos que algumas vezes refreie a animosidade dos inimigos com a multidão de fiéis e sempre com o auxílio de Deus. Enquanto peregrina, a cidade celeste vai chamando cidadãos por todas as nações e formando de todas as línguas verdadeira cidade viajora. Não se preocupa com a diversidade de leis, de costumes nem de institutos, que destroem ou mantêm a paz terrena. Nada lhes suprime nem destrói, antes os conserva e aceita; esse conjunto, embora diverso nas diferentes nações, encaminha-se a um só e mesmo fim, a paz terrena; se não impede que a religião ensine, deva ser adorado o Deus único, verdadeiro e sumo. Em sua viagem a cidade celeste usa também da paz terrena e das coisas necessárias relacionadas com a condição atual dos homens. Protege e deseja o acordo de vontades entre os homens, quanto possível, deixando a salvo a piedade e a religião, e supedita a paz terrena à paz celeste, verdadeira paz, única digna de ser e de dizer-se paz da criatura racional, a saber, a ordenadíssima e concordíssima união para gozar de Deus e, ao mesmo tempo, em Deus..."[275]

III. A história da humanidade é a história das relações entre o Estado de Deus e o Estado do demônio

Das considerações sobre a natureza do Estado de Deus e do Estado terreno, Agostinho dirige a vista para o papel histórico que lhes cabe no passado, no presente e no futuro, alçando-se, assim, a uma interpretação realmente universal da história.

1. Os graus de desenvolvimento do homem velho e do homem novo, e os dois Estados

Já fizemos alusão à distinção entre o homem interior e o homem exterior. A esta distinção corresponde uma dupla ordem: uma, externa ou corporal, e outra, interna ou espiritual. Dessas duas ordens arrancam os dois caminhos da humanidade, em demanda dos seus respectivos fins. O primeiro é trilhado pelo homem velho, exterior e terreno, o segundo pelo homem novo, interior ou celestial.

Agostinho traça um paralelo entre o processo histórico da humanidade e o crescimento corporal e espiritual do homem individual. Vejamos como se processa o crescimento do homem terreno. No primeiro período de sua vida, todas as suas energias se põem a serviço da função nutritiva. Segue-se a segunda idade, ou infância, que se caracteriza pelo despertar da memória. Na terceira idade, ou adolescência, aparece a potência procriadora. Na época se-

---

[275]. De civ. Dei XIX, 17; na versão de Oscar Paes Leme, t. III, p. 176s.

guinte, ou juventude madura, inicia-se a participação ativa nos ofícios públicos e, com ela, a sujeição às leis. Nesta quadra, o rigor das sanções e os castigos infligidos aos transgressores exercem sobre o homem uma coação servil, o que tem por efeito despertar nos ânimos carnais uma sede tanto mais desenfreada de prazer, quanto o mal é praticado à revelia da proibição. Após os trabalhos da juventude vem a idade adulta (a quinta idade), que é um período de relativa tranquilidade. E, finalmente, a sexta idade, ou velhice, com suas enfermidades e achaques, leva-o paulatinamente à morte. Tal é a vida do homem carnal, escravo da cobiça das coisas temporais. Este é o que se chama o homem velho, exterior e terreno, ainda que logre o que o vulgo denomina de felicidade, vivendo numa sociedade terrena bem organizada. Muitos são os que, desde o berço à sepultura, seguem este gênero de vida inteiramente terreno.

Outros, pelo contrário, tratam de renascer de dentro, graças à enxertia de um gênero de vida superior no tronco da vida corporal. Ainda que comecem necessariamente pela vida corporal e exterior, realiza-se neles um como segundo nascimento. Este renascimento põe em ação as forças puramente espirituais de uma vida nova que, graças ao crescimento na sabedoria, tem o efeito de tolher o crescimento do homem velho, chegando mesmo a exterminá-lo na medida do necessário, forçando-o a evoluir em harmonia com as leis divinas. Tal é o homem novo, interior e celestial, inoculado sobre o homem velho. Agostinho passa, então, a descrever-lhe as sucessivas etapas, em exata correspondência com as da vida do homem terreno. Também a vida espiritual evolui, à semelhança da vida corporal, mas com uma diferença: suas idades não se contam por anos, mas pelos progressos realizados: "*Iste dicitur novus homo, et interior et caelestis, habens et ipse proportione, non annis, sed provectibus distinctas quasdam spirituales aetates suas*"[276]. Como a criancinha, assim o homem renascido começa por nutrir-se de leite. Este primeiro alimento se lhe depara no seio generoso da história, que o nutre com seus exemplos. É a idade da autoridade. Na segunda idade ele sacode o jugo da autoridade humana, a fim de dar cumprimento às leis divinas, em obediência aos ditames de sua própria razão. E assim, avançando de perfeição em perfeição, o homem espiritual atinge, enfim, a sétima idade, que é a do descanso eterno e da bem-aventurança sem fim. Pois como o fim do homem velho é a morte, o do novo é a vida eterna.

Tanto no Estado de Deus como no Estado terreno deparamos estas duas classes de homens, com seus respectivos processos evolutivos. E sendo que convivem em ambos os Estados, a vida de todo o gênero humano pode ser concebida como a de um indivíduo cuja vida se estende de Adão até o fim dos tempos, e no qual aparecem os dois aspectos acima descritos.

Uma das duas classes compreende a massa dos ímpios, que levam impressa a imagem do homem terrenal. A outra se compõe de todos aqueles que se consagram ao culto do Deus único e que, desde Adão até João Batista, praticaram na vida terrena uma certa justiça, inspirada no temor servil. Sua história está contida no Antigo Testamento. O povo cuja história vem descrita no Antigo Testamento, porém, é apenas uma imagem da humanidade do Novo Testamento, renascida em Cristo e detentora da promessa do Reino dos Céus[277].

---

276. De vera rel. 26, 47; t. 34, 143.
277. Ibid., 27, 50; 144.

Existe, contudo, uma sequência ininterrupta entre o Antigo e o Novo Testamento. Este representa a sexta idade, que se consumará na sétima, isto é, na glória celeste. (Ocasionalmente, Agostinho vê no nascimento de Cristo a inauguração da idade juvenil; via de regra, porém, a vinda de Cristo dá início à sexta idade[278].)

Na história do homem novo ou do Estado de Deus podem distinguir-se seis idades: A primeira principia com a criação do homem e vai de Adão até Noé; a separação dos dois Estados já é claramente visível. A segunda se estende de Noé até Abraão; como na primeira idade, os dois Estados derivam de um varão justo. Na terceira idade, que vai de Abraão ao Rei Davi, o Estado de Deus é representado no povo hebraico. A quarta vai de Davi até o cativeiro babilônico; a quinta, do cativeiro ao advento de Cristo. Com Cristo desponta a sexta idade, em que a graça espiritual já conhecida, no passado, a um pequeno número de patriarcas e profetas, manifesta-se a todas as nações[279].

2. O significado da história

Nesta perspectiva, a história universal assume o seu mais profundo significado. Ela é uma descrição da evolução dos dois Estados, dos seus conflitos, e da vitória final do Estado de Deus sobre o Estado terreno. Tal história já não é um simples registro de fatos, e sim interpretação deles na perspectiva de uma luz superior.

Esta história, Agostinho a delineou magistralmente na segunda parte da *Cidade de Deus* (livros 11-22). Os livros 11-14 descrevem a origem dos dois Estados no mundo invisível dos anjos. Com a criação dos espíritos angélicos instituiu-se o Estado de Deus, e com a queda dos anjos maus, o Estado do demônio. A queda de Adão ocasionou a cisão entre os dois Estados no seio da humanidade. Os livros 15-18 descrevem a luta entre os dois Estados na terra. Iniciada com Caim e Abel, esta luta prolonga-se através dos períodos subsequentes da história da humanidade. O livro 15 analisa esse conflito no período de Adão a Noé, o livro 16 no de Noé até Abraão; na segunda parte descreve-se a evolução do Estado de Deus até Davi. O livro 17 prossegue a análise desde o tempo dos reis até Cristo. O livro 18 retoma a evolução do Estado terreno a partir de Abraão até o fim do mundo; trata, ainda, das relações entre os dois Estados e oferece um panorama geral dos impérios universais. Os livros 19-22 descrevem o fim dos dois Estados e sua separação definitiva e eterna. O livro 19 trata do fim dos dois Estados na terra; o livro 20, do último juízo; o livro 21, da reprovação eterna do Estado do demônio, e o livro 22, da felicidade eterna do Estado de Deus na mansão celeste.

E assim a história é comparável a um gigantesco drama, que toma início no céu e só chegará ao seu termo no final dos tempos. Embora encenado pelos homens, este drama tem por autor o próprio Deus, o artista eterno: *"sicut creator ita moderator, donec universi saeculi pulchritudo, cuius particulae sunt, quae suis quibuscumque temporibus apta sunt, velut magnum carmen cuiusdam ineffabilis modulatoris excurrat, atque inde transeant in aeternam contemplationem speciei, qui*

---

278. Cf. Retract. 1, 25; 120, 15s.
279. De catech. Rud. 19-22, 31-39; t. 40, 333-338.

Deum rite colunt, etiam cum tempus est fidei"[280]. Por isso o universo é belo, não apenas no seu ser como também no seu devir e na sua evolução. É verdade que nem sempre logramos perceber a beleza desta sucessão, por estarmos tão profundamente envolvidos nos acontecimentos de cada dia e de cada hora. E isto nos impede a visão de conjunto. Mas, se atendermos à Providência do Criador, tal como nos é revelada na Escritura, não deixaremos de perceber também a verdadeira beleza do encadeamento dos fatos particulares: "*...sic ortu et occasu, decessu atque successu rerum temporalium, certis atque definitis tractibus, donec recurrat ad terminum praestitutum, temporalis pulchritudo contexitur*"[281].

Apreciação

Agostinho quer ser, em primeiro lugar, um teólogo, e não um filósofo. A inexistência de uma síntese filosófica, fora do contexto teológico é, em derradeira análise, simples decorrência do seu sistema. Para Agostinho há um só cosmos da verdade, no qual se contém a totalidade do ser, e no qual ele se aprofunda com todas as veras do seu coração cheio de fé. À luz desta fé o seu entendimento finito procura sondar, na medida do possível, o mistério do infinito. É à volta deste cosmos que gravita, incansavelmente, o seu poderoso intelecto. Deste cosmos dimana-lhe a luz sem a qual sua alma seria incapaz de viver.

Para Agostinho, a vida e a doutrina são uma só coisa. Sua doutrina é uma interpretação de sua vida, e sua vida não cessa de nutrir-se nas fontes da doutrina. E assim o pensar agostiniano evolui em contato imediato com a vida. Seu objetivo não é ensinar a pensar, e, sim, a viver, a viver pensando. É a este contato direto com a vida real que a ideologia agostiniana deve o seu valor imperecível e a sua influência fecunda e constante sobre o pensamento ocidental, até os nossos dias.

Agostinho é, na verdade, o Preceptor do Ocidente. Nenhum dos futuros sistemas cristãos irá poder ignorá-lo. E, com efeito, todos, de um modo ou de outro, sofreram-lhe o influxo. Por quase um milênio exerceu domínio incontestado no campo do pensamento. Sua doutrina, perenemente viva, jamais cessou de reviçar a reflexão filosófica. Seus discípulos são legião, e até mesmo os seus adversários – pois também Agostinho os teve, e dos mais notáveis – não lhe regatearam o seu respeito. Sua escola – se é que tal expressão se justifica – produziu uma plêiada de pensadores dos mais originais e fecundos: haja vista um Santo Anselmo, os Vitorinos, um São Boaventura, um Rogério Bacon, um Henrique de Gand, um Duns Escoto, um Pascal, um Malebranche, e inúmeros outros.

Mais que nenhuma outra doutrina, a teologia agostiniana da história teve o efeito de transformar a face da terra. Ainda que o "Sacro Império Romano de Nação Germâ-

---

280. Epist. 138, 5; t. 33, 527.
281. Contra Secundinum Manichaeum 15; t. 42, 591. Cf. De civ. Dei 12, 4; 571.

nica" não fosse ideia do próprio Agostinho, ele não se originou sem uma interpretação política do seu conceito do Estado de Deus. Se, por hipótese, tivéssemos de prescindir da obra de Agostinho na história espiritual do Ocidente, depararíamos um hiato inexplicável entre o mundo atual e os tempos evangélicos.

O reflexo do eterno na beleza criada

Sed multis finis est humana delectatio, nec volunt tendere ad superiora, ut iudicent cur ista visibilia placeant. Itaque si quaeram ab artifice, uno arcu constructo, cur alterum parem contra in altera parte moliatur, respondebit, credo, ut paria paribus aedificii membra respondeant. Porro si pergam quaerere, idipsum cur eligat, dicet hoc decere, hoc esse pulchrum, hoc delectare cernentes: nihil audebit amplius. Inclinatus enim recumbit oculis, et unde pendeat non intelligit.

Mas, para muitos, a meta suprema é o deleite humano, e não querem visar às coisas superiores, nem indagar a razão por que as coisas sensíveis nos deleitam. Se perguntarmos a um arquiteto por que, depois de erguer um arco, ele constrói outro igual no lado oposto, é provável que responda: para que haja simetria entre as partes correspondentes do edifício. Se lhe perguntarmos, a seguir, pela razão de ser daquela simetria, dirá: porque isso é harmonioso, e belo, e agrada ao espectador. Nada mais ousará dizer. Pois tem os olhos voltados para a terra e desconhece as causas últimas de que depende a sua arte.

At ego virum intrinsecus oculatum, et invisibiliter videntem non desinam commovere, cur ista placeant, ut iudex esse audeat ipsius delectationis humanae. Ita enim superfertur illi, nec ab ea tenetur, dum non secundum ipsam, sed ipsam iudicat. Et prius quaeram utrum ideo pulchra sint, quia delectant; an ideo delectent, quia pulchra sunt. Hic mihi sine dubitatione respondebitur, ideo delectare quia pulchra sunt. Quaeram ergo deinceps, quare sint pulchra; et si titubabitur, subiiciam, utrum ideo quia similes sibi partes sunt, et aliqua copulatione ad unam convenientiam rediguntur.

Mas a um homem dotado de visão interior, e contemplador do mundo invisível, eu persistiria em perguntar por que aquelas coisas lhe agradam, até que ousasse julgar do próprio deleite humano. Pois assim ele se sobreleva ao deleite, sem deixar-se dominar, porquanto não julga segundo ele, mas sobre ele. E primeiro lhe perguntarei se tais coisas são belas porque agradam ou se lhe agradam porque são belas. Responderá, com certeza, que agradam porque são belas. Ao que perguntarei: E por que são belas? Se hesitar, acrescentarei: Será talvez porque suas partes se assemelham umas às outras e se harmonizam graças a algum nexo unificador?

Quod cum ita esse compererit, interrogabo, utrum hanc ipsam unitatem, quam convincuntur appetere, summe impleant, an longe infra iaceant, et eam quodammodo mentiantur. Quod si ita est (nam quis non admonitus videat, neque ullam speciem neque ullum omnino esse corpus quod non habeat unitatis qualecumque vestigium, neque quantumvis pulcherrimum corpus, cum intervallis locorum necessario aliud alibi habeat, posse assequi eam quam sequitur unitatem?):

Logo que ele perceber que assim é, perguntarei se elas atingem perfeitamente aquela unidade a que evidentemente aspiram, ou se permanecem distantes dela, numa espécie de arremedo vão e mentiroso. Neste último caso (pois todo observador atento perceberá que não existe forma nem corpo que não apresente algum vestígio de unidade, e que nem o corpo mais formoso, visto constar inevitavelmente de partes diferentes e separadas por intervalos de lugar, pode atingir a unidade perfeita a que aspira).

Quare si hoc ita est, flagitabo ut respondeat, ubi videat ipse unitatem hanc, aut unde videat; quam si non videret, unde cognosceret et quid imitaretur corporum species, et quid implere non posset? Nunc vero cum dicit corporibus: Vos quidem nisi aliqua unitas contineret, nihil essetis, sed rursus si vos essetis ipsa unitas, corpora non essetis; recte illi dicitur:

Unde illam nosti unitatem, secundum quam iudicas corpora, quam nisi videres, iudicare non posses quod eam non impleant: si autem his corporeis oculis eam videres, non vere diceres, quamquam eius vestigio teneantur, longe tamen ab ea distare? Nam istis oculis corporeis non nisi corporalia vides: mente igitur eam videmus. Sed ubi videmus? Si hoc loco esset, ubi corpus nostrum est, non eam videret qui hoc modo in Oriente de corporibus iudicat. Non ergo ista continetur loco; et cum adest ubicumque iudicanti, nusquam est per spatia locorum, et per potentiam nusquam non est.

De vera religione, 32,59-60; ML t. 34, c. 148s.

Sendo assim, digo, não desistirei até que me declare onde e de que maneira intui tal unidade. Pois se não a intuísse, por onde lhe seria possível saber o que é aquilo que as formas dos corpos imitam sem jamais poder alcançá-lo? Portanto, se ele diz aos corpos: Vós nada seríeis se uma certa unidade não vos desse consistência, mas, se fôsseis a própria unidade, deixaríeis de ser corpos, replicar-se-á com toda a razão:

Por onde conheces aquela unidade segundo a qual julgas os corpos? Pois se não a visses, não poderias julgar que estes não a alcançam perfeitamente; e se a visses com os olhos corporais, não dirias com verdade que eles distam muito da unidade, embora contenham algum vestígio dela. Pois com os olhos corporais só vês coisas corporais. Donde se segue que é com a mente que a vemos. Mas onde a vemos? Se ela se encontrasse ali onde está o nosso corpo, seria inacessível ao que, no Oriente, formula juízos idênticos sobre os corpos. Portanto, ela não está restrita a nenhum lugar particular; e visto estar presente a quem quer que julgue de acordo com ela, segue-se que não está em parte alguma do espaço, e que não há lugar algum onde ela não se encontre com sua eficácia.

Do sentido da história

Temporalium enim specierum multiformitas ab unitate Dei hominem lapsum per carnales sensus diverberavit, et mutabili varietate multiplicavit eius affectum: ita facta est abundantia laboriosa, et, si dici potest, copiosa egestas, dum aliud et aliud sequitur, et nihil cum eo permanet. Sic a tempore frumenti, vini et olei sui multiplicatus est, ut non inveniat idipsum (Ps. 4, 8, 9), id est naturam incommutabilem et singularem, quam secutus non erret, et assecutus non doleat.

A multiplicidade das formas temporais, infiltrando-se pelos sentidos do corpo, apartou o homem caído da união com Deus, e com sua variedade inconstante multiplicou-lhe sobremaneira os afetos. Donde resultou uma abundância trabalhosa e, por assim dizer, uma penúria opulenta, em virtude da sequência ininterrupta das coisas, que não lhe permite fixar-se em nada. Permitiu que o tempo do trigo, do vinho e do azeite o dispersasse pela multidão das coisas, sem jamais deparar com o que permanece sempre igual a si mesmo, isto é, a única natureza imutável, em cujo se-guimento não há erro e cuja posse não acarreta amargura.

Habebit enim etiam consequentem redemptionem corporis sui (Rm 8,23), quod jam non corrumpetur. Nunc vero corpus quod corrumpitur aggravat animam, et deprimit terrena inhabitatio sensum multa cogitantem (Sap. 9, 15), quia rapitur in ordinem successionis extrema corporum pulchritudo. Nam ideo extrema est, quia simul non potest habere omnia; sed dum alia cedunt atque succedunt, temporalium formarum numerum in unam pulchritudinem complent.

Et hoc totum non propterea malum, quia transit. Sic enim et versus in suo genere pulcher est, quamvis duae syllabae simul dici nullo modo possint. Nec enim secunda enuntiatur, nisi prima transierit; atque ita per ordinem pervenitur ad finem, ut cum sola ultima sonat, non secum sonantibus superioribus, formam tamen et decus metricum cum praeteritis contexta perficiat. Nec ideo tamen ars ipsa qua versus fabricatur, sic tempori obnoxia est, ut pulchritudo eius per mensuras morarum digeratur: sed simul habet omnia, quibus efficit versum non simul habentem omnia, sed posterioribus priora tollentem; propterea tamen pulchrum, quia extrema vestigia illius pulchritudinis ostentat, quam constanter atque incommutabiliter ars ipsa custodit.

Itaque, ut nonnulli perversi magis amant versum, quam artem ipsam qua conficitur, quia plus se auribus quam intelligentiae dediderunt: ita multi temporalia diligunt, conditricem vero ac moderatricem temporum divinam providentiam non requirunt; atque in ipsa dilectione temporalium nolunt transire quod amat, et tam sunt absurdi, quam si quisquam in recitatione praeclari carminis unam aliquam syllabam solam perpetuo vellet audire. Sed tales auditores carminum non inveniuntur; talibus autem rerum aestimatoribus plena sunt omnia; propterea quia nemo est, qui non facile non modo totum versum sed, etiam totum carmen possit audire; totum autem ordinem saeculorum sentire nullus hominum potest.

Pois obterá também a redenção do seu corpo, que deixará de estar sujeito à corrupção. Entrementes, a matéria corruptível agrava a alma, e a morada terrestre deprime a mente dissipada, porque a formosura corporal, que ocupa o ínfimo grau, é absorvida na torrente das vicissitudes temporais. Ela retém o último lugar, precisamente por não poder abranger tudo simultaneamente; sua beleza só se completa numa alternação contínua de formas temporais, estabelecendo-se enfim uma beleza unitária.

E não se pense que tudo isto é mau só por ser efêmero. Pois também um verso é belo em seu gênero, embora seja impossível pronunciar duas sílabas ao mesmo tempo. Com efeito, a segunda só começa a ressoar no momento em que a primeira tenha cessado, e assim sucessivamente até o fim; desta forma, quando ressoa a última sílaba, enlaçando-se às anteriores, que já cessaram de soar, completa-se enfim a formosura e a harmonia do metro. Mas nem por isso a própria arte da versificação se torna sujeita ao tempo, a ponto de a sua beleza fracionar-se em medidas temporais; antes, ela se encontra na totalidade dos elementos que compõem o verso, embora este se desdobre numa sequência ordenada do anterior e do posterior. Um tal verso não deixa de ser belo, pois nele se refletem os últimos vestígios da beleza que a arte perene e imutavelmente custodia.

Assim, pois, como há muitos homens de gosto pervertido, que preferem o verso à própria arte da versificação, por anteporem o ouvido à inteligência: assim muitos amam as coisas temporais (i. é, históricas), mas ignoram a Divina Providência, que origina e dirige os tempos, e por causa do seu apego ao temporal, não querem que passe aquilo que amam. Sua insensatez é comparável à daquele que, ao ouvir recitar um poema famoso, desejasse ouvir sempre uma só e mesma sílaba. Na verdade, não há tais aberrações nos aficionados da poesia; mas o mundo está cheio de indivíduos que assim avaliam as coisas temporais. A razão está em que todos podem facilmente ouvir um verso inteiro ou um poema inteiro, ao passo que ninguém pode abranger a totalidade da sucessão dos séculos.

Huc accedit quod carminis non sumus partes, saeculorum vero partes damnationis facti sumus. Illud ergo canitur sub iudicio nostro, ista peraguntur de labore nostro. Nulli autem victo ludi agonisti placent, sed tamen cum eius dedecore sunt: et haec enim quaedam imitatio veritatis est. Nec ob aliud a talibus prohibemur spectaculis, nisi ne umbris rerum decepti, ab ipsis rebus quarum illae umbrae sunt, aberremus. Ita universitatis huius conditio atque administratio, solis impiis animis damnatisque non placet; sed etiam cum miseria earum, multis vel in terra victricibus, vel in caelo sine periculo spectantibus placet: nihi! enim iustum displicet iusto.

De vera religione 21-22; c. 139s.

Acresce ainda que não somos parte de um poema, mas por castigo fazemos parte da evolução dos séculos. Aquele é recitado por outros e submetido ao nosso juízo; estes, porém, realizam-se a custa de nossa laboriosa contribuição. Os jogos agonísticos não deixam satisfeitos aos vencidos, embora a derrota deles os torne interessantes: eis aí outra imagem da verdade. Com efeito, tais espetáculos nos são proibidos para que não suceda que, seduzidos pelas sombras das coisas, nos descuidemos das realidades superiores que nelas se refletem. Por isso a condição e o governo desse universo só não satisfazem aos ímpios e aos réprobos. Agradam, porém, à multidão daqueles que, embora ainda sujeitos às tribulações da vida terrena, saíram vencedores, bem como àqueles que no céu assistem, livres de qualquer perigo, a este espetáculo. Pois nada do que é justo desagrada aos justos.

O entendimento (Metafísica) e o amor (Ética) à busca de Deus

Ubi ergo te inveni, ut discerem te? Neque enim iam eras in memoria mea, priusquam te discerem. Ubi ergo te inveni, ut discerem te, nisi in te supra me? et nusquam locus, et recedimus et acedimus, et nusquam locus. Veritas, ubique praesides omnibus consulentibus te simulque respondes omnibus diversa consulentibus. Liquide tu respondes, sed non liquide omnes audiunt. Omnes und volunt consulunt, sed non semper quod volunt audidunt. Optimus minister tuus est, qui non magis intuetur hoc a te audire quod ipse voluerit, sed potius hoc velle quod a te audierit.

Mas onde vos encontrei para vos poder conhecer? Pois Vós não habitáveis na minha memória, quando ainda Vós não conhecia. Onde vos encontrei, para vos conhecer, senão em Vós mesmo que estais acima de mim? Nessa região não há espaço absolutamente nenhum. E, quer retrocedamos, quer nos aproximenos de Vós, o espaço não existe. Ó Verdade, Vós em toda a parte assistis a todos que vos consultam e ao mesmo tempo respondeis aos que vos interrogam sobre os mais variados assuntos. Respondeis com clareza, mas nem todos vos ouvem com a mesma lucidez. Todos vos consultam sobre o que desejam, mas nem sempre ouvem o que querem. O vosso servo mais fiel é aquele que não espera ouvir de preferência aquilo que deseja, mas se propõe aceitar, antes de tudo, a resposta que de Vós ouviu.

Sero te amavi, pulchritudo tam antiqua et tam nova, sero te amavi! Et ecce intus eras et ego foris et ibi te quaerebam et in ista formosa, quae fecisti, deformis irruebam. Mecum eras, et tecum non eram. Ea me tenebant longe a te, quae si in te non essent, non essent. Vocasti et clamasti et rupisti surditatem meam, coruscasti, splenduisti et fugasti caecitatem meam, fragrasti, et duxi spiritum, et anhelo tibi, gustavi et esurio et sitio, tetigisti me, et exarsi in pacem tuam.

Confessionum 10,26-27.

Tarde vos amei, ó Beleza tão antiga e tão nova, tarde vos amei! Eis que habitáveis dentro de mim, e eu lá fora a procurar-vos! Disforme, lançava-me sobre estas formosuras que criastes. Estáveis comigo, e eu não estava convosco! Retinha-me longe de Vós aquilo que não existira se não existisse em Vós. Porém chamastes-me com uma voz tão forte que rompestes a minha surdez! Cintilastes, brilhastes, e logo afugentastes a minha cegueira! Exalastes perfume: respirei-o suspirando por Vós. Saboreei-vos, e agora tenho fome e sede de Vós. Tocastes-me, e comecei a andar no desejo da vossa paz.

(Traduzido por J. Oliveira Santos, S.J. e A. Ambrósio de Pina, S.J., Porto, 1955).

CAPÍTULO III
BOÉCIO

Dir-se-ia que a exímia grandeza de Agostinho tivesse esgotado, por muitos séculos, as energias especulativas do Ocidente. E de fato, será preciso penetrar fundo na Idade Média para novamente encontrar algum pensador independente e criativo. Contudo, a Antiguidade ainda nos depara uma outra figura digna de atenção e admiração: a de Boécio. Juntamente com Agostinho, foi ele quem mais influenciou a filosofia medieval. Embora não primasse pela originalidade, a sua obra serviu de intermediária entre a filosofia grega e a Escolástica. É nisso que está sua importância.

Vida – Anício Mânlio Severino Boécio nasceu em Roma pelo ano 470. Estudou em Roma e depois em Atenas. Exerceu importantes funções públicas no reinado de Teodorico, rei dos ostrogodos. Chegou a ser cônsul, "*Magister Palatii*". Seu amor incorruptível à causa da justiça valeu-lhe numerosas inimizades. Vitimado à calúnia, foi desterrado para Pavia e finalmente, depois de penar por longo tempo no cárcere, foi cruelmente executado em 525. Foi na prisão de Pavia que escreveu o *De consolatione philosophiae*. Mais de uma vez as convicções cristãs de Boécio foram postas em dúvida. Visto porém que hoje se reconhece a autenticidade dos seus escritos cristãos, a controvérsia em torno dessa questão pode considerar-se como definitivamente encerrada.

Obras e edições – 1. *De consolatione philosophiae*. É um diálogo entre o autor e a filosofia, que vem consolá-lo dos seus infortúnios. Escrita em face da morte, e em circunstâncias profundamente humilhantes, a obra revela uma extraordinária nobreza de alma. É um documento singular de grandeza humana. Sua linguagem concisa, mas vibrante, vai-nos diretamente ao coração. Subdivide-se em cinco livros, no primeiro dos quais Boécio traz à cena a figura alegórica da filosofia (ver texto anexo), para logo abrir-lhe o seu coração ferido. No segundo livro ela o reconforta, recordando-lhe que não é nos bens exteriores nem na vida presente que se há de buscar a felicidade. No terceiro livro ela lhe faz ver a essência desta felicidade, que só se encontra em Deus. O quarto livro trata da Providência divina, totalmente diversa do *fatum*. No quinto livro a filosofia aborda o problema da conciliação da Providência com o livre-arbítrio. Quanto à forma literária, Boécio serve-se alternadamente do verso e da prosa – ML t. 63,579-862. CSEL t. 67; citamos esta edição.

2. *Opuscula sacra*. Entre estes opúsculos, há dois que interessam também à filosofia: *Quomodo Trinitas unus Deus ac non tres Dii* (De sancta Trinitate; abreviação: De Trin.), escrito muitas vezes comentado na Idade Média, por exemplo, por Gilberto de la Porrée e Tomás de Aquino. ML t. 64, 1247-1256 – *Quomodo substantiae in eo quod sint, bonae sint, cum non sint substantialia bona* (Liber de Hebdomadibus). Ibid., 1311-1314 .

3. *Opuscula philosophica: In Isagogen Porphyrii Commentorum Editio prima et secunda.* A "*Editio prima*" contém um comentário sobre a "Isagoge", baseado na tradução de Mário Vitorino. A "*Editio secunda*", na versão do próprio Boécio. Os dois livros foram escritos por volta de 507 e 509 – ML t. 64,9-158. CSEL t. 48; citaremos esta edição.

In Categorias Aristotelis libri IV, escrito por volta de 510 – ML t. 64, 159-294.

In librum Aristotelis De Interpretatione libri II. Existe em duas versões destinadas, respectivamente, aos principiantes e aos avançados – ML t. 64, 293-638 (citaremos esta edição). Há ainda a edição de C. Meiser, Leipzig 1877, 1880 (Bibliotheca Teubneriana).

Mencionemos ainda os escritos lógicos menores: *Introductio ad categoricos syllogismos* (ML t. 64,761-794), *De Syllogismo categorico* (ML t. 64, 793-832), *De Syllogismo hypothetico* (ML t. 64, 831-876), *De divisione* (ML t. 64, 875-892), *De diffinitione* (ML t. 64, 801-910), *De differentiis topicis* (ML t. 64, 1173-1216).

4. *Alguns tratados sobre ciências particulares: De musica libri V* (ML t. 63,1167-1300 e *De Arithmetica libri II* (ML t. 63, 1079-1168), ambos editados por G. Friedlein, Leipzig 1867 (Bibliotheca Teubneriana).

§ 1. A filosofia e as ciências

1. O objetivo de Boécio

Boécio é chamado o último romano e o primeiro escolástico. Exprime-se assim, muito acertadamente, o seu papel de intermediário. Ele próprio, aliás, esteve plenamente consciente dessa tarefa. Compenetrado de sua missão de transmissor de um patrimônio cultural fadado ao declínio, quis servir de educador daqueles povos ainda jovens e robustos que, ignorantes do idioma grego, não tinham acesso para as obras de Aristóteles e os diálogos de Platão. Alentava, ademais, o generoso ideal de reunir numa síntese compreensiva as doutrinas de Aristóteles e Platão[1]. Seu propósito era traduzir para o latim todas as obras deles e, na base de uma série de comentários, demonstrar o acordo substancial entre os dois filósofos. Basta relancear a obra de Boécio para nos darmos conta de quanto pôde realizar e de quão longe a realidade dista do seu grandioso ideal.

2. A definição da filosofia

O autor do *De consolatione philosophiae* deixou à Idade Média algo mais do que a imagem alegórica da filosofia[2], que ainda hoje se vê esculpida em pedra nas fachadas de certas catedrais; legou-lhe também uma definição da filosofia e uma classificação das ciências. A filosofia é o amor da sabedoria. Por sabedoria não entende Boécio uma habilidade prática, nem o domínio das artes técnicas, mas uma realidade: aquele pensamento vivo, causa de todas as coisas, que subsiste em si mesmo e de nada necessita além de si mesmo. A filosofia é uma iluminação procedente desta sabedoria pura, pela qual esta atrai amorosamente a si o espírito do homem. Por este motivo o amor à sabedoria, ou filosofia, pode ser considerada também como a busca de Deus e até

---

1. De Interpretatione, ed. II, 2; 433.
2. Cf. texto anexo.

mesmo como o amor de Deus[3]. Em vista desta definição se compreende perfeitamente que Boécio, embora cristão, se dirigisse precisamente à filosofia para buscar consolo em suas tribulações.

3. Divisão da filosofia

A filosofia, tomada como gênero, divide-se em duas espécies: especulativa ou teorética, e ativa ou prática. A filosofia especulativa, por sua vez, subdivide-se em tantas partes quantas são as classes dos seres; a filosofia prática subdivide-se de acordo com os atos essencialmente distintos, ou seja, segundo o número de virtudes distintas.

a) A filosofia especulativa compreende três classes de seres: os intelectíveis (intellectibilia), os inteligíveis (intelligibilia) e os naturais (naturalia).

Os intelectíveis. Por este termo, de sua própria autoria, Boécio designa os seres dotados de uma existência puramente espiritual ou extramaterial. Enquanto separados da matéria, são imutáveis e isentos de qualquer alteração. O primeiro intelectível é Deus (e é por isso que os gregos costumam chamar de Teologia o estudo deste primeiro intelectível); também as almas pertencem a esta ordem, pelo menos na medida em que são incorporais.

Os inteligíveis são as almas humanas, mas só enquanto unidas à matéria. Os inteligíveis voltam-se para os intelectíveis, a fim de apreendê-los pelo pensamento e o entendimento, o que se torna possível mercê da afinidade essencial entre eles reinante. Com efeito, as almas humanas são outros tantos intelectíveis descaídos da região da espiritualidade pura e encerrados em corpos. Neste particular, o pensamento de Boécio é obviamente platônico: "*corporum tactu (animae) ab intellectibilibus ad intelligibilia degenerarunt*"[4]. Com a espiritualidade pura, perderam também a pureza original do seu conhecimento.

Os naturais coincidem com o mundo dos corpos, ou melhor, com o que há de inteligível nele. Por versar sobre a natureza, esta parte da filosofia especulativa recebe o nome de fisiologia: "*Quae naturas corporum passionesque declarat*"[5]. Compreende o conjunto das ciências que Boécio chamou, por primeiro, de *Quadrivium*: a astronomia, a aritmética, a geometria e a música. Estas quatro disciplinas constituem a quádrupla via para a sabedoria. Quem as ignora não está na condição de elevar-se à verdadeira filosofia[6].

b) A divisão da filosofia prática é muito mais simples; consta de três partes: na primeira se traçam as normas que devem reger a conduta humana e, em particular, os meios conducentes à aquisição das virtudes; a segunda trata das virtudes civis: prudência, justiça, fortaleza e temperança; e a terceira, do governo da família.

c) A inclusão da Lógica neste esquema oferece certa dificuldade. A lógica é mais uma arte do que propriamente ciência, e por isso Boécio indaga se se deve considerá-la como parte da filosofia ou como instrumento a serviço de toda a filosofia[7]. A seu ver, ambas as teses po-

---

3. In Isag. ed. I, 1, 3; 7, 11s.
4. Ibid., 9, 3.
5. Ibid., 9, 8.
6. De Arithm. 1, 1; 1081 Bs. Uma outra divisão é proposta em De Trinit. 2; 1250.
7. In Isag. ed. I, 1, 4; 9s., 23s. e ed. II, 1, 3; 140, 13s.

dem justificar-se. Claro está que a lógica não é menos uma parte da filosofia do que por exemplo a física, pois ela tem seu objeto próprio: a conclusão, regida pelas leis da silogística. Por outro lado, porém, é inegável que, à diferença das outras ciências, ela não visa a um fim próprio, pois foi inventada unicamente para que as ciências pudessem conseguir seus próprios fins. Logo, ambas as teses estão com a razão. Como ciência de discernir o verdadeiro e o verossímil do falso, a lógica tem seu objeto próprio e faz parte da filosofia; mas como tal ela é útil a todas as outras partes da filosofia, que dela se servem como de instrumento. Nisso ela se assemelha à mão humana que é, ao mesmo tempo, parte do corpo e instrumento do corpo inteiro[8].

§ 2. O intelectível: Deus

1. A existência de Deus

O objeto propriamente dito da teologia natural é o intelectível. Na opinião de Boécio, o conhecimento de Deus ou do Sumo Bem é inato ao homem: "*Deum, rerum omnium principem, bonum esse communis humanorum conceptio probat animorum; nam cum nihil Deo melius excogitari queat, id quo melius nihil est, bonum esse quis dubitet*"?[9] Não obstante isso, Boécio procura demonstrar a existência deste Bem Supremo que é Deus. Assim o nosso filósofo prepara o caminho para os argumentos anselmianos do Proslogium e do Monologium, ao mesmo tempo que transmite à Idade Média uma prova completa da existência de Deus.

Existe um Bem Supremo, originador de todos os outros bens. Com efeito, tudo o que chamamos imperfeito só é concebível como uma diminuição do perfeito. A própria palavra "im-perfeito" está a indicá-lo. A existência do imperfeito numa ordem qualquer pressupõe a existência do perfeito na mesma ordem, pois sem este nem sequer poderíamos formar a ideia do imperfeito. Tanto assim que a própria natureza começa por produzir seres absolutos e perfeitos; a existência de seres degenerados ou disformes só se torna possível pelo enfraquecimento gradual dos seres perfeitos. Mas quem negaria a existência de coisas imperfeitas e de bens incompletos? Logo, é mister haver um bem perfeito, que seja a fonte e o princípio de todos os outros bens. A evidência da conclusão é indiscutível[10].

Resta provar que este Bem Supremo é Deus. Em rigor, tal prova é dispensável, pois, como vimos, a ideia inata de Deus é a de um ser tal, que outro mais perfeito não pode conceber-se. Não obstante, a proposição pode ser corroborada com um argumento. Com efeito, Deus não seria o Senhor de tudo, caso não fosse ao mesmo tempo o Bem Supremo. Pois a menos de ser Ele o Sumo Bem, deveria existir um outro ser perfeitamente bom, e portanto preferível e anterior a Ele, porquanto é evidente que o sumamente perfeito é anterior ao menos perfeito. Logo, para que a razão não se veja forçada a uma regressão ao infinito, cumpre reconhecer que o Deus altíssimo possui a plenitude do bem supremo e perfeito[11].

---

8. Ibid., ed. II, 1, 3; 140s.
9. De cons. phil. III, 10; 65, 8; cf. Anselmo.
10. Ibid., 64, 23s.
11. Ibid., 65, 13s.

Além do argumento baseado na bondade soberana de Deus, Boécio esboça uma segunda prova, a partir da ordem e da harmonia do mundo[12]. Embora incompleto e meramente alusivo, este veio a ser de grande importância para a Idade Média.

2. A natureza de Deus

Sumo Bem e princípio de todas as coisas, Deus é também a suma beatitude.

Que é beatitude? É um estado de perfeição, consistindo na posse de todos os bens: "*Liquet igitur esse beatitudinem statum bonorum omnium congregatione perfectum*"[13]. A definição tornou-se clássica na Idade Média. Sendo Deus o ser perfeito, Ele é feliz; ou antes, é a própria beatitude[14]. Todos os outros seres são felizes enquanto têm parte nesta felicidade, vale dizer: enquanto participam de Deus. Poder-se-ia dizer mesmo que tal participação os transforma, por assim dizer, em outros tantos deuses. Nem por isso deixa de haver uma distinção essencial entre Deus e as criaturas, pois ao passo que Deus se basta a si mesmo e é a própria beatitude, os homens não se tornam felizes senão enquanto participantes da vida divina[15].

Na qualidade de causa primeira do universo, Deus escapa forçosamente às determinações do nosso pensamento. Muito menos se poderia enquadrá-lo no esquema das categorias aristotélicas[16]. Todos os nossos enunciados sobre Deus respeitam menos à sua natureza quanto à sua atividade *ad extra*, ou seja, à direção e ao governo do mundo. É neste sentido que lhe chamamos, por exemplo, de motor imóvel do mundo: "*stabilisque manens dat cuncta moveri*"[17], e de Providência universal: "*Est igitur, summum, inquit, bonum, quod regit cuncta fortiter suaviterque disponit*"[18].

§ 3. O inteligível

I. A alma

Boécio só se manifestou ocasionalmente sobre a natureza da alma. Não obstante, as suas ideias a esse respeito iriam ser cuidadosamente recolhidas e utilizadas pelos teólogos medievais.

1. Origem da alma

Já tivemos ocasião de tocar neste problema a propósito da classificação das ciências. Do que ali ficou exposto, segue-se que Boécio deve ser contado entre os partidários da doutrina platônica da preexistência. Também Alberto Magno assim o classifica, e com tanto mais razão quanto Boécio se louva expressamente em Platão[19].

2. No referente à questão da sobrevivência da alma Boécio perfilha, ainda uma vez, um ponto de vista essencialmente platônico. É verdade que não se cansa em insistir nas sanções imanentes à própria vida moral; os bons se deificam na mesma medida em que avançam

---

12. Ibid., 12; 73, 11s.
13. Ibid., 2; 47, 15.
14. Ibid., 10, 65, 25s.
15. Ibid., 66, 23s. e IV, 3; 86, 9s.
16. De Trin. 5, 5; 1252.
17. De cons. phil. III, IX; 63, 19.
18. Ibid., 12; 75, 3s. Cf. Sabed. 8, 1.
19. In Isag. I, 1, 3; 9, 2s.

no bem: eis sua recompensa; os maus se bestializam à proporção de sua malícia: e nisso está o seu castigo. Não só isso. O vício pode bestificar totalmente o homem: "*Ita fit, ut qui probitate deserta homo esse desierit, cum in divinam condicionem transire non possit, vertatur in beluam*"[20]. Entretanto, Boécio interpreta a doutrina da metempsicose do Fedro em termos puramente morais, e crê que já nesta vida o avarento se transforma em lobo por causa de sua rapacidade; o pérfido se transforma em raposa, o ocioso em asno e o luxurioso em porco. Mas nem por isso o nosso filósofo põe em dúvida a existência de castigos no além, nem a existência de um lugar de purificação, embora prefira abster-se de entrar mais detidamente no assunto: "*sed quaeso, inquam, te, nullane animarum supplicia post defunctum morte corpus relinquis? Et magna quidem, inquit, quorum alia poenali acerbitate, alia vero purgatoria clementia exerceri puto, sed nunc de his disserere consilium non est*"[21].

Todavia, seria inexato qualificar Boécio, sem mais, como platônico, já porque a sua atitude eclética não lhe permitia jurar, simplesmente, pela autoridade de Platão. E, com efeito, Boécio fala não só do "nosso Platão", como também do "meu Aristóteles"[22]. Sua psicologia trai a influência de ambos os filósofos, como se pode concluir, com meridiana clareza, de sua atitude em face do problema do conhecimento e da vontade.

II. O conhecimento e o universal

Há os que pretendem derivar a filosofia medieval em peso do problema dos universais. Tal opinião é manifesta e decididamente exagerada. Não há negar, contudo, que este problema desempenhou um papel importante, notadamente no período inicial da filosofia medieval. O impulso decisivo veio de Boécio.

1. O problema

Não há dúvida que as discussões em torno do problema dos universais foram ocasionadas por um passo da Isagoge de Porfírio, traduzida por Boécio. Nesta passagem, depois de proclamar sua intenção de dissertar sobre os gêneros e as espécies, Porfírio recusa-se a decidir se os gêneros e as espécies são realidades subsistentes em si mesmas ou simples formas de pensamento. Caso sejam realidades subsistentes, nega-se, uma vez mais, a decidir se se trata de realidades corporais ou incorporais. E, enfim, no caso de serem incorporais, recusa-se a responder se existem à parte das coisas sensíveis ou se estão unidas a elas[23]. Como se vê, Porfírio formulou o problema metafísico das ideias, mas sem dar-lhe qualquer solução.

2. A solução de Boécio

O nosso filósofo, ao contrário, não tomou por modelo esta prudente discrição de Porfírio, e tentou apresentar uma solução ao problema.

Em primeiro lugar, Boécio prova que os universais não podem ser substâncias. Pois os gêneros e as espécies são, por definição, comuns a uma pluralidade de indivíduos; ora, o que é comum a vários indivíduos não pode por sua vez ser um indivíduo. Isto é tanto mais impossí-

---

20. De Consol. phil. IV, 3; 87, 25.
21. Ibid., 4; 91, 11s.
22. Ibid., V, 1; 108, 9; e I, 3; 6, 6s.
23. In Isag. ed. II, 1, 5; 147 e 10; 159.

vel quanto o gênero não se encontra inteiramente em cada espécie, pelo que não pode existir separadamente delas, nem constituir uma verdadeira individualidade[24]. Uma reflexão semelhante nos levaria à conclusão de que as espécies e os gêneros, se gozassem de uma existência independente, deveriam subordinar-se, por seu turno, a um gênero superior, o que nos forçaria a pôr a mesma questão relativamente a este novo gênero[25].

Supondo-se, ao contrário, que as espécies e os gêneros não passam de simples noções do espírito pensante, as dificuldades são igualmente graves. Pois se nada de real correspondesse aos gêneros e às espécies pensadas, eles nem sequer chegariam a ser pensamentos, pois seriam pensamentos sem objeto. Se, porém, são pensamentos de alguma coisa, então os gêneros e as espécies devem existir de algum modo nas coisas, e não podem ser puras formas do pensamento[26]. E assim se põe, mais uma vez, o problema de sua natureza.

Em face desse dilema, Boécio adota uma solução tirada de Alexandre de Afrodísias[27], *a qual será perfilhada, mais tarde, por numerosos escolásticos.* Os sentidos, julga Boécio, não nos transmitem as coisas incorporais em separado, mas associadas aos corpos: "*omnes enim huiusmodi res incorporeas in corporibus esse suum habentes sensus cum ipsis nobis corporibus tradit*"[28]. Mas o nosso espírito, com sua capacidade de dissociar e de recompor as coisas, pode contemplar em separado, e em si mesma, a natureza incorpórea concretamente existente nos corpos: "*at vero animus, cui potestas est et disiuncta componere et composita resolvere, quae a sensibus confusa et corporibus coniuncta traduntur, ita distinguit, ut incorpoream naturam per se ac sine corporibus in quibus est concreta, speculetur et videat*"[29]. Ao número destas naturezas pertencem também os gêneros e as espécies, ou seja, os universais. Ou o espírito os descobre em seres incorporais, e neste caso ele os encontra, desde logo, em estado abstrato; ou, então, descobre-os nos seres corporais, e neste caso extrai dos corpos o que estes contêm de incorporal, para considerá-lo à parte, à maneira de uma forma separada e pura: "*si vero corporalium rerum genera speciesque perspexerit, aufert, ut solet, a corporibus incorporeorum naturam et solam puramque ut in se ipsa forma est contuetur*"[30].

Objetar-se-á, talvez, que, mesmo assim, conhecemos as coisas diversamente daquilo que são na realidade. A objeção é infundada, pois não há erro em separar em pensamento o que está associado na realidade (p. ex. uma linha de sua superfície), mas sim em unir coisas que na realidade estão separadas (p. ex. uma cabeça humana a um corpo de cavalo). Nada nos impede, portanto, de pensar à parte os gêneros e as espécies, ainda que não tenham existência separada: "*subsistunt ergo circa sensibilia, intelliguntur autem praeter corpora*"[31]. Dos indivíduos concretos e diferentes em número, mas iguais na substância (*substantiali similitudine*) o espírito colhe a semelhança, que vem a ser a espécie (*species*). Nas coisas individuais tal semelhança é apenas sensível, mas nos conceitos universais ela se torna inteligível: "*sed haec similitudo cum in singularibus est, fit sensibilis, cum in universalibus, fit intelligibilis, eodemque modo cum sensibilis est, in singularibus permanet, cum intelligitur, fit universalis*"[32].

---

24. Ibid., 161s.
25. Ibid., 162.
26. Ibid., 163.
27. Ibid., 11; 164.
28. Ibid., 165, 1s.
29. Ibid., 3s.
30. Ibid., 12s.
31. Ibid., 166, 22.
32. Ibid., 166, 18s.

3. Problemas não solucionados

Vemos, assim, que Boécio transmitiu à Idade Média algo mais do que uma simples formulação do problema dos universais. Contudo, a solução oferecida deixou em suspenso diversas questões de capital importância.

Se Boécio propõe a solução aristotélica, isto se deve ao fato de haver defrontado o problema num contexto aristotélico: na introdução à lógica do Estagirita. Na realidade, porém, ele não tem a intenção de optar entre Aristóteles e Platão: "quorum diiudicare sententias aptum esse non duxi, altioris enim est philosophiae"[33]. Ademais, Boécio não chega a mencionar a teoria aristotélica do intelecto agente, que unicamente dá sentido à noção de abstração e explica a maneira em que é possível pensar à parte o que não existe à parte. Boécio contenta-se com declarar que o espírito apreende o inteligível "*ut solet*", sem adiantar o menor esclarecimento sobre a maneira em que ele efetua tal operação. Os problemas metafísicos que Boécio deixou sem solução excedem em número e dificuldade os que ele próprio conseguiu resolver.

O leitor que fizer uma comparação entre os escritos lógicos e o *De consolatione philosophiae* apenas sentirá crescer o seu embaraço. Pois esta obra nos depara um Boécio que, à primeira vista pelo menos, nada parece ter em comum com o autor das obras lógicas. Além da doutrina da reminiscência, encontramos ali uma nova teoria do conhecimento, segundo a qual o homem dispõe de uma intuição pura de ordem intelectual, que é superior, não só aos sentidos e à imaginação, mas à própria razão[34]. O olho da inteligência chega a divisar, numa região superior à dos universais concretizados nas coisas, as próprias Ideias em toda sua pureza e simplicidade. Como em Agostinho, a impressão sensível é uma simples energia, cuja função é pôr em ação a espontaneidade do pensamento[35]. No final da obra Boécio chega a esboçar um ideal de conhecimento que transcende a simples razão[36]: * "*Quare in illius summae intelligentiae cacumen, si possumus, erigamur; illic enim ratio videbit, quod in se non potest intueri*"[37].

Cumpre não perder de vista que a Idade Média irá defrontar, neste contexto, algo mais do que um mero problema de lógica. Esta terá de conduzir, forçosamente, à metafísica, visto que a solução aristotélica do problema dos universais representa uma correção da metafísica platônica das Ideias. Boécio permaneceu indeciso entre os dois mestres do pensamento grego. Mas foi esta mesma hesitação que iria estimular os pensadores medievais a reflexões sempre renovadas. A atitude de Boécio vem expressa, em forma feliz, num verso de Godofredo de São Vítor:

> *Assidet Boethius, stupens de hac lite*
> *Audiens quid hic et hic asserat perite,*
> *Et quid cui faveat non discernit rite*
> *Nec praesumit solvere litem definite*[38].

---

33. Ibid., 167, 15s.
34. De consol. phil. V, 4; 117, 20s.
35. Ibid., IV; 118s. e 5; 120.
36. V, 4 e 5.
37. Ibid., 5; 121, 14s.
38. Cf. Hauréau, Hist. de la phil. scol. t. I, p. 120.

III. Vontade e liberdade

É no contexto de suas extensas pesquisas morais que vamos encontrar as ideias de Boécio sobre a vontade. O seu conhecimento é indispensável para a compreensão do problema ventilado no *De consolatione philosophiae*. Encarcerado e ameaçado de morte, Boécio não encontra consolo senão no estoicismo atenuado da moral cristã. Existe um Deus que, além de perfeito, é também Providência. Sendo assim, cumpre-nos esposar amorosamente as decisões de sua vontade. Eis o meio seguro de assegurarmos a nossa liberdade e de conseguirmos a felicidade, quaisquer que sejam os reveses da fortuna[39].

O Sumo Bem não é apenas o princípio de todas as coisas, mas também o seu fim último. É por este motivo que todas as coisas aspiram ao bem: os elementos tendem naturalmente a seus lugares naturais, a fim de conservarem sua integridade; as plantas e os animais se alimentam, crescem e se propagam. O que todos os demais seres fazem naturalmente, o homem deve fazê-lo voluntariamente[40]. Vontade é sinônimo de liberdade. Mas como funciona esta vontade livre?

1. Liberdade e Providência

A objeção principal contra a existência da vontade livre deriva do problema da Providência divina. Se Deus tudo dispõe de antemão, e se o próprio acaso obedece aos decretos da Providência[41], como se há de entender a possibilidade de ações humanas livres?

Só os seres dotados de razão possuem liberdade. Todo ser racional possui a faculdade de julgar, que o capacita a discernir entre o bem e o mal; em outros termos, ele é capaz de escolher seus atos e, por conseguinte, de agir com liberdade. Mas, do fato de a razão incluir a liberdade, não se segue que todos os seres racionais gozem do mesmo grau de liberdade, visto que nem todos se servem igualmente bem de sua vontade. Deus e as substâncias intelectíveis superiores gozam de um julgamento infalível, de uma vontade inquebrantável e de um poder de ação eficaz e constante. Por isso a sua liberdade é perfeita e completa. A alma humana, ao contrário, é tanto mais livre quanto mais se conforma à vontade divina, e tanto menos quanto mais se afasta dela, para voltar-se às coisas sensíveis; menos livre ainda é a alma que se deixa dominar pelas paixões terrenas. O grau extremo de servidão está em escravizar-se a alma aos vícios, a ponto de perder o uso da própria razão[42]. O supremo grau de liberdade e, portanto, de felicidade, está em se querer o que Deus quer e em se amar o que Ele ama: *"O felix hominum genus – si vestros animos amor – Quo caelum regitur regat!"*[43] Longe de se excluírem, a Providência de Deus e a liberdade do homem se complementam harmoniosamente.

2. Liberdade e presciência divina. A eternidade

Esta forma de compatibilizar a vontade livre com a Providência divina dá origem a um novo problema. Ser livre é querer o que a Providência quer; mas, se a Providência tudo dispôs de antemão, e se as suas disposições são infalíveis, é o lugar de se per-

---

39. De consol. phil. II, 1; 20s.
40. Ibid., III, 11; 69s.
41. Ibid., V, 1; 107s.; Boécio remete expressamente a Aristóteles.
42. Ibid., V, 2; 109s.
43. Ibid., II, VIII; 45, 16s.

guntar se ainda resta espaço para a liberdade humana. Com efeito: se a nossa vontade pode decidir-se diferentemente do previsto por Deus torna-se impossível uma previsão infalível, não restando senão uma espécie de opinião vacilante e sujeita ao erro. Por outro lado, dizer que algo ocorre, não porque Deus o haja previsto, mas que Deus o prevê porque sua ocorrência é inevitável, equivale a afirmar uma necessidade incompatível com a liberdade[44].

Este problema, como o próprio Boécio faz notar, coincide com o problema clássico da presciência dos acontecimentos futuros contingentes. Para solucioná-lo, o nosso autor dissocia o problema da Providência do da liberdade. Suponhamos, por um instante, que Deus não previsse os atos livres; neste caso ninguém hesitaria em admitir a existência de atos livres. Pois bem: se se admite a existência de atos livres, a suposição de sua presciência por Deus não pode afetar-lhe a liberdade. A presciência divina é indício de um ato livre, e não sua causa; quer seja previsto, quer não, o ato se realiza da mesma maneira: o fato de ser previsto não tem o efeito de determiná-lo[45].

A estas razões pode acrescentar-se uma outra, decorrente da própria natureza da presciência divina. Não é possível saber a maneira em que Deus conhece, sem primeiro conhecer-lhe o modo de existência, pois o modo de conhecer de um ser sempre depende do seu modo de existir. Ora, Deus existe eternamente, e a eternidade se define como a posse perfeita, total e simultânea de uma vida interminável: "*Aeternitas igitur est interminabilis vitae tota simul et perfecta possessio*"[46]. Devemos representar-nos Deus como existindo num eterno presente e de maneira totalmente extratemporal. Nisto Ele difere, não só dos seres que têm começo e fim, tal como o homem, mas também do mundo, caso se conceda a Aristóteles que este é sem começo e sem fim; pois um ser cuja duração é sem fim não deixa de estar sujeito à duração: as partes da sua duração não ocorrem todas simultaneamente, mas uma sucede à outra; um tal ser situa-se, pois, no tempo. Deus, ao contrário, é um ser perfeitamente atual, e portanto eterno; ainda que o mundo tivesse existido desde sempre e continuasse a existir para sempre, isso não o tornaria coeterno com Deus; teria apenas uma *duração* eterna. Assim sendo, a presciência divina perde o seu aspecto problemático. Deus existe fora do tempo e tudo vê no "agora" intemporal de sua eternidade. Não prevê. E é por isso que não lhe chamamos de "Previdência", mas de "Providência". Ele vê o necessário como necessário e o livre como livre. Vejo um homem andando ao despontar do sol; ele anda livremente, e o sol desponta necessariamente; mas o fato de que eu os vejo não tem o efeito de fazer com que um seja livre e o outro necessário. De modo semelhante a visão imóvel e permanente que Deus tem dos nossos atos voluntários em nada lhes afeta.

§ 4. O natural

A terceira parte da filosofia, que Boécio chama de fisiologia ou física, apresenta-se em estado bastante incompleto. Enquanto foi possível verificá-lo, a liberdade[47]. A sua concepção do mundo coincide com a do comentário de Calcídio sobre o Timeu, cujo conteúdo Boécio re-

---

44. Ibid., V, 3; 110s.
45. Ibid., 4; 115s.
46. Ibid., 6; 122, 12s.
47. Ibid., 6; 122.

sume nos 28 versos do belo poema do terceiro livro do *De consolatione philosophiae* (9,63s.). O demiurgo, ao que parece, é substituído pelo Deus cristão. Impelido por sua generosidade, que é uma característica do bem, Deus reveste a matéria caótica de formas, à imagem das Ideias. O poema contém, outrossim, uma sucinta exposição das doutrinas dos números, dos elementos, da alma do mundo e da libertação da alma pela contemplação. Se nada tivesse passado à posteridade além deste poema, ainda assim teríamos de considerá-lo como uma das principais fontes platônicas da Idade Média. Mas Boécio teve ocasião de aprofundar pelo menos dois pontos deste esquema cosmológico, a saber: a relação entre a Providência e o destino e a estrutura metafísica dos seres criados.

I. A Providência e o destino

Deus, considerado como o bem perfeito e subsistente, é Providência. Ele traz em si as ideias supremas e imprime à matéria caótica, descrita no Timeu, as imagens a que, impropriamente, chamamos de formas. Na realidade, as únicas formas dignas deste nome são as próprias Ideias; as formas que apreendemos na matéria são meras imagens das Ideias[48]. Mas além de informar a matéria, Deus lhe imprime também uma espécie de vida e lhe traça uma lei que lhe rege a evolução. Em que consiste esta evolução?

No que concerne a solução deste problema Boécio se sabe solidário de uma longa tradição. Também aqui os elementos de sua doutrina são tirados em sua maioria de Calcídio[49]. Já dissemos que Deus tudo ordena segundo o modelo das suas Ideias. Enquanto existente no pensamento de Deus, esta ordem das coisas chama-se Providência; enquanto se encontra realizada nas coisas, chama-se Destino. Trata-se de duas realidades distintas, pois a Providência é Deus e subsiste eternamente na sua imobilidade perfeita; o destino, ao invés, é a ordem prescrita às próprias coisas pela Providência, e desenrola-se com elas no tempo[50]. Visto não ser outra coisa do que a realização temporal dos decretos eternos, o destino não pode derrogar à Providência[51]. Entre a liberdade divina e a lei necessária do destino, ordenada por Deus, há uma série de graus, comparáveis a outros tantos círculos concêntricos em movimento. Quanto mais o homem se distancia de Deus, tanto mais se deixa arrastar pelo destino, que passa a movê-lo e a dominá-lo; mas quanto mais se aproxima de Deus, tanto mais livre e imóvel será. De forma que aquele que se fixasse firme e decididamente no Intelectível supremo, acabaria por situar-se no centro imóvel, subtraindo-se assim ao destino e à sua necessidade[52].

---

48. De Trinit. 2; 1250.
49. De consol. phil. IV, 6; 95, 27s.
50. Ibid., 6; 96, 9ss.
51. Ibid., 97, 3s.
52. Ibid., 97, 19ss.

II. A estrutura do ser criado

Em conformidade com Platão, cuja doutrina já fora adotada por Agostinho, Boécio identifica o bem com o ser. Donde se conclui que o mal é um bem diminuído e um ser debilitado. Logo, no caso-limite, o mal absoluto viria a ser um nada absoluto[53]. Mas esta solução suscita um grave problema: se as coisas são boas na medida do seu ser, poder-se-ia julgá-las substancialmente boas. Mas neste caso, como diferem elas do bem em si, que é Deus? As várias respostas de Boécio a esta pergunta constituem uma de suas contribuições mais originais e frutuosas para a filosofia. Baseiam-se na distinção entre o ser incriado e o ser criado, estabelecida a partir de uma análise da estrutura metafísica das coisas criadas. Comentaremos, brevemente, algumas das fórmulas principais e, a seguir, mencionaremos algumas outras de menor importância. Uma instrutiva discussão destas obscuras fórmulas pode ser encontrada em Duhem, "*Le système du monde*" (t. V, Paris, 1917, p. 285ss.: *Digression au sujet d'un axiome de Boèce: L'esse, le quod est, le quo est*).

1. Diversum est esse et id quod est[54]

Que significa esta proposição? Ao examinar o que distingue um indivíduo de outro, Boécio insiste sobretudo no fato de que todo indivíduo consta de um conjunto de acidentes único e irredutível a qualquer outro indivíduo[55]. Segundo esta definição, toda substância particular é individual, porque composta. Por outro lado, nem todos os elementos constitutivos desses indivíduos compostos desempenham função igualmente importante. Por exemplo, se quisermos saber o que faz com que este ser é precisamente este e não outro, poderemos optar entre a matéria e a forma que o compõem. Ora, não pode haver dúvida que é em vista da forma que ele se torna este ser determinado. Uma estátua de bronze é estátua devido à sua forma, e não ao bronze; o bronze, por sua vez, é bronze devido à sua forma, e não à matéria proveniente do elemento terra; a terra, enfim, é terra, não por causa da sua matéria, mas por causa da sua secura e do seu peso, que ambos derivam da forma[56].

De tudo isso se segue que nenhum dos elementos que entram na composição do indivíduo é idêntico ao indivíduo total. Este é o que é graças ao conjunto de suas partes; mas não é nenhuma das partes em particular. Por exemplo, o homem é homem em razão de sua forma, e, por conseguinte, também por causa de sua alma. Mas nem por isso se pode dizer que o homem é a sua alma, pois ele é também algo de outro, a saber, o seu corpo. Pelo que não é permissível afirmar que o ser da substância composta é sua forma, visto que tal substância não se identifica com nenhuma de suas partes, mas com a totalidade delas[57]. Ou mais exatamente: se algo é um ser, e um ser assim determinado por sua forma, então a forma (*esse*) do ser se distingue do ser completo (*id quod est*); numa palavra: "*diversum est esse et id quod est*". Em Deus, ao contrário, reina a mais

---

53. Ibid., I, 4; II, 10s. formulação do problema; solução: ibid., III, 12; 75, 16ss.
54. Quomodo substantiae... 1311 B.
55. De Trinit. 1; 1249 CD.
56. Ibid., 2; 1250 B.
57. Ibid.

absoluta simplicidade; nele não há a menor composição, e por isso o *quo est* coincide totalmente com o *quod est*. Era outros termos: Deus é o que é, ao passo que as coisas criadas não são o que são[58]. Importa notar, porém, que não se trata ainda de uma distinção entre a essência e a existência, mas de uma distinção entre matéria e forma.

Compreende-se, assim, que as substâncias finitas possam ser boas sem serem absolutamente boas. As criaturas, com efeito, só podem ser boas enquanto têm ser; tal ser, porém, só é bom enquanto deriva do Sumo Bem. Logo, as criaturas não podem ser essencial ou absolutamente boas. Com outras palavras: as criaturas são boas enquanto são, mas entre a sua bondade e o seu ser há uma relação de participação. E é isso, precisamente, que as caracteriza, em oposição ao Criador, que é sua própria bondade[59]. A linha divisória entre Deus e a natureza criada situa-se, pois, na distinção entre a perfeita simplicidade da substância divina e a composição das substâncias criadas. Por onde se vê que Boécio conseguiu se aproximar bastante da distinção entre essência e existência, embora não chegasse a enunciá-la com plena clareza; não é de admirar, por isso, que os seus sucessores medievais recorressem, de contínuo, às fórmulas por ele empregadas.

2. Algumas outras fórmulas

Passamos a citar algumas dessas fórmulas tantas vezes comentadas na Idade Média. "*Diversum est esse* (a forma ou essência) *et id quod est* (a substância completa); *ipsum enim esse* (a forma em separado) *nondum est* (não é por si mesma uma substância), *at vero quod est* (a substância), *accepta essendi forma* (a forma ou o esse), *est atque consistit*"[60]. "*Omne quod est* (a substância completa) *participat eo quod est esse, ut sit* (pela forma ou essência que a faz ser); *alio vero* (do outro, ou dos elementos da substância) *participat, ut aliquid sit...*" "*Omni composito* (substância completa) *aliud est esse* (a forma), *aliud ipsum est*"[61].

Apreciação

O mérito de Boécio, já o dissemos, é ter sido o mediador entre os pensadores antigos e os medievais. A Idade Média muito lhe deve de sua herança platônica e aristotélica, e acima de tudo, dos seus recursos dialéticos. Boécio lhe serviu de mestre em Lógica, em Aritmética e em Música. A primitiva escolástica, em particular, deve-lhe quase tudo. Deixou aos pósteros um rico depósito de termos e fórmulas, que serviram para estimular, sempre de novo, o pensamento especulativo. No "*De consolatione philosophiae*" Boécio ergueu um monumento imorredouro, testemunho eloquente de sua grandeza de alma e de sua impávida fortaleza perante a morte. O ideal científico,

---

58. Ibid., 1250 C.
59. Quomodo substantiae... 1312 B – 1313 A e 1313 C – 1314 A.
60. Quomodo substantiae... 1311 B.
61. Ibid., 1311 C.

delineado em sua obra, irá inspirar e orientar, de contínuo, os esforços dos filósofos medievais em demanda de sua realização.

A imagem da Filosofia

Haec dum mecum tacitus ipse reputarem querimoniamque lacrimabilem stili officio signarem, adstitisse mihi supra verticem visa est mulier reverendi admodum vultus oculis ardentibus et ultra communem hominum valentiam perspicacibus colore vivido atque inexhausti vigoris, quamvis ita aevi foret, ut nullo nostrae crederetur aetatis.

Statura discretionis ambiguae; nam nunc quidem ad communem sese hominum mensuram cohibebat, nunc vero pulsare caelum summi verticis cacumine videbatur; quae cum altius caput extulisset, ipsum etiam caelum penetrabat respicientiumque hominum frustrabatur intuitum.

Vestes erant tenuissimis filis subtili artificio indissolubili materia perfectae, quas, uti post eadem prodente cognovi, suis manibus ipsa texuerat. Quarum speciem, veluti fumosas imagines solet, caligo quaedam neglectae vetustatis obduxerat.

Harum in extrema margine Π Graecum, in supremo vero θ legebatur intextum. Atque inter utrasque litteras in scalarum modum gradus quidam insigniti videbantur, quibus ab inferiore ad superius elementum esset ascensus.

Eandem tamen vestem violentorum quorundam sciderant manus et particulas quas quisque potuit abstulerant. Et dextera quidem eius libellos, sceptrum vero sinistra gestabat.

De consolatione philosophiae, Livro I, Prosa I.

Enquanto refletia silenciosamente sobre estas coisas e consignava por escrito os meus amargos queixumes, pareceu-me que sobre a minha cabeça se erguia a figura de uma senhora de mui venerando aspecto. Seu olhar era extraordinariamente vivo e penetrante. Sua tez era luzidia e seu vigor inesgotado, embora, por sua grande idade, parecesse pertencer a outra geração que não à nossa.

Era de estatura variável. Ora assumia proporções humanas comuns, ora o alto da sua cabeça parecia tocar o céu; e ao erguê-la algo mais, penetrava o próprio céu, subtraindo-se à vista humana.

Suas vestes, artisticamente confeccionadas do mais fino tecido, eram feitas de material imperecível. Segundo me fez saber mais tarde, ela mesma as tecera com suas mãos. Seu brilho, como o de um pintura esfumada, empanara-se pela ação do tempo.

Na orla inferior lia-se, bordada no estofo, a letra grega Π, e, na superior, a letra θ (filosofia prática e teorética). Entre as duas letras parecia delinear-se uma série de degraus, à guisa de escada, ligando o símbolo inferior ao superior.

Contudo, aquela mesma veste fora dilacerada por mãos violentas. Cada qual lhe arrancara os fragmentos que pudera alcançar. Na mão direita trazia alguns livros, e na esquerda, um cetro.

LIVRO II
HISTÓRIA DA FILOSOFIA ESCOLÁSTICA

INTRODUÇÃO

Antes de transpormos o umbral da história da filosofia escolástica, tal como esta se nos depara em seus representantes mais abalizados, convém acautelar o leitor contra um possível preconceito. O termo "Escolástica" poderia dar a impressão de que o período assim denominado nos defronta com uma filosofia rigorosamente demarcada. Tal impressão não corresponde à realidade. Por certo, enquanto parte da filosofia cristã, a Escolástica se atém, *a priori*, a certos princípios indiscutíveis, dos quais nenhum escolástico ousa duvidar. Dentro deste amplo molde, porém, há espaço para uma variedade de correntes sem paralelo em toda a história da filosofia.

O preconceito a que aludimos costuma dar origem a duas atitudes opostas, mas igualmente perniciosas. De um lado há os que veem na Escolástica uma pseudofilosofia, a que associam, infalivelmente, certas representações estereotipadas, tais como a sutileza sofística, a dialética abstrata e estéril, o fanatismo religioso, a sujeição servil e tacanha à autoridade eclesiástica; a seu ver, a Escolástica não passa de uma teologia disfarçada em filosofia. Tal teria sido a Escolástica, que por tantos séculos prevaleceu sobre os espíritos, sujeitando os povos europeus a uma indigna vassalagem espiritual. É inegável que até mesmo esta era da mais tenebrosa superstição viu surgir um que outro espírito independente; mas estes mártires do livre pensamento não passariam de raros exemplos de exceção à regra geral, e de prenunciadores de um futuro mais luminoso.

No extremo oposto situam-se aqueles que veem na Escolástica o único sistema realmente grandioso e verdadeiro, que celebrou seu triunfo definitivo na filosofia de Santo Tomás de Aquino. Sinônimo de verdade, a Escolástica é a filosofia perene, vale dizer: um conjunto rigorosamente delineado de conhecimentos incontestáveis, fora do qual só há lugar para o erro. Desta concepção se origina um certo tipo de interpretação – da doutrina tomista, por exemplo –, que pretende encontrar em Santo Tomás uma refutação antecipada de Descartes, de Kant, de Bergson e de Scheler.

É escusado dizer que tais disposições de espírito têm, forçosamente, de impossibilitar o acesso à riqueza vital e ao significado mais profundo do pensamento escolástico.

De nossa parte, interessamo-nos exclusivamente na perspectiva histórica. Sob este aspecto, o nome "Escolástica" retém, independentemente de todo juízo de valor, o mesmo significado que já se lhe atribuía na Idade Média. Chamava-se "escolástico" todo professor que lecionava numa escola, ou possuía a ciência ensinada nas escolas. Aplicado, pois, à filosofia, o termo Escolástica designa a filosofia ministrada nas escolas cristãs. Além de fornecer um molde suficientemente amplo para a nossa exposição, tal conceituação oferece a vantagem de não se antecipar em nada aos fatos. Somente a pesquisa histórica é competente para apontar o conteúdo que deverá preencher este molde. E ela nos fará ver que os sistemas medievais, embora determinados pelas características gerais da filosofia cristã, não se atêm a um método único, nem se restringem a certas questões ou correntes predeterminadas.

PARTE I
A PRIMEIRA ESCOLÁSTICA

Introdução

A RENASCENÇA CAROLÍNGIA

A história desconhece os inícios absolutos. Não obstante, a historiografia assinala certos períodos que, em virtude de sua excepcional fecundidade, servem-lhe como pontos de partida. Um destes períodos é o de Carlos Magno. Depois da época turbulenta da migração dos povos, que tão seriamente abalara o espaço europeu, o país dos francos constituiu-se, mais e mais, em centro catalisador da Europa em formação.

No momento em que Carlos Magno assumia o poder, o reino dos francos já se libertara do perigo sarraceno. A Aquitânia e a Burgúndia haviam sido reconquistadas. Pepino, o Breve, legara aos seus sucessores um reino legitimado e garantido pela autoridade papal. Depois da morte de Carlomano (771), Carlos tornou-se o regente único do poderoso império. Quando, finalmente, foi sagrado imperador pelo Papa Leão III, no dia de Natal do ano 800, na Basílica de São Pedro em Roma, tudo parecia concorrer para a solução da tarefa grandiosa que ele se impusera.

Nas mãos de Carlos Magno a dignidade imperial romana revestiu um significado novo em face do antigo Império Romano. Nada mais alheio a Carlos do que ressuscitar o cadáver deste império. Seu intuito era, ao contrário, o de fundar um novo império, de acordo com seu próprio ideal religioso. Aprazia-se a ouvir a leitura do "Estado de Deus" de Santo Agostinho, cujas ideias, contudo, interpretava a seu modo. Para Agostinho a Cidade de Deus, de que a Igreja é apenas o começo, constituía uma sociedade mística de todos os homens, unidos a Deus pela graça, e uns aos outros pela caridade. O ideal de Carlos, pelo contrário, caracteriza-se pelo desígnio de fundir a Igreja e o Estado numa só e única sociedade. Desta forma surgiu a ideia de um império ocidental cristão e onicompreensivo. Carlos Magno transformou a teocracia espiritual de Agostinho numa teocracia política, e transplantou a Civitas Dei do céu para a terra.

Com o fim de realizar este ideal, Carlos empenhou seus melhores esforços para fomentar o ensino em seu império. De máximo alcance para a evolução dos estudos filosóficos foi a escola palatina, que no reinado de Carlos alcançou um brilho sem precedentes. O imperador selecionava seus professores dentre os sábios mais famosos do mundo. Teve o raro dom de descobrir os varões mais competentes e de cativar-lhes a afeição. Em 774 obteve a colaboração do gramático Pedro de Pisa, do diácono Paulo de Aquileia, discípulo de Vinfrido, do bávaro Leidrado e do godo Teodulfo. Enfim conseguiu atrair à sua corte Alcuíno, a quem encontrara em Parma. Com estes homens inicia-se o grande movimento cultural que irá culminar na filosofia medieval, e que sazonou seus primeiros frutos sob Carlos, o Calvo.

O êxito dos esforços de Carlos Magno se deve, em grande parte, à sua participação pessoal nos estudos. Fez instalar uma espécie de Academia em sua corte. Ele próprio presidia às sessões, sob o nome de "Rei Davi"; Alcuíno adotou o nome de Flaco, em homenagem a Horácio, e Angilberto não teve escrúpulo em assumir o apelido de Homero. Como consta da correspondência epistolar da época, o imperador manifestava seu interesse inclusivamente por meio de perguntas e consultas. Comprazia-se em estimular discussões e em provocar rixas entre os sábios, divertindo-se com o espetáculo de sua vaidade ofendida.

A Idade Média teve perfeita consciência do papel decisivo desempenhado por Carlos. O tema da *"translatio studiorum"* de Roma e da Grécia para a terra dos francos, aventado já pelo cronista anônimo de São Galo[1], atravessa toda a Idade Média, confirmando a tradição que datava de Carlos Magno o reinício e a renovação das ciências. É verdade que o rendimento filosófico desta época foi reduzidíssimo, tanto mais quanto as novas forças passavam a aplicar toda a sua atividade nas controvérsias teológicas, tais como o iconoclasmo e, mais tarde, as questões da Predestinação e da Eucaristia; não obstante isso, toda a evolução ulterior nos justifica a situarmos os inícios da filosofia medieval na época de Carlos Magno. O fim deste período assiste ao aparecimento de uma figura não menos efêmera que brilhante, a qual merece nossa atenção especial:

---

1. ML t. 100, 121s.

CAPÍTULO I
JOÃO SCOTO ERÍGENA

Conquanto a renascença carolíngia fosse em primeira linha um revivescimento da cultura latina, a obra filosófica mais notável da época deve sua origem, não só à tradição latina, como também, e talvez principalmente, à tradição grega. À primeira vista, o grande pensador e vigoroso metafísico, que é João Scoto Erígena, dá a impressão de um enigma. Avantaja-se aos seus predecessores imediatos como um pincaro majestoso sobressai aos outeiros de uma planície. Na busca de uma explicação deste fenômeno, deparamos dois fatos que possibilitaram, pelo menos em parte, a formação do sistema de Scoto Erígena, a saber: a sua familiaridade surpreendente com o idioma grego e o aparecimento das obras de Dionísio Pseudo-Areopagita na França.

Nas cercanias de Paris havia um mosteiro que se gloriava de ter sido fundado por São Dionísio, o apóstolo das Gálias. Aos poucos formou-se uma tradição, que identificava o fundador com Dionísio Areopagita, convertido por São Paulo em Atenas. É fácil de se imaginar a ufania de um mosteiro capaz de remontar sua origem aos tempos apostólicos. Entre os defensores da referida identidade destaca-se a figura do abade Hilduíno, na primeira metade do século IX. Quando em 827 Luís, o Piedoso, recebeu, de Constantinopla, os escritos do Pseudo-Areopagita, já não havia quem lhes contestasse a autenticidade. Era natural que o mosteiro de São Dionísio os acolhesse como um legado sacrossanto, tanto assim que Hilduíno apressou-se em vertê-los para o latim. Compreende-se, também, que os reis franceses se interessassem vivamente pelo renome e glória do seu mosteiro favorito. Chegava a ser temerário manifestar qualquer dúvida sobre a identidade de Dionísio, o apóstolo das Gálias e discípulo dos apóstolos, com o autor daquelas obras. Basta lembrar o que sucedeu, mais tarde, a Abelardo[2].

João Scoto Erígena defrontou-se, assim, com uma tradição já profundamente enraizada. Ele próprio, aliás, parece não ter crido na identidade do apóstolo das Gálias com o Dionísio da era apostólica. Contudo, estava firmemente convicto de que o autor daquelas obras fosse idêntico ao Pseudo-Areopagita, como se erui da nítida distinção que faz entre uma tradição antiga e uma opinião mais recente[3]. Foi, pois, com a certeza de sua veneranda idade que leu pela primeira vez tais escritos, na tradução de Hilduíno. A este encontro de Erígena com o Pseudo-Dionísio Areopagita devemos a origem da primeira grande síntese metafísica da Idade Média.

Vida – João Scoto Erígena (ou Eriúgena) nasceu entre 800 e 815, na Irlanda. A exemplo de muitos outros compatrícios, deixou a Irlanda pelo continente. Em 850 exerceu funções importantes na corte de Carlos o Calvo. A instâncias de Hincmar, arcebispo de Reims, redigiu o trata-

---

[2]. Cf. Historia Calamitatum, ML t. 1. 78 e 154ss.; Epist. 11, ibid., 341ss.

[3]. Cf. o prólogo à sua tradução das obras de Dionísio; ML 122, 1031 Ds.

do "De Praedestinatione", contra a doutrina de Gottschalk. Sua própria doutrina, porém, foi condenada no sínodo de Valenciennes, em 855. Parece ter aprendido o grego depois de 851. Após a morte de Carlos o Calvo (877) os traços de João perdem-se completamente, e, em consequência, carecemos de quaisquer informes sobre o lugar, o tempo e as circunstâncias de sua morte. A velha lenda, segundo a qual teria sido abade de Malmesbury ou Athelney, e assassinado por seus súditos, não pôde ser confirmada, e provavelmente repousa num mal-entendido.

Obras e edições – 1. *De divisione naturae*. Diálogo em 5 livros, o primeiro dos quais trata de Deus, causa suprema da criação, o segundo das Ideias, o terceiro e parte do quarto, das coisas criadas; a última parte do quarto e o quinto discutem o retorno das coisas; na parte final do quinto livro estuda-se o fim último das coisas – ML, t. 122, 441-1022.

2. Traduções das obras de Dionísio e dos *"Ambigua"* de Máximo, o Confessor – ibid., 1029-1222.

3. Comentários às obras de Dionísio – Ibid., 125-284.

4. Glosas aos *"Opuscula Sacra"* de Boécio – E.K. Rand, em *"Quellen und Untersuchungen zur lateinischen Philologie des Mittelalters"* (Fontes e pesquisas sobre a filologia latina medieval), org. por L. Traube I,2, Munique, 1906.

5. Comentários ao Evangelho de São João, dos quais se conservam vários fragmentos de considerável extensão – ML t. 122, 283-343.

§ 1. Método e sistema

I. Fé e razão

Erígena parte de um conceito bem-determinado da fé e da revelação.

A sede de saber é uma tendência inata no gênero humano. Até a vinda de Cristo os homens ignoravam a maneira de satisfazer esta sede. Só a custo tiveram acesso à fonte da razão natural – simbolizada no poço de Jacó – e, a partir do movimento físico, intentaram adquirir algum conhecimento da natureza e do seu Criador. Desde a Encarnação de Cristo, porém, a razão deixou de ser o meio único para a aquisição do conhecimento. Posto que a natureza, que bebe apenas da fonte da razão, conduza ao conhecimento do Criador e Redentor, Cristo exige que seus discípulos venham dessedentar-se na fonte da fé, que é o elo com Ele. Todavia, esta exigência não exclui a razão, pois à fé devem seguir-se, não só as obras correspondentes, como a compreensão da própria verdade: *"Iesus super fontem sedens petit ab Ecclesia primitiva, quam ex gentibus elegerat, potum fidei, qua in eum creditur. Petit a natura potum rationis, qua conditor atque redemptor suus investigatur. Discipuli in civitatem emere cibos abeuntes, apostoli sunt in mundum missi, ut emerent spirituales escas, hoc est fidem et actionem et cognitionem, quibus spirituales magistri Ecclesiae satiantur. Primo siquidem ab his, quibus praedicant, fidem postulant, deinde congruas ipsi fidei actiones, postremo cognitionem veritatis, propter quam et fides praedicatur et actio scientiaque perficitur"*[4].

Quais serão, pois, as relações entre a fé e a razão?

---

4. Commentarium in Joannem, 333 Ds.

1. O primado da fé

Dado que existe uma revelação, contida nas Escrituras, cumpre que iniciemos nossas especulações pela aceitação deste fato. Esta aceitação se realiza mediante a fé, pela qual acolhemos e abraçamos tudo quanto se contém na Escritura. Donde se segue que após a revelação todo conhecimento deve começar por um ato de fé.

Relata a Escritura (Jo 20,3ss.) que Pedro e João correram ao sepulcro, e que, embora João (o tipo da contemplação e do conhecimento) corresse mais depressa e chegasse primeiro, contudo Pedro (o tipo da fé) foi o primeiro a entrar no sepulcro. O sepulcro significa a Sagrada Escritura ou Revelação. Embora a contemplação, graças à sua pureza e força interior, penetre mais a fundo e com maior facilidade nas obras de Deus, a fé retém a primazia, como condição indispensável de todo conhecimento: *"Verumtamen primo intrat Petrus in monumentum, deinde Ioannes, ac sicut ambo currunt, ambo intrant. Petrus siquidem fidei symbolum, Ioannes significat intellectum. Ac per hoc, quoniam scriptum est: Nisi credideritis, non intelligetis* (Is 7,5), *necessario praecedit fides in monumentum sanctae Scripturae, deinde sequens intrat intellectus, cui per fidem praeparatur aditus"*[5].

Scoto Erígena não deixa a menor dúvida que todo conhecimento deve arrancar da Sagrada Escritura; o estudo da verdade pressupõe um ato de fé: *"Magister: Ratiocinationis exordium ex divinis eloquiis assumendum esse aestimo. Discipulus: Nil convenientius; ex ea enim omnem veritatis inquisitionem initium sumere necessarium est"*[6].

2. A necessidade do conhecimento

Assim como a fé precede o conhecimento, assim o conhecimento deve sobrevir à fé. Pois esta é apenas o princípio do conhecimento de Deus: *"Nil enim aliud est fides, ut opinor, nisi principium quoddam, ex quo cognitio Creatoris in natura rationabili fieri incipit"*[7]. A primeira tarefa da razão é descobrir o significado profundo que se oculta sob as palavras da Escritura, que se destina indistintamente aos simples fiéis e aos que desejam investigar-lhe os mistérios. Contudo, certas expressões, mal-interpretadas, podem levar o leitor menos avisado a concepções absurdas; tais expressões devem, por isso, ser examinadas à luz da razão: *"Altera vero (ratio), ut simplices adhuc, in cunabulis Ecclesiae nutritos, pie casteque corrigat, ne quid indignum de Deo vel credant, vel aestiment, nec omnia, quae sacrae Scripturae auctoritas de causa omnium praedicat, proprie praedicari examinent"*[8]. Possuída de um tal saber, já purificado, da revelação, a razão se encaminha para a compreensão perfeita de todas as coisas. A este conhecimento perfeito os antigos gregos davam o nome de "filosofia". Donde a coincidência da filosofia com a verdadeira religião: *"Quid est aliud de philo-*

---

5. In prol. Evang. S. Joan. 284 Cs.

6. De div. nat. II, 15; 545 B.

7. Ibid., I, 71; 51 C.

8. Ibid., I, 67; 511 C. Cf. V, 38; 1010s.

sophia tractare, nisi verae religionis, qua summa et principalis omnium rerum causa, Deus, et humiliter colitur, et rationabiliter investigatur, regulas exponere? Conficitur inde: veram esse philosophiam veram religionem, conversimque veram religionem esse veram philosophiam"[9]. E, enfim, a inteligência da verdade revelada é uma fonte de alegria e de felicidade perfeita. Ela é o termo de toda contemplação, e como tal, põe fim a todos os desejos: "*Praemium quippe est in sacra Scriptura laborantium pura perfectaque intelligentia. O Domine Iesu, nullum aliud praemium, nullam aliam beatitudinem, nullum aliud gaudium a te postulo, nisi ut ad purum absque ullo errore fallacis theoriae verba tua, quae per tuum sanctum Spiritum inspirata sunt, intelligam. Haec est enim summa felicitatis meae, finisque perfectae est contemplationis, quoniam nihil ultra rationabilis anima etiam purissima inveniet, quia nihil ultra est*"[10]. Em suma, o estudo da Revelação é uma antecipação da visão beatífica.

3. Autoridade e razão

A despeito de sua insistência expressa na prioridade temporal da fé, há quem tache a Scoto Erígena de racionalista. É que em sua obra ocorrem certas passagens onde se diz que a razão não deve curvar-se à autoridade. Mas a contradição é apenas aparente; com efeito, a questão comporta dois aspectos distintos, um dos quais respeita à relação entre fé e razão, e outro, entre razão e autoridade. A razão deve dobrar-se exclusivamente à fé ou à revelação divina, mas não à autoridade (humana), pois autoridade não é fé. A autoridade humana não passa de um resultado da interpretação da revelação pelos Santos Padres, ou, mais precisamente, de sua reflexão racional sobre os dados revelados. Por conseguinte, o valor da autoridade é exatamente idêntico ao valor da própria razão. A razão, porém, é falível: "*Auctoritas siquidem ex vera ratione processit, ratio vero nequaquam ex auctoritate. Omnis enim auctoritas, quae vera ratione non approbatur, infirma videtur esse. Vera autem ratio, quoniam suis virtutibus rata atque immutabilis munitur, nullius auctoritatis astipulatione roborari indiget. Nil enim aliud mihi videtur esse vera auctoritas, nisi rationis virtute reperta veritas et a sanctis Patribus ad posteritatis utilitatem litteris commendata. Sed forte tibi aliter videtur. Mag.: Nullo modo. Ideoque prius ratione utendum est his, quae nunc instant, ac deinde auctoritate*"[11]. Cumpre, pois, que a razão sempre tenha a última palavra – não, é claro, contra a fé e a revelação, mas contra a autoridade, se esta nos der uma interpretação falsa da revelação. Visto que ambas promanam da mesma fonte da sabedoria divina, é impossível haver contradição entre a verdadeira autoridade e a verdadeira razão: "*Nulla itaque auctoritas te terreat ab his, quae rectae contemplationis rationabilis suasio edocet. Vera enim auctoritas rectae rationi non obsistit, ne-*

---

9. De Praedest. I, 1; 357 Ds.
10. De div. nat. V, 38; 1010 Bs.
11. Ibid., I, 69; 513 Bs.

que recta ratio verae auctoritati. Ambo siquidem ex uno fonte, divina videlicet sapientia, manare dubium non est"[12].

Será difícil encontrar um sistema em que a razão, e sua expressão mais acabada, a filosofia, põem-se tão completamente a serviço da fé e da revelação. A atuação do filósofo – que para Erígena parece identificar-se à do teólogo –, situa-se entre a revelação, como ponto de partida, e a visão sobrenatural de Deus, como seu último fim. Seu espírito sofre o influxo contínuo e beatificante da iluminação divina. É evidente que esta "filosofia" tende a um objetivo fundamentalmente místico.

II. Divisão e análise

Não menos tradicional que o conceito da filosofia é o método que Scoto Erígena emprega na elaboração do seu sistema. Se a noção da filosofia deriva principalmente de Santo Agostinho, o método provém de Dionísio. Como este, Erígena concebe o universo como um cosmos hierarquicamente ordenado.

O universo é regido por uma dialética onicompreensiva, cujas operações fundamentais são a divisão e a análise. A divisão consiste no desdobramento da unidade na multiplicidade, a começar pela forma suprema, até os gêneros, as espécies e os indivíduos (mais adiante daremos as quatro subdivisões principais). A análise, por sua vez, parte da multiplicidade dos indivíduos, reduzindo-os à unidade suprema[13]. De sorte que o método de investigação do universo, pelos processos complementares da divisão e da análise, nos é imposto pela própria natureza do universo: *"Ac per hoc intelligitur, quod ars illa, quae dividit genera in species, et species in genera resolvit, quae* διαλεκτική *dicitur, non ab humanis machinationibus sit facta, sed in natura rerum, ab auctore omnium artium, quae vere artes sunt, condita, et a sapientibus inventa, et ad utilitatem solerti rerum indagine usitata"*[14].

Para se compreender a disposição do *"De divisione naturae"* importa atender à sua ideia diretiva. Scoto Erígena intenta redescobrir a dialética real, pela qual a multiplicidade das coisas procede de Deus e torna a volver à sua unidade original. Seu intuito não se cinge a elaborar um procedimento lógico, mas a descobrir o processo metafísico capaz de explicar o modo em que a natureza se origina de Deus e a Ele retorna. Donde a denominação de "Physiologia" (Dialética da natureza) dada à sua obra[15].

III. A estrutura da filosofia

Três são as fontes que nos fornecem os dados necessários para a realização desta "Fisiologia": 1º) a revelação, que está acima de toda discussão; 2º) a autoridade dos Santos Padres; mas visto que esta autoridade é frequentemente discutível, não se deve aceitá-la senão quando estiver em harmonia com a razão; 3º) a filosofia no sentido

---

12. Ibid., I, 66; 511 B.
13. Cf. ibid., II, 1; 523-526 C.
14. Ibid., IV, 4; 748 Ds.
15. Cf. ibid., IV, 1; 741 C.

próprio do termo, isto é, a razão a serviço da revelação. Juntamente com a razão integram-se nesta síntese todas as ciências que nos informam sobre a natureza das coisas e possibilitam um conhecimento mais perfeito de Deus.

1. A divisão da filosofia

A razão encerra duas potências (*virtutes*): a sabedoria e a ciência. Pela *sabedoria* (*sapientia*) o entendimento considera a Deus e as Ideias eternas contidas no Verbo; assim entendida, a sabedoria é uma verdadeira teologia contemplativa: "*Sapientia namque proprie dicitur virtus illa, qua contemplativus animus, sive humanus, sive angelicus, divina, aeterna et incommutabilia considerat; sive circa primam omnium causam versetur, sive circa primordiales rerum causas, quas Pater in Verbo suo semel simulque condidit, quae species rationis a sapientibus theologia vocitatur*"[16].

Pela *ciência* o entendimento especulativo procura compreender a natureza das coisas criadas, pela consideração de sua origem nas causas supremas (as Ideias) e de sua divisão em gêneros e espécies. De forma que a ciência trata tanto da natureza mutável como das naturezas imutáveis, da natureza ligada a um corpo, como das naturezas incorpóreas, da natureza espacial e temporal, como das naturezas que, transcendendo o espaço e o tempo, permanecem indissolúveis e se mantêm consistentes em virtude de sua própria simplicidade. Em suma, a ciência é o conhecimento da natureza das coisas imateriais e materiais, sendo chamada, por isso, de "Física".

Após a Física é de praxe tratar-se da norma das ações humanas. E assim a Ética vem tomar o terceiro lugar na divisão da filosofia: "*Quae species rationis Physica dicitur. Est enim Physica naturarum sensibus intellectibusque succumbentium naturalis scientia, quam semper sequitur morum disciplina*"[17].

2. As ciências particulares

A Lógica, a Aritmética, a Geometria, a Música, a Astronomia, a Gramática e a Retórica são de máxima importância para o desenvolvimento do sistema de Erígena. Todas estas disciplinas assumem um sentido acentuadamente realístico, pois é por meio delas que se nos revela a estrutura da realidade.

Principiando pela substância, ou οὐσία, a *Dialética* ou ciência da disputação desce aos gêneros e às espécies, e torna a voltar à sua primeira unidade: "*Nonne ars illa, quae a Graecis dicitur Dialectica, et difinitur bene disputandi scientia, primo omnium circa* οὐσίαν, *veluti circa proprium sui principium versatur, ex qua omnis divisio et multiplicatio eorum, de quibus ars ista disputat, inchoat per genera generalissima mediaque genera usque ad formas et species specialissimas descendens, et iterum complicationis regulis per eosdem gradus, per quos degreditur, donec ad ipsam* οὐσίαν, *ex qua egressa est, perveniat, non desinit redire in eam, qua semper appetit quiescere, et circa eam vel solum vel maxime intelligibili motu con-*

---

16. Ibid., III, 3; 629 A.
17. Ibid., III, 3; 629 B.

volvi"[18]. Tais considerações se aplicam a todas as disciplinas há pouco enumeradas. Assim, a *Aritmética* parte da unidade ou mônada, expande-se na multidão dos números, e termina por reconduzi-los à unidade primitiva[19]. A *Geometria* começa com o ponto (*"signum*, σημεῖον"), e, depois de desenvolver-se na multiplicidade das linhas, das superfícies, dos espaços e ângulos, torna a reconduzi-los à sua primeira unidade[20]. O mesmo se passa com a *Música*, que principia pelo elemento do som e reduz a abundância dos tons e harmonias a seu elemento primitivo[21], e com a *Astronomia* ("Astrologia"), que começa por um movimento elementar (*atomus motus*) ao qual se reduz toda a variedade dos movimentos astrais. Como se vê, todas estas ciências recorrem ao método da divisão e da análise: *"Videsne itaque, quomodo praedictae rationabilis animi conceptiones principia sua repetunt, in quibus finem motus sui constituunt? Principium quippe et finis in his omnibus, ut praedictum est, id ipsum est"*[22]. Também a *Gramática* e a *Retórica* têm seu lugar natural no conjunto da Dialética, podendo ser consideradas de um modo transcendental análogo, embora Aristóteles e seus discípulos lhe restringissem de muito o campo de ação[23].

Salta à vista a inspiração religiosa de todo o sistema. Ela permeia todas as ciências, estruturando-as em vista do último fim: a contemplação da verdade em Deus. A ignorância desta verdade é pior que a morte: *"Nulla enim peior mors est, quam veritatis ignorantia, nulla vorago profundior, quam falsa pro veris approbare, quod proprium est erroris"*. À maneira de Santo Agostinho, Scoto Erígena sente a fome insaciável da verdade, tão eloquentemente expressa na seguinte oração: *"Deus, nostra salus atque redemptio, qui dedisti naturam, largire et gratiam, praetende lumen tuum in umbris ignorantiae palpantibus quaerentibusque te; revoca nos ab erroribus"*[24].

§ 2. Deus e a divisão da natureza

Durante longo tempo, Erígena foi tido em conta de panteísta, ou, pelo menos, atribuíram-se-lhe tendências mais ou menos panteizantes. Contudo, a leitura atenta de suas obras não tarda a revelar a falta de fundamento de tal conceito, embora a sua linguagem se preste, ocasionalmente, a mal-entendidos. Na realidade, Erígena tenciona provar que Deus é causa primeira e criadora de todas as coisas que não sejam Deus: *"Prima nostrae physiologiae intentio praecipuaque materia est, quod... superessentialis natura sit causa creatrix existentium et non existentium omnium, a nullo creata, unum principium, una origo, unus et universalis universorum fons..."*[25] Repele expressamente a opinião dos que identificam a divindade com o universo, e dos que fazem das criaturas uma parte de Deus, na acepção rigorosa da expressão: *"Deus si-*

---

18. Ibid., V, 4; 868 Ds.
19. Ibid., 869 A-B.
20. Ibid., B.
21. Ibid.
22. Ibid., 869 C.
23. Ibid., 869 Ds.
24. Ibid., III, 10; 650 As.
25. De divis. nat. IV, 1; 741 C.

quidem non est totum creaturae, neque creatura pars Dei, quomodo nec creatura est totum Dei neque Deus pars creaturae..."[26] Diante disso, a existência de alguns textos obscuros, suscetíveis de sã interpretação, não justifica a acusação de que Erígena haja confundido o ser divino com o ser criado.

I. A divisão da natureza

Notemos, desde logo, que por divisão da natureza Erígena não entende a divisão de uma unidade ou de uma natureza, enquanto totalidade, em suas partes componentes. A divisão, tal como ele a entende, é de caráter inteiramente diverso. Trata-se, por certo, da divisão de uma realidade, mas de uma realidade que faz aparecer as partes por criação. Cumpre, pois, não perder de vista esta ideia diretiva: a divisão é o ato pelo qual Deus se exprime e se revela a si próprio, mediante a criação de uma série hierarquicamente ordenada de seres: as Ideias, as substâncias espirituais contidas nas Ideias e as criaturas corporais que participam das Ideias.

1. O número das divisões é infinito, considerando-se todas as produções particulares enquanto tais; mas, atendendo apenas às partes principais, podemos reduzi-las às quatro distinções seguintes: 1ª) a natureza que cria sem ser criada; 2ª) a natureza que é criada e que cria; 3ª) a natureza que é criada e que não cria; 4ª) a natureza que não cria nem é criada: "*Videtur mihi divisio naturae per quattuor differentias quattuor species recipere: quarum prima est in eam, quae creat et non creatur; secunda in eam, quae creatur et creat; tertia in eam, quae creatur et non creat; quarta, quae nec creatur nec creat*"[27]. A primeira divisão corresponde a Deus, causa primeira de todas as coisas, transcendente a todas as formas e espécies e infinito por excelência[28]. A segunda divisão compreende os seres que são criados e que criam; tais são as causas primeiras ou Ideias, causas de todas as coisas criadas[29]. A terceira divisão está intimamente ligada à segunda; refere-se às criaturas criadas pelas Ideias e de acordo com elas[30]. A quarta e última divisão é a natureza divina, considerada como o fim de todas as coisas; como tal, ela não é criativa, senão que é a unidade à qual todas as criaturas deverão reverter[31]. Como se vê, a primeira e a quarta divisões concernem a Deus como origem e fim de todas as coisas, ao passo que a segunda e a terceira dizem respeito às criaturas.

2. Paralela à divisão da natureza há uma segunda divisão: a do ser e do não ser

Esta divisão é introduzida por Erígena logo após a primeira explicação da *divisio naturae*. Compreende cinco modos distintos:

O *primeiro* modo do ser e do não ser é o das criaturas e de Deus. Chama-se "ser" tudo quanto cai sob os sentidos ou pode ser atingido pelo entendimento. Visto que Deus ultrapassa todos os modos do conhecimento, Ele está para além do ser, e, por conseguinte, pode chamar-se "não

---

26. Ibid., II, 1; 523 D. Cf. também a negação enfática, pelo discípulo, de toda identificação de Deus com suas criaturas: ibid., II, 10; 650 D.
27. Ibid., I, 1; 441 B.
28. Ibid., II, 1; 524 Ds.
29. Ibid., II, 2; 527 C.
30. Ibid.
31. Ibid.

ser": "*Dum ergo incomprehensibilis intelligitur, per excellentiam nihilum non immerito vocitatur*"[32]. O mesmo se deve dizer das essências que se ocultam sob os acidentes, pois só estes nos são acessíveis[33]. O *segundo* modo do ser e do não ser se encontra nas diferenças essenciais entre as naturezas dos seres vivos criados, desde os mais elevados dentre os anjos, até às plantas. Por exemplo, ao afirmarmos que um destes seres é um homem, negamos que ele seja anjo. Logo, toda afirmação contém uma negação que visa o não ser, e toda negação implica uma afirmação que visa o ser. Na medida em que um ser se conhece a si mesmo e é conhecido por outro ser superior na hierarquia das essências, ele é ser; e na medida em que um ser superior é desconhecido de um ser inferior, ele é não ser[34]. O *terceiro* modo do ser e do não ser se nos apresenta na multiplicidade visível deste nosso mundo. Costuma-se chamar ser o que existe atualmente na natureza, o que é constituído de matéria e forma, e pode ser percebido num determinado tempo e lugar; chama-se não ser o que ainda está oculto no seio da natureza, o que ainda não reveste uma forma, nem se revela por meio de acidentes. As *rationes seminales*, por exemplo, são não ser, ao passo que a sua realização é ser[35]. O *quarto* modo do ser e do não ser diz respeito às Ideias, que em verdade se chamam ser; sua realização nos corpos corruptíveis se chama não ser[36]. O *quinto* e último modo do ser e do não ser encontra-se na alma humana, que é não ser na medida em que foi privada do seu estado primitivo de filiação divina; ela é ser enquanto retorna, pela graça, àquela sua condição original[37].

II. A natureza divina

Para determinar a natureza de um ser é preciso situá-la no sistema das categorias. Com efeito, Aristóteles, o mais sagaz dentre os gregos (*Aristoteles acutissimus apud Graecos...*) reduziu a dez categorias toda a multiplicidade das coisas inferiores a Deus[38]. Mas, como relevou Santo Agostinho, no "De Trinitate", as categorias tornam-se totalmente inoperantes assim que passamos ao domínio teológico, ou seja, à investigação da essência divina, da natureza por excelência, que é incompreensível e, por conseguite, inefável[39]. Quererá isto dizer que estamos condenados a um silêncio total no tocante a Deus? É em Dionísio que Erígena vai buscar a resposta a este árduo problema, distinguindo, com ele, uma tríplice teologia.

1. Teologia afirmativa e teologia negativa

Nossos enunciados sobre Deus são afirmativos ou negativos. Em sentido metafísico, podemos predicar dele quase todos os atributos das coisas criadas, como também as categorias[40]. Por outro lado, todos estes atributos podem ser negados de Deus, por não se lhe aplicarem em sentido próprio. E mesmo que uma proposição afirme de modo absoluto o que a outra nega de modo igualmente absoluto, nem por isso tais proposições se tornam contraditórias com relação a

---

32. Ibid., III, 19; 681 A.
33. Ibid., I, 3; 443 Bs.
34. Ibid., 4; 443 Ds.
35. Ibid., 5; 444 Dss.
36. Ibid., 6; 445 Bs.
37. Ibid., 7; 445 Css.
38. De div. nat. I, 14; 462 D.
39. Ibid., 15; 463 BC.
40. Ibid., 15; 463 Bs.

Deus. Pois há apenas uma contradição aparente entre a teologia afirmativa (καταφατική), que diz "Deus é a verdade" e a teologia negativa (ἀποφατική), que diz: "Deus não é a verdade". Com efeito, quando se diz que Deus é a verdade, não se afirma que a substância divina é a verdade no sentido próprio do termo; antes, aplica-se a Deus, em sentido metafórico, um atributo tirado da ordem criatural[41]. E ao dizermos que Deus não é a verdade queremos intimar apenas que a natureza divina é incompreensível e inefável; pelo que uma tal proposição não nega a existência desta natureza divina; o que se nega é que se lhe possa chamar verdade no sentido próprio, ou que ela seja verdade neste sentido[42].

2. Teologia superlativa

Ambas estas teologias devem convergir numa terceira, que ultrapassa a afirmação e a negação, apontando a uma realidade que permanece essencialmente desconhecida. E assim se realiza uma síntese dialética, expressa pela adição do prefixo "super" ou do advérbio "*plusquam*" ao atributo afirmativo ou negativo; por exemplo, Deus é superessencial, ou, Deus é mais que verdade, Deus é mais que sabedoria. Embora nestas proposições se afirme algo sobre Deus, as adições "super" ou "mais que" dão a entender que não se deve tomá-lo em sentido próprio; de sorte que todas estas expressões contêm uma negação oculta: "*Et hoc brevi concludamus exemplo. Essentia est, affirmatio; essentia non est, abdicatio; superessentialis est, affirmatio simul et abdicatio. In superficie enim negatione caret; in intellectu negatione pollet. Nam qui dicit, superessentialis est, non, quid est, dicit, sed, quid non est; dicit enim essentiam non esse, sed plusquam essentiam...*"[43]

De qualquer maneira, a teologia negativa, que penetra na teologia superlativa, é a que faz os enunciados "mais verdadeiros" sobre Deus. Donde se segue que ignoramos o que Deus seja em si mesmo. Todo o primeiro livro do "De divisione naturae" é consagrado ao tema da incognoscibilidade de Deus. As linhas seguintes contêm uma boa sinopse do seu conteúdo: "*Et haec est cauta et salutaris et catholica de Deo praedicanda professio, ut prius de eo iuxta catafaticam, id est affirmationem, omnia sive nominaliter, sive verbaliter praedicemus, non tamen proprie, sed translative; deinde ut omnia, quae de eo praedicantur per catafaticam, eum esse negemus per apofaticam, id est negationem, non tamen translative, sed proprie. Verius enim negatur Deus quid eorum, quae de eo praedicantur esse, quam affirmatur esse: deinde super omne, quod de eo praedicatur, superessentialis natura, quae omnia creat et non creatur, superessentialiter superlaudanda est*"[44]. É como se ouvíssemos a Dionísio falando pela boca de Erígena.

III. As Ideias: Natura creata et creans

A segunda divisão da natureza compreende os seres que são, ao mesmo tempo, criados e criadores. Por serem criados, não pertencem à natureza superessencial de Deus, nem lhe são idênticos, posto que estejam em Deus. Mas, em virtude de sua atividade criativa, pela qual participam da primeira natureza criadora, eles são as mais nobres de todas as criaturas. Estes seres são as Ideias divinas.

1. Natureza das Ideias

O conhecimento das Ideias é bem comum aos filósofos de todos os tempos. Alguns lhes chamam protótipos, ou modelos originais, ao passo que outros preferem denomi-

---

41. Ibid., I, 14; 462 C.
42. Ibid.
43. Ibid., I, 14; 462 C.
44. Ibid., I. 76; 522 As.

ná-las predeterminações, ou decretos da vontade divina; ainda outros lhes chamam Ideias, espécies, formas. Qualquer nome que se lhes dê, as Ideias são as causas primitivas, em que as coisas criadas se encontram prefiguradas segundo as suas essências[45].

As Ideias são coeternas com Deus, visto como foram feitas em Deus e por Deus. No entanto, o termo "coeterno" reclama uma determinação mais precisa. As Ideias são coeternas com Deus no sentido de não serem temporalmente posteriores a Ele. Enquanto criaturas, porém, dependem de Deus como de sua causa, e portanto não podem ser eternas no sentido estrito, dado que a eternidade, em tal sentido, só compete ao ser absolutamente incausado. Por conseguinte, ao dizermos que são coeternas com Deus, só lhes negamos a existência temporal, mas não a sua dependência de Deus: "*Non omnino coaeterna sunt*"[46]. Por isso as ideias são posteriores a Deus na ordem do ser, não porém na ordem do tempo.

As Ideias são a fonte da multiplicidade e da diversidade das coisas, mas sem introduzir qualquer multiplicidade em Deus. Do ponto de vista de sua subsistência em Deus, são uma realidade absolutamente una e simples, e sob este aspecto, "assemelham-se à mônada ou unidade, da qual se origina a diversidade dos números. Em Deus as Ideias são uma só coisa; mas, consideradas em seus efeitos, são múltiplas[47]. A unidade e simplicidade das Ideias em Deus, e sua pluralidade com relação aos efeitos, podem comparar-se também ao centro e à periferia de um círculo. Inúmeras linhas retas partem do centro para a periferia, mas só para tornarem ao mesmo ponto central, onde todas formam uma unidade indiscernível[48].

Não obstante, é possível estabelecer uma ordem nas Ideias divinas, considerando-se como primeira aquela que participa, mais que todas as outras, da natureza divina. Esta Ideia suprema é a do Bem, que participa de modo mais imediato e essencial daquela natureza; em segundo lugar vem a Ideia da essência ou substância; em terceiro, a da vida; em quarto, a da *ratio*; em quinto, a da *intelligentia*; em sexto, a da sabedoria; em sétimo, a da *virtus*; em oitavo, a da beatitude; em nono, a da verdade, e, em décimo, a da eternidade[49]. Contudo, tal ordem só existe no nosso modo de considerar as Ideias; ela não lhes tira a simplicidade absoluta de que gozam em Deus: "*Ordo itaque primordialium causarum iuxta contemplantis animi arbitrium constituitur, in quantum earum cognitio de divinis causis disputantibus datur*"[50].

2. As Ideias como criações de Deus

No intuito de frisar a produção das Ideias em Deus, Erígena as chama pré-formadas (*praeformavit*), formadas e criadas (*formatae, conditae*), feitas (*factae*) etc. Isto tudo, mais o fato de as Ideias estarem em Deus, nos defronta com um problema assaz difícil. Como podem as Ideias, apesar de criadas, encontrar-se em Deus?

Ao dizê-las criadas, Erígena tenciona negar toda identidade entre as Ideias e a essência divina. Simultaneamente, porém, insiste na diversidade entre as Ideias e as outras criaturas existentes fora de Deus. Estamos, pois, diante de um tipo todo peculiar

---

45. De div. nat. II. 2; 529 As.
46. Ibid., II, 21; 561 Css.
47. Ibid., III, 1; 624 As.
48. Ibid., 625 As.
49. Ibid., III, 1; 622 Css.
50. Ibid., 624 C.

de criatura. A explicação do seu modo de ser encontra-se na única forma de atividade divina reconhecida por Erígena: na teofania.

Deus produz as coisas com o único fim de manifestar-se ou revelar-se a si mesmo. A primeira teofania ou manifestação de Deus é o ato pelo qual Ele toma conhecimento de si mesmo; destarte Ele se cria a si mesmo, exprimindo-se; antes deste ato Deus se desconhece a si mesmo, isto é, não conhece nenhuma determinação de si mesmo, por ser infinito. Pela produção das Ideias, Deus toma conhecimento de certas determinações de sua natureza superessencial, criando-se, de certo modo, a si mesmo, e assumindo o ser. Isto não quer dizer que Deus não exista ou não tenha ser antes deste processo de autoconhecimento, mas apenas que agora, em virtude daquele ato de autoexpressão, Deus se apresenta a si mesmo como natureza criada (pelo ato de conhecer) e como natureza criadora no que toca às criaturas propriamente ditas. O que ficou exposto nos capacita a compreender a enérgica terminologia do seguinte trecho do *De divisione naturae*: "*Creatur enim* (divina natura) *a seipsa in primordialibus causis, ac per hoc seipsam creat, hoc est, in suis theophaniis incipit apparere, ex occultissimis naturae suae finibus volens emergere, in quibus et sibi ipsi incognita, hoc est, in nullo se cognoscit, quia infinita est, et supernaturalis, et superessentialis, et super omne, quod potest intelligi et non potest, descendens vero in principiis rerum, ac veluti seipsam creans in aliquo inchoat esse*"[51].

Resumindo, podemos definir as Ideias como participações e manifestações (teofanias) da essência divina. Existem em Deus desde a eternidade e são produzidas por um ato de conhecimento. Todas as coisas exteriores a Deus são criadas pelas Ideias; e é através das Ideias que as criaturas participam de Deus. Enquanto existentes em Deus, as Ideias são indistinguíveis umas das outras, por constituírem uma realidade única e simples; com relação aos seus efeitos, porém, são múltiplas.

IV. As criaturas: *Natura creata non creans*

Toda ação de Deus *ad extra* é uma revelação de si próprio, ou uma teofania. Ao passo que a primeira teofania, a das Ideias, permanece em Deus, a segunda produz algo extradivino, a saber: as criaturas no sentido estrito da palavra.

1. A criação é uma iluminação

Toda ação divina "para fora" visa tornar conhecido a Deus. Ora, tudo o que produz conhecimento é luz por essência. Por isso toda ação de Deus *ad extra* é essencialmente iluminação. Na Sagrada Escritura Deus denomina-se Luz, e Tiago (1,17) chama-lhe o Pai das luzes. A explicação destas passagens por Dionísio deixa claro que todas as manifestações de Deus na revelação e na criação constituem uma iluminação, proveniente da luz por excelência, que é o próprio Deus[52].

---

51. Ibid., III, 23; 689 As.
52. Cf. a tradução do "De Caelesti Hierarchia" 1; 1037 Cs.

Visto, pois, que a criatura é essencialmente uma teofania ou manifestação de Deus[53], e, consequentemente, uma iluminação, segue-se que toda criatura é luz por essência: *"Omnia, quae sunt, lumina sunt"*[54]. Até mesmo a mais ínfima delas não passa, em derradeira análise, de uma irradiação do Pai das Luzes, manifestando de algum modo a Deus sob o tênue véu do ser criado. Em seu conjunto, as criaturas formam um oceano imenso de luz, composto da multidão incontável de pequenas luzes, que são as coisas criadas[55]. Toda criatura é uma manifestação da luz divina, e é neste sentido que Deus se cria a si mesmo nas criaturas. Daí resulta, outrossim, que nenhuma criatura pode subsistir independentemente da sabedoria criadora: nada sendo sem Deus, a criatura não pode persistir no ser sem que Deus lho conserve[56]. Logo, também a conservação é uma modalidade de iluminação.

Do exposto se segue que o universo das coisas criadas deve ser concebido como um sinal ou símbolo, pelo qual Deus se dá a conhecer. E esta significação simbólica não é uma propriedade meramente secundária das criaturas; antes é por sua própria essência que elas são uma teofania ou manifestação de Deus; e como tais constituem outras tantas realidades espirituais, que nos reconduzem a Deus: *"Nihil enim visibilium rerum corporaliumque est, ut arbitror, quod non incorporale quid et intelligibile significet"*[57]. Por esta razão pode dizer-se que o universo é fundamentalmente idêntico à Escritura Sagrada, pois que também ele é uma revelação da natureza divina[58].

2. Os graus da criação

O conjunto das teofanias que constituem o universo divide-se em três setores.

O *primeiro* abrange as substâncias invisíveis e puramente espirituais. O *segundo* se opõe diametralmente ao primeiro, e consta apenas de substâncias visíveis e corporais. O *terceiro* situa-se entre aqueles dois, participando da natureza de ambos e reunindo em si a substância dos seres superiores à dos inferiores. Esta confluência dos dois setores se realiza no homem, em virtude de sua composição de corpo e alma: *"Ideoque dicitur homo omnis; omnis namque creatura in ipso velut in officina quadam conflatur"*[59].

Estes três graus foram criados por Deus do nada.

Em outras palavras, não foram feitos de matéria preexistente, mas produzidos por Deus em toda sua substância e existência, a partir do não ser total[60]. Não obstante isso, são uma verdadeira revelação de Deus. Deus *se faz* ("fit") nas criaturas, pois estas são os efeitos das causas primeiras, que constituem a primeira manifestação de Deus. Neste sentido pode dizer-se que

---

53. De divisione naturae III, 19; 681 A.
54. Super Hierarch. caelest. I, 1; 128 C.
55. Ibid., 129 A-D; cf. texto anexo.
56. De div. naturae III, 9; 646 A.
57. Ibid., V, 3; 865 Ds.
58. In Prol. Joan. 289 C.
59. Ibid., 294 B.
60. De div. nat. III, 5; 634 Cs.; cf.: Mundus siquidem de materia informi factus est; materia informis de omnino nihilo; ac per hoc et mundus de omnino nihilo. Ibid., III, 22; 687 A.

Deus é a forma de todas as criaturas, ou seja, a causa do conteúdo espiritual do seu ser[61]. Mas, embora Deus "venha a ser" em todas as criaturas, e seja tudo em todas as coisas, nem por isso Ele se confunde com as criaturas senão que as transcende: "*Ac sic ordinate in omnia proveniens facit omnia, et fit in omnibus omnia, et in se ipsum redit, revocans in se omnia, et dum in omnibus fit, super omnia esse non desinit*"[62].

E assim Erígena vê na hierarquia dos seres criados uma escala descendente de luz, a partir da natureza superessencial de Deus[63]. Os vários graus desta hierarquia são concebidos à maneira do seu mestre Dionísio.

§ 3. O homem e o retorno de todas as coisas para Deus

A quarta divisão – a natureza não criada nem criadora – é Deus, considerado como ponto de retorno de todas as criaturas. Esta parte contém a antropologia de Erígena.

I. A queda do homem

Para uma exata compreensão da natureza humana, importa examinar-lhe o ser essencial, e não o ser acidental, alterado pelo pecado. A distância que atualmente separa a alma espiritual humana do puro espírito angélico é uma das consequências do pecado; segundo o plano de Deus, ambos deveriam ser idênticos em natureza e dignidade[64]. Como se explica, então, que o homem difere da natureza angélica? Por que razão tem ele um corpo? Donde lhe vem a dualidade de sexos?

1. A imaterialidade dos corpos considerados em si mesmos

Uma consideração atenta da essência do corpo nos manifesta ser ele algo de inteligível e espiritual. Com efeito, na análise do ser corporal defrontamos, em primeiro lugar, sua substância ou essência eterna. Ora, tal substância é puramente espiritual, visto que em sua forma imutável e indivisível ela subsiste em Deus, ainda que fosse infinito o número de indivíduos em que se encontra realizada[65]. Considerado em sua subsistência eterna nas Ideias divinas, o corpo se diz substância ou essência; visto em sua existência corporal, local e temporalmente determinada, chama-se natureza[66]. A "ousia" ou essência torna-se corpo visível pelos dois acidentes inseparáveis de quantidade e qualidade, os quais são, em si mesmos, incorporais[67]. Portanto, o corpo se origina pela união de vários princípios incorporais e invisíveis, a saber: da substância e dos acidentes de quantidade e qualidade: "*Quantitas vero et qualitas ita invisibiliter sunt in ousia, ut in quantum et quale visibiliter erumpant, dum corpus sensibile inter se*

---

61. De Praed. II, 3; 362 As.
62. De div. nat. III, 20; 683 B.
63. Ibid., I, 4; 444 A-C.
64. Ibid., IV, 9; 780 D. Cf. ibid., B.
65. Ibid., I, 49; 492 C.
66. Ibid., V, 3; 867 As.
67. Ibid., I, 53; 496 D.

coniunctae componunt"⁶⁸. De forma que a origem dos corpos visíveis se explica a partir de princípios internos e invisíveis, percebidos exclusivamente pelo entendimento. A própria matéria, enquanto privação de toda forma, é um princípio incorporal: *"Num igitur materia informis, quoniam solo mentis oculo, ratione dico, perspicitur, necessario eam incorpoream esse sequetur? Disc.: Ne hoc quidem negare ausim. Mag.: Igitur incorporea est"*⁶⁹. Todavia, Erígena não parece conceber a matéria ou o princípio da uniformidade como uma realidade à parte. Em si mesma, a matéria é indefinível e incognoscível; é a contraparte da indefinibilidade e incognoscibilidade de Deus⁷⁰. Para Erígena, como para Gregório de Nissa, a matéria é, em derradeira análise, o resultado de uma composição de acidentes, dando origem a um corpo visível: *"Nam ut dixi, magnus Gregorius Nyssenus in Sermone de imagine certis rationibus ita esse suadet, nihil aliud dicens materiam esse, nisi accidentium quandam compositionem, ex invisibilibus causis ad visibilem materiem procedentem. Nec immerito. Si enim corporalis huius materiae solubilisque quaedam simplex atque immutabilis essentia et nullo modo solubilis inesset, nulla ratione nullaque actione penitus solveretur"*⁷¹. Sendo a matéria visível o resultado de uma composição de princípios invisíveis, segue-se que os corpos visíveis podem resolver-se outra vez nos seus princípios invisíveis; neste caso, cessam de existir como corpos (visíveis), passando a existir, simplesmente, em seus princípios separados: *"Non mireris itaque, ex incorporalibus causis corpora creari, inque easdem iterum resolvi, ipsas vero causas ab una eademque rerum omnium creatrice creatas – procedere"*⁷².

2. O estado original do homem no plano de Deus

O termo final da "divisão da natureza" é o homem, concebido como síntese ou compêndio de todas as criaturas⁷³. Tal é a dignidade do homem, criado à imagem de Deus, que não há criatura, visível ou invisível, que não se encontre nele⁷⁴. Se não fora o pecado, todas as coisas de fato nele se encontrariam. Não haveria nele separação entre a terra e o paraíso, posto que a própria natureza terrena seria, no homem, um paraíso ou uma terra espiritual. Nele, o Céu não se teria separado da Terra, pois conservar-se-ia inteiramente celestial, e, por conseguinte, nada haveria nele de terreno e de corporal; multiplicar-se-ia à maneira dos anjos, conforme o número predeterminado por Deus. Sua natureza sensível não se diferenciaria da espiritual, pois seria inteiramente intelecto, e permaneceria inalteravelmente unido a seu Criador. Em suma, todas as criaturas nele criadas não sofreriam nele qualquer separação⁷⁵.

3. O estado atual do homem

Todavia, o homem não se manteve no estado de beatitude em que Deus o criara; pecou, cedendo à tentação da soberba. Este pecado teve lugar encontrando-se ainda o homem na sua condição universal, isto é, anterior à sua multiplicação em outros tan-

---

68. Ibid., 495 C.
69. Ibid., I, 56; 500 C.
70. Ibid., 500 As.
71. Ibid., I, 34; 479 Bs.
72. Ibid., I, 58; 501 Bss.
73. Ibid., II, 5; 531 Css.
74. Ibid., II, 4; 531 A.
75. Ibid., II, 9; 536 Bs.

tos individuos[76]. Atualmente a unidade do homem se encontra dispersa em inúmeras diferenças e divisões de sua natureza[77].

A primeira consequência da queda é, pois, a separação e a divisão da natureza corpórea. A princípio, esta natureza corporal existira apenas na espiritualidade da razão humana. Assim como a sabedoria criadora conhece todas as coisas antes que sejam feitas, de modo a existirem nela, assim a sabedoria criada ou natureza humana conhece todas as coisas feitas nesta sua natureza; e, o que é mais, nesta sabedoria criada as coisas existem num estado mais perfeito que em si mesmas. Por isso a fonte imediata da natureza corporal é a natureza humana criada e invisível, em que todas as coisas foram feitas[78]. A queda, porém, tornou necessário um lugar de punição e emenda. Por este motivo a natureza corporal decaiu da sublime condição de incorporeidade; e, porque Deus previra a queda, o mundo foi criado com seu caráter corporal e transitório, antes mesmo da criação do homem[79].

A segunda consequência é a sexualidade. A divisão do gênero humano em dois sexos não fizera parte do plano original de Deus, mesmo porque o homem careceria de um corpo visível. Sua condição teria sido igual à dos anjos, que não se dividem em sexos; ter-se-ia multiplicado, como eles, sem a mistura dos sexos. Mas, em vista da queda, e para completar-lhe a natureza corporal, Deus proveu-o – *"supermachinatus est"* – de um novo modo de propagação, que, além de corresponder à sua natureza animal, representa, ao mesmo tempo, um justo castigo[80].

A terceira consequência é a diversidade racial, assim como as distinções qualitativas e quantitativas. Na condição pura e ideal do estado primitivo não teria havido diferenças individuais entre os homens. Foi por abandonar, por própria culpa, este estado ideal, que o homem se sujeitou à lei do tempo, do espaço e da propagação, contraindo assim toda sorte de diferenças individuais[81].

Para Erígena, pois, tanto o mundo visível como o corpo humano com suas diferenciações, são outras tantas consequências do pecado. Na intenção original de Deus, a natureza corporal teria existido apenas em suas causas primeiras, isto é, no estado espiritual ou intelectual do homem[82].

II. O retorno para Deus

Sequela do pecado original, o mundo sensível não é apenas um lugar de castigo, como também de emenda. Sua criação não é um ato de vingança, e sim, de misericórdia. Todas as coisas foram intencionadas e criadas por Deus, a fim de reconduzir o homem decaído às realidades espirituais que ele abandonou por sua livre vontade[83]. Destarte o mundo e a própria natureza corporal do homem vêm a constituir um chamado insistente de retorno a Deus, para que este, enquanto natureza não criada nem criadora, volte a ser tudo em todas as coisas.

---

76. Ibid., II, 24; 582 B.
77. Ibid., II. 9; 536 C.
78. Ibid., IV. 9; 778 Dss.
79. Ibid., II, 12; 540 A.
80. Ibid., IV, 12; 799 Bs.; cf. II, 6; 532 Ds.
81. Ibid., II, 7; 533 As.
82. Ibid., II, 9; 536 Bs.
83. De div. nat. 11, 12; 540 B.

1. Possibilidade do retorno

Um tal retorno é possível, por ser o mundo um vestígio de Deus, o qual nos permite contemplar as teofanias ou revelações de Deus[84], e por ser o homem, mesmo após a queda, uma imagem de Deus.

Ao passo que as coisas materiais não passam de vestígios de Deus, o homem foi criado à Sua própria imagem. Esta imagem transparece claramente na estrutura trinitária da alma, a saber, nos três principais "movimentos" ou potências, nas quais se espelha a vida da Santíssima Trindade: o espírito (*animus*) reflete o Pai, a razão (*ratio*) o Filho, e a sensação (*sensus*) o Espírito Santo[85].

O *primeiro movimento*, que pertence ao espírito puro ou intelecto, endereça-se ao próprio Deus; é um ato simples, mas não propriamente cognoscitivo, visto que Deus permanece desconhecido em sua substância; é um ato em que o espírito se transcende a si mesmo, indo girar num movimento extático em torno de Deus e unir-se-lhe na "união mística"[86].

O *segundo movimento* pertence à razão que, sem transcender-se, e sem perder-se na obscuridade do Deus desconhecido, reconhece nele a causa de todas as coisas. Este movimento permanece no âmbito da alma, posto que a razão, por um movimento natural e por um ato cognitivo, exprime em si mesma as Ideias eternas ou os modelos de todas as coisas, os quais têm a Deus como causa. Esta cognição se origina no segundo movimento, porém mediante o primeiro. Incógnitas em si mesmas, as Ideias não são conhecidas senão na expressão do segundo movimento[87].

O *terceiro movimento* é a sensação; é um ato composto, não por constar de movimentos diversos ou carecer de simplicidade, mas por requerer um estímulo externo e servir-se dos cinco sentidos. Todavia, este estímulo ainda não é conhecimento, mas apenas sua pressuposição; pois na realidade a "sensação" é uma atividade da alma, pela qual esta refere à multiplicidade das coisas individuais as Ideias contempladas pela razão em sua unidade causal; assim se estabelece o contato entre as imagens dos sentidos e as Ideias[88].

Todavia, esta distinção entre as potências, ou movimentos da alma, segundo as suas várias funções, não impede que todos constituam uma alma única, simples e indivisível[89].

Como imagem de Deus e repositório de todas as criaturas em seu estado espiritual, a natureza humana possui a aptidão de retornar a Deus, ainda que tal retorno não seja plenamente realizável na vida presente[90]. Ele será levado a termo pelo amor. Todas as criaturas foram chamadas à existência pelo mesmo amor[91]. Assim como todas as coisas, desde as Ideias divinas até às criaturas visíveis, são uma só grande torrente

---

84. Ibid., III, 23; 896 Cs.
85. Ibid., II, 24; 579 As.
86. Ibid., II, 23; 572 Cs. e 573 D – 576 C.
87. Ibid., II, 23; 572 Ds. e 576 C – 577 C.
88. Ibid., II, 24; 573 Ass. e 577 Css.
89. Ibid., II, 24; 574 B.
90. Ibid., IV, 5; 759 Bss.; cf. ibid., 760 A: A natureza humana contém todas as coisas, e por ela todas as coisas retornam a Deus.
91. Cf. a etimologia da palavra *bonum*, que deriva do termo grego Βοάω, chamar (à existência): ibid., II, 24; 580 Cs.

emanada da divina bondade, assim todas retornarão à mesma bondade, à semelhança das águas que refluem à sua fonte através dos poros ocultos da terra[92].

2. As fases do retorno

A *primeira fase* do retorno a Deus é a morte. A morte constitui o ponto extremo da queda. Em consequência do primeiro pecado o homem tornou-se semelhante ao animal, sujeito às paixões, e, com elas, à dor e à morte. Haverá algo mais vil do que um corpo humano destituído de razão, de sentidos e de vida, um corpo que se decompõe nos seus elementos e se mistura à terra? Contudo, a morte é também a primeira fase do seu retorno, pois significa ao mesmo tempo o término do castigo e o início da libertação do corpo[93].

A *segunda fase* é a ressurreição do corpo, mediante a reconstituição de suas partes componentes, sua restituição ao estado primitivo, e sem distinção de sexos. A par desta restauração do corpo humano, efetuar-se-á uma restauração da criação externa: a terra tornará ao seu estado edênico; Céu e Terra serão unidos, e não haverá senão o Céu[94].

A *terceira fase* é o retorno do corpo à alma, ou sua espiritualização[95]. Erígena não ignora que esta opinião é rejeitada pela maioria dos Padres latinos, e ocasionalmente até parece anuir à doutrina contrária deles[96]; não obstante, ele retém a tese no sentido de Ambrósio e dos Padres Gregos, sustentando que nada existe em nossa natureza que não seja espiritual e inteligível; logo, também a substância do nosso corpo é espiritual, o que lhe permite reunir-se à alma, de modo a ser envolvido e absorvido por ela[97].

A *quarta fase* é o retorno do espírito, ou melhor, da natureza humana integral, às causas primeiras, perene e imutavelmente presentes em Deus[98]. Nesta fase a natureza humana total, depois de refluir, por assim dizer, ao intelecto, volta-se para a contemplação de Deus[99].

A *quinta fase*, enfim, é o retorno de toda a natureza: do homem, das Ideias e da criação em geral[100]. Este parece ser o grau supremo de contemplação, ou melhor, de mística união com Deus em sua própria obscuridade, e enquanto natureza não criada nem criadora. Por este movimento do homem todas as coisas se tornam uma só. Não que a criação fosse revogada ou as criaturas perdessem sua individualidade, pois, como vimos, tal retorno deve ser entendido como uma união mística, que sobreleva o próprio domínio das Ideias[101].

Destarte todas as coisas reverterão a Deus na mesma ordem em que dele procederam. As teofanias rematam na teose ou deificação dos Santos no Céu, sem contudo torná-los idênticos com Deus[102].

---

92. Ibid., III, 4; 632 Bs.
93. Ibid., V, 7; 875 Bss.; citação: ibid., 8; 876 A.
94. Ibid., V, 30; 893 Cs.; cf. ibid., 8; 876 A.
95. Ibid., 8; 876 A.
96. Ibid., 877 C.
97. Ibid., V, 8; 879 A; cf. ibid., 25; 913 Dss.
98. Ibid., 8; 876 A.
99. Ibid., V, 6; 874 B.
100. Ibid., 8; 876 B.
101. Ibid., V, 20; 893 Ds.; cf. ibid., 8; 876 B.
102. Ibid., I, 39; 482 D; V, 38; 1015 C.

Apreciação

Scoto Erígena não é racionalista nem panteísta, e sim um platônico que, com Platão ou Plotino, e seus discípulos gregos entre os Padres da Igreja, ousou avançar até os confins do cristianismo. Não cremos que os haja ultrapassado; em todo o caso, não foi além do seu mestre Dionísio. A obra de Erígena manifesta uma grande energia especulativa, uma reverência profunda pelo patrimônio da fé e uma notável vivacidade de exposição. Influiu consideravelmente na evolução da teologia medieval. Foi por seu intermédio que a Idade Média tomou conhecimento da obra do Pseudo-Dionísio, na interpretação de Máximo, o Confessor, assim como de muitas ideias de Orígenes, hauridas de Gregório Nisseno e outros Padres. Sua antropologia marca um retrocesso inegável em face da tradição agostiniana, mais fiel ao espírito cristão, em virtude da sua valoração mais otimista da natureza humana. Compreende-se, pois, que a Igreja se pronunciasse contra a sua teologia (em 1210, em Paris, e em 1225, pelo Papa Honório III). A influência imediata de sua obra principal (*De divisione naturae*) não parece ter sido muito grande, pelo menos no que concerne à especulação ortodoxa dos seus sucessores. É provável, entretanto, que Erígena tenha feito escola; certas partes de sua obra foram utilizadas por outros, como se pode verificar no *De imagine mundi*. Hugo de São Vítor lhe chama de "*Theologus nostri temporis*"[103], embora suas próprias especulações revelem o influxo de Santo Agostinho.

As criaturas são luz

Est et alia ratio, quae luculenter edocet, omnino creaturam visibilem et invisibilem lumen esse conditum a Patre luminum. Si enim summa bonitas, quae Deus est, omnia quae voluit propterea fecit, ut quoniam per seipsam invisibilis et inaccessibilis lux est, omnem sensum et intellectum superans, per ea, quae ab ipsa facta sunt, veluti per quasdam lucubrationes in notitiam intellectualis et rationalis creaturae possit descendere, quod etiam Apostolus edocet, ait enim: "Invisibilia eius a creatura mundi per ea, quae facta sunt, intellecta conspiciuntur": quid mirum, si omne, quod inaccessibilem lucem quodam modo, ut accessibilis sit, puris intellectibus introducit, lumen illuminans ânimos, et in cognitionem Creatoris sui eos revocans, nulla ratione obstante intelligatur?

Há uma outra razão, que nos faz ver muito claramente que toda criatura visível e invisível é luz, e tira sua origem do Pai das luzes. Com efeito, o Sumo Bem, ou Deus, – que é em si mesmo luz invisível e inacessível, e superior a todo sentido e intelecto, – fez todas as coisas que quis, com o fim de dar-se a conhecer à criatura intelectual e racional, através das coisas por Ele criadas, e comparáveis a uma luz que refulge nas trevas; o mesmo ensina o Apóstolo, dizendo que "o que nele há de invisível contempla-o a inteligência em suas obras desde a criação do mundo" (Rm 1,20); que há pois de estranhável em que tudo quanto comunica de algum modo a luz inacessível aos puros espíritos, a fim de torná-la acessível a eles, seja interpretado muito apropriadamente como uma luz que ilustra os ânimos e os reconduz ao conhecimento do seu Criador?

---

103. Didascalion III, 2; ML t. 176, 765 C.

Verbi gratia, ex intimis naturae ordinibus paradigma sumamus. Lapis iste vel hoc lignum mihi lumen est; et si quaeris, quomodo, ratio me admonet, ut tibi respondeam, hunc vel hunc lapidem consideranti multa mihi occurrunt, quae animum meum illuminant. Eum quippe animadverto subsistere bonum et pulchrum, secundum propriam analogiam esse, genere specieque per differentiam a ceteris rerum generibus et speciebus segregari, numero suo, quo unum aliquid fit, contineri, ordinem suum non excedere, locum suum iuxta sui ponderis qualitatem petere. Haec horumque similia dum in hoc lapide cerno, lumina mihi fiunt, hoc est, me illuminant.

Cogitare enim incipio, unde ei talia sunt, et intueor, quod nullius creaturae sive visibilis sive invisibilis participatione naturaliter haec ei insunt, ac mox ratione duce super omnia in causam omnium introducor, ex qua omnibus locus et ordo, numerus et species genusque, bonitas et pulchritudo et essentia, ceteraque data et dona distribuuntur. Similiter de omni creatura, a summo usque ad deorsum, hoc est, ab intellectuali usque ad corpus, ad laudem Creatoris referentibus eam et seipsos, et Deum suum studiose quaerentibus, et in omnibus, quae sunt, eum invenire ardentibus, et super omnia quae sunt, eum laudare diligentibus lux introductiva est, suis rationibus consideratis, liquidoque mentis contuitu perspicuis.

Hinc est, quod universalis huius mundi fabrica maximum lumen fit, ex multis partibus veluti ex multis lucernis compactum, ad intelligibilium rerum puras species revelandas et contuendas mentis acie, divina gratia et rationis ope in corde fidelium sapientum cooperantibus. Super Ierarchiam caelestem S. Dionysii I, 1; 129 A – D.

Tomemos um exemplo tirado da esfera mais íntima (ínfima?) da natureza. Esta pedra ou este lenho representa para mim uma luz; e, se perguntares: como?, a razão me exorta a responder-te que a consideração desta ou daquela pedra me sugere muitas coisas que me iluminam o espírito. Com efeito, verifico que ela existe como algo de bom e belo; dispõe de uma relação própria; distingue-se dos demais gêneros e espécies em virtude da sua diferença genérica e específica; é limitada pelo número, que lhe dá unidade; não se subtrai à sua ordem; tende ao seu lugar de acordo com a qualidade do seu peso. Estas e outras coisas semelhantes, que observo na pedra, se me apresentam como outras tantas luzes ou iluminações.

Pois começo a refletir sobre a origem de tais coisas, e reconheço que a pedra não as possui naturalmente, por participação de qualquer criatura visível ou invisível; e a razão, pela qual me deixo conduzir, não tarda a ultrapassar todas as coisas e me introduz à causa de todas, que lhes assinala o lugar, a ordem e o número, a espécie e o gênero, a bondade, a beleza e a essência, assim como todos os demais dons e dádivas. Coisa semelhante se dá com toda criatura, desde a mais excelsa até a mais ínfima, ou seja, desde a intelectual até à corporal; para os que referem as criaturas e a si mesmos ao louvor do Criador, para os que buscam zelosamente a Deus, e para os que ardentemente o procuram em tudo quanto existe, e se comprazem em louvá-lo acima de tudo, ela (a criatura) é uma luz introdutiva suposto que uma clara intuição do espírito lhes oriente e esclareça a razão.

E assim sucede que todo o maquinismo deste mundo se converte numa luz gigantesca, composta de muitas partes, e constando, por assim dizer, de inúmeras lâmpadas, para revelar as formas puras das coisas inteligíveis e torná-las visíveis à agudeza do espírito, pela operação conjunta da graça divina e da energia da razão nos corações dos corações dos sábios fiéis.

CAPÍTULO II
DIALÉTICOS E ANTIDIALÉTICOS DO SÉCULO XI

O século X é comparável à era pré-carolíngia pelo baixo nível de sua cultura científica. Como possível exceção poderíamos citar a Gerbert de Aurillac, mais tarde eleito papa com o nome de Silvestre II (m. 1003). Sua formação, salvo talvez em matéria de matemática, apenas excedia os padrões do trívio e do quadrívio da época, o que não impediu, aliás, que seus contemporâneos o tivessem na conta de um prodígio de erudição.

Os primeiros decênios do século XI assinalam o despertar de um renovado interesse pelas ciências filosóficas, o qual, conquanto bem modesto em suas origens, irá conduzir gradativamente, e a partir dos problemas da Dialética, ao conceptualismo de Abelardo e aos vastos sistemas clássicos do século XIII. Era muito natural que a Dialética desempenhasse um papel de tamanha relevância numa era cujos conhecimentos filosóficos se restringiam, praticamente, à obra de Boécio. Os escritos lógicos deste, de par com alguns outros livros, eram a fonte principal para todo estudo algo mais aprofundado da filosofia, pois, como se sabe, na execução de seu vasto programa, Boécio não fora além de uma parcela da Lógica grega. A Escolástica propriamente dita originou-se sob os auspícios de Porfírio e de Aristóteles (com suas *Categorias* e seus dois livros *Perihermenias*), assim como das exposições de Boécio a estes livros, e de alguns outros escritos lógicos deste último autor.

Aliás, tem-se a impressão de que nas mãos dos primeiros representantes dessa escolástica incipiente a arte da disputação se transformou num mero brinquedo, e, por sinal, não destituído de perigo. E esse perigo assumiu proporções tanto mais alarmantes quanto lhes faltava uma distinção clara entre fé e razão e uma noção nítida de suas relações mútuas. O que explica a existência simultânea de um racionalismo rígido por um lado, e de um fideísmo simplista por outro. O certo é que a Dialética revelou-se estéril e conduziu a várias heresias. Citemos apenas o exemplo de Berengário de Tours (m. 1088). Tendo estatuído o primado da razão, pareceu-lhe impossível admitir a existência dos acidentes do pão separados da substância; e por isso afirmou a simples coexistência da forma do pão com a forma do corpo de Cristo na Eucaristia. Do ponto de vista filosófico, seu racionalismo foi completamente estéril, e o mesmo se pode dizer de todos os demais dialéticos do tempo. A reação não se fez esperar, e, como era natural, caiu no extremo oposto, condenando radicalmente toda Dialética. E assim, por algum tempo, dialéticos e antidialéticos se defrontaram numa luta improfícua, até que Santo Anselmo e Abelardo lograssem obter uma síntese mais ou menos satisfatória. Como representantes típicos das duas correntes antagônicas mencionamos Anselmo de Besate e Pedro Damião.

§ 1. Anselmo de Besate, o Dialético

Anselmo de Besate, cognominado o Peripatético, fez seus estudos em Parma, donde, após iniciar-se nos segredos da silogística, saiu a percorrer a Europa. Em sua *Rhetorimachia* (org. E. Dummler, 1872) deparamos algumas amostras de sua habilidade dialética. Sua tática habitual consistia em provocar objeções, com o intuito de argumentar e triunfar do adversário. O que lhe importava, antes e acima de tudo, era vencer, ou, pelo menos, chamar a atenção para a sua pessoa. E quase sempre conseguia o que desejava, em suas andanças pela Itália e pela França; não, porém, em Maiença, onde suas arengas não despertaram nem assentimento nem contradição. Como isso lhe parecesse insuportável, empenhou-se em convencer a um dos ouvintes de que era necessário optar entre o louvor ou a censura. E como o cidadão lhe respondesse que preferia manter-se neutro, Anselmo pôs-se a demonstrar-lhe que isso equivalia a ocupar uma posição intermédia, posto que o meio inclui ambos os extremos; manter-se no meio, pois, é fazer tanto uma como outra coisa. De modo algum, replicou o cidadão, o meio-termo é a negação dos dois extremos, e por conseguinte não faço absolutamente nada. Se não é nada, não podes fazê-lo, respondeu-lhe Anselmo; é verdade que não podes fazer as duas coisas simultaneamente, mas tampouco podes deixar de fazer quer uma quer outra; logo, terás de fazer uma das duas. Os cidadãos de Maiença se deram por convencidos, e Anselmo retomou sua jornada, satisfeito da vida[1].

É fácil adivinhar a direção que iriam tomar tais frivolidades, mormente quando aplicadas à teologia.

§ 2. Pedro Damião, o Antidialético

É Pedro Damião o representante típico dos antidialéticos medievais. Viveu de 1007 a 1072. Sua atitude que, diga-se de passagem, não foi canonizada pelo fato de a Igreja o ter elevado à honra dos altares, deriva, indubitavelmente, de uma ideia genuinamente cristã, mas levada a um exagero desmesurado. O cristão não ignora que o mundo, a natureza, o corpo, e sua própria alma não se conservam na pureza e na perfeição em que Deus os criara. A natureza continua a sofrer as consequências do pecado, o corpo geme sob o peso da concupiscência, e não raro a solicitação do mal é mais poderosa que a do bem. Para exprimir todas essas manifestações de hostilidade contra Deus, os cristãos se servem do termo "mundo", que lhes cumpre vencer e desprezar. Tal é o sentido genuíno do "desprezo do mundo". Nas mãos de Pedro Damião esta ideia se desfigura a ponto de tornar-se irreconhecível. Condena indistintamente toda a natureza, e esforça-se por mostrar-lhe a vileza e ignobilidade. Nosso corpo, diz ele, é uma massa de podridão:

"*Age, frater, quid est caro ista, quam videlicet tam diligenti cura vestibus contegis et tamquam regiam sobolem molliter nutris? Nonne massa putredinis? nonne vermis, pulvis ac cinis*"?[2] Os temas da fuga ao mundo e do culto da vida solitária, que lhe parecem as únicas coisas dignas de real apreço, são ventilados em numerosos escritos. Sua inimizade com tudo

---

1. Ed. Dümmler, p. 57s.
2. De laude flagellorum 6; ML t. 145, 684 D.

quanto respeita à natureza transparece, eloquentemente, em sua aversão, ou antes, em seu ódio contra a filosofia; neste particular, a sua atitude se assemelha bastante à de Tertuliano.

1. Condenação da filosofia pura

Pedro Damião rejeita incondicionalmente toda espécie de filosofia pura. A seu ver, só a vida monacal merece recomendada. Questiona-se, pois, se a filosofia oferece qualquer utilidade ao monge. A resposta, já se vê, é radicalmente negativa. Os deveres do cristão se resumem na obrigação de salvar sua alma; fora disso, nada realmente importa. Se há, pois, uma sabedoria e uma verdade, esta só pode conter-se na doutrina que nos assegura a salvação eterna. Ora, tal doutrina se encontra nas Sagradas Escrituras; logo, devemos contentar-nos com estas. Se a salvação do mundo dependesse da filosofia, Deus teria confiado essa tarefa aos filósofos, e não a um grupo de ingênuos pescadores. Mas o fato é que Ele enviou a estes, armando-os, à maneira de Sansão, com um maxilar de asno, que é o símbolo da humildade que Deus exige dos seus pregadores: *"Quid est enim per iacentem asini maxillam mille viros occidere, nisi per linguas humilium atque simplicium perfectum non credentium numerum a pravitatis suae statu deiicere, atque ad humilitatem Christi per sanctae praedicationis officium inclinare"*?[3]

A filosofia pura, como a gramática, é obra de satanás. Entretanto, não faltam os monjes que antepõem as regras de Donato às de São Bento. Tais religiosos andam esquecidos de que o primeiro mestre de gramática foi o demônio. Pois foi com o auxílio desta disciplina que ele ensinou a nossos primeiros pais a declinar a palavra "Deus" no plural: *"Eritis sicut dii, scientes bonum et malum"*[4].

2. A filosofia como escrava da teologia

Apregoando embora as vantagens de uma ignorância total da filosofia, tal como a praticaram os santos, Pedro reconhece que, pelo menos em certas circunstâncias, ela pode prestar serviços valiosos à teologia. Mas é necessário que ela retenha, efetivamente, a sua condição de serva. Com isso deparamos, pela primeira vez, na literatura latina medieval, o tema da *"philosophia ancilla theologiae"*. O monge há de haver-se com a filosofia como o israelita com sua escrava, segundo as determinações de Moisés (Dt 21,10-13): cortar-lhe-á o cabelo (as teorias inúteis), aparar-lhe-á as unhas (as obras da superstição), tirar-lhe-á as vestes (as fábulas e a superstição pagã); só então a tomará por esposa. Mas é mister que ela conserve sua condição servil; cabe-lhe seguir de perto a fé, sem jamais adiantar-se a ela: *"sed velut ancilla dominae quodam famulatus obsequio subservire"*[5].

3. Colaboração da filosofia com a teologia

No livro *De divina omnipotentia* Pedro nos dá uma ideia da função da filosofia enquanto escrava da teologia. No curso de uma disputação amigável entre comensais surge, entre outros, o problema da onipotência divina. Um dos convivas lembra a palavra de São Jerônimo: Deus pode fazer tudo, mas não que algo já sucedido deixe de ter sucedido. Pedro contesta a afirmação de Jerônimo e prova que a vontade de Deus é a causa única da existência de todas as coisas. Alguém lhe objeta que Deus pode destruir Roma, mas que não pode fazer com que Roma não haja existido. Antes de responder à objeção, Pedro cita a exortação de Siraque (3,21): "Não te ponhas a cismar sobre coisas demasiadamente árduas para ti. Não pesquises o

---

3. De sancta simplicitate 3; ibid., 697.

4. Ibid., 1; 695.

5. De divina omnipotentia 5; ibid., 603 D.

que ultrapassa as tuas forças". A seguir, admite que, efetivamente, nenhuma passagem da Escritura nos diz que Deus haja feito com que algo já sucedido não houvesse sucedido[6]. Só então consente em atender ao argumento do adversário. Antes de mais nada, é necessário distinguir entre a contingência de um fato e suas consequências lógicas. O fato como tal é sempre contingente, ou, na expressão do sábio, ele é *ad utrumlibet*; em outros termos: o fato em questão tanto pode existir como não existir. A consequência lógica, porém, é necessária. É interessante verificar como, neste caso, Pedro se põe de acordo com Aristóteles, mantendo que "tudo aquilo que é, é necessário quando é". Prosseguindo, Pedro afirma que este princípio – que, diga-se de passagem, foi enfaticamente criticado por muitos escolásticos posteriores – vale não só para os enunciados referentes ao presente, como ainda para os do passado e do futuro. O adversário, por sua vez, restringe-lhe a validade exclusivamente para os enunciados relativos ao passado. Mas Pedro vê nisso uma inconsequência: "*Numquid, inquiunt, potest Deus hoc agere, ut postquam semel aliquid factum est, factum non fuerit? tamquam si impossibilitas ista non solis videatur provenire praeteritis, et non in praesentibus similiter inveniatur temporibus, et futuris*"[7]. É claro que aquilo que é agora não pode não ser; o que foi não pode não ter sido; do mesmo modo, porém, o que será não poderá não ser. "*Quod ergo dicitur de praeteritis, hoc consequitur nihilominus de rebus praesentibus et futuris: nimirum, ut sicut omne quod fuit, fuisse necesse est, ita et omne quod est, quamdiu est, necesse est esse* (eis a fórmula do princípio aristotélico!); *et omne, quod futurum est, necesse sit futurum esse*"[8]. Não obstante – e aqui está o ponto decisivo, pelo qual Pedro assume a paternidade de todos aqueles que postulam duas espécies de lógica: uma para o domínio criatural e outra para Deus – esta necessidade só diz respeito à consequência de uma lógica aplicável aos acontecimentos contingentes. Tal tipo de lógica não pode aplicar-se a Deus, sob pena de se incorrer numa *vana temeritas*. Com efeito, se aplicássemos tal ordem de ideias a Deus, designá-lo-íamos, *ipso facto*, de impotente e débil. Donde se segue que a lógica é inaplicável a Deus, ou, no máximo, ela o é em subordinação à fé, que sobreleva inclusivamente a lógica: "*Haec plane quae ex dialecticorum vel rhetorum prodeunt argumentis, non facile divinae virtutis sunt aptanda mysteriis; et quae ad hoc inventa sunt, ut in syllogismorum instrumenta proficiant, vel clausulas dictionum, absit, ut sacris legibus se pertinaciter inferant et divinae virtuti conclusionis suae necessitates opponant*"[9].

Não quer isso dizer que Pedro Damião negasse a validade das leis lógicas supremas, a do princípio de contradição, por exemplo. Do contrário, não reclamaria para os negadores desta lei as penas dos hereges, e até mesmo o suplício da fogueira. Donde a enérgica repulsa à proposição: "*Quod fecit Deus, non fecerit Deus*". Para resolver tais contradições manifestas, Pedro apela para a eternidade divina. Em Deus, Criador de todas as coisas, o saber e o poder são igualmente eternos. Para sua eternidade não há coisa alguma que se possa dizer passada ou futura; antes, tudo lhe está presente, pois para Deus só existe o *hodiernum*. Assim sendo, o seu poder se estende de modo igual a todas as coisas, às futuras, como às presentes e às passadas: "*...non inepte possumus dicere, quia potest Deus facere in illa invariabili et constantissima semper aeternitate sua, ut quod factum fuerit, apud hoc transire nostrum, factum non sit; scilicet ut dicamus: Roma, quae antiquitus condita est, potest Deus agere ut condita non fuerit*"[10].

---

6. Ibid., 4; 601.
7. Ibid., 5; 602.
8. Ibid., 603 As.
9. Ibid., 603 C.
10. Ibid., 15; 619 A.

Como se vê, para Pedro, a dialética termina por enredar o espírito num pseudoproblema. Aliás, é fácil mostrar sua inaplicabilidade às verdades sobrenaturais. Pois há os que argumentam: a lenha que arde é consumida pelo fogo; ora, esta lenha arde; logo, está sendo consumida pelo fogo. Entretanto, Moisés viu uma sarça que ardia sem consumir-se! (Ex 3). Argumenta-se ainda: Um ramo cortado não traz frutos; eis aqui um ramo cortado; logo, este ramo não traz frutos. Contudo, o bastão depositado por Aarão no tabernáculo apareceu coberto de frutos, contra toda a ordem da natureza! (Nm 17) que venham os tais dialéticos, ou, antes, hereges, e vejam aonde os conduz a sua dialética: "*si peperit, concubuit; sed peperit, ergo concubuit*". Cristo, porém, nasceu de uma virgem-mãe![11] Com isso encerra-se o julgamento da dialética.

Os dialéticos e os antidialéticos representam dois extremos que reciprocamente se provocaram e influenciaram. Tal antagonismo ameaçou esterilizar toda especulação filosófica. Pedro Damião, cuja atitude – se prescindirmos dos exageros que a tornaram improfícua – continha o germe de uma solução correta, defrontou o período seguinte com a importante tarefa de restabelecer o equilíbrio entre a fé e a razão, entre a teologia e a filosofia, e de conseguir que a filosofia se pusesse, livremente, a serviço da teologia.

---

11. Ibid., 10; 611.

CAPÍTULO III
SANTO ANSELMO DE CANTUÁRIA, PAI DA ESCOLÁSTICA

Com Santo Anselmo a filosofia cristã começa a conquistar domínios novos e a enveredar por rumos novos, mas sem renunciar em nada aos antigos. Revigora-se a velha tradição agostiniano-boeciana pela adução de novas energias. Frente a seus predecessores imediatos, Anselmo representa a síntese clássica da teologia e da dialética. Dentro do conjunto da evolução que dele arranca, podemos chamar-lhe com razão o Pai da Escolástica. Foi ele que marcou o início daquela poderosa corrente espiritual da Idade Média, que empreendeu a penetração especulativa do patrimônio da fé, pela dialética primeiro, e pela filosofia em sua totalidade mais tarde. O ponto culminante deste movimento é o período clássico da filosofia cristã dos séculos XIII e XIV.

Santo Anselmo encontra-se profundamente arraigado no solo da cultura beneditina. Com seu estilo de vida conscientemente patriarcal e baseado na agricultura, a Ordem beneditina conseguira criar as pressuposições indispensáveis daquele lazer que é a condição imprescindível para qualquer forma de especulação. Cultores devotados dos valores tradicionais, os monges beneditinos sempre timbraram em manter um contato vivo com seu passado cheio de glórias, conservando com solicitude amorosa as suas bibliotecas monásticas, que constituem os mais preciosos depósitos das armas do espírito. As escolas de amanuenses, ligadas à maioria dos mosteiros, cuidavam da conservação e propagação da cultura literária. Acrescente-se a tudo isso a gigantesca obra de pioneirismo realizada pelos monges de São Bento no sentido da civilização e da evangelização da Europa, e ter-se-á uma ideia do *background* dessa singular cultura beneditina, sobre o qual se destaca a obra de Santo Anselmo.

Vida – Segundo a tradição, nasceu Anselmo no ano 1033 em Aosta, perto da fronteira suíça, no Piemonte setentrional. Seus pais eram de origem longobarda. A despeito da oposição de seu progenitor, Anselmo resolveu abraçar a vida monástica. Com esse fim, rumou para a França, sendo recebido no mosteiro beneditino de Bec, na Normandia, em 1060. O próprio prior do mosteiro Lanfranco (natural de Pavia) iniciou-o na disciplina e na ciência monásticas. Quando da nomeação de Lanfranco para abade do mosteiro de Santo Estêvão em Caen, em 1063, Anselmo sucedeu-lhe como prior. Foi durante os seus dez anos de priorado que o jovem pensador desenvolveu sua atividade filosófica mais intensa, e compôs suas obras principais. Feito abade do mesmo mosteiro em 1073, empreendeu várias viagens à Inglaterra, onde havia alguns mosteiros dependentes de Bec. Sua terceira visita coincidiu com o período de vacância da sede arquiepiscopal de Cantuária, em consequência do falecimento de Lanfranco, que fora Primaz da Inglaterra de 1070 a 1089. Guilherme II deixara de nomear-lhe um sucessor. Só em 1093, durante uma grave enfermidade, e sob a ameaça de se ver privado dos últimos sacramentos, o rei consentiu em ceder às justas exigências da Igreja. Anselmo foi nomeado arcebispo, e, a contragosto, o rei enfermo investiu-o das insígnias episcopais. No entanto, tendo recuperado a saúde, Guilherme recusou-se a cumprir suas promessas e, em consequência, Anselmo teve de enfrentar uma longa série de lutas político-eclesiásticas, no curso das quais defendeu energicamente os direitos papais. Faleceu em 1109.

Na obra de Anselmo a acuidade do entendimento se alia, com rara felicidade, à elevação especulativa e à profundeza do sentimento. O mais belo testemunho da santidade e da nobreza de sua grande alma são, sem dúvida, as *Meditationes*. A Igreja o venera, não apenas como santo, mas como Doutor. Sua festa celebra-se no dia 21 de abril.

Obras (selecionadas) **e edições** – 1. *Monologium,* ou *De divinitatis essentia Monologium.* Trata da existência de Deus, dos atributos divinos, e da Santíssima Trindade – ML t. 158, 141-224. Hurter, Opera selecta, 19. F.S. Schmitt, O.S.B., Florilegium Patristicum, 20, 1929; ed. Schmitt, vol. I, 1-87. Biblioteca de Autores Cristianos (BAC), Obras Completas de San Anselmo, Madri, 1952, t. I, 188-347.

2. *Proslogion,* seu alloquium de Dei existentia. Nesta obra encontra-se a famosa *"Ratio Anselmi"*, a que por vezes se aplica a falsa denominação de "argumento ontológico da existência de Deus". Inicialmente, Anselmo explica a relação entre esta obra e o Monologium – ML t. 158, 223-242. F.S. Schmitt, Florilegium Patristicum, 29, 1931. Koyré, Bibliothèque des textes philosophiques, Paris, 1930 (com tradução francesa). Ed. Schmitt, vol. I, 89-122. BAC, 1.1, 358-405.

3. *Liber apologeticus* contra Gaunilonem respondentem pro insipienti. Resposta às objeções de Gaunilo contra o argumento do Proslogion – ML t. 158, 247-260. Daniels, em Beitraege, VIII, 1909, Heft 1-2, 11-20. Koyré, Bibl. des textes philos., Paris 1930 (com versão francesa). F.S. Schmitt, Florilegium Patristicum, 29, 1931. Ed. Schmitt, vol. I, 130-139. BAC, t. I, 406-437.

4. *Dialogus de veritate.* (Vide conteúdo infra) – ML t. 158, 467-486. Ed. Schmitt, t. 1, 169-199. BAC, t. 1, 488-541.

5. *Liber de voluntate* – ML t. 158, 487-490.

6. *Dialogus de libero arbitrio* – ML t. 158,489-506. Ed. Schmitt, vol. I, 201-226. BAC, t.1, 548-587.

7. *Dialogus de Grammatico.* Trata principalmente da significação. De grande importância para a semântica medieval – ML t. 158, 561-582. Ed. Schmitt, vol. I, 141-168. BAC, t. I, 442-483.

8. *De fide Trinitatis et de incarnatione Verbi* – ML t. 158, 259-284. F.S. Schmitt, Florilegium Patristicum 28, 1932. Ed. Schmitt, vol. II, 1-35. BAC, t. I, 684-735.

As nossas citações, salvo observação em contrário, serão feitas segundo a edição ML.

Santo Anselmo se move inteiramente na órbita do espírito agostiniano. Trilha conscientemente os vestígios do grande africano, de quem se aproxima pela doutrina e pelo estilo, e principalmente por seu vivo amor à verdade e sua profunda sensibilidade. Como Santo Agostinho, assim Santo Anselmo não nos deixou um sistema filosófico, e nem sequer teológico, no sentido de um conjunto de doutrina facilmente identificável em seus lineamentos mais salientes. Preferiu concentrar suas energias especulativas em certos problemas particulares, cujo tratamento permite entrever, pelo menos, as grandes linhas de um possível sistema.

§ 1. Fé e razão

A dependência de Anselmo para com Agostinho claramente se evidencia na discussão do problema das relações entre a fé e a razão. Haja vista ao fato de que as fórmulas mais belas e expressivas concernentes a este problema nos vêm de Anselmo e não de Agostinho.

I. A precedência da fé sobre a razão

Tal precedência significa, em primeiro lugar e principalmente, que a fé, entendida não como simples ato, mas como regra de vida, é a pressuposição necessária para toda especulação proveitosa sobre as verdades divinas. Por isso o homem deve primeiro purificar-se pela fé e conformar-se a ela. "Se não crerdes, não compreendereis", diz o Profeta Isaías (Is 7,5).

Erraria, pois, quem visse na exigência de Anselmo – segundo a qual a fé deve ser a pressuposição e o ponto de partida da especulação – um simples assentimento intelectual ou volitivo a qualquer verdade particular. O que ele tem em mira é principalmente a vida segundo a fé: *"Prius ergo fide mutandum est cor... et prius per praeceptorum Domini custodiam illuminandi sunt oculi... et prius per humilem oboedientiam testimoniorum Dei debemus fieri parvuli... Prius, inquam, ea, quae carnis sunt postponentes, secundum spiritum vivamus, quam profunda fidei diiudicando discutiamus"*[1]. Quem não crê é incapaz de viver a verdade, e quem não vive a verdade é inapto para compreendê-la[2]. Assim a investigação da verdade se transforma numa tarefa sagrada.

A primazia da fé sobre a razão significa, outrossim, que a nossa especulação metafísica deve arrancar das verdades da fé.

Devemos crer com o fim de obter a compreensão da verdade suprema. Visto que as riquezas da fé superam de longe as da razão, não nos compete o direito de fazermos depender a verdade e a certeza da fé de uma compreensão prévia do seu conteúdo. Seria esforço baldado, pois, tentar chegar à fé a partir da compreensão. Mas é perfeitamente possível descer da segurança da fé para o plano da inteligência: *"Neque enim quaero intelligere, ut credam, sed credo ut intelligam"*. Ainda mais: esta mesma condição constitui, por sua vez, um dado de fé: *"Nam et hoc credo, quia nisi credidero, non intelligam"*[3].

II. A necessidade da inteligência para a fé

Princípio vivificante e estimulador, a fé não suprime a razão nem a inteligência, senão que, ao contrário, as desperta em vista da precisão que tem delas.

1. É por lhe ter amor que o coração abraça o objeto da fé. O amor, por seu turno, desperta o desejo de penetrar o objeto e de apossar-se espiritualmente dele mediante a compreensão, e assim chegar a degustá-lo.

---

1. De fide Trinitatis 2; 264 As.
2. Ibid., C.
3. Proslogion 1; 227 C

Foi este amor, precisamente, que induziu Anselmo a elaborar sua prova rigorosamente racional da existência de Deus: *"Non tento, Domine, penetrare altitudinem tuam; quia nullatenus comparo illi intellectum meum, sed desidero aliquatenus intelligere veritatem tuam, quam credit et amat cor meum"*[4]. Compreende-se, pois, que Anselmo chegue a culpar de negligência aquele que, uma vez confirmado na fé, não procura compreender aquilo que crê[5].

2. Um outro fator genuinamente agostiniano que clama pela inteligência é o sentimento da ausência de Deus em meio às trevas da vida presente.

O homem aspira à intuição de Deus, e ao mesmo tempo sente-se longe dele. Sofre porque a fé intercepta a visão: *"Quid faciet, altissime Domine, quid faciet iste tuus longinquus exsul? Quid faciet servus tuus anxius amore tui, et longe proiectus a facie tua? Anhelat videre te, et nimis abest illi facies tua... Domine, Deus meus es, et Dominus meus es; et numquam te vidi... Denique ad te videndum factus sum; et nondum feci propter quod factus sum..."*[6] Destarte a saudade do paraíso perdido lhe estimula o entendimento, despertando-o para a especulação filosófica.

3. Como se vê, a penetração racional da fé não passa, no fundo, de uma compensação pela visão beatificante de Deus. É uma simples fase transitória que medeia entre a pura fé e o fim último a que fomos criados: a visão de Deus de face a face.

Anselmo não deixa a menor dúvida quanto à função do entendimento: este serve apenas de meio para um fim: *"Denique quoniam inter fidem et speciem intellectum, quem in hac vita capimus, esse medium intelligo, quanto aliquis ad illum proficit, tanto eum propinquare speciei, ad quam omnes anhelamus, existimo"*[7]. Pelo que o valor da especulação metafísica é meramente efêmero, e nisto ela se assemelha à fé. Pois enquanto vivemos na terra o nosso saber será sempre parcial; sua capacidade de elucidar a verdade revelada estende-se só até certo ponto (*aliquatenus*). Contudo, cumpre não perder de vista que se trata de uma elucidação da *fé*. Se Anselmo exprime a intenção de aduzir razões necessárias para todas as verdades reveladas, salvo a Encarnação, isto não quer dizer que pretendesse demonstrar os dogmas, inclusive o da Santíssima Trindade, independentemente da revelação e pela só razão pura[8]. Toda sua especulação deve ser interpretada contra o pano de fundo da fé. Até mesmo o argumento do Proslogion, que parece assentar inteiramente na razão, deve entender-se à luz da máxima *"Fides quaerens intellectum"*, expressamente citada no Proêmio; o que basta para privá-lo de um caráter puramente racional. Anselmo desconhece o problema de uma filosofia pura ou separada da fé, e mesmo o de uma filosofia que apenas prescinde da fé. Para ele, há somente uma ordem reta: a fé primeiro, e a razão em seguida: *"Sicut rectus ordo exigit ut profunda Christianae fidei credamus, priusquam ea praesumamus ratione discutere..."*[9] Por outro lado, Anselmo não exclui a possibilidade de atingir a certas verdades que, doravante, a razão reconhece

---

4. Prosl. 1; 227 B.
5. Cur Deus homo I, 2; 362 B.
6. Prosl. 1; 225 Cs.
7. De fide Trinit. praef.; 261 A.
8. Cf. De fide Trinitatis 4; 272 CD; como ainda as restrições anotadas no Monol. 1; 145 AB.
9. Cur Deus homo I, 2; 362 B.

como necessárias sem o apoio da fé. Parece certo, por exemplo, estar Anselmo convencido de que a verdade necessária da existência de Deus já não carece do apoio da fé. Não é possível verificar até que ponto isso vale para outras verdades.

§ 2. A verdade como retidão

Uma das obras mais preciosas já produzidas pela especulação cristã é, sem dúvida, o pequeno *Dialogus de Veritate*. Seu objetivo é a elaboração de uma definição geral da verdade, definição que Anselmo declara haver procurado em vão nos livros dos seus antecessores[10].

I. As várias espécies de verdade

Anselmo inicia o diálogo com seu discípulo convidando-o a olhar em torno de si para ver se logra descobrir o paradeiro da verdade, e bem assim as condições a que se aplica o seu conceito. Os interlocutores não tardam a verificar que a verdade se encontra nos mais diversos domínios.

1. A verdade dos juízos ou *veritas significationis*. Uma proposição ou um juízo é verdadeiro quando significa uma realidade assim "como deve" significá-la; é falso quando significa uma realidade "como não deve" significá-la. Esta determinação vale tanto das proposições afirmativas como das negativas.

Anselmo concebe o juízo como uma oração que designa ou significa algo. Contudo, é preciso distinguir dois modos de significação (*significationes*). Comecemos pela proposição falada. Uma proposição falada é um sinal; como sinal, isto é, em virtude de sua natureza de sinal – ela significa algo, a saber, aquilo para cuja significação foi criada. Por exemplo: a proposição *Dies est* significa, por sua natureza, que "é dia". Esta significação criada, ou instituída, ou estabelecida, permanece para sempre, e de per si nada tem a ver com o fato de que agora é dia. Se, porém, toma-se em conta este fato, a proposição significa precisamente o que nela se supõe, a saber, que é realmente dia. Por conseguinte, é necessário distinguir entre a significação da proposição em si e sua significação enquanto aplicada à realidade – distinção que irá repercutir na distinção entre *significatio* e *suppositio* da escolástica do século XIV. Se a proposição significa o que nela se supõe, ou seja, a realidade, e se esta for assim como é significada pela proposição, então a proposição é verdadeira; se não o for, é falsa, A significação da proposição em si, sem aplicação à realidade, ao contrário, sempre é correta e nunca falsa, pelo menos enquanto existir a linguagem: "*Alia igitur est rectitudo et veritas enuntiationis, quia significat ad quod significandum facta est: alia vero quia significat quod accepit significare. Quippe ista immutabilis est ipsi orationi; illa vero mutabilis: hanc namque semper habet; illam vero non semper: istam enim naturaliter habet; illam vero accidentaliter et secundum usum. Nam cum dico: Dies est, ad significandum esse quod est, recte utor huius orationis significatione: quia ad hoc facta est, et ideo tunc recte dicitur significare. Cum vero eadem ora-*

---

10. Dialogus de Veritate 1; 469 B.

tione significo esse quod non est, non ea recte utor... "[11] Por isso a verdade de um enunciado consiste na reta aplicação de seu significado propriamente dito, e sua falsidade está na aplicação incorreta[12].

2. A verdade do pensamento ou da proposição interior ou ânimica se dá quando há uma relação de "retidão" entre o pensamento e a realidade; em outros termos, quando pensamos que algo é na realidade, e a realidade é tal como a pensamos; ou, mais brevemente: quando pensamos que aquilo que é é, e aquilo que não é não é[13].

3. A verdade da vontade é também ela uma retidão bem determinada; temo-la quando queremos aquilo que devemos querer, e quando não queremos o que não devemos querer[14].

Anselmo estuda ainda várias outras atividades do homem, inclusive a percepção sensível. Em todas elas se verifica que a retidão se dá quando fazem o que devem fazer: *"et ideo rectitudinem et veritatem faciunt"*[15].

4. A verdade das essências, enfim, nos conduz ao ápice da escala da verdade ou retidão. Quando nos pomos à procura de algo comum nas várias espécies de verdade acima arroladas, verificamos que por detrás da verdade dos sentidos, das atividades, da vontade, dos pensamentos e das proposições se oculta uma verdade mais profunda, que determina o que devem ser todas as demais para serem verdadeiras. Esta verdade mais profunda é a das essências existentes na Verdade Suprema, que é Deus: *"Est igitur veritas in omnium quae sunt essentia, quia hoc sunt quod in summa veritate sunt"*[16].

Mas como é possível falar numa verdade das essências? É que também elas são o que devem ser, pois devem ser tais como são na verdade suprema, visto que a verdade suprema é o próprio Deus. De sorte que a verdade das essências é a retidão do ser das coisas que concordam com sua verdade em Deus: *"Si ergo veritas et rectitudo idcirco sunt in rerum essentia, quia hoc sunt quod sunt in summa veritate, certum est veritatem rerum esse rectitudinem"*[17].

De tudo isso se segue que a verdade é uma espécie de retidão. Esta retidão não é visível, mas invisível, e não pode ser percebida senão pelo espírito. E assim chegamos à célebre definição anselmiana da verdade: A verdade é uma retidão perceptí-

---

11. Ibid., 2; 470 Cs. Nessas definições do "verdadeiro" e do "falso" Anselmo adota um ponto de vista genuinamente aristotélico. Cf. Categ., na tradução de Boécio I, ML t. 64, 195 D. A definição: "adaequatio rei et intellectus", de origem árabe, não se encontra em Anselmo.
12. Ibid., 470 A.
13. Ibid., 3; 471 C.
14. Ibid., 4; 472 A.
15. Ibid., 6; 475 A.
16. Ibid., 7; 475 B.
17. Ibid., 7; 475 C.

vel unicamente ao espírito: "*Possumus igitur, nisi fallor, definire quia veritas est rectitudo sola mente perceptibilis*"[18]. Esta definição é onicompreensiva, e portanto transcendental.

II. Deus, a própria retidão e a medida soberana da verdade

Todos os seres diversos de Deus e todos os modos de atividade não divinos têm de realizar aquilo que devem ser. Deus, ao contrário, é a suma verdade pela qual toda outra verdade deve nortear-se. Deus é o que é, não porque devesse ser tal como é, mas pelo simples fato de o ser. Por isso Ele é a medida de todas as outras verdades, ao passo que sua verdade não se mede por nenhuma outra: "*Omnia enim illi debent: ipsa vero nulli quidquam debet, nec ulla ratione est quod est, nisi quia est*"[19].

De forma que Deus é a causa de todas as demais verdades e retitudes; sua própria verdade e retitude porém é incausada. Toda verdade pressupõe uma realidade última, que é Deus, inclusive os enunciados sobre o passado e o futuro; estes são verdadeiros, num primeiro momento, por exprimirem um fato que foi ou que será. Mas visto que tais verdades, ou ainda não existem, ou já deixaram de existir, a sua verdade não pode basear-se na realidade do seu próprio ser. São verdadeiras porque existem na verdade eterna, sem a qual não seriam verdadeiras: "*Idcirco namque vere dicitur praeteritum esse aliquid, quia ita est in re: et ideo est aliquid praeteritum, quia sic est in veritate summa. Quapropter si numquam potuit non esse verum, futurum esse aliquid, et numquam poterit non esse verum, praeteritum aliquid esse, impossibile est principium summae veritatis fuisse, aut finem futurum esse*"[20].

Vemos, pois, que na doutrina de Anselmo tudo o que é verdadeiro é-o exclusivamente em referência à verdade una e única, não havendo, em última análise, senão uma só verdade: "*Una igitur in omnibus illis est veritas*"[21]. Esta verdade independe das verdades particulares das coisas, e é só por ela e nela que as verdades particulares são verdadeiras: "*Ita summa veritas per se existens nullius rei est: sed cum aliquid secundum illam est, tunc eius dicitur veritas vel rectitudo*"[22].

É só atendendo a este nexo profundo entre as verdades particulares e a verdade única que se poderá compreender o argumento da existência de Deus a partir da verdade. O próprio Anselmo, aliás, não deixou de insinuá-lo[23].

Pela mesma razão se vê que a posição anselmiana implica a rejeição de toda e qualquer forma de nominalismo. Todo aquele que encara os universais (*universales substantiae*) como

---

18. Ibid., 11 (12); 480 A.
19. Ibid., 10 (11); 478 D.
20. Ibid., 10 (11); 479 C.
21. Ibid., 13 (14); 486 B.
22. Ibid., 486 C.
23. Ibid., 10 (11); 479 As.

meros sons (*flatus vocis*) renuncia ao uso legítimo da dialética e vem a ser um herege em matéria de dialética[24].

São quatro as linhas de pensamento que vêm confluir nesta doutrina de Anselmo: a inferioridade das essências em relação aos indivíduos, a realidade dos universais, a independência da verdade em relação às coisas das quais é predicada, e a existência da verdade em Deus. Estas ideias nos permitirão apreender o sentido genuíno das provas anselmianas da existência de Deus, visto que o nervo oculto das mesmas é o conceito anselmiano da verdade.

§ 3. As provas da existência de Deus

I. As provas do Monologium

O Monologium contém a primeira tentativa de Anselmo para provar a existência de Deus. A obra, como se depreende do título[25], é uma espécie de meditação metafísica sobre o conteúdo da fé. Seu intento é redescobrir, à luz da só razão, e sem o auxílio das Escrituras, tudo o que a fé nos ensina sobre a essência de Deus[26]. Quanto ao seu conteúdo, a obra acusa a dependência para com Agostinho, e nomeadamente para com o *De Trinitate*.

1. A primeira prova nos conduz a um bem supremo, necessariamente existente, do qual participam todos os bens particulares a nós conhecidos.

Para provar esta proposição Anselmo não se baseia numa simples análise da ideia do bem ou da bondade; seu ponto de partida é a experiência. Sabemos por experiência externa e interna que há inúmeros bens, posto que fruímos deles. Qual será a razão da bondade de todos estes objetos que desfrutamos? A resposta é que toda esta multiplicidade de bens deve sua bondade à existência de um bem único, que é a causa da bondade de todos os outros bens. Um princípio de caráter mais geral nos ajudará a compreender esta conclusão. Todos os objetos entre os quais existe uma relação de mais ou menos, ou de igualdade, são tais em virtude de algo que não é diferente deles, mas idêntico em todos, não importando que se encontre neles em proporção igual ou desigual. E é em relação a este algo que se apreendem não só os vários graus, como também a igualdade. Assim, todas as coisas que se dizem justas umas em relação às outras, quer o sejam em grau igual ou distinto, não podem ser concebidas como justas senão pela justiça, que não pode ser distinta nos diversos objetos. Por conseguinte, ao compararmos vários bens entre si, temos de referi-los à própria bondade em virtude da qual eles são bons; pois sem ela não haveria medida pela qual pudéssemos chamá-los mais ou menos bons. Logo, a própria bondade é a razão do seu ser-bom. Poder-se-ia objetar, é claro, que as coisas podem ser boas graças a outras propriedades. Assim dizemos que um cavalo é bom por ser garboso e veloz; mas por que se diz, então, que o ladrão valente e veloz é mau? É que no cavalo tais propriedades são boas em razão de sua utilidade, e por isso o cavalo que as possui é valioso e bom. Vemos, pois, que a energia e a velocidade não são valiosas em si mesmas; mas são valiosas

---

24. De fide Trinitatis 2; 265 A-C; cf. texto anexo.
25. Cf. Prosl. prooem.; 223 B.
26. Monol. prooem.; 143 A.

quando presentes no cavalo, cuja utilidade depende delas. Em outros termos, tais propriedades são boas pela bondade da utilidade. E assim somos reconduzidos ao ponto de partida, a saber, que toda bondade e todo valor, quer se trate de um valor de utilidade ou de honestidade, deve reduzir-se a *uma* bondade e a *um* valor, em virtude do qual as coisas são boas.

Pois bem: quem ousaria pôr em dúvida que este bem, graças ao qual todas as coisas são boas, deva ser um grande bem? Um tal bem deve ser bom por si mesmo. Pois se tudo o mais é bom em virtude dele, segue-se que só ele é bom exclusivamente por si mesmo. Logo, não há outro bem que o iguale. Logo, ele é o bem supremo: "*Illud itaque solum est summe bonum, quod solum est per se bonum. Id enim summum est, quod sic supereminet aliis, ut nec par habeat, nec praestantius. Sed quod est summe bonum, est etiam summe magnum. Est igitur unum aliquid summe magnum, et summe bonum, id est summum omnium quae sunt*"[27].

Assim como chegamos necessariamente a um ser soberanamente bom, assim podemos concluir, também, para a existência de um ser soberanamente grande (*summe magnum*), pois tudo o que é grande é-o por um ser que é grande em si mesmo, "*non spatio, sed sapientia*"[28].

2. A segunda prova nos conduz a um ser supremo, sem o qual a existência dos seres particulares e de sua ordem hierárquica seria inteiramente incompreensível.

Tudo o que existe existe em virtude de um só e mesmo ser. Pois tudo quanto existe, ou vem de algo ou do nada. É óbvio que não pode vir do nada. Resta saber se as coisas existem em virtude de um só ou de muitos. Se de muitos, estes ou se ordenam a um só que lhes dá a existência, ou existem por si mesmos, ou, enfim, derivam sua existência mutuamente um do outro. Se todas as coisas existem em virtude de um só, já temos o que se pretendia demonstrar. Quanto às outras alternativas, é fácil excluí-las. Suponhamos que aqueles muitos existam por si mesmos; seguir-se-ia que possuem uma certa força ou natureza, graças à qual existem desta maneira. Esta força ou natureza deve ser a única, porquanto todos participam dela. Logo, é mais acertado dizer que todos existem em razão deste princípio único do que dizer que existem por si mesmos. A terceira hipótese se exclui com igual facilidade. Com efeito, é impossível que os muitos tenham sua existência por mútua comunicação, sob pena de se admitir uma dependência circular. A ideia de que uma coisa possa receber o ser daquilo que dela depende para seu próprio ser é inteiramente contraditória; não vale nem sequer para as coisas mutuamente relacionadas, para a relação entre o senhor e o servo, por exemplo.

Visto, pois, que a verdade não nos permite admitir que a causa de todas as coisas seja múltipla, só nos resta concluir que a multiplicidade existe por uma causa única, que existe por si mesma. E esta causa única, existente por si mesma, deve ser maior que as coisas que dela recebem a existência. Logo, deve haver um ser único, que possui a existência em grau sumamente elevado e que é soberanamente bom e grande[29].

Não só o ser ou a existência de todos os seres particulares deve reduzir-se a um ser autoexistente; também a essência ou natureza das coisas particulares apontam para uma essência ou natureza suprema. Pois as várias essências possuem perfeições diferentes. Por exemplo,

---

27. Monol. 1; 146 B.
28. Ibid., 2; 146s.
29. Ibid., 3; 147.

a natureza do cavalo ultrapassa em perfeição a natureza da madeira, e a natureza do homem sobrepuja a do cavalo. Também nas essências há, pois, uma hierarquia. Mas a razão nos diz que não pode haver uma infinidade de graus nas essências. Logo, deve existir uma natureza suprema que excede todas as outras e não é inferior a nenhuma. Tal natureza, porém, é forçosamente *única;* pois duas ou mais naturezas supremas, se as houvesse, deveriam ser iguais. Visto não poderem ser iguais em virtude de alguma diferença, segue-se que o seriam pela mesma natureza. Esta natureza comum ou é idêntica com elas ou é diversa delas. Se é diversa, todas são igualmente grandes por participarem de uma só e mesma natureza que, por conseguinte, está acima delas. Como se vê, o raciocínio nos reconduz, infalivelmente, à unidade de natureza; é que a pluralidade é simplesmente incompossível com a natureza suprema. Não pode haver, pois, senão uma só essência suprema[30].

Do exposto se vê que as diferentes vias pelas quais Anselmo prova a existência de Deus seguem, no fundo, uma só e mesma ideia diretiva. Deve haver uma natureza suprema, autoexistente, da qual tudo o mais deriva sua existência e sua natureza. Por ser suprema deve existir por si mesma, e por existir por si mesma deve ser suprema. Pela mesma razão deve ser soberanamente boa e sumamente grande: *"Quare est quaedam natura, vel substantia, vel essentia, quae est per se bona et magna, et per se est id quod est, et per quam est quidquid vere aut bonum aut magnum aut aliquid est, et quae est summum bonum, summum magnum, summum ens sive subsistens, id est summum omnium quae sunt"*[31].

Convém lembrar que na base de todos estes argumentos encontra-se o conceito platônico da participação. Todo participante remete ao participado, sem o qual não pode existir nem ser pensado. Tanto o ser das coisas reais, como o das que estão no pensamento supõem um ser sem o qual não poderiam existir nem ser pensados. É à luz deste realismo que devemos entender o argumento do Proslógion.

II. O argumento do Proslógion

O argumento do Proslógion era conhecido aos escolásticos como a "ratio Anselmi". Devido a uma lamentável confusão com o racionalismo moderno, todos os filósofos depois de Kant – e infelizmente também muitos neoescolásticos – passaram a designá-lo de "argumento ontológico". É escusado dizer que não foi por nutrir qualquer tendência racionalista que Anselmo aspirou a uma prova imediatamente evidente da existência de Deus, a qual bastasse, por si só, para apoiar solidamente tudo quanto a fé nos ensina sobre Deus[32]. O argumento insere-se no programa geral de sua obra, expresso no lema *"Fides quaerens intellectum"*, que, aliás, deveria ter sido o título do

---

30. Ibid., 4; 148s.
31. Ibid., 4; 150 A.
32. Proslogion, Prooemium; 223 BC.

presente livro, segundo a intenção original do autor[33]. Foi este o *leitmotiv* que lhe estimulou o coração cheio de amor e de fé a empreender esta tentativa suprema e a expor com a máxima concisão possível a evidência da existência de Deus. De acordo com o desígnio de Anselmo, pois, a prova deverá revestir duas qualidades: deve ser evidente, e servir de ponto de apoio para toda a teologia.

Como se vê, a meta proposta não poderia ser mais elevada. Donde a necessidade de uma preparação adequada por parte do homem que se lança à arrojada empresa de elucidar a fé pela luz da razão. Aqui, mais do que nunca, importa acentuar a necessidade das pressuposições morais e religiosas, como condição indispensável para tornar possível a evidenciação colimada. Antes de mais nada, devemos retirar-nos ao nosso próprio interior, despedir as distrações, e voltar-nos amorosamente para Deus. Por isso Anselmo inicia seu trabalho com uma prece – uma das mais belas da Idade Média – em que descobre sua miséria perante Deus e dá expressão, em termos comoventes, à sua aspiração de melhor conhecê-lo. Desde logo, porém, vê-se forçado a admitir, com dor, que o pecado lhe debilitou a força cognitiva; no paraíso, o homem possuía o privilégio da contemplação imediata de Deus; agora, porém, geme no exílio, e longe da face de Deus[34]. Todavia, a graça divina, que pode restaurar no homem a imagem desfigurada de Deus, inspira-lhe nova confiança e promete-lhe o seu poderoso auxílio. Animados com esta confiança, e arrimados na fé, podemos empreender a tarefa proposta[35].

Por isso, antes de ousar o passo decisivo, Anselmo procura apoiar-se, ainda uma vez, no fundamento seguro da fé, ponto de partida de toda especulação, implorando de Deus a inteligência da fé: *"Ergo, Domine, qui das fidei intellectum, da mihi, ut quantum ceis expedire, intelligam quia es sicut credimus, et hoc es quod credimus. Et quidem credimus te esse aliquid quo nihil maius cogitari possit"*[36].

1. Exposição do argumento

Uma das verdades que a fé nos proporciona é a definição de Deus como um ser em comparação ao qual não se pode conceber outro maior. Enquanto verdade de fé, porém, tal proposição não é evidente, do contrário não seria necessário prová-la. E, de fato, há os negadores de Deus que não se deixam convencer por esta só definição, segundo o testemunho da própria Escritura: *"Dixit insipiens in corde suo: non est Deus"* (Sl 13,1). Mas o homem iluminado pela fé dirige-se ao "insensato", fazendo-lhe ver o sentido da expressão: um ser em comparação ao qual não se pode conceber outro maior[37]. Se ele a compreender, a expressão estará presente em seu entendimento. Contudo, ele ainda não sabe, ou não compreende que tal ser também existe. Pois há uma grande diferença entre o conhecimento de uma coisa, ou seja, a

---

33. Ibid., 225 A.
34. Ibid., 1; 226.
35. Ibid., 1; 227.
36. Ibid., 2; 227 C.
37. Cf. S. Agostinho, De libero arbitrio II, 2, 5; t. 32, 1242.

sua existência no entendimento, e o conhecimento de sua existência real. O pintor que projeta uma obra e que pensa no que vai criar já possui a obra no entendimento; mas ele sabe que a obra ainda não existe, visto que lhe falta executá-la. Só após a execução é que sabe e compreende que ela existe[38].

Como vimos, o insensato apenas tem no espírito a ideia de um ser em comparação ao qual não se pode pensar outro maior; ainda não entende que tal ser existe na realidade. Mas um sucinto processo dialético irá forçá-lo a admitir que tal ser existe realmente. Com efeito, o ser em comparação ao qual não se pode conceber outro maior não pode estar apenas no entendimento de quem o concebe; pois, se estivesse apenas no entendimento, poder-se-ia pensá-lo como existindo também na realidade; e existir na realidade é mais do que existir apenas no entendimento. Logo, se o ser em comparação ao qual não se pode conceber outro maior só existisse no entendimento, ele seria excedido pelo que existe também na realidade, e, por conseguinte, não seria o máximo pensável: "*Si enim vel in solo intellectu est, potest cogitari esse in re: quod maius est. Si ergo id, quo maius cogitari non potest, est in solo intellectu, idipsum quo maius cogitari non potest, est quo maius cogitari potest: sed certe hoc esse non potest*"[39]. Está fora de dúvida, pois, que um ser tal que não se pode pensar outro maior existe, não só no entendimento, mas também na realidade.

A este primeiro raciocínio segue-se imediatamente um segundo, que é quase o inverso daquele, e revela claramente a intenção de Anselmo. O ser em comparação ao qual não se pode pensar outro maior não pode ser pensado como não existente. É inegável que somos capazes de pensar algo que não pode ser pensado como não existente. E este algo certamente é maior do que aquilo que se pode pensar como não existindo. De sorte que tornamos à mesma contradição de antes: se o ser em comparação ao qual não se pode pensar outro maior pode ser pensado como não existente, segue-se que o ser que não pode ser pensado como maior nem como não existente é maior que o primeiro: conclusão evidentemente contraditória.

A conclusão, pois, é clara: há um ser realmente existente, em comparação ao qual não se pode pensar outro maior, e que existe de tal maneira que sua não existência não pode ser pensada sem contradição. E este ser é Deus: "*Sic ergo vere est aliquid quo maius cogitari non potest, ut nec cogitari possit non esse: et hoc es Tu, Domine Deus noster. Sic ergo vere es, Domine, Deus meus, ut nec cogitari possis non esse*"[40].

---

38. Prosl. 2; 227 Cs.
39. Ibid., 228 A.
40. Ibid., 3; 228 B.

2. A originalidade do argumento

Incorreria num erro fatal quem interpretasse a "ratio Anselmi" no mesmo sentido que Kant emprestou ao argumento ontológico, isto é, como uma transição indevida do conceito do ser para o próprio ser. A prova de Anselmo desconhece tal transição, pelo simples fato de não haver lugar para ela no sistema anselmiano. Para Anselmo, o ser concebido não é um ser meramente conceptual ou um simples conceito, mas algo de real e anterior ao conceito. O ato de comprender ou conceber alguma coisa não é de nenhum modo um sinônimo de conhecer o significado de uma palavra.

Santo Anselmo pressupõe um pensar ou um conceber que ultrapassa o simples conhecimento da significação verbal e que apreende as mesmas essências das coisas. O insensato, visado pelo argumento, compreende apenas as palavras, mas não a própria coisa: "*Aliter enim cogitatur res, cum vox eam significans cogitatur; aliter cum idipsum, quod res est, intelligitur. Illo itaque modo potest cogitari Deus non esse; isto vero, minime*"[41].

É possível justapor certas palavras em pensamento (*cogitare secundum voces*), e dizer, por exemplo, que o fogo é água, suposto que não se atenda ao verdadeiro sentido de tais palavras. Todavia, a quem conhece a realidade água e a realidade fogo, não é possível dizer, num pensamento condizente com a realidade (*cogitare secundum rem*), que o fogo é água. Sucede o mesmo em relação a Deus. Quem realmente compreende o que é Deus jamais poderá pensar, sem contradição com a realidade, que Deus não existe: "*Ita igitur nemo intelligens id quod Deus est, potest cogitare quia Deus non est; licet haec verba dicat in corde, aut sine ulla, aut cum aliqua extranea significatione. Deus enim est id quo maius cogitari non potest. Quod qui bene intelligit idipsum sic esse, ut nec cogitatione queat non esse*"[42]. O insensato não é um *bene intelligens*; ao invés de referir-se às coisas, o seu pensamento se reduz a uma simples construção verbal. É precisamente por ser insensato e desprovido de inteligência que o tolo pode declarar que não há Deus: "*Cur, nisi quia stultus et insipiens*"?[43]

Compreendemos, agora, como Anselmo pôde perceber que a possibilidade da existência de Deus envolve a necessidade da sua existência, sobretudo se recordarmos que já o Monologium determina a essência divina como um ser *per se*. Nosso ponto de partida não é uma simples definição verbal, e sim, um pensamento que concebe a Deus assim como Ele é na realidade. Somos incapazes de pensar sua não existência, simplesmente porque esta não corresponde à realidade. Mas se lhe é possível existir realmente, Ele de fato existe realmente. Desde o início, verificamos que Deus pode existir na realidade, pois só assim O "entendemos bem". Para Anselmo, pois, o pensamento da essência real de Deus implica a necessidade da sua existência. E este ser necessário é o ser verdadeiro, precisamente por existir por si mesmo. Tudo o mais, tudo o que não é por si mesmo, é menos ser que Deus[44]. E inversamente, Ele é o ser supremo, precisamente por ser por si mesmo[45].

---

41. Ibid., 4; 229 A.
42. Ibid., 4; 229 AB.
43. Ibid., 3; 228 C.
44. Ibid.
45. Ibid., 5; 229.

3. A crítica de Gaunilo

Gaunilo, um monje de notável agudeza de espírito, residente no mosteiro de Marmoutiers, perto de Tours, não se convencera com a argumentação de Anselmo. Embora lhe admirasse sinceramente a obra, em vista da inegável riqueza de seu conteúdo, Gaunilo contesta a validade da prova nela exposta, e, neste ponto, prefere tomar o partido do insensato[46].

A crítica de Gaunilo visa principalmente a maneira pela qual Anselmo deduz o *esse in re* do *esse in intellectu*. Chama a atenção para o fato de que temos pensamentos, não só de coisas existentes, como de coisas não existentes ou mesmo insusceptíveis de existência; pois não é raro termos pensamentos falsos. Ademais, o fato de uma pintura ser pensada antes de ser executada ou realizada não modifica em nada o pensamento do quadro. Logo, do fato de eu pensar em Deus e compreender o significado da palavra "Deus", não se segue absolutamente que seja impossível pensar que Deus não exista. Caso contrário, a prova de Anselmo se tornaria supérflua. E, no entanto, é óbvio que ele sentiu a necessidade de uma prova, admitindo, assim, pelo menos implicitamente, que a argumentação não deve basear-se simplesmente naquela impossibilidade inicialmente afirmada[47].

Prosseguindo a sua crítica, Gaunilo indaga se aquela ideia de Deus, na qual repousa todo o peso do argumento, está realmente presente em nosso entendimento. Quando alguém me fala de uma pessoa desconhecida, não há dúvida de que possuo um conhecimento geral daquilo a que o meu interlocutor se refere; pois, mediante o conceito genérico de "animal sensitivo", ou o conceito específico de "homem", posso formar uma ideia daquela pessoa. Contudo, daí não se segue, em absoluto, que tal pessoa exista, pois é possível que o meu interlocutor esteja mentindo. Não obstante, o meu conceito de homem é verdadeiro[48]. Pois bem: embora tenhamos uma ideia determinada de "homem", não nos é possível formar uma ideia semelhante de Deus, ao ouvirmos pronunciar a palavra "Deus". Sem dúvida, esta palavra tem um significado, mas este se restringe àquilo que o ouvinte é capaz de compreender ou imaginar, de acordo com sua capacidade mental. Mas o poder de formar uma ideia verdadeira de Deus seria algo de verdadeiramente extraordinário[49].

Gaunilo admite que possuímos uma ideia negativa de Deus: "*Si esse dicendum est in intellectu, quod secundum veritatem cuiusquam rei nequit saltem cogitari, et hoc in meo sic esse non denego...*" Mas tal ideia não justifica a conclusão para a necessidade do ser assim concebido, pois este permanece inteiramente desconhecido. Por outro lado, é-nos difícil ligar qualquer sentido claro à palavra "maior": "*Ego enim nondum dico, immo etiam nego, vel dubito, nulla re vera esse maius illud, nec aliud ei esse concedo quam illud, si dicendum est 'esse', cum secundum vocem tantum auditam rem prorsus ignotam sibi conatur animus effingere*"[50]. É fácil de ver que, uma vez posta em dúvida ou negada a proposição: "Este ser é maior que todos os outros", Gaunilo não pode deixar de repudiar a conclusão para a existência de um tal ser a partir desta proposição. E persistirá na dúvida até que se lhe mostre um ser realmente exis-

---

46. O texto do "Liber pro Insipiente" de Gaunilo, de conteúdo algo difícil, encontra-se imediatamente antes do "Liber apologeticus" nas edições citadas sob o n. 3, no início do presente capítulo.
47. Daniels p. 7, 23ss.; ML 243 Bss.
48. Daniels p. 8, 30ss.; ML 245 A.
49. Daniels p. 9, 3ss.; ML 245 AB.
50. Daniels p. 9, 23ss.; ML 246 A.

tente que é maior que todos os outros. Enquanto isso não se verificar, ele se recusará a concluir para a necessidade da sua existência[51].

Gaunilo recorre a uma comparação para esclarecer seu pensamento. Contam-me que em alguma parte do oceano existe uma ilha de difícil acesso, ou mesmo inteiramente inacessível, à qual se deu, por esta razão, o nome de "A Ilha Perdida". Tantas e tão grandes são as maravilhas com que a imaginação humana a exornou, que nem a própria Ilha dos Bem-aventurados pode gloriar-se de possuí-las com tanta profusão. Nem por isso experimento a menor dificuldade em entender a descrição que me fazem destas coisas maravilhosas. Mas suponhamos que o narrador acrescentasse: *"Non potes ultra dubitare insulam illam terris omnibus praestantiorem vere esse alicubi in re, quam et in intellectu tuo non ambigis esse, et quia praestantius est, non in intellectu solo, sed etiam esse in re, ideo sic eam necesse est esse, quia nisi fuerit, quaecumque alia in re terra, praestantior illa erit; ac sic ipsa iam a te praestantior intellecta praestantior non erit"*[52]. Minha primeira impressão seria que ele está a gracejar. Se, porém, tomássemos a sério a conclusão tirada, seria o caso de se perguntar quem de nós é o mais tolo: eu, que lhe presto fé, ou ele, que conta seriamente com meu assentimento, antes mesmo que eu haja visto esta ilha admirável[53]. A aplicação à ideia de Deus é clara. Concluindo, Gaunilo admite que é impossível compreender (*intelligere*), sem qualquer dúvida, que Deus não exista; mas nega decididamente a possibilidade de pensar (*cogitare*) Deus como não existente. De resto, não regateia elogios às demais considerações de Anselmo[54].

4. Segunda exposição da prova

As objeções de Gaunilo induziram Anselmo a fazer uma segunda redação de seu argumento. Embora o deixasse intacto em seu conteúdo essencial, procurou salientar melhor o seu fundamento metafísico.

Apela para a fé cristã e a consciência de Gaunilo para convencê-lo de que possuímos, realmente, uma ideia de Deus: *"fide et conscientia tua pro firmissimo utor argumento"*[55]. Uma vez concedido este ponto, só nos resta mostrar que Deus existe necessariamente, visto que não se pode pensá-lo senão como um ser necessariamente existente.

O desacordo entre os dois adversários é condicionado, antes de tudo, pela diversidade dos seus respectivos conceitos de Deus. Para Gaunilo, tratar-se-ia de uma representação espiritual da essência divina; e o próprio Anselmo lhe concede que não dispomos de tal representação. Mas nem por isso carecemos de toda ideia de Deus. Pois é inegável que, ao falarmos de um ser em comparação ao qual não se pode pensar outro maior, nós compreendemos o sentido destas palavras, ainda que o objeto significado não nos seja inteiramente acessível. Gaunilo assemelha-se a um homem que afirma não poder perceber a luz do dia por ser incapaz de fixar diretamente o sol[56].

Ao que parece, o exemplo da ilha perdida produziu pelo menos um bom efeito: levou Anselmo a uma formulação mais precisa de sua definição de Deus.

---

51. Daniels p. 9, 33ss.; ML 246 B.
52. Daniels p. 10, 15ss.; ML 247 A.
53. Ibid.
54. Daniels p. 11; ML 248.
55. Liber apologeticus contra Gaunilonem 1; 249 B.
56. Ibid., I; 251 A; cf. 6; 256 Ass.

O conceito do ser sumamente perfeito só pôde ser equiparado ao de uma ilha perfeitíssima em consequência de uma certa ambiguidade que se introduzira furtivamente na exposição primitiva de Anselmo. O ser máximo pensável significa, na realidade, um ser que possui todas as perfeições em grau absoluto, e, por conseguinte, um ser sem começo e sem fim, um ser absoluto e necessário[57]. Tudo aquilo que pode ser pensado como não existente, ao contrário, é susceptível de um começo e de um fim, e por isso não é necessário. Logo, não pode constituir o ser em comparação ao qual não se pode pensar outro maior[58].

Anselmo faz notar que Gaunilo, iludido pela comparação do pintor e da imagem presente em seu espírito, não prestou a devida atenção ao fato de trazermos em nosso entendimento a ideia de um ser em comparação ao qual não se pode pensar outro maior, e que é o máximo absoluto precisamente por não poder não existir. É verdade que não se trata de uma ideia exaustiva de Deus; contudo, ela não se aplica senão a Deus, e isso num sentido positivo. É pouco provável que para Anselmo esta ideia nos seja inata; obtemo-la com o auxílio da experiência. Esta nos depara muitos bens especificamente diversos. Sabemos, pois, o que seja um bem. E a partir desta experiência podemos formar a ideia de um bem tal, que não se pode pensar outro maior, e cuja bondade é tal que não se pode concebê-lo como não existente; pois tal bem não pode ter começo nem fim, ao passo que todos os outros bens vêm a ser e deixam de ser. Destarte o insensato pode ser refutado com razões puramente naturais e independentemente da autoridade da Escritura[59].

Em forma esquemática, a segunda redação do argumento pode-se esboçar assim: A partir da experiência obtém-se a ideia de um bem supremo que, sendo eterno, também deve ser necessário; e, como tal, não pode ser pensado como não existente.

A bem dizer, pois, o exemplo da ilha perdida nada consegue provar, pois uma ilha em comparação à qual nada se pudesse pensar de mais perfeito é uma ideia contraditória. No caso de Deus, porém, estamos em presença de uma prerrogativa sem par, pois a existência necessária compete a Ele só e a nenhum outro. Donde o repto confiante de Anselmo: *"Fidens loquor, quia si quis invenerit mihi aliquid aut reipsa, aut sola cogitatione existens, praeter quo maius cogitari non possit, cui aptare valeat connexionem huius meae argumentationis, inveniam et dabo illi perditam insulam amplius non perdendam"*[60].

§ 4. Relações entre Deus e o mundo

As provas que acabamos de expor nos fizeram ver que Deus é um ser necessário que existe por si mesmo. Em outros termos: Deus existe independentemente de qualquer causa exterior e sem se haver produzido a si mesmo: *"summa natura nec a se, nec ab alio fieri potuit"*[61]. Deus é "a se". Ser "a se" equivale a existir, pura e simplesmente. Assim como a luz resplandece e ilumina por si mesma, assim Deus é simplesmente sua essência, ou "esse", ou ser: *"Ergo summa essentia, et summe ens, id est*

---

57. Ibid., 4; 253 B.
58. Ibid., 5; 254 Cs.; note-se a distinção feita por Anselmo: "Non enim idem valet, quod dicitur: maius omnibus, et quo maius cogitari nequit (ibid., B); cf. Ockham, Quodl. I, 1, onde se encontra a mesma distinção.
59. Ibid., 8; 257 Cs.
60. Ibid., 3; 252 B.
61. Monologium 6 (5); 151 C.

summe existens sive summe subsistens non dissimiliter sibi convenient, quam lux et lucere et lucens"⁶².

Da asseidade, e da ideia de Deus como um ser tal que não se pode pensar outro maior, Anselmo deriva diversas outras propriedades de Deus, tais como a sua inteligibilidade, sua onipotência, sua misericórdia, sua impassibilidade, sua justiça e inacessibilidade⁶³. Anselmo não exagera a onipotência divina, senão que a mantém nos limites impostos pela dignidade de Deus e pela possibilidade lógica⁶⁴.

De maior interesse filosófico é a doutrina de Anselmo sobre as relações entre Deus e o mundo.

I. Deus como Criador do mundo

Ao passo que Deus existe por si mesmo, todas as coisas exteriores a Ele recebem dele o seu ser. Como Criador do mundo, Deus é a causa do ser de tudo aquilo que existe fora dele.

1. A criação *ex nihilo*

Anselmo não duvida de que este nosso mundo foi feito de uma matéria, isto é, dos quatro elementos ainda destituídos de forma⁶⁵. A questão principal, porém, é a que diz respeito à origem desta matéria, respectivamente desta massa dos elementos. A matéria deve existir, ou por si mesma, ou por Deus. É impossível que exista por si mesma, pois tal modo de existência compete exclusivamente a Deus. Resta, pois, que a matéria ou seja Deus, ou tenha sido criada por Deus. É claro que ela não pode ser Deus, pois um bem superior não pode transformar-se num bem inferior e transitório sem deixar de ser o que é (*nulla igitur minor natura materialiter est ex summa natura*)⁶⁶. Logo, a matéria do mundo foi criada por Deus *ex nihilo*.

A expressão "esse de nihilo" comporta um *sentido tríplice*.

Primeiro, ela pode significar que nada sucedeu e nada existiu. Assim, um homem calado a quem se pergunta: que disseste?, responderá: não disse nada. Neste sentido é permissível dizer que o próprio Deus é feito do nada, visto que Ele não foi feito. A expressão pode significar também que o nada é um princípio de que alguma coisa é feita. É evidente que um tal ser-feito-do-nada é algo impossível e absurdo. Finalmente, a locução pode significar que alguma coisa foi feita, mas no sentido de antes dela não haver existido coisa alguma de que ela pudesse ter sido feita. Assim se diz de um homem que se entristece sem razão que está triste por nada. É só neste último sentido que dizemos que Deus criou o mundo do nada; por outras palavras: Deus fez o mundo, e, antes que o fizesse, nada havia senão Deus⁶⁷.

2. O mundo no intelecto de Deus

Embora o mundo haja sido criado do nada, não se deve dizer que as coisas não eram absolutamente nada antes de sua criação. É verdade que o mundo em si mesmo

---

62. Ibid., 152 Ds.
63. Cf. Proslogion 6s.; 229 Css.
64. Ibid., 7; 230 Bs.
65. Monologium 7 (6); 153 Cs.
66. Ibid., 154 C.
67. Ibid., 8 (7); 156 Bs.

ainda não existia; contudo, seu protótipo sempre esteve presente no intelecto divino. Anselmo chama este protótipo de *ratio facientis*[68].

É de se notar que Anselmo foge ao emprego do termo "ideia" que, aliás, também não mereceu o agrado do seu grande discípulo Duns Escoto. Na explicação da "razão do Criador" Anselmo parece aderir primariamente a Agostinho; sua intenção é, aparentemente, a de referir o pensamento criativo ao Verbo divino (ou à "palavra" divina). Com efeito, a linguagem é o melhor meio de que dispomos para ilustrar o modo de ser das coisas em Deus. Podem distinguir-se três espécies de "palavras": a primeira é a que se profere exteriormente, por meio de sinais sensíveis; a segunda é igual à primeira, com a diferença de ser proferida e reproduzida apenas interiormente; a terceira, que é totalmente diversa daquelas, é a palavra mental, pela qual representamos ou pensamos as próprias coisas: "*Aliter namque hominem dico, cum eum hoc nomine, quod est 'homo' significo; aliter cum idem nomen tacens cogito; aliter cum eum ipsum hominem mens, aut per corporis imaginem, aut per rationem intuetur; per corporis quidem imaginem, ut cum eius sensibilem figuram imaginatur; per rationem vero, cum universalem eius essentiam, quae est: animal rationale mortale, cogitat*"[69].

As duas primeiras espécies de palavras existem apenas em relação à terceira, que é a palavra interior do espírito. Tais palavras interiores constituem a linguagem natural dos homens, que é a mesma em todos. Só elas são necessárias ao pensamento, e são verdadeiras enquanto se assemelham às coisas que exprimem. As duas primeiras, ao contrário, se assemelham às coisas, pelo que, em oposição às palavras espirituais, não merecem a denominação de verdadeiras palavras das coisas[70].

O subsistir das coisas em Deus antes da criação deve conceber-se a modo da existência da palavra interior e inarticulada no espírito. Por esta razão, o modo de existência das criaturas no espírito de Deus é comparável ao modo de existência de uma obra de arte na mente do artista.

Com uma restrição essencial, porém. O artista só é capaz de pensar, emprestando à experiência os elementos de suas concepções; Deus, porém, tira tudo de si mesmo, sem nada dever às coisas[71]. Por isso o seu pensar, assim como o seu pensamento das criaturas, é inteiramente idêntico à essência de Deus. A locução interior de Deus não é outra coisa senão sua própria essência: "*Sed cum pariter ratione docente sit certum quia quidquid summa substantia fecit, non fecit per aliud quam per semetipsam; et quidquid fecit, per suam intimam locutionem fecit, sive singula singulis verbis, sive potius uno verbo simul omnia dicendo; quid magis necessarium videri potest, quam hanc summae essentiae locutionem non esse aliud quam summam essentiam*"[72].

Como se vê, Anselmo ainda não decide, no texto citado, se a "locução" pela qual Deus "exprime" as criaturas se realiza numa só ou em várias palavras; mais adiante, porém, opta declaradamente por uma só palavra, a saber, por "aquela palavra pela qual tudo foi feito"[73]. Assim se estabelece uma conexão íntima entre a teoria exemplarista e as especulações trinitárias. Neste ponto, a posição de Anselmo coincide com a de Santo Agostinho e de São Boaventura.

---

68. Ibid., 9; 157 C.
69. Ibid., 10 (9); 158 C.
70. Ibid., 159 AB.
71. Ibid., 11 (10); 159 Css.
72. Ibid., 12 (11); 160 BC.
73. Ibid., 30 (29); 183 B.

3. A conservação do mundo

Os seres tirados do nada não podem subsistir independentemente de Deus. Deus é também o Conservador do mundo.

A argumentação em favor da criação do mundo aplica-se igualmente à sua conservação. A existência do mundo depende inteiramente de Deus, pelo que ele não pode perdurar sem Deus: *"Quod quoniam aliter esse non potest, nisi ut ea, quae sunt facta, per aliud vigeant, et id a quo facta sunt, vigeat per seipsum, necesse est ut sicut nihil factum est nisi per creatricem praesentem essentiam, ita nihil vigeat, nisi per eius servatricem praesentiam"*[74].

II. A onipresença de Deus no espaço e no tempo

Da atividade criadora e conservadora de Deus segue-se, diretamente, a sua onipresença no espaço e no tempo. Deus não sustenta ou conserva o mundo por uma ação puramente externa; antes, Ele o encerra e penetra tão profundamente, que ali onde a sua atuação cessa nada existe. Logo, Deus deve estar em toda a parte e em todas as coisas[75].

Não obstante a sua onipresença, Deus é simples. Logo, também sua onipresença no espaço e no tempo deve ser simples, e independente da multiplicidade espacial e temporal. Por isso Deus não pode ser limitado por nenhum espaço ou tempo, senão que abrange, de certo modo, todo o espaço e toda duração. E assim atinamos com o verdadeiro sentido da eternidade e da onipresença divinas. Deus está total e simultaneamente presente em cada momento do tempo e em cada parte do espaço. De sorte que sua presença nalgum lugar particular, ou sua existência num tempo determinado, não excluem sua presença em qualquer outro lugar ou tempo. Ao contrário, esta presença simultânea decorre da necessidade de sua própria existência, bem como da dependência de todas as outras coisas para com Ele: *"Quare quoniam summam essentiam totam et inevitabilis necessitas exigit nulli loco vel tempore deesse, et nulla ratio loci aut temporis prohibet omni loco vel tempori simul totam adesse, necesse est eam simul totam omnibus et singulis locis et temporibus praesentem esse"*[76].

As especulações de Anselmo sobre as relações entre Deus e o mundo confluem numa só ideia central: Deus é um ser que existe por si, e portanto necessariamente: "Por conseguinte, ó Senhor, tu só és aquilo que és e aquele que és. Pois o ser que não é o mesmo em seu todo e em suas partes, o ser sujeito a qualquer mudança, não é de modo algum o que é. O que começou do nada pode ser concebido como não existente, e, a menos que subsista por outro, retorna ao nada. Aquilo que tem um passado que já não é, e um futuro que ainda não é, não existe na acepção própria e absoluta do termo. Tu porém és o que és; pois o que és em qualquer tempo ou de qualquer modo, tu o és totalmente e sempre. Tu és o que existe verdadeira e simplesmente, pois não tens passado nem futuro, mas unicamente um presente, e não se pode conceber um momento em que não existas"[77].

---

74. Ibid., 13 (12); 161 A.
75. Ibid., 14 (13): 161 BC.
76. Ibid., 22 (23); 175 BC.
77. Prosl. 22; 238 C.

Em matéria de psicologia, a obra de Anselmo nada contém de comparável com suas especulações sobre Deus. A ausência de qualquer exposição sistemática dispensa-nos de entrar em pormenores. Mencionemos, apenas, os pontos mais dignos de nota. Anselmo retoma o venerando tema agostiniano da alma como imagem de Deus[78]. O livre-arbítrio consiste no poder de autodeterminação, isto é, no poder de conservar a retidão da vontade por si mesma (*potestas servandi rectitudinem voluntatis propter ipsam rectitudinem*)[79]. A distinção anselmiana entre a *affectio commodi* e a *affectio iustitiae* irá ser adotada, posteriormente, por Duns Escoto (*Affectiones principales duae sunt: ... affectio scilicet volendi commodum semper et inseparabiliter est in instrumento* – eis a tendência para a felicidade; *affectio volendi iustitiam nec semper inest, sicut in iniusto homine* – eis a tendência para o valor como tal)[80].

Apreciação

Santo Anselmo é considerado o pai da escolástica. E com razão: na sua pessoa a aceitação incondicional da verdade revelada alia-se ao empenho veemente de penetrá-la com a luz do entendimento e de fundamentá-la com razões indiscutíveis. Seu esforço de penetrar especulativamente as verdades de fé chega a dar a impressão de que ele aspira a uma fundamentação racional de certos mistérios propriamente ditos, o da SS. Trindade, por exemplo. Mas convém não perder de vista que tais especulações se realizam sempre à luz da fé. Em sua forma moderada este sadio racionalismo tornou-se um bem comum da escolástica. A importância da obra de Santo Anselmo está na reconquista para a razão daquele domínio que já lhe fora obtido pela Patrística, a saber, do domínio das verdades reveladas. Doravante, a filosofia torna a entrar em contato íntimo com a ciência da fé, dando origem a um intercâmbio frutuoso entre ambas. É neste sentido que a Alta Escolástica tornou-se a herdeira de Anselmo.

Além disso, Anselmo transmitiu à posteridade uma grande cópia de fórmulas das mais expressivas, que serão amplamente utilizadas por todos os escolásticos, e nomeadamente por Duns Escoto, cuja obra, aliás, remete de contínuo à do seu grande antecessor. O argumento anselmiano, cuja repercussão inicial fora insignificante, veio a ter uma importância tal que nenhum dos grandes escolásticos deixou de pronunciar-se sobre ele. Aceito por alguns, rejeitado ou modificado por outros, o argumento centraliza as atenções a ponto de quase relegar ao esquecimento as demais realizações do grande mestre.

---

78. Cf. Monol. 66 (64)ss.; 212ss.; cf. tb. a belíssima "Meditatio prima", ibid., 709ss.
79. Dialogus de libero arbitrio 4; 495 C e passim.
80. De voluntate 487.

Pelo ardor religioso dos seus escritos e pela profundeza e penetração das suas especulações, Anselmo inscreveu o seu nome no rol dos grandes representantes da história do pensamento.

Contra os Dialéticos

Sed priusquam de quaestione disseram, aliquid praemittam ad compescendam eorum praesumptionem, qui nefanda temeritate audent disputare contra aliquid eorum, quae fides christiana confitetur, quoniam id intellectu capere nequeunt: et potius insipienti superbia iudicant nullatenus posse esse, quod nequeunt intelligere, quam humili sapientia fateantur esse multa posse quae ipsi non valeant comprehendere.

Nullus quippe Christianus debet disputare quomodo quod Catholica Ecclesia corde credit, et ore confitetur, non sit; sed semper eandem fidem indubitanter tenendo, amando, et secundum illam vivendo, humiliter quantum potest, quaerere rationem quomodo sit. Si potest intelligere, Deo grafias agat; si non potest, non immittat cornua ad ventilandum, sed submittat caput ad venerandum. Citius enim potest in se confidens humana sapientia impingendo cornua sibi evellere, quam vi nitendo petram hanc evellere...

Nemo ergo se temere immergat in condensa divinarum quaestionum, nisi prius in soliditate fidei, conquisita morum et sapientiae gravitate, ne per multiplicia sophismatum diverticula incauta levitate discurrens, aliqua tenaci illaqueatur falsitate.

Cumque omnes, ut cautissime ad sacrae paginae quaestiones accedant, sint commonendi; illi utique nostri temporis dialectici (imo dialecticae haeretici, qui non nisi flatum vocis putant esse universales substantias, et qui colorem non aliud queunt intelligere quam corpus, nec sapientiam hominis aliud quam animam) prorsus a spiritualium quaestionum disputatione sunt exsufflandi.

Antes, porém, de discutir esta questão, farei algumas observações preliminares, a fim de conter a presunção daqueles que, com ímpia temeridade, ousam impugnar certos pontos da fé cristã por serem incapazes de alcançá-los com a inteligência. Com néscio orgulho cuidam ser de todo impossível o que não logram compreender, ao invés de reconhecerem, com humilde sabedoria, que pode haver muitas coisas que lhes é impossível compreender.

Nenhum cristão deve disputar a existência daquilo que a Igreja Católica crê de coração e confessa com a boca; seu dever é, ao contrário, de ater-se constante e firmemente a esta fé, de amá-la e de viver segundo ela, bem como de investigar-lhe o "porquê" e o "como", mas com humildade e na medida de suas forças. Se lhe for dado compreendê-la, renda graças a Deus; caso contrário, não levante a cabeça para combatê-la, mas incline-a para reverenciá-la. Porque a sabedoria humana, confiada em si mesma, pode antes romper-se de encontro a esta pedra do que comovê-la com suas investidas.

Que ninguém, pois, penetre nas espessuras das questões divinas senão depois de haver adquirido, na solidez da fé, a necessária gravidade dos costumes e da sabedoria, para que não suceda que, extraviando-se com imprudente leviandade nos inúmeros rodeios dos sofismas, venha a enredar-se nalgum erro pertinaz.

E posto que todos devam ser advertidos a tratar com grande precaução as questões referentes às Sagradas Escrituras, é preciso excluir inteiramente da discussão das questões espirituais aqueles dialéticos do nosso tempo, ou melhor, os hereges da dialética, que não veem nas substâncias universais senão um simples som vocal, e são incapazes de compreender que a cor seja algo distinto do corpo, e a sabedoria do homem distinta da alma.

In eorum quippe animabus ratio, quae et princeps et iudex omnium debet esse quae sunt in homine, sic est in imaginationibus corporalibus obvoluta, ut ex eis se non possit evolvere, nec ab ipsis ea quae ipsa sola et pura contemplari debet, valeat discernere. Qui enim nondum intelligit quomodo plures homines in specie sint unus homo; qualiter in illa secretissima et altissima natura comprehendet quomodo plures personae, quarum singula quaeque est perfectus Deus, sint unus Deus? Et cuius mens obscura est ad discernendum inter equum suum et colorem eius: qualiter discernet inter unum Deum et plures rationes eius? Denique qui non potest intelligere aliquid esse hominem, nisi individuum, nullatenus intelliget hominem, nisi humanam personam. Omnis enim individuus homo, persona est. Quomodo ergo iste intelliget hominem assumptum esse a Verbo, non personam, id est aliam naturam, non aliam personam esse assumptam?

Haec dixi, ne quis antequam sit idoneus, altissimas de fide quaestiones praesumat discutere.

De fide Trinitatis 2; 263-265.

Com efeito, em suas almas a razão, a que cabe a primazia e o julgamento sobre tudo o que há no homem, encontra-se de tal modo envolta nas representações corporais, que não consegue desembaraçar-se delas, nem distinguir das mesmas o que deve contemplar sozinha e com pureza. Pois se alguém ainda não chegou a compreender que muitos homens são um só homem na espécie, como há de ele compreender que nesta natureza mais misteriosa e mais sublime várias pessoas, cada uma das quais é Deus perfeito, são um só Deus? E aquele que tem o espírito ofuscado a ponto de não distinguir entre o cavalo e sua cor, como poderá ele distinguir entre a unidade de Deus e a pluralidade de suas relações? E, enfim, aquele que não pode compreender que o homem é algo distinto do indivíduo, também não concebrá o homem senão como pessoa humana. Pois todo homem individual é pessoa. Como poderá um tal entender que um homem foi assumido pelo Verbo, e não uma pessoa, ou seja, que o Verbo divino tomou outra natureza e não outra pessoa?

Estas coisas eu as disse para que ninguém tenha a presunção de discutir as mais profundas questões da fé sem antes haver-se capacitado para isso.

CAPÍTULO IV
A IMAGEM MEDIEVAL DO MUNDO

Como filho do seu tempo, todo filósofo está sujeito, sob muitos pontos de vista, às influências de seu meio ambiente. De modo particular, as especulações filosóficas devem interpretar-se em função das imagens do mundo, construídas pela humanidade nas fases sucessivas de seu desenvolvimento. Vem a propósito, pois, uma consideração sumária da cosmovisão do homem medieval do período da Primeira Escolástica.

Felizmente dispomos de elementos suficientes para uma reconstrução mais ou menos exata desta *imago mundi*. Baseamo-nos principalmente na obra de um homem cuja vida até hoje continua envolta em mistério. O nome de Honório de Autun talvez não passe de um pseudônimo adotado por um monge que viveu nas proximidades de Regensburg no princípio do século XII[1]. Este autor deixou uma obra fortemente influenciada por Scoto Erígena, intitulada *Clavis physicae*, como também, provavelmente, as duas obras que mais nos interessam no momento: *De imagine mundi*[2] e *Elucidarium sive Dialogus de summa totius christianae theologiae*[3] (um tratado silogístico sobre o Dogma, traduzido para a maioria das línguas europeias). Ambas as obras nos dão uma ideia do que deve ter sido a cosmovisão do homem de cultura mediana por volta do século XII.

§ 1. O universo

Como a própria palavra *mundus*, derivada de *motus* (explicação etimológica!), dá a entender, o mundo está em perpétuo movimento. É redondo como uma bola e comparável a um ovo. Na beirada externa há uma casca, o céu, que envolve o mundo inteiro. Debaixo dela situa-se, à semelhança da clara do ovo, o éter puro, que serve de envoltório para o ar em movimento, exatamente como a clara encerra a gema. Na parte mais central, correspondente ao germe, está a terra[4].

No centro da terra situa-se o *inferno*. Repleto de fogo e enxofre, sua forma dilata-se na parte inferior e estreita-se na superior. A região mais central chama-se Érebo, e é habitada por dragões e serpentes que vomitam fogo. Há lugares que exalam vapores nauseabundos; são conhecidos sob o nome geral de Aqueronte. Existem ainda muitos outros lugares no inferno: "*sive in insulis poenalia, aut frigore et vento saeve horrentia, aut igne et sulphure iugiter ferventia*"[5]. Todas estas descrições eram entendidas muito realisticamente; representam um primeiro esboço do plano do inferno elaborado por Dante.

---

1. Tal é, pelo menos, a tese de Endres: Honorius Augustodunensis. Ein Beitrag zur Geschichte des geistigen Lebens im 12. Jahrhundert. Kempten 1906.
2. ML t. 172, 115-188.
3. ML t. 172, 1109-1176.
4. De imagine mundi I, 1; 121.
5. Ibid., I, 37; 133 A-C.

I. Os elementos

A *Terra* é o mais pesado de todos os elementos, situando-se por esta razão no centro exato do mundo. Se nos fosse possível observá-la de cima e a grande distância, apenas discerniríamos suas gigantescas montanhas e seus vales profundos: antes, ela nos pareceria lisa e redonda. É unicamente pelo poder de Deus que ela retém sua posição central no universo[6].

A *água*, que é um elemento mais leve, circunda e penetra a terra. Ajunta-se nos mares e reparte-se sobre a terra em forma de rios e fontes; é vaporizada pelo ar. O nome *"aqua"* vem de *"aequalitas"*, porque sua superfície permanece sempre plana ou igual. A parte mais profunda do mar chama-se *abyssus, id est abest fundus*. Não que o mar careça de solo, mas este é muito distante e profundo[7]. As marés são causadas pela Lua, sendo que suas inalações produzem a maré baixa, e as exalações, a maré alta[8].

Chama-se ar tudo aquilo que se assemelha ao vácuo. Este elemento estende-se da terra à lua. O ar é afim à umidade, porque é uma espécie de água mais leve; é por isso que as aves voam no ar, como os peixes nadam na água. Nele habitam os demônios, aguardando, com grande terror, o dia do juízo; é do ar que eles tiram seus corpos quando querem mostrar-se aos homens[9].

Os *ventos* são simples ondas de ar[10]. Com seu hálito absorvem a água, que depois se acumula e condensa nas *nuvens*. Estas se chamam *nubes, quasi nimborum naves*. Quando os ventos se precipitam das nuvens, estas se rompem com grande estrondo, e, quando as nuvens se entrechocam, origina-se um fogo terrível[11]. O ruído causado pelas nuvens e ventos é o *trovão*; o fogo é o *relâmpago*. A grande força de penetração deste último se deve ao fato de ele constar de matéria muito mais tênue do que o fogo terrestre, e de ser arremessado das nuvens pela energia enorme dos ventos[12].

O *arco-íris* com suas quatro cores forma-se no ar pela ação do sol e das nuvens sempre que um raio solar vem atingir uma nuvem oca, que o reflete na direção do sol[13].

O *fogo* é o quarto elemento e chama-se *ignis, quasi non gignis*. Estende-se da lua até o firmamento, e excede o ar em tenuidade e leveza, assim como este é mais tênue do que a água, e esta, mais leve do que a terra. Também lhe chamam éter, por causa do seu brilho ininterrupto, e por ser uma espécie de ar puro. É deste fogo que os anjos enviados aos homens tiram seus corpos[14].

II. A estrutura do universo

O fogo é o mais nobre dos elementos. Dentro dele se escalonam as esferas dos sete planetas. Os nomes destes provêm dos movimentos irregulares a que estão sujeitos. O firmamento arrasta-os com enorme velocidade de Leste a Oeste, em sentido contrário, portanto, ao seu curso natural. Assemelham-se a uma mosca sobre uma enorme roda de moinho: também ela

---

6. Ibid., I, 4-5; 122.
7. Ibid., I, 38; 133.
8. Ibid., I, 40; 134.
9. Ibid., I, 53; 136.
10. Ibid., I, 54; 136.
11. Ibid., I, 56; 136.
12. Ibid., I, 57; 137.
13. Ibid., I, 58; 137.
14. Ibid., I, 67; 138.

se move em direção contrária ao movimento da roda. A irregularidade dos movimentos explica-se pela influência perturbadora dos raios solares[15].

1. Os planetas

A *Lua* é o primeiro dos planetas e a menor das estrelas. Dá a impressão de ser muito grande, por mover-se sobre o círculo mais próximo à Terra. Seu corpo é redondo e de natureza ígnea, mas com mistura de água. Carece de luz própria, sendo iluminada pelo sol. Daí o seu nome: *"luna, quasi lucina, id est a luce nata"*. As pequenas nuvens que nela se observam provêm, ao que se supõe, da água que tempera o fogo lunar. Sem esta água, a Lua abrasaria a Terra com seu calor, por causa da pouca distância que as separa, e por ser aquele astro consideravelmente maior do que a Terra. Só é luminosa a face da Lua voltada para o Sol[16].

O *Sol* é o quarto planeta (depois de Mercúrio e Vênus). Chama-se *"sol, quod solus luceat caeteris stellis obscuratis, vel quod est super omnia lucens"*. Tem forma esférica, natureza ígnea, e é oito vezes maior do que a Terra. Todas as estrelas recebem sua luz do Sol. Como os outros planetas, é arrastado de Leste a Oeste pelo movimento impetuoso do firmamento; entretanto, ele resiste à rotação do mundo e procura mover-se em sentido oposto; e assim lhe sucede atravessar o zodíaco no espaço de 365 dias[17]. Há três outras esferas, nas quais se movem Marte, Júpiter e Saturno.

2. A harmonia das esferas

A revolução das sete esferas dá origem a sons maviosíssimos, cuja harmoniosa consonância produz a mais admirável das melodias. Contudo, esta harmonia das esferas não chega aos nossos ouvidos, por originar-se para além do ar, que é o único meio em que nós percebemos os sons. Ademais, ela é demasiadamente forte para ser perceptível ao ouvido humano[18].

A escala da música celeste vai da Terra ao Firmamento, e supõe-se que a nossa escala foi inventada a exemplo dela[19]. Entre a Terra e o Firmamento há sete tons, assim distribuídos: um tom inteiro da Terra à Lua; meio tom da Lua a Mercúrio; meio tom de Mercúrio a Vênus; três tons de Vênus ao Sol; um tom inteiro do Sol a Marte; meio tom de Marte a Júpiter; meio tom de Júpiter a Saturno; e três meios tons de Saturno ao círculo do Zodíaco. Um tom inteiro abrange 15.625 milhas, e meio tom, 7.812,5 milhas. Da terra ao céu, pois, sete tons e mais nove "consonâncias"; a estas correspondem as nove musas dos filósofos. As "consonâncias" são inatas na própria natureza humana[20].

3. O Céu

Acima do fogo encontra-se a oitava esfera, o Céu, que dista 109.375 milhas da Terra[21]. Chama-se *"caelum, quasi casa ilios; quasi vas coelatum, quia est stellis insignitum"*. O Céu gira com enorme velocidade em torno da Terra, mantendo-se sempre equidistante do centro desta; sua natureza é sutil e ígnea[22].

---

15. Ibid., I, 68; 138.
16. Ibid., I, 69; 138.
17. Ibid., I, 72; 139.
18. Ibid., I, 80; 140.
19. Ibid.
20. Ibid., I, 81; 140.
21. Ibid., I, 83; 140.
22. Ibid., I, 84; 141.

O Céu superior chama-se *Firmamento*, em razão da firmeza de sua estrutura, situada no meio das águas; é de natureza aquosa, mas a sua água está condensada em cristais; apresenta-se todo ornado de estrelas[23]. O Firmamento tem dois polos, mas só o Polo Norte nos é visível. O Céu gira sobre estes dois polos como uma roda sobre o seu eixo[24].

As *estrelas* encontram-se fixas no Céu, donde o seu nome: *"stella quasi stans luna"*. Os grupos de estrelas chamam-se *astrum vel sidus*[25]. O termo *"sidera"* deriva *"a consideratione, eo quod navigantes vel itinerantes ea considerant"*. Todas as estrelas são redondas; só Deus lhes conhece os nomes e o número[26]. A *Via Láctea* aparenta uma faixa branca estendendo-se ao longo do Céu, porque a luz de todas as estrelas vem derramar-se nela[27].

Os *Cometas* são estrelas providas de caudas fogosas que aparecem no lado setentrional da Via Láctea. Costumam prenunciar infortúnios, pestes e guerras, bem como temporais, calmarias e estiagens. Mas o autor acrescenta: *"Sidera fabulosis involuta, immo polluta perlustravimus"*[28].

Para além do firmamento há umas águas semelhantes às nuvens as quais se movem em derredor do Céu; deu-se-lhes o nome de *Céu aquoso*[29].

Acima deste Céu das águas está o céu dos espíritos, que é desconhecido dos homens. Nele moram os anjos e as almas bem-aventuradas; é o paraíso dos paraísos[30]. Enfim, para além do paraíso, e imensamente distante, encontra-se o Céu dos Céus: *"Huic longe supereminere dicitur caelum caelorum, in quo habitat rex angelorum"*. É a morada de Deus[31].

Como se vê deste breve esboço, o universo medieval caracteriza-se por sua continuidade, sua coesão singular e seu simbolismo religioso. É um imenso globo material com dois polos espirituais: a matéria superior vai até o céu dos espíritos bem-aventurados, e a inferior até o inferno dos espíritos condenados. Às nove penas do inferno correspondem as nove bem-aventuranças do céu. Nós, os homens, ocupamos um posto intermediário entre estes dois polos, até que a separação final dos bons e dos maus venha incorporar-nos definitivamente a um ou outro[32].

§ 2. A natureza

É escusado dizer que esta época nada produziu de comparável às conquistas da moderna ciência da natureza. Suas precárias informações sobre este assunto derivam, quase sem exceção, das enciclopédias de Isidoro de Sevilha e Rabano Mauro. Hoje em dia, quando alguém inquire da essência de uma coisa, é usual responder-se-lhe com uma descrição do objeto em questão. Indicam-se-lhe as propriedades físicas, tais como a grandeza, o peso, a massa, a energia etc., ou certas qualidades químicas, a composição molecular, por exemplo. Não assim na Idade Média,

---

23. Ibid., I, 87; 141.
24. Ibid., I, 88; 141.
25. Ibid. I, 89; 141s.
26. Ibid., I, 90; 142.
27. Ibid., I, 136; 146.
28. Ibid., I, 137; 146.
29. Ibid., I, 138; 146.
30. Ibid., I, 139; 146.
31. Ibid., I, 140; 146.
32. Elucidarium III, 19-21; 1171.

ou, pelo menos, no século XII. Para o homem medieval, a essência das coisas se oculta por detrás das aparências, isto é, das propriedades verificáveis pela simples observação. Daí a impossibilidade de explicá-las a partir dos dados sensíveis. A verdadeira explicação das coisas deve buscar-se fora do domínio da percepção sensível. Distinguem-se, em geral, três graus de explicação, cada um dos quais pretende penetrar mais profundamente no sentido da realidade.

1. A etimologia

Isidoro e Rabano Mauro são os representantes clássicos deste gênero de explicação. Diz a Escritura que Adão deu aos animais os nomes que lhes convinham. Nestes nomes esconde-se, pois, o segredo de suas essências e de suas forças místicas. Donde a importância da etimologia para se chegar ao conhecimento da natureza das coisas. A consideração das coisas em si, sua existência ou não existência, passam, não raro, a um plano secundário: nos Bestiários e Lapidários medievais enumeram-se animais e objetos que jamais existiram. O interesse primário do homem medieval não é a classificação sistemática das coisas, mas o conhecimento das forças místicas, ocultas em seus nomes.

2. A analogia

Por grande que seja a diversidade das coisas, há entre elas certas "correspondências" ou analogias. Estas correspondências concernem às próprias essências dos seres. Por este motivo, uma coisa não está perfeitamente explicada até que se lhe assinalem as analogias com outras realidades. O exemplo clássico deste modo de raciocinar é a descrição do homem como um microcosmo, um universo em miniatura, estruturado em analogia ao macrocosmo ou grande universo: sua carne é a terra, seu sangue a água, seu hálito o ar, seu calor vital é o fogo. Sua cabeça é redonda como a esfera celeste; nela brilham duas luzes, à semelhança do sol e da lua; suas sete aberturas correspondem aos sete tons da harmonia das esferas celestes[33]. O peito, que é o lugar do hálito e da tosse, assemelha-se ao ar, com seus ventos e trovões. No estômago confluem as substâncias líquidas, como os rios no mar. O peso do corpo é sustentado pelos pés, exatamente como a terra serve de apoio para as coisas. A visão se origina do fogo celeste, o ouvido do ar superior, o olfato do ar inferior, o gosto da água e o tato da terra. Pelos ossos o homem participa da dureza das pedras, pelas unhas da resistência (viror?) da madeira, pelos cabelos da beleza das ervas; e a faculdade de sentir lhe é comum com os animais[34].

3. O simbolismo

Há uma transição contínua das correspondências analógicas para as propriedades propriamente simbólicas. Explicar um ser simbolicamente significa apontar-lhe o protótipo, não já no mesmo setor ontológico, mas num plano diferente e mais elevado. Assim, um ser material pode exprimir uma realidade espiritual. É incontestável, por exemplo, que as coisas materiais revestem uma significação religiosa, que lhes foi impressa pelo próprio Criador. Deus, com efeito, se manifestou de duas maneiras: pela Sagrada Escritura e pela Natureza. E entre estas duas revelações divinas vige um admirável paralelismo. Como as palavras da Escritura enunciam verdades morais e religiosas, assim as coisas da natureza têm uma significação oculta, de natureza moral e religiosa. O homem medieval não pode conceber a Deus senão como um pai bondoso que tudo criou para o bem-estar dos seus filhos. Confrontado com a questão do porquê da criação de tantas e tão diversas espécies de animais, e, o que é pior, de criaturas pura-

---

33. Cf. tb.: De imagine mundi 82; 140.
34. Elucidarium I, 11; 1116.

mente nocivas, o Elucidarium não titubeia: *"Omnia ad laudem gloriae suae. Muscae quidem et culices, et his similia propter superbiam hominis sunt condita; ut cum eum pungunt, quod sit cogitet, qui nec vermiculis minutis resistere valet. Unde et Pharaonem non ursi, non leones vastaverunt, sed culices, muscae, et ciniphes afflixerunt. Formicae autem, sive araneal, vel talia quae instant operibus, ideo sunt creata, ut de eis studii et pii laboris exempla sumamus. Omnis itaque Dei creatio consideranti magna est delectatio, dum in quibusdam sit decor, ut in floribus; in aliis medicina, ut in herbis; in quibusdam pastus, ut in frugibus; in quibusdam significatio, ut in vermibus et avibus. Omnia igitur sunt bona e propter hominem creata"*[35].

Por vezes, esse simbolismo reveste formas bastante grosseiras e tipicamente "medievais", por exemplo nas obras de Rabano e de Isidoro, as quais contam entre as fontes principais do gênero. Uma forma muito mais refinada de interpretação simbólica se nos depara no sétimo livro de *Eruditio Didascalia* do teólogo Hugo de São Vítor, onde se põe à mostra a estrutura trinitária do mundo[36].

§ 3. A História

Como o mundo se estende pelo espaço, assim a história se desenrola no tempo. À Cosmografia (e à Geometria) corresponde a ciência da História. Não só o cosmos, mas também a história depende de um princípio ordenador transcendente, e não imanente a ela, contrariamente à maneira moderna de se encarar esta ciência. A historiografia medieval é inseparável da visão teológica da história.

1. O conceito de história

O conceito medieval de história evolveu sob o influxo decisivo de Santo Agostinho. A história lembra um grande drama escrito por Deus e levado à cena pela humanidade. E tudo isso nos moldes proporcionados pela Sagrada Escritura. A divisão da história é determinada por três grandes acontecimentos: a Criação, a Redenção e o Último Juízo. Dentro deste grande esquema distinguem-se vários períodos, geralmente em número de sete[37]. O ponto de vista religioso retém a primazia absoluta.

O que mais nitidamente caracteriza essa concepção é a precisão com que nela se fixam os limites da história. Esta desconhece qualquer tempo ou duração sem começo e sem fim; a história não se perde no passado misterioso, nem no futuro incerto. Tampouco existem várias histórias paralelas, referentes a diferentes nações e raças: há uma só História Universal, uma só História Santa. Todos os eventos desta grande história agrupam-se em torno da Encarnação e da Redenção por Cristo. Hugo de São Vítor procura esclarecer esta ideia comparando a sequência das gerações a um exército em marcha: "Nosso rei é o Verbo Encarnado, que veio ao mundo para dar combate ao demônio. Todos os Santos que precederam seu advento são outros tantos soldados marchando adiante do rei, e todos os que vieram depois ou ainda virão até o fim do mundo são os que marcham atrás dele. E assim o rei avança em meio a suas tropas, que o escoltam e circundam de todos os lados. Percebem-se nesta multidão, à maneira de outras tantas armas, os sacramentos e as leis dos povos que já passaram e dos que ainda estão por vir; todos eles, porém, pelejam por um só rei, seguem a mesma bandeira, lutam contra o mesmo adversário e serão coroados com a mesma vitória"[38].

---

35. Elucidarium I, 12; 1117.
36. ML t. 176; 811s.
37. Cf. De imagine mundi III; 165ss.
38. De Sacramentis prol. 2; t. 176, 183 BC.

2. O método da História

Segundo Hugo de São Vítor, a história começa pela Cronologia, que colige os dados referentes à maneira em que os povos e soberanos se sucederam desde a criação. Embora costumem ser muito numerosos, tais dados são frequentemente inexatos, e por vezes não passam de puras construções da fantasia. Muito mais importante é sua interpretação. Sua função é ordenar o material colhido dentro de um esquema preestabelecido. Neste ponto, o método da correspondência e da analogia pode prestar ótimos serviços ao historiador. Já o dissemos, e convém repeti-lo, a preocupação máxima do homem medieval é menos conhecer os fatos em si do que apreender-lhes o sentido ou a significação.

A fim de facilitar a inteligência da interpretação medieval da história, convém dizer uma palavra sobre a exegese medieval. Na explicação dos textos sagrados importa distinguir cuidadosamente entre a letra e sua significação: *"cum in caeteris quidem scripturis solae voces significare inveniantur, in hac autem non solum voces, sed etiam res significativae sunt"*[39]. A letra nos transmite apenas os fatos, ou a "história". Mas estes fatos não passam, na realidade, de sinais; donde a necessidade de se aprender a interpretá-los corretamente. Há dois tipos de interpretação ou explicação dos textos sagrados. Quando o sinal exprime uma verdade moral, temos a explicação "tropológica". Por exemplo: para Hugo de São Vítor, a arca de Noé significa a arca mística da alma, que serve de refúgio aos que desejam fugir ao mundo (*De Arca Noe morali*). Quando o fato alude a algum mistério da fé, a interpretação se chama "alegórica". Esta nos revela o significado mais profundo e mais elevado dos fatos[40]. Por exemplo: por que Jesus fugiu ao Egito? As razões geográficas e históricas perdem sua importância perante o sentido religioso do fato: Jesus quis revelar-se como o *verdadeiro* Moisés. Do mesmo modo que outrora o povo de Deus foi libertado por Moisés das mãos do faraó e conduzido à Terra Prometida, assim Jesus Cristo veio arrancar o povo dos fiéis das mãos do demônio e do inferno. Decorridos sete anos, Jesus voltou à terra de Israel; este fato significa a recondução da humanidade à Jerusalém celeste pelos sete dons do Espírito Santo[41]. De maneira análoga se explica a adoração dos magos: *"Quare attraxit (scil. Christus) tres magos cum muneribus? – Quia tres partes mundi, scilicet Asiam, Africam et Europam fide et operatione ad se trahere voluit"*[42]. Citemos ainda um exemplo de interpretação mista, em que o simbolismo das coisas se une ao dos acontecimentos; trata-se de explicar as circunstâncias, parcialmente legendárias, que acompanharam o nascimento de Cristo: *"Stellae significant Sanctos; stella igitur praeclara illuxit, quia Sanctus sanctorum venit. Circulus aureus vel purpureus circa solem fulsit; quia sol iustitiae auro suae divinitatis Ecclesiam illustrare et purpura suae passionis coronare venit. Oleum significat misericordiam. Fons olei de terra fluxit, quia fons misericordiae de Virgine emanavit. Pax ingens exstitit, quia pax vera in terris apparuit..."*[43]

Tal é, em traços gerais, a "imagem do mundo" do homem medianamente culto do século XII. Concepção bastante primitiva, não há negá-lo. Dentro em breve, porém, o pensamento cristão irá enriquecer-se com os conhecimentos físicos da Antiguidade. Com o correr do tempo, a interpretação religiosa passará a um segundo plano, cedendo lugar ao estudo das próprias coisas. O interesse renovado pela investigação da natureza, estimulado pela física aristotélica, formará a base de um novo desenvolvimento, que dará origem à ciência moderna.

---

39. Ibid., prol. 5; 185 A.
40. Ibid., prol. 4; 184s.
41. Elucidarium I, 20; 1124.
42. Ibid., 1124 B.
43. Ibid., 19; 1124 As.

CAPÍTULO V
SÃO BERNARDO DE CLARAVAL
Doctor mellifluus

O século XII marca o início de um novo florescimento em todos os setores da cultura. Entre outros, mencionemos o aparecimento da poesia nacional, do romance e da historiografia, das primeiras organizações corporativas, dos primeiros arcos ogivais. Sob o ponto de vista especulativo assistimos à formulação da primeira síntese da Teologia e da Dialética. E, enfim, cabe a este século a glória de haver produzido o grande mestre da Mística, São Bernardo de Claraval.

Vida – Filho de pais nobres, nasceu Bernardo por volta de 1090, em Fontaine lès Dijon (Cote d'Or). Em 1114, após haver hesitado por algum tempo entre o ideal da sabedoria e o da santidade, ingressou no mosteiro de Cister, acompanhado de quatro irmãos, um tio e 25 companheiros de juventude. Neste mosteiro iniciara-se, pouco antes, o movimento de reforma da Ordem cisterciense. Decorridos apenas três anos, Bernardo foi incumbido de fundar o Mosteiro de Claraval. Sob sua sábia orientação a nova comunidade tornou-se um centro difusor do impressionante movimento de reforma; ainda em vida de Bernardo, nada menos de 68 mosteiros se agregaram a ela. A par desta atividade estritamente religiosa, Bernardo teve um papel decisivo nas lutas político-eclesiásticas do seu tempo. Sua atuação em prol das cruzadas é conhecida de todos. Lutou incansavelmente contra hereges e inovadores. Opôs-se ao pretenso racionalismo de Abelardo e às suspeitas doutrinas trinitárias de Gilbert de la Porrée. Doutor por excelência da Mariologia, opugnou violentamente a introdução da festa da Imaculada Conceição. Pelo fim da vida, teve a satisfação de ver elevado ao trono pontifício um de seus discípulos, com o nome de Eugênio III. Para esse papa, Bernardo escreveu o célebre tratado "De consideratione". Ambos morreram no mesmo ano de 1153.

Obras (selecionadas) **e edições** – 1. *Tractatus de gradibus humilitatis et superbiae.* Composto antes de 1125. É uma espécie de exposição da regra beneditina. Trata da essência e dos graus da humildade, bem como das faltas opostas a esta virtude – ML t. 182, 941-972. R.V. Mills, Cambridge, 1926.

2. *Liber de diligendo Deo,* escrito por volta de 1126. Trata dos motivos, da medida e dos graus do amor a Deus. Os últimos capítulos (12-15) foram completados posteriormente, a partir de uma carta de Bernardo a Guido, o Cartuxo (ca. 1125) – ML t. 182, 973-1000. W. Williams, Cambridge, 1926.

3. *Tractatus de gratia et libero arbítrio* (ca. 1127). Neste tratado, Bernardo ventila o problema das relações entre a graça divina e o mérito humano, o que lhe dá o ensejo de expor sua doutrina do livre-arbítrio – ML t. 182, 1001-1030.

4. *Tractatus* (Epístola 190) *contra quaedam capitula errorum Abaelardi,* endereçado ao Papa Inocêncio II em 1140 – ML t. 182, 1053-1072.

5. *Sermones in Cantica Canticorum*. Uma interpretação do Cântico dos Cânticos, escrita em períodos diversos de sua vida e completada por vários sucessores. Estes sermões são a fonte principal da mística de Bernardo; os mais importantes, deste ponto de vista, são os sermões 41, 52, 74 e 83 – ML t. 183, 785-1198.

Bibliografia – Étienne Gilson: La théologie mystique de Saint Bernard (tomo 25 da série "Etudes de philosophie médiévale"), Paris, Vrin, 1934.

Doutor inconteste da mística, Bernardo é, simultaneamente, um dos grandes mestres da introspecção, e um fino perscrutador dos segredos do coração humano, de suas paixões e de suas tendências, de suas potencialidades divinas, bem como de suas aberrações humanas e até mesmo diabólicas. A partir desta experiência pessoal, e apoiado em Santo Agostinho e mormente nos Padres gregos, elaborou uma antropologia que pode ombrear com o que há de melhor no gênero.

§ 1. O homem

I. O homem como imagem e semelhança de Deus

1. A imagem de Deus

Diz a Escritura que o homem foi criado *conforme* a imagem de Deus. Por conseguinte, ele não é a imagem de Deus em sentido estrito, visto haver apenas uma imagem de Deus, a saber, o Verbo. O homem é a imagem desta imagem de Deus.

Que significa "ser imagem de Deus"? Em primeiro lugar, a expressão denota a extraordinária dignidade da condição humana, e sua aptidão para participar na glória de Deus. Na verdade, o homem possui uma *anima magna*, uma grande alma. Essa dignidade, recebida no ato da criação, é inseparável da alma humana; todavia, ela apenas informa a alma, sem identificar-se com esta. Não obstante isso, a alma não pode perder esta forma sem cessar de ser o que é[1].

2. A semelhança de Deus

Além desta aptidão para participar da glória de Deus, a alma traz em si uma aspiração concriada para os bens superiores: ela é *appetens supernorum*. Sob este ponto de vista ela é uma semelhança (*similitudo*) de Deus.

Esta aspiração fundamenta a retidão sobrenatural da alma. Assim como sua grandeza deriva da aptidão de participar da vida divina, sua retidão provém do desejo de participar desta vida de Deus. Como a grandeza, assim a retidão é algo distinto da alma; além disso, a grandeza difere da retidão, visto que esta é separável da alma, e aquela não. Priva-se da retidão todo aquele que perde o amor e o desejo dos bens superiores: "*Et magnitudo eius, et rectitudo ipsius diversae ab ea (anima), diversae ab invicem sunt. Si enim, ut supra docui, eo anima magna est, quo capax aeternorum; eo recta, quo appetens supernorum; quae non quaerit nec sapit*

---

[1]. In Cant. 80, 2; 1166 Dss.

quae sursum sunt, sed quae super terram, non plane est recta, sed curva, cum tamen pro huiusmodi magna esse non desinat, manens utique sic aeternitatis capax"[2].

Desta dupla semelhança depende, pois, a integridade e a perfeição do ser humano: sem a imagem o homem cessa de ser homem, e sem a semelhança ele se desfigura ou deforma. Por isso o homem se humaniza na mesma medida em que cresce na semelhança com Deus. Nisso está toda a sua grandeza: *"Celsa creatura, in capacitate quidem maiestatis, in appetentia autem rectitudinis insigne praeferens"*[3].

II. Perda e recuperação da semelhança divina

1. A dessemelhança

Desgraçadamente, o homem distanciou-se livre e conscientemente das coisas do céu, preferindo-lhes os bens da terra. Antepondo seus próprios interesses aos de Deus, e recurvando-se sobre si mesma, sua alma transformou-se de *anima recta* em *anima curva*"[4].

É verdade que mesmo neste estado a alma retém sua semelhança com Deus, graças à sua grandeza; mas desassemelha-se de Deus em consequência daquela "curvatura". Pela mesma razão ela se desassemelha de si mesma: *"inde anima dissimilis Deo, inde dissimilis est et sibi"*[5]. Pois uma vez perdida a semelhança com o modelo original, a imagem deixa, pelo mesmo fato, de assemelhar-se a si mesma. Todavia, a alma conserva a consciência de sua grandeza: sabe-se ao menos parcialmente semelhante a Deus, e por conseguinte à sua própria natureza, pois sua capacidade para o divino permanece. Ao mesmo tempo, porém, ela se dá conta de haver sido infiel à sua própria natureza. Este estado anormal dá origem a um penoso sentimento de desequilíbrio interior em que a alma, com saber-se de certo modo semelhante a si, sente-se contudo dessemelhante de si mesma. Donde o horror que tem de si própria: *"Nam manet prima similitudo: et ideo illa (dissimilitudo) plus displicet, quod ista manet. O quantum bona ista, quantumque mala illa. Ex mutua tamen collatione res in genere suo plus eminet"*[6].

2. A possibilidade do retorno

A possibilidade do retorno é assegurada pela indestrutibilidade da imagem de Deus no homem, ou, em outros termos, por sua receptividade incoercível para o divino.

Como vimos, "ser imagem de Deus" equivale a "ser capaz de Deus". Por isso a imagem de Deus impressa no homem forma o ponto de partida da mística cisterciense, que outra coisa não é do que a teoria e a prática daquilo que se exige do homem que aspira a restaurar do modo mais perfeito possível a semelhança divina em sua alma, até atingir ao *amplexus Verbi*, que é o grau mais elevado deste processo de assimilação à Divindade[7].

---

2. Ibid., 3; 1167 D.
3. Ibid., 2; 1167 A.
4. In Cant. 80, 3; 1167 D.
5. Ibid., 82, 5; 1179 D.
6. Ibid., 6; 1180 C.
7. Ibid., 81, 1; 1171 C.

Em vista desse ideal, é mister que o homem arrepie caminho, extirpando de sua alma, pela graça e pela prática da humildade e da caridade, as causas da dessemelhança com Deus. Pela renúncia ao pecado, pelo restabelecimento de sua condição original e pela reorientação espontânea e amorosa para as coisas de Deus, a alma se dispõe para a união extática ao divino esposo. A alma torna a ver-se tal qual fora na aurora da criação: como semelhança pura de Deus; e nesta visão interior de si mesma ela vê a Deus assim como é vista por Ele, e o ama assim como é amada por Ele. Neste conhecimento e amor recíprocos entre esposo e esposa consiste o êxtase místico. Este, por sua vez, não é senão um antegosto da visão beatífica, onde a semelhança perfeita com Deus permitirá uma união definitiva, embora sem confusão de substâncias[8].

Não cabe aqui uma análise pormenorizada desta sublime mística cisterciense. Suas ideias principais podem resumir-se no seguinte: a alma é criada segundo a imagem de Deus; ela é grande por ser capaz de Deus e é reta enquanto aspira às coisas de Deus. A alma que perde este desejo e tende às coisas da terra se "recurva"; mas, graças à sua grandeza nativa, ela retém a possibilidade de retornar a Deus.

§ 2. A liberdade

Dentro dos moldes de sua antropologia São Bernardo elaborou uma psicologia da vontade, que merece uma exposição à parte. Não é possível isolar esta doutrina do seu contexto místico sem lhe fazer certa violência. Contudo, enquanto não perdermos de vista esta circunstância, poderemos não só expô-la sem receio de desfigurá-la, como também auferir grande proveito das novas perspectivas que nela se abrem para o campo filosófico.

1. O livre-arbítrio

O homem foi criado para participar da felicidade de Deus. Para ser feliz é mister que se possa gozar o bem desejado; para gozá-lo é preciso que se possa atingi-lo; e para atingi-lo requer-se um ato de assentimento ou afirmação. Ora, o poder de assentir implica a liberdade. Por isso o homem foi dotado de uma vontade livre, a que cabe decidir de sua salvação ou perdição eterna. Como vimos acima, o que o capacita a participar de Deus é precisamente esta sua vontade livre; pelo que a liberdade constitui a essência mesma da imagem de Deus no homem:

"*Sed enim adhuc unum occurrit, quod minime praeteribo: nec enim minus insignem similemve minus Verbo animam facit, et forte etiam plus. Arbitrii libertas haec est, plane divinum quiddam praefulgens in anima, tamquam gemma in auro*"[9]. Ao passo que Agostinho repõe a imagem de Deus preferentemente no espírito do homem, com suas potências e relações mútuas, São Bernardo propende mais para a opinião dos Padres Gregos, vinculando a ideia da imagem com a da liberdade[10].

---

8. Ibid., 82, 7; 1180 Cs. Cf. sermão 83 e o texto anexo.
9. In Cant. 81,6; 1173 Cs. Cf. De gratia et libero arbitrio 1,2; 1002 B.
10. Cf. De grat. et lib. arb. 9,28; 1016 B: "et imaginem quidem in libertate arbitrii..."

O livre-arbítrio é uma estrutura complexa que, além dos fatores "livre" e "arbítrio", contém dois outros aspectos, relacionados a outras potências da alma.

1. O fator "livre"

A vontade consiste essencialmente no poder de consentir ou dissentir. Onde há vontade, ali há liberdade: liberdade da necessidade (*libertas a necessitate*) ou, em vista da incompatibilidade entre liberdade e constrangimento, liberdade da coação (*libertas a coactione*):

> "*Sola igitur voluntas, quoniam pro sui ingenita libertate, aut dissentire sibi, aut praeter se in aliquo consentire, nulla vi, nulla cogitur necessitate; non immerito iustam vel iniustam, beatitudine seu miseria dignam ac capacem creaturam constituit*"[11].

A liberdade da necessidade e da coação é um privilégio inseparável da vontade; encontra-se da mesma maneira em todos os seres dotados de vontade: nos homens, nos anjos, em Deus; possuem-na, igualmente, os santos e os pecadores. Nem mesmo o pecado, pois, é capaz de anulá-la: "*Manet ergo libertas voluntatis, ubi etiam fit captivitas mentis, tam plena quidem in malis, quam in bonis, sed in bonis ordinatior; tam integra quoque pro suo modo in creatura, quam in Creatore, sed in illo potentior*"[12]. Por este motivo o próprio pecador continua a ser uma imagem de Deus.

2. O fator "arbítrio"

O segundo fator constitutivo do livre-arbítrio é uma energia espiritual. O "arbítrio" envolve conhecimento e julgamento. A vontade é apta a julgar seus próprios atos, isto é, a decidir de sua bondade ou malícia.

Por isso o livre-arbítrio não é apenas autodeterminação livre, mas também autojulgamento, dado que o ato volitivo, enquanto ato de um ser racional, vem sempre acompanhado de um ato cognoscitivo. Este poder de autojulgamento inere ao próprio livre-arbítrio, e por isso é inamissível[13].

3. A *libertas consilii et complaciti*

O livre-arbítrio, e, portanto, a liberdade da necessidade e da coação, estão sempre presentes onde quer que haja uma vontade que se julgue a si mesma; entretanto, há duas outras liberdades que, embora devessem acompanhar o livre-arbítrio, são contudo facilmente amissíveis. Pois nem sempre tomamos a reta decisão, e nem sempre nos regozijamos no que é objetivamente reto.

Como se vê, a estrutura do ato volitivo é bem mais complexa do que poderia parecer à primeira vista. A decisão da vontade é precedida de uma espécie de reflexão sobre se algo deve ser feito ou não, bem como de um ato de agrado ou desagrado. Aquela consiste na ponderação dos motivos, e este é o efeito da atração ou da repulsa que os motivos exercem sobre o sujeito; a decisão final, por sua vez, procede de um ato livre da vontade. A ponderação dos motivos

---

11. Ibid., 3, 6; 1004ss.
12. Ibid., 4, 9; 1007 A.
13. Cf. ibid., 4, 11; 1007 Cs. e 3, 6; 1004 Ds.

chama-se *consilium*, e *complacitum* o ser-solicitado pelos mesmos motivos: "*Arbitrium quippe iudicium est. Sicut vero iudicii est discernere quid liceat, vel quid non liceat: sic profecto consilii probare quid experiat, vel non experiat: sic complaciti quoque experiri quid libeat, vel non libeat*"[14]. Em poucas palavras: o *consilium* tem a função de oferecer ao livre-arbítrio os objetos; estes são aceitos ou rejeitados pelo *complacitum*, que lhes avalia o valor subjetivo; ao livre-arbítrio, enfim, compete tomar a decisão definitiva.

O livre-arbítrio é simplesmente inamissível; a *libertas complaciti*, ao contrário, pode perder-se, o que infelizmente acontece com frequência. Enquanto o livre-arbítrio é um poder de decisão e autodeterminação, a *libertas consilii* é a aptidão de bem avaliar os valores em vista da ação, e, portanto, de nos libertar do pecado; a *libertas complaciti* é o poder da complacência imperturbada nos referidos valores, pela qual nos libertamos da miséria:

"*Utinam tam libere nobis consuleremus, quam libere de nobis iudicamus! Ut quemadmodum libere per iudicium licita illicitaque decernimus; ita per consilium et licita, tamquam commoda, nobis eligere; et illicita, tamquam noxia, respuere liberum haberemus. Iam enim non solum liberi arbitrii, sed et liberi procul dubio consilii, ac per hoc et a peccato liberi essemus. Sed quid si totum, solumque quod expediret vel liceret, etiam liberet? Nonne liberi quoque esse complaciti merito diceremus, quippe qui ab omni proinde, quod displicere potest, hoc est ab omni nos miseria, liberos sentiremus*"?[15]

II. Liberdade e servidão

O homem é imagem de Deus pelo *liberum arbitrium*, e semelhança de Deus pelo *liberum consilium* e o *liberum complacitum*; esta pode ser perdida, aquela não. Só a posse de todas estas liberdades, porém, o torna verdadeira e perfeitamente livre. A perda do *liberum consilium* e do *liberum complacitum*, ocasionada pelo pecado original, reduziu o homem à condição de escravo.

Mas como pôde ele perder aquelas liberdades? A princípio, o homem era naturalmente livre de toda coação, e sobrenaturalmente isento do pecado e da miséria. Mas, infelizmente, ele abusou de sua liberdade. Tal abuso foi possível porque as duas formas superiores da liberdade – em oposição à liberdade fundamental do livre-arbítrio – são passíveis de certa gradação. Com efeito, cada espécie de liberdade admite pelo menos dois graus. Assim, a *libertas consilii*, que consiste na reta avaliação das coisas, e, portanto, na liberdade do pecado, pode significar: a) impecabilidade (*non posse peccare*), que é própria de Deus, dos anjos e dos bem-aventurados, e b) o poder de não pecar (*posse non peccare*), e este é o grau inferior da *libertas consilii*. Semelhantemente, a *libertas complaciti* comporta um grau superior: o não-poder-sofrer (*non posse turbari*), e um grau inferior: o poder-não-sofrer (*posse non turbari*). Ainda que o homem só possua o grau menos perfeito dessas liberdades, a sua posse lhe assegura uma posição privilegiada entre a totalidade dos seres vivos. Graças à sua vontade livre, ele é o único ser capaz de alcançar uma genuína vitória, pois a liberdade não lhe foi dada para pecar, mas para triunfar do pecado.

---

14. Ibid., 4, 11; 1007 Cs.
15. Ibid., 4, 11; 1007 D.

Todavia, em consequência do abuso da liberdade, o homem perdeu a liberdade do pecado e da miséria; o poder de não pecar e não sofrer transformou-se na impossibilidade de não pecar e não sofrer. Só lhe fica o poder de livre decisão. Donde a sua condição de escravo do pecado e devedor da morte[16].

Pela queda, o livre-arbítrio se vê na presença de uma razão em desacordo com a vontade, e de uma vontade em desacordo com a razão. Despojado da semelhança com Deus, fonte da sua dignidade sobrenatural, e descaído de sua antiga nobreza, o homem terminou por condenar-se ao exílio e à solidão da *regio dissimilitudinis*.

1. O descaimento do estado original

Essa deformação é um efeito da perda do poder de reta avaliação e da reta complacência nas coisas. A perda da reta complacência conduz à deformação do amor e da vontade, que de "vontade comum" se desfigura em "vontade própria"; o poder da justa avaliação, por sua vez, é suplantado pelo *proprium consilium*.

A vontade própria ou egoísta é um dos piores flagelos da alma. Mais pernicioso, por mais espiritual, é o *proprium consilium*, isto é, a teimosia e obstinação na avaliação das coisas. Por causa de sua natureza oculta, ele deve ser considerado como o mais nocivo de todos os males da alma. Corrompe-a na mesma medida em que a domina. O *proprium consilium* reina nos corações daqueles que, embora zelosos pela causa de Deus, carecem de conhecimento (como diz São Paulo), e se obstinam em seguir seus próprios erros, rejeitando toda instrução. Têm-se em conta de grandes e, desconhecendo a justiça de Deus, preferem confiar na própria justiça. Na verdade, é grande a presunção daquele que prefere seu próprio julgamento ao da comunidade inteira! Em suma, o *proprium consilium* não passa de uma espécie de idolatria mal disfarçada[17].

Eis, em resumo, o diagnóstico das liberdades humanas: no livre-arbítrio e na integridade do *liberum consilium* e do *liberum complacitum* consiste a saúde espiritual do homem; pela perda desta dupla integridade o homem se torna doente.

2. A cura da vontade

A cura da vontade pressupõe, necessariamente, a restauração daquelas duas liberdades. Embora fundamentalmente possível, graças ao livre-arbítrio, tal restauração é inexequível pelo só esforço humano.

O primeiro passo para o restabelecimento das referidas liberdades é a erradicação da vontade própria; tal renúncia, por sua vez, pressupõe que a intenção (*intentio*) volte a orientar-se pelo amor. Esta reorientação, enfim, pressupõe a cura da perversão capital que é o *proprium consilium*. A emenda da intenção requer que se submeta o próprio julgamento à verdade, pois ao saneamento da vontade deve preceder a cura da cegueira do entendimento[18]. É mister que a vista interior volte a ser lúcida, simples e verdadeira; o que só é possível pela fé[19].

---

16. De gratia et lib. arb. 7, 21-23; 1013 Ass.
17. In tempore Resurrectionis sermo 3, 4; t. 183. 290 Cs. Cf. 3; 289 D.
18. Liber de praecepto et dispensatione 14, 35-36; t. 182, 881 Ass.
19. Ibid., 41; 883 Bss.

§ 3. O amor

O amor é uma tendência muito natural da alma humana. Visto que tudo quanto compõe a nossa natureza depende imediatamente de Deus, é dever da alma voltar-se amorosamente para Ele como seu objeto e fim primeiro e natural. Justifica-se esta assertiva pela enumeração sumária dos motivos que impõem a todo homem, inclusive ao gentio, a obrigação de amar a Deus: todos os homens devem-lhe a existência, os bens corporais, tais como o ar, o alimento, a luz etc., os bens espirituais, tais como a razão que nos distancia do animal e, mormente, a *dignitas* humana por excelência: o livre-arbítrio[20].

I. Aberrações do amor

A despeito de tudo isso, o homem falhou ao seu dever de amar a Deus. Foi preciso que se lhe impusesse em forma de mandamento aquilo que de *per si* é reto e natural, a fim de forçá-lo a esse amor natural, que é o amor a Deus sem limites nem medida. Nessas condições o amor tem de, forçosamente, evoluir, passando por várias fases sucessivas de aperfeiçoamento[21].

1. O amor-próprio ou carnal como imposição da natureza

O primeiro grau do amor, no estado presente, é o amor a nós mesmos: "*Et est amor carnalis quo ante omnia homo diligit se ipsum propter seipsum*"[22]. Este amor, como se insinua em São Paulo, precede todas as demais modalidades de amor: "*Prius quod animale, deinde quod spirituale*" (1Cor 15,6).

Essa prioridade do amor-próprio ou "amor carnal" deve entender-se como uma necessidade decorrente da própria natureza humana. Pois o homem não é puro espírito, mas um ser composto de corpo e alma. O termo "carnal" significa precisamente a parte animal ou corpórea da natureza do homem, pela qual este é obrigado a satisfazer em primeira linha as necessidades do corpo. E estas necessidades, como sabemos por experiência, manifestam-se de maneiras muito diversas: "*Quis hominum nesciat quod necessitas hominum revera quam multiplex sit? quis sufficiat, quam sit multiplex, explicare? Ipsa nos erudit experientia, ipsa vexatio dat intellectum*"[23].

2. O amor de concupiscência

Embora o amor-próprio, enquanto exigência necessária da natureza, não seja pecaminóso, ele não deixa, contudo, de constituir um mal, em vista de sua depravação pelo pecado original. Longe de ser uma necessidade importuna, o amor carnal degenera em concupiscência, e como tal nos atrai e solicita. A concupiscência é o amor-próprio a extravagar dos limites da necessidade.

---

20. De diligendo Deo 2, 2-5; 975ss.
21. Ibid., 8, 23; 987 Ds.
22. Ibid., 988 A.
23. In Psalm. Qui habitat, sermo 11,3; 226 B. Cf. tb.: De dil. Deo, 8, 13; 981 Ds.

Ao passo que a necessidade concerne principalmente ao corpo, a concupiscência nasce do coração; donde a violência e a multiplicidade das suas manifestações. O coração humano ama as coisas terrenas por crer encontrar nelas a sua felicidade. Entretanto, tais coisas externas não só não conseguem satisfazê-lo, senão que, ao contrário, o tornam infeliz: "*Et necessitas quidem ex infirmitate carnis, cupiditas ex cordis inedia et oblivione procedit. Idcirco enim alienum mendicat anima, quod oblita sit comedere panem suum: propterea terrenis inhiat, quod minime caelestia meditetur*"[24]. Destarte a primeira forma do amor se perverte pela concupiscência. O elemento animal sobrepuja o elemento espiritual, não só por causa da corporeidade característica do ser humano, mas por causa da corrupção de sua natureza pelo pecado; e esta corrupção é o que transforma a *anima recta* em *anima curva*.

3. Vontade própria e vontade comum

Para facilitar a compreensão desta *curvatura* Bernardo distingue um duplo movimento na vontade ou no amor: um movimento egoístico (*vontade* própria) e um movimento desinteressado (*vontade* comum). Entre estas duas vontades existe uma oposição diametral. A vontade desinteressada ou comum constitui a caridade: "*Porro communis voluntas charitas est*"[25].

E assim chegamos ao termo da nossa descrição da deturpação do estado original do homem. Ao passo que a caridade ou vontade desinteressada inclina o homem a partilhar seus bens com outros, a vontade própria ou concupiscência nada quer compartilhar, quer com Deus, quer com o próximo, mas deseja reter tudo para si. É uma enfermidade fatal da alma. Por causa de sua oposição direta com a caridade, e portanto com Deus, que é a caridade em pessoa, a vontade própria se vê em estado de guerra contra Deus: "*Porro voluntas propria quo furore Dominum maiestatis impugnet, audiant et timeant servi propriae voluntatis. Primo namque seipsam et subtrahit et subducit eius dominatui, cui tamquam auctori servire iure debuerat, dum efficitur sua. Sed numquid contenta erit hac iniuria? Nequaquam: addit adhuc et quod in se est, omnia quoque quae Dei sunt, tollit et diripit. Quem enim modum sibi ponit humana cupiditas...* (segue-se uma comparação com a cobiça). *Dico fiducialiter: nemini qui sit in propria voluntate posset universus mundus sufficere. Sed utinam vel rebus ipsis esset contenta, ne in ipsum, horribile dictu, desaeviret auctorem! Nunc autem et ipsum, quantum in ipsa est, Deum perimit voluntas propria. Omnino enim vellet Deum peccata sua aut vindicare non posse, aut nolle, aut ea nescire. Vult ergo Deum non esse Deum, quae quantum in ipsa est, vult eum aut impotentem, aut iniustum esse, aut insipientem. Crudelis plane et omnino exsecranda malitia, quae Dei potentiam, iustitiam, sapientiam perire desiderat. Haec est crudelis bestia, fera pessima, rapacissima lupa, et leaena saevissima. Haec est immundissima lepra animi*"[26].

II. A cura do amor

O desamparo em que se encontra o homem na *regio dissimilitudinis* não é motivo para desespero, dada a indestrutibilidade da imagem de Deus na alma. A graça, a fé e

---

24. Ibid., 226 D. Cf. De dil. Deo 8, 23: 988 A.
25. In tempore Resurrectionis sermo 2, 8; t. 183, 286 BC.
26. Ibid., 3, 3; 290 Ass.

o arrependimento sincero tornam possível a reconquista do amor e a restauração da divina semelhança. E uma vez restabelecida a caridade, a vontade própria cede lugar ao amor desinteressado. Com o amor de Deus, a alma recupera sua verdadeira vida, a vida divina, pois Deus é amor. E este amor atinge o seu ponto culminante nas núpcias espirituais da alma com o Verbo[27].

O passo inicial no caminho do retorno a este amor perfeito é a humildade. Esta pode definir-se como a virtude pela qual o homem adquire um conhecimento verdadeiro de si mesmo e de sua própria miséria: "*Humilitas est virtus qua homo verissima sui agnitione sibi ipsi vilescit*"[28]. A humildade é, ao mesmo tempo, o primeiro grau da verdade, e esta nos reconduz à caridade em três graus sucessivos:

O *primeiro grau* da verdade é, como vimos, o reconhecimento da nossa própria miséria.

O *segundo grau* é a caridade; pois o conhecimento próprio desperta um sentimento de compaixão sincera para com a miséria dos nossos semelhantes; de sorte que o amor social e as obras de caridade têm sua raiz na humildade.

O *terceiro grau* é atingido quando o homem, plenamente purificado, volve a sua atenção para a contemplação das coisas invisíveis: "*Cum sint itaque tres gradus seu status veritatis, ad primum ascendimus per laborem humilitatis, ad secundum per affectum compassionis, ad tertium per excessum contemplationis. In primo veritas reperitur severa; in secundo, pia; in tertio, pura. Ad primum ratio ducit, qua nos discutimus; ad secundum affectus perducit, quo aliis miseramur; ad tertium puritas rapit, qua ad invisibilia sublevamur*"[29].

De modo semelhante, e ainda a partir da consideração da própria miséria, podemos distinguir quatro graus de amor:

Primeiro grau: o homem se ama a si mesmo sob o império da necessidade; este é o *amor carnal*.

Segundo grau: o homem reconhece sua miséria e se dá conta da precisão que tem de Deus; e assim dá o primeiro passo no amor de Deus, embora ainda não o ame por Ele mesmo, mas em atenção ao seu próprio interesse.

Terceiro grau: graças a um conhecimento sempre mais perfeito de Deus e a uma crescente intimidade com Ele, o homem começa a amá-lo por Ele mesmo, mas também em vista de seu próprio bem, por haver experimentado em si próprio a doçura do seu Deus. Este estágio sói ser o mais longo de todos, e é provável que o homem jamais consiga ultrapassá-lo na vida presente.

Quarto grau: o homem se ama a si mesmo única e exclusivamente por causa de Deus: "*nescio si a quopiam hominum quartus in hac vita perfecte apprehenditur, ut se scilicet diligat homo tantum propter Deum. Asserant hoc si qui experti sunt: mihi, fateor, impossibile videtur... Quasi enim miro quodam modo oblitus sui, et a se penitus velut deficiens, totus perget in Deum: et deinceps adhaerens ei, unus cum eo spiritus erit*" (1Cor 6,17) [30].

Nesse grau supremo do amor o homem atinge a sua perfeição. A necessidade e a concupiscência se desvanecem. Contudo, nem mesmo esse amor supremo exclui o amor-próprio,

---

27. In Cantic. 83, p. 1.181ss.

28. De gradibus humilitatis 1, 2; 942 B.

29. Ibid., 6, 19; 952 BC. Cf. capítulos precedentes, e a relação entre os graus da *verdade* e as bem-aventuranças do Sermão da Montanha. É interessante notar que, embora as obras de caridade e do amor social procedam do reconhecimento da própria miséria, o dever de praticá-las é derivado da justiça, que se opõe ao *amor-próprio* e à *vontade própria*. Cf. De dil. Deo 8, 23; 988 BC.

30. De dil. Deo 15,39; 998 D.

pelo menos em sua forma totalmente purificada pelo amor a Deus. Numa palavra: o homem torna a ser uma perfeita semelhança de Deus, e essa assemelhação ou deificação faz com que ele se ame a si mesmo enquanto semelhança de Deus. O amor a Deus e o amor à sua semelhança, que é o homem, vêm a ser uma só e mesma coisa[31].

Apreciação

São Bernardo é o doutor por excelência da mística, e como tal foi tido na mais alta estima por toda a Idade Média. Dante, nos últimos cantos da *Divina Comédia*, escolheu-o por guia no caminho da união mística. Como mestre da ascese e da mística sua influência foi profunda e duradoura. Desde os Vitorinos até São Boaventura os grandes mestres da espiritualidade medieval vão se inspirar nos seus escritos. Em todos eles, o ardor do amor místico vai de mãos dadas com o esplendor das ciências profanas. Ainda hoje, o grande místico e asceta faz jus à nossa gratidão, mercê de suas profundas intuições psicológicas, notadamente no domínio da vontade.

A união do homem com Deus

Quo contra homo et Deus, quia unius non sunt substantiae vel naturae; unum quidem dici non possunt, unus tamen spiritus certa et absoluta veritate dicuntur si sibi glutino amoris inhaereant. Quam quidem unitatem non tam essentiarum cohaerentia facit, quam convenientia voluntatum.

Patet, ni fallor, satis non modo diversitas, sed et disparitas unitatum, una in una, altera in diversis existente essentiis. Quid tam distans a se, quam unitas plurium et unius? Ita inter unitates, ut dixi, disterminat unus et unum, quod per unum quidem in Patre et Filio essentiae unitas; per unus vero inter Deum et hominem non haec, sed consentanea quaedam affectionum pietas designatur.

Deus e o homem, porém, não se identificam nem pela substância nem pela natureza; por isso não podemos dizer que sejam uma só coisa; contudo, podemos afirmar com absoluta verdade e certeza que são um só espírito, desde que se encontrem unidos pelos laços do amor. Este serum, porém, decorre menos de uma associação das essências do que da harmonia das vontades.

Patenteia-se assim, salvo engano meu, de maneira suficiente, não só a diversidade, como ainda a disparidade dessas duas unidades; pois se aquela se encontra até num mesmo ser, esta só se verifica entre essências diversas. Haverá uma distância comparável à que existe entre a unidade de vários e a unidade de um só? É, pois, pelo *unus* e pelo *unum* que essas duas unidades se delimitam uma da outra. Com efeito, o *unum* designa a unidade da essência no Pai e no Filho, ao passo que o *unus* não designa o mesmo entre Deus e o homem, mas sim uma comunhão íntima de amor.

---

31. Cf texto anexo.

Cum adiectione tamen etiam Pater et Filius sanissime dicuntur unus; verbi causa, unus Deus, unus Dominus, et quidquid aliud est, quod ad se quisque, et non ad alterum dicitur. Siquidem non est illis diversa divinitas sive maiestas, non magis quam substantia, vel essentia, vel natura. Nempe haec ipsa omnia, si pie consideres, non diversa seu divisa in illis, sed unum sunt. Minus dixi: unum sunt et cum illis.

Quid illa unitas, qua multa corda unum, et multae animae una leguntur? Nec censenda, ut reor, nomine unitatis, comparata huic, quae non multa unit, sed unum singulariter signat. Ergo singularis ac summa illa est unitas, quae non unitione constat, sed exstat aeternitate. Nec sane hanc spiritualis illa praefata manducatio facit, quia nec fit. Est enim. Multo minus eam facere putanda est essentiarum qualiscumque coniunctio, seu consensio voluntatum, quia non sunt.

Una enim illis, ut dictum est, et essentia, et voluntas; uni vero non est consensus, non compositio, non copulatio, aut tale aliquid. Duas esse oportet ad minus voluntates, ut sit consensus; duas aeque essentias, ut sit coniunctio sive unitio per consensum...

Atqui Deum et hominem, quia propriis exstant ac distant et voluntatibus et substantiis, longe aliter in se alterutrum manere sentimus, id est non substantiis confusos, sed voluntatibus consentaneos. Et haec unio ipsis communio voluntatum, et consensus in charitate. Felix unio, si experiaris; nulla, si comparaveris.

In Cantica Canticorum sermo 71,8-10; ML t. 183, c. 1125 Bss.

É verdade que, em certo sentido, também o Pai e o Filho podem dizer-se *unus*; é o que fazemos, por exemplo, ao falarmos de um Deus, de um Senhor etc.; pois dizemos isso de cada um em particular, e não em relação ao outro. Pois eles não possuem uma divindade ou majestade diversa, tampouco como têm uma substância ou essência ou natureza diversa. Pois todas estas coisas, se as considerares com reverência, não são diversas nem divididas neles, mas uma só coisa. Que digo? são também uma só coisa com eles.

Que será então aquela unidade pela qual muitos corações e muitas almas se dizem uma só coisa? Não me parece que lhe devamos dar o nome de unidade, se a compararmos àquela que não une muitas coisas, mas designa um único de maneira inteiramente singular. Logo, a unidade singular e suprema é aquela que não resulta de uma associação, mas que vigora desde a eternidade. Esta não se efetua em virtude do referido ágape espiritual, posto que nem sequer é produzida. Ela é, pura e simplesmente. Muito menos devemos fazê-la proceder de uma como aliança de essências, ou de um consenso de vontades, pois nada disso ali existe.

Pois, como já se disse, eles têm uma só essência e uma só vontade. No que é único, porém, não há lugar nem para o consenso, nem para a composição, nem para a ligação, ou outra coisa qualquer do mesmo gênero. Para que possa haver consenso, requerem-se pelo menos duas vontades; semelhantemente, deve haver duas essências para que haja uma reunião ou unificação por consenso.

Ora, Deus e o homem subsistem em si mesmos e se distanciam por suas próprias vontades e substâncias; a nosso ver, eles se mantêm unidos um ao outro de maneira inteiramente diversa, a saber: não pela confusão das substâncias, mas pela harmonia das vontades. Esta união consiste, pois, na comunhão das suas vontades e no consenso da caridade. União feliz, se a conheceres por experiência! Nenhuma, se a comparares!

CAPÍTULO VI
PEDRO ABELARDO

Já no curso do século XII a vida filosófica e teológica tende a se centralizar progressivamente em Paris. Mais adiante examinaremos os motivos deste significativo movimento histórico. Cingir-nos-emos a observar aqui que tal evolução se deve, em grande extensão, a um grupo de homens eminentes aos quais esta cidade ou suas imediações ofereceram um ambiente fecundo e uma atmosfera favorável para a elaboração de suas doutrinas e o estabelecimento de suas escolas. Entre eles Pedro Abelardo ocupa uma posição de destaque.

Para bem compreender a personalidade e a obra de Abelardo é mister situá-lo na linha de evolução que parte dos dialéticos e de Santo Anselmo. Com aqueles, Pedro compartilha o talento e a propensão para a lógica, e, com este, o empenho sincero de elucidar os mistérios da fé por via racional. Mas, ao passo que em Anselmo predomina a especulação, a tendência de Abelardo é mais acentuadamente lógica. Por isso é a Abelardo, e não a Anselmo, que cabe o mérito de haver confinado a dialética desenfreada a seus justos limites. Para avaliar da contribuição de Abelardo em prol de uma lógica sã, estruturada ao modelo da de Aristóteles, basta comparar-lhe a obra com as produções sofísticas de certos dialéticos daqueles dias. Apenas um exemplo: ainda em 1132 um certo Adão Parvipontanus (Ars Dialectica) julgava impossível decidir se um animal é conduzido ao mercado pelo respectivo dono ou pela corda que o prende. O merecimento precípuo de Abelardo é ter feito da lógica um instrumento útil à teologia.

Vida – A obra de Abelardo é inseparável de sua vida. Por isso preferimos biografá-lo na introdução às duas partes principais de sua doutrina.

Obras e edições:
I. Obras lógicas:
1. *Introductiones parvulorum* ou Glosas menores; compostas antes de 1120. – Alguns excertos foram publicados por Cousin: Ouvrages inédits d'Abélard. Paris, 1836.
2. *Dialectica,* em três redações:
    a) Logica *Ingredientibus* (o título é de Geyer; *Ingredientibus* é a palavra inicial da obra). Consta de glosas e comentários a Porfírio, às Categorias e ao Perihermenias. Foi redigida, provavelmente, entre 1113 e 1123. – Ed. Geyer, em Beiträge, Bd. 21, 1-503, 1933.
    b) Logica *Nostrarum petitioni*. Uma refundição parcial da obra anterior, contendo apenas as glosas sobre Porfírio. – Ed. Geyer, ibid., 506-588.
    c) Dialectica. Um tratado independente, mas incompleto, de lógica. – Ouvrages inédits d'Abélard. Ed. Cousin, Paris: 1836.

II. Obras teológicas:
1. *De unitate et trinitate divina.* – Friburgo (Br.): Ed. R. Stölzle, 1891.
2. *Theologia christiana*, em 5 livros. É uma reelaboração da obra precedente, que fora condenada. – ML t. 178, 1123-1330.
3. *Theologia* (por vezes denominada, erroneamente, de *Introductio in Theologiam*), em três livros; é uma segunda refundição do De unitate et trinitate divina. – ML t. 178, 979-1114.
4. *Sic et non*. Uma coletânea de citações tiradas dos Santos Padres (*autoridades*), destinada a estimular a reflexão pessoal. Precursor da *quaestio* escolástica. – ML t. 178, 1339-1610.

III. Obras éticas:
Ethica seu Scito teipsum. Trata do problema da moralidade dos atos humanos. ML t.178, 633-678.

IV. Obras autobiográficas:
Historia calamitatum. Descrição dos fatos mais notáveis de sua vida. – ML t. 178, 113-182.

Este relato é complementado pela correspondência de Abelardo com Heloísa. A autenticidade destas cartas tem sofrido algumas dúvidas; hoje, porém, parece geralmente admitida: ML t. 178, 182-326.

§ 1. O Lógico

Filho de um cavaleiro, nasceu Abelardo em Bourg du Palais (donde a designação de *Palatinus*), perto de Nantes, em 1079. O pai, que fizera alguns estudos antes de abraçar a carreira militar, fê-lo instruir cuidadosamente em todas as ciências da época. Abelardo se afeiçoou profundamente aos estudos, a ponto de renunciar, por amor a ele, à carreira militar e ao direito de primogenitura. No fundo, porém, continuou a ser soldado. Amava os torneios da lógica: "*Et quoniam dialecticarum rationum armaturam omnibus philosophiae documentis praetuli, his armis alia commutavi, et tropaeis bellorum conflictus praetuli disputationum*"[1]. Ansioso por demonstrar sua perícia neste gênero de liça espiritual, demandava todos os lugares onde se ensinasse a dialética, vindo a se tornar um verdadeiro peripatético[2].

Educou-se Abelardo na escola de Roscelino, o nominalista. Suas peregrinações terminaram por trazê-lo a Paris, onde a dialética era altamente estimada; fez-se discípulo do realista Guilherme de Champeaux, o mais afamado dentre os mestres daquela cidade[3]. A simpatia inicial de Guilherme pelo jovem discípulo não tardou em se converter em profunda antipatia, pois, não contente de lhe criticar certas doutrinas, Abelardo ocasionalmente o derrotava nos debates escolares. Sua dialética pugnaz lhe mereceu, outrossim, a aversão e a inveja dos condiscípulos, que se sentiam diminuídos com seus sucessos. Compreende-se, pois, que Abelardo datasse o começo de suas *calamidades* destes êxitos iniciais na arte da dialética[4].

Com o apoio de alguns amigos influentes Abelardo pôde vencer as resistências e intrigas de Guilherme e fundar uma escola em Melun, nas cercanias de Paris. "Desde o início de minha docência, escreve ele, a minha mestria na lógica se tornou universalmente conhecida e fez de-

---

1. Historia Calamitatum I; 115 A.
2. Ibid.
3. Ibid., 2; 115 Bs.
4. Ibid.; cf. Epístola 17; 375 C: "*Soror mea Heloissa quondam mihi in saeculo chara, nunc in Christo charissima, odiosum me mundo reddidit logica*".

clinar a estrela dos meus colegas de outrora, e até mesmo a do meu antigo mestre"⁵. O sucesso desta primeira empresa o animou a apertar o cerco de Paris, transferindo sua escola para Corbeil, "*ut inde videlicet crebriores disputationis assaltus nostra daret opportunitas*"⁶.

Todavia, uma enfermidade, contraída em consequência do excesso de trabalho, forçou-o a interromper, por vários anos, a atividade escolar. Retirou-se à sua província natal. Restabelecido, regressou a Paris, a instâncias dos amigos, para estudar retórica sob a direção de seu antigo mestre, Guilherme de Champeaux. Contudo, o rompimento inevitável e definitivo não se fez esperar. Pois Guilherme, que entrementes ingressara na Ordem dos Cônegos Regulares, continuava a defender sua antiga concepção sobre a natureza dos universais⁷. Ensinava que uma e mesma coisa (*res*), essencialmente universal, encontra-se ao mesmo tempo nos vários indivíduos da mesma espécie, de sorte que estes não se distinguem quanto à essência, mas apenas pelo conjunto dos acidentes. As críticas de Abelardo, porém, obrigaram-no a modificar sua concepção, e a admitir que aquela mesma e única *res* não existe *essentialiter*, mas só *indifferenter*, nas coisas individuais. Esta derrota lançou tamanho descrédito sobre as lições de Guilherme, que este só a custo pôde manter sua cadeira de lógica: "*quasi in hac scilicet de universalibus sententia tota huius artis consisteret summa*"⁸.

A luta se inclinava claramente para a parte de Abelardo. Guilherme cedeu sua cadeira a um discípulo que, por sua vez, a ofereceu a Abelardo. Poucos dias após, as maquinações de Guilherme constrangeram-no a sair de Paris, e a cadeira foi confiada a um dos seus rivais, também ele discípulo de Guilherme. Finalmente o velho mestre, fatigado com a luta e desgostoso pela oposição que deparara em sua própria Ordem, decidiu se retirar de Paris. Abelardo, que reabrira sua escola em Melun, imediatamente renovou o assalto contra Paris e contra o seu novo rival: "*Sed quia, ut diximus, locum nostrum ab aemulo nostro fecerat occupari, extra civitatem in monte S. Genovefae scholarum nostrarum castra posui, quasi eum obsessurus, qui locum occupaverat nostrum*"⁹. Informado do que se passava, Guilherme voltou a Paris, decidido a pôr fim ao cerco de Abelardo contra o seu atribulado discípulo: "*quasi militem, quem deseruerat, ab obsidione nostra liberaturus*"¹⁰. Mas ambos foram derrotados, e todos os seus alunos se passaram para a escola do contendor vitorioso, que finalmente se tornara o mestre indiscutido da dialética. Todavia, Abelardo não pôde desfrutar plenamente o seu triunfo, pois teve de voltar à terra natal a pedido de sua mãe que, a exemplo do marido, desejava se retirar a um convento¹¹.

Todas essas controvérsias giravam em torno da questão dos universais. Como Boécio, assim Abelardo deparou este problema logo no início da *Isagogé* de Porfírio. Como se sabe, Porfírio deixara sem solução os seguintes três problemas, por ele formulados:

1) Qual o modo de existência dos universais? Existem eles na realidade, ou apenas no pensamento? (*utrum verum esse habeant an tantum in opinione consistant*)¹²

---

5. Ibid., 2; 117 A (segundo Brost).
6. Ibid., 118 A.
7. Ibid., 119 A.
8. Ibid., 119 Bs.
9. Ibid., 120 Cs.
10. Ibid., 121 A.
11. Ibid., 122 A.
12. Ed. Geyer, 7, 35.

2) Se se admite a existência real, serão eles de natureza corporal ou incorporal[13]?

3) Estão eles separados das coisas sensíveis ou no interior delas[14]?

À guisa de esclarecimento, Abelardo acrescenta uma quarta questão:

4) É necessário que exista alguma *coisa* correspondente à denominação dos gêneros e das espécies enquanto tais, ou pode o universal continuar a existir graças à significação do conceito (*ex significatione intellectus*), mesmo se todos os indivíduos assim denominados fossem destruídos? Por exemplo, que sentido teria a palavra *rosa*, se todas as rosas deixassem de existir[15]?

Todas essas questões concernem à natureza dos conceitos universais. Por isso Abelardo crê poder reduzi-las a uma só: Onde se encontram os universais: só nas palavras ou também nas coisas[16]?

I. O universal não é uma coisa

Guilherme de Champeaux se esforçara por provar a existência de um elemento universal nas próprias coisas. Em apoio desta tese propusera duas teorias, ambas refutadas por Abelardo:

1) Segundo a primeira teoria, o universal é uma *res*, uma coisa, ou uma realidade essencialmente idêntica na diversidade das coisas.

Esta coisa universal existe por si mesma e constitui a essência material das coisas individuais. Embora uma em si mesma, esta substância universal diversifica-se pelas formas dos *inferiora*, ou seja, dos representantes da respectiva classe. Sem estas formas não haveria diferença alguma entre as coisas de uma mesma classe; só existiria a *matéria* essencialmente idêntica, a saber, a essência universal. Por exemplo: nas pessoas numericamente distintas há uma mesma substância, que se torna Platão em virtude de certos acidentes, e Sócrates em virtude de outros. De modo semelhante, há nos seres vivos uma só substância, que é essencialmente a mesma em todos eles: a substância *animal*. Assim como a cera assume as mais diversas formas, tais como a de homem, de boi etc., assim esta substância universal se apresenta sob a forma das várias espécies de seres vivos, graças às formas diferentes que pode revestir. Mas ao passo que uma figura de cera não pode representar simultaneamente um homem e um boi, a substância universal se encontra ao mesmo tempo e toda inteira nas coisas; pois ela é comum e universal por si mesma, e não se singulariza senão pelas formas a ela acrescentadas. Portanto, esta substância universal é comum por sua natureza, mas singular *in actu*; é incorpórea e não sensível na simplicidade de sua universalidade, mas existe sensivelmente em virtude dos acidentes[17].

Segundo Abelardo, esta opinião é insustentável, pois embora venha abonada por certas autoridades, ela é inteiramente incompatível com os dados da física: "*Cui etsi auctoritates*

---

13. Ibid., 7, 37s.
14. Ibid., 38s.
15. Ibid., 38s.
16. Ibid., 8, 16s.
17. Ibid., 10, 17ss. Cf. Historia Calamitatum 2, 119.

plurimum videantur, physica medis omnibus repugnat"[18]. Com efeito, se nos indivíduos existe uma *res* essencialmente idêntica, e se eles se distinguem apenas pelas formas, segue-se que uma e a mesma coisa reveste simultaneamente formas opostas; por exemplo, a *animalidade*, essencialmente idêntica no homem e no bruto, apresenta as formas opostas da racionalidade e da irracionalidade. O que é impossível, além de contrariar a autoridade de Aristóteles[19].

Ademais, segundo esta opinião não poderia haver senão dez essências, posto que em cada categoria não há mais que uma essência, que se diversifica pelas formas subordinadas. Como as substâncias, assim todas as quantidades, qualidades e demais acidentes se reduziriam a uma só e mesma coisa essencialmente idêntica. Todas as qualidades de Sócrates e de Platão, por exemplo, seriam essencialmente idênticas, e bem assim suas quantidades e todos os outros acidentes. Numa palavra, não restariam quaisquer formas que pudessem originar a diversidade dos indivíduos: "*Quare nec ex formis ulla potest esse differentia, quae nec in se diversae sunt sicut nec substantiae*"[20].

Desses e de outros argumentos análogos se conclui que tal opinião é irrazoável (*ratione carere*[21]).

2) A segunda teoria afirma que o universal é uma *res*, que não é essencialmente, mas só indiferentemente idêntica nos distintos indivíduos.

Abelardo admite que esta teoria já está mais próxima da verdade. Contudo, a modificação introduzida ainda não é bastante radical. Segundo esta opinião, cada indivíduo possui sua essência própria; o que está num indivíduo não está em outro. Em outros termos, os indivíduos são *pessoais*, isto é, individualmente distintos, tanto pela forma como pela matéria. Renuncia-se, pois, à individuação pelas formas subordinadas. Todavia, ainda persiste a ideia de uma *res* universal, e esta *res* não é essencialmente, mas só indiferentemente idêntica nos vários indivíduos. Por exemplo, dois homens, embora diferindo por si mesmos, são contudo idênticos no *ser-homem*, isto é, não diferem quanto à natureza humana; singulares ou individuais do ponto de vista da diversidade, permanecem universais sob o aspecto da indiferença e das semelhanças: "*eosdem quos singulares dicunt secundum discretionem, universales dicunt secundum indifferentiam et similitudinis convenientiam*"[22].

Também essa teoria de Guilherme é inaceitável. Com efeito, se tomarmos aquela *indiferença* ou *não diversidade* num sentido puramente negativo, segue-se que Platão não difere de Sócrates enquanto homem, posto que ambos são homens; mas, pela mesma razão se deve dizer que não diferem enquanto pedras, pois nem um nem outro é pedra[23]. Se, ao contrário, tomarmos aquelas expressões num sentido positivo – dizendo, por exemplo, que Platão enquanto homem convém com Sócrates enquanto homem –, então deparamos com as mesmas dificuldades apontadas na primeira solução. Como pode a *humanidade* ser comum a Platão e a Sócrates, se por hipótese todos os homens se diferenciam tanto por sua matéria como por sua

---

18. Ed. Geyer 11, 10s.
19. Ibid., 11, 11ss.
20. Ibid., 12. 27ss. Citação: ibid., 40.
21. Ibid., 13, 16.
22. Ibid., 14, 4ss. Cf. Historia Calamitatum 2; 119 B. Preterimos aqui duas outras versões desta opinião, provavelmente defendidas pelos discípulos de Guilherme.
23. Ibid., 16, 9ss.

forma? Se Sócrates convém com Platão pela *res* homem, e se fora de Sócrates ou de outro homem qualquer não há coisa alguma que seja um homem, segue-se que Sócrates deve convir com Platão, ou por si mesmo, ou por outro homem. Ora, é claro que, longe de convir com Platão, Sócrates difere dele. E, no que concerne ao outro *homem*, não há dúvida de que ele é, por sua vez, algum homem individual[24].

Do exposto se erui que Abelardo visa excluir toda sorte de universal ontológico, qualquer que seja o disfarce que possa revestir. Que se diga que os indivíduos têm em comum, ou participam, ou convêm, ou concordam na mesma essência, a resposta de Abelardo é invariável: não existe qualquer espécie de universalidade ou comunidade nas coisas.

II. O universal é um nome ou um "sermo"

Rejeitadas todas as formas de universalidade nas coisas, só nos resta atribuí-la às palavras ou aos nomes: *"Restat ut huiusmodi universalitatem solis vocibus adscribamus"*[25]. A universalidade desses nomes consiste precisamente em se poder predicá-los de várias coisas individuais: *"Est autem universale vocabulum quod de pluribus singillatim habile est ex inventione sua praedicari, ut hoc nomen 'homo', quod particularibus nominibus hominum coniungibile est secundum subiectarum rerum naturam quibus est impositum"*[26]. Importa notar, porém, que as designações *vox* ou *nomen* não se devem entender no sentido de um simples *flatus vocis*; seu sentido é antes o de um termo verdadeiramente significativo e designativo. Para ressaltar este ponto, Abelardo preferiu substituir-lhes, mais tarde, a denominação mais exata de *sermo*[27]. Vemos, pois, que ele está longe de reduzir a lógica à gramática[28].

1. Por que pode aplicar-se o mesmo nome a vários indivíduos?

A razão está em que certas coisas individuais, embora distintas tanto pela essência como pela forma, são contudo semelhantes umas às outras[29].

Exemplo: os homens individuais diferem entre si, e não obstante se assemelham pelo fato de serem homens, visto convirem no predicado *ser-homem*. O *ser-homem* não deve se confundir com o *convir-no-homem* (*conveniunt ... in homine*[30]). De fato, não há participação em alguma realidade comum, mas somente uma participação no mesmo predicado, que não representa uma realidade diversa nas coisas[31]: *"Cum enim in re, ut supra monstratum, nulla possit esse convenientia, si qua est aliquorum convenientia, secundum id accipienda est, quod non est res aliqua, ut in esse hominem Socrates et Plato similes sunt, sicut in non esse hominem equus et asinus, se-*

---

24. Ibid., 16, 3ss.
25. Ed. Geyer 16, 21.
26. Ibid., 16, 25s.
27. Cf. ibid., 16, 34.
28. Cf. 17, 12ss.
29. Ibid., 19, 21ss.
30. Ibid.
31. Ibid., 19, 25ss.

cundum quod utrumque non-homo vocatur. Est itaque res diversas convenire eas singulas idem esse vel non esse, ut esse hominem vel album vel non esse hominem vel non esse album"[32].

Para designar essa conveniência entre indivíduos distintos Abelardo costuma dizer que eles convêm no mesmo *estado* (*status*); por exemplo, os homens convêm no *estado de homem*, o que denota que, enquanto homens, eles não diferem entre si, embora não possuam qualquer essência real comum. O encontrar-se alguém no *estado de homem* não exprime algo diverso deste homem individual, mas simplesmente que este homem individual é um homem; e é exclusivamente este seu *estado* comum que é a causa do nome comum aplicável a todos eles, assim como o *estado* comum, graças ao qual muitas coisas não são tal ou qual coisa determinada, é a razão de um nome negativo comum, o qual certamente não representa nenhuma *essência*. Podemos dizer, pois: "*Statum quoque hominis res ipsas in natura hominis statutas possumus appellare, quarum communem similitudinem ille concepit, qui vocabulum imposuit*"[33].

2. A natureza das representações universais

As representações universais são imagens ou construções, e portanto, ficções do entendimento, as quais são semelhantes às coisas.

Nossos sentidos apreendem as qualidades das coisas por meio dos órgãos corporais. O entendimento, ao contrário, não necessita de tais órgãos, e nem sequer de um objeto corporal que lhe sirva de matéria para sua atividade; sendo incorporal, basta-lhe uma semelhança da coisa, a qual é produzida pelo espírito; e é para esta semelhança que se dirige a atividade do intelecto. Suponhamos que se trate de conhecer uma torre; se esta for destruída, ou se a perdermos de vista, o conhecimento sensível cessa; não assim o ato do entendimento, porque este é capaz de conservar uma imagem espiritual da torre. Pois bem: assim como o ato dos sentidos não é a própria coisa apreendida, assim o ato do intelecto não é a própria forma por ele apreendida. O intelecto é um ato da alma, e a forma é o efeito dessa atividade: uma *coisa imaginada*, uma *res ficta*[34].

É mister, pois, distinguir cuidadosamente entre a coisa real e singular, a atividade dos sentidos, a do entendimento, e a forma ou semelhança produzida pelo entendimento. Enquanto apreendida pelo entendimento (enquanto ato) essa forma é algo *imaginado*, e como tal não se enquadra em nenhuma categoria; é comparável às cidades que vemos em sonhos, ou às ideias que o espírito do artista concebe antes de realizá-las na obra de arte[35]. Assim Abelardo antecipa a teoria da *ficção* dos escolásticos do século XIV (Auréolo e a primeira teoria de Ockham), embora não aplique ao ser desses *ficta* a designação de *esse obiectivum*. A razão principal que o levou a não identificar o conceito com o (ato do) intelecto é que, por exemplo, a forma do quadrado não pode ser um acidente do intelecto imaterial: "*Sed profecto vera quadratura et vera altitudo non nisi corporibus insunt, ficta etiam qualitate nec intellectus nec ulla vera essentia formari potest. Restat igitur, ut sicut ficta est qualitas, ficta substantia sit ei subiecta*"[36]. Não obstante, Abelardo não deixa de acentuar a semelhança entre esse *fictum* e a realidade[37].

---

32. Ibid., 19, 29ss.
33. Ibid., 20, 12s.
34. Ibid., 20, 20ss.
35. Ibid., 20, 28ss.
36. Ibid., 21, 11ss.
37. Cf. 21, 6.

3. A diferença entre os conceitos universais e os conceitos particulares

O conceito expresso num nome universal é uma imagem comum ou indeterminada de várias coisas; o conceito expresso num nome particular é a forma propriamente dita, e de certo modo singular, de *uma só* coisa[38].

O conhecimento originado por um nome universal fornece ao entendimento um conceito comum a todos os indivíduos de uma classe e não exclusivamente próprio a nenhum deles, ao passo que um nome próprio proporciona ao entendimento uma forma que exprime a semelhança de uma só coisa determinada[39]. A diferença entre os conceitos universais e os conceitos particulares está em que o conceito universal é menos claro que o conceito particular. O conceito universal *leão*, por exemplo, é uma como imagem representativa de todos os leões, enquanto o conceito particular representa *um só* leão, em virtude de certas adições feitas àquela imagem: "*Sic enim ad omnium leonum naturam demonstrandam una potest pictura fieri nullius eorum quod proprium est repraesentans, et rursus ad quemlibet eorum distinguendum alia commodari, quae aliquid eius proprium denotet, ut si pingatur claudicans vel curtata vel telo Herculis sauciata. Sicut ergo quaedam rerum communis figura, quaedam singularis pingitur, ita etiam concipitur, scilicet quaedam communis, quaedam propria*"[40].

4. O valor dos nossos conceitos

Segundo Abelardo, o saber universal deve apoiar-se firmemente no saber particular. O conhecimento universal é verdadeiro na medida em que deriva do conhecimento de coisas sensíveis individuais; o que não é assim derivado não passa de mera opinião.

É interessante notar que Abelardo parece admitir um conhecimento intelectivo direto (a *notitia intuitiva intellectiva* da Escolástica Tardia) das coisas sensíveis: "*Illud autem quaeri potest, cum simul anima sentit et intelligit idem, velut cum lapidem cernit, utrum tunc quoque intellectus imagine lapidis agat vel simul intellectus et sensus in ipso lapide. Sed rationabilius videtur ut tunc intellectus imagine non egeat, cum praesto est ei substantiae veritas...*"[41]. Obviamente, pois, a apreensão de coisas individuais é uma apreensão da realidade, e, enquanto tal, uma verdadeira imagem da realidade; a partir dessa apreensão de coisas individuais se formam representações universais de coisas semelhantes (cf. o número seguinte). Contudo, há também representações de formas inacessíveis aos sentidos. Tais são as ideias puras e abstratas, presentes no intelecto divino, e segundo as quais Deus criou todas as coisas. Relativamente a essas ideias não possuímos representações claras, posto que o nosso conhecimento se origina da apreensão de coisas sensíveis: "*...homines, qui per sensus tantum res cognoscunt, vix aut numquam ad huiusmodi simplicem intelligentiam conscendunt et ne pure rerum naturas concipiant, accidentium exterior sensualitas impedit*"[42]. Não nos é dado saber como devem ser as coisas; um tal conhecimento pertence exclusivamente a Deus. Nós só sabemos como as coisas são quando as conhecemos pelos sentidos. Uma cidade que só havíamos imaginado tal-

---

38. Ibid., 21, 27ss.
39. Ibid., 21, 32ss.
40. Ibid., 22, 18ss.
41. Ibid., 21, 18ss.
42. Ibid., 23, 8ss.

vez nos surpreenda pelo inesperado do seu aspecto quando a visitarmos pela primeira vez: *"Deus vero cui omnia per se patent, quae condidit, quique ea antequam sint, novit, singulos status in se ipsis distinguit nec ei sensus impedimento est, qui solus veram habet intelligentiam. Unde homines in his quae sensu non attrectaverunt, magis opinionem quam intelligentiam habere contingit, quod ipso experimento discimus. Cogitamus enim de aliqua civitate non visa, cum advenerimus, eam nos aliter quam sit excogitasse invenimus"*[43]. O mesmo sucede relativamente às formas internas inacessíveis, aos sentidos, tais como a racionalidade, a mortalidade, a paternidade, a *sessão* (sessio) etc. Também delas não temos um conhecimento propriamente dito, mas apenas um saber opinativo[44].

III. Formação e validade dos universais

Os conceitos universais não são coisas nem ideias no sentido próprio do termo. Sua realidade está em serem *o significado dos nomes* (*nominum significatio*), o qual difere tanto da coisa como do entendimento[45]. Como se originam estes *significados dos nomes*, e que grau de validade se lhes deve atribuir?

1. Os universais se formam por abstração

No domínio do real a matéria e a forma sempre ocorrem juntas; mas o intelecto pode atender à forma sem a matéria, ou a matéria sem a forma, ou às duas em conjunto. Quando atendemos só à matéria ou só à forma, fazemos uma abstração. Esta pode dar-se em vários níveis de universalidade. Por exemplo: a substância deste homem concreto é corpo, é animal, é homem, e vem revestida de inúmeras formas; se atentarmos unicamente para a substância em sua essência material, e prescindirmos de todas as outras formas, teremos um conceito (*intellectum*) por abstração. Se, porém, atendermos exclusivamente à corporeidade e a combinarmos com a substância, teremos um novo conceito; comparado ao anterior, este é uma síntese, posto que naquele não considerássemos senão a natureza da substância. Relativamente a todas as outras formas do homem, também este conceito deve ser tido por uma abstração, visto prescindir de todas as formas que não as da corporeidade, tais como a vida, a sensibilidade, a racionalidade, a cor[46].

De forma que a abstração vem a ser uma modalidade de atenção ou reparo. Ao darmos certa direção à nossa atenção, apreendemos algo à parte, sem atender àquilo que lhe está unido: *"Cum enim hunc hominem tantum attendo in natura substantiae vel corporis, non etiam animalis vel hominis vel grammatici, profecto nihil nisi quod in ea est, intelligo, sed non omnia quae habet, attendo. Et cum dico me attendere tantum eam in eo quod hoc habet, illud 'tantum' ad attentionem refertur, non ad modum subsistendi, alioquin cassus esset intellectus"*[47].

2. Essa atenção não afeta o valor do conhecimento abstrativo

Poder-se-ia objetar que o conhecimento abstrativo carece de valor, por nos apresentar as coisas de maneira diversa daquela em que existem; pois na realidade não há formas separadas. Importa distinguir, porém. Erra-se em atribuir a um ser uma propriedade que não lhe convém

---

43. Ibid., 23, 11ss.
44. Ibid., 23, 18ss.
45. Ed. Geyer 24, 29.
46. Ibid., 25, 1ss.
47. Ibid., 25, 23ss.

na realidade. Mas não é isso o que se dá na abstração. Ao atendermos exclusivamente à substância ou ao corpo deste homem particular, não pretendemos lhe negar as outras formas, tais como a vida, a racionalidade ou a linguagem. Por outro lado, a propriedade que ora retém nossa atenção pertence a este homem particular; é só na linha atual de nossa atenção que deixamos de considerar aquelas outras formas, sem contudo negar-lhes a existência real: "*Alius modus est intelligendi quam subsistendi*"[48]. Numa palavra: consideramos à parte o que não existe à parte: "*Separatim namque haec res ab alia, non separata intelligitur*"[49].

3. A abstração de Abelardo difere da abstração aristotélica

Não obstante o sabor aristotélico da terminologia, Abelardo se distancia do Estagirita quanto ao significado das expressões e ao âmbito da teoria da abstração. Também Abelardo distingue entre a matéria e a forma, as quais aparecem como conceitos de substância ou objetos, com suas respectivas qualidades; contudo, a matéria e a forma não são a realização de algo comum, ou de um *eidos* dado num princípio de indeterminação; e por essa razão o conteúdo universal não é extraído de suas condições concretas, e, assim, *abstraído*. Muito ao contrário: a abstração concerne tanto aos conceitos singulares como aos universais: "*Nam et intellectus singularium per abstractionem fiunt, cum scilicet dicitur: haec substantia, hoc corpus, hoc animal, hic homo, haec albedo, hoc album. Nam per 'hic homo' naturam tantum hominis, sed circa certum subiectum attendo, per 'homo' vero illam eandem simpliciter quidem in se, non circa aliquem de hominibus. Unde merito intellectus universalium solus et nudus et purus dicitur, solus quidem a sensu, quia rem ut sensualem non percipit, nudus vero quantum ad abstractionem formarum vel omnium vel aliquarum, purus ex toto quantum ad discretionem, quia nulla res, sive materia sit sive forma, in eo certificatur, secundum quod superius huiusmodi conceptionem confusam diximus*"[50].

Em lugar de uma teoria metafísica, Abelardo propõe apenas uma teoria psicológica da abstração, na qual o papel principal cabe à atenção. Sua teoria não se acha onerada de quaisquer pressupostos metafísicos.

IV. Solução dos problemas de Porfírio

Após este trabalho preliminar, Abelardo está em condições de responder às questões de Porfírio.

1. Serão os gêneros e as espécies algo de existente?

Em outros termos: designam os universais coisas realmente existentes, ou estão eles unicamente no entendimento, de sorte que, à falta de quaisquer pontos de referência na ordem real, seja preciso considerá-los como ideias vazias de sentido, tais como as palavras *chimera* ou *hircocervus*, que não têm nenhum significado razoável? Numa palavra: são eles puras e simples construções ou ficções da mente, às quais nada corresponde na realidade[51]?

---

48. Ibid., 25, 31s.
49. Ibid., 25, 32.
50. Ibid., 27, 24ss.
51. Ibid., 27, 39ss.

Resposta: em virtude de sua significação nominal, os universais designam coisas realmente existentes, a saber, as mesmas coisas designadas pelos nomes próprios; por esta razão os universais não são ideias vazias de sentido (*nullo modo in opinione cassa sunt posita*⁵²).

Como se vê, a formulação incorreta da pergunta não permite uma resposta vazada nos mesmos termos. É verdade que o universal existe *in solo intellectu* (e não nos sentidos), *in nudo intellectu* (por abstrair de outras formas) ou *in puro intellectu* (pois ao invés de considerar este objeto, esta forma ou este indivíduo concretos, o universal é uma *conceptio confusa* ou representação indeterminada daquilo que é representado)⁵³. Não é verdade, porém, que tais representações sejam pensamentos vazios, ou que não se refiram a nenhuma realidade (de seres individuais)⁵⁴.

2. A subsistência dos universais é corporal ou incorporal?

Abelardo confessa ter dificuldade em compreender essa pergunta; pois além de os termos *corporal* e *incorporal* serem muito vagos e admitirem vários sentidos (segundo Boécio), a questão se complica pelo emprego da palavra *subsistência*, de significação igualmente obscura. Termina opinando que os nomes podem dizer-se corporais, mas que sua significação é incorporal: "*Unde et nomina ipsa universalia et corporea dicuntur quantum ad naturam rerum* (os sons são de natureza física!) *et incorporea quantum ad modum significationis, quia etsi ea quae discreta sunt* (um dos sentidos de 'corporal') *nominent, non tamen discrete et determinate*"⁵⁵.

3. Existem os universais nas coisas sensíveis ou fora delas?

Também esta pergunta é difícil de entender. Por um lado pode-se dizer que os universais existem nas coisas sensíveis, porque designam a substância interna das mesmas, e não sua forma externa: "*Et dicuntur universalia subsistere in sensibilibus, id est significare intrinsecam substantiam in re sensibili...*"⁵⁶ Esta substância designada pelos universais não existe concretamente senão nas coisas sensíveis. Por outro lado, os universais apontam para seus protótipos no entendimento divino; é claro que estes existem fora das coisas sensíveis⁵⁷.

4. É necessário haver coisas correspondentes aos universais?

Se não existissem seres reais de que se pudessem predicar os nomes universais, estes cessariam de existir como nomes designativos de várias coisas; mas sua significação subsistiria, pois, ainda que não houvesse nenhuma rosa, poder-se-ia dizer: a rosa não existe: "*Universalia nomina nullo modo volumus esse, cum rebus eorum peremptis iam de pluribus praedicabilia non sint, quippe nec ullis rebus communia ut rosae nomen (non) iam permanentibus rosis, quod tamen tunc quoque ex intellectu significativum est, licet nominatione careat, alioquin propositio non esset: nulla rosa est*"⁵⁸. Portanto, importa distinguir cuidadosamente entre denominação e significação (ou sentido). Ao falar de nomes universais, Abelardo sempre se refere a nomes de coisas existentes. Contudo, se não podemos *denominar* senão coisas existen-

---

52. Ibid., 28, 3ss.
53. Cf. ibid., 27, 29ss.
54. Cf. ibid., 28, 7ss.
55. Ibid., 29, 3s.
56. Ibid., 29, 11s.
57. Ibid., 29, 14ss.
58. Ibid., 30, 1ss.

tes, somos capazes de ter em mente, de designar, ou de formar um conceito de coisas que não existem. Esta distinção parece corresponder à distinção entre *appellatio* e *suppositio*, tão corrente na escolástica tardia.

Tal é a solução antirrealista do problema dos universais, elaborada por Abelardo, e por ele conduzida a um grau de perfeição verdadeiramente notável. Sua solução não pode se chamar nominalista, se por nominalismo se entende a doutrina que reduz os universais a meros *flatus vocis*; deve antes dizer-se conceptualista. Embora indubitavelmente influenciado por Roscelino, Abelardo não deixou de se pronunciar decididamente contra as exagerações do mestre[59]. A universalidade convém aos nomes enquanto estes exercem a função de expressões significativas (*sermones*); e o significado outra coisa não é senão a apreensão da realidade. Mas essa apreensão, que é o efeito de um ato de compreensão, não é uma realidade nova, e sim, uma *representação*, um objeto do pensamento ou um *fictum*. Como se vê, o conceptualismo abelardiano repousa numa base realista, que é a teoria psicológica da abstração.

Abelardo contribuiu poderosamente para o êxito desse conceptualismo realista. Na era clássica da escolástica, em consequência da renovação do realismo aristotélico, a revolucionária teoria de Abelardo sofreu um eclipse temporário, se é que não caiu em pleno esquecimento. Não obstante, ela reaparecerá, como que naturalmente, tão logo se faça notar uma atitude genuinamente crítica em face do aristotelismo. Até agora não se conhece o nexo histórico – se é que o houve – entre o conceptualismo da primeira parte do século XIV e o de Abelardo; sua semelhança, porém, é evidente.

§ 2. O Teólogo

Abelardo não se deu por satisfeito com seus êxitos dialéticos. Ambicionava se tornar mestre de teologia. Depois que sua mãe se retirara ao convento foi ter com Anselmo de Laon (Laudunensis), o mais afamado professor de teologia da época. Dos livros de Sentenças deixados por esse teólogo se pode concluir que já então vigorava, em substância, aquele esquema geral da teologia que mais tarde seria universalmente adotado sob a influência de Pedro Lombardo. (Anselmo de Laon fora educado na escola de Bec, sob a direção de Santo Anselmo; suas obras foram importantes para a introdução da forma literária das *questões*[60]; faleceu em 1117.)

Conta-nos Abelardo: "Dirigi-me, pois, a esse ancião que devia sua reputação antes à sua veneranda idade do que ao talento ou à memória. As pessoas que vinham consultá-lo sobre algum problema se retiravam mais perplexas do que nunca. Impunha admiração pela facilidade com que discorria no auditório, mas a sua incompetência se dava a ver assim que alguém lhe dirigisse uma pergunta. Sua grande eloquência lhe servia apenas para disfarçar a pobreza das ideias. Sua chama enchia a casa de fumaça, em lugar de alumiá-la. Vista à distância, a sua árvore, toda engalanada e frondosa, atraía a atenção de todos, mas quem a observasse mais de

---

[59]. Cf. Epist. 21 ad episc. Paris., inter opera S. Bernardi, ML t. 182, 1049 e Cousin. Oeuvres inéd. p. 471: "*Fuit autem, memini, magistri nostri Roscelini tam insana sententia, ut nullam rem partibus constare vellet, sed sicut solis vocibus species, ita partes adscribebat*".

[60]. LANDGRAF, A.M. Einführung in die Geschichte der theologischen Literatur der Frühscholastik [Introdução à história da literatura teológica da Primeira Escolástica]. 1948, p. 41.

perto não demorava em reconhecer a ausência total de frutos. Quando me aproximei desse homem para colher os frutos de sua árvore, verifiquei que ele se assemelhava à figueira amaldiçoada pelo Senhor..."[61]

É de se supor que esse teólogo não estivesse familiarizado com a dialética: donde a extrema severidade do julgamento de Abelardo. Para bem compreender esta condenação cumpre não perder de vista que naquela época os métodos da teologia eram ainda bastante rudimentares; um dos mais empregados era o método das glosas (as de Anselmo de Laon se tornaram célebres) que consistia, essencialmente, num simples alinhamento de passagens tiradas da Escritura (*Catenae*) e dos Santos Padres; ou, ainda, agrupava-se sistematicamente um certo número de textos patrísticos relativos a um determinado artigo de fé. Este último método, de origem mais recente, apresentava a vantagem de não se prender rigorosamente a um dado texto. Todavia, à falta de uma aplicação sistemática dos recursos dialéticos, não se chegara ainda a praticar uma verdadeira penetração especulativa da matéria.

Abelardo, que não tardou a perceber essa deficiência, tratou de remediar o mal. Deixou de frequentar regularmente as aulas de Anselmo, cujas lições não conseguiam satisfazê-lo. Essa atitude desagradou aos seus colegas, que, por sua vez, trataram de indispor o mestre contra esse discípulo demasiadamente exigente. Certo dia solicitaram-no a que expusesse sua opinião acerca da teologia, ele que só estudara a filosofia (*in Physicis*). Respondeu Abelardo que um homem culto seria capaz de explanar satisfatoriamente os textos sagrados, mesmo sem os recursos usuais. Como aceitasse o convite irônico para dar uma demonstração deste novo gênero de exegese bíblica, provocaram-no a dissertar, no dia seguinte, sobre uma das passagens mais obscuras do Profeta Ezequiel. A preleção teve grande êxito, e os ouvintes instaram-no a dar seguimento à exposição[62].

Foi o suficiente para incompatibilizá-lo com o mestre. Instigado por dois dos seus melhores discípulos, Anselmo o proibiu de prosseguir as lições, sob a alegação de que os erros do principiante poderiam ser imputados ao mestre[63]. Por isso Abelardo deixou Laon e retornou a Paris, onde, embora ainda fosse leigo, iniciou uma série de preleções sobre o Profeta Ezequiel. Durante os anos felizes e tranquilos que se seguiram, pôde conquistar novos triunfos como professor de filosofia e de teologia[64].

Mas seus sucessos retumbantes e a subsequente prosperidade levaram-no à perdição. Dois vícios funestos tomaram posse do seu coração: a soberba e a luxúria: "*Sed quoniam prosperitas stultos semper inflat, et mundana tranquillitas vigorem enervat animi, et per carnales illecebras facile resolvit, cum iam me solum in mundo superesse philosophum aestimarem, nec ullam ulterius inquietationem formidarem, frena libidini coepi laxare, qui antea vixerim continentissime*"[65]. Mas a Providência iria curá-lo simultaneamente de um e outro vício. Pois foi por esse tempo que se iniciou o drama de sua história amorosa, que teve um desfecho abrupto quando os esbirros contratados pelo tio de Heloísa o surpreenderam em pleno sono e o castraram. O humilhante episódio, que naturalmente não pôde ser escondido do grande público, encerrou-se com o ingresso de Abelardo na abadia de São Denis, e o de Heloísa no convento de Argenteuil[66].

---

61. Historia Calamitatum 3, 123 As.

62. Ibid., 3; 124s.

63. Ibid., 4; 125.

64. Ibid., 5; 126A.

65. Ibid., 5; 126 B.

66. Ibid., 6ss.; 126ss. Cf. epístola de Roscelino, ed. Reiners em Beiträge, VIII, 5; p. 63ss.

Após essa trágica aventura Abelardo se dedicou decididamente ao estudo da teologia, ainda que não renunciasse de todo à dialética. Tendo fundado uma nova escola em São Denis[67] escreveu seu primeiro livro teológico, o *De unitate et trinitate divina*, destinado a seus alunos, "*qui humanas et philosophicas rationes requirebant, et plus quae intelligi quam dici posse efflagitabant, dicentes quidem verborum esse prolationem, quam intelligentia non sequeretur, nec credi posse aliquid nisi primitus intellectum, et ridiculosum esse aliquem aliis praedicare quod nec ipse nec illi quos doceret intellectu capere possent*"[68]. Invejosos do sucesso da obra, os adversários de Abelardo conseguiram que ela fosse condenada em Soissons, no ano de 1121[69]. Essa condenação, bem como certas querelas com seus confrades (a questão sobre se Dionísio, o discípulo de São Paulo, havia sido o apóstolo das Gálias, desempenhou um papel importante nesses desentendimentos[70]), Abelardo se retirou para a solidão de Naisoncelle nas cercanias de Nogent, onde mandou erigir uma modesta capela[71]. Dentro em pouco, porém, os discípulos tornaram a afluir de todos os lados ao novo paradeiro do mestre. Em vista disso se resolveu construir nova igreja, dedicada à SS. Trindade, mas conhecida com o título de *Paráclito*, em reconhecimento pelas consolações que Abelardo ali recebera[72]. A renovada concorrência de discípulos, que fundaram uma verdadeira colônia em torno da igreja, bem como sua influência sempre crescente, não deixaram de provocar a inquietação dos adversários. Por vezes Abelardo se sentia tomado de profundo desalento em meio a toda esta hostilidade; chegou mesmo a nutrir o propósito de emigrar[73]. Enfim, desejoso de se resguardar das perseguições, aceitou sua nomeação para abade de São Gildas na Bretanha (1128). Mas também ali não se sentiu à vontade, chegando mesmo a ser ameaçado de morte pelos súditos. Foi nesse período que escreveu, em estado de profunda depressão, a sua *Historia Calamitatum*[74]. Desgostado com aqueles monges recalcitrantes, deixou a abadia e retornou a Paris, onde retomou suas lições de lógica (depois de 1136). Depois de um breve armistício teve de enfrentar o mais aguerrido e temível de todos os seus adversários: São Bernardo. Sofreu nova condenação no Concílio de Sens, em 1141. Perante o pronunciamento adverso da própria Santa Sé, nem sequer tentou defender sua causa. Vencido, deparou um lugar de refúgio na abadia de Cluny, junto de Pedro, o Venerável, e, finalmente, no Priorado de São Marcelo, onde passou seus últimos dias, inteiramente votados ao trabalho, à meditação e aos exercícios monásticos. Faleceu no dia 21 de abril de 1142.

I. O método teológico

Abelardo pertence ao número dos pensadores medievais que têm sido acoimados de racionalistas, e por razões várias, e até mesmo opostas. É um fato inegável que o grande dialético tendia, por temperamento, a insistir antes na necessidade de um apoio racional à fé do que na autonomia e independência da fé relativamente à razão. Cumpre lembrar, aliás, que por esse tempo ainda havia teólogos que até certo ponto des-

---

67. Ibid., 8; 138 A.
68. Ibid., 9; 141s.
69. Ibid., 9s.; 144ss.
70. Ibid., 10; 154s.
71. Ibid., 10; 159.
72. Ibid., 11; 162 A.
73. Ibid., 12; 164 As.
74. Ibid., 13; 164ss.

prezavam e rejeitavam, ou, pelo menos, lançavam suspeitas sobre a cooperação benéfica da razão com a fé. Os métodos parcialmente obsoletos destes teólogos deviam forçosamente provocar as críticas de Abelardo. Para se obter uma ideia correta de sua doutrina sobre as relações entre fé e razão é preciso atender ao que há nela de propriamente essencial, e prescindir de certas exigências exageradas, provenientes do ardor da luta, quando se tratava de responder às objeções concretas dos adversários.

O objetivo de Abelardo é uma teologia dialética, que possibilite o aprofundamento especulativo da fé pela aplicação dos recursos da lógica aristotélica. Pois a fé deve ser razoável, isto é, conforme à razão.

1. É impossível haver fé sem um certo concurso da razão

Não se pode crer o que não se compreende. Em outros termos, as verdades da fé devem vir expressas em palavras inteligíveis.

Em apoio de sua tese Abelardo pode apelar para a autoridade do próprio São Paulo (1Cor 14,1ss.). É inútil proferir palavras que ninguém entende[75]. Porventura as fórmulas dogmáticas são meros sons destituídos de sentido? Não se deve antes supor que tenham uma significação bem determinada? Se sim, é tarefa da razão penetrar-lhes o sentido: "*Qui enim quod dicit non intelligit, profecto quod dicit ipse, nescit; et docere imprudenter praesumit, quae ipse adhuc ignorat, inter eos merito computandus, quibus Veritas improperans ait: Caeci sunt duces caecorum*"[76].

2. Só a razão nos capacita a optar entre autoridades contrárias

A fé revelada exige nosso assentimento, baseado na autoridade do próprio Deus. Entretanto, para conhecer o conteúdo da fé devemos recorrer à Escritura e aos escritos dos Padres da Igreja. Mas não basta aderir cegamente a estas autoridades; é mister examiná-las criticamente a fim de determinar claramente o que se deve crer. Tanto mais que existem muitas contradições aparentes entre essas autoridades. Há proposições que são afirmadas por uma e negadas por outra. Um Padre diz *sic* e outro diz *non*. Em tais casos a razão deve decidir-se por um ou por outro.

O livro *Sic et Non* é uma coletânea de tais antinomias tiradas dos Santos Padres; Abelardo organizou-a com o fito preciso de demonstrar a necessidade do recurso à razão. Essa intensão vem claramente expressa no prólogo: "*Cum in tanta verborum multitudine nonnulla etiam sanctorum dicta non solum ab invicem diversa, verum etiam invicem adversa videantur, non est temere de eis iudicandum, per quos mundus ipse iudicandus est...*"[77] Abelardo não duvida que os santos autores tenham escrito sob a inspiração do Espírito Santo; mas, acrescenta, nós carecemos dessa inspiração, pelo que nos é difícil atinar com o sentido genuíno de suas palavras. Pela mesma razão existem discordâncias entre os comentários[78]. Igualmente difícil é a distinção entre o sentido próprio e o emprego metafórico das palavras, tanto mais que os comentadores muitas vezes se acomodam à capacidade intelectual dos leitores[79]. Não menos indispensável é a crítica textual, que nos capacita a discernir os escritos autênticos dos espúrios[80]. Convém notar,

---

75. Introd. ad Theol. II, 3; 1052 Ds.

76. Ibid., 1054 A.

77. *Sic et Non*, prol.; 1339 A.

78. Ibid., 1339 Css.; com isso Abelardo antecipa as ideias expostas no livro *De virtute sermonis et proprie loquendo*.

79. Ibid.

80. Ibid., 1341 A.

ainda, que os Padres muitas vezes modificaram suas próprias opiniões, e até mesmo as retrataram[81]. Sucedeu-lhes, outrossim, adotar explicações errôneas, provindas de fontes suspeitas; é o que se deu com São Jerônimo em relação a Orígenes[82]. Em certos casos, enfim, os Padres apresentam suas asserções à maneira de simples opiniões, e não como doutrinas definitivas[83].

A existência de tais divergências e até mesmo de contradições entre as várias autoridades não só nos incita à investigação, como nos torna mais prudentes e críticos no exame das doutrinas. Tudo isso conduz, forçosamente, a uma fundamentação mais sólida das verdades da fé, pois a dúvida prudente, que nos induz a um trabalho ininterrupto de pesquisa, não pode deixar de conduzir ao saber. Já Aristóteles reconheceu o influxo benfazejo desta chave por excelência da sabedoria, que é a pesquisa incansável; e o que é mais: o próprio Cristo a ela nos exorta: *"Dubitando enim ad inquisitionem venimus; inquirendo veritatem percipimus; iuxta quod et veritas ipsa: Quaerite, inquit, et invenietis, pulsate et aperietur vobis"*[84].

3. A razão assegura os preâmbulos da fé

Ainda que a justificação dialética da fé possa parecer dispensável aos fiéis, ela não o é para quem deseja converter os incrédulos. Com efeito, seria difícil convencer um gentio da irracionalidade da idolatria, se se julgasse vedada a reflexão racional sobre a fé. Pois ele poderia reclamar o mesmo direito para a sua própria fé, alegando que não lhe é permitido refletir racionalmente sobre ela. Portanto, a justificação racional da fé constitui uma condição impreterível para todo trabalho missionário profícuo. É claro que essa fundamentação racional, enquanto simples preparação para a fé, não tem ainda nenhum valor sobrenatural, devendo ser distinguida rigorosamente da fé como tal, que implica uma submissão humilde da razão. Mas nem por isso ela se torna inútil: *"At numquam si fidei nostrae primordia statim meritum non habent, ideo ipsa prorsus inutilis est iudicanda, quam postmodum charitas subsecuta, obtinet, quod illi defuerat"*[85].

A essa tarefa construtiva e apologética da razão acresce, ainda, uma função defensiva; pois sem a razão é impossível refutar as doutrinas dos hereges: *"Haereticorum ergo occasione propagati sunt doctores in fide, et per acumen haeresum hodie creverunt magistri. Unde et sancti doctores cum ad exercitationem, ut dictum est, fidelium adeo necessarias esse haereticorum disputationes vel inquisitiones attenderent, ratione potius quam potestate eos coerceri sanxerunt, et nos quasi tantae victoriae desiderio ad sacrae studium eruditionis sunt potissimum adhortati"*[86].

Como se vê, tal solução do problema das relações entre a fé e a razão se enquadra perfeitamente nos moldes tradicionais, e é substancialmente idêntica à de Santo Anselmo. Não é na razão, e sim na fé, que se encontra a norma da vida e a fonte da salvação: *"Nolo sic esse philosophus, ut recalcitrem Paulo. Non sic esse Aristoteles, ut secludar a Christo. Non enim aliud nomen est sob caelo, in quo oporteat me salvum fieri"* (At 9,12)[87]. Abelardo está persuadido, com Santo Anselmo, que a fé não se desvirtua com a exigência de fundamentação racional. Pois não nos é dado

---

81. Ibid., 1341 D.
82. Ibid., 1342 Bs.
83. Ibid., 1343 Dss.
84. Ibid., 1349 B.
85. Introd. ad Theol. II, 3; 1051 A.
86. Ibid., II, 3; 1048 Cs.; cf. 1049 D.
87. Epist. 17; 375 C; cf. ibid., a *confessio fidei* de Abelardo.

apreender os mistérios mais profundos senão por meio de analogias, que não passam de meras sombras da verdade: *"Quidquid itaque de hac altissima philosophia disseremus, umbram, non veritatem esse profitemur, et quasi similitudinem quandam, non rem"*[88]. Entretanto, há uma diferença importante entre Abelardo e Santo Anselmo. É que a especulação teológica de Abelardo se orienta conscientemente pela lógica. Nisso ele se antecipa à escolástica clássica, embora não lograsse impor sua concepção aos contemporâneos.

II. O problema da moralidade

No opúsculo "Scito teipsum" Abelardo ventila o problema central da ética: o do fundamento da moralidade dos atos humanos.

1. A intenção como fonte da moralidade

Abelardo parte da distinção entre vício e pecado. O vício é uma inclinação a assentir àquilo que não convém: *"Vitium itaque est quo ad peccandum proni efficimur, hoc est inclinamur ad consentiendum ei quod non convenit, ut illud scilicet faciamus aut dimittamus"*[89]. O pecado é o consentimento ao que não convém: *"Hunc vero consensum proprie peccatum nominamus"*[90]. De per si, o vício ainda não constitui pecado, pois não passa de uma inclinação ao pecado, contra a qual podemos reagir, dominando-nos. Tal inclinação representa, pois, uma ocasião permanente de combate e de vitória[91].

Em que consiste então o *caráter pecaminoso de uma ação? Ele não se encontra em algum ser positivo, nem no conteúdo material da ação, mas na carência de algo que deveria estar presente:* "Cum itaque peccatum diffinimus abnegative, dicentes scilicet: non facere, vel non dimittere quod convenit, patenter ostendimus nullam esse substantiam peccati, quod in Non esse potius quam esse subsistat, velut si tenebras diffinientes dicamus: absentiam lucis, ubi lux habuit esse"[92].

Tampouco o pecado consiste na inclinação da vontade. Em terminologia medieval, que identifica o querer com o tender, isso significa que o pecado não consiste na inclinação, nem na tendência, nem no desejo como tais, visto podermos executar um ato bom, ainda que a inclinação ou o desejo da vontade propenda para algo proibido: *"Quid enim magnum pro Deo facimus, si nihil nostrae voluntati adversum toleramus sed magis quod volumus implemus?"*[93].

O pecado consiste, precisamente, na aquiescência a algo ilícito, pois consentir no que é ilícito significa não se abster dele: *"Tunc enim consentimus ei quod non licet, cum nos ab eius perpetratione nequaquam retrahimus"*[94]. Um tal consentimento é pecaminoso por envolver um verdadeiro desprezo de Deus: *"Quid enim iste consensus, nisi Dei contemptus et offensa ipsius?... Peccatum itaque nostrum contemptus Creatoris est et peccare est Creatorem contemnere, hoc est id nequaquam facere propter ipsum, quod credimus propter ipsum a nobis*

---

88. Theologia Christiana 3; 1228 Cs.; cf. 1227 C.
89. Ethica seu Scito teipsum 3; 636 A.
90. Ibid.
91. Ibid., 2; 635 CD.
92. Ibid., 3; 636 B.
93. Ibid., 3; 638 C.
94. Ibid., 639 B.

esse faciendum: vel non dimittere propter ipsum quod credimus esse dimittendum"[95]. A ação em si mesma não é má; sua malícia se origina unicamente da má intenção do agente[96].

É necessário distinguir, pois, entre o vício (ou simples inclinação ao pecado), o pecado (pelo qual se consente no mal e se despreza Deus), a tendência da vontade ao mal, e a prática do mal: *"...quattuor sunt quae praemisimus, ut ab invicem ipsa diligenter distingueremus: Vitium scilicet animi, quod ad peccatum pronos efficit; ac postmodum ipsum peccatum, quod in consensu mali, vel contemptu Dei statuimus; deinde mali voluntatem malique operationem*"[97].

De maneira análoga deve definir-se a bondade dos atos humanos. A retidão moral não se encontra na ação externa, mas na disposição ou intenção interna. É mister distinguir, pois, entre a bondade da intenção e a bondade do ato: *"Cum itaque dicimus intentionem hominis bonam, et opus illius bonum, duo quidem distinguimus, intentionem scilicet ac opus*"[98]. Uma ação feita com boa intenção não é necessariamente boa. Há entre elas uma relação semelhante à do pai para com o filho; o filho de um homem bom pode ser mau: *"Sicut ergo homo bonus ex propria bonitate dicitur, filius autem boni hominis cum dicitur, nihil in se boni habere ex hoc monstratur: ita cuiusque intentio bona in se vocatur, opus vero bonum non ex se appellatur, quod ex bona procedat intentione*"[99]. Posto que a bondade moral consiste unicamente na boa intenção, uma obra só é boa na medida em que se inspira em tal intenção. Pela mesma razão, a obra nada acrescenta à bondade da intenção[100]: *"Bonam quippe intentionem, hoc est, rectam in se dicimus; operationem vero, non quod boni aliquid in se suscipiat, sed quod ex bona intentione procedat*"[101]. De sorte que a mesma obra, feita pela mesma pessoa em tempos diferentes, pode ora ser boa, ora má[102].

2. Convicção e moralidade

Mas o que se deve entender por boa intenção? Será porventura aquela que a si mesma se tem em conta de boa? De modo algum, pois a intenção deve ser boa em si mesma; em outros termos, deve ser conforme à vontade de Deus: *"Non est itaque intentio bona dicenda, quia bona videtur, sed insuper quia talis est sicut existimatur, cum videlicet illud, ad quod tendit, si Deo placere credit, in hac insuper existimatione sua nequaquam fallatur*"[103].

Esta resposta levanta uma séria dificuldade. Por um lado o bem e o mal dependem da intenção; por outro lado a opinião pessoal sobre a bondade ou a malícia da intenção não é suficiente – do contrário também os infiéis possuiriam obras boas, pois eles creem, como nós, que serão salvos em virtude de suas obras[104]. Aliás, as obras dos infiéis, inclusive as perseguições contra Cristo e os mártires, não podem considerar-se como simplesmente pecaminosas, pois em praticando-as eles apenas seguiram suas próprias convicções: *"Qui enim Christum ignorant, et ob hoc fidem Christianam respuunt, quia eam Deo contrariam credunt, quem in hoc*

---

95. Ibid., 3; 636 As.
96. Ibid., 3; 642 BC.
97. Ibid., 3; 645 C.
98. Ibid., 7; 650 B.
99. Ibid., 650 C.
100. Ibid., 10; 652 C.
101. Ibid., 11; 652 C.
102. Ibid.
103. Ibid., 12; 653 B.
104. Ibid.

Dei contemptum habent quod propter Deum faciunt, et ob hoc bene se facere arbitrantur, praesertim cum Apostolus dicat: Si cor nostrum reprehenderit nos, fiduciam habemus apud Deum (1Jo 3,2): tamquam si diceret, ubi contra conscientiam nostram non praesumimus, frustra nos apud Deum de culpa reos statui formidamus?"[105] Mas como se explica, neste caso, a oração de Cristo "Pai, perdoai-lhes, porque não sabem o que fazem?" (Lc 23,34), e a de Santo Estêvão: "Senhor, não lhes imputeis este pecado!" (At 7,59)[106]?

A despeito dessas dificuldades, Abelardo permanece fiel aos seus princípios, mantendo firmemente que a convicção e a intenção decidem do valor moral das ações. A palavra *pecado* comporta vários sentidos. Pecado, em sentido próprio, é o desprezo de Deus ou o consenso no mal, e como tal pressupõe a reflexão e a livre decisão. Num outro sentido também o sacrifício pelo pecado ou a punição do mesmo recebe o nome de pecado, pois está escrito que Cristo se fez pecado por nós, isto é: ofereceu-se em sacrifício pelo pecado, ou suportou o castigo devido aos nossos pecados. O pecado original, enfim, tem um sentido especial, a saber, o de que todos nós pecamos em Adão, o que significa que os nossos pecados derivam do de Adão ou que a partir deste pecado nos tornamos merecedores do juízo de condenação[107].

Apliquemos o exposto ao caso aludido. Cristo e Santo Estêvão puderam orar daquela maneira por seus perseguidores, embora estes talvez não tivessem pecado. Com efeito, eles pediram que não fossem punidos com sofrimentos corporais, pois Deus às vezes inflige penas físicas aos homens, embora não tenham pecado; não que os castigue sem razão alguma, pois Deus pune os homens justos no intuito de purificá-los e glorificá-los; ocasionalmente também castiga os filhos pelos pecados dos pais; ou, ainda – e isto se deu no caso dos perseguidores de Cristo e Estêvão –, Deus manda um castigo para dar a entender que certa ação é criminosa[108]. Portanto, nem a perseguição, nem a descrença constituem pecados em sentido próprio, desde que procedam da ignorância: "*Sicut autem, quod isti per ignorantiam egerunt, vel ipsa ignorantia peccatum proprie, hoc est, contemptus Dei, non dicitur; ita nec infidelitas, quamvis ipsa necessario aeternae vitae aditum adultis ratione iam utentibus intercludat*"[109].

Mas este raciocínio nos depara uma nova dificuldade. Por que é que os homens que não tiveram a ventura de conhecer o Evangelho, e por isso nada sabem da verdadeira fé, nem dos Sacramentos, são condenados ao castigo eterno? Abelardo é incapaz de compreender como a simples ausência da fé em Cristo, tal como a encontramos nas crianças e naqueles que não receberam a pregação do Evangelho, possa constituir pecado no sentido próprio da palavra; tampouco compreende que o seja uma ação posta por ignorância invencível (como acontece, por exemplo, quando alguém mata acidentalmente um homem em lugar da caça); mas, se não há pecado, também não pode haver culpa propriamente dita[110]. Não obstante isso, Abelardo sustenta que a infidelidade inculpável é suficiente para a condenação eterna: "*Et tamen hanc eorum infidelitatem, in qua defuncti sunt, ad damnationem sufficere dicimus, quamvis huius caecitatis, in qua Dominus eos dimiserit, causa minime nobis appareat*"[111]. No *Scito teipsum* Abelardo se contenta com esta solução. Em obras posteriores, porém, este ponto de vista cede lugar a uma concepção ao mesmo tempo mais profunda e mais humana.

---

105. Ibid., 13; 653 C.
106. Ibid., 653 D.
107. Ibid., 14; 654 A.
108. Ibid., 14; 654 Css.
109. Ibid., 14; 656 A.
110. Ibid., 14: 657 Bs.
111. Ibid., 657 B.

III. Humanismo cristão

Nas suas grandes obras teológicas Abelardo procura mostrar que o desconhecimento da revelação não constitui um óbice intransponível à salvação. Não que atenuasse a afirmação de que a infidelidade exclui do Reino de Deus. Mas o que se deve entender, precisamente, por infidelidade? E quem deve ser considerado como infiel na acepção rigorosa do termo? Por exemplo, poder-se-ão chamar os antigos filósofos pagãos de infiéis? Abelardo crê que também eles participaram da revelação, não, por certo, da revelação sobrenatural, mas pelo menos da revelação natural. Com isso Abelardo retoma o antigo tema cristão da continuidade entre a revelação racional e a revelação cristã (cf. Justino). A prova está nas vidas e doutrinas dos próprios filósofos.

1. Caráter cristão da doutrina dos filósofos

Os filósofos chegaram a saber que há um só Deus, quer pela própria razão, quer como recompensa divina de sua vida austera[112]. Alguns deles até pressentiram claramente o dogma essencialmente cristão da SS. Trindade, como Abelardo tenta provar numa longa exposição. À testa de todos está Platão, *ille maximus philosophorum*, que ensina que o Espírito ou Nous nasceu de Deus e é coeterno com Ele. Platão também parece ter sabido algo sobre o Espírito Santo, visto apresentar a alma do mundo como uma terceira pessoa, distinta de Deus e do Nous[113] (Em outra passagem, porém, Abelardo rejeita esta identificação platônica da alma do mundo com o Espírito Santo)[114]. Os filósofos tiveram até mesmo uma noção da Encarnação e da Redenção do mundo pela morte de Cristo na cruz[115].

Desta forma os filósofos representaram entre os gentios um papel análogo ao dos profetas entre os judeus. Visto, pois, que Deus revelou o conteúdo essencial do dogma católico, aos judeus pelos profetas, e aos pagãos pelos filósofos, eles são inescusáveis se não prestaram ouvidos aos ensinamentos desses mestres. Pois neste caso a infidelidade se torna pecaminosa. Todavia, muitos dentre os pagãos e judeus foram salvos: "*Et quidem multi ex gentibus, nonnulli ex Iudaeis in hoc quoque a doctoribus populi sui instructi, fidem sanctae Trinitatis recognoverunt in uno corpore Ecclesiae quasi duo parietes coniuncti. Ex gentibus quidem primo Graeci, ex quibus praedicti philosophi fuerunt. Post Graecos Latini, qui sicut in disciplinis saecularium artium imitati sunt Graecos, ita et in vera fidei doctrina ab ipsis exempla sumpserunt, cum eos Christianam fidem suscepisse audissent, quos ingeniorum subtilitate praeditos, omnibus philosophiae rationibus armatos esse cognoverant*"[116].

2. A vida cristã dos filósofos

É um fato incontestável que os filósofos obedeceram à lei da natureza; ora, que é o santo Evangelho senão a restauração da lei natural? Não é de admirar, pois, que as doutrinas morais dos filósofos se harmonizem tão perfeitamente com as do Evangelho e dos santos[117]. Para provar esta afirmação Abelardo disserta longamente sobre os ensinamentos morais e as vidas dos filósofos; começa suas reflexões com a seguinte observação: "*...reperiemus ipsorum tam vitam, quam doctrinam maxime evangelicam seu apostolicam perfectionem exprimere, et*

---

112. Theologia Christiana I, 5; 1139 C.
113. Ibid., 1144 Ass.
114. Cf. Dialectica, ed. Cousin, p. 475s.
115. Theologia Christiana II, 1172 Bs.
116. Ibid., I, 1166 B.
117. Ibid., II, 1179 D.

a religione Christiana eos aut nihil aut parum recedere, quo nobis tam rationibus morum, quam nomine ipso iuncti sunt, reperiuntur, nomine quidem, cum nos a vera sophia, hoc est sapientia Dei Patris, quae Christus est, Christiani dicamur, vere in hoc dicendi philosophi, si vere Christum diligimus"[118].

A bem dizer, pois, esses filósofos não foram gentios, mas cristãos: "*Gentiles fortasse natione, non fide, omnes fuerunt philosophi*"[119]. Por esta razão não se pode supor que tenham sido condenados: "*Quomodo enim infidelitati ac damnationi eos omnes deputaverimus, quibus Apostolo quoque testante, ipse fidei sui arcana, ac profunda Trinitatis mysteria revelavit...*"[120]? Ademais, nenhuma razão teológica nos proíbe supor que tenham sido salvos. Nada impedia que Deus os santificasse antes da Revelação e sem o auxílio dos sacramentos, assim como santificou a João Batista no seio de sua mãe: "*Nulla itaque ratione cogendi videmur, ut de salute talium deffidamus gentilium, qui ante adventum Redemptoris nullo legis scripto instructi, naturaliter, iuxta Apostolum, ea quae legis sunt facientes, ipsi sibi lex erant, qui ostendebant opus legis scriptum in cordibus suis, testimonium reddente illis conscientia ipsorum*"[121]. Aliás, para nós cristãos há algo de humilhante no fato de os pagãos terem levado uma vida perfeita, e dado tão magníficos exemplos de virtude, embora desconhecessem a Revelação e carecessem dos meios da graça[122].

Assim Abelardo se mostra solidário com os pensadores cristãos da Antiguidade, que se sabiam devedores dos filósofos antigos, e por isso se sentiam incapazes de pronunciar contra eles uma condenação sumária. O cristianismo é uma continuação da filosofia, não menos que da lei judaica, embora num plano superior. Os antigos filósofos foram cristãos antes de Cristo, razão pela qual fazem jus a um lugar de honra em nosso meio. Pelo mesmo motivo a verdade por eles descoberta faz parte integrante do patrimônio propriamente cristão da verdade.

Apreciação

De quanto fica exposto se segue que Abelardo dificilmente poderia ser tachado de racionalista. Antes ao contrário, devemos ver nele o representante de uma atitude tipicamente escolástica que, além de fomentar o advento do período clássico da Escolástica, condicionou-lhe também, pelo menos em parte, a decadência, a saber: o tratamento dos problemas teológicos com o auxílio da dialética.

Sem ter sido um revolucionário, Abelardo se tornou um defensor decidido da teologia especulativa durante o seu estágio inicial. Investigações recentes no domínio ainda pouco explorado da Primeira Escolástica tendem a revelar, com evidência crescente, os elos que o ligam à especulação do século XIII.

De Abelardo pode datar-se também o início do aristotelismo medieval, pois é a ele que se deve o surgimento de um novo e sério interesse pela lógica aristotélica.

E, finalmente, o impulso por ele imprimido ao centro de estudos de Paris contribuiu poderosamente para conquistar a este uma hegemonia definitiva e indiscutida. Seus êxitos acadêmicos foram extraordinários. Escreve o autor da Chronica Mauriniacensis: "*Petrus Abailardus, monachus et abbas, vir erat religiosus, excellentissi-*

---

118. Ibid., 1179 B.
119. Ibid., II, 1172 A.
120. Ibid.
121. Ibid., 1173 A.
122. Ibid., 1174 B.

marum rector scholarum, ad quas pene de tota latinitate viri litterati confluebant"[123]. Abelardo teve parte decisiva na fixação definitiva do *quartier latin* defronte à Cité de Paris. Foi ali que teve como ouvintes a João de Salisbury, a Guido di Castello, o futuro Papa Celestino II, e a Pedro Lombardo, o mestre das Sentenças.

Defesa da dialética

Mystica quaedam de vulpe fabula in proverbium a vulgo est assumpta. Vulpes, inquiunt, conspectis in arbore cerasis, repere in eam coepit, ut se inde reficeret. Quo cum pervenire non posset, et relapsa decideret, irata dixit: Non curo cerasa; pessimus est earum gustus. Sic et quidam huius temporis doctores, cum dialecticarum rationum virtutem attingere non possint, ita eam exsecrantur, ut cuncta eius dogmata putent sophismata, et deceptiones potius quam rationes arbitrentur. Qui caeci duces caecorum nescientes, ut ait Apostolus, de quibus loquuntur, neque de quibus affirmant, quod nesciunt damnant, quod ignorant accusant. Lethalem iudicant gustum quem nunquam attingerunt. Quidquid non intelligunt, stultitiam dicunt; quidquid capere non possunt, aestimant deliramentum. Quos quidem rationis expertes, quia rationibus refellere non valemus: testimoniis saltem sanctarum Scripturarum, quibus se plurimum niti fatentur, eorum praesumptionem compescamus...

Segue-se uma série de provas escriturísticas e patrísticas em favor da necessidade da dialética.

Unde non solum in dialectica diversitas incidit sententiarum, verum etiam in fide Christiana multiplicitas errorum, cum verbosi haeretici assertionum suarum laqueis multos simplices in diversas pertrahant sectas: qui nequaquam in argumentationibus exercitati, similitudinem pro veritate, et fallaciam pro ratione suscipiunt. Adversus quam pestem nos in disputationibus exercere ipsi quoque doctores ecclesiastici commonent, ut quod non intelligimus in Scripturis, non solum orando petamus a Domino, verum invicem quaeramus disputando. Unde et illud est Augustini in tractatu De misericordia, cum illa Domini exponeret verba: "Petite et dabitur vobis, quaerite et invenietis, pulsate et aperietur vobis"; petite, inquit, orando, quaerite disputando, pulsate rogando, id est interrogando.

Há uma fábula alegórica sobre a raposa, a qual se tornou proverbial entre o povo. Conta-se que certo dia a raposa avistou uma cerejeira e procurou subi-la para se regalar com os frutos. Como não pudesse alcançar as cerejas e caísse no chão, despeitou-se e disse: Não me interessam as cerejas, pois têm um sabor abominável. Do mesmo modo certos doutores de hoje, incapazes de perceber o valor dos argumentos dialéticos, desprezam-nos ao ponto de considerarem todas as suas doutrinas como sofismas e de as reputarem por decepções ao invés de razões. Estes guias cegos de cegos, como já dizia o Apóstolo, não sabem do que falam, nem têm ideia daquilo que afirmam; condenam o que ignoram e censuram o que desconhecem. Cuidam ser mortal um sabor que jamais provaram. Chamam de estultície tudo aquilo que não entendem, e de loucura o que são incapazes de compreender. Visto ser impossível refutar com a razão a quem carece de razão, trataremos, pelo menos, de lhes sopear a presunção pelos testemunhos das santas Escrituras em que pretendem se apoiar...

A diversidade de opiniões na dialética e também muitos erros na fé cristã se originam do fato de os hereges, com sua loquacidade e com as armadilhas de suas afirmações, aliciarem muitas pessoas simples para as diversas seitas; é que tais pessoas, destituídas de todo treino na arte da argumentação, confundem a aparência com a verdade, e o erro com o argumento. Para debelar esta peste é necessário que nos adestremos na disputação, consoante a advertência dos próprios doutores eclesiásticos; não é suficiente implorar do Senhor, pela oração, a inteligência daquilo que não compreendemos nas Escrituras, senão que devemos pesquisar, disputando uns com os outros. Por isso, ao expor as palavras do Senhor: "Pedi e recebereis; procurai e achareis; batei e abrir-se-vos-á", Santo Agostinho diz (no Tratado sobre a Misericórdia): pedi rezando, procurai disputando, batei rogando, isto é, perguntando.

---

123. ML t. 180; 159 C.

Non enim haereticorum, vel quorumlibet infidelium infestationes refellere sufficimus, nisi disputationes eorum dissolvere possimus, et eorum sophismata veris refellere rationibus, ut cedat falsitas veritati, et sophistas reprimant dialectici: parati semper, ut beatus admonet Petrus, ad satisfactionem omni poscenti nos rationem, de ea, quae in nobis est, spe vel fide.

In qua profecto disputatione, cum illos sophistas convicerimus, nos dialecticos exhibebimus, et tanto Christi, qui veritas est, discipuli memores erimus, quanto veritate rationum amplius pollebimus. Quis denique nesciat ipsam artem disputandi, qua indifferenter hos quam illos constet nuncupatos esse? Ipsum quippe Dei Filium, quem nos verbum dicimus, Graeci λόγον appellant, hoc est divinae mentis conceptum, seu Dei sapientiam, vel rationem...

Cum ergo Verbum Patris Dominus Iesus Christus λόγος Graece dicatur, sicut et σοφία Patris appellatur: plurimum ad eum pertinere videtur ea scientia quae nomine quoque illi sit coniuncta, et per derivationem quandam a λόγος lógica sit appellata; et sicut a Christo Christiani, ita a λόγος lógica proprie dici videatur. Cuius etiam amatores tanto appellantur philosophi, quanto veriores sint illius sophiae superioris amatores.

Epístola 13, cols. 351-355.

Com efeito, não seremos capazes de rebater as investidas dos hereges ou de quaisquer infiéis, se não soubermos refutar suas argumentações e invalidar seus sofismas com argumentos verdadeiros, para que o erro ceda à verdade e os sofismas recuem perante os dialéticos: sempre prontos, segundo a exortação de São Pedro, a satisfazer a quem quer que nos peça razões da esperança ou da fé que nos anima.

Se no curso dessas disputações conseguirmos vencer aqueles sofistas, apareceremos como verdadeiros dialéticos; e como bons discípulos, tanto mais nos lembraremos de Cristo, que é a própria verdade, quanto mais fortes nos mostrarmos na verdade das argumentações. Enfim, quem desconhece a própria arte de disputar (texto provavelmente corrupto), da qual se sabe que tanto estes como aqueles derivam indiferentemente a sua denominação? Pois o próprio Filho de Deus, a quem chamamos de Verbo, é pelos gregos chamado de λόγος, isto é, conceito da mente divina, ou sabedoria de Deus, ou razão...

Sendo pois que o Verbo do Pai, Nosso Senhor Jesus Cristo, é chamado, em grego, de λόγος, como também de σοφία do Pai, aquela ciência parece se referir sobretudo a Ele, a quem também está ligada por seu próprio nome, pois foi por derivação de λόγος que ela tomou o nome de lógica. Como os cristãos derivam seu nome de Cristo, assim a lógica parece derivar o seu de λόγος. E com tanto mais verdade os seus amantes se chamam de filósofos, quanto maior amor tiverem àquela sabedoria excelente.

CAPÍTULO VII
A ESCOLA DE CHARTRES

A Escola de Chartres é com razão considerada como a mais vigorosa expressão do espírito progressista do século XII. Este famoso centro de cultura se assinalou sobretudo pelo cultivo das ciências naturais, pela familiaridade com as literaturas clássica e árabe, por um humanismo delicado e por uma fusão singular de ideias platônicas com tendências nominalistas ou conceptualistas.

Para compreender esta evolução importa lembrar que já no decurso do século XI, e, notadamente, no princípio do século XII, o acesso aos tesouros da ciência grega e árabe fora facilitado por um número crescente de traduções e compilações, acompanhadas, não raro, de observações originais e independentes dos respectivos autores. Eis os nomes de alguns desses pioneiros: Gerberto de Aurillac, o futuro Papa Silvestre II († em 1033), que fora educado nas escolas francesas e espanholas, manifesta grande interesse pelas ciências naturais e matemáticas, traindo, desde já, a influência árabe; Constantino, o Africano (primeira metade do século XII), desvenda aos seus contemporâneos as fontes da medicina árabe e grega; Adelardo de Bath (pelo mesmo período) faz o mesmo no tocante à matemática e às ciências naturais, sem deixar de enriquecê-las com sua contribuição pessoal.

A fundação da escola é comumente atribuída a Fulberto de Chartres († em 1092) que, na qualidade de discípulo de Gerberto, constitui o elo de ligação entre a Escola de Chartres e as ciências árabes. Bem característico da escola é o fato de os seus representantes mais ilustres terem sido ao mesmo tempo bispos ou chanceleres, o que não terá deixado de contribuir para o êxito da instituição. O chanceler dirigia a escola sob a fiscalização do bispo que, por sua vez, costumava ser eleito dentre o corpo docente, após haver exercido, ele mesmo, o cargo de chanceler.

A Escola de Chartres alcançou seu florescimento máximo no século XII, e, em particular, no tempo de Bernardo de Chartres († entre 1124 e 1130), de quem não possuímos nenhum escrito, mas que deu origem a toda uma linhagem de discípulos eminentes. Dentre estes, pelo menos três merecem um estudo mais pormenorizado: Gilberto de la Porrée, Teodorico de Chartres e João de Salisbury.

§ 1. Gilberto de la Porrée

Vida – Gilberto nasceu em Poitiers; seus mestres foram Bernardo de Chartres e Rodolfo de Laon. Sucessor de Bernardo, exerceu por mais de doze anos o cargo de chanceler. Em 1141 ensinou dialética e teologia em Paris; no ano seguinte foi nomeado bispo de Poitiers. Abelardo, ao ser condenado, predissera a mesma sorte a Gilberto; foi o que sucedeu em 1148, no Concílio de Reims. Contudo, Gilberto soube defender-se com tanta habilidade contra seus adversários, entre os quais figurava São Bernardo, que seria difícil decidir quem foi o vencedor e quem o vencido. Faleceu em 4 de setembro de 1154.

Obras e edições:
1. *Comentário aos Opuscula sacra de Boécio.* – ML t. 64, 1255-1412. Sobre o Prólogo, cf. GRABMANN. Die Geschichte der scholastischen Methode, II, p. 417-419.

2. *Liber de sex principiis.* – É um vasto tratado sobre as últimas seis categorias (Actio, Passio, Quando, Ubi, Situs, Habitus), que Aristóteles tratara apenas sumariamente. Livro de base do ensino escolar, a obra foi comentada por muitos escolásticos, inclusive por Santo Alberto Magno. É citada por Leibniz (Théodicée I, 87), segundo a redação de Hermolaus Barbarus (1451-1493). – ML t.188, 1257-1270. A edição mais recente foi preparada por Alban Heysse, O.F.M., em: Opuscula et textus. Series scholastica, Muenster, 1929.

O problema metafísico dos universais

Gilberto se interessa menos pelo modo como adquirimos o conhecimento dos universais do que pelo problema da concordância recíproca entre as formas concretas. Subscreve resolutamente à doutrina de Abelardo sobre a formação dos universais mediante a abstração[1]. Mas, pergunta Gilberto, onde se encontra o fundamento real para esta operação mental? Em sua resposta Gilberto assume uma posição realista, e até mesmo platônica. Compreende-se, pois, que João de Salisbury pudesse dizer que Gilberto, a exemplo de seu mestre Bernardo de Chartres, procurou conciliar Aristóteles com Platão[2].

I. Fundamentação metafísica

1. Os princípios das coisas

Importa distinguir diversos princípios no interior das coisas. O primeiro e verdadeiro princípio é Deus, que é chamado a *primeira forma*. Esta expressão não significa que Deus seja a forma das coisas, mas que a essência de Deus é o princípio delas; todas as coisas derivam sua existência e sua essência deste princípio divino: "*Nam essentia Dei, quo opifice est quidquid est aliquid, et quidquid est esse, unde illud aliquid est, et omne quod sic inest ei quod est aliquid, ut ei quod est esse adsit, prima forma dicitur*"[3]. Todas as formas ou subsistências têm seu princípio último em Deus.

De Deus, forma primeira, cumpre distinguir a matéria, que é o segundo princípio de todas as coisas corporais. Considerada em si mesma, a matéria é simples, por carecer de toda forma. Mas enquanto matéria formada ela deixa de ser simples, pois enquanto tal ela se identifica aos próprios corpos[4]. A matéria *primeira* é comum a todos os corpos. Ela tem existência, mas não à maneira de um *aliquid*, no que se distingue da matéria segunda ou dos corpos, que são *alguma coisa*, embora não existam (em si mesmos), visto existirem pela matéria primeira e na matéria primeira. A comunidade desta primeira matéria não constitui uma unidade numérica (pois cada coisa individual tem sua matéria própria e distinta); antes, deve-se ver nela uma *conformidade* e uma semelhança, enquanto princípio básico de todos os corpos[5].

---

1. In Boethii. De Trinitate; 1267s., e In Boethii De duabus naturis; 1374 C.
2. SALISBURY, João de. Metalogicus II, 17; ML t. 199, 875 D.
3. In Boethii. De Trinitate, 1266 B.
4. Ibid., 1266 C
5. In Boethii. De duabus naturis, 1399 C; cf. texto anexo.

Abaixo de Deus, que é a primeira forma, escalonam-se as quatro substâncias puras que os gregos chamam de "εἰδέαι" e os latinos de *formae*. Estas *sincerae substantiae* são: o fogo, o ar, a água e a terra. Não se deve concebê-las como corpos, mas como formas, e, enquanto tais, são simples. Denominam-se ideias por representarem os originais ou protótipos de todos os corpos; delas derivam as matérias sensíveis: as ígneas, as aeriformes, as úmidas e as térreas: "*e quibus demum hae materiae sensibiles, igneae, aeriae, aquatiles, terreae, deductae sunt, corporum scilicet...*"[6]

Uma terceira espécie de forma se nos depara nas essências das coisas individuais: "*Illud etiam quorumlibet subsistentium quodlibet esse, ex quo unumquodque eorum est aliquid, et quod eorum quae sibi adsunt, ut praedictum est, materia, eorundem subsistentium dicitur forma, ut corporalitas omnium corporum*"[7].

2. A "dedução" das matérias sensíveis a partir dos arquétipos

Assim como a matéria é simples em si mesma, mas composta enquanto matéria formada e enquanto sujeito de outras formas, assim também as formas são simples em si mesmas, mas compostas enquanto constituem *algo*, isto é, enquanto são formas de alguma matéria. Por isso, conforme o ponto de vista, as coisas concretamente existentes podem ser chamadas, ora de matérias, ora de formas: "*Quae vero sunt esse subsistentium, et materiae dicuntur et formae, divisim tamen, eorum scilicet quae sibi adsunt materiae, et eorum quae ex eis sunt aliquid formae*"[8]. Pela ação da forma suprema ou do divino arquiteto estas formas puras ou exemplares dos corpos são, por assim dizer, tirados do seu isolamento sublime e distante, e unidos à matéria. Isto se dá mediante uma *dedução*, ou seja, uma espécie de imitação, posto que as formas concretas são criadas segundo o modelo dos arquétipos, que permanecem apartados da matéria: as Ideias não estão na matéria, mas os corpos é que estão nas Ideias "*Nam quod sensibilibus inesse dicuntur, non ideo est quod illis insunt atque haereant inabstracte, qualiter corporalitas inest corpori; sed quia cum ab eis abstractae sint, et eis minime concretae, tamen quasi e regione appositae, ut ab illis tamquam exemplaribus sensilia tamquam imagines ab opifice deducantur, deductionis consortio, non modo sensibilibus ipsae, sed et ipsis sensilia inesse dicuntur*"[9].

II. A conformidade como fundamento dos universais

Compreende-se agora que Gilberto procurasse solucionar o problema dos universais com a ajuda do conceito da *conformitas*. João de Salisbury nos diz que Gilberto atribuía a universalidade às *formas nativas*. Estas formas nativas são as cópias (*exempla*) criadas segundo o modelo das imagens originais (*originalia*); a cópia é a forma concretamente existente, ou o eidos, que existe inseparavelmente (*inabstracte*) no indivíduo e com o indivíduo, e é uma imitação da forma original ou Ideia: "*Est autem forma nativa originalis exemplum, et quae non in mente Dei consistit, sed rebus creatis inhaeret. Haec graeco eloquio dicitur* εἶδο *, habens se ad ideam ut exemplum ad exemplar*"[10]. Embora a forma nativa exista sensivelmente nas coisas sensíveis, ela é apreendida de modo insensível pelo espírito. O eidos existe como forma nativa e concretamente em cada coisa individual; mas por causa da conformidade que reina entre as

---

6. In Boethii. De Trinitate, 1256 B.; cf. tb. C.
7. Ibid., B.
8. Ibid., C.
9. Ibid., Cs.
10. SALISBURY, João de. Metalogicus 2, 17; t. 199, 875 D.

formas concretas, e entre elas e seus arquétipos, o eidos se encontra de modo universal em todas as coisas: *"singularis quoque in singulis sed in omnibus universalis"*[11].

Donde se segue que há uma relação de imitação entre as coisas individuais e suas Ideias, das quais aquelas são *deduzidas* ou derivadas. Logo, a sua comunidade, e, por conseguinte, a universalidade dos conceitos se baseia no fato de as formas nativas terem sido criadas segundo o mesmo modelo. Por outras palavras: a universalidade dos conceitos repousa na conformidade de cada forma com seu modelo e na conformidade das várias formas entre si, graças à sua relação ao mesmo modelo. Esta conformidade é expressamente afirmada por Gilberto no que respeita à matéria[12].

Resumindo, diremos que Gilberto explica a universalidade, que é uma propriedade dos nossos conceitos, na base da conformidade das formas concretamente existentes; estas se assemelham umas às outras por terem sido criadas segundo o mesmo arquétipo existente em Deus. Insatisfeito com a solução de Aristóteles, Gilberto retorna, com Boécio, à doutrina platônica das Ideias e da methexis.

A matéria e seu conceito comum

Generaliter enim omne corpus quod vere secundum omnia quae in ipso sunt subsistit, in generatione et secundum aliqua in corruptione, videtur habere, et habet revera communem materiam, non modo ὕλην, *quam Plato silvam nominat, quae quidem secundum philosophos est, sed non est aliquid, verum etiam illam quae non suo nomine dicitur esse, sed secundum suam subsistentiam perpetuam dicitur aliquid esse. Quibus solis nomen materiae recte convenit. Nihil enim vere et suo nomine materia vocatur, nisi quae est, sed non aliquid est; et corpus quod non est, sed aliquid est. Illa itaque omni corporum et eorum quae sunt in corporibus est materia; hoc vero omnium quae primam ac perpetuam subsistentiam eius in ipsa sequuntur. Sed quod haec materia communis et eadem omnium corporum dicitur, non est intelligendum ipsius singularitate, sed una potius diversarum numero substantiarum conformitate, ut quod auctor dicit, communis et eadem, intelligatur communitate substantialis similitudinis eadem.*
In librum de duabus naturis et una persona Christi, ML t. 64, c. 1399 C.

De modo geral, todo corpo que subsiste verdadeiramente em tudo o que há nele parece possuir uma matéria comum na geração, e de certo modo também na corrupção; e ele a possui de fato – não só aquela que Platão chama de ὕλην, e que, embora exista segundo os filósofos, não existe contudo à maneira de alguma coisa – como também aquela que não existe no sentido próprio da palavra, mas que se diz ser alguma coisa em sua subsistência eterna. Estas são as únicas coisas às quais compete, de direito, o nome de matéria. Pois de direito, e no sentido próprio do termo, não se deve chamar de matéria senão a ὕλη que existe, não porém a modo de alguma coisa, e o corpo que (ainda) não existe, mas que é alguma coisa. Aquela é, pois, a matéria de tudo: dos corpos e daquilo que está nos corpos; e este, de tudo o que segue à sua primeira e eterna subsistência nela. Quando se diz que esta matéria é comum e idêntica em todos os corpos, isto não se deve entender de sua singularidade, mas da conformidade das substâncias numericamente diversas; por isso a expressão *comum e idêntica*, tal como é empregada pelo autor, deve entender-se como referente à mesma comunidade da imagem substancial.

---

11. Ibid.
12. Cf. texto anexo.

§ 2. Teodorico de Chartres

Vida – As primeiras notícias sobre Teodorico (Thierry) nos vêm do processo condenatório contra Pedro Abelardo em Soissons (1121). Quando o legado papal objetou a Abelardo que toda a gente sabia que as três Pessoas Divinas eram onipotentes, o companheiro do bispo Gaufrido de Chartres, "Terricus quidam scholarum magister", citou à meia-voz a passagem do Símbolo Atanasiano: *"Et tamen non tres omnipotentes, sed unus omnipotens"*[13]; tratava-se do nosso mestre Teodorico. Também o autor anônimo da "Metamorphosis Goliae" celebra-lhe a presença de espírito e a eloquência:
   "*Ibi doctor cernitur ille Carnotensis,
   Cuius lingua vehemens truncat velut ensis*".

Teodorico ensinou em Chartres no tempo em que seu irmão Bernardo era chanceler. Em 1140 lecionou em Paris; mas já no ano seguinte voltou a Chartres, onde assumiu as funções de chanceler, em substituição a Gilberto de la Porrée. Faleceu por volta de 1150.

Obras – A única obra que nos interessa aqui é o comentário de Teodorico sobre o Hexaêmeron: *De septem diebus et sex operum distinctionibus*. Alguns excertos foram publicados por Hauréau, em "Notices et extraits"... t.1, Paris, 1893, p. 52-68, e por W. Jansen: "Der Kommentar des Clarenbaldus von Arras zu Boethius De Trinitate" (Breslauer Studien zur Hist. Theol. Bd. VIII, 1926), Suplemento, p. 106-112. Citaremos a edição de Hauréau.

Filosofia da Natureza

No comentário sobre o Gênesis, Teodorico empreende explicar o texto sagrado no sentido literal e segundo os dados da física: "*secundum physicam et litteram*". Pouco se preocupa com o sentido místico e alegórico, já suficientemente explorado pelos Padres da Igreja[14]. No decurso da interpretação elabora uma cosmologia de caráter nitidamente neoplatônico e neopitagórico.

1. A cosmogonia

Em primeiro lugar Deus criou a matéria, isto é, os quatro elementos, como se depreende das palavras: "No princípio criou Deus o céu e a terra". A existência das criaturas se deve à pura bondade divina: Deus as fez a fim de que houvesse seres capazes de participarem de sua beatitude[15]. Segundo a Escritura, a criação do mundo se realizou em seis dias; em termos físicos esses *seis dias* admitem a seguinte interpretação:

1º dia – O céu, que é extremamente leve, contém tudo em si, e por isso não está sujeito a qualquer mudança local, podendo apenas girar em torno de si mesmo. Sua primeira revolução completa constitui o primeiro dia. Durante esta primeira revolução o elemento superior, ou

---

13. Cf. ABELARDO. Historia Calamitatum 9-10; ML t. 178, p. 149s.
14. Hauréau, p. 52.
15. Ibid., p. 52s.

fogo, ilumina o elemento imediatamente inferior, que é o ar, e, através dele, a água e a terra. De sorte que a obra do primeiro dia consistiu na criação da matéria e na iluminação pela luz[16].

2º dia – O fogo tem o duplo efeito de alumiar e aquecer. Para iluminar o ar basta-lhe percorrê-lo; para aquecê-lo, porém, é necessário que o ar se misture com partículas de água ou de terra. Pois a essência do calor está no seu poder de dividir os corpos sólidos: *calor est virtus ignis divisiva solidorum*. Por isso a ação do calor no ar depende da presença de algum obstáculo, a saber, dos elementos inferiores e sólidos. Uma vez aquecido, o ar aquece a água situada mais abaixo; os vapores assim produzidos se elevam por sobre a zona aérea, onde ficam suspensos; e assim, no segundo dia, o ar se encontra entre a água líquida e a água vaporosa. Eis por que o ar é chamado o firmamento entre as águas[17].

3º dia – Pela vaporização de uma parte da água pelo calor do fogo, a quantidade de água líquida foi diminuindo; em consequência disso, algumas partes da terra ficaram a descoberto, emergindo da água à maneira de ilhas. Depois de suficientemente aquecida, a terra se tornou apta a produzir as ervas e as plantas.

4º dia – Em seguida, os vapores que pairavam sobre o ar se condensaram, formando os corpos astrais; estes devem constar de água, pois são visíveis; o fogo e o ar, como tais, são invisíveis, tornando-se visíveis somente quando misturados com elementos mais espessos, isto é, com água ou terra. Ora, é impossível que os astros sejam formados de terra, pois esta é demasiadamente pesada para se elevar a tão grande altura; de forma que os astros só podem ter sido formados pela condensação da água. Ademais, diz-se que as estrelas se alimentam de exalações; ora, um ser não pode assimilar senão substâncias de natureza semelhante à sua própria[18].

5º dia – Depois de criados, os astros começaram a girar com o firmamento, e com suas revoluções aumentaram o calor da terra, elevando-o a um grau suficiente para produzir a vida. A água depositada na superfície da terra foi a primeira a ser atingida por esse calor vital, e foi assim que dela se originaram os animais aquáticos e as aves.

6º dia – Por intermédio da água o calor vital finalmente atingiu a terra, tornando-a apta a produzir os animais terrestres, inclusivamente o homem: "*in quorum numero homo*"[19].

2. A física da cosmogonia

A fim de explicar o processo cosmogônico, Teodorico desenvolve uma física que se alonga decididamente da física aristotélica, e da sua doutrina sobre os *lugares naturais* dos elementos. Teodorico procura explicar as propriedades dos elementos em termos mecânicos.

---

16. Ibid., p. 54.
17. Ibid., p. 55.
18. Ibid., p. 55s.
19. Ibid., p. 57.

A terra não é dura por natureza, pois do contrário ela não poderia transformar-se em água, em ar ou em fogo. Por outro lado, a sua dureza não pode originar-se da pressão exercida pelo peso do ar ou do fogo, pois ambos esses elementos são imponderáveis. Não resta, pois, como causa de sua dureza, senão o movimento do fogo e do ar. Com efeito, é por seu movimento que estes dois elementos comprimem a terra e a água por todos os lados, conferindo-lhes a necessária solidez e dureza, ao mesmo tempo que criam um ponto de apoio para seu próprio movimento circular.

Como se vê, Teodorico procura uma explicação cinética, isto é, mecânica, para a localização dos elementos. A leveza do fogo e do ar é a causa do seu movimento; este é a causa da dureza e da espessura, isto é, do peso, da água e da terra; e estas, enfim, são requeridas como ponto de apoio para o fogo e o ar. Por estas razões foi preciso que Deus criasse todos os elementos simultaneamente. E assim se demonstra fisicamente (*secundum rationem physicam*) o que já Moisés, este *filósofo divino*, dissera a respeito do céu e da terra, a saber, que Deus os criou ao mesmo tempo[20].

3. A metafísica dos números

À física de Teodorico alia-se uma metafísica dos números, de origem manifestamente platônico-pitagórica. A interpretação meta-físico-matemática das coisas é necessária para que as quatro ciências básicas – a aritmética, a música, a geometria e a astronomia – possam ser colocadas a serviço da teologia, contribuindo assim para tornar compreensíveis as obras de Deus.

a) Unidade e número – O elemento comum destas ciências é o número, cujo princípio é a unidade. Tomada em si mesma, a unidade é constante, imutável e eterna; o número, ao contrário, é variável e mutável, pois é pela mudança que uma coisa se torna outra. Visto que o domínio da criatura é o domínio da variabilidade e da mudança, o universo criado está sujeito à multiplicidade, e portanto ao número, enquanto que o domínio da unidade é Deus, o único ser que goza de imutabilidade eterna e perfeita. Deus é a *unitas*, e as coisas são a *alteritas*[21].

b) A unidade e a forma da existência – É sabido que as coisas não existem senão por Deus; e neste sentido, a Divindade é a forma de tudo quanto existe. Do mesmo modo que uma coisa só é quente pelo calor, e luminosa pela luz, assim todas as coisas só existem pela Divindade. Por isso se diz com razão que Deus está inteira e totalmente presente em todo lugar. Sendo que a *alteridade* procede da *unidade*, e não pode existir sem esta, segue-se que Deus, ou a unidade, deve ser a razão da existência da alteridade; esse é o sentido da proposição: "*At divinitas singulis rebus forma essendi est*"[22]. Estas expressões não significam que Teodorico seja um partidário do panteísmo; Cl. Baeumker pôde demonstrar o caráter defeituoso do texto principal que se costumava citar em favor de tal interpretação[23]. Teodorico não diz que a Divindade é uma forma existente na matéria, a forma de um triângulo, por exemplo; o que ele afirma é que as coisas, inclusivamente a matéria, não podem existir senão em virtude da pre-

---

20. Ibid., p. 58s.
21. Ibid., p. 63. Cf. Timeu 35 A, 36 C, 37 A, e CUSA, Nicolau de. De docta ignorantia I, 7.
22. Ibid., p. 63.
23. Eis o texto: "*Omne quod est, ideo est, quia unum est*" (ibid., p. 63). Em lugar de *ideo* Hauréau lera *in Deo*; cf. Cl. Baeumker em Arch. f. Gesch. d. Phil. X, 137, n. 37.

sença de Deus, que é a unidade; mas as coisas não existem em Deus, nem poderiam existir nele, pelo simples fato de constituírem a *alteridade*. A doutrina de Teodorico não é, pois, panteísta; antes, ao contrário, ele frisa que só Deus é unidade na acepção própria da palavra, ao passo que os números, e portanto as criaturas, simplesmente participam desta unidade própria e verdadeira[24].

c) A verdade – O número e suas propriedades fundamentais também aclaram o problema da verdade. Mediante um complicado processo dialético, Teodorico deduz o conceito da igualdade do da unidade. A perfeita igualdade da unidade consigo mesma é que constitui, propriamente, a verdade. Uma coisa é verdadeira e fiel à sua própria essência na mesma medida em que é igual à sua unidade. Assim, pela igualdade, a unidade gera a verdade[25]. Pela mesma razão Deus, como unidade primeira e absoluta, deve ser também a mais absoluta igualdade. Servindo-se de conceitos emprestados a Calcídio e Macróbio, Teodorico identifica a unidade com a Pessoa do Pai, a identidade com a do Filho, e a união de ambas com a do Espírito Santo, elevando-se assim ao dogma da SS. Trindade[26].

Apreciação

É quase impossível acoimar de panteístas as ideias de Teodorico, sobretudo se levarmos em conta que, a despeito do seu realismo extremo, ele repõe as formas das coisas na única forma simples, que é Deus, explicando a multiplicidade das coisas em termos de uma *alteridade* dependente de Deus, mas não idêntica a Ele. Convém não perder de vista que Teodorico foi cristão e não deixou de sê-lo, mesmo ali onde leva a terminologia platônica a seus últimos limites.

Onipotência e unidade de Deus

Quoniam autem unitas omnem numerum creat, numerus autem infinitus est, necesse est unitatem non habere finem suae potentiae; unitas igitur est omnipotens in creatione numerorum. Sed creatio numerorum rerum est creatio. Unitas igitur omnipotens est in rerum creatione. At quod est omnipotens in rerum creatione, illud unice et simpliciter omnipotens est. Unitas igitur omnipotens. Unitatem igitur Deitatem esse necesse est.

Visto, porém, que a unidade cria todo o número, e que o número é infinito, mister se faz que a unidade seja ilimitada em seu poder; logo, a unidade é onipotente na criação dos números. Ora, a criação dos números outra coisa não é senão a criação das coisas. Logo, a unidade é onipotente na criação das coisas. Ora, o que é onipotente na criação das coisas é única e simplesmente onipotente. Logo, a unidade é onipotente. É necessário, pois, que a unidade seja a Deidade.

Hauréau, p. 64.

---

24. Ibid., p. 64.
25. Ibid., p. 66.
26. Ibid., p. 68.

§ 3. João de Salisbury

Vida – João de Salisbury nasceu entre 1110 e 1120 em Sarum na Inglaterra. Já em 1136 deixou a terra natal e rumou para Paris, cujas escolas lhe inspiravam grande admiração; permaneceu ali pelo espaço de 12 anos (1136-1148), estudando a dialética sob a direção de Abelardo: "Dirigi-me ao peripatético de Palais, que então residia na colina de Santa Genoveva como professor celebrado e admirado por todos. A seus pés fui iniciado nesta arte, e na medida de minhas fracas capacidades intelectuais eu acolhia com ávida atenção todas as palavras que lhe caíam dos lábios"[27]. Depois do afastamento de Abelardo, ouviu 16 outros mestres, entre os quais Alberto de Reims, que inicialmente impugnara os nominalistas, mas terminou passando-se para o lado deles, e Roberto de Melun, um professor muito crítico, que jamais propunha uma opinião sem expor ao mesmo tempo a parte contrária. Com o correr do tempo, contudo, João começou a se desagradar do formalismo excessivo da dialética. A certa altura se viu obrigado a voltar à Inglaterra para tratar de alguns assuntos de família; depois disso nunca mais tocou num livro de dialética. Tomou parte ativa na vida política; foi secretário de Santo Tomás Becket; ocupou cargos importantes a serviço de Henrique II, rei da Inglaterra, e do Papa Adriano IV. Fez cinco viagens à Itália e percorreu ininterruptamente a Inglaterra e a França. Em 1176 foi eleito bispo de Chartres, onde faleceu em 1180.

Obras e edições:
Entheticus sive de dogmate philosophomm. Poema filosófico-didático sobre os principais sistemas, com anotações críticas. Composto em 1155. – ML t. 199, 965-1004.

Metalogicus. Redigido em 1160. É uma apologia dos estudos ameaçados, e notadamente da lógica ("*et quia logicae suscepi patrocinium, Metalogicum inscriptus est*"; Prol., 824 D), contra os ataques de um adversário a quem João chama de "Cornificus", e cujo nome prefere silenciar em nome da misericórdia cristã. – ML t.199, 823-946.

Polycraticus sive de nugis curialium et vestigiis philosophorum. Terminada em 1160, esta obra trata das frivolidades da vida da corte e da importância da filosofia para o reto governo do Estado. – ML t. 199, 379-822.

O "Acadêmico"

João de Salisbury quase chega a sofrer sob o peso da cultura do seu tempo. Além de frequentar as escolas mais afamadas, suas funções diplomáticas conduziram-no aos mais diversos países da Europa[28]. Ninguém mais apto do que ele, pois, para formar um juízo compreensivo de sua época e de várias correntes espirituais então predominantes. Como sói acontecer aos que vivem em períodos de intensa atividade científica, João sofria profundamente sob o embate das opiniões. Deste conflito interno nasceu, não sem a influência de Cícero[29], a sua atitude acadêmica.

---

27. Metalogicus II, 10; 867 B.
28. Metalogicus III, prol.; 889 As.
29. "Cicero noster", Polycraticus VII, 1; 638 C.

I. A sabedoria acadêmica

A despeito de sua grande admiração pela Academia, a atitude de João não deve ser interpretada como sendo favorável ao ceticismo, pois a seu ver um filósofo que nada sabe é inferior aos próprios animais. Ele aspira apenas a uma reserva prudente em seus julgamentos, de modo a não afirmar senão o que realmente sabe[30].

A dúvida de João se estende a tudo aquilo que um homem sábio não pode ter em conta de seguro (*dubitabilia sapienti*). É claro que há muitos conhecimentos certos a que ele não renuncia; advoga um ceticismo moderado, ou, antes, a *moderação acadêmica* (*temperamentum academicum*), cultivada por homens da estatura de um Cícero e de um Santo Agostinho[31]. A seu ver, há certos problemas que não podem ser resolvidos nem pela fé, nem pela razão, nem pelos sentidos; com relação a tais questões é preferível suspender o juízo do que se pronunciar levianamente por uma solução aparente. Tais são, por exemplo, os problemas da Providência Divina, da substância e da quantidade, das faculdades, da eficácia e da origem da alma, do destino e do acaso, do livre-arbítrio, da matéria e do movimento, dos princípios dos corpos, do tempo e do lugar, da natureza dos universais, e muitos outros. O sábio pode ter dúvidas muito bem fundamentadas quanto a esses problemas e suas pretensas soluções; tais dúvidas são um sinal de disciplina e moderação, características de um verdadeiro acadêmico: "*In his itaque facile crediderim academicos tanto modestius dubitasse, quanto eos temeritatis praecipitium diligentius praecavisse reperio. Adeo quidem, ut dum apud scriptores in locis non passim dubiis, verba quodammodo ambigua, qualia sunt haec, si forte, fortasse, et forsitan proferuntur, academico dicantur uti temperamento, eo quod temperatiores aliis academici fuerint, qui omnem veriti sunt temerariae definitionis subire notam, et praecipitium falsitatis*"[32].

Para adquirir esta atitude modesta e reservada, que constitui a sabedoria dos acadêmicos, é preciso recorrer à dialética e aos ensinamentos da história.

II. A dialética como crítica

A dialética é o domínio inconteste de Aristóteles, que se avantaja nesta arte a todos os outros dialéticos, tais como Cícero, Porfírio, Boécio etc. Donde o costume de se chamá-lo de *Philosophus*, pura e simplesmente[33]. Cabe-lhe o mérito de haver sistematizado esta arte e de a ter levado à máxima perfeição[34]. Mas qual será a utilidade desta dialética aristotélica?

1. Em si mesma, a dialética não passa de uma ciência formal – A dialética não se ocupa, de per si, com problemas filosóficos, mas antes se nutre deles. Não é um fim em si mesma, mas um instrumento a serviço das demais ciências, que lhe devem sua eficácia, sua ordem e sua exatidão. De mais a mais, a dialética é um ótimo preventivo contra a indolência espiritual e a ignorância[35]. João tomara viva consciência desse caráter puramente instrumental da lógica

---

30. Polycraticus VII, 2; 639 As. e Metalogicus prol.; 826 AB.
31. Polycraticus VII, 2; 640 A.
32. Ibid., 640 D.
33. Metalogicus II, 16; 873 C.
34. Ibid.
35. Metalogicus II, 11; 869 C.

por ocasião de uma visita aos seus antigos colegas de Santa Genoveva, após um longo período de ausência. Encontrou-os tais quais os deixara; não haviam feito o menor progresso na solução dos problemas, nem acrescentado a mais insignificante *propositiuncula*. Como dantes, careciam de qualquer saber digno deste nome: "*Expertus itaque sum quod liquido colligi potest, quia sicut dialectica alias expedit disciplinas, sic, si sola fuerit, iacet exsanguis et sterilis, nec ad fructum philosophiae fecundat animam, si aliunde non concipit*"[36].

2. Enquanto ciência do provável, a dialética medeia entre a ciência demonstrativa e a sofística. – Certas ciências – a matemática, por exemplo – constam exclusivamente de verdades necessárias, pelo que também chegam a conclusões necessárias; são as ciências rigorosamente demonstrativas. O objetivo do verdadeiro filósofo é atingir a tais verdades necessárias por via de demonstração. A meta do dialético é mais modesta. Em suas disputações ele se serve da lógica ou da reflexão racional; começa por conceber certas proposições, que se supõem serem verdadeiras; a partir delas passa a solucionar, a provar ou a refutar as questões controvertidas: "*Est autem disputare, aliquid eorum, quae dubia sunt, aut in contradictione posita, aut quae sic vel sic proponentur, ratione supposita, probare vel improbare; quod quidem quisquis ex arte probabiliter facit, ad dialectici pertingit metam*"[37]. Como se vê, a dialética produz apenas opiniões ou probabilidades[38]. A sofística, ao contrário, é uma argumentação lógica que não apresenta senão a aparência de sabedoria ou de probabilidade; seu fruto é nulo, e é só pelo emprego de meios fraudulentos que chega a obter algum êxito. Em resumo: "*Philosophus autem, demonstrativa utens, negotiatur ad veritatem; dialecticus ad opinionem: siquidem probabilitate contentus est. Sophistae autem sufficit, si vel videatur esse probabile*"[39]. De sorte que a dialética retém uma posição intermédia entre a ciência demonstrativa e a sofística; não conduz senão à probabilidade; mas esta é suscetível de vários graus:

3. Os graus de probabilidade – A argumentação dialética parte de proposições prováveis: "*Principia itaque dialecticae probabilia sunt sicut demonstrativae necessaria*"[40]. João dá a seguinte definição de *probabile*: "*Est autem probabile, quod habenti iudicium etiam a superficie innotescit, sic quidem in omnibus, et semper, aut in paucissimis et admodum raro aliter, existens*"[41]. Provável é pois aquilo que ocorre sempre ou habitualmente, ainda que possa ser de outra maneira. Contudo, uma coisa pode ser mais provável do que outra. O grau de probabilidade se mede pela maior ou menor facilidade ou certeza com que conhecemos uma coisa. Certos fatos são tão prováveis que chegam a parecer necessários; outros, ao revés, nos são tão estranhos, que apenas os consideramos como prováveis. Os primeiros produzem uma convicção sólida, os segundos só permitem formar uma opinião mais ou menos débil: "*Siquidem si opinio tenuis, iudicio vacillat incerto; si vehemens, transit in fidem et ad iudicium certum aspirat*"[42]. É claro que o dialético diligenciará por se aproximar o mais possível da ciência ou do conhecimento certo. Sua convicção subjetiva pode ser tão certa quanto a de um filósofo, cujo saber se baseia na apreensão evidente de fatos necessários; mas nem por isso se pode falar em ciência propriamente dita. Por exemplo, é sumamente provável que amanhã o sol tornará a

---

36. Ibid., II, 869 B.
37. Ibid., II, 4; 860 Bs.
38. Ibid., II, 5; 861 BC.
39. Ibid., 861 Ds.
40. Ibid., 14; 871 C.
41. Ibid., D.
42. Ibid.

nascer; não obstante, o contrário sempre permanece possível. Por outro lado, é absolutamente certo que toda linha tem um comprimento, e toda superfície corporal uma cor, pois mesmo que tais fatos não fossem verificados pelos sentidos, a nossa razão lhes asseguraria a necessidade.

4. A indução como método dialético – Uma opinião ou crença firme se baseia na indução, que parte dos dados sensíveis. A indução obedece à seguinte regra: aquilo que ocorre isoladamente em todos os casos ou na maioria deles pode afirmar-se da totalidade dos casos, a não ser que se possa apresentar alguma exceção (*instantia*): *"Ergo quod divisim in omnibus, vel in pluribus alicuius generis invenitur, et universaliter in omnibus statuendum est, aut ferenda instantia in quo non sic. Est autem instantia alicuius, talis obvia positio, collectae universitati praeiudicans"*[43]. Por causa da contingência dos fatos em questão, a indução permanece no domínio da simples probabilidade, a menos que alguma evidência de fatos necessários venha transformá-la em ciência demonstrativa. Não obstante isso, o método indutivo dos dialéticos nos dá acesso para um amplo setor de conhecimentos fecundos, embora sem sair do domínio da opinião: *"Scientia itaque probabilium copiosa, expeditissima ad omnia viam parat"*[44].

III. O problema dos universais

É sobretudo na aplicação ao problema dos universais que se revela a grande utilidade do método dialético. Este problema dera origem a uma grande multidão de opiniões, pois todos os mestres contemporâneos de João haviam tomado posição perante o problema da natureza dos conceitos universais, e cada qual o resolvera a seu modo[45]. Depois de discutir os vários pontos de vista, João oferece uma solução que se diz inspirada na doutrina de Aristóteles.

1. As várias tentativas de solução – João examina sucessivamente as soluções dos nominalistas e dos realistas.

Entre os **nominalistas** temos, em primeiro lugar, a solução de *Roscelino;* para ele, os universais são meras palavras (*alius... consistit in vocibus*). Esta opinião extremista se extinguiu quase inteiramente com seu autor[46].

Abelardo via nos universais termos significativos ou *sermones*, e tudo fez por reduzir a estes *sermones* tudo quanto se escrevera até então sobre os universais: *"In hac autem opinione deprehensus est peripateticus palatinus Abaelardus noster, qui multos reliquit, et adhuc quidem aliquos habet professionis huius sectatores et testes. Amici mei sunt..."*[47]. No parecer de João, Abelardo e seus discípulos merecem ser repreendidos por suas frequentes violências à letra dos textos aristotélicos; em particular repudiam como absurda a predicabilidade de uma coisa com relação a outra, ainda que Aristóteles a afirme com toda a clareza[48].

Um terceiro autor opina que os universais são meros conceitos (*versatur in intellectibus*). Seus adeptos apelam para a autoridade de Cícero e Boécio, segundo os quais Aristóteles teria identificado os universais aos conceitos[49].

---

43. Ibid., 872 B.
44. Ibid.
45. Metalogicus II, 17; 874 B.
46. Ibid., BC.
47. Ibid., C.
48. Ibid.
49. Ibid., 874 Cs.

Os **realistas** afirmam que os universais são coisas. Também eles divergem grandemente nos seus pareceres: "*Eorum vero, qui rebus inhaerent, multae sunt et diversae opiniones*"[50]. Contudo, mostram-se unânimes em defender uma unidade de essência nas coisas individuais.

Valter de Mauritânia (Mortagne) introduziu a distinção entre vários *estados* (*status*) dos quais as coisas participariam. O universal é uma unidade numérica, porém unida às coisas individuais. Por exemplo: Platão enquanto Platão é indivíduo, enquanto homem é espécie, enquanto animal é gênero, e enquanto substância é gênero generalíssimo. Mas esta opinião, acrescenta o nosso autor, já não conta com nenhum representante[51]. João faz notar que a responsabilidade por esse realismo platônico cabe a *Bernardo de Chartres*, cuja posição foi adotada depois por Valter. Este distinguia, de um lado, as ideias comuns e imutáveis, que são os universais, a saber: os gêneros em sua acepção verdadeira e própria, que permaneceriam, ainda que o mundo viesse a perecer; e de outro lado, o mundo das aparências e das coisas individuais, o qual nos é incognoscível por causa de sua mutabilidade. Bernardo e seus seguidores atribuíam esta opinião a Aristóteles, mas sem razão, e contra o testemunho explícito de Boécio; na verdade, chegaram tarde com sua tentativa de reconciliar, depois de mortos, estes dois grandes pensadores que foram Platão e Aristóteles, uma vez que nunca se entenderam enquanto vivos: "*Egerunt operosius Bernardus Carnotensis, et eius sectatores, ut componerent inter Aristotelem et Platonem, sed eos tarde venisse arbitror, et laborasse in vanum, ut reconciliarent mortuos, qui, quamdiu in vita licuit, dissenserunt*"[52].

Gilberto de la Porrée[53] se esforça por seguir fielmente ao Estagirita; para ele, a universalidade se baseia na semelhança ou *conformidade* entre as formas implantadas nas coisas individuais (*formae nativae*) e seus respectivos arquétipos.

Joscelino (Gauslenus) de Soissons restringe a universalidade às multidões ou coleções de coisas, negando-a aos indivíduos: "*Universalitatem rebus in unum collectis attribuit, et singulis eandem demit*". No que se refere às autoridades, ele encontra grande dificuldade (*laborat prae dolore*) em pô-las de acordo com sua solução[54].

2. A solução de João – Reina, como se vê, uma confusão desesperadora em torno do problema dos universais; cabe aqui a palavra do poeta: "*Fere quot homines, tot sententiae*". Cada qual trata de apresentar uma nova solução, e é de suspeitar que há nisso mais vaidade do que interesse real pelo problema. O resultado é que os mestres acabam se vitimando uns aos outros, o que é tanto mais lamentável quanto a controvérsia parece antes girar em torno de palavras do que das próprias coisas[55]. Mas o erro principal desses mestres é de natureza pedagógica. Logo no início da introdução à Lógica põem-se a discutir esse difícil problema, impondo aos débeis ombros de seus ouvintes um fardo insuportável, e perdendo de vista o objetivo principal da Lógica, que consiste, no dizer de Porfírio, na Tópica (Dialética), na Analítica (ciência demonstrativa) e na Elênquica (Sofística). Entretanto, todos pretendem passar por aristotélicos, quando na realidade interpretam a Aristóteles a partir de Platão ou da doutrina errônea de algum outro autor igualmente distante de um e outro: "*...et ut Aristoteles planior sit, Platonis sententiam docent, aut erroneam opinionem, quae aequo errore deviat a sententia Aristotelis et Platonis. Siquidem omnes Aristotelem profitentur*"[56].

---

50. Ibid., D.
51. Ibid., 875 A.
52. Ibid., D.
53. Ibid., Ds.
54. Ibid., 876 A.
55. Ibid., 18; 876 Bs.
56. Ibid., 19; 877 A.

Aristóteles afirma claramente a não existência dos gêneros e das espécies, que são meros objetos de conhecimento. Nesta suposição, a pergunta referente à realidade dos gêneros perde toda a razão de ser. O mesmo se deve dizer das questões sobre a substância, a quantidade, a qualidade e a causa dos gêneros e das espécies inexistentes. A alternativa é clara: ou abandonamos a posição de Aristóteles, ou lhe aderimos até o fim, negando que os universais sejam palavras, ou expressões (*sermones*), ou coisas sensíveis, ou ideias, ou formas, ou coleções; pois todas estas coisas são existentes, ao passo que os universais, na opinião de Aristóteles, carecem de existência[57].

De forma que o problema se reduz em saber de que maneira chegamos a formar os conceitos universais. João responde que tais conceitos se originam pela abstração, que explica à maneira de Abelardo. Na base de toda ciência se encontra o entendimento, como potência divisiva e abstrativa: "*quasi officina omnium artium*"[58]. Deixando de parte os aspectos secundários das coisas, o entendimento lhes contempla a semelhança essencial, o que o capacita a apreendê-las e designá-las segundo os diversos graus de abstração, embora na realidade só haja coisas individuais. Os universais são simples representações ou imagens, que permanecem no entendimento como resultado da consideração das semelhanças das coisas individuais: "*Sunt itaque genera et species non quidem res a singularibus actu et naturaliter alienae, sed quaedam naturalium et actualium phantasiae renitentes intellectui, de similitudine actualium, tamquam in speculo nativae puritatis ipsius animae, quas Graeci* ἔννοια *sive* εἰκονό ανα *appellant, hoc est rerum imagines in mente apparentes*"[59]. Os universais são outros tantos exemplares ou modelos elaborados pelo intelecto; são comparáveis aos paradigmas ou exemplos das declinações empregados no ensino da gramática: *sic quaedam exemplaria concipiuntur in mente, quorum exempla natura formavit, et sensibus obiecit*. Mas estes exemplares são meros seres mentais, ou imagens e sombras das coisas reais; esvaem-se como sonhos assim que tentamos apreendê-los separadamente, e em si mesmos, pois que só existem no entendimento: "*Illa itaque exemplaria, cogitabilia quidem sunt, et sunt quasi phantasiae et umbrae existentium, secundum Aristotelem; quas si quis apprehendere nititur per existentiam, quam habent a singularibus separatam, velut somnia elabuntur. Monstra enim sunt, et soli intellectui patent*"[60].

João pretende propugnar um aristotelismo radical; mas caberia perguntar se a sua posição não é mais aristotélica do que a do próprio Aristóteles. Não resta dúvida de que ele percebeu o aspecto metafísico do problema. O realismo, que atribui certa universalidade às próprias coisas, visa explicar a semelhança das coisas entre si e com Deus. João não vê necessidade nenhuma de admitir qualquer espécie de universalidade nas coisas. Basta que Deus as tenha feito semelhantes umas às outras: "*Quantumlibet conformia sint opera Dei, omnia singularia sunt vicissimque discreta, 'illo sic disponente, qui omnia creavit in numero, ad distinctionem, et pondere, ad generis dignitatem', et mensura ad modum quantitatis certae, infinitam sibi reservans in omnibus auctoritatem*"[61]. Deus criou coisas individuais mediante a criação e a união de matéria e forma; não fez coisas universais[62]. Segundo Aristóteles, pois, as coisas só são universais enquanto pensadas; nas próprias coisas, porém, não há universais. A semelhan-

---

57. Ibid., 20; 877 BC.
58. Ibid., 878 A.
59. Ibid., 878 B.
60. Ibid., 878 C.
61. Ibid., 884 B.
62. Ibid., 885 A.

ça entre vários indivíduos se chama espécie; a imagem comum a várias formas chama-se gênero. Tais espécies e gêneros são construções do entendimento, embora baseadas nos indivíduos; e neste sentido são ficções e fantasias: *"Ergo, ex sententia Aristotelis, genera et species, non omnino quid sit, sed quale quid quodammodo concipiuntur; et quasi quaedam sunt figmenta rationis, se ipsam, in rerum inquisitione et doctrina, subtilius exercentis. Et hoc quidem fideliter, quia quoties opus est, agitationis suae manifestum in rebus producit exemplum. Sic et ius civile sua figmenta novit: et disciplina quaelibet ea, per quae ipsius procedat usus, excogitare non erubescit, sed propriis quodammodo figmentis gaudet. Gaudeant, inquit Aristoteles, species; monstra enim sunt; vel, secundum novam translationem, cicadationes enim sunt; aut si sunt, nihil ad rationem"*[63].

É a primeira vez que deparamos, na Idade Média, com um ataque frontal contra a metafísica platônico-agostiniana. João percebeu perfeitamente que sua doutrina contrariava inclusivamente a de Agostinho que, a exemplo da maioria dos pensadores cristãos, seguia a Platão na afirmação da existência das Ideias[64]. João prefere seguir a Aristóteles, cuja doutrina é mais consequente, embora não seja necessariamente mais verdadeira: *"sed ei qui Peripateticorum libros aggreditur, magis Aristotelis sententia sequenda est; forte non quia verior, sed plane quia his disciplinis magis accommoda est"*[65].

Apreciação

Na obra de João de Salisbury já se prenuncia, com dois séculos de antecedência, o ockhamismo do século XIV. Embora limitasse o domínio filosófico propriamente dito às questões suscetíveis de soluções rigorosamente demonstrativas, João não pode ser contado entre os empiristas radicais. Ao relegar a maioria dos problemas controvertidos para o domínio da dialética ou da probabilidade, ele pretende apenas assegurar uma base imparcial, que lhe permita formar um juízo sereno e objetivo sobre as teorias contrastantes: *"Ego quidem opinionem hanc vehementer nec impugno, ne propugno; nec enim multum referre arbitror, ob hoc quod illam amplector indifferentiam in vicissitudine sermonum, sine qua non credo quampiam ad mentem auctorum fideliter pervenire"*[66]. Sua dialética não conduz à servidão, mas à liberdade. Detesta o erro e o preconceito e ama a liberdade de pensamento, na medida em que esta se coaduna com a Escritura e a sã razão. Tem grande estima aos antigos filósofos, mas não os idolatra supersticiosamente. Foi neste espírito que escreveu o *Entheticus*; ali se exprime não só o seu interesse histórico, como o seu desejo de conhecer mais do que *uma só* opinião, a fim de poder efetuar sua própria escolha. João de Salisbury é um genuíno humanista cristão, tanto em sua atitude geral, como em seu estilo. Compreende-se, pois, que suas obras resistissem à ação do tempo, e fossem apreciadas ainda na Renascença, de critérios tão diferentes dos medievais.

---

63. Ibid., 885 C.
64. Ibid., 888 B.
65. Ibid., C.
66. Ibid., 886 D.

Da veneranda autoridade dos antigos

Reverentia exhibenda est verbis auctorum, cum cultu et assiduitate utendi, tum quia quamdam a magnis nominibus antiquitatis praeferunt maiestatem, tum quia dispendiosius ignorantur, cum ad urgendum aut resistendum potentissima sunt. Siquidem ignaros in modum turbinis rapiunt, et metu perculsos exagitant, aut prosternunt; inaudita enim philosophorum tonitrua sunt.

É preciso acatar as palavras dos autores, que devem ser cultivados e utilizados com assiduidade, não só por causa da dignidade inerente à sua antiguidade e aos seus grandes nomes, mas porque a ignorância dos mesmos implica grande prejuízo, visto que são extremamente eficazes para o ataque e a defesa.

Licet itaque modernorum et veterum sit sensus idem, venerabilior est vetustas. Dixisse recolo Peripateticum Palatinum, quod verum arbitror, quia facile esset aliquem nostri temporis librum de hac arte componere, qui nullo antiquorum quoad conceptionem veri, vel elegantiam verbi, esset inferior, sed ut auctoritatis favorem sortiretur aut impossibile, aut difficillimum. Hoc ipsum tamen asserebat maioribus ascribendum, quorum floruerunt ingenia, et inventione mirabili pollentes, laboris sui fructum posteris reliquerunt.

Ainda que o sentido das palavras modernas seja o mesmo que o das antigas, a Antiguidade merece maior veneração. Recordo-me de uma palavra do Peripatético de Palais (Abelardo) – palavra que considero verdadeira –, segundo a qual um autor dos nossos dias poderia facilmente compor um livro sobre esta ciência (a lógica) em nada inferior aos dos antigos quanto à apreensão da verdade ou à elegância do estilo; contudo, ser-lhe-ia impossível ou sumamente difícil granjear o prestígio da autoridade. Tal prestígio, porém, afirmava ele, deve-se atribuir aos antigos que, com seus exímios talentos e admirável inventividade, legaram à posteridade os frutos do seu trabalho.

Itaque ea, in quibus multi sua tempora consumpserunt, in inventione sudantes plurimum, nunc facile et brevi unus assequitur, fruitur tamen aetas nostra beneficio praecedentis, et saepe plura novit, non suo quidem praecedens ingenio, sed innitens viribus alienis, et opulenta doctrina Patrum.

Donde a facilidade e a rapidez com que hoje se adquire aquilo a que muitos deles dedicaram seu tempo e em cuja invenção tanto se afadigaram; o nosso tempo, porém, desfruta os benefícios da era precedente, e muitas vezes dispõe de maiores conhecimentos; embora não lhe seja superior em capacidade, tem a vantagem de poder se arrimar a forças alheias e à riquíssima doutrina dos Padres.

Dicebat Bernardus Carnotensis nos esse quasi nanos, gigantium humeris insidentes, ut possimus plura eis et remotiora videre, non utique proprii visus acumine, aut eminentia corporis, sed quia in altum subvehimur et extollimur magnitudine gigantea.

Dizia Bernardo de Chartres que somos comparáveis a uns anões que por feliz acaso se veem alçados aos ombros de uns gigantes, o que nos possibilita abranger um panorama mais vasto e profundo; isto se deve, não à acuidade da nossa própria vista, nem à nossa grande estatura corporal, mas ao fato de sermos guindados àquelas alturas pela grandeza gigantesca (dos antigos).

Metalogicus, 3, 4; c. 900 A-C.

CAPÍTULO VIII
HUGO DE SÃO VÍTOR

Após a sua derrota por Abelardo, Guilherme de Champeaux fixou residência na abadia de São Vítor, nos arredores de Paris. Era natural que o mestre, outrora tão celebrado, procurasse instilar na nova fundação os seus ideais científicos. Em consequência disso a abadia não tardou a produzir dois dos teólogos mais importantes do século XII, e que serão tidos em conta de autoridades de primeira linha pelos escolásticos do século seguinte. Em Hugo e Ricardo a chamada escola de São Vítor parece ter alcançado o seu apogeu; o certo é que depois deles ela diminuiu consideravelmente de importância. Ainda que ambos gozassem de grande prestígio, é inegável que Hugo de São Vítor se avantajou de longe a seu discípulo e sucessor, que segue, em substância, as pisadas do mestre. O que nos parece razão suficiente para nos cingirmos à exposição da doutrina de Hugo.

Vida – De acordo com a tradição mais segura (sobre as dificuldades em contrário, cf.: VERNET. Dictionnaire Catholique) Hugo nasceu em Hartigham, no Harz, pelo ano de 1096; descendia da estirpe dos condes de Blankenburg. Deve ter vindo bastante cedo a Paris e São Vítor. Seu primeiro orientador foi o Prior Tomás, a quem sucedeu na direção da escola; faleceu com apenas 44 anos de idade, a 11 de fevereiro de 1141. Seus escritos refletem-lhe a índole especulativa e cismadora; submete cada problema a um exame circunstanciado; seu estilo é conciso e não raro suas formulações traem uma grande força de penetração; contudo, o seu pensamento carece frequentemente da necessária sequência lógica.

Obras (seleção):
1) *De Sacramentis christianae fidei*. Uma espécie de suma teológica em dois livros; o primeiro trata da Criação (inclusivamente da Teodiceia) e o segundo, da Redenção. – ML t.176, 173-618.

2) *Eruditionis Didascalicae libri VII*. Uma introdução ao estudo (*lectio*) das artes e das ciências; no primeiro livro Hugo discute a questão da divisão das ciências; o segundo contém uma breve introdução às ciências em geral, e o terceiro, às ciências profanas em particular. Os livros 4 e 6 versam sobre a Sagrada Escritura. O sétimo livro de nossa edição representa um escrito à parte, e mostra como se pode descobrir a SS. Trindade na obra da criação, através das manifestações do poder, da sabedoria e da bondade de Deus. – ML t. 176, 739-838.

§ 1. A teoria da ciência

I. A sabedoria

O dever primordial do homem é a aspiração à sabedoria, na qual se encontra a forma ou essência do bem perfeito.

1. A sabedoria ilumina o homem, capacitando-o a se conhecer a si mesmo

Com esta afirmação Hugo abraça uma antiga tradição, que Gilson chama de *socratismo cristão*. O homem se assemelha a qualquer outra criatura enquanto não tomar consciência das prerrogativas que o distinguem do resto da criação. Sua alma imortal, iluminada pela sabedoria, destina-se à contemplação do próprio Criador. Contendo em si mesma tudo quanto é necessário para satisfazê-la, ela recusa, como incompatível com sua dignidade, a busca de quaisquer satisfações estranhas. É esse, precisamente, o significado profundo do velho ditado: Conhece-te a ti mesmo. Se o homem tivesse consciência de sua verdadeira origem, não tardaria a reconhecer a inanidade de todas as coisas perecíveis e mutáveis. Tanto mais que, segundo os filósofos, o espírito traz impressa em si a semelhança espiritual de tudo quanto existe: "*Sic nimirum mens rerum omnium similitudine insignita, omnia esse dicitur, atque ex omnibus compositionem suscipere, non integraliter, sed virtualiter atque potentialiter continere*"[1]. Embora todos a possuam, nem todos chegam a tomar conhecimento desta dignidade da natureza humana. É o que o espírito facilmente se entorpece pelas paixões corporais e se desvia de si mesmo, fascinado pelas formas sensíveis das coisas; esquece-se daquilo que foi, e se julga semelhante àquilo que vê à sua volta. O único meio de remediar este mal é a busca da sabedoria: "*Reparatur autem per doctrinam, ut nostram agnoscamus naturam, et ut discamus extra non quaerere, quod in nobis possumus invenire. Summum igitur in vita solamen est studium sapientiae, quam qui invenit, felix est, et qui possidet, beatus*"[2].

2. O amor à sabedoria é a filosofia

Hugo define a filosofia à maneira de Pitágoras: "*Est autem hic amor sapientiae, intelligentis animi ab illa pura sapientia illuminatio, et quodammodo ad seipsam retractatio atque advocatio, ut videatur sapientiae studium divinitatis et purae mentis illius amicitia*"[3].

Este genuíno amor à sabedoria é recompensado pela assemelhação do homem com Deus; ele nos reconduz à fonte da nossa força e restaura a pureza de nossa natureza. Dela dimana a verdade da especulação e do pensamento, bem como a santa e preciosa castidade das obras[4]. Numa palavra: a verdadeira filosofia equivale à verdadeira religião.

II. As fontes das ciências filosóficas

Muito características do gênio de Hugo são suas especulações sobre as origens desse dom sublime que é a filosofia.

---

1. Didascalicae I, 2; 742 C.
2. Ibid., 742 D.
3. Ibid., I, 3; 743 As.
4. Ibid., B.

1. A filosofia deriva da própria natureza humana

A alma humana dispõe de três potências: a primeira lhe é comum com as plantas, a segunda com os animais; mas a razão se avantaja a ambas. Com efeito, a potência cogitativa, ou o espírito, não só absorve aquelas duas potências, mas se serve delas, e, particularmente, da faculdade sensitiva. A razão ou o espírito pode considerar as coisas sob três aspectos: primeiro, enquanto presentes, e isso mediante uma *conclusão firmíssima*, o que se deve entender, evidentemente, da apreensão espiritual imediata das coisas pela percepção; segundo, enquanto ausentes, mediante uma visão espiritual da inteligência; terceiro, enquanto desconhecidas, mediante a pesquisa (*inquisitio*)[5]. Donde se segue que o espírito humano não se limita às percepções sensíveis atuais; sua força cognitiva atinge também o que lhe é representado pela imaginação; não só isso: ele é capaz de transcender os dados sensíveis e exprimir seus conhecimentos por meio da palavra. E nisso reconhecemos a sua origem divina: "*Huic divinae naturae non ea tantum in cognitione sufficiunt, quae subiecta sensibilibus comprehendit, verum etiam ex sensibilibus imaginatione concepta, et absentibus rebus nomina indere potest, et quod intelligentiae ratione comprehendit, vocabulorum quoque positionibus aperit*"[6].

Ao mesmo tempo que o espírito aplica às coisas esta tríplice potência da *conclusio*, da *intelligentia* e da *inquisitio*, ele formula quatro perguntas fundamentais: se existe algo; qual o modo de ser de sua existência; quais as suas propriedades e acidentes; e, finalmente, por que a coisa é tal como é[7]. Como se vê, a atividade do entendimento visa sobretudo dois objetos, a saber, a natureza das coisas e as ações humanas: "*...duo sint, in quibus omnem operam vis animae rationantis impendit unum: quidem ut rerum naturas inquisitionis ratione cognoscat; alterum vero, ut ad scientiam prius veniat, quod post gravitas mortalis exerceat*"[8].

2. A relação entre as ciências filosóficas e os atos humanos

Como estudo e amor da sabedoria, a filosofia é um privilégio do ser humano. Por isso as ações do homem são superiores às dos irracionais, pelo menos quando executadas como ações genuinamente humanas, e sob a direção da sabedoria: "*Restat ut rationalis animae actus caeca cupitas non capiat, sed moderatrix semper sapientia praecedat*"[9]. Por isso a filosofia não se ocupa apenas da natureza das coisas e da honestidade dos costumes, mas também das razões (*rationes*) ou da justificação de todas as ações e aspirações humanas. E assim chegamos à seguinte definição da filosofia: "*Philosophia est disciplina omnium rerum humanarum atque divinarum rationes plene investigans*"[10].

Os atos do homem, que devem ser regulados pela sabedoria, visam uma de duas coisas: restabelecer a integridade da natureza, ou atenuar as penas e misérias a que estamos sujeitos na vida presente.

É necessário conservar e purificar o que há de bom em nossa natureza, e eliminar o que nela há de mau, ou se não for possível erradicá-lo completamente, deve-se pelo menos procu-

---

5. Ibid., I. 4; 744 A.
6. Ibid.
7. Ibid., 744 B.
8. Ibid., C.
9. Ibid., I, 5; 744 D.
10. Ibid.

rar atenuá-lo pela aplicação de remédios condizentes[11]. Uma parte do ser humano se encontra presa à necessidade e à mutabilidade; sua parte mais nobre, porém, assemelha-se ao próprio Deus. Importa restaurar plenamente o que há de divino em nós, como também atender às exigências da vida: *"...omnium humanarum actionum ad hunc finem concurrit intentio, ut vel divinae similitudinis imago in nobis restauretur, vel huius vitae necessitudini consulatur"*[12].

Há dois gêneros de atividade que concorrem para a recuperação da semelhança divina: a contemplação da verdade e a prática da virtude. Pois é pela sabedoria e pela justiça que o homem se torna semelhante a Deus[13]. Por outro lado, há três gêneros de atividade que servem para remediar as necessidades da vida. A primeira subministra auxílios à natureza (*naturae instrumentum administrat*); a segunda nos resguarda das adversidades externas; e a terceira debela as doenças a que está sujeita a nossa natureza[14].

Mas o homem só se eleva ao plano filosófico pela investigação das razões do seu agir, ou seja, fazendo da filosofia a *moderatrix actionum*: o simples exercício daquelas atividades não chega a constituir uma filosofia. Por esta razão um mesmo ato pode fazer parte da filosofia, ou não, conforme lhe investigarmos a razão de ser ou nos contentarmos com sua mera execução: *"Potest namque idem actus et ad philosophiam pertinere secundum rationem suam, et ab ea excludi secundum administrationem"*[15].

Por exemplo: a justificação racional da atividade agrícola é da competência do filósofo; seu desempenho prático, porém, pertence ao lavrador: *"Vides iam, qua ratione cogimur, philosophiam in omnes actus hominum diffundere, ut iam necesse sit, tot esse philosophiae partes, quot sunt rerum diversitates, ad quas ipsam pertinere constiterit"*[16].

Agora, enfim, estamos em condições de precisar o que Hugo entende por aqueles atos divinos e humanos que constituem o objeto da filosofia. Divinos são os atos que visam à restauração de nossa natureza; humanos são os atos pelos quais socorremos à nossa natureza enferma. De sorte que todos os nossos atos (os atos humanos em sua acepção mais ampla) podem se dividir em dois grupos: o primeiro compreende a ação ou atividade divina, que se ocupa com as coisas superiores; o segundo abrange a ação ou atividade humana, que se ocupa com as coisas inferiores; aquela constitui a *intelligentia*, e esta, a *scientia*, e ambas em conjunto formam a sabedoria. E sendo que a *intelligentia* investiga tanto a verdade como os costumes, ela contém em si duas esferas distintas de atividade: uma, teorética ou especulativa, e outra, prática ou ativa (a esta última se dá também o nome de Ética ou Moral). A *scientia*, ao contrário, trata das ações puramente humanas, pelo que é denominada, com muito acerto, de *"mechanica, id est adulterina"*[17].

---

11. Ibid., 6; 745 B.
12. Ibid., 8; 746 Ds.
13. Ibid., 9; 747 A.
14. Ibid.
15. Ibid., 5; 745 A.
16. Ibid.
17. Ibid., 9; 747 BC.

3. A lógica como parte da filosofia

A origem da lógica é examinada em último lugar, visto que, enquanto ciência, ela só foi descoberta depois de todas as outras ciências. Sua necessidade é indiscutível, "*quoniam nemo de rebus convenienter disserere potest, nisi prius recte loquendi rationem agnoverit*"[18]. Grande parte dos erros cometidos no passado derivam precisamente do descuido desta importante disciplina. Como diz Boécio, os homens começaram a investigar a natureza e os costumes, sem haverem aprendido a distinguir entre as palavras e os conceitos; é o que se deu com Epicuro, por exemplo, que ensinava que o mundo se compõe de átomos, e aferia o valor moral pelo prazer[19]. Mas não é verdade que as coisas existem na realidade exatamente da mesma maneira em que as pensamos. Não há dúvida que obedecem às leis dos números, mas nem por isso se sujeitam simplesmente ao nosso modo de pensar: "*Neque enim sese res ut in numeris ita etiam in ratiocinationibus habens*"[20]. Importa proceder com muita prudência na aplicação à realidade de conclusões obtidas mediante processos lógicos. Antes de mais nada, é preciso saber, com certeza, se um raciocínio obedece a regras da disputação, se conduz a um saber apenas verossímil, se é fidedigno, ou se é suscetível de suspeita: "*Nisi enim prius ad scientiam venerit, quae ratiocinatio veram teneat semitam disputandi, quae verisimilem agnoverit, et quae fida, et quae possit esse suspecta, rerum incorrupta veritas ex ratiocinatione non potest inveniri*"[21].

Embora descoberta em último lugar, a lógica é, na realidade, a primeira das ciências, e por isso se deve ensiná-la em primeiro lugar aos principiantes na filosofia[22]. A palavra *lógica* deriva do grego λόγο, que tem o duplo significado de *ratio* e de *sermo*; donde a distinção entre a *logica rationalis* ou ciência do raciocínio (*quae discretiva dicitur*), subdividida em dialética e retórica, e a *logica sermocinalis* (a ciência da linguagem), que abrange a gramática, a dialética e a retórica[23].

III. A classificação das ciências

A classificação das ciências já está contida, em grandes traços, no estudo das suas origens. O seguinte esquema dará uma ideia de toda a estrutura do edifício científico:

Philosophia

Theoretica:	*Practica:*	*Mechanica:*	*Logica:*
Theologia	Ethica	Lanificium	Grammatica
Mathesis	Oeconomica	Armatura	Rhetorica
Astronomia	Politica	Navigatio	Dialectica
Geometria		Agricultura	
Arithmetica		Venatio	
Musica		Medicina	
Physica		Theatrica scientia	

O próprio autor nos oferece a seguinte explicação do esquema: "Há três coisas: a sabedoria, a virtude e a necessidade. A sabedoria consiste na compreensão das coisas tais quais são; a virtude, na conduta da alma segundo a natureza, e em consonância com a razão; a necessidade,

---

18. Ibid., 12; 749 A.
19. Ibid., AB.
20. Ibid., B.
21. Ibid., C.
22. Ibid., D.
23. Ibid., Ds.

naquilo sem o que não podemos viver, mas sem o que certamente viveríamos mais felizes. Estas três coisas servem de remédios contra outros tantos males a que está sujeita a vida humana: a sabedoria é o remédio da ignorância, a virtude o do vício, e a necessidade o da fraqueza. Foi para remover estes três males que se buscaram aqueles três remédios, e para encontrar estes três remédios se inventaram todas as artes e todas as ciências. Em atenção à sabedoria se inventou a (ciência) teorética, em atenção à virtude a (ciência) prática, e em atenção à necessidade a (ciência) mecânica. Estas três formas foram exercidas por primeiro; mais tarde se inventou a lógica em atenção à linguagem. Se bem que descoberta por último, esta deve ser ensinada em primeiro lugar. E assim temos quatro ciências principais, das quais derivam todas as outras: a teorética, a prática, a mecânica e a lógica.

A ciência *teorética* se divide em teologia, física e matemática. A teologia trata das causas invisíveis das coisas visíveis, a física das causas em seus efeitos e dos efeitos em suas causas[24], a matemática das formas invisíveis das coisas visíveis. A matemática se divide em quatro ciências: a primeira é a aritmética, que trata do número, isto é, da grandeza discreta em si; a segunda é a música, que trata da relação, isto é, da grandeza discreta em suas diferentes relações; a terceira é a geometria, que trata do espaço, isto é, da grandeza imóvel e contínua; a quarta é a astronomia, que se ocupa do movimento, isto é, da grandeza contínua e móvel. O elemento da aritmética é o número, o da música a harmonia, o da geometria o ponto, o da astronomia o instante.

A ciência *prática* se subdivide em individual, privada e pública. A individual (*solitaria*) nos ensina a ordenar nossa própria vida pela honestidade dos costumes e pelo ornato da virtude; a ciência privada ensina a governar os familiares e os consanguíneos; a ciência pública ensina aos chefes a reger um povo inteiro e um Estado. A ciência individual diz respeito ao indivíduo, a particular aos pais de família, e a pública aos chefes de Estado.

A ciência *mecânica* trata das obras humanas; subdivide-se nas sete artes (cf. o esquema).

A *lógica* se subdivide em gramática e no método de exposição[25]. O método de exposição se subdivide nos métodos provável, necessário e sofístico. O método provável se divide em dialética e retórica. O necessário é próprio dos filósofos, o sofístico dos sofistas.

Nestas quatro disciplinas filosóficas cumpre observar a seguinte ordem: primeiro deve-se ensinar a lógica, depois a ética, em terceiro lugar a ciência teorética, e em quarto, a mecânica. Com efeito, antes de mais nada é preciso adquirir o domínio da palavra; a seguir, como diz Sócrates na Ética, é necessário purificar o olho do coração pelo estudo da virtude, a fim de aguçá-lo para a investigação da verdade na ciência teorética. Por último vem a mecânica, que é inteiramente ineficaz em si mesma, e sem o apoio que lhe vem da fundamentação das ciências anteriores"[26].

Para um estudo profícuo da filosofia é mister empregar um método adequado. Hugo deplora a pouca atenção dada a este ponto pelos sábios do seu tempo: "*Scholastici autem nostri aut nolunt aut nesciunt modum congruum in discendo servare, et idcirco multos studentes, paucos sapientes invenimus*"[27]. A pressuposição fundamental, porém, é que se disponha do necessário talento, isto é, de inteligência e memória. As exposições seguintes contêm uma série de observações penetrantes sobre a vida acadêmica da época[28].

---

24. Frase completada de acordo com II, 17; 257 D.
25. *Ratio*, em lugar de *oratio disserendi*.
26. Ibid., VI, 14; 809 Css.
27. Ibid., III, 3; 768 C.
28. Ibid., III, 7s.; 770 Css.

§ 2. O conhecimento de Deus

Conquanto as últimas profundezas da essência de Deus nos permaneçam ocultas, não sucede o mesmo quanto à sua existência: *"Deus enim sic ab initio notitiam sui ab homine temperavit, ut sicut numquam quid esset totum poterat comprehendi, sic quia esset numquam prorsus posset ignorari"*[29]. Com efeito, se Deus se manifestasse plenamente ao homem, não haveria mérito na fé, nem lugar para a descrença; por outro lado, se fosse inteiramente oculto, a fé deixaria de constituir um auxílio para o conhecimento, e a ignorância exculparia a descrença. O que sabemos sobre Deus tem o efeito de nos fortalecer e nutrir o coração, e o que ignoramos serve de estímulo ao entendimento[30].

Dispomos de duas vias (*modi, viae, manifestationes*) conducentes ao conhecimento de Deus; a primeira parte da razão humana, e a segunda da *revelação* divina. A razão, por sua vez, pode partir, ou da contemplação do seu próprio mundo interior, ou da observação do mundo externo[31].

I. O conhecimento da existência de Deus

De acordo com a referida subdivisão, Hugo apresenta uma dupla prova da existência de Deus.

1. A *primeira* arranca do espírito humano, e se baseia no fato de ser o nosso espírito uma imagem de Deus. Com efeito, há no homem algo afim com Deus, a saber, o seu espírito e o entendimento de que se utiliza. O homem foi criado de maneira a poder erguer-se ao conhecimento de Deus a partir do seu próprio ser[32].

O espírito humano tem um conhecimento imediato de sua própria existência, bem como da distância que reina entre ele e o seu ser visível e corporal. Numa palavra, ele tem consciência de ser uma realidade incorporal e invisível: *"Secernit ergo et dividit se per se ab eo toto quod visibile videt in se; et invisibilem omnino se esse videt; in eo quod se videt, et tamen videri se non posse videt. Videt ergo invisibilia esse; quae tamen visibiliter non videt quia se invisibilem esse videt et tamen visibiliter non videt"*[33].

Este fato indubitável da existência de um ser espiritual serve como ponto de partida para a razão. A razão não pode duvidar de sua própria existência, pelo simples fato de não poder deixar de se conhecer a si mesma. Em vista desse autoconhecimento, ela se vê forçada a supor que sua existência teve um começo. Com efeito, a razão sabe quando existe, e, por outro lado, ela se dá conta de não ter existido sempre; logo, sua existência deve ter tido um começo. Este começo deve ter sido um dom gratuito, pois não havendo preexistido a si mesma, é-lhe impossível ter dado a existência a si própria[34].

Por conseguinte, a razão deve ter sido produzida por algo de outro, ou melhor, por algum outro. Este outro, por sua vez, não pode derivar sua existência de outro, do contrário não pode-

---

29. De Sacramentis I, 3, 1; 217 A.
30. Ibid., 2; 217 B. Cf. ibid., I, 3, 31; 324 C.
31. Ibid., I, 3, 3; 217 C.
32. Ibid., 6; 219 A.
33. Ibid., 7; 219 B.
34. Ibid., 8; 219 Bs.

ria ser o originador de todas as outras coisas. Logo, o primeiro originador deve ter existido sempre, e sua existência jamais teve começo: *"Non ergo ab alio accipere esse potuit qui omnibus esse dedit, quem propterea semper fuisse et numquam coepisse fateri oportet: quoniam omne quod aliquando esse incoepit auctorem habuit per quem coepit. Constat ergo nec dubitari ullo modo potest, quod ille per quem coepit quod non semper fuit, numquam coepit, sed semper fuit"*[35]. O ser assim descoberto pela razão se torna o objeto da veneração piedosa de nosso coração, e a fé nos ensina que é preciso adorá-lo como Deus[36].

Os aspectos mais notáveis desta prova são o seu ponto de partida agostiniano (a verdade indubitável do autoconhecimento) e sua conclusão para a eternidade de Deus.

2. A *segunda prova* parte da natureza externa e apresenta uma estrutura semelhante.

Tudo quanto vemos na natureza externa teve um começo e terá um fim. Logo, o mundo considerado em sua totalidade deve ter tido um começo, pois em todas as suas partes se observa um processo ininterrupto de vir a ser e deixar de ser. Ora, tudo o que é mutável necessariamente alguma vez não existiu, pois é claro que aquilo que é incapaz de permanecer enquanto é, não pode ter existido antes que viesse a ser. Donde a conclusão: *"Sic respondent quae foris sunt iis quae intus videntur ad veritatem comprobandam, et auctorem suum natura clamat quae se ab illo factam ostendit"*[37].

II. A unidade de Deus

Pelas mesmas duas vias Hugo procura provar a unidade de Deus, isto é, sua unicidade e sua simplicidade.

1. A unicidade de Deus – Nossa razão se sente forçada a não admitir senão um único Deus. Há um só amor, uma só piedade e um só culto de Deus, o que prova a existência de um só Senhor e Deus; é o que nos diz a razão, *"ne schisma fieret in plura principia, et non esset certa salus"*[38]. É melhor e mais consentâneo com a verdade e a natureza que haja um só princípio e um só fim, do qual tudo deriva sua existência e ao qual tudo tende. Caso contrário introduzir-se-ia o caos no universo, que careceria de cabeça, de princípio e de governador.

A mesma verdade é proclamada em altas vozes pela natureza: *"et dixit opus unum et auctorem unum; et concordia una consilium unum, et una administratio providentiam unam"*. E assim todas as coisas apontam para um único Deus, Criador, Soberano e Governador: *"quia totum unum et unum totum"*[39].

2. A simplicidade de Deus – O ser de Deus não se compõe de uma multidão de coisas diversas (*ne turbam faceret*), nem de partes (*ne massam formaret*), nem de muitos elementos semelhantes (*ne pluritas superflua vel singularitas imperfecta appareret*), pois toda unidade resultante de uma simples semelhança entre coisas diversas implica alguma imperfeição nas partes (no caso de os componentes individuais serem menos que o todo), ou uma duplicação

---

35. Ibid., 9; 219 C.
36. Ibid.
37. Ibid., 10; 219 Ds.
38. Ibid., 11; 220 A.
39. Ibid., 22 As.

(*geminatio*) supérflua (no caso de todas as partes serem igualmente perfeitas). Todos esses casos não passam de meras tentativas de unidade, da qual de certo modo se aproximam, mas sem alcançá-la, pois não constituem verdadeiras unidades, mas simples congéries ou composições; numa palavra: não se trata de unidades essenciais. Deus, porém, deve ser essencial e imutavelmente uno, e isto em sumo grau. O que é essencialmente uno é verdadeiramente uno, e o que é imutavelmente uno é uno em sumo grau. Pois bem: é fácil ver que, se algo pode ser bom sob dois aspectos, é melhor que o seja sob ambos esses aspectos do que sob um só. Ora, é inegável que é bom ser essencialmente uno, e é bom ser imutavelmente uno; donde se segue que é preferível ser bom sob ambos esses aspectos. E visto ser Deus o bem supremo, segue-se que não lhe podemos negar este bem superior: "*Et idcirco (ratio) fatetur Deum suum et auctorem suum, et principium suum unum esse; quoniam hoc melius est, et vere unum esse; quoniam substantialiter est, et summe unum esse; quoniam invariabiliter est*"[40].

3. A imutabilidade de Deus – Como vimos, a razão conclui da imutabilidade para a unidade. Com efeito, Deus não pode ser multiplicado, porque é imenso, nem diminuído, porque é uno. Não está sujeito à mudança local, por estar em toda a parte, nem à mudança temporal, por ser eterno. Não há mudança no seu saber nem nos seus sentimentos, por ser sapientíssimo e soberanamente bom[41].

Também a natureza, isto é, a criação inteira, proclama a imutabilidade divina; assim a beleza da obra da criação atesta a perfeita sabedoria do Criador, que é eterna etc.[42]

§ 3. O homem

Hugo de São Vítor procura explicar a condição humana concreta a partir do primeiro princípio. Donde a pergunta: Por que criou Deus o homem? Destarte ele assenta sua antropologia numa base genuinamente metafísica.

A razão da criação do homem não pode ser outra que o próprio Deus ou, mais precisamente, o seu amor. É verdade que a beatitude divina, que é perfeita e eterna, não é passível de aumento nem de diminuição. Não obstante isso, Deus criou, por mero amor, e sem a menor coação ou necessidade, os espíritos racionais, com o fim de fazê-los compartilhar do bem que é seu próprio ser e sua bem-aventurança. Também o homem pertence ao número destas criaturas espirituais, embora fosse revestido do manto da corporeidade[43].

I. A posição do homem

O homem ocupa uma posição intermédia entre Deus e o mundo visível. Hugo é um defensor decidido do antropocentrismo: "*Positus est in medio homo*"[44].

1. O homem se situa no centro da criação, pois foi em vista dele que Deus criou o mundo visível.

---

40. Ibid., 12; 220 Bss.; citação: ibid., D.
41. Ibid., 13; 220 D.
42. Ibid., 14; 221 A.
43. De Sacramentis I, 6, 1; 263 C.
44. Ibid., I, 2, 1; 205 D.

É verdade que o homem foi criado em último lugar; mas isto não significa que ele esteja subordinado ao mundo visível; antes pelo contrário, esta circunstância indica que o mundo foi criado em atenção a ele; de forma que na ordem da finalidade o homem é anterior ao mundo: "*Si enim omnia Deus fecit propter hominem, causa omnium homo est; et causaliter homo prior omnibus est, ipsum vero propter quod homo factus est prius homine est... Id autem propter quod factus est homo, quid aliud erit nisi ipse a quo factus est homo*"[45]? Se o homem existe para Deus, o mundo existe para o homem; todas as criaturas visíveis lhe estão sujeitas; e ele, por sua vez, deve submeter-se unicamente a Deus, e isto por uma decisão livre de sua vontade[46].

2. O homem se encontra naquela posição intermediária, precisamente por não se bastar a si mesmo, e por necessitar tanto de Deus como do mundo visível.

O homem necessita de auxílio. Como criatura que é, está exposto a perder o bem recebido de Deus, e é servindo a Deus que lhe é possível conservá-lo. Como ser imperfeito e inacabado, seu bem é suscetível de aumento, e para isso há mister do auxílio das criaturas. Numa palavra: o homem deve receber e prestar serviço: "*Voluit enim Deus ut ab homine sibi serviretur: sic tamen ut ea servitute non Deus sed homo ipse serviens iuvaretur, et voluit ut mundus serviret homini, et exinde similiter iuvaretur homo, et totum hominis esset bonum, quia propter hominem totum hoc factum est. Ergo totum bonum hominis est; videlicet quod factum est propter ipsum, et propter quod factus est ipse*"[47]. É pelos serviços prestados e recebidos que o homem entra na posse do bem e da felicidade integrais. O primeiro bem lhe vem daquilo que lhe é inferior e lhe presta auxílio em suas necessidades; o outro lhe vem do alto, tornando-o feliz[48].

II. O homem como ser físico-psíquico

O homem deve sua posição central na criação ao fato de ser composto de corpo e de alma. Uma composição deste gênero não pode, pois, ser considerada como uma imperfeição. Dela se originam também as suas tarefas e possibilidades específicas de ação.

1. Os três "motus" do homem

Enquanto ser espiritual, o homem possui o poder de distinguir o bem do mal. Enquanto ser corporal lhe compete a faculdade sensitiva, que é responsável pela vida corporal. A razão, enfim, capacita-o a governar o próprio corpo[49].

De acordo com estes três poderes Hugo atribui ao homem três *movimentos* distintos: o movimento do espírito, o do corpo e o da sensibilidade. O movimento do espírito consiste na vontade, o do corpo na operação (na atividade corporal), o da sensibilidade no prazer, que medeia entre aqueles dois. A vontade livre ou o livre-arbítrio se encontra exclusivamente no movimento do espírito; os dois outros movimentos são subsequentes ao do livre-arbítrio. O movimento do espírito é um apetite voluntário (*motus mentis est voluntarius appetitus*); é livre enquanto pertence à vontade, e é *arbítrio* enquanto pertence ao apetite. Um traço característico deste movimento espiritual é sua espontaneidade: o espírito se move a si mesmo, sem ser

---

45. Ibid., C
46. Ibid., B.
47. Ibid., 205 Ds.
48. Ibid., 206 B.
49. Ibid., I, 6, 3; 265 B.

movido por qualquer outra coisa, ao passo que os dois outros movimentos são determinados por este primeiro movimento da vontade. Contudo, o movimento do espírito não deve se reger por sua própria lei, mas pela vontade do Criador: *"Mens igitur per se movetur, et est primus voluntatis motus. Motum voluntatis sequitur motus corporis. Mens itaque sicut dixi per se moveri habet; sed secundum se moveri non debet, immo secundum voluntatem creatoris sui, quae forma illi est et exemplar, et proposita regula quam sequatur"*[50].

A reta ordem consiste, pois, em que a razão se sujeite a Deus e a sensibilidade à razão, e em que o corpo seja governado pela razão com a ajuda da sensibilidade. Infelizmente o homem não se conformou com esta ordem que constitui sua retidão; pelo pecado se destruiu a retidão, bem como a relação harmoniosa entre os três movimentos. A desobediência introduziu a desordem no ser humano: *"Nunc vero, quoniam rectitudinem suam ipsa non tenuit (sc. voluntas), habet quidem adhuc ex indulgentia Creatoris motum corporis oboedientem; ex vindicta autem motum sensualitatis contradicentem"*[51].

2. Os dois sentidos da alma (*duplex sensus animae*):

O sentido interno ou da razão, e o sentido externo ou da carne.

O homem foi dotado de um órgão ou sentido correspondente a cada um dos dois domínios criados por Deus. O domínio visível ou externo é apreendido pelo sentido carnal, e o invisível ou interno pela razão, pois o Criador quis que houvesse uma criatura espiritual que o glorificasse e honrasse em todas as suas obras. O anjo contempla exclusivamente a natureza interna, e o animal se volta inteiramente para o mundo externo. Só o homem possui um órgão para ambas as naturezas, a visível e a invisível: *"Et positus est in medio homo, ut intus et foris sensum haberet. Intus ad invisibilia, foris ad visibilia. Intus per sensum rationis, foris per sensum carnis"*[52]. O olhar interno lhe dá acesso à sabedoria, e o olhar externo às obras da sabedoria; em ambas o homem encontra alimento para o espírito e o coração: *"Sapientia, pascua intus erat; opus sapientiae, pascua foris erat. Et admissus est sensus hominis ut ad utrumque iret, et in utroque refectionem inveniret. Iret per cognitionem, reficeretur per dilectionem. Sapientia liber erat scriptus intus, opus sapientiae liber erat scriptus foris"*[53].

Depois que o pecado ofuscara a vista dos homens, Deus lhes proporcionou uma nova fonte de luz criando uma nova obra e escrevendo um novo livro na pessoa de Cristo, o Deus-Homem. Hugo compara a obra de Deus a um livro escrito por dentro e por fora: por dentro se encontra inscrita a sabedoria e a divindade de Cristo, e por fora o mundo visível e a humanidade visível do mesmo Cristo[54].

III. A tarefa moral do homem

Em consequência de sua composição de corpo e alma, o homem tende naturalmente para duas classes de bens.

1. Os dois bens do homem

Vimos acima que o homem encontra sua felicidade em ambos os domínios do ser: no mundo exterior e no mundo interior. Hugo considera o homem em sua realidade concreta, isto

---

50. Ibid., 4; 265 C.
51. Ibid., 4; 266 A.
52. Ibid., 5; 266 D.
53. Ibid.
54. Ibid., Ds.

é, como ser composto de corpo e alma, e não como ser puramente espiritual. Para a felicidade integral do homem se exige, pois, que ambas as partes essenciais ou constitutivas do seu ser entrem na posse dos seus bens correspondentes: *"Quia vero homo ex duplici natura compactus fuerat, ut totus beatificaretur, duo eius illi bona conditor a principio praeparabat, unum visibile, alterum invisibile. Unum corporale, alterum spirituale. Unum transitorium, alterum aeternum. Utrumque plenum et utrumque in suo genere perfectum. Unum carni, alterum spiritui, ut in uno sensus carnis ad iucunditatem foveretur, in altero sensus mentis ad felicitatem repleretur. Carni visibilia, spiritui invisibilia; carni ad solatium, spiritui ad gaudium. Ex his bonis unum dedit, alterum promisit"*[55].

2. Os bens espirituais como frutos do merecimento

Ao passo que os bens do corpo nos são conferidos a título gratuito, os bens do espírito nos são prometidos a título de recompensa pela fidelidade do nosso serviço. Os bens corporais são menos valiosos que os espirituais; por isso não convinha que o homem tivesse de servir a fim de obtê-los, sob pena de derrogar à sua dignidade: *"Pro temporalibus autem et transitoriis homo servire non debuit, ne dignitas humanae conditionis ad utilitatem deduceretur, si pro his quae subiecta illi fuerant, servire cogeretur"*[56]. Mas é honroso servir a Deus em vista dos bens espirituais; não que Deus necessitasse de tal serviço, mas porque o homem deriva maior honra daquilo que lhe advém por seus próprios merecimentos. Os bens visíveis jamais conseguirão satisfazer o coração humano; servem apenas ao conforto material e à conservação da vida corporal. Os bens invisíveis, ao contrário, conferem uma alegria genuína e profunda; só eles nos tornam verdadeiramente felizes, e é nisso, precisamente, que se manifesta a grande dignidade da nossa condição humana: *"Magna quippe dignitas humanae conditionis, quod talis facta est, ut nullum ei bonum praeter summum sufficeret. Et rursum magna libertas, quod interim arbitrio suo dimissa est ut ad ipsum bonum summum cogi non possit, quatenus sola voluntate ad illud iret, quod sola dilectione possidere deberet"*[57].

3. O mérito depende da boa vontade

Esses bens espirituais e invisíveis só podem ser merecidos sob a condição de dispormos de algo que esteja plenamente em nosso poder, de algo que dependa exclusivamente de nós: do contrário nem sequer poderíamos falar em merecimento. Ora, a única coisa que assim se encontra em poder do homem é a sua vontade: *"Voluntas nulli abesse potest nisi volenti"*[58]. Homem algum pode ser privado dela. Por isso a vontade pode considerar-se como que o poder de Deus no homem: *"Propterea voluntas hominis est potestas Dei"*[59]. Nenhum poder é capaz de lhe constranger a liberdade. Quando muito o homem pode ser impedido de fazer uma obra exterior, nunca porém da vontade de fazê-la. É possível privá-lo do *posse*, mas não do *velle*, embora a boa vontade provenha também de Deus[60]. Donde se segue que a bondade ou a malícia de uma ação depende exclusivamente da vontade: *"Idcirco quando non vult (homo) bonum non culpatur nisi ipse. Quando autem non potest, si vult quidem propter voluntatem impossibilitas non imputatur; si autem non vult propter impossibilitatem, voluntas non excusatur. Totum ergo meritum in voluntate est. Quantum vis, tantum mereris"*[61].

---

55. Ibid., 6; 267 B.
56. Ibid., 267 D.
57. Ibid., 268 A. Cf. texto anexo sobre o amor desinteressado a Deus.
58. Ibid., II, 14, 6; 560 D.
59. Ibid.
60. Ibid., Ds.
61. Ibid., 6; 561 A.

Aqui, porém, surge uma dificuldade. Qual o sentido das obras se a bondade ou a malícia reside unicamente na boa ou má vontade? Por que se exige a execução da obra, se ela em nada contribui para o mérito (ou a culpa)? *"Quid necesse est operari, si opus nihil facit?"* Hugo responde: a vontade consiste precisamente na intenção de realizar a obra. A vontade é inseparável da obra, suposto, naturalmente, que esta seja possível. Ainda que a vontade sozinha seja suficiente para o mérito e a culpa, ela não pode deixar de ser vontade de ação: *"Sed voluntatem sine opere habere non potes, quando opera potes. Non est voluntas si non operatur quod potest. Si autem non potest operari, sufficit ipsa sibi, et habet meritum suum propter se, in quo sola placet, quod bona est"*[62].

Posto que o mérito ou a culpa depende inteiramente da boa ou má vontade, poder-se-ia supor que a obra carece de valor próprio. Entretanto, também a obra tem sua importância, sobretudo do ponto de vista psicológico, pois a execução da obra reage sobre a vontade, fortalecendo-a: *"Audi quare. Ideo post voluntatem etiam opus requiritur, ut ipso opere voluntas augeatur. Tale est cor hominis ut opere suo amplius inardescat, sive ad bonitatem amandam si rectum est; sive ad malitiam si pravum est. Ita utrimque affectus opere nutritur, ut crescat et amplior sit"*[63]. De sorte que a execução da obra influi indiretamente na vontade, aumentando-lhe o mérito. O que não afeta o princípio geral de que a causa do mérito e da culpa se encontra unicamente na vontade. Com efeito, se duas pessoas se encontrassem igualmente dispostas a fazer certa obra, embora só uma delas estivesse em condições de executar seu propósito, o mérito de ambas seria perfeitamente igual: *"ubi eadem voluntas est, meritum dissimile esse non potest"*[64].

Apreciação

Já houve quem visse em Hugo de São Vítor o místico por excelência da Primeira Escolástica. Um tal juízo seria unilateral, ainda que se lhe limitasse a validade ao setor teorético da mística. Como vimos, a Idade Média é unânime em reconhecer a São Bernardo como a autoridade máxima em matéria de teologia mística. De certo, também Hugo é um místico, mas sua importância está sobretudo na teologia e na filosofia; além disso foi um cultor apaixonado das artes e das ciências. Ao mesmo tempo ele se mostra dotado de notável tino psicológico; foi um perscrutador incansável e arguto dos segredos da vida interior e um auscultador atento dos sentimentos do coração humano. Hugo é indubitavelmente o mais universal dos pensadores da Primeira Escolástica, e como tal foi tido pelos representantes da Alta Escolástica. Em sua caracterização dos grandes teólogos e doutores da Igreja, São Boaventura observa que a ciência da fé tem como príncipe a Santo Agostinho, a moral cristã a São Gregório, a mística ao Pseudo-Areopagita; Santo Anselmo segue a Santo Agostinho, São Bernardo a São Gregório, Ricardo de São Vítor a Dionísio; mas Hugo de São Vítor abrange a todos eles: *"Hugo vero omnia haec"*[65]. Sua autoridade se estende a todos os ramos da ciência cristã. Neste juízo vem expressa também a preferência pessoal de São Boa-

---

62. Ibid., 561 B.
63. Ibid., 561 Bs.
64. Ibid., C. Para uma exposição mais detida desta doutrina cf. Dss.
65. *De reductione artium ad theologiam* 5; ed. Quar. t. V, 321 b.

ventura pelo venerando mestre de São Vítor, cujas obras ele compulsou e utilizou com mais frequência do que as de qualquer outro teólogo do século XII.

O problema do amor desinteressado

Sed forte mercenarius eris, si diligis Deum et servis ei, ut praemium ab illo accipias. Dicunt hoc stulti quidam, et tam stulti, ut seipsos non intelligant. Diligimus Deum et servimus illi; sed non quaerimus praemium, ne mercenarii simus; etiam ipsum non quaerimus. Dabit si voluerit, sed nos non quaerimus. In tantum enim excutimus manus ab omni munere, ut etiam ipsum non quaeramus, quem diligimus. Pura enim et gratuita et filiali dilectione diligimus, nihil quaerimus. Ipse cogitet si quid dare voluerit, nos nihil requirimus. Diligimus ipsum, sed non quaerimus aliquid, etiam ipsum non quaerimus, quem diligimus.

Mas talvez sejas mercenário, amando e servindo a Deus para seres recompensado por Ele. É o que dizem alguns tolos; e tão grande é sua estultícia que nem sequer se entendem a si mesmos. "Nós amamos a Deus e lhe servimos, mas não buscamos nenhum prêmio, pois não queremos passar por mercenários; não procuramos sequer o próprio Deus. Que Ele nos dê o que bem lhe aprouver: nada exigimos. Conservamos as mãos limpas de qualquer prêmio, e não procuramos nem mesmo aquele a quem amamos. Amamos com um amor puro, desinteressado e filial, e nada procuramos. Que Ele decida se lhe apraz dar-nos alguma coisa; de nossa parte nada lhe solicitamos. Nós o amamos, mas nada procuramos, nem mesmo aquele a quem amamos".

Audite, homines sapientes! Diligimus, inquiunt, ipsum, sed non quaerimus ipsum. Hoc est dicere, diligimus ipsum, sed non curamus de ipso. Ego homo sic diligi nollem a vobis. Si me diligeretis, ut de me non curaretis, ego de vestra dilectione non curarem. Vos videritis, si dignum est ut Deo offeratis, quod homo digne respueret.

Ouvi, ó homens sábios! "Nós o amamos", dizem, "mas não o procuramos". Ora, isto é o mesmo que dizer: Nós o amamos, mas não fazemos caso dele. Eu, como homem, não quisera ser assim amado por vós. Se me amásseis sem fazer caso de mim, também eu não faria caso do vosso amor. Vede, pois, se convém oferecer a Deus o que um homem com razão rejeitaria.

Quomodo, inquiunt, mercenarii non sumus si Deum propter hoc diligimus, ut praemium ab eo accipiamus. Non est gratis hoc amare, neque amor iste filialis, sed mercenarii et servi, qui pretium quaerit pro servitute sua.

"Porventura não seríamos mercenários", dizem eles, "se amássemos a Deus a fim de que Ele nos dê uma recompensa? Um tal amor não é desinteressado nem filial, mas interesseiro e servil, pois que espera um prêmio em troca do seu serviço".

Qui hoc dicunt, virtutem dilectionis non intelligunt. Quid est enim diligere nisi ipsum velle habere? Non aliud ab ipso, sed ipsum, hoc est gratis. Si aliud quaereres ab ipso, gratis non amares. Nunc autem non aliud quaeris pro eo quod amas, et tamen aliquid quaeris et desideras in eo ipso quod amas. Alioquin non amares si non desiderares. Sed aliud est pro ipso, aliud in ipso. Si pro ipso aliquid amas, mercenarius; si in ipso amas et ipsum amas, filius es; etiam si vitam aeternam aliud aliquid esse cogitaveris, et diversum ab ipso bono quod Deus est, et pro ipso adipiscendo tantum servieris, non est pura servitus, neque dilectio gratuita.

Os que assim falam desconhecem a força do amor. Pois que é amar senão querer possuir a quem se ama? Não algo diverso dele, mas a ele mesmo: eis o que é amar desinteressadamente. Se buscasses algo diverso dele, não amarias gratuitamente. Mas na realidade não procuras outra coisa em troca do teu amor, e no entanto procuras e desejas algo naquilo mesmo que amas. Pois não amarias se não desejasses. Mas importa distinguir entre o amar *por ele* e o amar *nele*. Se amas alguma coisa por ele, és mercenário; se amas a Ele e nele, és filho; e se tomasses a vida eterna por algo de outro e diverso do próprio bem que é Deus, e não servisses senão para obter isso, então teu serviço não seria puro, nem teu amor desinteressado.

Filii illi Zebedaei qui consessum dextrae et sinistrae petierunt in regno eius, quiddam aliud cogitaverunt alienum et diversum a bono isto; et pro eo adipiscendo aliquandiu illi adhaeserunt, donec increpati et mutati veritatem cognoverunt, et intentionem correxerunt. Putaverunt enim quod Deo serviendum esset pro eo quod ipse non esset; quia non intellexerunt ipsum esse bonum, quod solum amandum est propter seipsum; et quidquid amandum est praeter ipsum, amandum est propter ipsum. Quod quidem tanto amatur felicius, quanto ardentius. Qui hoc amat, seipsum amat, quia bonum suum amat; et vere amat, quia verum bonum amat.

Propterea Scriptura non dixit tibi: teipsum diligas, ne forte errares et putares indulgendum tibi et studendum iis quae foris sunt commoda et carni tuae suavia, et existimares quod sic te diligere deberes, et occasionem sumeres a Scriptura ut solam carnem tuam foveres et animam tuam negligeres; propter hoc non dixit tibi, ut teipsum diligas, ne hoc intelligeres, ubi magis diligeres, et hoc negligeres, ubi periculosius deperires. Non ergo tibi dixit, ut teipsum diligas, nec tamen omnino tacuit, cum dixit, ut Deum tuum diligas. Cum enim diligis Deum tuum, diligis bonum tuum, et melius bonum et melioris bonum. Et cum diligis bonum tuum, diligis teipsum, qui bonum ipsius diligis, et quod bonum est illi diligis.

De Sacramentis II, 13,8; c. 534s.

Os filhos de Zebedeu pediram assentos à direita e à esquerda no seu reino; pensavam em algo estranho e diverso deste bem; e para adquiri-lo seguiram-no por algum tempo, até que, repreendidos e transformados, conheceram a verdade e retificaram sua intenção. Pois cuidavam que se devesse servir a Deus por algo que não é Ele mesmo: não compreenderam que Deus é o único bem que deve ser amado por si mesmo, e que tudo aquilo que se ama fora dele deve ser amado em atenção a Ele. E o amor a este bem será tanto mais venturoso quanto maior for seu ardor. Quem o ama, ama-se a si mesmo, pois ama o seu próprio bem; e o ama de verdade, porque ama o verdadeiro bem.

Por isso a Escritura não te disse: ama-te a ti mesmo, para que não errasses, pensando que deves ser indulgente para contigo mesmo e empenhar-te pelas coisas externas que são agradáveis e suaves à tua carne, e julgando que é assim que deves amar-te a ti mesmo; e para que não fosses levado, a pretexto da Escritura, a não cuidar senão de tua carne, e a negligenciar tua alma; por isso ela não te diz que deves amar-te a ti mesmo, para que não o entendas no sentido daquilo que mais amas, e não negligencies aquilo que representa maior perigo de perdição. Ela não te disse, pois, que te amasses a ti mesmo; mas nem por isso ela o silenciou inteiramente ao dizer que amasses o *teu* Deus. Pois amando o teu Deus amas o teu bem, e um bem melhor, e o bem daquele que é melhor. E amando o teu bem amas a ti mesmo, pois amas o bem dele (de Deus), e amas o que é bom em atenção a Ele.

PARTE II
A ALTA ESCOLÁSTICA

CAPÍTULO I
AS CAUSAS DO NOVO FLORESCIMENTO CIENTÍFICO

O século XIII foi o cenário de uma florescência científica sem precedentes. A par das condições de caráter social, político e religioso, podemos indigitar, entre as causas principais desta extraordinária renascença científica: a influência da filosofia oriental, a redescoberta da obra de Aristóteles, e, finalmente, o vigoroso movimento intelectual emanado da Universidade de Paris.

§ 1. A influência da filosofia oriental

É um fato indiscutível que a filosofia cristã do século XIII nasceu e evoluiu sob o signo da cultura oriental, e mormente do pensamento árabe e judaico, que, já um século antes da filosofia cristã, alcançara o seu apogeu. Será útil, pois, delinearmos os seus representantes principais, e o influxo que exerceram sobre os pensadores cristãos.

I. A filosofia greco-árabe

No mundo árabe, o interesse filosófico se originou do contato com a cultura helênica. Este contato, porém, não foi direto, e se realizou principalmente por intermédio dos sírios. Foram estes que lhe deram a conhecer os valores da cultura grega, e sobretudo os da filosofia aristotélica. Ao mesmo tempo os árabes travam conhecimento com os grandes comentários de Teofrasto, Alexandre de Afrodísia, Temístio, Amônio e Porfírio, e descobrem as obras de Euclides, de Heron de Alexandria, de Galeno, de Dioscórides e outros. As escolas sírias de Nísibis e Gandisapora desempenharam um papel decisivo neste processo de transmissão cultural. Além dos escritos aristotélicos, os árabes herdaram dos sírios duas obras que, sob o nome e a autoridade do Estagirita, iriam ter influência igualmente duradoura: a *Teologia de Aristóteles* e o *Liber de Causis*. São obras de orientação essencialmente neoplatônica. Este fato explica a tendência árabe para uma síntese das filosofias aristotélica e neoplatônica. Convém lembrar, todavia, que a escolástica islâmica, cuja influência se faz sentir no pensamento ocidental, representa apenas uma parcela, e esta bastante superficial, da multifacetada cultura filosófica do Islão, cuja vitalidade perdura até os nossos dias. Foi tão somente a filosofia árabe *helenizante* que influiu no pensamento cristão do século XIII. Dentre os seus representantes ressaltamos apenas os três nomes mais eminentes: Avicena, Algazel e Averróis.

1. Avicena (Ibn Sînâ) nasceu em 980 na Pérsia. De suas próprias notas autobiográficas sabemos que, desde tenra idade, aplicou-se com fervor ao estudo dos mais variados assuntos. Aos 16 anos já praticava a medicina. Confessa que, por longo tempo, a Metafísica de Aristóteles se lhe afigurara um livro de sete selos, embora a houvesse relido quarenta vezes, terminando por conhecê-la de cor. Certo dia lhe veio às mãos um tratado de Alfarabi sobre o sentido daquele livro, o qual lhe desvendou o mistério que lhe atalhara o acesso aos segredos da metafísica aristotélica. Em sinal de reconhecimento por este favor divino, prometeu distribuir copiosas esmolas aos pobres. De resto, levou uma vida bastante agitada e romântica. As distrações, as aventuras e os cargos públicos absorviam-no a ponto de se ver obrigado a abreviar o sono para compor seus escritos. Deixou mais de cem obras sobre as mais diversas matérias. Faleceu em 1037, com 58 anos de idade.

Além do *Canon*, que durante séculos seria o manual clássico da medicina, o livro que despertou maior interesse na Idade Média foi o *At-Shifâ* (*A cura da alma*), uma espécie de suma filosófica em 18 livros. Contém tratados sobre Lógica, Física, Matemática e Metafísica. A Física consta de 8 livros. O primeiro, que versa sobre a filosofia geral da natureza, sói ser citado como *Sufficientia*, o sexto como *Liber sextus naturalium* ou *De anima*. Estes escritos devem ser considerados antes como interpretações de Aristóteles do que como expressões originais do pensamento aviceniano. Não obstante, a obra tem o grande mérito de apresentar uma síntese feliz e bem-delineada do pensamento aristotélico. De especial interesse é a interpretação neoplatônica da criação.

Segundo Avicena, o mundo é um efeito eterno do Deus eterno. Do ser absolutamente Uno, que é Deus, não pode emanar senão uma essência única: a primeira Inteligência. Desta emanam, sucessivamente, em escala hierárquica, as demais Inteligências. Entre estas, há uma como cadeia descendente de influências: a primeira move a segunda, esta a terceira, até que afinal a influência chega à Terra. Avicena atribui a Deus o conhecimento dos universais; o conhecimento e a direção das coisas individuais, porém, compete às almas das respectivas esferas.

A matéria é eterna e responsável pela individuação. Particularmente decisiva foi a influência exercida pela Psicologia aviceniana. A divisão das potências da alma em cinco sentidos externos e outros tantos internos, em faculdades motoras e cognoscitivas irá determinar, sempre de novo, as posições, quer positivas, quer negativas, dos filósofos posteriores. O intelecto agente, concebido como único, e localizado na esfera lunar, imprime em nosso intelecto as formas do conhecimento (teoria da iluminação!). É devido parcialmente a esta iluminação, e sobretudo ao ensino, que o nosso entendimento se transforma de potencial em atual.

O gênero e a espécie, bem como a diferença específica e o *proprium* não são, em si mesmos, nem universais nem particulares. De per si, a natureza das coisas individuais é indiferente, tanto para a universalidade (conceptual) como para a individualidade: é uma *natura communis*. A universalidade conceptual é obra do intelecto. As naturezas possuem três modos de existência: anteriormente às coisas individuais, no intelecto divino; nas coisas individuais, enquanto realizadas concretamente; e depois das coisas individuais, ou seja, pela abstração intelectual do entendimento humano.

A obra de Avicena é a primeira a assimilar perfeitamente o aristotelismo sobre uma base monoteísta e neoplatônica. Esta realização – além de lhe granjear o título de um *terceiro Aristóteles* – explica a influência que irá exercer sobre os escolásticos, influência que se estende muito além do início do século XIII. Avicena é um pensador profundamente religioso, e quiçá o maior metafísico do islamismo.

2. Algazel (Al-Gazâli, 1059-1111). Diante da inquietação criada em muitos espíritos pelas especulações racionais, reputadas como hostis às convicções religiosas, Algazel intentou lançar as bases de uma reforma. Os próprios títulos de alguns dos seus livros nos dão uma ideia deste empreendimento: *Restauração da ciência religiosa, Os objetivos dos filósofos, A destruição da Filosofia.* Algazel propende para um ceticismo filosófico supostamente favorável aos interesses religiosos. Não se ocupa com as opiniões dos filósofos senão para verberá-las e destruí-las com maior eficácia. Seu principal adversário é Aristóteles, o príncipe dos filósofos. Também investe com frequência contra Alfarabi e Avicena, os dois grandes intérpretes muçulmanos do aristotelismo. Apenas o domínio da ciência pura e da demonstração matemática escapa à sua crítica.

Com suas exigências demasiadamente rigorosas para a validade da argumentação racional e com sua rigorosa separação de ciência e filosofia, Algazel consegue eliminar todas as doutrinas filosóficas que possam suscitar a menor inquietação em matéria de fé religiosa. Num exame crítico de vinte doutrinas da Metafísica e da Física, Algazel verifica, entre outras coisas, que os filósofos erram em afirmar a eternidade da matéria. Tampouco logram provar a existência de um Demiurgo. É-lhes impossível demonstrar a unicidade e a incorporeidade de Deus, assim como o seu conhecimento da realidade extradivina. Não conseguem estabelecer a independência da alma com relação ao corpo, nem sua imortalidade. Enganam-se ainda os filósofos ao negarem a ressurreição dos mortos, a existência do paraíso e do inferno etc.

Nem por isso Algazel conseguiu deter o desenvolvimento da filosofia. Quando muito, suas críticas motivaram o êxodo da filosofia muçulmana do Oriente para a Espanha.

3. Averróis (Ibn Roschd). Ao lado de *Avempace* (Ibn Badja, m. 1138), autor de um Itinerário da alma para Deus, e de *Abubacer* (Ibn Tofail, m. 1185), que nos deixou um singular romance filosófico, o pensador que mais intensiva e extensivamente influiu sobre os escolásticos foi Averróis. Os reflexos deste influxo se fazem notar, ainda, na obra de Dante, e até mesmo na época da Renascença. Nascido em Córdova, no ano 1126, Averróis estudou Teologia, Direito, Matemática e Filosofia. Por vários anos exerceu as funções de juiz. Redigiu um número considerável de obras sobre Medicina, Astronomia e Filosofia. De especial importância são seus *Comentários sobre as obras de Aristóteles.* Passaram à posteridade em três redações diversas: os Grandes Comentários, os Comentários Médios e as Paráfrases. Valeram-lhe o título de *Comentador* por excelência. Dante no-lo apresenta com as palavras: *Che il gran commento feo.* Averróis é inquestionavelmente o mais fiel intérprete de Aristóteles. Foi ele que possibilitou aos escolásticos uma apreciação objetiva da doutrina aristotélica. Após uma vida assinalada pela alternativa de reveses e sucessos, veio a falecer em 1198, com a idade de 73 anos.

Os Comentários, instrumentos indispensáveis para o estudo da filosofia medieval, foram impressos em edições completas nas oficinas de Veneza em 1483 e, em segunda e terceira edição, entre os anos 1550 e 1560. A citação *com. text.,* seguida de um número (por exemplo *com text. 5*) se refere ao comentário correspondente a determinado parágrafo dos livros aristotélicos.

Averróis é grande admirador de Aristóteles, em quem a filosofia, ou razão natural, alcançou o sumo grau de perfeição acessível a um ser humano: *"Credo enim, quod iste homo (Aristoteles) fuerit regula in natura et exemplar, quod natura invenit ad demonstrandum ultimam perfectionem humanam in materiis"* (*De anima,* lib. 3, cop. 2; com. text. 14).

Delimitação rigorosa entre Filosofia e Religião: eis uma das preocupações básicas de Averróis. Na sua opinião, a multiplicidade de escolas filosóficas e teológicas, com suas divergências doutrinárias, constituía um constante perigo, não só para a filosofia, como para a religião. Por um lado, importava salvaguardar os direitos da filosofia e a liberdade especulativa. Por outro lado, porém, os teólogos tinham sobejas razões de inquietação pela arrogância com que toda a gente se julgava autorizada a discutir os textos do Alcorão. Averróis atribuía todos estes males à admissão indiscriminada ao estudo da filosofia de indivíduos evidentemente ineptos.

Para remediar o mal, exige o estabelecimento de critérios rigorosos que permitam determinar os vários graus de inteligência requeridos para a interpretação do Alcorão. Uma vez fixados, tais critérios devem ser empregados para proibir o acesso a qualquer grau superior, incompatível com as respectivas capacidades intelectuais. Oriundo de um milagre divino, o Alcorão deve ser tido como sinônimo da própria verdade. Destinado à totalidade dos homens, ele contém tudo o que estes necessitam conhecer, e é apto a convencer a todos. Cumpre notar, porém, que os homens se dividem em três classes, segundo as suas exigências e capacidades intelectuais. A primeira é a dos homens de ciência; estes só se contentam com provas estritas e exigem que se proceda cientificamente do necessário para o necessário, por meio do necessário. Em segundo lugar estão os dialéticos, que se contentam com argumentos prováveis. E, finalmente, vêm os homens suscetíveis de persuasão; estes julgam suficientes as provas retóricas que apelam à imaginação e às paixões. O caráter admirável do Alcorão está precisamente em se endereçar a todas as três categorias de homens. Com efeito, ele comporta um duplo sentido: um, exterior e simbólico, para os ignorantes; e outro, interior e secreto, para os sábios. Todo homem tem o direito e o dever de compreendê-lo da melhor maneira possível. Os que têm a capacidade de apreender o sentido filosófico dos seus textos devem interpretá-lo filosoficamente, pois este é o verdadeiro sentido da revelação. Toda vez que houver conflito entre o texto religioso e as conclusões demonstradas, será necessário estabelecer a harmonia mediante a interpretação do texto religioso. Donde decorrem várias conclusões: primeiro, ninguém deve aspirar a um grau de interpretação superior à sua capacidade intelectual; segundo, não se há de divulgar às classes inferiores as interpretações reservadas às categorias superiores. É a não observância destas exigências e a divulgação intempestiva que são responsáveis pelas confusões e erros nesta matéria. Uma vez efetuada aquela separação rigorosa entre os três graus de ensino, teremos a seguinte ordem hierárquica: em primeiro lugar está a Filosofia, da qual deriva a genuína ciência e as verdades absolutas; em segundo, a Teologia, que constitui o domínio da interpretação dialética e do verossímil; em terceiro e último lugar temos a Religião ou simples Fé, dentro da qual se devem manter, prudentemente, os que dela necessitarem. Eis a doutrina que, mal interpretada, irá conduzir à afirmação da dupla verdade.

Foram mormente quatro as doutrinas averroístas que exerceram um influxo decisivo sobre os filósofos medievais. *Para Averróis, o mundo não é criado,* ou, pelo menos, *não o é no sentido cristão do termo.* Por conseguinte, o Universo é eterno, embora deva sua existência ao Criador. Averróis subscreve ao princípio neoplatônico segundo o qual o Uno não pode produzir senão um efeito único. Donde se segue que Deus produz imediatamente a primeira Inteligência, da qual se derivam as Inteligências de todas as esferas celestes.

Eterna é também a matéria. Esta constitui uma espécie de receptáculo que contém todas as formas de modo implícito e em estado não evoluído. O Primeiro Motor, ou Primeira Inteligência, extrai e atualiza as formas contidas abeterno na matéria. *Esta atualização eterna e ininterrupta das potencialidades latentes na matéria é a causa imediata deste nosso mundo perceptível.*

Para Averróis, o intelecto humano não é propriamente uma faculdade ativa e produtiva, e, sim, a última das inteligências emanadas de Deus. O que equivale a dizer que *em todos os homens não há mais que um único intelecto, por cuja virtude se exerce toda atividade pensante.* Donde a negação da imortalidade pessoal; a morte significa a aniquilação do indivíduo; o que sobrevive é apenas a inteligência universal.

Duas das proposições citadas são tidas, na Idade Média, como expressões típicas do averroísmo. Com efeito, para averiguar a orientação de qualquer pensador deste período, basta indagar qual a sua resposta às seguintes questões: "*Utrum motus sit aeternus?*", e "*Utrum intellectus sit unus numero in omnibus hominibus?*" Veremos que, invariavelmente, os filósofos do século XIII irão tomar posição perante estes problemas. E ainda no tempo da Renascença eles continuam a preocupar os espíritos.

II. A filosofia judaica

Os filósofos judeus deveram sua iniciação filosófica aos mestres árabes. Isto se explica, tanto pelo contato íntimo e constante entre as culturas hebraica e árabe como pela afinidade racial e espiritual dos dois povos. Os dois pensadores judeus que mais nos interessam, presentemente, são Avicebron e Moisés Maimônides.

1. Avicebron (Salomão Ibn Gebirol, ca. 1021-1058) traz a especulação judaica do Oriente à Espanha, onde ela alcança um grau notável de florescimento. O tratado mais importante de Avicebron é a *Fonte da Vida* (Fons vitae; cf. a ed. da tradução de Domingos Gundissalino, por Cl. Baeumker, em *Beitraege*, t. I, 2-4). Não obstante a sua parca repercussão nos círculos israelitas, a obra de Avicebron é bem conhecida dos escolásticos do século XIII, que o tomam ora por muçulmano, ora por cristão. Sua orientação é inteiramente neoplatônica. *À exceção de Deus, todas as coisas se compõem de matéria e forma.* Cumpre notar, porém, que *matéria* não significa *corporeidade*, mas simples potencialidade, em oposição a atualidade. Neste sentido, nada inferior a Deus pode ser atualidade pura. Toda criatura contém, forçosamente, alguma potencialidade ou matéria.

Avicebron atribui a criação do mundo a Deus, o Logos Criador, o que lhe permite evitar o panteísmo. O mundo foi tirado do nada pela vontade livre de Deus. Contudo, Avicebron julga dever admitir certos fatores intermediários entre o mundo sensível e Deus, tais como o intelecto universal, uma alma sensitiva e vegetativa do mundo, e a Natureza; todas estas entidades contêm a matéria como elemento essencial do seu ser.

2. Moisés Maimônides (nascido em Córdova a 30 de março de 1135, e falecido no Egito a 13 de dezembro de 1204) notabilizou-se sobretudo pelo famoso *Guia dos Perplexos*. É uma espécie de suma judaico-escolástica. A obra se destina às pessoas já familiarizadas com os problemas filosóficos e das ciências naturais, mas incertas, sobre o modo de conciliar os resultados destas disciplinas com o sentido literal das Escrituras. A filosofia de Maimônides, à semelhança da dos árabes, inspira-se tanto no aristotelismo como no neoplatonismo, embora com acentuada preferência por aquele. Assim se explica o seu inegável influxo sobre a filosofia cristã do século seguinte, e particularmente sobre Santo Tomás. À exceção da psicologia – um domínio em que Maimônides sofreu a influência de Averróis e de sua estranha concepção da imortalidade da alma – os dois filósofos concordam em quase todos os pontos mais relevantes.

Segundo o mestre hebraico, o conhecimento da Lei (ou a Fé) e o da filosofia são de natureza diversa, o que, porém, não exclui a possibilidade nem a necessidade de uma conciliação. À filosofia incumbe a fundamentação natural da Lei. Demonstra, também, a inconclusividade dos argumentos aristotélicos em favor da eternidade do mundo. E, o que é mais, a filosofia prova que a criação não é impossível do ponto de vista da razão, e que, por isso – na falta de um argumento decisivo pró ou contra –, importa aceitar a doutrina mosaica da criação no tempo.

Contrariamente a Avicebron, Maimônides se recusa a atribuir qualquer espécie de matéria às Inteligências puras. A matéria dos corpos celestes é diversa da dos terrestres. Admite a existência de dez Inteligências. As nove Inteligências superiores presidem às esferas, e a décima é identificada com o intelecto agente, cuja influência se estende a todos os homens. Enquanto indivíduo, a pessoa humana possui apenas o intelecto passivo; todavia, sob a ação do intelecto agente, ou seja, da Inteligência da décima esfera, o indivíduo pode desenvolver seu próprio intelecto adquirido. Desta forma, todo homem adquire um capital intelectual que varia segundo a intensidade dos seus esforços e dos seus méritos, e que depois da morte tornará a se reunir ao intelecto agente. A medida da sobrevivência ou salvação depende da iniciativa individual. Esta doutrina do mestre judeu será recordada por Spinoza no quinto livro de sua *Ética*.

Dado que a criação do mundo não é estritamente demonstrável, ela não pode servir de base para uma demonstração da existência de Deus. Para ser válida, tal demonstração deve, pois, ser conduzida de modo a ser conclusiva, mesmo na suposição de o mundo ser eterno. Maimônides estabelece a existência de Deus pela necessidade de um Primeiro Motor. Só a existência de um ser necessário e de uma causa primeira conduz à explicação do movimento. Esta doutrina será retomada por Santo Tomás. O homem não pode conhecer senão os atributos negativos de Deus; o seu conhecimento de Deus se restringe ao que Ele não é.

Os efeitos de Deus, ao contrário, são evidentes. Deus é a causa final e eficiente do mundo. Sua providência abrange todas as coisas, mesmo os pormenores mais insignificantes. O mal se explica, ora pela limitação necessariamente inerente à criatura, ora pelas desordens provocadas, de ordinário, pela própria criatura.

Não obstante a força especulativa que Maimônides põe em edificar o seu sistema filosófico, o *Guia dos Perplexos* não logra se elevar à altura das grandes sumas cristãs do século XIII. Estas se lhe avantajam, não só pelo número dos problemas ventilados, como pela sistematização mais rigorosa.

III. Penetração da filosofia oriental no Ocidente

Os principais pontos de contato entre as culturas oriental e ocidental situavam-se na Espanha, na Sicília e em Nápoles. Foi por eles que a filosofia oriental penetrou inicialmente no mundo ocidental. Na Espanha se destaca o círculo de tradutores de Toledo, estimulado pelo arcebispo Raimundo (m. 1151). Foi neste centro cultural que se desenvolveu a incansável atividade de um Domingos Gundissalino (ou Gundissalvo), de um Gerardo de Cremona e de um Miguel Scoto (até 1220), que verteram para o latim grande número de obras científicas e filosóficas, notadamente as de Alfarabi, Algazel e Avicena.

Domingos Gundissalino é incontestavelmente o representante mais típico deste grupo de tradutores. Nele se manifesta, desde logo, e de modo assaz característico, a reação do pensamento ocidental ante os produtos recém-descobertos da especulação oriental. É difícil decidir quais foram as obras de Avicena ou de Alfarabi por ele transladadas para o latim – e quais as versões devidas a João de Espanha ou a Gerardo de Cremona. Aliás, a questão é de somenos importância. Certo é, porém, que Gundissalino não se contenta com traduzir e interpretar. Faz-se discípulo dos filósofos que interpreta. Em suas próprias obras deparamos, por exemplo, com a teoria da matéria universal, proposta na *Fons vitae* de Avicebron. O influxo do filósofo judeu transparece também na sua concepção da criação e na sua psicologia. Igualmente manifesta é a influência de Avicena, por ele traduzido. As obras principais de Gundissalino são: *De immortalitate animae*, destinada a se tornar uma fonte clássica para as provas da imortalidade da alma, e *De divisione philosophiae*, uma espécie de enciclopédia filosófica, em que, pela vez primeira, deparamos várias doutrinas aristotélicas sobre metafísica e ética. Todas estas obras são compilações criteriosamente organizadas. Gundissalino explorou metodicamente as obras dos filósofos árabes e judeus na elaboração do seu próprio sistema. Iniciou, assim, um aristotelismo de coloração acentuadamente neoplatônica, o qual, como era de esperar, não deixou de provocar uma pronta reação crítica.

Posteriormente também as obras de Averróis foram trazidas à atenção dos escolásticos. Foi, provavelmente, Miguel Scoto que, por volta de 1230, encetou a tradução deste autor, sob os auspícios da corte de Frederico II em Nápoles. É de se supor que já pelo ano de 1243 quase todos os escritos de Averróis se haviam tornado acessíveis aos latinos. Foram eles que deram origem ao movimento averroísta de Paris, liderado por Siger de Brabante. Ao mesmo tempo, porém, inicia-se um vigoroso movimento de reação. Esquecendo suas diferenças, as várias correntes teológicas da Universidade de Paris se unem para uma luta sem tréguas contra o adversário comum.

§ 2. A fundação das universidades

Um dos traços mais impressionantes da chamada filosofia escolástica é, sem dúvida, a harmonia que lhe caracteriza as linhas fundamentais. Este fato se deve não só à ação estimulante dos sistemas orientais, como ainda, e principalmente, à influência conservadora e unificadora da universidade.

Que se entende, na Idade Média, por universidade? Não devemos projetar para aquele período o conceito que modernamente ligamos a tal instituição. Para a Idade Média, a universidade constituía antes uma realidade espiritual do que um edifício ou complexo de edifícios, com institutos de ensino e pesquisas, dirigidos por funcionários do Estado. Do ponto de vista de sua organização externa poderíamos defini-la como a totalidade dos professores e alunos que participam do *studium*, distribuído em vários pontos de uma determinada cidade, e formando uma corporação jurídica de direito próprio (*Universitas magistrorum et scholarium*).

A Universidade de Paris (enquanto união corporativa) constava de quatro faculdades: a de Teologia, a de Filosofia (*Artes*), a de Direito (Decretais), e a de Medicina. A universidade era presidida pelo chanceler, que representava a autoridade eclesiástica e conferia os graus acadêmicos. Só mais tarde, no curso do século XIII, formaram-se os agrupamentos de professores e alunos dos vários países. Isso se deu primeiramente na Faculdade de Artes, por ser mais numerosa. A direção destes agrupamentos cabia aos Reitores. Aos poucos, estes últimos foram assumindo as atribuições e direitos do Chanceler.

Importa não confundir a *Universitas* com o *Studium*. Há o Studium generale, e o Studium particulare. Por Studium generale, também chamado universale ou commune, entende-se um centro de estudos sem os direitos de universidade, o qual admitia estudantes das mais diversas procedências; a denominação abrange de modo particular os grandes centros de estudo das Ordens religiosas. O Studium particulare é um centro de estudos de uma província, ao passo que o Studium generale acolhia estudantes de todas as províncias de uma Ordem religiosa. Há ainda o Studium solemne, isto é, um centro de especial relevo, que, porém, não era necessariamente um Studium generale.

A primeira universidade erigida em corporação regularmente organizada foi a de Bolonha. Entretanto, tratava-se antes de tudo de uma Faculdade de Direito. Só em 1352 foi-lhe concedida uma Faculdade Teológica pelo Papa Inocêncio VI. A primeira e mais importante das faculdades teológico-filosóficas é a Universidade de Paris. Avantajou-se de muito à sua irmã mais velha; também Oxford, sua irmã mais nova, não se lhe igualou em importância.

I. Motivos do florescimento da Universidade de Paris

1. A tradição escolar anterior – A partir do século XII Paris fora o centro de uma florescente atividade escolar. O labor doutrinário dos Vitorinos e de outras celebridades, como Abelardo, haviam levado a fama das escolas parisienses a todos os quadrantes do mundo. Numerosos estudantes italianos, alemães e ingleses começaram a afluir a Paris. Pelo fim do século XII já as escolas se espalhavam pela ilha da cidade e pelas encostas do outeiro de Santa Genoveva. É de se supor que estudantes e professores, sob a pressão de interesses e perigos comuns, não tardassem a desenvolver um sentimento crescente de solidariedade. O movimento corporativo da época veio favorecer o processo de unificação. De maneira análoga aos sindicatos dos artífices, que se destinavam a regular os problemas da continuidade, produção e venda, as faculdades são primariamente corporações de produtores, visando defender os interesses dos profissionais do ensino.

2. Os reis de França, como é natural, mostravam-se grandemente interessados pelo renome da sua escola. A afluência constante de estrangeiros, vindos de todos os Estados da Europa, não deixava de aumentar o brilho da capital e de acrescentar o seu prestígio no exterior. Numerosas testemunhas, entre elas João de Salisbury, sabem dizer da intensa admiração dos alienígenas pela fineza dos costumes, pelo conforto e pela abundância de bens materiais e espirituais, reinantes na capital francesa em fins do século XII. Os reis franceses punham todo o empenho em que os estudantes estrangeiros não sofressem quaisquer privações ou inconvenientes.

3. Os protetores por excelência da universidade foram, porém, os papas e sobretudo Inocêncio III e Gregório IX, que lhe garantiram o desenvolvimento e traçaram as diretivas. É fora de dúvida que a universidade se teria desenvolvido mesmo sem a intervenção dos papas; contudo, sem o patrocínio, o apoio e a vigilância deles, dificilmente a instituição teria alcançado a imensa importância que de fato obteve na vida espiritual da Idade Média.

II. A política universitária papal

O objetivo precípuo da universidade moderna é a transmissão e o fomento da ciência. Na Universidade de Paris do século XIII, ao contrário, observa-se uma luta constante entre duas tendências antagônicas. Uma pretendia transformá-la num centro puramente científico, dedicado exclusivamente à cultura das ciências, ao passo que a outra se empenhava em subordiná-la a uma finalidade religiosa, dispondo-a a serviço de uma teocracia espiritual.

1. A Teologia e as ciências profanas na Universidade de Paris – A quem percorre os documentos contemporâneos, especialmente o *Chartularium Universitatis Parisiensis* (Edição Denifle, O.P., em 4 tomos; Paris 1889-1897), não tardam a se revelar os vestígios daquelas duas forças, que ora se aliam, ora se apartam e se combatem. Além da Faculdade de Medicina, de importância relativamente secundária no século XIII, havia a *Faculdade de Direito*. Muitos dos seus membros se dedicavam quase exclusivamente ao estudo do Direito Romano, que constituía o fundamento de uma ordem civil autônoma. Os papas não demoraram em reagir contra tal estado de coisas. Proibiram aquele estudo e exigiram que em Paris não se ensinasse senão o Direito Canônico, como base para uma ordem social cristã e para a incorporação da sociedade civil num só organismo religioso.

Algo parecido ocorreu no âmbito da *Filosofia*. Depois que a divulgação do Trivium começara a dar maior impulso ao ensino da Dialética, multiplicaram-se os mestres inteiramente dedicados a esta disciplina e avessos a prosseguir até aos domínios da Teologia. Com a redescoberta dos livros de Aristóteles, os professores das *Artes* obtiveram autoridade muito superior à dos seus antecessores do século XII. Até então a Dialética permanecera praticamente infecunda, por não se lhe haver encontrado um campo de aplicação e por não ter sido utilizada nem na metafísica nem na física. Este estado de coisas se modificou radicalmente com a divulgação da Física e da Ética de Aristóteles. De posse de um tesouro de conhecimentos positivos a transmitir, a função dos *Magistri artium* já não se limita a propor um método puramente lógico e formal. Doravante o seu ensino passa a abranger toda uma série de ciências reais. Aos poucos, vai tomando vulto a exigência de desligar o ensino da Lógica, da Metafísica e da Física aristotélicas do da Teologia. Esta tendência encontrou sua expressão mais nítida e radical no averroísmo parisiense e no seu representante máximo, Siger de Brabante.

2. A intervenção papal – O ensino da Teologia estava sujeito à jurisdição da Igreja. Por seu renome e pelo número sempre crescente dos seus mestres e alunos de todas as procedências nacionais, a Universidade de Paris iria tornar-se uma fonte, não só de verdade, como de erro teológico para o conjunto do mundo cristão. Os papas foram os primeiros a reconhecê-lo. Doravante, a sua política universitária se orientaria de acordo com esta situação, pela qual, aliás, não eram eles os responsáveis.

Aos olhos de um Inocêncio III ou de um Gregório IX, a Universidade de Paris representava o meio mais eficaz de que dispunha a Igreja para a difusão da verdade no mundo inteiro. Por isso Inocêncio III tentou como primeiro transformar este centro de estudos num organismo cuja estrutura, atividade e função ideais no seio da cristandade só podem ser devidamente avaliadas do ponto de vista supracitado. Para o homem medieval nada havia de estranho em tal atitude. Tratava-se, não tanto de uma instituição da cidade de Paris ou da nação francesa, quanto de um estabelecimento da cristandade universal. Como instituto supranacional, ela ultrapassa os estados nacionais, situando-se ao lado do *Sacerdotium* e do *Imperium*. É o que se depreende claramente das conhecidas palavras do cronista Jordano: "*His itaque tribus, scilicet* Sacerdotio, Império et Studio, *tamquam tribus virtutibus, videlicet naturali, vitali et scientiali, catholica ecclesia spiritualiter mirificatur, augmentatur et regitur. His itaque tribus, tamquam fundamento, pariete et tecto eadem ecclesia materialiter proficit*".

Um relance às bulas pontifícias dirigidas à Universidade de Paris, ou referentes a ela, confirma plenamente esta asserção. Inocêncio III, cujo empenho no desenvolvimento da escola excedia o dos próprios reis franceses, e que, pela concessão do privilégio da autonomia, se tornara o protetor e senhor propriamente dito da Universidade, baixou também as primeiras normas concretas visando o combate ao erro. Em 1215 o legado pontifício Roberto de Courçon proibiu o ensino da Física e da Metafísica de Aristóteles. Honório III confiou várias cadeiras universitárias aos franciscanos e dominicanos, recomendando oficialmente as duas Ordens aos mestres da Universidade. Decisiva foi a ação de Gregório IX em prol das Ordens mendicantes, não obstante a oposição dos mestres seculares. Gregório continuava, assim, a política que já adotara como cardeal; pois fora a instâncias suas que a Ordem Franciscana, sob o governo de Frei Elias, fizera do estudo uma de suas incumbências essenciais. Em carta de 13 de abril de 1231 exortou os mestres parisienses a não se portarem à maneira dos filósofos: "*Magistri vero et scolares theologiae in facultate quam profitentur se studeant laudabiliter exercere, nec philosophos se ostentent, sed satagant fieri theodocti*" (Chartularium, t.1, p. 138).

Todos os pontífices são concordes em considerar Paris como o centro espiritual da cristandade: "*Parens scientiarum Parisius velut altera Cariath Sepher, civitas litterarum, cara claret... in qua utique tamquam in officina sapientiae speciali habet argentum venarum suarum principia, et auro locus est, in quo rite conflatur, ex quibus prodentes eloquii mistici murenulas aureas vermiculatas argento cudentes et fabricantes monilia ornata lapidibus pretiosis, immo nulli pretio comparandis sponsam Christi décorant et decórant. Ibi ferrum de terra tollitur, quia dum terrena fragilitas fortitudine solidatur, lorica fidei, gladius spiritus et caetera, inde fit christianae militiae armatura, potens adversus aereas potestates*" (*Chartularium* I, p. 136s.). Os privilégios outorgados pelos papas à universidade, tais como o da jurisdição e a autorização dos mestres para lecionar em qualquer parte do mundo, independentemente de novos exames, bem como a proteção contra toda interferência estranha e a sua vigilância pela ortodoxia, não tinham outra finalidade que a de manter e, possivelmente, aumentar a importância de Paris para a cristandade.

III. A organização do ensino

1. A carreira acadêmica do professor serve para dar uma ideia da organização do ensino na Universidade de Paris. Iniciava-se o estudo sem maiores formalidades. O aluno começava por aderir a um professor; fazia-se *aprendiz*, para se tornar *mestre* (magister) sob a orientação do professor. É o que se pode concluir dos Estatutos do legado papal Roberto de Courçon, datados de 1214: "*Nullus sit scolaris, qui certum magistrum non habet*". Para a docência das Artes exigiam-se pelo menos 6 anos de estudo e a idade mínima de 20 anos. Para o ensino da Teologia se requeriam pelo menos 8 anos de estudo – cinco dos quais de Teologia – e a idade de 34 anos *(Chartularium* I, p. 78s.).

Concluído o curso, o estudante de Artes prestava exame diante de três ou quatro mestres. Em seguida era admitido à *Determinatio*, ou seja, à exposição independente e pessoal de certas questões, sob a presidência do respectivo professor; a determinação se realizava no período quaresmal. Promovido a bacharel (Baccalaureus), passava a explicar publicamente os livros oficiais de texto, por espaço de dois anos. Estes livros eram: as obras de Aristóteles (a princípio somente os escritos lógicos, aos quais se ajuntaram, mais tarde, os demais livros do Estagirita) e as obras gramaticais de Prisciano; no século XIII acrescentou-se ainda o *Liber sex principiorum* de Gilberto de la Porrée. Terminado este período, o aspirante recebia o título de Magister Artium.

Para o magistério da Teologia, o aspirante fazia um tirocínio semelhante. Seguiam-se três bacharelados. Como bacharel bíblico, lecionava durante dois anos sobre a Sagrada Escritura e, como bacharel sentenciário, sobre as Sentenças de Pedro Lombardo; só então recebia o título de bacharel formado. Como tal era admitido à Disputação solene, após a qual se lhe conferia o grau de mestre em Teologia. O mestre que exercia atualmente o direito de ensinar a Teologia na Universidade se denominava Magister actu regens.

2. A lição e a disputação eram as duas formas principais do ensino nas Universidades medievais. A lição (*lectio*) consistia na leitura e explicação de um determinado texto. É nas lições que vamos encontrar a fonte dos inúmeros comentários, redigidos, parcialmente, em forma de questões. Sob as aparências de uma simples explicação de texto se escondem, não raro, ideias originais e independentes.

A disputação, conduzida por um ou mais mestres, era uma espécie de torneio intelectual. A começar, propunha-se uma questão; o oponente ou os oponentes apresentavam uma série de objeções, enquanto o defensor (*defendens*) argumentava pela afirmativa. Concluída a disputa, um dos mestres (ou, ocasionalmente, um bacharel) reunia todos os argumentos pró e contra, e *determinava* a solução, pelo que esta última fase do processo recebia o nome de *determinatio*. Havia um gênero de disputações que se realizavam regularmente nos fins de semana ou todos os quinze dias. Faziam parte integrante do curso escolar dos mestres, que se esforçavam por reuni-las num conjunto mais ou menos lógico. Destas disputações se originaram as numerosas coleções de *Quaestiones disputatae* da Idade Média. Além destas disputações ordinárias, havia outras que se faziam apenas uma ou duas vezes ao ano, pelo tempo da Páscoa ou do Natal. Distinguiam-se das primeiras pela circunstância de se permitir a todos os presentes a propor quaisquer perguntas sobre qualquer assunto que lhes ocorresse. Donde o nome de *Quaestiones de quolibet*, ou *Quaestiones quodlibetales*, ou simplesmente *Quodlibeta*.

Basta relancear as obras dos escolásticos do século XIII e dos períodos subsequentes para se verificar a grande importância destes métodos de ensino na vida espiritual da Idade Média. Quase todas estas obras trazem a marca inconfundível da atividade professoral de que se originaram. Não obstante o seu rigor metodológico não carecem de certa beleza, e amiúde a sua redação trai um apurado senso estilístico. Sua complexidade estrutural foi comparada, com absoluta justeza, à das catedrais medievais; mesmo os pormenores mais insignificantes são elaborados com a máxima exatidão. Ademais, este método de exposição das Sentenças oferece a vantagem de facilitar grandemente a informação sobre as posições assumidas pelos vários pensadores em face desta ou daquela questão, porquanto os mesmos problemas soem ser ventilados quase invariavelmente nos mesmos contextos.

§ 3. A influência da filosofia aristotélica

Já se disse que a Alta Escolástica e sua riquíssima vida cultural são um produto da renascença aristotélica. Sem razão, porém. A Alta Escolástica é algo mais que um aristotelismo cristianizado. Além de Aristóteles, sofreu o influxo da filosofia árabe, e não por último, da tradição agostiniana, assim como da tradição patrística em geral. Entretanto, é inegável que o florescimento da filosofia cristã no século XIII se deu sob a influência essencial do pensamento aristotélico.

I. O acolhimento do aristotelismo

Foram bastante multiformes as vias de acesso de Aristóteles ao Ocidente latino. Primeiramente, havia uma tradição – embora fraca – provinda diretamente da Antiguidade, e, mais em particular, de Boécio. Em maior escala, as ideias e os escritos aristotélicos tiveram entrada por meio das traduções de obras árabes. E, finalmente, no decurso dos séculos XII e XIII se fizeram numerosas versões latinas sobre os próprios originais gregos. As investigações mais recentes mostraram que a importância das traduções do árabe tem sido exagerada. O Ocidente hauriu, em plena extensão, os seus conhecimentos sobre Aristóteles de traduções diretas do grego, embora eivadas, a princípio, de palmares defeitos e imperfeições. Birkenmayer demonstrou que Aristóteles *influenciou, primeiramente, a medicina medieval*; só depois disso conseguiu impor-se nos meios filosóficos e teológicos, os quais só a partir de 1230 começaram a se familiarizar progressivamente com os escritos aristotélicos.

Em Paris as primeiras traduções de Aristóteles e dos comentadores árabes aparecem pouco depois de 1200. A invasão deste acervo de novas ideias não ficou desconhecido aos grandes mestres parisienses daqueles dias. Todavia, nem Guilherme de Auxerre (m. 1237), nem Felipe de Grêve (m. 1236) parecem haver assimilado este enorme cabedal científico. Guilherme de Auvergne (m. 1249) não tardou a reconhecer a superioridade da física aristotélica para a explicação do mundo sublunar; conhece e admira a obra de Avicebron, critica diversas doutrinas de Avicena, de Averróis e outros filósofos árabes; no íntimo, porém, também ele permanece distante do aristotelismo. Embora incorporasse alguns conceitos aristotélicos em sua teoria do conhecimento, conservou-se decididamente fiel à tradição agostiniana. Por outro lado, as doutrinas do Estagirita vão ganhando terreno e exigem uma tomada de posição.

Pelos meados do século XIII a vitória de Aristóteles é já um fato consumado. Simultaneamente se sentiu a necessidade de uma tradução mais fiel e mais exata. Entre os tradutores que então surgiram, cabe um lugar de honra ao dominicano Guilherme de Moerbecke (1215-1286), o *braço direito* de Santo Tomás de Aquino.

II. A atitude da Igreja perante Aristóteles

1. A proibição dos escritos aristotélicos – Historicamente considerada, a atitude da Igreja assume uma relevância capital. Em sua sábia solicitude pela pureza doutrinária e disciplinar, ela começou por vedar os escritos aristotélicos, a fim de ganhar tempo. Já em 1210 o concílio provincial de Paris, sob a presidência de Pedro de Corbeil, arcebispo de Sens, interdizia sob pena de excomunhão a leitura pública ou privada das obras de Aristóteles sobre a Filosofia da natureza, bem como dos respectivos comentários. Nos estatutos da Universidade de Paris, aprovados por Roberto de Courçon (1215), permitia-se o estudo – já tradicional – do *Organon*. Continua vigorando, porém, a proibição da Metafísica, bem como de todos os livros da Física e das ciências naturais, inclusive de extratos destas obras. Simultaneamente se decretou a proibição das doutrinas de David de Dinant, de Amalrico de Bène e de um certo Maurício de Espanha (Averróis?).

2. A consolidação do aristotelismo – Embora proibido em Paris, o estudo de Aristóteles não sofreu restrições nas escolas de Tolosa e de Oxford. Os professores destas cidades não hesitaram em fazer uso desta liberdade, o que contribuiu enormemente para a consolidação da tradição aristotélica. Aliás, um certo número de doutrinas do grande pensador grego já eram geralmente conhecidas. Bastava comparar estas doutrinas – por exemplo, a teoria da abstração – com algumas outras, falsamente atribuídas a ele – por exemplo, a do panteísmo – para criar uma atitude mais benévola em face do seu sistema. Ademais, a física aristotélica, mesmo em sua forma parcialmente desfigurada pelo neoplatonismo, fornecia certos conceitos e princípios que pareciam perfeitamente adequados à interpretação dos fenômenos da natureza. Diante disso, é fácil compreender que a sua proscrição fosse acolhida com certa relutância, sobretudo por se tratar da única física sistemática então conhecida. E a inclusão destes conceitos básicos em muitos tratados científicos, astronômicos e médicos tornava indispensável e inevitável a divulgação das obras fundamentais do Estagirita, sob pena de aqueles tratados permanecerem totalmente incompreensíveis. E, finalmente, como se haveria de dar combate às doutrinas errôneas se não havia sequer a possibilidade de conhecê-las? Mesmo de um ponto de vista meramente psicológico era impossível opor barreiras intransponíveis à invasão do aristotelismo.

3. A vitória do aristotelismo – A 13 de abril de 1231 Gregório IX renovou a interdição da doutrina de Aristóteles; entretanto, os termos do decreto papal deixam entrever os efeitos do trabalho realizado desde os primeiros decretos pontifícios. A Física permanece proibida enquanto não houver sido examinada e expurgada. Dez dias depois o papa criava uma comissão de que fazia parte, entre outros, Guilherme de Auxerre; incumbiu-a de proceder a uma revisão das obras de Aristóteles e à sua adaptação ao ensino. Não se sabe se esta medida produziu algum resultado positivo. Afinal de contas, o empreendimento era supérfluo, porquanto o Estagirita teria acabado por se impor de qualquer forma. Com efeito, por este tempo os seus escritos sobre Metafísica e Física vão penetrando por todos os lados e conquistando terreno. Quando em 1245 Inocêncio IV – por motivos não inteiramente esclarecidos – estendeu a proibição à Universidade de Tolosa, e Urbano IV a renovou em 1263, estes decretos chegaram tarde e ficaram sem efeito. A crítica e a revisão das obras aristotélicas, exigida em 1231, estava em pleno andamento. Dispunha-se já de traduções melhoradas, e – o que é mais – os melhores mestres comentavam, interpretavam e assimilavam a doutrina do mestre helênico. E assim sucedeu que *em 1366 a Santa Sé impusesse aos candidatos ao Licenciado de Artes a obrigação de ler aqueles mesmos escritos aristotélicos tão longamente interditados pela própria autoridade papal.*

A história da filosofia cristã dos séculos XIII e XIV é essencialmente um debate vivo e intenso em torno das várias formas da filosofia aristotélica. De início predominam, ainda, certos elementos neoplatônicos; paulatinamente, porém, estes elementos vão cedendo terreno, sem contudo desaparecer completamente. Várias sínteses emergem do vigoroso processo de fermentação que então se inicia. Na segunda metade do século XIII se observa uma nítida delimitação de fronteiras. Santo

Alberto, São Boaventura e, mais tarde, Henrique de Gand, representam o ponto culminante de uma corrente predominantemente neoplatonizante, e por esta razão mais próxima de Agostinho. A síntese levada a termo por Santo Tomás tende a assimilar o mais fielmente possível o aristotelismo puro. Em Duns Escoto se manifesta uma tendência intermédia. Com ele se inicia também a crítica. Começa o período de seleção e discriminação, o qual irá culminar na obra de Guilherme de Ockham. Em Mestre Eckhart, finalmente, as tendências místicas do neoplatonismo recebem sua expressão clássica.

CAPÍTULO II
A ESCOLA DE OXFORD

As origens da Universidade de Oxford continuam envoltas na obscuridade. O certo é que a existência de escolas neste importante centro comercial antecede de muito o ano de 1167, quando em razão de certas dificuldades políticas o rei Henrique II da Inglaterra proibiu a seus súditos o estudo em Paris. Em consequência disso, os estudantes se encaminharam para Oxford, imprimindo forte impulso às escolas já existentes. Por volta de 1200 já se organizara uma universidade em moldes corporativos. Embora não atingisse a importância de Paris, pelo menos não em Teologia, a Universidade de Oxford desempenhou, contudo, um papel decisivo na vida cultural da Idade Média. Em todo o caso ela conseguiu desenvolver e preservar uma invejável originalidade.

Na época em que Oxford se convertia num centro autônomo de estudos, não prevalecera ainda em Paris a influência de Aristóteles e Averróis. Naquele período o influxo mais decisivo no domínio filosófico era, ainda, o platônico (Escola de Chartres); em Filosofia natural e nas ciências da natureza predominava a influência árabe; em Lógica se seguia a Abelardo, e em Teologia a Santo Agostinho. A Universidade de Oxford se manteve essencialmente fiel a esta tradição, à qual imprimiu, com o correr do tempo, um cunho acentuadamente empírico e prático, em consonância com o caráter anglo-saxônico. Roberto Grosseteste foi seu primeiro mestre de fama internacional.

§ 1. Roberto Grosseteste

Vida – Roberto Grosseteste nasceu por volta de 1168 em Stradbroke (Suffolk). A cidade pertencia quase inteiramente aos Beneditinos, e é de se supor que Roberto tenha feito seus estudos sob a direção dos monges. Esta circunstância terá contribuído, também, para a predileção da Escola de Oxford por Santo Anselmo de Cantuária. Uma carta de Gerardo de Cambrai nos informa que em 1199 Roberto já era mestre em Oxford, onde provavelmente também estudara. Pouco depois de 1214 foi nomeado Chanceler da Universidade. É a ele que a Ordem Franciscana deve sua primeira residência em Oxford. O próprio Grosseteste fazia preleções aos irmãos; assim deu origem à Escola Franciscana, que sempre lhe guardou grata memória. Tão grande foi o florescimento desta Escola, que a história de Oxford permanece inseparavelmente ligada à dos Irmãos Menores. Em 1215 Grosseteste foi designado bispo de Lincoln. Como príncipe da Igreja deu mostras de extraordinária energia e de um notável destemor, mesmo perante a autoridade papal. Rogério Bacon vê em Roberto um genuíno homem de ciência: "*Nullus (scivit) scientias nisi Dominus Robertus episcopus Lincolniensis, per longi-*

tudinem vitae et experientiae, et studiositatem ac diligentiam; et quia scivit mathematicam et perspectivam, et potuit omnia scire; simul cum hoc quod tantum scivit de linguis quod potuit intelligere sanctos et philosophos et sapientes antiquos" (Opus tertium, ed. Brewer, p. 91). Entretanto, observa Bacon, Grosseteste reconheceu a insuficiência dos seus conhecimentos linguísticos para a tradução daqueles mestres antigos. Foi por isso que, pelo fim da vida, fez vir à Inglaterra diversos sábios gregos. Grosseteste faleceu em 1253.

Obras:

1. *Comentários* aos Segundos Analíticos (repetidamente editados), ao De sophisticis elenchis (Conclusões sofísticas) e aos oito livros da Física de Aristóteles (inéditos; na opinião de L. Baur a Summa super libros octo Physicorum, já editada, é espúria). Comentou também os livros do Pseudo-Dionísio.

2. *Traduções* da Ética a Nicômaco, do De divinis nominibus e de outras obras.

3. *Opuscula philosophica,* reeditados por L. Baur *(Beitraege,* t. 9): De artibus liberalibus (p. 1-7); De generatione sonorum (p. 7-10); De sphaera (p. 10-32); De generatione stellarum (p. 32-36); De cometis (p. 36-41); De impressionibus aeris seu de prognosticatione (p. 41-51); De luce seu de inchoatione formarum (p. 51-59); Quod homo sit minor mundus (p. 59); De lineis, angulis et figuris seu de fractionibus et reflexionibus radiorum (p. 59-65); De natura locorum (p. 65-72); De iride seu de iride et speculo (p. 73-78); De colore (p. 78s.); De calore solis (p. 79-84); De differentiis localibus (p. 84-87); De impressionibus elementorum (p. 87-89); De motu corporali et luce (p. 90-92); De motu supercaelestium (p. 92-100); De finitate motus et temporis (p. 101-106); De unica forma omnium (p. 106-111); De intelligentiis (p. 112-119); De statu causarum (p. 120-126); De potentia et actu (p. 126-145); De veritate (p. 130-143); De veritate propositionis (p. 143-145); De scientia Dei (p. 145-147); De ordine emanandi causatorum a Deo (p. 147-150); De libero arbitrio (p. 150-241).

4. *Hexaêmeron*, inédito (Ms. Brit. Mus. Reg. 6, E. V.)

Grosseteste fez sua a herança espiritual de Chartres, mas tratou de completá-la organicamente com a ajuda das ciências naturais herdadas dos árabes e se utilizando amplamente da filosofia aristotélica. Estas tendências se fazem visíveis sobretudo em suas ideias sobre a Filosofia da Natureza e as Ciências naturais. Representam, provavelmente, o que há de mais característico no pensamento de Roberto.

I. O mundo

1. Deus, forma do mundo

No tratado *De unica forma omnium*[1] Grosseteste pergunta se Deus pode ser chamado a forma do mundo, o que lhe dá ensejo para expor suas opiniões sobre a relação de Deus para com o mundo. Pode dizer-se com razão que Deus é forma, e forma de todas as coisas; e, como tal, Ele deve ser também primeira forma[2]. Após invocar a autoridade de Santo Agostinho, Grosseteste procura provar sua afirmação com vários argumentos próprios.

---

1. Ed. Baur, p. 106-111.
2. Ibid., 107, 1s.

a) Deus é forma. *Por forma se entende aquilo pelo que uma coisa é o que é* (por exemplo o homem é homem pela humanidade). Deus é por si mesmo aquilo que é: *"Seipso enim Deus est, quia deitate Deus est, et deitas Deus est"*. Logo, Deus é forma[3].

Mas forma significa também *beleza* ou formosura (forma = formosum). Ora, ninguém duvidará de que Deus é belo. E visto que as propriedades divinas são idênticas a Deus, segue-se que devemos atribuir-lhe a beleza ou formosura[4].

Finalmente, forma significa o *acabamento e a perfeição* de uma coisa. Deus é a suma perfeição, a beleza acabada, e por isso nada se lhe pode acrescentar: *"Deus igitur est perfectio perfectissima, completio completissima, forma formosissima, species speciosissima"*; numa palavra, Deus é a própria formosura. Fala-se de belos homens, de belas almas, de belas casas, do belo mundo, desta e daquela coisa bela enfim. Se prescindirmos *desta* e *daquela* coisa bela e concentrarmos a atenção no belo ou na beleza como tal, reconheceremos que Deus não é belo devido a uma forma ou configuração, mas que Ele próprio é a beleza de tudo o que é belo. Esta beleza de Deus transcende toda beleza finita[5].

b) Deus é a forma de todas as coisas. Esta expressão, emprestada de Santo Agostinho[6], deve ser corretamente interpretada. Obviamente, Deus não pode ser forma de uma coisa no sentido de parte substancial; mas Ele pode sê-lo em duas acepções intimamente conexas da palavra forma, a saber, como protótipo e artista.

Com efeito, *Deus é o exemplar ou protótipo das coisas*. Todo artista possui na mente um protótipo, que lhe serve de modelo para a execução de sua obra. Neste sentido se diz que o modelo de madeira serve ao sapateiro como forma para a confecção do calçado, ou que o bom exemplo é uma forma que devemos imitar. Mas dá-se também o nome de forma àquilo a que se aplica uma matéria à qual se deseja imprimir uma determinada forma, por exemplo, a um sinete de prata que serve para *formar* a cera[7]. Num e noutro caso a forma é ativa, com a diferença de no segundo caso ser a sua atividade mais mecânica, e, no primeiro, mais espiritual.

Pois bem: para determinar em que sentido a forma das coisas existe realmente em Deus temos de recorrer a imagens ou comparações. Tomemos, por exemplo, a forma da casa no espírito do arquiteto. Este contempla a forma antes de começar a construção. Suponhamos, ainda, que a vontade deste arquiteto seja suficientemente poderosa para produzir por sua própria força a matéria à qual irá aplicar aquela forma. E suponhamos, enfim, que a matéria em questão seja fluida, de modo a não poder reter a forma recebida, como sucede com a água a cuja superfície se aplica um sinete de prata: a impressão desaparece assim que o sinete é retirado. Devemos, pois, imaginar um arquiteto que por uma simples decisão de sua vontade não só dá existência à casa, pela aplicação passageira da forma à matéria, mas lhe conserva a forma por sua ação continuada. Por conseguinte, Deus é concebido como um artista, que é

---

3. Ibid., 108, 13s.
4. Ibid., 108, 19s.
5. Ibid., 108, 24s.
6. De libero arbitrio II, 16-17,45-45; ML t. 32, c. 1264s.
7. Ibid., 109, 7s.

ao mesmo tempo o originador e o conservador das formas das coisas. "*Eo itaque modo, quo forma huius in mente huiusmodi architectoris esset forma domus, est ars sive sapientia, sive verbum omnipotentis Dei forma omnium creaturarum. Ipsa enim simul et exemplar est et efficiens et formans est et in forma data conservans est, dum ad ipsam applicantur et revocantur creaturae*"[8].

2. Tempo e eternidade

Vimos que as criaturas devem sua existência, bem como sua permanência no ser, ao poder da arte eterna e dos exemplares nela contidos. Mas aqui surge o árduo problema da relação entre o modo de existência das coisas criadas e o modo de existência de Deus. Grosseteste lhe dedicou um opúsculo especial: *De ordine emanandi causatorum a Deo*[9].

Certas almas inexperientes e apegadas às imagens da fantasia se sentem perturbadas quando se lhes diz que o Filho de Deus, embora causado pelo Pai, é coeterno com Ele. E posto que o Filho é coeterno com o Pai, embora saído dele, por que não há de a criatura ser igualmente eterna? Pois também ela procede de Deus; e, ademais, toda causa que produz seu efeito de maneira imediata não pode ser anterior ao efeito. Os filósofos antigos costumavam ilustrar esta relação com uma imagem: O pé que repousa desde a eternidade sobre a areia produz forçosamente um vestígio eterno. Desta comparação cuidavam poder tirar esta conclusão: Como o pé não pode ser temporalmente anterior ao vestígio, assim Deus, a causa perfeita das criaturas, não pode ser anterior a elas, senão que o Criador e a criatura devem ser igualmente eternos[10].

Grosseteste baseia sua réplica em alguns princípios do *Liber de causis* (propos. 2). Alucinados pela presunção vaidosa de sua sabedoria, os filósofos caíram nas trevas do erro, embora dispusessem de princípios para uma solução correta. Segundo eles, tudo o que é, deve ser, ou antes da eternidade, ou com a eternidade, ou depois da eternidade. O ser anterior à eternidade é a Primeira Causa, o ser concomitante com a eternidade é a Inteligência, o ser posterior à eternidade, mas anterior ao tempo, é a alma[11]. Eis um modo de ver que não pode ser aceito sem restrições; ainda assim ele exprime uma verdade, a saber: a ideia de que a cada modalidade do ser corresponde um determinado modo de duração. Por isso a medida de duração de um certo tipo de ser não é aplicável, sem mais nem menos, a um outro modo de ser.

a) O modo da duração deflui do modo do ser. Na linguagem cristã dos *pie philosophantes*, a nossa resposta à questão em causa é a seguinte: Deus, o ser eterno, situa-se no ápice de tudo. Após Ele vêm os anjos e as criaturas; e visto que o ser criatural é inteiramente diverso do ser divino, é impossível que existam do mesmo modo que Deus; logo, os dois modos de existência são incomensuráveis. Diante disso é fácil

---

8. Ibid., 110, 5 s.
9. Ibid., 147ss.
10. Ibid., 147.
11. Ibid., 148.

perceber a indefensibilidade e a deficiência da imagem de Platão. O seu aparente caráter de não contraditoriedade se deve à circunstância de que o pé, a areia e o vestígio pertencem a um mesmo modo do ser; são, pois, elementos comensuráveis, pelo que devem ser simultâneos: nenhum deles é anterior ao outro. Todavia, quando aplicada a Deus e à criatura, e à sua relação mútua, a comparação resulta inadequada e falha. Deus e a criatura são incomensuráveis, não havendo nenhuma medida comum aplicável a ambos. Por esta razão não pode haver questão de uma criatura eterna. No que concerne à criatura, poder-se-ia tratar, no máximo, de um *tempo* eterno, isto é, sem começo e sem fim; não, porém, de uma genuína eternidade; pois a eternidade é a medida de duração do ser incriado[12].

b) Qual é, pois, o sentido da afirmação: Deus é anterior à criatura? A fim de responder a esta pergunta iremos comparar a relação entre duas grandezas incomensuráveis na duração com a relação entre duas grandezas comensuráveis. Assim como podemos dizer de duas coisas que têm o mesmo modo de duração – por exemplo o de duração temporal – que uma é anterior à outra, por estar mais próxima ao começo do tempo, assim podemos dizer de duas coisas de duração diversa que uma é anterior à outra, por estar mais próxima da modalidade perfeitíssima de duração. Deste ponto de vista, a alma é anterior às coisas materiais, e a inteligência (dos anjos) é anterior à alma (*secundum quod dicunt philosophi*). Deus, porém, é indubitavelmente anterior a toda criatura, porque possui uma duração absolutamente simples, pela qual Ele é a medida e o princípio de toda duração: "*Deus vero indubitanter omnem praecedit creaturam, cum ipse solus sit in ipsa mensura simplicissima, quae est principium omnium mensurarum*"[13].

Na proposição: "*Deus est, quando non fuit creatura*", a palavra *quando* significa simplesmente a sua eternidade. Por outras palavras: Deus vive na eternidade, e nesta eternidade não existe nem existiu qualquer criatura, porque toda criatura tem uma medida inferior de duração. *Neste gênero de reflexões devemos prescindir da fantasia, que nos faz imaginar as coisas numa continuidade temporal ilimitada, assim como imaginamos um espaço sem limites ou uma massa infinita, ainda que para além do céu não exista espaço nem massa*[14]. Na eternidade divina há lugar para um *esse ab alio*, não, porém, para um *esse post non-esse*, porquanto a duração simplicissima não comporta um *mais tarde*; pois do contrário um e o mesmo *esse* seria simultaneamente um *non-esse*. Se, porém, o não ser de alguma criatura fosse sem início, ele deveria estar na medida primeira e simples de duração, e não poderia existir na medida de qualquer criatura. Por isso toda criatura deve existir necessariamente numa medida posterior, isto é, inferior à medida suprema.

Não há mais que um meio para socorrer as pessoas enredadas em falsas representações do tempo: persuadi-las a que desprendam seus corações do amor às coisas temporais

---

12. Ibid., 149, 1s.
13. Ibid., 149, 1s.
14. Ibid., 149, 1s.

e os orientem ao amor das coisas celestiais. Assim reconhecerão que só a Trindade existe numa eternidade simples, ao passo que os espíritos incorpóreos existem numa medida subsequente, e as coisas temporais, com o tempo; compreenderão também que o tempo é finito. E desta forma deixarão de estranhar e de perguntar por que o mundo não é mais antigo, e por que não começou antes do que diz a Escritura. *Antes* implica tempo; ora, não há sentido em inquirir se algo poderia ter existido antes que houvesse o tempo: "*quia non potest intelligi incepisse prius, quam incepit*". Trata-se, pois, de um pseudoproblema, criado pela imaginação[15].

3. A finitude do movimento e do tempo

Com sua concepção do tempo Grosseteste se colocou em oposição consciente para com Aristóteles. Segundo este o movimento é eterno (*sempiternus* = sem começo). Aristóteles alega três argumentos em favor de sua tese, os quais são sucessivamente refutados por Grosseteste.

a) Primeiro argumento

Aristóteles começa por fazer uma distinção. Ou o movimento é eterno, ou existiu um primeiro movimento antes do qual não houve nenhum outro. Se houve um primeiro movimento anterior a todo outro movimento, segue-se que houve um movimento que começou depois de não ter existido. Ora, tudo o que vem a ser depois de não ter sido, deve ter preexistido em potência. Mas tudo o que passa de uma potência prévia para a realidade pressupõe um movimento que efetue este trânsito para a realidade. Logo, o primeiro movimento já pressupõe um outro movimento; por conseguinte, não há nenhum primeiro movimento[16].

Resposta. Já vimos como a imaginação nos faz cair em erro. Com efeito, se pela expressão *depois de* quisermos exprimir uma sucessão temporal, o argumento já contém uma contradição, visto admitir uma sucessão temporal onde na verdade ainda não há tempo de espécie alguma. Dizer que um movimento é anterior ao primeiro movimento é estabelecer uma ordem de anterioridade prévia ao próprio tempo, o que é impossível[17].

Mais importante, porém, é o fato de a divisão de Aristóteles não ser exaustiva. Nem o movimento, nem o mundo, nem tudo aquilo que é medido pelo tempo se contém nas duas possibilidades indicadas; há uma terceira possibilidade, a saber, que algo comece com o tempo e por conseguinte tenha um início[18]. E é precisamente esta a possibilidade que se verifica no caso do movimento. Ainda uma vez a fantasia nos iludiu, fazendo com que confundíssemos a carência de começo com a duração temporal infinita.

---

15. Ibid., 149, 30s.
16. Ibid., 101, 2s.
17. Ibid., 102, 6s.
18. Ibid., 102, 12s.

Diante disso, convém retornar à nossa comparação entre tempo e eternidade. A eternidade é um modo de existir superior e anterior ao tempo; por isso o mundo é criado no tempo, de tal modo que o primeiro momento do tempo sucede à eternidade, no sentido de um modo de existência inferior ou *posterior* a ela. Ao se dizer que o primeiro movimento existiu em potência antes de ser realizado, outra coisa não se quer significar senão que o tempo está na potência da eternidade; e isto não no sentido de potência material, mas de potência eficiente (*potentia causae efficientis*)[19].

b) O terceiro argumento de Aristóteles

O segundo argumento nada contém de essencialmente novo, e por isso passamos sem tardança ao terceiro. Este parte da natureza do instante (*instans*) ou unidade de tempo. Cada instante implica em seu conceito uma relação de continuidade para com o passado e o futuro: "*Instans enim est continuatio praeteriti et futuri*". Portanto, não pode haver instante onde não há passado nem futuro; logo, também o tempo não pode ser sem passado e futuro; logo, ele deve ser sem começo. E visto que não há tempo sem movimento, também o movimento deve ser sem começo[20].

Resposta. É falsa a afirmação de que todo instante é uma continuidade entre passado e futuro. Enquanto contínuo, o tempo se assemelha a uma linha; aos pontos desta certamente correspondem, no tempo, outros tantos instantes, cada um dos quais está em relação de continuidade para um anterior e um posterior; contudo, há neste contínuo um começo e um fim: o primeiro ponto não é precedido por nenhum outro, e o último não é seguido de nenhum outro ponto.

Aristóteles e Averróis conhecem e rejeitam esta objeção. Todavia, é evidente que os dois pensadores têm uma falsa representação da eternidade, que é por eles concebida como um tempo infinito. Seu argumento principal é este: o mundo está sujeito ao movimento circular; ora, em tal movimento não há nada primeiro; logo, não tem começo no tempo. Isto, porém, é falso. Supondo-se, de antemão, que o mundo sempre existiu, então é claro que ele não teve começo. Se admitirmos, ao contrário, que o mundo se originou por criação, então a própria criação é o ponto inicial do seu movimento. Uma revolução só se completa com o retorno ao ponto de partida.

Vemos, pois, que estes e outros argumentos de Aristóteles provêm, em última análise, de uma confusão entre as relações imaginárias e as relações reais: "*Et manifestum est, quod istas quaestiones et opiniones non inducit nisi imaginatio temporis post omne tempus et impotentia intelligendi aeternitatem simplicem motoris primi secundum dispositionem unam se habentis, mutabilia tamen temporaliter variantis*"[21].

Do exposto se depreende que *já Grosseteste verificou a presença, na filosofia aristotélica, de elementos não cristãos*. O chefe da Escola de Oxford, não obstante a sua sincera admiração pelo filósofo grego, não lhe adota cegamente as doutrinas.

---

19. Ibid., 102, 20s.
20. Ibid., 103, 27.
21. Ibid., 105, 8s.

Com sua crítica Roberto ergue um primeiro baluarte contra o averroísmo latino, antes mesmo de sua penetração nos meios universitários do Ocidente latino e das controvérsias que esta iria suscitar (cf. texto anexo).

II. A metafísica da luz

Em cosmologia, Grosseteste se serve da terminologia aristotélica para a explicação dos corpos; mas ele lhe dá um sentido não aristotélico. Os princípios dos corpos são a matéria e a forma. Matéria e forma são inseparáveis: a forma não pode existir sem a matéria, nem esta sem aquela[22]. Nem à forma nem à matéria compete qualquer espécie de extensão; até mesmo a corporeidade pura é inextensa; mas se a corporeidade – isto é, a primeira forma – se ajuntar à matéria, resulta necessariamente (em sentido ativo) a extensão. *Esta extensão ativa da corporeidade se baseia na sua própria essência, e esta essência é a luz.* Por isso damos à primeira forma dos corpos ou à corporeidade o nome de forma luminosa: "*Formam primam corporalem, quam quidam corporeitatem vocant, lucem esse arbitror*"[23].

1. A luz

Sob o influxo do neoplatonismo e dos perspectivistas (de *Perspectiva* = Ótica) árabes Grosseteste elabora uma teoria da luz que revela não poucos traços modernos, e irá servir de base para sua interpretação do cosmos.

a) Natureza da luz – A luz pode ser considerada como substância e como acidente. *Como substância é uma entidade corpórea muito sutil que se aproxima do incorpóreo, a ponto de se situar entre o espírito e a matéria* ("corpus spirituale sive mavis dicere spiritus corporalis"[24]). Esta luz substancial é a forma primordial no domínio corpóreo, e, juntamente com a matéria primeira, constitui o mundo dos corpos. Enquanto forma, ela deve ser essencialmente ativa. Sua atividade se encontra nela mesma, isto é, na sua capacidade de se difundir *intemporal* e *infinitamente*. Do ponto de vista da atividade, isto é, da propagação e difusão, que se realiza instantaneamente, por ter de criar primeiro o espaço, a luz pertence à categoria do acidente: "*Dicimus quod necesse est lucem dupliciter dici: significat enim substantiam corporalem subtilissimam et incorporalitati proximam naturaliter sui ipsius generativam, et significat accidentalem qualitatem de lucis substantia naturali generativa actione procedentem*"[25].

Suponhamos, pois, um simples ponto luminoso no seio da matéria original: esta luz produzirá, forçosamente, e de modo instantâneo e intemporal, uma esfera luminosa em torno de si, bem como uma determinada extensão tridimensional do espaço[26].

---

22. De luce, 51, 21.
23. Ibid., 51, 10.
24. Ibid., 55, 2.
25. Hexaêmeron: Fol. 147 vb.
26. De luce, 52, 17s.

b) Efeitos da luz – Esta luz substancial é força ativa e forma primitiva dos corpos; pode-se dizer, pois, que nos corpos há uma única força ativa: a luz. Esta luz causa, em primeiro lugar, a diversidade dos próprios corpos, pois, como se verá, os corpos se originaram por um processo gradativo de expansão e de reflexão luminosa. Daí serem mais lúcidos os corpos originados em primeiro lugar, pois neles a luz é mais simples e espiritual, ao passo que nos seguintes ela é mais corporal e difusa. Assim a luz apresenta graus diferentes de pureza e de simplicidade nos vários corpos. A luz é comparável à unidade: todos os números procedem da unidade; acrescentando-se, porém, uma unidade à unidade, temos um número novo e diferente da unidade, e assim por diante. Do mesmo modo a luz dos corpos celestes difere da dos corpos terrestres[27].

Visto que a luz é a forma e o princípio ativo dos corpos, todas as atividades naturais dos mesmos devem ser reduzidas à atividade da luz; em última análise, pois, a Física se reduz à Ótica: *"Dico enim, quod forma prima corporalis est primum motivum corporale"*[28]. Se esta luz se difunde sozinha, sem mover consigo a corporeidade da matéria, ela percorre instantaneamente o diáfano, e não há movimento, mas mudança (*mutatio*). – Se, porém, a luz se difunde para vários lados e se encorpora com a matéria, expandindo simultaneamente a corporeidade da matéria, temos uma rarefação da matéria e um aumento. – Quando, inversamente, a luz se concentra juntamente com a matéria, temos uma condensação ou diminuição. – Se a luz se reproduz numa só direção, arrastando consigo a matéria, origina-se um movimento local. – E se a luz presente no interior da matéria é expelida e algo de outro é introduzido na matéria, o resultado será uma alteração.

Com esta doutrina Grosseteste se distancia da Física finalista de Aristóteles; a seu ver, as forças físicas não consistem num apetite ou pendor dos corpos para o seu lugar natural, do qual se originaria o movimento local, e sim, na energia ativa e natural da luz: *"Et in hoc patet, quod motio corporalis est vis multiplicativa lucis. Et hoc idem est appetitus corporalis et naturalis"*[29].

2. Desenvolvimento matemático da teoria da luz

Grosseteste se aproxima muito das concepções modernas com sua conceituação da luz e da sua função geral no tocante à totalidade dos fenômenos físicos. Mais patente ainda é o caráter moderno da sua insistência na aplicação da matemática ao estudo das atividades da luz. O mundo de Grosseteste é um universo de substâncias vivas. Um corpo, para poder agir sobre outro corpo, deve entrar em contato com este. Visto não haver influxo sem contato, toda substância corporal deve emitir uma espécie de radiação (que Grosseteste também denomina, por vezes, de emanação), que atravessa o espaço intermédio e finalmente atinge o outro corpo. Embora sejam todas iguais, estas irradiações recebem denominações diferentes, de acordo com seus respectivos efeitos. A força propagada ora se chama espécie, ora semelhança. Quer sua ação se exerça sobre os sentidos, quer sobre a matéria, ela é sempre objetivamente a mesma

---

27. Ibid., 56, 36s.
28. De motu corporali et luce, 92, 6.
29. Ibid.

força, e sua atividade é sempre idêntica; seus efeitos se diversificam unicamente pela diversidade dos objetos que lhe sofrem a ação.

Nos sentidos a sua ação é mais espiritual e como que mais nobre; na matéria, ao contrário, ela é material; o sol, por exemplo, é percebido pela vista em virtude da irradiação, e, por outro lado, a mesma irradiação endurece o lodo e liquefaz o gelo[30].

a) A lei do caminho mais curto da força luminosa – Todo efeito físico é produzido pela irradiação de uma espécie luminosa; por isso a Ótica ou Perspectiva é a ciência física fundamental. Ora, há um princípio universal da natureza, comprovado sem cessar pela Ótica, a saber, *o princípio da economia das forças naturais*. Dito em outras palavras: toda atividade natural se realiza do modo mais rápido, mais curto e mais ordenado possível: *"Et idem (experimentum = observação!) manifestavit nobis hoc principium naturalis philosophiae, scilicet quod omnis operatio naturae est modo finitissimo, ordinatissimo, brevissimo et optimo, quo ei possibile est"*[31]; e: *"natura movens via brevissima movens est"*[32]. Donde decorre, de imediato, que o caminho natural e normal da propagação da luz é o caminho reto, por ser este o mais curto e o mais simples. Com isso, Grosseteste se opõe a Aristóteles, para quem o movimento circular é o mais perfeito dos movimentos: *"Agens naturale non facit virtutem suam secundum circulum, sed secundum diametrum circuli propter brevitatem"*[33].

b) As várias leis da força ativa natural decorrem diretamente do que precede. A força ativa de um corpo segue, naturalmente, uma linha perfeitamente reta. Ao incidir obliquamente sobre uma superfície, a sua energia é diminuída. No caso de incidência vertical, a força é rejeitada ou refletida em sentido vertical, toda a vez que o respectivo corpo for mais denso que o corpo difusor. Se a incidência for oblíqua, a força é rejeitada em direção oposta, num ângulo igual ao ângulo de incidência. A intensidade desta força pode ser exatamente avaliada em cada caso e em cada ponto de sua posição. A força refletida por qualquer corpo é duplamente intensa no ponto de reflexão do que em todos os demais pontos; além disso, o raio refletido é mais fraco que o raio incidente; o mais fraco de todos, porém, é o raio verticalmente refletido ao seu ponto de partida, porque neste caso há uma diversão máxima do caminho reto que ela deveria seguir[34].

Linhas de força retratadas se originam quando uma força passa de um meio a outro, cuja densidade difere da do primeiro. Se há transição para um meio mais denso que o primeiro, a linha de força é refratada numa direção intermédia entre a vertical erigida no ponto de retração e a direção original; se a transição é para um meio menos denso, o sentido do raio refratado será exterior à vertical e à direção original. A linha de força refratada é mais forte que a refletida, porque na retração o desvio da direção original é menos acentuado[35]. Tais são os princípios pormenorizadamente elaborados por Grosseteste.

c) A Geometria como ciência fundamental – Como se vê, todos os efeitos podem reduzir-se a mudanças de intensidade e duração de forças físicas, que agem invariavelmente em sen-

---

30. De lineis..., 60, 18s.
31. De iride, 75, 2-5; cf. Leibniz!
32. De differentiis localibus, 85, 11.
33. De lineis ... 61, 29.
34. Ibid., 62, 22s.
35. Ibid., 63, 14s.

tido retilíneo, angular ou de outras figuras; há relações geométricas, portanto, que permitem explicar todos os efeitos naturais: *"His igitur regulis et radicibus et fundamentis datis ex potestate geometriae, diligens inspector in rebus naturalibus potest dare causas omnium effectuum naturalium per hanc viam"*[36]. Sem Geometria é impossível praticar a Filosofia da Natureza.

Desta forma Grosseteste se antecipa, em pleno século XIII, ao ideal cartesiano da Matemática. Roberto reconhece, certamente, a necessidade da experimentação, e indica o modo como se devem fazer experiências, por exemplo, sobre a refração da luz[37]. Descreve também uma simples experiência destinada a verificar o processo da vaporização da água[38]. Entretanto, sua ciência da natureza e suas pesquisas conservam uma orientação puramente matemática. Tanto mais que, segundo Grosseteste, as experiências não nos dizem *por que* as coisas se passam assim e não de outro modo, mas unicamente *que* elas se passam assim. Quem se contenta com a só experimentação obtém uma falsa representação da natureza[39].

3. A cosmogonia

Por meio da teoria da luz, que acabamos de expor em breves palavras, Grosseteste procura explicar também a criação do universo. Conta-nos a Bíblia que no primeiro dia criou Deus o Céu e a Terra. Em seguida disse Deus: Faça-se a luz! Com isso temos os dois princípios reais – matéria e forma – inteiramente suficientes para explicar a gênese deste nosso mundo. A matéria é o princípio passivo e inextenso, a forma luminosa é o princípio ativo. Segundo os princípios da Física deverá suceder o seguinte:

a) O primeiro efeito da luz é a produção de uma esfera finita – A luz, criada com a matéria e na matéria, tende a se difundir, ou melhor, a se reproduzir de acordo com sua natureza, isto é, instantânea e infinitamente, e em todas as direções do espaço; ao mesmo tempo ela arrasta consigo a matéria ainda inextensa, distendendo-a de maneira a formar a massa do mundo. E visto que esta reprodução se efetua de modo uniforme em todas as direções, o mundo assume forçosamente uma forma esférica.

Todavia, esta força difusiva infinita da luz não leva a um orbe infinito ou ilimitado: *"Lux igitur, quae est in se simplex, infinities multiplicata materiam similiter simplicem in dimensiones finitae magnitudinis necesse est extendere"*[40]. Mas como é possível que a reprodução infinita da luz dê origem a uma esfera finita? Grosseteste prova a sua tese com uma reflexão muito sutil que denota, ainda uma vez, a sua orientação matemática. Uma propagação finita da luz não poderia ter levado à extensão da matéria, visto que o ponto luminoso original é inextenso e, portanto, simples; ora, como foi provado por Aristóteles (De caelo et mundo I, 5-7), a multiplicação finita de algo simples não chega a gerar uma extensão. Multiplicado infinitamente, porém, ele produzirá forçosamente uma extensão finita. O que Grosseteste quer dizer é que toda grandeza dada excede infinitamente o que é simples (atente-se, por exemplo, para a divi-

---

36. De natura locorum, 65, 27s.
37. Ibid., 71, 8s.
38. De impressionibus elementorum, 88, 30s.
39. De cometis, 40, 18s.
40. De luce, 52, 29.

sibilidade infinita de qualquer linha dada); ora, se a força difusiva infinita da luz produzisse uma esfera infinita, então o simples seria excedido duas vezes infinitamente (ou no quadrado): "*Simplex a simplici non exceditur in infinitum, sed solum quantum finitum in infinitum excedit simplex. Quantum enim infinitum infinities infinite excedit simplex*"[41].

b) Diferenciação da esfera cósmica – O universo é uma esfera finita constituída de matéria expandida pela luz e inteiramente permeada por esta. O limite extremo da energia luminosa é o firmamento. No firmamento a luz atinge o último grau de rarefação. Sendo que a luz se difunde do centro, este deve conter maior quantidade de matéria, ou seja, uma matéria mais densa e mais sólida; na medida, porém, em que se aparta do centro, a matéria vai-se rarefazendo. Por isso, no firmamento ou limite extremo, a matéria é a mais tênue e pura possível. Ali a matéria primeira está absolutamente impregnada da forma da luz; tão perfeita é sua informação que lhe é impossível receber qualquer forma ulterior: "*Et sic perfectum est corpus primum in extremitate sphaerae, quod dicitur firmamentum, nihil habens in sui compositione nisi materiam primam et formam primam*"[42].

Visto não poder exceder seus próprios limites, a luz terá de se refletir, de modo a recair do firmamento sobre o seu próprio centro. A luz que se difunde a partir do centro se chama *lux*, e a que é reverberada pelo firmamento, *lumen*. Entre uma e outra há uma relação de igualdade[43]. A luz extremamente rarefeita, refletida pelo firmamento, condensa e rarefaz a massa existente debaixo do firmamento. Donde resultam 13 esferas (as esferas celestes). Nove destas esferas estão constituídas de matéria incorruptível, devido à preponderância da luz sobre o elemento material, e quatro (fogo, ar, água e terra) de matéria corruptível, pela predominância do elemento material. Todas estas esferas se sucedem umas às outras em ordem descendente, segundo o seu respectivo grau de perfeição; esta hierarquia é perfeitamente natural, visto que cada esfera – com exceção da primeira: o firmamento – é produzida pela própria luz original (*lux*) e pela luz refletida (*lumen*) da esfera imediatamente superior. Assim o universo vem a constituir uma imensa hierarquia natural. O mundo inteiro se origina pela combinação da primeira forma com a primeira matéria; o primeiro corpo, que é o firmamento, contém em sua própria potência todos os demais corpos: "*et sicut unitas potentia est omnis numerus sequens, sic corpus primum multiplicatione sui luminis est omne corpus sequens*"[44].

Na base desta doutrina, Grosseteste pode adotar a ideia neoplatônica do universo como hierarquia de substâncias: toda substância emana da que lhe é imediatamente superior. Outrossim, a sua teoria lhe permite conciliar a doutrina cristã da criação com a doutrina, também neoplatônica, da emanação. Pela criação da matéria e da luz, Deus se constitui em ponto de partida. Dados estes elementos originais, a ulterior estruturação do mundo se efetua segundo leis puramente físicas. Em vista da passividade do princípio material, a estrutura do mundo, bem como todas as atividades intramundanas, podem reduzir-se à luz e às suas leis: uma concepção inteiramente moderna.

---

41. Ibid., 52, 27s.
42. Ibid., 54, 21s.
43. Ibid., 54, 31s.
44. Ibid., 56, 20s.

Apreciação

A importância de Grosseteste está sobretudo no seu empenho em dar a conhecer ao mundo latino o cabedal das ideias aristotélicas. Não só comentou, como traduziu várias obras do Estagirita. Ao mesmo tempo, deu exemplo de uma atitude crítica em face de Aristóteles (cf. texto anexo). Sob um e outro ponto de vista, o grande fautor da Escola Franciscana de Oxford traçou um roteiro seguro aos seus sucessores. Assim se explica a ilimitada confiança que nele depositaram seus discípulos, e nomeadamente os Franciscanos ingleses, que o reconheciam como chefe de escola e orientador em assuntos teológicos e filosóficos. A teoria da luz, aventada por Grosseteste, desempenha um papel decisivo em quase toda a Escola Franciscana, tendo sido adotada, embora em menor medida, por São Boaventura e muitos outros. João Peckham, o discípulo de Boaventura, compôs uma *Perspectiva communis*, que foi tida em alta estima, sendo utilizada, durante três séculos, como manual de escola.

Aristóteles, o filósofo pagão

Nec moveat aliquem, quod Aristoteles et alii philosophi probant Deum esse incommutabilem et intemporalem et caetera talia, ut putet eum vel alios philosophos simplicitatem aeternitatis perspicue intellexisse. Quare scire debemus, quod multa per discursum rationis convincimus esse vera, quorum essentiam non intelligimus, sicut multi homines sciunt ostendere firma ratione, quod intelligentiae sunt et quod Deus est, non tamen intelligunt essentiam divinam vel incorporeitatem intelligentiarum, sed ea sub phantasmatibus corporalibus quase solem sub nube vident, et si sequantur phantasmata, multas proprietates corporales de non corporalibus false affirmant et dicunt et existimant contraria illis, quae alias per discursus rationis suae invenerunt.

Consimilem accidit Aristoteli et aliis, qui per discursum rationis firmiter sciunt aeternitatem simplicem esse et tamen ipsam aeternitatem simplicem perspicue non intellexerunt, sed sub phantasmate extensionis temporalis quasi a longe speculantes eam viderunt et sequentes ipsum phantasma extensionis temporalis multa inconvenientia affirmaverunt, sicut de perpetuitate motus et temporis et per consequens mundi.

Se Aristóteles e outros filósofos provaram a imutabilidade e a intemporalidade divinas, e outras coisas semelhantes, isto não nos deve levar a crer que ele ou os outros filósofos tivessem compreendido claramente a simplicidade da eternidade. Pois convém saber que pela razão discursiva podemos nos convencer da verdade de muitas coisas, cuja essência todavia não compreendemos. Assim muitos homens sabem aduzir razões convincentes para mostrar a existência de Inteligências e de Deus, e entretanto não atinam com a essência divina, nem com a incorporeidade das Inteligências; percebem-nas apenas sob a forma de representações corporais, como se entrevê o sol por entre as nuvens; e quando se deixam guiar por tais imagens da fantasia, afirmam erroneamente muitas propriedades falsas de coisas incorporais, pensando e dizendo assim o contrário daquilo que em outra parte haviam encontrado pelo raciocínio.

Coisa parecida sucedeu a Aristóteles e a outros que, pelo raciocínio, sabem com certeza que a eternidade é simples, sem contudo chegarem a formar uma noção clara do que seja esta eternidade simples: É como se a tivessem vislumbrado de longe e através da imagem da extensão temporal: E seguindo esta imagem da extensão temporal, fizeram muitas afirmações inexatas, por exemplo: sobre a eternidade do movimento e do tempo, e, por conseguinte, do mundo.

> *Et necesse fuit philosophos in hunc errorem incidere, cum mentis aspectus et intelligentia non possit superius ascendere, quam ascendunt eius affectus, et ita, cum philosophorum affectus ligati erant plus cum transitoriis quam cum aeternis, ipsorum apprehensiva in phantasmatibus mutabilium detenta simplicitatem aeternitatis attingere non potuit.*

> Era inevitável que os filósofos incidissem neste erro, porquanto o olhar da mente ou a inteligência não pode se sobrelevar aos seus afetos; e como os afetos dos filósofos se prendessem mais às coisas transitórias do que às eternas, a sua capacidade de apreensão, impedida pelas representações das coisas passageiras, não pôde atingir a simplicidade da eternidade.

De finitate motus et temporis, ed. Baur, p. 105.

§ 2. Rogério Bacon
Doctor mirabilis

Vida – Rogério Bacon nasceu entre 1210 e 1215 em Ilchester (Dorsetshire) na Inglaterra. É provável que tenha vindo a Paris pelo ano 1235. Ali travou conhecimento com o alquimista francês Pedro de Maricourt, de quem aprendeu a estimar a experimentação e a ciência empírica. Sentiu-se desiludido da Universidade de Paris, não obstante a fama do mestre franciscano Alexandre de Hales e do celebrado professor dominicano Alberto Magno. Rogério os teve em conta de ignorantes, por terem desconhecido não só o grego e o hebraico, como a matemática e a ótica. Desagradou-se também da loquacidade dos estudantes parisienses. Foi em Paris, sem dúvida, que concebeu seus planos de reforma. Em 1247 retornou à Inglaterra, onde pouco depois entrou para a Ordem Franciscana. Por volta de 1257 encontramo-lo novamente em Paris. Aqui entrou em conflito com seus superiores, devido, talvez, à sua inclinação para a astrologia e a alquimia, ou mais provavelmente, por causa de suas pungentes arremetidas contra certas personalidades universalmente prestigiadas. Embora não fosse encarcerado, teve de renunciar ao magistério e à publicação de suas obras. Sua situação melhorou quando Clemente IV, seu grande amigo, lhe solicitou a remessa de seus escritos. Este fato marcou o início de um período de atividade febril. Entretanto, já em 1268 seu protetor veio a falecer. A tendência de Bacon para o misterioso, e a condenação de algumas proposições astrológicas em 1277 – pela qual se sentiu ele atingido e contra a qual reagiu – acarretaram-lhe novas dificuldades. Por volta de 1292 começou sua última obra, o *Compendium studii theologiae*. Sua morte deve ter ocorrido pouco após.

Obras e Edições:

1. *Opus maius* (Oxford: ed. H. Bridges, 2 vols., 1897, e um *Supplementum*, 1900). Abrange sete partes: I – As causas da ignorância humana; II – A relação entre a Filosofia e a Teologia; III – A importância das línguas; IV – A importância da Matemática; V – A importância da Perspectiva (Ótica); VI – A importância da Ciência Experimental; VII – A importância da Filosofia Moral.

2. *Opus minus*. Desta obra se conserva apenas um fragmento (Londres: ed. Brewer, 1859). É um resumo esquemático e bastante pormenorizado do Opus maius, e dedicado ao Papa Clemente IV.

3. *Opus tertium* (Londres: ed. Brewer, 1859). Uma sinopse detalhada da obra principal, ofertada ao mesmo papa (dois fragmentos, ausentes da ed. Brewer, foram organizados por Duhem, Quaracchi, 1909, e por Little, Aberdeen, 1912).
4. *Compendinm studii philosophiae* (ed. Brewer). Trata dos *pecados* do estudo.
5. *Epistola de secretis operibus artis et naturae et de nullitate magiae* (ed. Brewer, p. 523-551). Neste opúsculo Bacon expõe suas visões quase proféticas do automóvel, do aeroplano, da ponte pênsil, do telescópio etc., ilustrativas daquilo que o homem é capaz de realizar com suas forças naturais.
6. *Communia naturalium* (Oxford: ed. Steele). É sua obra principal sobre Filosofia da Natureza e sobre as ciências. Trata-se, ao que parece, de uma parte do Scriptum principale, onde Rogério pretendia expor a totalidade da sua obra científica, mas que ficou incompleto.

Literatura:
CROWLEY, Theodore, O.F.M. *Roger Bacon*. Lovaina-Dublin, 1950.
AGUIRRE Y RESPALDIZA, Andrés. *Rogério Bacon*. Barcelona-Buenos Aires: Editorial Labor, S.A., 1935.

Rogério Bacon é uma das figuras mais independentes da Idade Média. Poder-se-ia caracterizá-lo como o *homem dos contrastes*. Na verdade, tais e tantos são os contrastes contidos na sua obra, que não é de se admirar que ele, por si só, não lograsse conciliá-los todos. No seu espírito, o tradicionalismo mais extremo se encontra a braços com os mais arrojados planos de reforma. Seu amor filial à Igreja contrasta com suas críticas, excessivamente severas, às condições concretas que prevalecem no seio da mesma Igreja. As ideias austeras e quase mesquinhas do religioso correm parelhas com um amor apaixonado pela sabedoria. Bacon é, ao mesmo tempo, agostiniano, aristotélico, e cultor fervoroso das ciências naturais. Estes múltiplos interesses, porém, estão longe de coexistirem pacificamente no seu espírito. Reina entre eles uma tensão contínua, bem indicativa, aliás, da enorme energia que Bacon põe em defender seus pontos de vista. – Esta breve caracterização do homem que foi Rogério Bacon pareceu-nos indispensável para uma interpretação correta da sua obra.

I. O reformador

O *Opus maius* – obra-mestra de Rogério Bacon – lembra, sob muitos aspectos, a *Instauratio magna* do seu grande compatriota, Francisco Bacon. Ambos veem sua tarefa principal na denúncia das fontes e causas dos erros humanos e na descoberta dos meios mais aptos para eliminá-las.

1. As quatro fontes da ignorância

a) O exemplo de uma autoridade frágil e indigna – Eis uma fonte perigosa de erro. Está claro que as objeções de Bacon visam apenas a fé cega nas autoridades, e não o seu uso prudente e razoável: "De nenhum modo quero referir-me à sã e verdadeira autoridade..., mas àquela que muitos se arrogaram neste mundo... não em vista dos méritos da sua sabedoria, mas por presunção e vanglória. Tal é a autoridade que a massa insensata atribui a muitos, para sua própria ruína, segundo os justos juízos de Deus... *De sophisticis enim auctoritatibus multitudinis loquor, quae aequivocae sunt auctoritatis, sicut oculus lapideus aut depictus nomen habet oculi, non virtutem*"[45].

É desta confiança cega na autoridade que nasce grande parte dos nossos erros. O homem que põe toda a sua confiança na autoridade é comparável ao cego que se deixa guiar por outros, sem saber aonde o conduzem. Em apoio desta verdade, Rogério cita a palavra de um compatriota seu, Adelardo de Bath: "*Quid est aliud auctoritas huiusmodi quam capistrum* (cabresto)? *Ut bruta quippe animalia capistro ducuntur, nec cui nec quo ducantur discernunt, sic nos paucos bestiali crudelitate captos ligatosque auctoritas ipsa in periculum ducit*"[46]. Como se vê, o protesto contra a subserviência à autoridade não é de modo algum o apanágio do homem moderno (cf. tb. Scoto Erígena).

b) A longa duração do hábito – Todos conhecemos o pendor imitativo do homem: "*Matris quidem opera ut in pluribus sequitur filia, patris natus, domini servus, regis subditus, praelati baiulus, magistri discipulus*"[47]. Nada de mal haveria nisto, se os homens, na sua maioria, fossem bons e virtuosos. Infelizmente, não é este o caso. E assim sucede que para cada exemplo de verdade ocorrem mil exemplos de erro[48]. Um exame sincero da nossa conduta nos fará ver que mais facilmente nos habituamos às coisas más e nocivas do que às boas, posto que a natureza se apega com mais insistência ao mal e ao erro do que à verdade e ao bem: "*Nam paucissimos delectat (perfectio), et maxime in virtutum et scientiarum plenitudine, et ideo accidit quod aetas iuvenilis vix cavet ab errore, et senectus cum summa difficultate ad perfectionem in aliquo transcendit*"[49]. Não é de estranhar, à vista disso, que o número dos verdadeiros filósofos seja tão diminuto, e que a filosofia não consiga se impor à multidão. Tanto mais que os próprios filósofos estão longe de serem perfeitos. O mesmo Aristóteles não logrou atingir o ideal da sabedoria[50].

c) Os preconceitos do vulgo ignaro – Este mal é ainda mais perigoso que os anteriores, pois é próprio do preconceito lançar raízes profundas no espírito: "*Nam auctoritas solum allicit, consuetudo ligat, opinio vulgi obstinatos parit et confirmat*"[51]. A aquiescência às opiniões correntes é sinal de estultície, pois não é na massa que se encontra a verdadeira autoridade e a competência genuína, e sim em alguns poucos ho-

---

45. Opus maius, p. 3s.
46. Ibid., 2; p. 6.
47. Ibid., 3; p. 7.
48. Ibid.
49. Ibid., p. 8.
50. Ibid.
51. Ibid., I, 4; p. 9.

mens realmente sábios. Mesmo entre os religiosos é raro se encontrar o meio-termo da perfeição; a maioria não consegue lhe transpor a periferia[52]. O mesmo se dá com os leigos. Quão poucos se animam a escalar, com Moisés, a montanha sagrada! Cristo se fez acompanhar de apenas três discípulos ao subir o monte da transfiguração. E o povo, que por dois anos o seguira, terminou vociferando: Crucifica-o! Coisa parecida se dá com a filosofia: *"Nam semper sapientes contra vulgus divisi sunt, et arcana sapientiae non toti mundo, sed plebi philosophantium revelaverunt"*.

Esta concepção esotérica da verdade filosófica é muito típica de Bacon. Defende-a invocando o exemplo dos Antigos. Nas "Noites Áticas" de Gellius se lê que os filósofos costumavam reunir-se na calada da noite, a fim de se manterem isolados do povo. "Diz Gellius: Só o tolo trata com alface um burro, que se contenta de cardos. O escritor alude à plebe, a que basta o alimento rude, ordinário e imperfeito da sabedoria[53]. Pois, tola como é, a multidão se curva docilmente às mais diversas influências. É incapaz de se ocupar com assuntos mais elevados. E se uma vez ou outra, e por acaso, obtém algum conhecimento deles, é só para fazer mau uso dos mesmos: *et ideo iusto Dei consilio negatae sunt ei viae perfectionis, et optime secum agitur quando permittitur non errare*"[54]. Donde a necessidade de fugirmos aos preconceitos vulgares: *"maxime vulgi sensus est negligendus propter dietas speciales rationes, non quia aliquando cadant supra vera, sed quia ut in pluribus falsis implicantur"*[55].

d) Os disfarces da ignorância e a ostentação de um saber aparente – Nenhuma das fontes de erro é mais nociva e vergonhosa do que esta. "Este é um animal particularmente feroz, que devora e destrói todas as razões"[56]. É um mal que reveste as formas mais diversas. Por exemplo: assim que aprendemos qualquer coisa, por insignificante que seja, logo pensamos ter de apregoá-la aos quatro ventos. Não só isso: fazemos reclame de muita coisa que desconhecemos de todo, no único intuito de ocultar a nossa ignorância. E assim nos jactamos, literalmente, de um nada. Quando não podemos disfarçar a ignorância, nem aparentar algum saber, passamos a menoscabar as coisas que desconhecemos, a descurá-las, a reprová-las, e até mesmo a lhes negar a existência, para não corrermos o risco de passar pelo que somos: uns ignorantes. Como as prostitutas pintam os rostos, assim dissimulamos a nossa ignorância com toda sorte de frivolidades. Desse modo nos apartamos, a nós e aos outros, do que há de mais útil e importante, de mais apreciável e certo. Esta peste é tanto mais perniciosa quanto costuma ser a causa de muitos outros erros. Pois quem persiste no propósito de achar escusas para a sua burrice, é levado a apelar constantemente ao frágil argumento da autoridade, a exagerar o que é seu e a achar falta no alheio. Visto que toda a gente tem amor aos frutos de sua atividade, e visto que a errar sozinho se prefere alar-

---

52. Ibid.
53. Ibid., p. 10.
54. Ibid., p. II.
55. Ibid.
56. Ibid., I, 9; p. 18.

dear as próprias opiniões, nós tendemos não só a impor aos outros as ficções do nosso espírito, como também a difundi-los o mais possível entre o povo[57].

Rogério Bacon não se limita a combater, em termos gerais, os males que dimanam destas fontes de erro. Investe, destemido, contra instituições concretas e pessoas individuais. Seu alvo preferido é o *vulgo parisiense* (*Vulgus Parisius*), ou seja, os professores e alunos da Universidade de Paris. Dentre as celebridades da época, suas vítimas principais são Alberto Magno e Alexandre de Hales.

2. A sabedoria cristã

Uma vez obstruídas as fontes do erro, a sabedoria cristã poderá desdobrar-se em sua plena pujança. Rogério se dedica com verdadeira paixão à defesa desse ideal da sabedoria. A despeito dos seus traços inconfundivelmente medievais, esta concepção se avantaja em muitos aspectos à Idade Média.

a) O objetivo da sabedoria – Com sua visão tipicamente anglo-saxônica das coisas, Rogério visa a um objetivo eminentemente prático do saber, isto é: à reorganização do homem e da sociedade. A plena realização do ideal da sabedoria terá por efeito a completa sujeição do homem a Deus: "*Caeterum totius philosophiae decursus consistit in eo, ut per cognitionem suae creaturae cognoscatur creator, cui propter reverentiam maiestatis et beneficium creationis et conservationis et futurae felicitatis serviatur in cultu honorifico et morum pulchritudine et legum utilium honestate, ut in pace et honestate vivant homines in hac vita*"[58]. A sabedoria conduzirá, também, à perfeita reforma da Igreja: "A luz da sabedoria orientará a Igreja de Deus, guiará a comunidade dos fiéis (i. é., o Estado!), assegurará a conversão dos infiéis, e refreará os que recusam converter-se, arredando-os dos confins da cristandade, sem que se faça necessário o derramamento de sangue cristão"[59].

b) O primado da Teologia – Todas as ciências devem servir ao aperfeiçoamento interno e ao triunfo da Igreja. Por isso não pode haver dúvida de que a Teologia – expressão máxima da sabedoria cristã – deve reter o primeiro lugar na hierarquia das ciências. Todas as demais ciências terão de colocar-se ao seu serviço: "*Dico igitur, quod est una scientia dominatrix aliarum, ut theologia, cui reliquae penitus sunt necessariae, et sine quibus ad effectum pervenire non potest; virtutem in suum ius vindicat, ad cuius nutum et imperium caeterae iacent*"[60]. Pois "não há senão uma sabedoria perfeita, que está contida inteiramente na Sagrada Escritura; sua interpretação compete ao Direito Canônico e à Filosofia". Todas as ciências estão como que implícitas na Bíblia, e outra coisa não são do que um desdobramento da sabedoria, assim

---

57. Ibid.
58. Ibid., II, 7; p. 42.
59. Ibid., I, 1; p. 1.
60. Ibid., II, 1; p. 33.

como os dedos do punho fechado se descerram na mão aberta: *"Nam ipsa cum eis* (as ciências) *velut in palmam explicatur, et tamen totam sapientiam in pugnum colligit per seipsam. Quoniam ab uno Deo data est tota sapientia et uni mundo, et propter unum finem"*[61].

c) A necessidade da filosofia e das ciências decorre dos serviços que prestam. É verdade que todo o saber está virtualmente contido na Revelação. Contudo, a fim de lhe extrairmos o conteúdo, faz-se mister cultivar as diversas ciências, e levá-las a pleno acabamento. Nada saberíamos sem a Revelação; mas a sabedoria permanece incompleta sem as ciências, reveladas por Deus por meio da Escritura e da razão. A ciência, a filosofia e a Revelação são partes integrantes da mesma Revelação divina: "Donde se segue que nós, os cristãos, não podemos deixar de fazer uso da filosofia no estudo das coisas divinas, e de admitir muitos elementos teológicos na filosofia, *ut appareat, quod una sit sapientia in utraque relucens"*. Por isso não se deve estranhar o fato de ele, Rogério, referir-se em filosofia às verdades mais sagradas, posto que Deus outorgou aos filósofos muitas verdades de sua sabedoria[62]: *"Et ideo philosophia est non nisi sapientiae divinae explicatio per doctrinam et opus, et propter hoc una est sapientia perfecta, quae sacris litteris continetur"*[63].

II. O tradicionalista

Para bem compreender o ideal da sabedoria e os planos reformistas de Bacon, cumpre salientar uma ideia singular que lhe domina toda a obra, e no-lo apresenta como o mais medieval dos medievais: o tradicionalismo, baseado na sua teoria do conhecimento.

1. Teoria do conhecimento

a) Deus como intelecto agente – Segundo Rogério, a alma humana é chamada intelecto possível por ser incapaz de adquirir por si mesma a ciência e a virtude. Pelo que tem de recebê-las de outra parte, isto é, do intelecto agente, que lhe ilumina o entendimento e o conduz à sabedoria e à virtude[64]. Transparece aqui, desde logo, a posição de Bacon quanto ao problema do conhecimento da verdade. Faz sua a solução de Avicena, a exemplo de outros pensadores eminentes, tais como Guilherme de Auvergne, Adão de Marsh e, em particular, do seu venerado mestre, Roberto Grosseteste. Segundo esta solução, o intelecto agente não faz parte da alma, como *dizem todos os modernos* (*sed falsum est quod agens sit pars animae...*), mas é idêntico ao próprio Deus: *"Et omnes sapientes antiqui, et qui adhuc remanserunt usque ad tempora nos-*

---

61. Ibid.
62. Ibid., II, 14; p. 56.
63. Ibid., II, 18; p. 65.
64. Ibid., II, 5; p. 38s.

tra, dixerunt quod fuit Deus"[65]. Assim Bacon combina a teoria agostiniana da iluminação com a doutrina aviceniana do intelecto separado, cuja função atribui ao próprio Deus, que ilumina o entendimento humano e lhe comunica a verdade.

b) Nesta suposição é fácil relacionar o entendimento humano com a Revelação – Deus é a luz da alma, num sentido muito mais amplo do que comumente se supõe. Com efeito, Deus não só ilumina o intelecto, possibilitando-lhe o conhecimento e a sabedoria, senão que a humanidade os recebe imediatamente de Deus que tudo revelou[66]. Bacon é um representante típico do tradicionalismo, continuamente voltado ao passado, onde vê a idade áurea da sabedoria. É ali que se ocultam os tesouros da sapiência. A nossa tarefa é redescobri-los, visto que poucas ou nenhumas novas descobertas podemos fazer.

Por detrás desta concepção aparentemente ingênua se esconde uma experiência muito real, como se vê pelo exemplo que Bacon aduz para justificar o seu ponto de vista. É sabido que Porfírio deixou uma exposição plenamente satisfatória da doutrina dos universais. Não obstante isso, as grandes divergências surgidas em torno deste problema são a melhor prova de que é impossível chegar à verdade total sem auxílio de um mestre e sem muito estudo. Ora, se já em assuntos deste gênero reina tamanha ignorância, é de se supor, e com maior razão, que também na filosofia ninguém poderá chegar à verdade integral sem a assistência do alto: "*Quapropter veritatem horum est necesse a principio fuisse homini revelatam. Et cum puerilis revelatio (isto é, o ensino) est necessaria, multo fortius in tota sapientia philosophiae, quod et a Deo est, et ille dedit et revelavit, et ideo oportet quod suae sapientiae sit conformis*"[67].

c) Nem por isso Bacon nega o progresso nas ciências – Não se cansa de censurar os contemporâneos, cuja sabedoria se resume em papaguear o que outros disseram antes deles. A sabedoria ainda está longe do ideal da perfeição: *semper crescere potest in hac vita studium sapientiae, quia nihil est perfectum in humanis inventionibus*. Sem dúvida, os antigos nos legaram uma herança capaz de melhorar de muito a condição humana. A nós, os descendentes, cabe a tarefa de lhes suprir as deficiências, a menos que prefiramos proceder à maneira dos irracionais, que desconhecem o progresso: "*quia miserrimum est, semper uti inventis, et numquam inveniendis, ut dicit Boethius*"[68]. Tais considerações, embora aparentemente incompatíveis com o que se disse acima, não contradizem contudo o tradicionalismo, visto que, para Bacon, a *inventio* significa menos uma descoberta do que uma *re-descoberta*. Há épocas conscientes da herança do passado, como as há lamentavelmente esquecidas dela; esses períodos se revezam no decurso da história. É o que Rogério irá mostrar na sua história da filosofia.

---

65. Opus tertium, p. 74; Opus maius II, 5; p. 38ss.
66. Opus maius II, 6; p. 41.
67. Ibid., II, 6; p. 42.
68. Ibid., II, 14; p. 57.

2. A história da filosofia

Rogério tira suas informações, pelo menos em parte, das *Antiguidades* de Flávio Josefo.

a) A revelação como ponto de partida – A prova concludente da unidade da teologia e da filosofia está no fato "de as mesmas pessoas que receberam a Lei terem recebido igualmente de Deus a plenitude da filosofia, a saber, os santos Patriarcas e Profetas; e isto, desde o início do mundo"[69]. A razão é sempre a mesma: "*nam impossibile fuit homini ad magnalia scientiarum et artium devenire per se, sed oportet quod habuerit revelationem*"[70]. De sorte que a história da filosofia se reduz à exposição do processo de transmissão da Revelação original.

Diz Flávio Josefo nas *Antiguidades* que os filhos de Adão, instruídos por Seth, tornaram-se homens religiosos. Por isso Deus os amou e lhes concedeu longa vida, a fim de porem à prova o que lhes fora revelado, a saber: as partes gloriosas da filosofia. Mais tarde, Noé e seus filhos as ensinaram aos caldeus, e Abraão aos egípcios. Também Salomão possuiu a plenitude da sabedoria; filosofou acerca de tudo e investigou a natureza das coisas; expôs com clareza as diferentes partes da filosofia, escrevendo nada menos de 4.005 livros[71]. Foi destes sábios varões de antanho que, de modo mais ou menos imediato, todos os filósofos posteriores derivaram a sua sabedoria. O próprio Aristóteles, *ipsa veritate coactus*, se vê forçado a admiti-lo no *Livro dos Segredos*, o mesmo sucedendo a Averróis. Todos, portanto, estão de acordo em que os primeiros filósofos foram os caldeus e os egípcios, que, por sua vez, foram instruídos pelos filhos de Noé e Abraão. Todavia, é preciso reconhecer que ainda não filosofavam *more scholastico*, porquanto a ordem e o tirocínio só evoluíram aos poucos[72].

b) Na evolução da filosofia revelada Rogério descobre uma longa sucessão de altos e baixos. O primeiro ponto culminante, como vimos, encontra-se logo no início. Mas, por causa da malícia dos homens *que abusaram dos caminhos da sabedoria*, Deus permitiu que o coração da multidão se ofuscasse. Seguiu-se um longo e tenebroso eclipse, que só terminou com Salomão. O pecado entretanto ocasionou uma nova e longa crise dos estudos, até que Tales de Mileto lhes deu novo impulso. Dilatados por seus sucessores, foram conduzidos a termo por Aristóteles, na medida em que aqueles tempos o permitiram. Este é o terceiro apogeu[73].

Aristóteles compôs cerca de 1.000 livros. Eliminou os erros dos precursores, enriqueceu grandemente a filosofia e tratou de reconduzi-la à sua primeira perfeição, embora não conseguisse completá-la em todas as suas partes[74]. Em todo o caso, Aristóteles se avantajou aos de-

---

69. Ibid., II, 9; p. 44.
70. Ibid., p. 45.
71. Ibid.
72. Ibid., p. 46.
73. Ibid., II, 18; p. 64s.
74. Ibid., II, 13; p. 55.

mais pensadores. Suas afirmações fazem parte integrante da filosofia. Não é sem razão que se lhe atribui o título de Filósofo por excelência, como São Paulo é chamado, simplesmente, o Apóstolo. Contudo, também a obra de Aristóteles caiu no esquecimento. Por longo tempo uma parte considerável da sua filosofia não recebeu a menor atenção. Procurando uma explicação para o fato, Bacon sugere como possíveis razões: a falta de cópias suficientes, as dificuldades de interpretação, a inveja dos adversários, as inúmeras guerras que inquietaram o Oriente. Tal estado de coisas perdurou até que Avicena, Averróis e outros a tiraram do olvido, recolocando-a na plena luz da interpretação[75]. Rogério acrescenta que, a despeito das numerosas traduções já existentes, os Latinos estão longe de dispor da obra completa de Aristóteles. É neste ponto que deve começar o trabalho dos cristãos, que têm a obrigação de pôr a filosofia inteira a serviço da teologia[76].

III. O pensador sistemático

Aos sábios cristãos incumbe a redescoberta da filosofia integral. E visto que o acesso aos escritos de Aristóteles e demais sábios depende do conhecimento dos idiomas originais, o primeiro dever do cristão é o estudo das línguas grega, hebraica e árabe. Tudo isso, porém, não passa de simples preparação. A filosofia propriamente dita começa pela matemática.

1. O primado da matemática

a) A matemática: porta e chave da filosofia – "Quem a ignora é incapaz de conhecer as demais ciências e as coisas deste mundo. E, o que é pior, os que a desconhecem nem sequer se dão conta da própria ignorância, e por isso não lhe buscam remédio"[77]. Esta observação se endereça mormente à Universidade de Paris e a Santo Alberto Magno.

Paris devia sua fama principalmente às escolas de lógica. Mas, com o correr do tempo, o cultivo da dialética, com seus silogismos prováveis, prevalecera sobre o estudo dos silogismos necessários. E, embora atribuíssem à matemática o caráter de ciência absolutamente certa, consideravam-na inútil, salvo para fins de ordem inferior. Os problemas da vida prática, quer sejam de natureza política, jurídica, biológica ou física, sempre nos defrontam com situações concretas e dados contingentes, irredutíveis à necessidade abstrata das fórmulas. Por esta razão a dialética se tornou, aos poucos, a parte principal da lógica. Bacon defende o ponto de vista diametralmente contrário, e nisto está a característica de sua posição. Para Rogério, *a lógica depende da matemática, pelas razões seguintes:*

O objetivo da lógica é a descoberta de argumentos que despertem a razão prática para a fé, o amor à virtude, o desejo da felicidade futura. Em vista disso, os seus argumentos devem apresentar o máximo de beleza: "*sed haec argumenta debent esse in fine pulchritudinis, ut rapiatur animus hominis ad salutiferas veritates subito et sine praevisione*"[78]. Rogério alude à arte do estilo, cujas regras e princípios se ensinam na música e disciplinas afins (prosaica, mé-

---

75. Ibid.
76. Ibid., II, 14: p. 57.
77. Ibid., IV, 1, 1; p. 97.
78. Ibid., IV, 1, 2; p. 100.

trica, rítmica etc.): "*et ideo finis logicae pendet ex musica*"[79]. Ora, a música é uma parte da matemática.

Tal dependência vem atestada pela obra fundamental de toda a lógica, o Liber Posteriorum de Aristóteles. Com efeito, nos Segundos Analíticos Aristóteles ensina a arte da demonstração. Ora, sem recurso à matemática é impossível conhecer ou explicar os princípios da demonstração e do raciocínio, e de todo o vasto aparelhamento lógico. Pois, como se sabe, é na matemática, exclusivamente, que os argumentos são verdadeiramente concludentes: "*quapropter necesse est logicam a mathematicis dependere*"[80].

b) A matemática é, em certo sentido, uma ciência inata, o que lhe assegura, desde logo, uma posição de primazia. Conta-nos Cícero que um menino, interrogado por Sócrates sobre questões de geometria, respondeu com tanta inteligência como se já tivesse tomado aulas nesta ciência. Muitos outros fatos confirmam esta observação de Sócrates. Nada de parecido se verifica nas outras ciências. Em virtude deste caráter quase-inato, o saber matemático depende muito menos da pesquisa e da instrução do que as demais disciplinas. Donde se segue que a matemática retém o primeiro lugar entre as ciências, para as quais ela prepara e dispõe o espírito: "*quoniam quae innata sunt vel prope, disponunt ad acquisita*"[81]. Pelo mesmo motivo ela foi descoberta antes de qualquer outro ramo do saber. É aprendida sem grande esforço até pelos iletrados, com a ajuda de figuras, ritmos e cálculos. Na verdade, é tão fácil aprendê-la, que em uma ou duas lições o aluno faz mais progresso do que em dez de outras ciências. As próprias crianças aprendem-na mais facilmente do que qualquer outra disciplina[82].

c) A matemática é a mais evidente das ciências – Onde cessa a sua influência benfazeja, ali reinam quase sempre a incerteza, a opinião e o erro. As ciências naturais, por exemplo, não argumentam por força própria, nem a partir de causas essenciais e necessárias. O que não é de estranhar, visto que as causas e os efeitos que nelas se estudam estão sujeitos à geração e à corrupção: "*quare patet quod si in aliis scientiis debemus venire in certitudinem sine dubitatione et ad veritatem sine errore, oportet ut fundamenta cognitionis in mathematica ponamus, et ad veritatem per exclusionem erroris*"[83].

Seria difícil encontrar um pensador medieval que defendesse com igual ardor o primado da matemática. Bacon procura ilustrar e fundamentar o seu ponto de vista com longas exposições e aplicações práticas. O *Opus tertium* nos revela o motivo dessa insistência: "Achei conveniente incluir aqui um capítulo em defesa da matemá-

---

79. Ibid., p. 101.
80. Ibid., p. 102.
81. Ibid., IV, 1, 3; p. 103.
82. Ibid., p. 104.
83. Ibid., p. 106.

tica, a fim de eliminar todas as mentiras que se lhe assacam. Do contrário, o louvor que acima lhe tributei sofreria diminuição, e a sua glória ficaria escurecida. Pois os homens sempre se mostram propensos a condenar o que não entendem e o que não é do agrado do vulgo, bem como tudo aquilo que não foi sancionado pelo costume ou ilustrado com exemplos. Tal atitude adotam-na sobretudo em face da matemática. E isso é obra do maligno..."[84]

2. A beleza e a necessidade da ótica

A par da matemática, Rogério Bacon exige o estudo da ótica ou perspectiva, como condição indispensável para a edificação da sabedoria cristã. Efetivamente, a perspectiva é não só a mais formosa, como a mais necessária das ciências, pois do seu conhecimento depende o de todas as outras[85]. Cumpre não perder de vista que a cosmovisão da escola franciscana de Oxford continua a sofrer a influência de Roberto Grosseteste e, em particular, a da *metafísica da luz*, tão característica daquele centro de ensino. *Todas as forças ativas naturais do mundo se reduzem aos efeitos da luz, e estes podem ser determinados com exatidão pela matemática:* "Sed virtus efficientis et materiae sciri non potest sine magna mathematicae potestate, sicut nec ipse effectus producti"[86]. E assim a perspectiva se reduz, em última análise, a uma aplicação da matemática ao estudo das forças ativas da natureza. A possibilidade de tal tratamento se deve ao caráter peculiar da chamada *espécie*.

a) Natureza da espécie – Toda causalidade eficiente natural é efeito de uma energia ou espécie.

"A esta energia se dá o nome de semelhança, imagem ou espécie, além de muitas outras denominações. É produzida tanto pela substância como pelo acidente, sejam estes espirituais ou corporais. Entretanto, a sua existência deriva mais da substância que do acidente, mais do espírito que do corpo. Esta espécie é a causa de todas as atividades cósmicas, posto que atua sobre a potência sensitiva, o intelecto e toda a matéria cósmica, mediante a produção das coisas. De fato, quando um agente natural entra a agir, seu efeito é sempre o mesmo, por carecer do poder de reflexão. Produzirá, pois, constantemente o mesmo efeito, em quaisquer condições que se encontre. Sua ação sobre a faculdade sensitiva ou o entendimento dá origem à espécie, como é sabido de todos. Logo também no caso inverso, isto é, ao agir sobre a matéria, seu efeito será uma espécie. É inegável que nos seres dotados de razão e intelecto muitos efeitos se devem à reflexão e à escolha voluntária; mas também neles, como em todos os demais seres, tal atividade (a produção da espécie) ocorre de modo natural. É por isso que a substância da alma propaga sua força no corpo e fora dele, e todo corpo produz fora de si a sua energia, e

---

84. Opus tertium 65; p. 268s.
85. Opus maius V, 1,1; p. 2.
86. Ibid., IV, 2, 1; p. 110.

os próprios anjos movem o mundo mediante forças deste gênero... "*Huiusmodi ergo virtutes agentium in hoc mundo faciunt omnem operationem*"[87].

Serão as espécies de natureza espiritual, como julgaram alguns filósofos? Não. Pois não se pode dizer que sejam almas ou inteligências, e muito menos a Primeira Causa. Logo, devem ser corporais. São produzidas por uma substância corporal e dão origem a efeitos corporais: "*quapropter insania est dicere, quod species non habet esse materiale... absolute definio, quod species rei corporalis est vere corporalis, et habet esse vere corporale*"[88].

Visto serem corporais, as espécies obedecem às leis das coisas corporais e materiais[89]. Todavia, elas não são visíveis em si mesmas. Só podem ser vistas quando incidem num corpo opaco. De sorte que são invisíveis no ar puro, exceto quando houver um objeto atrás dele[90]. Não se identificam perfeitamente com a coisa de que procedem, podendo contudo se intensificar a ponto de se transformarem na própria coisa. Por exemplo, uma acha de lenha lançada às chamas terá inicialmente apenas a espécie do fogo; mas se a ação do calor for intensificada, ela mesma se transforma em fogo: "*non ergo differt species a carbone et flamma, nisi sicut incompletum a completo, sicut embryo a puero, et puer a viro*"[91].

b) A propagação das espécies – A produção das espécies permanece envolta em mistério. Enquanto entidades corporais, podemos considerá-las como resultantes de uma como emissão. Contudo, não se deve imaginar esta emissão como uma expulsão de partes, pois, se assim fosse, os corpos mais ativos acabariam por se consumir inteiramente; entretanto, precisamente os corpos mais ativos (os celestes) são imperecíveis. Por outro lado, não podemos supô-las criadas do nada. Só resta explicar-lhes a origem por uma certa *reprodução* ou multiplicação[92].

Embora temporalmente imperceptível, a reprodução da espécie (por exemplo da luz) não pode ser súbita ou intemporal. Bacon defende energicamente este ponto de vista contra todos os filósofos que afirmam o contrário, e sustenta com Alhazen a propagação temporal da luz[93]. Com efeito, não há força finita que atue intemporalmente. Cumpre notar, além disso, que o espaço percorrido pela luz tem um começo e um fim, e conseguintemente também o raio luminoso deverá tê-los; seu movimento se realiza, portanto, no tempo[94].

---

87. Ibid., IV, 2, 1; p. 111.
88. De multiplicatione specierum, p. 507-511.
89. Opus maius V, 1, 4; p. 43.
90. Ibid., p. 44.
91. Ibid., p. 43.
92. De multiplicatione specierum II, p. 431s.
93. Opus maius V, 9, 3; p. 69.
94. De multiplicatione specierum IV, 3; p. 526.

As várias modalidades de propagação da espécie obedecem às leis matemáticas da perspectiva.

3. A ciência experimental

Duas são as vias de acesso ao saber: a razão e a experiência (experimentum). Nem uma nem outra, porém, é suficiente por si mesma e independentemente da outra. A razão nos proporciona argumentos (demonstrativos), mormente na matemática. Uma certeza perfeita e total, porém, só é possível mediante uma prova de outro gênero, a saber: o *experimentum*, no sentido de experiência imediata.

a) Necessidade da experiência – As provas teoréticas não são plenamente satisfatórias, nem exclusivas de toda dúvida. Pode suceder, por exemplo, que alguém disponha de provas suficientes de que o fogo arde, fere e destrói. Contudo, o espírito não se dá por satisfeito com um tal saber puramente teórico e provisório. Tampouco evitará o fogo, até que haja verificado, por experiência própria, os efeitos desagradáveis do seu contato: "*sed assumpta experientia combustionis certificatur animus et quiescit in fulgore veritatis. Ergo argumentum non sufficit, sed experientia*"[95]. Esta assertiva tanto vale na matemática, como nas ciências naturais, e em todas as ciências em geral. Na matemática, por exemplo, a convicção resulta da observação de figuras visíveis[96].

A experiência nos proporciona os argumentos mais seguros, pelo que é preferível renunciar à demonstração do que à prova experimental: "*qui ergo vult sine demonstratione gaudere de veritatibus rerum, oportet quod experientiae sciat vacare*".

Rogério cita vários exemplos para ilustrar a necessidade da experiência. Sustentam muitos autores que para romper o diamante é necessário tingi-lo com sangue de cabrito. A experiência comprova o contrário. Outros afirmam que a água quente se congela mais depressa que a fria, o que pretendem provar com o princípio de que o contrário é expelido pelo contrário. A experiência mostra que a água fria se congela mais depressa: "*Oportet ergo omnia certificari per viam experientiae*"[97].

b) Experiência externa e interna – A externa consiste na observação dos fatos. Pode ser feita com instrumentos, ou sem eles: "*una est per sensus exteriores, et sic experimenta ea, quae in caelo sunt per instrumenta ad haec facta, et haec inferiora per opera certificata ad visum experimur*"[98]. No tocante aos fatos ocorridos em terras distantes, devemos ater-nos às observações dos entendidos. Esta primeira modalidade de experiência é de caráter humano e filosófico, na medida em que a nossa constituição permite exercê-la. Contudo, ela é insuficiente, por não proporcionar certeza exaustiva sobre as coisas corporais, e por não atingir o mundo espiritual. Por isso o entendimento deve recorrer a um segundo tipo de experiência: à *iluminação interior*, gra-

---

[95]. Opus maius VI, 1; p. 167s.
[96]. Ibid.
[97]. Ibid.
[98]. Ibid., p. 169.

ças à qual as ciências deste mundo foram comunicadas aos santos Patriarcas e Profetas, bem como a numerosos cristãos: *"Nam gratia fidei illuminat multum, et divinae inspirationes, non solum in spiritualibus, sed corporalibus et scientiis philosophiae"*[99]. Nesta iluminação interior podemos distinguir sete graus: a primeira iluminação nos vem das ciências puras, a segunda da virtude (*nam malus est ignorans*), a terceira dos sete dons do Espírito Santo, a quarta das bem-aventuranças do Sermão da Montanha, a quinta dos sentidos espirituais, a sexta dos frutos do Espírito Santo, aos quais pertence a paz do Senhor, que excede todo entendimento, a sétima dos arrebatamentos em que se veem muitas coisas de que não é lícito falar[100].

c) Vantagens da ciência experimental – *Primeira vantagem: a ciência experimental permite controlar os resultados das outras ciências*[101]. Todas as ciências se servem da experiência para estabelecer seus princípios. Mas também os resultados obtidos a partir desses princípios necessitam de comprovação. Tal é, precisamente, a função da ciência experimental: *"si vero debeant habere experientiam conclusionum suarum particularem et completam, tunc oportet quod habeant per adiutorium istius scientiae nobilis"*[102]. À guisa de exemplo, Rogério cita o arco-íris com seus fenômenos afins. "Dele trata o filósofo da natureza. Ao *perspectivus* (ou físico) compete acrescentar muitas coisas sobre o modo de observação visual que se deve empregar no caso. Todavia, nem Aristóteles nem Avicena nos deixaram qualquer informação a este respeito nos seus escritos sobre as ciências da natureza; nem tampouco Sêneca, embora escrevesse um livro especial sobre o assunto: *"Sed scientia experimentalis ista certificat"*. O experimentador examina o arco-íris de modos mui diversos: por meio de *pedras* transparentes, e pela observação da garoa. Além disso deve atender cuidadosamente, tanto à sua própria posição como à do sol. Destarte chegará, aos poucos, a uma noção do fenômeno[103].

Segunda vantagem: A experiência descobre coisas maravilhosas que, não sendo princípios nem resultados de outras ciências, não podem ser deduzidas a priori, devendo ser verificadas experimentalmente. Os que ainda não tiveram experiência de tais fatos, devem admiti-los, simplesmente, até que tenham ocasião de presenciá-los por si mesmos: *"et ideo debet in principio credere his qui experti sunt, vel qui ab expertis fideliter habuerunt"*. Ao número desses objetos maravilhosos pertence o astrolábio, que por um dispositivo especial se ajusta aos movimentos dos astros, de maneira a se mover juntamente com estes; igualmente um meio de prolongar a vida e, finalmente, certos fatos relativos à alquimia[104].

---

99. Ibid.
100. Ibid., p. 170s.
101. Ibid., VI, 2; p. 172.
102. Ibid., p. 173.
103. Ibid., cap. 2-12.
104. Ibid., VI, exempl. 1-3; p. 202ss.

Terceira vantagem: a ciência experimental nos permite penetrar, com seus próprios recursos, nos segredos da natureza, isto é, sem necessitar do auxílio das demais ciências. Bacon pensa principalmente em duas coisas: (a) na descoberta de fatos futuros, passados e presentes, e (b) na descoberta de certos engenhos maravilhosos, que beneficiarão as ciências, o Estado, e sobretudo a Igreja que, por meio deles, poderá desmascarar os feiticeiros que abusam dos dons naturais para seduzir o povo[105].

4. A filosofia moral

A *moralis sive civilis scientia* é o remate do edifício da sabedoria cristã. Em contraposição às três ciências especulativas, já discutidas, a filosofia moral é uma ciência prática, isto é, orientada para a ação.

a) Caráter distintivo da filosofia moral – Não se deve confundir a filosofia moral com a *ética*, pois, ao contrário desta, aquela aborda também certos problemas de *apologética*. "Ela regula as relações do homem para com Deus, para com o próximo e para consigo mesmo, justificando-as com provas; além disso, ela nos convida e estimula eficazmente a pô-las em prática. Pois esta ciência trata da salvação do homem, cujo remate é a virtude e a felicidade. Em suma, ela visa a salvação, na medida em que isto é possível à filosofia. Donde se pode concluir, de um modo geral, que esta ciência é a mais excelente de todas as partes da filosofia. É nela, com efeito, que se encontra o objetivo imanente a toda sabedoria humana. E visto que o termo ou fim é sempre o que há de mais excelente, segue-se que ela é a mais nobre das ciências. De mais a mais, é a única – ou pelo menos a principal – a tratar dos mesmos objetos que a teologia. Pois também esta só examina os cinco pontos há pouco citados, embora de outro ponto de vista, a saber, do da fé em Cristo. Mais ainda: esta ciência encerra muitos testemunhos admiráveis sobre esta mesma fé, cujos artigos principais já vislumbra de longe, não sem grande vantagem para a fé cristã"[106]. Os resultados das outras ciências lhe servem de base e princípio. Por isso todas as verdades científicas podem ser tidas como bem e propriedade da filosofia moral: "*Sicut enim Theologia veritates salutiferas esse suas intelligit, ubicumque eas invenerit..., sic et Moralis Philosophia in suum ius vindicat quicquid de rebus sui generis reperit alias esse scriptum*"[107].

Particularmente íntimo é o nexo entre a filosofia moral e a metafísica. Ambas tratam de Deus, dos anjos, da vida eterna etc., ainda que de maneira diversa: "*nam Metaphysica per communia omnium scientiarum investigat propria metaphysice, et per corporalia investigat spiritualia: et per creata reperit creatorem, et per vitam praesentem negotiatur circa futuram, et multa praeambula ad moralem philosophiam praemittit*"[108]. Assim a metafísica se prolonga na filosofia moral, que constitui, de certo modo, o seu objetivo: como tão bem o mostra Avicena, associando-as no final da sua Metafísica"[109].

---

105. Ibid., p. 215ss.; cf. texto anexo.
106. Opus maius VII, 1; p. 224.
107. Ibid., p. 225.
108. Ibid., p. 226.
109. Ibid., p. 228.

b) As partes da filosofia moral – *Primeira parte: de Deus e suas relações para conosco.* Bacon recolhe os testemunhos dos filósofos sobre a trindade, a encarnação, o anticristo, o juízo final, a criação (que é o objeto da matemática), os anjos, a imortalidade da alma, a ressurreição dos corpos, a bem-aventurança e o castigo eterno. Estabelecidas estas verdades, passa a expor, sucintamente, as leis referentes ao culto divino, atendo-se às exposições de Avicena, Cícero e Aristóteles[110].

Segunda parte: questões de sociologia. Trata, em dois breves capítulos, do matrimônio, da regulamentação das relações entre superiores e súditos, das normas que regem o direito de propriedade, da função judiciária, da defesa da pátria e da sucessão governamental[111]. Inspira-se quase exclusivamente em Avicena.

Terceira parte: ética individual. Principia com a descrição das excelsas virtudes dos Antigos, cujo exemplo nos confunde. Segue-se uma análise das virtudes e dos vícios, baseada principalmente em Aristóteles e Sêneca[112]. Bacon justifica os longos excertos tirados de Sêneca, alegando a escassa propagação dos seus livros. É interessante notar que o tratado das virtudes termina com um capítulo (o 21°) sobre a necessidade da recreação corporal (esporte): "*nam aliter spiritus fit anxius et hebes et accidiosus et tristior quam oporteret, et cum taedio boni languens et querulus et pronus ad motus impatientiae et irae frequenter*"[113].

Quarta parte: a prova da verdade do cristianismo[114]. Inicialmente, Rogério faz um esboço histórico-religioso das diferentes seitas: sarracenos, tártaros, gentios, idólatras, judeus, cristãos, e a seita do anticristo. Cada qual dessas seitas principais tem seu caráter distintivo, não sendo possível haver maior número delas, visto que as demais religiões não passam de miscelâneas, compostas de elementos emprestados a essas sete confissões[115]. A seguir, Rogério descreve-as, uma por uma, classificando-as de acordo com sua respectiva perfeição (salvo a seita do anticristo) e relacionando-as com o número dos planetas[116].

Mas como reconhecer a *seita* verdadeira? Pelos milagres e pela razão, sendo este último o único meio ao nosso dispor[117]. O débil saber inato que temos de Deus deve ser reforçado com provas, baseadas no consenso comum dos povos e na necessidade de uma causa primeira[118]. Uma vez estabelecida esta necessidade, segue-se a sua eternidade, a sua onipotência e a sua infinidade no ser, na bondade e na sabedoria[119]. "*Est igitur Deus unus, qui est causa prima omnium causarum, qui semper fuit et semper erit, habens maiestatem infinitam et infinitatem potentiae, sapientiae et bonitatis, Creator omnium et gubernator*"[120].

Disso tudo decorre o dever de obediência e reverência para com a Divindade. O cumprimento dessa dupla obrigação é facilitada pela recompensa prometida a uma e outra. Mas, para lhe fazermos a vontade, é indispensável conhecê-la, o que é impossível sem a revelação, pois as seitas discordam no tocante a ela, e a razão é demasiadamente fraca para descobri-la. É verdade que todas as seitas pretendem possuir uma revelação. Mas é evidente que não pode exis-

---

110. Ibid., p. 232-249.
111. Ibid., p. 250ss.
112. Ibid., p. 254-265.
113. Ibid., p. 362.
114. Ibid., p. 366ss.
115. Ibid., p. 367.
116. Ibid., p. 371s.
117. Ibid., p. 373.
118. Ibid., p. 376s.
119. Ibid., p. 377ss.
120. Ibid., p. 381.

tir senão uma só: a cristã. Esta, e só esta, é a verdadeira revelação; pois os filósofos estão para com ela – é o que se pode concluir das suas expressões – com as Sibilas estão para com Cristo, a quem prenunciam, ao mesmo tempo que refutam as seitas dos judeus e dos sarracenos[121]. De modo particular o Messias, ou Cristo, é apontado pelo judaísmo, através dos profetas. Tanto estes, como os seus sucessores, os apóstolos de Cristo, são merecedores de fé. Pois, além de terem sido homens santos e sábios, operaram milagres e arrostaram destemidamente a morte em confirmação da sua doutrina. Apesar da distância que os separava, anunciaram a mesma mensagem. E, não obstante a sua exígua cultura, levaram de vencida os imperadores, os filósofos e os sacerdotes[122].

Sendo tais e tantas as razões que nos constrangem a confessar a verdade da *seita* cristã, não há por que duvidar da verdade integral da doutrina cristã, e nomeadamente do dogma da Eucaristia, ao qual Rogério consagra um longo encômio final.

A quinta parte da filosofia moral, infelizmente, não chegou até nós. Encontra-se delineada, esquematicamente, no *Opus tertium*. A julgar por este esboço, era intuito de Bacon mostrar a utilidade da *retórica*, na qual ele vê um meio eficaz para robustecer a fé em Cristo e animar os fiéis a traduzi-la na prática das boas obras[123].

Apreciação

O ideal, ou, antes, o sonho filosófico de Rogério Bacon é de inspiração essencialmente religiosa, e só se torna compreensível deste ângulo de vista. É o interesse e o zelo pela renovação da vida ecleciástica que animam o cientista e o filósofo a buscar na sabedoria cristã o complemento de todas as aspirações terrenas. Rogério não é fideísta nem racionalista, e muito menos um mártir da liberdade científica. Mas nem por isso deixa de ser um pensador indiscutivelmente original, que em muitos aspectos de sua obra conseguiu adiantar-se à sua época. O ponto fraco do seu sistema é a falta de uma orientação segura e uniforme. No mesmo instante em que julgamos descobrir uma concepção inteiramente moderna, vemo-lo descambar inopinadamente nas ideias mais obsoletas e medievais. Em outras ocasiões, ao contrário, abandona corajosamente o trilho batido, para prenunciar, com nitidez surpreendente, e com uma espécie de pressentimento misterioso, o advento de uma nova era.

As maravilhas da inventiva humana

Narrabo igitur nunc primo opera artis et naturae miranda, ut postea causas et modum eorum assignem; in quibus nihil magicum est; ut videatur quod omnis magica potestas sit inferior his operibus et indigna. Et primo per figuram et rationem solius artis.

Começarei por enumerar as obras maravilhosas da arte e da natureza, para lhes apontar, a seguir, as causas e o método, nos quais não há absolutamente nada de mágico. É meu intuito mostrar que todo poder mágico é inferior a estas obras e indigno delas. Fá-lo-ei, primeiramente, com a ajuda de um traçado, e de modo simplesmente teórico.

---

121. Ibid., p. 381-390.
122. Ibid., p. 393s.
123. Opus tertium, ed. Little, p. 75s.

Nam instrumenta navigandi possunt fieri sine hominibus remigantibus, ut naves maximae, fluviales et marinae, ferantur unico homine regente maiori velocitate quam si plenae essent hominibus.

Item currus possunt fieri ut sine animali moveantur cum impetu inaestimabili; ut aestimamus currus falcati fuisse, quibus antiquitus pugnabatur.

Item possunt fieri instrumenta volandi, ut homo sedeat in medio instrument revolvens aliquod ingenium, per quod alae artificialiter compositae aerem verberent, ad modum avis volantis.

Item instrumentum, parvum in quantitate, ad elevandum et deprimendum pondera quasi infinita, quo nihil utilius est in casu. Nam per instrumentum altitudinis trium digitorum, et latitudinis eorumdem, et minoris quantitatis, posset homo seipsum et socios suos ab omni periculo carceris eripere, et elevare, et descendere.

Posset etiam de facili fieri instrumentum quo unus homo traheret ad se mille homines per violentiam, mala eorum voluntate; et sic de rebus aliis attrahendis.

Possunt etiam instrumenta fieri ambulandi in mari, vel fluminibus, usque ad fundum absque periculo corporali. Nam Alexander magnus his usus est, ut secreta maris videret, secundum quod Ethicus narrat astronomus. Haec autem facta sunt antiquitus, et nostris temporibus facta sunt, ut certum est; nisi sit instrumentum volandi, quod non vidi, nec hominem qui vidisset cognovi; sed sapientem qui hoc artificium excogitavit explere cognosco.

Et infinita talia fieri possunt; ut pontes ultra flumina sine columna, vel aliquo sustentaculo, et machinationes, et ingenia inaudita.

Epistola Fratris Rogerii Baconis de Secretis Operibus artis et naturae et de nullitate Magiae, ed. Brewer, p. 532s.

É possível construir embarcações que não necessitam de remadores, de modo que os maiores navios, fluviais ou marítimos, dirigidos por um só homem, corram com mais velocidade do que se estivessem cheios de homens.

É possível também construir carros que se movem com força incrível e sem tração animal, como supomos tenham sido os carros falcatos com que se combatia nos tempos antigos.

Igualmente podem fazer-se máquinas voadoras, de modo que um homem, sentado no centro do aparelho, possa fazer girar certo instrumento, pelo qual as asas artificialmente construídas batem o ar, como as de uma ave em voo.

Pode-se ainda fazer um instrumento, de pequeno tamanho, para erguer e descer pesos quase ilimitados, o qual, em certos casos, pode ser de extraordinária utilidade. Pois, com um instrumento de três polegadas de altura, e outras tantas de largura, ou até menor, poderia um homem se libertar com seus companheiros de todo perigo de cárcere, elevar-se e descer.

Fácil seria também construir um instrumento com o qual um só homem poderia atrair a si mil homens, contra a vontade deles. E o mesmo se daria com outras coisas que ele quisesse atrair.

Também é possível construir aparelhos para caminhar no mar e nos rios, até lhes tocar o fundo, e sem o menor perigo para o corpo. De tais aparelhos deve ter-se utilizado Alexandre Magno para observar os segredos do mar, segundo refere o astrônomo Ético. Consta com certeza que tais coisas foram construídas na Antiguidade, como também nos nossos tempos; com exceção da máquina voadora, que não tenho visto, nem conheço homem algum que a haja visto. Entretanto, conheço um sábio que excogitou a construção deste engenho.

E podem construir-se inúmeras coisas semelhantes, tais como pontes sem pilares ou qualquer suporte, e máquinas e engenhos inauditos.

CAPÍTULO III
ALBERTO MAGNO
Doctor universalis

Oriundas embora de um movimento essencialmente religioso, as Ordens Mendicantes contribuíram decisivamente, com suas energias ainda intactas, para o poderoso renascimento científico do século XIII. São Domingos imprimira, desde o início, uma orientação científica à sua Ordem. Era seu desejo que os irmãos se dedicassem à pregação, a fim de exterminar pelas armas da Teologia, e mediante uma sólida formação científica, a cizânia da heresia que despontava por todas as partes. Dentro em breve a Ordem pôde incorporar nas suas fileiras vários homens eminentes que souberam aliar harmoniosamente a santidade da vida com o cultivo da ciência. Entre eles avulta a figura de Alberto Magno, cognominado, também, o Teutônico.

Vida – Alberto nasceu em Lauingen na Suábia em 1206/1207. Como sua família estivesse a serviço dos Hohenstaufen, Alberto foi enviado a Bolonha, onde iniciou seus estudos universitários em 1222, para continuá-los em Pádua, a partir do ano seguinte. Foi nesta cidade que ingressou na Ordem Dominicana em 1223, tomando o hábito das mãos do próprio Mestre Geral, Jordão da Saxônia. Pouco após foi removido para a cidade de Colônia, onde concluiu seus estudos. A partir de 1228 lecionou, sucessivamente, nas cidades alemãs de Hildesheim, Friburgo, Regensburgo e provavelmente Estrasburgo. Em 1240 se dirigiu a Paris, onde cursou Teologia e exerceu as funções de Mestre Regente de 1242 a 1248. Incumbido de organizar um Studium Generale em Colônia, para ali rumou em companhia de Santo Tomás, a quem tivera por discípulo de 1245 a 1248. Em Colônia trabalhou também na elaboração dos seus comentários e paráfrases. Em 1254 foi eleito superior provincial da Província da Alemanha. No curso de 1256 demorou na corte papal em Anagni, onde defendeu a causa dos Mendicantes contra Guilherme de S. Amour. Em 1257 passou uma temporada em Florença, e em 1258 retornou a Colônia, onde elaborou um programa de estudos, secundado por quatro outros mestres. A 5 de janeiro de 1261 foi nomeado bispo de Regensburgo por Alexandre IV, dignidade a que renunciou espontaneamente em 1262. No ano seguinte participou na pregação da cruzada em terras germânicas. Anos após vamos reencontrá-lo em Colônia, em Estrasburgo, e no Concílio de Lyon (1274). Em 1277 esteve pela última vez em Paris. No ano seguinte redigiu seu testamento e começou a se preparar para a morte. Faleceu em Colônia, a 5 de novembro de 1280, onde também foi tumulado. Não obstante a sua vida extraordinariamente ativa e operosa, Alberto encontrou lazer suficiente para legar à posteridade uma obra literária de vastas proporções.

Obras (seleção) – Possuímos duas edições das obras de Alberto: uma, mais antiga, de Ed. Jammy (Lyon, 1651) e outra, mais recente e um tanto ampliada, de Ed. A. Borgnet (1890-

1899) em 38 volumes; nossas citações se referem a esta última. Uma edição crítica das obras completas de Alberto foi iniciada em 1951 por Aschendorff, Muenster.

1. *Enciclopédia filosófica* (cf. infra, § 1,1), redigida entre 1254 e 1270.
2. *Comentário sobre as Sentenças* (ed. Borgnet, tomos 25-30), composto de 1244 a 1249, no parecer de Lottin.
3. *Summa de creaturis* (ed. Borgnet, tt. 34-35); é, provavelmente, uma obra preparatória para a Summa propriamente dita; até o presente, só foram editadas as duas partes *De quatuor coaevis* e *De homine*, escritas entre 1240 e 1243.
4. *Summa theologica* (ed. Borgnet, tt. 31-33), incompleta; foi escrita depois de 1270.

Santo Alberto retém, no seio da Alta Escolástica, uma posição distintamente peculiar. Costuma ser designado como o precursor imediato de Santo Tomás; sua obra teria sido uma espécie de esboço do tomismo, traçado pelo mestre e levado a termo por um discípulo maior do que ele. Todavia, como é frequente na história das ideias, um exame mais detido nos faz ver que a situação real é bem mais complexa do que pretende um esquema precipitadamente estabelecido. Alberto não foi *tomista*, nem antes, nem em vida, nem depois da morte de Santo Tomás. Igualmente errôneo seria qualificá-lo de aristotélico, embora o seu sistema contenha muito maior número de elementos aristotélicos do que os de seus predecessores. Na realidade, a sua obra se ressente fortissimamente de influências neoplatônicas de cunho árabe. A posição pessoal de Alberto ressalta com toda clareza desejável de sua doutrina sobre a alma. Em primeiro lugar, porém, procuraremos dar uma ideia geral de sua obra.

§ 1. A obra

I. O Enciclopedista

Alberto não mediu esforços para pôr ao alcance da filosofia cristã toda a literatura então existente, e é este o seu mérito máximo. Obviamente, não nutria a ilusão de que as filosofias árabe e judaica, como também, e sobretudo, a aristotélica, estivessem isentas de erros. Entretanto, depois de se inteirar da abundância dos tesouros de verdade nelas contidos, julgou valer a pena explorá-las mais de perto, para depois purificá-las, interpretá-las e adotá-las. Foi assim que concebeu o plano de trazer ao conhecimento dos Latinos a Física, a Metafísica e a Matemática, e bem assim as ciências lógicas, éticas e políticas, numa palavra, a totalidade das ciências cultivadas pelos helenos e desenvolvidas pelos árabes e judeus: "*Nostra intentio est, omnes dictas partes facere Latinis intelligibiles*"[1]. Desta maneira Alberto retoma o programa de Boécio, mas com resultados muito mais positivos e felizes.

---

1. Physic. 1. I, tr. 1, c. 1; t. 3, p. 2 a.

1. É o que se depreende de um relance sobre a obra gigantesca de Alberto.
Não houve esfera do saber filosófico ou científico que se subtraísse à sua curiosidade. Os escritos sucedem-se em torrente ininterrupta. Na base de tudo estão as obras aristotélicas, que Alberto transmite aos Latinos em forma ampliada, a começar pela Lógica até à Política. Com Pangerl[2], podemos subdividi-las em três grupos principais (os números entre parênteses se referem à edição Borgnet).

a) Lógica:
De praedicabilibus ou Super Porphyrium (t. 1, 1ss.); De praedicamentis (t. 1, 149ss.); De sex principiis Gilberti Porretani (t. 1, 305ss.); De divisionibus (ed. P. von Loe); Perihermenias (t. 1, 373ss.); De categoricis syllogismis (inédito); Analytica Posteriora (t. 2, 1ss.); Topica (t. 2,233ss.) ; Elenchi (t. 2, 525ss.).

b) Filosofia real:
1. *Física*. Libri Physicorum ou De auditu physico (t. 3, 1ss.); De generatione et corruptione (t. 4, 345ss.); De caelo et mundo (t. 4, 1ss.); De natura locorum (t. 9, 527ss.); De causis proprietatum elementorum et planetarum (t. 9, 585ss.); Meteora (t. 4, 477ss.); De mineralibus (t. 5, 1ss.); De anima (t. 5, 117ss.); De morte et vita (t. 9, 345ss.); De nutrimento (t. 9, 323ss.); De somno et vigilia (t. 9, 121ss.); De sensu et sensatu (t. 9, 1ss.); De memoria et reminiscentia (t. 9, 97ss.); De motibus animalium (t. 9, 257ss.); De spiritu et respiratione (t. 9, 213ss.); De intellectu et intelligibili (t. 9, 477ss.); De vegetabilibus et plantis (t. 10, 1ss.); De animalibus, De partibus animalium, e De generatione animalium (t. 11 e 12; igualmente na ed. Ed. Stadler, Bäumker, Beiträge 16,17). Acrescentem-se ainda: De indivisibilibus lineis (suplemento ao 6º livro da Física ou De auditu physico, t. 3, 463ss.); De motibus progressivis ou De principiis motus progressivi (t. 10, 321ss.); De aetate (t. 9, 305ss.); De natura et origine animae (t. 9, 375ss.). Cf. a divisão da "Scientia naturalis" segundo Alberto em Lib. I Physic. tr. 1, c. 4; t. 3, 8s.
2. *Matemática*. Até o presente continuam inacessíveis os trabalhos de Alberto sobre os Elementos de Euclides, sobre a Perspectiva de Almagesto, e outros.
3. *Metafísica*. Libri Metaphysicorum 13 (t. 6); Liber de causis et processu universitatis (t. 10, 361ss.); e a obra perdida De natura Deorum.

c) Ética:
Libri Ethicorum 10 (t. 7); Libri Politicorum (t. 8).

Com esta obra colossal Alberto proporcionou ao Ocidente uma imensa enciclopédia filosófico-científica. Nisto se patenteia um traço característico de toda a sua empresa: visando mormente a extensão, a obra de Alberto é um trabalho de recopilação; seu intento é trazer ao conhecimento dos Latinos o cabedal da verdade que se lhe depara disperso por todas as partes. Também os escritos teológicos de Alberto trazem um cunho semelhante. Em nenhum outro escolástico se encontra tamanho acervo de material e de citações colhidas dos Padres da Igreja, dos teólogos latinos, e nomeadamente dos filósofos árabes e judeus, como nos Prós e Contras de sua Summa theologica e do seu Comentário sobre as Sentenças. Assim procedendo, *Alberto dá mostras de um interesse histórico quase sem paralelo*; procura retraçar as opiniões, enquanto possível, até às origens, forcejando por compreendê-las a partir das próprias

---

2. Zeitschrift für katholische Theologie, 1912, p. 333ss.

fontes, ainda que a deficiência das informações históricas da época o faça incorrer frequentemente em deslizes deploráveis.

2. O significado histórico-cultural do impressionante cometimento de Alberto é inapreciável. Graças a ele, um teólogo, que foi ao mesmo tempo um religioso e um santo, conquistou o direito de cidadania para a totalidade das ciências profanas, não apenas fora, como também no seio das escolas das Ordens. Era inevitável que tal inovação provocasse uma reação; mas o nosso santo soube defendê-la com todo o ardor de sua alma.

"Há pessoas que, apesar de inteiramente ignorantes, combatem por todos os meios o estudo da filosofia, particularmente entre os Irmãos Pregadores, onde não há quem lhes oponha resistência: animais brutos que difamam o que não conhecem"[3]. Tomás de Chantimpré, O.P., nos relata que o próprio Alberto contava a um confrade como certa vez o demônio, disfarçado em dominicano, procurou demovê-lo dos estudos, culpando-o de fervor excessivo pela ciência, e como ele, com o sinal da cruz, pôs em fuga a antiga serpente. Muito significativa é também a observação com que Alberto conclui a sua Política: "Como em todos os livros sobre a Física, assim também aqui eu nada disse de próprio; antes, expus o mais fielmente possível as opiniões dos Peripatéticos. Declaro-o em atenção a certos indivíduos indolentes que, para se desculpar de sua preguiça, não procuram nos escritos dos outros senão o que possam reprender. E por serem uns tolos, devido à sua preguiça, tudo fazem por denegrir os eleitos, para não aparecerem isolados em sua estupidez. Foram indivíduos como estes que levaram Sócrates à morte, que afugentaram Platão de Atenas, forçando-o a se refugiar na Academia, que perseguiram a Aristóteles e o constrangeram a emigrar, conforme o seu próprio testemunho: "Em Atenas sempre haverá caluniadores (Alberto diz: '*pyrus super pyrus id est malum super malum*', em lugar de 'Sicofantes'!; cf. Diógenes Laércio V); pouparei os atenienses de pecarem uma segunda vez contra a Filosofia". Palavras que se aplicam exclusivamente àqueles indivíduos! Representam na comunidade do estudo o que a bílis representa no corpo: em todo o corpo há um líquido chamado bílis que, por seu movimento ascendente, torna amargo o corpo inteiro. Assim nos estudos sempre haverá alguns homens completamente amargos e biliosos que transformam todos os outros em amargura, pois são incapazes de buscar a verdade no doce convívio da comunidade"[4].

II. O Autor

Na realização do seu objetivo, que é proporcionar aos Latinos a posse e gozo do patrimônio filosófico do passado, Alberto não pretende se ater servilmente à letra das fontes. Em substituição ao simples comentário, recorre à paráfrase, que lhe permite não só reproduzir os textos, como ampliá-los e completá-los com palavras próprias.

"Na presente obra, escreve ele, o nosso método será o de seguirmos a ordem e a opinião de Aristóteles, e de dizermos tudo o que nos parece necessário para explicá-lo e expô-lo, mas sem lhe citarmos os próprios textos. Além disso intercalaremos algumas digressões, a fim de clarificar as dúvidas que surgirem. Completaremos também os pontos tratados com demasia-

---

3. In Ep. B. Dion.; t. 14, p. 910.
4. Ibid., t. 8, p. 803s.

da brevidade na doutrina do Filósofo, brevidade que a não poucos induziu em erro. Toda esta obra foi por nós dividida em títulos indicativos dos vários capítulos; toda vez que no título se indica apenas o objeto, o capítulo pertence à sequência dos livros de Aristóteles; onde, ao contrário, o título indica tratar-se de uma digressão, acrescentamos um aditamento à maneira de complemento ou confirmação. Escreveremos, pois, tantos livros quantos escreveu Aristóteles, e com títulos idênticos. Além disso, em certas passagens dos livros que ficaram incompletos, ajuntaremos as respectivas partes; e mesmo acrescentaremos livros inteiros em lugar dos que se perderam ou foram omitidos, quer porque o próprio Aristóteles deixasse de escrevê-los, quer porque não tenham chegado até nós"[5].

Tinham razão, pois, os discípulos e contemporâneos que viam em Alberto um verdadeiro autor, e não um simples comentarista.

Na Idade Média – como nota São Boaventura no Proêmio ao seu Comentário sobre as Sentenças, questão 4 – era costume distinguir entre o simples escritor (*scriptor*), o compilador, o comentador e o autor: "Há quatro modos de se compor um livro. Há quem escreve o alheio sem nada lhe aditar nem mudar; este se chama um simples escritor. Outro escreve o alheio, acrescentando-lhe algo, mas nada de próprio; este se chama compilador. Um terceiro escreve o alheio e o próprio, mas de tal maneira que o alheio excede o próprio, que serve apenas de suplemento e esclarecimento; este se chama comentador, mas não autor. Finalmente, há o que escreve o próprio e o alheio, mas assim que o próprio prevalece sobre o alheio, que serve unicamente de complemento e confirmação: a um tal compete o nome de autor".

Para os homens do século XIII Alberto pertencia indubitavelmente ao número dos autores, e até mesmo das autoridades citadas nominalmente, privilégio geralmente reservado aos filósofos e teólogos que já haviam entrado para a história. Já em tempo de sua vida se liam e comentavam-se-lhe publicamente os escritos.

Esta informação nos vem de Rogério Bacon, que, aliás, não esconde sua indignação pelo fato, o que empresta um valor incontestável ao seu testemunho: "Pois assim como se citam Aristóteles, Avicena e Averróis nas escolas, assim também a ele (Alberto); ainda vive, e, não obstante, goza de autoridade jamais atribuída a homem algum na ciência"[6]. "Mas este escreveu seus livros *per modum authenticum*, e por isso todo o vulgo ignorante de Paris o cita, como cita Aristóteles, Avicena, Averróis e outros autores"[7]. "E eu lhe tributo o meu louvor sincero, mais que a toda a multidão dos estudantes de Paris, porque foi um homem extremamente industrioso, porque viu um número infinito de coisas, e porque dispôs de recursos pecuniários; por isso pôde colher muitas coisas úteis no mar imenso dos autores... Crê a multidão que eles (Alberto e Alexandre de Hales) tudo souberam, e venera-os como a outros anjos. Pois nas disputações e preleções são citados como autores. E notadamente aquele que ainda vive (Alberto) desfruta em Paris da fama de professor; chegam a citá-lo como autor em trabalhos científicos, o que não deveria acontecer, se quisermos evitar que a sabedoria sofra confusão e seja destruída, visto que suas obras estão repletas de erros e disparates sem conta"[8].

---

5. Physic. 1. I, tr. I, C. 1; t. 3, p. 1b – 2a.
6. Opus tertium, ed. Brewer, c. 9; p. 30.
7. Ibid., p. 31.
8. Opus minus, ed. Brewer, p. 327s.

Este juízo, saído da pena de um contemporâneo, permite avaliar do imenso prestígio que Alberto desfrutava entre seus coevos, bem como de sua indômita energia de trabalho e dos recursos de que dispunha; recursos estes que tanta falta faziam ao douto franciscano, segundo o seu próprio e doloroso testemunho. Alberto deve ter possuído uma volumosa biblioteca.

III. O Biólogo

Santo Alberto tinha grande amor à natureza viva. Atestam-no suas duas obras principais sobre Biologia: "Sobre os animais" e "Sobre as plantas". Também aqui Alberto permanece essencialmente um intermediário[9]; entretanto, não deixa de trazer muitas observações próprias e originais. A despeito das limitações do ambiente medieval, estas contribuições vêm comprovar, pelo menos, o seu gosto pelos estudos biológicos e as suas aptidões de pesquisador.

1. Alberto exige uma atitude genuinamente científica, e nomeadamente a observação – "Para examinarmos conveniente e exatamente o que ficou dito, é preciso buscar conjeturas e instituir observações, a fim de conhecermos a natureza das árvores em si, bem como toda a variedade das suas espécies. Conjeturas semelhantes se devem fazer com relação às plantas mais pequenas, às ervas, às frutas e às espécies dos cogumelos, embora isto envolva grandes dificuldades e requeira muito tempo. No que somos auxiliados pela consideração dos depoimentos que a experiência dos Antigos nos deixou sobre estes assuntos. Por isso lhes consultamos os livros e retemos o que disseram de correto. Pois é difícil, e mesmo impossível, observarmos todas estas coisas por nós mesmos"[10]. Assim, a par da reverência pelas investigações dos Antigos, que sempre merecem ser levadas em conta, Alberto reclama a observação pessoal, pois *"Experimentum solum certificat in talibus, eo quod tam de particularibus naturis simile haberi non potest"*[11].

2. Alberto recorreu pessoalmente à observação – Expressões como: *eu verifiquei, tenho visto, tenho examinado* são muito encontradiças em suas obras. À guisa de amostra reproduzimos a descrição da anatomia da abelha, a qual pressupõe uma considerável acuidade de observação e notável perseverança investigadora: "Tenho examinado a anatomia de diversas espécies de abelhas. No abdômen, atrás da divisão, deparei uma pequena bolha transparente e brilhante; aplicando-se-lhe a língua, percebe-se um fraco sabor de mel. No corpo há apenas um intestino pequeníssimo e pouco entrelaçado, bem como cordões nervosos, aos quais se liga o aguilhão. Tudo está cercado de um líquido pegajoso. Os pés estão todos na parte dianteira, isto é, à frente da incisão"[12].

---

9. Cf. a edição de Stadler nos Beiträge de Bäumker, vols. 15 e 16, onde aparecem bem discriminados os elementos tirados de outros autores.
10. De vegetabilibus, L. 1, tr. 2, 12; t. 10, p. 45.
11. Ibid., L. VI, tr. 1, c. 1; p. 160.
12. De animalibus, L. IV, tr. 1, c. 7; t. 11, p. 284.

3. Com suas observações críticas Alberto põe fim a muitas fábulas – A descrição do fênix oferece um exemplo do mais fino *humor* albertino: "O fênix é uma ave da Arábia Oriental, segundo escrevem os que são mais versados na Teologia mística do que nas coisas da natureza..." Concluindo sua longa exposição, observa: "Todavia, como escreve Platão, não queremos desdourar o que se acha compilado nos livros dos santuários"[13]. E sobre os grifos: "Eles ocorrem sobretudo nas fábulas, mas não foram verificados pelos filósofos, nem demonstrados com razões filosóficas"[14]. "Quanto às harpias alguns indivíduos sem grande autoridade afirmam tratar-se de aves de rapina providas de garras e de um rosto humano... Mas isto não consta com certeza, e parece tratar-se de fábulas contadas por Adelino e Joraque"[15]. Alberto também se recusa a crer na incombustibilidade do salamandro; ao examinar o que era reputado como pele de salamandro verificou que a suposta *pele* era feita de metal. A reação dos animais ao calor foi por ele mesmo observada numa aranha[16].

IV. O Filósofo

Como filósofo, Alberto enveredou por um caminho moderno, insistindo numa distinção mais rigorosa entre Filosofia e Teologia, sem contudo se pronunciar por uma separação explícita. Em todo caso, pôs em relevo o alcance e os direitos da razão natural, conseguindo assim que a filosofia tomasse consciência mais viva do seu próprio valor.

1. A Teologia e a Filosofia são dois setores distintos da verdade

À pergunta se a Teologia constitui uma ciência distinta das outras, Alberto responde: "É mister admitir que esta ciência (a Teologia) se distingue das outras pelo objeto, por aquilo que se examina neste objeto (*Passio*) e pelos princípios que lhe regem a argumentação. *Pelo objeto:* Nas demais ciências o objeto é o ser ou uma parte do ser produzido quer pela natureza, quer por nós, como diz Avicena no começo de sua Metafísica. O objeto da Teologia, ao contrário, é a beatitude (*fruibile*) ou aquilo que lhe diz relação como sinal ou meio. *Pelo que se examina:* a teologia versa sobre as propriedades divinas ou algo ordenado a elas, ao passo que as outras ciências tratam das características essenciais dos seres produzidos por nós ou pela natureza. *Pelos princípios:* pois nesta ciência as provas se fazem pela fé... como princípio; ao passo que nas demais ciências as demonstrações se fazem a partir de um princípio que é um axioma ou proposição suprema (*dignitas sive maxima propositio*)"[17].

Em matéria de fé Alberto prefere seguir a Santo Agostinho, na Medicina a Galeno ou Hipócrates, e na Filosofia da Natureza a Aristóteles: "*Unde sciendum, quod Augustino in his quae sunt de Fide et moribus plus quam philosophis credendum, si dissentiunt. Sed si de medicina loqueretur, plus ego crederem Galeno,*

---

13. Ibid., L. 23, tr. un., n. 96; t. 12, p. 500.
14. Ibid., 54; p. 491.
15. Ibid., 55; p. 491.
16. Ibid., 25, 47; p. 558.
17. Summa Theologica I, tr. 1, q. 4; t. 31, p. 20 b.

vel Hippocrati: et si de naturis rerum loquatur, credo Aristoteli plus vel alii experto in rerum naturis"[18].

2. Os traços característicos da Filosofia de Alberto

Mais de uma vez a obra filosófica de Alberto tem sido tachada de confusa, sob a alegação de não ter logrado assimilar e coordenar devidamente o caudal de ideias oriundo de fontes aristotélicas, neoplatônicas e árabes, e de haver vacilado inconsistentemente entre estas correntes. Tal censura parece basear-se numa análise defeituosa e superficial dos seus escritos e na pressuposição de que, mesmo do ponto de vista histórico, a filosofia de Santo Tomás deve servir como norma de julgamento. *Com relação à sua enciclopédia, Alberto declara repetidas vezes que sua intenção é tornar conhecidas aos latinos as ideias dos filósofos a ele acessíveis, e que não se deve concluir, das suas paráfrases, para a sua própria opinião*[19].

Por conseguinte, *se desejarmos conhecer a verdadeira doutrina de Alberto, teremos que lançar mão dos seus escritos principais, isto é, do Comentário às Sentenças e das Sumas*. Se o fizermos, não tardaremos em reconhecer que ele segue seu caminho próprio, em pensador independente, crítico e sistemático. Embora não se afaste da tradição na mesma medida em que o fará seu discípulo, Alberto não jura simplesmente pelo passado; jamais confia cegamente na autoridade humana, nem sequer na do próprio Aristóteles. Leia-se, por exemplo, a pungente refutação do erro dos filósofos que afirmam a eternidade do mundo; Alberto não teve a menor dúvida de que também os peripatéticos, e sobretudo Aristóteles, caíram vítimas deste erro. Ao *Filósofo* objeta repetidas vezes um decidido *falsum est*; e não receia observar que na argumentação em prol da eternidade do mundo ele *multum oblitus est sui ipsius*; e noutra ocasião o Estagirita lhe arranca um *multum mirandum est*! De forma que a autoridade de Aristóteles não lhe tolhe a autonomia do pensamento; quanto a Platão, o menos que se pode dizer é que Alberto lhe teve bastante simpatia, pois que lhe chama *inter philosophantes praecipuus*[20]. Aliás, ele crê que é só mediante uma aliança orgânica das filosofias platônica e aristotélica que se há de chegar à sabedoria perfeita: "*Et scias quod non perficitur homo in philosophia nisi ex scientia duarum philosophiarum Aristotelis et Platonis*"[21]. Com estas palavras Alberto define inequivocamente a sua posição; não é platônico nem aristotélico. Exteriormente, a sua obra afigura-se mais aristotélica do que platônica, e isto pela simples razão de que as fontes aristotélicas

---

18. II Sent. d. 13, C, art. 2; t. 27, p. 247.

19. Cf. o fim da Física, t. 3, p. 633; no fim da Metafísica se lê: "*Hic igitur sit finis disputationis istius, in qua non aliquid secundum opinionem meam propriam, sed omnia dicta sunt secundum positiones Peripateticorum: et qui hoc voluerit probare, diligenter legat libros eorum, et non me, sed illos laudet, vel reprehendat*": t. 6, p. 751s.; o mesmo se lê no fim da Política t. 8, p. 803; no fim do De Causis et Proc., t. 10, p. 619; e no fim do De animalibus, t. 12, p. 582.

20. Summa theologica, p. II, tr. I, m. 2; t. 33, p. 96ss.

21. Metaphysica l. I, tr. 5, c. 15; t. 6, p. 113 a.

lhe eram mais acessíveis do que as platônicas. Infelizmente não pôde fazer uso senão de algumas poucas obras de Platão.

§ 2. A Psicologia de Alberto

A orientação independente de Alberto transparece nitidamente na sua doutrina sobre a alma.

A seu ver, dispomos de *dois caminhos* para chegar ao conhecimento da alma. O primeiro, que parece o mais natural, parte dos dados sensíveis (*a posteriori*) que nos vêm pelo corpo. O segundo, ao invés, parte da essência da alma (*a priori*); pois a essência, enquanto princípio da substância, é a causa das propriedades desta. Logo, as propriedades podem deduzir-se da essência. Ambos os caminhos são necessários para um conhecimento integral da natureza da alma: *"utraque tamen est necessaria"*[22].

I. Definição da alma

A via mais segura é a que parte da definição da alma. Alberto começa por recolher zelosamente os dados da tradição, em busca das determinações essenciais da alma. O fruto destas indagações depara-se-nos, finalmente, na *Summa theologica*, com suas sete definições tiradas dos santos, isto é, dos pensadores cristãos, e mais três, extraídas dos filósofos.

Dentre as definições dos santos, ocorrem três que lhe parecem particularmente dignas de aprovação, segundo declara na *Summa de creaturis*, por darem a conhecer, melhor que as outras, a substancialidade e a incorporeidade da alma. Dispensamo-nos de citá-las, uma vez que o próprio Alberto dá maior importância às definições dos Filósofos.

1. As definições dos filósofos – Alberto aduz uma definição de Avicena e duas de Aristóteles. Digamos, desde já, que ele termina optando pela de Avicena, à qual reduz as duas definições aristotélicas por uma exegese bastante perspicaz, conquanto dificilmente justificável do ponto de vista histórico.

Definição de *Avicena*: A alma é a primeira perfeição do corpo natural orgânico, dotado de operações vitais (*"Anima est perfectio prima corporis naturalis, instrumentalis, habentis opera vitae"*[23]).

Definição de *Aristóteles*: A alma é o primeiro ato do corpo físico orgânico, potencialmente dotado de vida (*"Anima est primus actus corporis physici organici, potentia vitam habentis"*[24]).

---

22. Summa de creaturis, p. II, tr. 1, q. 1, a. 1; t. 35, p. 3s.
23. Summa theologica, p. II, tr. 12, q. 69, m. 2, a. 1; t. 33, p. 11 a.
24. Ibid., art. 2; p. 13.

Segunda definição de *Aristóteles*: A alma é princípio e causa desta vida, a saber, da do corpo físico-orgânico (*"Anima est principium et causa huiusmodi vitae, physici scilicet corporis organici"*[25]).

2. Interpretação das definições – *Na opinião de Alberto as duas definições aristotélicas exprimem a mesma ideia, à condição de as interpretarmos corretamente, isto é, no sentido da definição de Avicena.*

Ao examinar a primeira definição de Aristóteles, Alberto delineia muito nitidamente a sua própria posição, e por isso iremos limitar-nos à discussão da passagem respectiva. No entender de Alberto, Aristóteles não nos diz o que é a alma considerada em si mesma, mas apenas o que ela é enquanto forma, espécie e substância de um corpo vivo, no qual exerce as atividades vitais. Pois, segundo o filósofo, uma parte da alma, a saber, a que exerce as operações vitais, é inseparável do corpo; com efeito, se a parte em questão estivesse separada do corpo, a alma ficaria impossibilitada de exercer aquelas atividades no corpo. Em algumas de suas partes, porém, a alma é separável do corpo. O que se entende sem dificuldade, *se se conceber a alma, com Avicena, à maneira de um piloto de navio*. Neste caso lhe cabe uma atividade própria, independentemente do corpo, bem como uma definição correspondente: *"secundum quam dicitur artifex arte regens navim"*. Uma segunda definição se lhe aplica enquanto ela produz a navegação do próprio navio por meio dos instrumentos deste, a saber: das velas, do mastro, dos remos. Duas são, pois, as definições da alma: a primeira a define em relação ao corpo do qual ela é a entelequia (*Endelechia!*) e forma; a segunda, porém, a define em si mesma, isto é, enquanto ela é capaz de levar uma vida própria e separada do corpo[26].

3. Posição intermediária entre Platão e Aristóteles – Vimos que Alberto adota o conceito aristotélico de forma ou *Endelechia*; entretanto, esta não constitui, a seu ver, a totalidade da alma humana, mas apenas uma função parcial da mesma. Neste sentido ele subscreve também à crítica de Gregório Nisseno (ou antes, de Nemésio; cf. supra, Livro I, cap. IV, II): *"His ita praenotatis dicendum est ad primum, quod Gregorius bene diceret, si anima in se considerata esset endelechia secundum essentiam. Hoc autem non est verum: non enim est endelechia nisi per animationem quam facit corpori per opera vitae. In se autem spiritus est incorporeus et semper vivens, ut dicit Plato"*[27]. Assim Alberto continua fiel às antigas definições cristãs, embora não descuide da contribuição aristotélica. Mas esta é integrada organicamente na definição tradicional. Por isso Alberto pode escrever, com plena consciência de sua posição: *"Ad aliud dicendum, quod animam considerando secundum se, consentiemus Platoni; considerando autem secundum formam animationis quam dat corpori, consentiemus Aristoteli"*[28]. Longe de significar uma confusão inapta de elementos heterogêneos, a solução de Alberto denota um domínio magistral do patrimônio das ideias.

---

25. Ibid., art. 3; p. 18.
26. Ibid., art. 2, Sol.; p. 15as.
27. Ibid., ad 1.; p. 16a.
28. Ibid., p. 16b.

II. A substancialidade da alma

Se a alma é mais que uma simples forma, segue-se que a sua essência não pode se limitar ao ser-forma; antes, ela deve constituir uma substância completa ou um *subiectum*.

As substâncias diferem das formas por serem elas mesmas compostas de matéria e forma. Por conseguinte, o modo mais simples de salvaguardar a substancialidade da alma seria o de lhe atribuir uma composição de matéria e forma; o que permitiria ao mesmo tempo uma separação radical entre a substância criatural e a substância divina. Todavia, Alberto rejeita esta opinião, patrocinada por Agostinho, e mais tarde por Avicebron (no "Fons vitae")[29]. Igualmente inaceitável lhe parece a opinião do Aquinate, que concebe a alma como substância incompleta e forma pura; em consequência, viu-se obrigado a adotar uma concepção que não fizesse da alma nem um composto de matéria e forma, nem uma substância incompleta.

1. A alma como substância – O problema da substancialidade é ventilado na angelologia. O anjo, como a alma, é um ser simples e espiritual. Mas, em que sentido podemos chamar-lhe substância? O Arcanjo Rafael não se compõe, certamente, de matéria e forma, sendo, como é, um *subiectum* perfeito; logo, visto que substância, *subiectum* e hipóstase designam uma e mesma coisa, ele é uma substância completa em si mesma.

Para designar a substância individual concreta, Alberto recorre à terminologia de Boécio: ela é o *id quod est*. Rafael, porém, é ao mesmo tempo arcanjo, e esta determinação essencial de seu ser, este ser-arcanjo, pode denominar-se a sua forma, pela qual ele é o que é, ou o *quo est* de sua substância concreta. Todavia, na substância criatural esta relação não se reduz à distinção entre matéria e forma (nem tampouco à distinção tomista entre essência e existência). Pois um e outro fator, a saber: aquilo *que é* e aquilo *pelo que ele é* ou o *esse* são predicados do composto inteiro, o que não vale nem da matéria nem da forma. Pois estas não se predicam senão de uma parte do composto (de matéria e forma), não, porém, do todo[30].

O mesmo se dá em relação à alma individual. É verdade que ela informa o corpo, mas além disso ela possui algo de próprio e de correspondente à forma, que porém não é forma no sentido estrito, a saber: aquilo *pelo que* ela é uma alma. Também na alma não há quaisquer partes componentes, tais como a matéria e a forma, nem por conseguinte qualquer forma parcial, mas exclusivamente uma forma do todo, ou daquilo *que é*. Em outros termos, a alma é uma substância completa, mas não uma substância absolutamente simples como Deus[31].

2. A alma como motor – Por forma no sentido próprio do termo, isto é, como parte real do composto hilemórfico, Alberto entende a forma natural, pura e simples,

---

29. Summa theologica, p. II, tr. 12, q. 72, m. 2; t. 33, p. 36.
30. Summa de creaturis, p. I, tr. 4, q. 21, a. 1.; t. 34, p. 464.
31. Ibid., p. II, tr. 1, q. 7, a. 3; t. 35, p. 102.

ou seja, a forma de um corpo simples. Tais são as formas dos elementos, e, possivelmente, também as formas vegetativas. *Em rigor, uma forma é apenas forma, isto é, um princípio que faz com que um determinado ser venha dotado de uma natureza determinada e se situe naturalmente num determinado lugar.*

Isto vale para a terra, a água, o ar e o fogo. Ao fogo não compete senão um único movimento próprio: o da geração. Todo fogo produzido por outro participa da forma do fogo, como daquilo que resulta imediatamente desta forma natural, a saber: do lugar natural ou do movimento requerido para atingir tal lugar. Uma vez alcançado o seu lugar natural, isto é, a altura, o fogo descansa e já não tende para diante. Logo, tudo o que uma *forma simples* pode fazer é produzir um ser e colocá-lo em seu lugar natural. Ela não domina nem governa de modo algum a matéria da qual ela é o ato (a realização), e é por esta razão que ela deixa de existir com a destruição do composto[32].

Com o estudo dos corpos dotados de movimento espontâneo já transcendemos o âmbito da forma simples. Para explicar o movimento local espontâneo dos animais é necessário ajuntar uma nova determinação à forma. Logo, no animal há algo mais que uma forma simples. À forma pela qual ele é gerado sobrevém uma nova determinação que lhe possibilita o movimento no espaço. Isto, porém, implica uma nova composição no interior da forma. *Por conseguinte, ao chamar a alma de motor, Alberto quer dar a entender que ela já não é uma forma simples:* "talis enim substantia comparatur ad corpus ut motor, qui arte et intentione movet: quae non potest esse forma simplex"[33]. De maneira que já na alma animal é necessário acrescentar um duplo fator à forma simples: o conhecimento animal e a faculdade apetitiva animal (ou seja: a fantasia ou faculdade estimativa e a faculdade apetitiva[34]).

O homem é superior aos animais; por isso a alma humana é mais que um simples *motor*. Ela é também piloto. O que implica um novo grau de composição, de ordem superior. Sempre que um ser racional se move enquanto ser racional, e não meramente como animal, o movimento é prescrito pelo entendimento prático ou ativo; ao que acresce a faculdade apetitiva racional e, finalmente, o movimento corporal, e, por ele, o dos órgãos. Portanto também a forma do homem é composta, e mais que a do animal. Contudo, há uma diferença importante entre a composição da forma animal e a forma do homem. No animal a faculdade sensitiva, ou seja, aquilo que determina a forma simples, é passível de determinação ulterior. Pelo menos no sentido de se lhe poder ajuntar a determinação racional. Em contraste, a faculdade racional, que determina a forma humana, não admite qualquer determinação adicional. Pois na linha animal nada existe acima da razão. De maneira que este determinante último, ou intelecto, é o *quo est*, ao passo que tudo aquilo que é determinado por ele é um *quod est*[35].

---

32. Summa theologica, p. II, tr. 12, q. 70, m. 1; t. 33, p. 20s.
33. Ibid., p. 20.
34. Ibid., p. 21.
35. Ibid., p. 21.

Não só como substância, mas também enquanto motor, a alma consta de um *quo est* e um *quod est*, constituindo assim um sujeito completo.

III. Relações entre a alma e suas potências

Como se viu, a alma, enquanto motor, contém várias determinações; o que faz surgir a questão de como estas determinações se relacionam umas às outras e à própria alma.

1. A unidade da alma – Alberto frisa vigorosamente a unidade real da alma. Não há dúvida de que ela tem partes, mas estas só existem virtualmente, como as partes de uma figura geométrica se contêm na figura inteira.

Consideremos o conceito de figura. Figura é uma quantidade limitada por uma linha, ou inclusa em linhas. Em certo sentido podemos ver nela um gênero. Esta definição quadra com toda e qualquer espécie de figura geométrica. Todavia, ela não exprime o ser próprio de nenhuma parte. Por isso, se quisermos conhecer a definição completa da figura, devemos inteirar-nos também das definições particulares das espécies ou partes da figura em geral, por exemplo, da do triângulo e do círculo. O mesmo sucede com a alma. A definição da alma não dispensa a definição das partes ou espécies da alma: da racional, da sensitiva, da vegetativa.

Portanto, as espécies da alma existem na alma como as figuras geométricas nas figuras que as contêm. Um triângulo pode existir por si, suposto que seja apenas triângulo. O quadrado contém o triângulo, mas só em potência, visto que para obter o triângulo é preciso dividir o quadrado com uma diagonal. E, de modo geral, existem no polígono tantos triângulos virtuais quantos são os ângulos do polígono. Pois bem: como em tais figuras os triângulos só existem potencialmente, assim as partes da alma existem na alma. O vegetativo está no sensitivo, o sensitivo no racional, mas não como algo realmente distinto, e sim como algo virtualmente contido nele[36]. Alberto não admite uma multiplicidade de almas realmente distintas na única alma humana.

A comparação entre a figura geométrica e a alma, porém, é inexata sob um aspecto importante: é que a alma não contém figuras, e sim *forças*. Ao compararmos várias almas entre si, outra coisa não fazemos senão comparar uma potência operativa com outra. Por isso a inclusão de uma alma em outra significa apenas que a espécie de alma que possui um menos de potência está inclusa na que possui um mais, e portanto dispõe de maior capacidade de ação. Por outras palavras: quem pode o mais, pode igualmente o menos. As almas inferiores se tornam dispensáveis, visto que a alma superior as substitui perfeitamente.

---

36. Summa de creaturis, p. II, tr. 1, q. 6; t. 35, p. 87.

2. As várias modalidades do "todo" – Em conformidade com Boécio, Alberto se refere à alma como a um todo; mas este todo tem um caráter peculiar: é um *totum potestativum* ou *potentiale*, ou seja, um todo constituído de forças[37].

Para melhor compreensão do pensamento de Alberto, cumpre notar que o *todo* é suscetível de três acepções diversas. Em primeiro lugar, há o *totum universale*. Um universal ou conceito geral é considerado como um todo em que se contêm os indivíduos, que se chamam também seres particulares (*particularia*) por serem como as partes de um conceito. – Em segundo lugar, temos o *totum integrale*, como, por exemplo, o corpo humano, para cuja integridade (*integritas*) se requerem: a cabeça, as mãos, o tronco e os pés. – E, finalmente, o *totum potentiale*, que se situa entre os dois primeiros. Embora a alma não seja um conceito genérico relativamente às suas potências, nada impede que nos refiramos a estas como a outras tantas almas. O *totum potentiale* se assemelha, pois, ao *totum universale*. Por outro lado, ele se avizinha também ao *totum integrale*[38].

3. As várias potências do *totum potentiale* da alma – Inicialmente, Alberto estabelece que as várias potências são uma só substância: "*secundum omnes philosophos etiam naturales, vegetabile, sensibile et rationale sunt in homine substantia una, et anima una et actus unus*"[39]. É evidente que tal unidade não suprime simplesmente a existência das potências; também estas devem ter seu caráter distintivo. De nenhum modo constituem indivíduos de uma espécie, ou partes de um conteúdo material; antes, são realidades que poderiam subsistir por si mesmas, se outra não lhe fizesse as vezes: "*In toto potestativo sunt partes potestatum particularium, quae partes vires vel virtutes dicuntur, et non secundum esse et speciem propriam, sed secundum esse et speciem sui totius*"[40]. Mas isto não quer dizer que careçam inteiramente de existência. Alberto se opõe decididamente a alguns discípulos de Agostinho que afirmavam ser a unidade da alma de natureza a não permitir senão uma distinção racional entre as suas partes[41].

No que concerne aos pormenores da questão é difícil verificar a opinião exata de Alberto. Partindo de uma analogia, o nosso mestre diz que a maneira em que as potências estão contidas na alma corresponde mais ou menos ao modo em que as autoridades subordinadas se encerram no poder político supremo. A autoridade do rei se compõe de uma multiplicidade de poderes particulares, mas que dimanam todos do poder soberano. O Prefeito, o Cônsul, o Tribuno etc., só têm a autoridade que lhes vem do monarca, e, contudo, as suas autoridades, tomadas em conjunto, formam aquela totalidade que se denomina o poder real (*regnum*). O mesmo se dá com as forças espirituais. Toda potência inferior está

---

37. Ibid.
38. Summa theologica, p. II, tr. 12, q. 70, m. 3; t. 33, p. 24b; cf. Summa de creaturis, p. II, q. 7; t. 35, p. 95b.
39. Summa de creaturis, p. II, q. 7; p. 93b.
40. Ibid., ad 8m; p. 95b.
41. Summa theologica, p. II, tr. 12, q. 70, m. 2; t. 33, p. 22b.

contida na superior, e o que é mais: ali o seu ser é muito mais perfeito. E por sua inclusão na potência suprema, todas elas vêm a formar, no seio desta, uma unidade: "*Si superior non uniret in se potestatem inferiorem, non dicerentur omnia haec unum regnum, nisi sicut acervus lapidum; et idcirco quanto potestas superior est simplicior, erit et universalior ad multa exercenda quae sub illa potestate continentur*"[42].

Alberto diligencia por evitar a todo custo uma composição externa da alma; há apenas uma composição interna, isto é, do ponto de vista da plenitude da potência. A única alma racional contém as demais em sua *potência*: "*Haec tria esse substantiam unam in homine quae est actus et perfectio hominis, nec sensibilem esse in homine neque vegetabilem animas vel substantias, sed potentias quae fluunt a substantia, quae est anima rationalis*". Nos animais, ao invés, esta potencialidade do sensitivo deixa de ser potência para se tornar substância; do mesmo modo na planta a potencialidade que no animal não passava de potência vem a ser substância.

"Pois as operações daquela potência (*potestas*) inferior estão ordenadas para algo de superior, como a matéria instrumental está ordenada para sua forma; e, segundo dissemos há pouco, toda operação que está em relação instrumental para com outra é, em relação a esta, uma operação material e imperfeita. Pois como as operações dos cinco sentidos estão para o sentido comum, assim as operações do sentido comum estão para a potência representativa (*phantasia*). Da mesma forma as operações da potência representativa se relacionam no intelecto possível, e este ao intelecto ativo, que é absoluta e simplesmente a substância do homem. Entretanto, nem um nem outro se chama simplesmente matéria, senão que se dizem materiais, no sentido acima indicado, como todo ser imperfeito é denominado material. Pois tudo quanto opera material ou instrumentalmente é imperfeito. Por agente instrumental entendo aquilo que opera a serviço de outro, que é o complemento da obra. De maneira semelhante as operações do vegetativo estão para com o sensitivo, o que é indicado pelo fato de a força nutritiva transformar o alimento em carne, que, além de servir de substrato ao vegetativo, é o instrumento do sentido do tato. Por onde se vê facilmente que a multidão das potências não introduz uma composição essencial na alma; antes, ela aponta para um fator formal por excelência, do qual difluem as potências (*unum formalissimum, ex quo fluunt potentiae*). E quanto maior for sua riqueza de formas, tanto maior será o número de operações em que iremos reencontrá-lo; de maneira que as operações necessitam dele para os seus diferentes efeitos; nisto ele difere da natureza, que, ligada à matéria, produz um só efeito. Neste fator formal último, porém, há algo semelhante à forma e algo semelhante à matéria, mas sem ser matéria nem forma. Tais diferenças se encontram forçosamente em todas as naturezas sitas abaixo da natureza ou essência primeira. Se alguém nos objetasse que estas potências da alma não são a substância, e sim potências naturais, e por isso pertencem à categoria dos acidentes, pelo que também a alma deve compor-se de sujeito e de acidentes..., diremos que estas potências não são acidentes no sentido ordinário, e sim potências naturais e propriedades essenciais da alma: e estas são forças de sua substância... Elas lhe competirão em número tanto maior quanto maior for sua simplicidade, pois a sua atividade cresce em proporção à sua simplicidade"[43].

Logo, para Alberto as potências não são meros acidentes da alma; antes, são energias da alma, emanadas de sua plenitude potencial, possibilitando-lhe a ativi-

---

42. De Anima l. II, tr. 1, c. 11; t. 5, p. 212.
43. Ibid., l. III, tr. 5, c. 4; p. 419ss.

dade dentro do corpo e separadamente dele. Estão contidas na substância única do intelecto.

IV. A alma humana como intelecto

1. O lugar do intelecto no cosmos – Sob a influência do neoplatonismo, Alberto incorpora o intelecto na própria ordem cósmica. No ápice de tudo está Deus e o Intelecto divino; sua luz age criativa e formativamente, estendendo-se até às coisas da natureza[44]. Abaixo do Intelecto divino se encontram – segundo Dionísio –, em ordem hierárquica, as inteligências separadas. A iluminação divina percorre esta ordem hierárquica até atingir as inteligências mais ínfimas. Dali penetra no intelecto humano unido ao corpo. Continuando sua descida, ela alcança a matéria, à qual comunica as formas, procedendo das mais nobres às mais humildes, isto é, até as formas dos quatro elementos[45]. A iluminação exerce, pois, um duplo efeito: penetra a alma humana e comunica à matéria as formas, pelas quais esta se torna virtualmente cognoscível. Por isso a alma, enquanto intelecto, pode conhecer as formas na matéria. Este processo cognitivo se efetua de maneira exatamente inversa. Por estar ligada à matéria, a alma não pode receber as formas senão a partir da matéria e separando-as da matéria. Dos elementos espirituais assim obtidos ela remonta ao primeiro princípio, seu fim último e sua consumação.

2. Intelecto agente e intelecto possível – Há, no intelecto, uma distinção básica entre o intelecto agente (*intellectus agens*), que é um princípio ativo e iluminador, e o intelecto possível (*intellectus possibilis*), que existe em potência e *torna-se tudo*.

O processo cognitivo é comparável a uma iluminação. O intelecto agente é luz, pois é ele que produz a inteligibilidade ou o *intellectuale esse*; atua universalmente, isto é, sobre todas as coisas, assim como a luz ilumina tudo quanto está sujeito à sua ação. Em virtude desta iluminação, as formas das coisas se encontram expostas à luz do intelecto agente, o que lhes permite atuar sobre o intelecto possível, visto já não serem meras formas materiais, e sim formas espiritualizadas[46]. O intelecto possível, por sua vez, é comparável ao que é iluminado, ou, mais exatamente, ele representa a possibilidade de ser iluminado (donde a denominação *possível*); recebe a forma iluminada e a guarda em si[47]. Agora, enfim, o intelecto é *formal*. Este resulta tanto do intelecto agente como do possível. Temos um intelecto formal toda vez que, através da luz do intelecto, a nossa alma está de posse da forma da coisa conhecida, ou, ainda, de algo que se deve fazer (de um saber teórico ou prático)[48].

---

44. De intellectu et intelligibili 1. II, c. 11; t. 9, p. 519.
45. Ibid., p. 506; cf. p. 507s.
46. Ibid., p. 508.
47. Ibid., p. 508a.
48. Ibid., 1. I, tr. 3, c. 3; p. 501a.

3. Os graus do intelecto

a) Segundo a diversidade do talento – Em conformidade com Aristóteles e Avicena, Alberto estabelece uma escala de aptidões intelectuais (*secundum facultatem naturae intellectualis*), a qual abrange quatro graus:

O primeiro intelecto é o que só atua em dependência do espaço e do tempo. É obscuro e vagaroso. Só com grande esforço, e auxiliado por exemplos sensíveis, consegue obter alguns conhecimentos. As pessoas que possuem este grau mínimo de aptidão intelectual são incapazes de atingir as coisas evidentes e divinas, propostas na Metafísica e na Teologia: "*et vocantur illi mali ingenii existentes a vulgo*"[49].

O segundo é o intelecto puro e santo, como lhe chama Avicena, ao passo que Aristóteles o diz divino. Atinge como por si mesmo, e com grande facilidade, ou, pelo menos, com um mínimo de adestramento, à compreensão de todas as coisas. Nas pessoas que o possuem, o intelecto agente não desempenha o papel de causa eficiente nem recorre à abstração para tornar inteligíveis as coisas, senão que é, desde logo, uma como forma operativa da alma. Um tal intelecto facilita o acesso à iluminação profética e à interpretação dos sonhos.

O terceiro intelecto medeia entre os dois primeiros. Embora necessite de instrução, esta o conduz rapidamente à compreensão. Tal é o talento normal do aluno que aspira à Filosofia e à Teologia.

Do quarto e último grau de intelecto pouco ou nada se pode esperar. Não é separado, e como tal é absolutamente incapaz de se sobrelevar à ordem sensível. Além disso não encontra na alma sensitiva os meios indispensáveis para qualquer progresso. A razão deste estado de coisas está, ou na constituição corporal, como por exemplo nos mentecaptos (*morionibus*), ou na falta do hábito de transcender a ordem sensível, como sucede aos ignorantes (*idiota*): "Donde se segue que aqueles que lidam longamente com o individual, tais os que estudam as leis sem se importarem com as causas e razões, são imprestáveis para a Filosofia"[50].

b) Segundo a perfeição – Na classificação dos intelectos Alberto atende sobretudo a sua perfeição. O que mais lhe interessa é a finalidade do intelecto, ou o *intellectus speculativus*.

O *intellectus formalis* é aquele que se apropria da forma do objeto conhecido: "*quando scilicet forma sciti vel operandi per lucem intellectus est apud animam*"[51].

O *intelecto se diz "in effectu"* após haver passado da simples potência para o ato, ou, em outros termos, quando a luz do intelecto agente passa a mover o intelecto possível[52].

Por *intellectus principiorum et instrumentorum* se designa o intelecto que dispõe não só dos princípios, como das várias modalidades de argumentação, pelas quais se derivam dos princípios as ciências que se contêm nos mesmos[53].

O *intellectus adeptus* ou adquirido resulta do estudo; adquirem-no (*adipiscitur*) aqueles que, mediante o trabalho intelectual, o transformam, por assim dizer, em propriedade pessoal[54].

---

49. Ibid., p. 501b.
50. Ibid.
51. Ibid., p. 501a.
52. Ibid., 1. II, c. 6; p. 512a.
53. Ibid., c. 7; p. 513b.
54. Ibid., c. 8; p. 514bs.

O *intellectus assimilativus*, como já lhe chamavam os filósofos antigos, é definido como se segue: "*Est..., in quo homo quantum possibile sive fas est proportionaliter surgit ad intellectum divinum, qui est lumen et causa omnium*"[55]. Esta assimilação se realiza quando já o intelecto houver percorrido de maneira perfeita os estágios do *intellectus in effectu* e do *intellectus adeptus*, capacitando-se assim para a elevação gradativa a Deus e ao Intelecto divino.

O *intellectus sanctus* não é uma nova espécie na escala de perfeição intelectual, mas apenas um novo grau de pureza. É adquirido pelo estudo da beleza, pelo acolhimento de um máximo possível de iluminação, pelo distanciamento o mais perfeito possível do espacial e do temporal, e pela assimilação à luz de ordem superior. "Este quarto intelecto constitui o sumo grau de perfeição acessível ao homem na vida presente; perfeição esta que vai sendo atingida mais e mais, segundo a receptividade da alma para as iluminações, as quais, sendo *mais e mais*, provêm da Causa primeira. Pois só no primeiro não se encontra um *mais e mais*, pelo que é chamado o *necesse est esse*. Todas as outras coisas, porém, nas quais há um *mais e mais* são de algum modo possíveis"[56].

4. A função do intelecto – Devido à sua superioridade sobre as formas físicas, o intelecto não depende delas em sua atividade; depende exclusivamente de Deus. O intelecto não se basta a si mesmo; como as estrelas recebem sua luz do sol, assim ele deve ser tocado e alumiado por uma iluminação divina[57]. *Esta iluminação natural do intelecto pode vir imediatamente de Deus, ou mediatamente, por meio da hierarquia dos anjos*. Nosso intelecto não pode conhecer a verdade senão pela *conjunção* com o Sol divino, ou, ainda, pela conjunção com o mesmo Sol e o astro refulgente de algum anjo[58].

Por onde se vê que, embora tenha por suficiente a força do intelecto agente e possível para os conhecimentos de ordem inferior, Alberto recorre a uma iluminação superior para explicar o conhecimento da verdade, da alma e de Deus. E assim verificamos, uma vez mais, que, muito embora ele faça amplo uso das ideias aristotélicas, os estímulos mais profundos e mais decisivos lhe advêm do neoplatonismo árabe, os quais, por sua vez, transmitem à mística alemã (cf. texto anexo).

Apreciação

Alberto é antes de tudo um grande *mediador*. Tornaram possível a execução dessa tarefa: a universalidade do seu saber, a clarividência com que soube divisar a verdade em todas as suas formas e valorizar as mais variadas conquistas do espírito humano, e, notadamente, a sua capacidade de moldar aquele gigantesco material científico e de transmiti-lo à posteridade, revestido de uma forma literária mais agradável. Por outro lado, não podemos olvidar o seu vigor especulativo, que impediu de reproduzir, pura e simplesmente, as ideias alheias. É só com a máxima reserva que se pode

---

55. Ibid., c. 9; 516a.
56. Ibid., c. 10: p. 518; cf. o texto anexo que, embora estranho à linha do pensamento árabe, assume contudo uma importância inegável para a mística alemã.
57. Summa theologica, p. I, tr. 3, q. 15, m. 3; t. 31, p. 110s.
58. Sent. I, d. 2, a. 5; t. 25, p. 59.

chamá-lo de pioneiro do aristotelismo puro do século XIII. Com muito maior razão o denominaremos o prosseguidor enérgico do neoplatonismo árabe, fortemente impregnado de elementos aristotélicos. E como tal continua a influir no período seguinte. Ulrico de Estrasburgo, seu discípulo, e contemporâneo de Santo Tomás, retoma quase literalmente, na *Summa de bono*[59], a doutrina de Alberto sobre o intelecto.

Aqui se encontra indubitavelmente o ponto de ligação com Mestre Eckhart. A Escola de Alberto pôde manter-se durante vários séculos ao lado das outras grandes escolas.

A divinização do intelecto

De reductione animae in esse divinum secundum ultimum statum perfectionis eius.

Sobre a redução da alma ao ser divino segundo o último grau de sua perfeição.

Est autem hoc quoddam omnibus mirabilibus mirabilius, et omnibus bonis melius, advertere de bonitate et largitate causae primae in reducendo ad se animam hominis. Cum in omni natura nihil sit propter vilius, formae quae fluunt continue in materiam ex luminibus causae primae et intelligentiarum, melius multo existentes in causa prima et in luminibus intelligentiarum quam in materia, nulla ratione fluunt in materiam propter esse quod habent in materia, licet materia appetat eas sicut divinum et bonum, sicut diximus in libro de Physico auditu.

A mais admirável de todas as coisas admiráveis, e o mais estimável de todos os bens, é refletir sobre a bondade e liberalidade com que a Primeira Causa reconduz a si a alma humana. Sendo que nada existe, em qualquer natureza, em atenção a algo mais vil, assim também as formas que continuamente difluem das luzes da Causa Primeira e das Inteligências para a matéria – e que existem de maneira muito melhor na Causa Primeira e nas Inteligências do que na matéria – não difluem de modo algum para a matéria por causa do ser que possuem na matéria, embora esta as apeteça como algo de divino e bom, como dissemos na Física.

Nec potest hoc dici, quod fluunt ad hoc quod illae formae quae mundi dicuntur, largitatem suae fontalitatis ostendant: quia in rebus vilioribus consumere substantiam non est magnificae largitatis. Oportet igitur quod ad hoc fluunt, ut esse divinum aliquod et operationes divinas perficiant. Esse autem divinum et operationem non perficiunt nisi a materia separatae: et scimus quod non separantur nisi ab anima humana perfecta separatione: oportet igitur, quod per separantem a materia intellectum ad esse divinum reducuntur. Huiusmodi autem reductio non fit per intellectum mundi: quia illarum intellectus habet eas separatas in esse et operatione divina: fiet ergo necessario per intellectum hominis qui ad hoc habet vires et organa, ut a materia accipiat formas divinas.

Tampouco se pode dizer que elas fluem para que as chamadas formas do mundo lhes revelem a plenitude fontal; pois o consumir a substância em coisas mais vis não é sinal de magnificência ou liberalidade. Importa, pois, que fluam com o fim de levar à perfeição algo de divino, ou certas operações divinas. Ora, elas não levam à perfeição o ser e as operações divinas senão enquanto separadas da matéria; e, como sabemos, não são separadas de modo perfeito senão pela alma humana. Por conseguinte, importa que sejam reduzidas ao ser divino pelo intelecto que as separa da matéria. Tal redução não se realiza pelo intelecto do mundo, pois o intelecto daquelas (formas) as possui separadamente no ser e no operar divinos. Logo, ela (a redução) se efetua necessariamente pelo intelecto humano que dispõe das forças e dos órgãos para tirar da matéria as formas divinas.

---

59. Ed. Daguilion, Bibl. thom. t. XII, Paris, 1930.

Secundum autem omnia quae inducta sunt, forma non est sufficienter facta divina per hoc quod efficitur intellectus qui dicitur in effectu vel adeptus: sed divina fit per intellectum assimilantem, et eum qui vocatur divinus: igitur sic reducta confert esse divinum et operationem divinam: substantia autem habens esse divinum et operationem, non indiget aliquo: ergo anima sic reducta de sensibilibus et materia corporum, non indiget, eo quod materialia et instrumentalia organa non accepit secundum naturam nisi ad hoc ut ad esse divinum reduceretur: stat igitur substantiata et formata in esse divino in esse perfecta: et hoc vocaverunt Philosophi caducum alterius et immortalis vitae, per quam vere probatur animae humanae immortalitas. Quod autem diximus eam indigere sensibilibus et corpore, intelligendum est de indigentia relata ad intellectus perfectionem. Sic igitur concluditur ultima perfectio animae secundum intellectum.

Est autem alia eius perfectio secundum virtutem et virtutis felicitatem, de qua perscrutati sumus in Ethicis: consequenter autem in his quae determinata sunt, oportet quaerere hie de natura omnis animae et immortalitate, de principiis motuum animalium: quia per hoc scitur qualiter unitur corpori: et hoc quidem faciemus in aliis duobus libris qui immediate post hunc sunt ordinandi. Per illum enim scitur qualiter anima subiectatur ad vitam aeternam, cum reducitur ad primum, quod est necesse esse et omnium causa: ita penetretur lumine eius mirabili et causali, quod nihil amplius novit requirere, sed stans in seipsa manet in illa.

De intellectu et intelligibili, 1. II, tr. un., c. 12; t. 9, p. 520 as.

Por tudo o que até aqui se disse, a forma ainda não se torna suficientemente divina por haver-se tornado um intelecto efetivo ou adquirido. Antes, faz-se divina pelo intelecto assimilador e o chamado intelecto divino. É, pois, assim reduzida, que (a forma) confere o ser e operar divinos. Ora, uma substância que possui um ser e um operar divinos nada mais necessita. Logo, a alma assim reduzida das coisas sensíveis e da matéria corporal não é indigente, pois que não recebeu da natureza os órgãos materiais e instrumentais senão para ser reduzida ao ser divino. De sorte que, substanciada e formada no ser divino, ela é perfeita no ser. E é isso o que os Filósofos chamaram a herança de uma vida diferente e imortal, pela qual se prova verdadeiramente a imortalidade da alma humana. O que dissemos de sua indigência das coisas sensíveis e do corpo, deve-se entender da indigência relativa à perfeição do intelecto. E assim se conclui a última perfeição da alma segundo o intelecto.

Todavia, compete-lhe ainda uma outra perfeição, a saber, a que vem da virtude e da felicidade da virtude; este ponto já o examinamos na Ética. Em conformidade ao que ficou estabelecido, faz-se mister examinar aqui a natureza de toda alma, a imortalidade, e os princípios dos movimentos animais: é por meio destas coisas que se chega a saber a maneira em que a alma está unida ao corpo. Por este (livro), porém, sabemos como a alma está sujeita à vida eterna pela redução ao Primeiro, isto é, ao Ser necessário e causa de tudo. É preciso, pois, que ela se deixe penetrar por aquela luz admirável e causal, a ponto de já não poder aspirar a nenhuma outra coisa. Antes, permanecendo em si mesma, permanecerá também naquela.

CAPÍTULO IV
A ESCOLA FRANCISCANA DE PARIS

Já em 1219 os franciscanos haviam fixado residência em Paris. Com o ingresso na Ordem de quatro mestres teólogos ingleses, em 1224, lançaram-se as bases para um *Studium Generale*. Como era natural, os irmãos entraram, desde logo, em contato vivo com a universidade. Desta forma, a Ordem do Poverello de Assis se viu como que compelida a participar da vida acadêmica da mais célebre das universidades, e a se equipar para uma tarefa inteiramente estranha às cogitações do seu fundador. A Ordem não demorou em solucioná-la de maneira a romper definitivamente com a oposição interna, oriunda principalmente dos irmãos mais conservativos. Assegurou-se assim o direito de cidadania à atividade científica no seio da Ordem, direito este que nenhuma reforma subsequente iria contestar seriamente. Este desenvolvimento foi devido principalmente à iniciativa de alguns homens esclarecidos e virtuosos, entre os quais sobressaem as figuras de Alexandre de Hales e de São Boaventura.

§ 1. Alexandre de Hales, *Doctor Irrefragabilis*

Vida – Alexandre nasceu entre 1185 e 1186 em Hales, Inglaterra. Estudou em Paris, onde foi promovido a Mestre em Artes antes de 1210, e, mais tarde, a Mestre em Teologia. Em 1229 participou da comissão incumbida de defender a causa da universidade perante o Papa Gregório IX, o que significa ter ele ocupado, já por este tempo, uma posição de relevo. Em 1235 o rei da Inglaterra solicitou-lhe os bons ofícios na negociação da trégua com Luís IX de França. Pouco após pediu admissão à Ordem Franciscana. Este acontecimento sensacional, além de aumentar grandemente o prestígio da Ordem, valeu aos franciscanos uma cadeira professoral na Universidade. De 1238 a 1239 Alexandre se demorou na Itália, onde fora tratar dos interesses da Ordem. A seguir, voltou a reger sua cadeira em Paris, onde permaneceu até 1245, ano em que faleceu, vitimado por uma doença epidêmica. Quase simultaneamente sucumbia também João de la Rochelle, seu jovem e talentoso colaborador.

Obras – *Glossa super Sententias*, recém-descoberta por Vitorino Doucet, O.F.M., e Francisco Henquinet, O.F.M.; foi redigida entre 1223 e 1227, e consta de umas 200 questões conservadas em forma de manuscrito (Ed. Quaracchi, 4 vols., 1951-1957). Entretanto, a obra que mais nos interessa aqui é *Summa* tradicionalmente atribuída a Alexandre.

A *Summa fratris Alexandri*, contida na edição monumental de Quaracchi (4 vols., 1924-1948), de acordo com o projeto original, deveria compreender quatro livros. O primeiro versa sobre Deus uno e trino, o segundo sobre a criação, a queda e o pecado, o terceiro sobre o Redentor e a graça, as virtudes e a lei. O quarto livro, que ficara incompleto, e foi acrescentado mais tarde, trata dos Sacramentos. O problema da autenticidade da Summa, tão vivamente discutido nestes últimos decênios, ainda não teve solução definitiva; até certo ponto, a questão foi resolvida por Vitorino Doucet nos *Prolegomena* ao 4º volume. Eis o que se pode afirmar com segurança. A *Summa* contida na edição de Quaracchi foi redigida incontestavelmente antes de 1245, à exceção do tratado *De coniuncto humano* (2º livro). A obra foi delineada, em sua totalidade, por Alexandre. O projeto foi executado por vários colaboradores. Grande parte do material elaborado por Alexandre, e conhecido pelo nome de *Quaestiones*, foi integrada na gigantesca compilação. Contudo, aproveitaram-se também, em ampla escala, outros materiais, de autoria dos próprios colaboradores e de outros mestres. A parte principal coube, provavelmente, a João de la Rochelle.

Não obstante o seu caráter compilatório, a *Summa fratris Alexandri* constitui uma realização impressionante. Sua influência é atestada pelo grande número de manuscritos até hoje conservados. De qualquer modo, ela reflete o acervo ideológico da primeira Escola Franciscana, tanto em matéria de Filosofia como de Teologia – se é que se pode falar, desde já, numa Escola propriamente dita. A fim de mostrar a improcedência de certos preconceitos, iremos travar conhecimento, pelo menos, com a Metafísica da Summa.

A Metafísica da Summa fratris Alexandri

A Summa se devide em quatro livros, a exemplo das Sentenças de Pedro Lombardo. Dentro deste esquema, porém, a obra segue um plano inteiramente próprio e muito bem estruturado. O primeiro livro, que trata de Deus em sua Unidade e Trindade, nos depara, em sua primeira parte, um conjunto de lucubrações filosóficas equivalente a um sistema praticamente completo de Metafísica.

I. Natureza e essência da Metafísica

1. Distinção entre Metafísica e Teologia

Sendo a *Summa* uma obra teológica, temos de indagar, em primeiro lugar, se ela prevê uma distinção entre a ciência da fé e uma ciência natural a que caiba o nome de Metafísica. Uma vista de olhos aos textos nos depara uma resposta inopinadamente clara.

a) A Teologia e a Metafísica diferem por seus respectivos objetos

Toda ciência versa sobre um conjunto bem determinado de objetos (*materia circa quam*), que ela examina de certo ponto de vista (*materia de qua*). O conjunto dos objetos da Teologia é a totalidade das coisas e dos sinais (Sacramentos), o da Metafísica, ao invés, é apenas a totalidade das coisas. A Teologia estuda o seu objeto do ponto de vista da Revelação e da Redenção, vindas de Cristo; a Metafísica o examina sob o aspecto do ser absoluto de que tudo depende: "*Dicendum quod res et signa sunt materia circa quam est sacra Scriptura, non materia de qua est... Materia vero de qua est sacra Scriptura est divina substantia cognoscenda per Christum in opere reparationis. Quemadmodum est dicere de Philosophia*

Prima quod materia circa quam est omnia..., materia vero de qua intentio, est ens actu unum, quod est substantia prima, a qua omnia dependent"¹.

b) A Teologia e a Metafísica diferem pela origem dos seus conhecimentos – Ao passo que a Teologia deve sua origem à revelação divina, sendo por isso uma ciência da fé, a Metafísica se baseia na razão humana e naquilo que nos é revelado pelas próprias coisas.

Por esse motivo, o assentimento prestado às verdades teológicas se estriba no testemunho de Deus; o que damos às verdades metafísicas, porém, repousa no testemunho da razão. A *Summa* insiste vivamente neste ponto, máxime com referência às verdades mistas, isto é, àquelas que podem ser conhecidas tanto pela fé como pela razão: "*Quamvis credenda cognoscantur per naturalem rationem et per fidem, tamen aliter et aliter. Nam in cognitione quam habemus de credendis per naturalem rationem, acquiescimus ipsi veritati propter testimonium proprium quod in nobis habemus, scilicet ipsam rationem qua cogitur intellectus; in cognitione vero per fidem acquiescimus ipsi veritati non propter testimonium proprium, sed alienum, scilicet divinum seu primae veritatis*"².

c) A Teologia e a Metafísica diferem, igualmente, pelo grau de certeza – A certeza puramente científica (*certitudo speculationis*) produzida pela Metafísica é maior e mais firme do que a da Teologia, não, porém, a certeza de convicção (*certitudo affectionis*). A *Summa* tece longas considerações sobre este assunto³.

Do exposto se depreende que já na primeira metade do século XIII fazia-se uma distinção nítida entre Teologia e Metafísica.

2. A Metafísica enquanto sabedoria natural e Teodiceia

No início do século XIII, sob o renovado afluxo das ideias gregas e árabes, os pensadores cristãos se defrontam, mais uma vez, com a questão sobre se o homem atinge o seu grau supremo de perfeição mediante o conhecimento natural da Causa Suprema, ou pelo conhecimento sobrenatural, fundado na revelação e na graça. Em outros termos: qual das duas disciplinas merece o nome de sabedoria no sentido estrito da palavra: a Teologia ou a Metafísica? A *Summa* resolve o problema dando a preferência à Teologia; o que não a impede de atribuir também à Metafísica uma posição destacada e rigorosamente delimitada.

A sabedoria pode ser definida como um conhecimento deleitável: "*Sapientia enim, secundum quod proprie dicitur, dicit cognitionem cum delectatione*"⁴. A sabe-

---

1. I, n. 3, ad 3; t. I, p. 6.
2. I, n. 23, ad 1; t. I. p. 34.
3. Cf. I, n. 5, ad 1; t. I, p. 9.
4. I, n. 456; t. I, p. 652b.

doria é, pois, um conhecimento que confere a mais profunda satisfação, por ser o fim supremo do homem; como tal, ela deve ser colimada *sui gratia*, ou seja, por ela mesma, e independentemente de todo outro fim, ao passo que todas as outras ciências lhe rendem serviço.

Por conseguinte, a sabedoria é um saber; mas este saber se refere ao objeto supremo, que é buscado em atenção a si mesmo; é, pois, um saber que não se subordina a nenhum outro. Embora esta determinação se aplique também, em certo sentido, à Metafísica, ela não vale, em rigor, senão para a Teologia. Pois o fim último da Metafísica é a contemplação da verdade, e por isso ela merece o nome de sabedoria absoluta ou sabedoria ciencial. A Teologia, além disso tudo, é um conhecer vivencial e degustante, e por isso lhe cabe a designação de sabedoria sapiencial: *"Prima est ut cognitio secundum visum, et ideo debet dici scientia absoluta; secunda ut cognitio secundum gustum, et ideo debet dici sapientia a sapore affectionis"*[5].

b) Segundo a Summa Alexandri, a Teologia Natural coincide com a Metafísica: *"Prima philosophia, quae est theologia philosophorum..."*

Com efeito, a Metafísica trata da Causa das causas, e esta Causa é bondade, sabedoria e poder. Tudo refere a um só objeto, a saber, Deus, o *Ens actu unum*; sua esfera de competência, porém, abrange a totalidade das coisas, que ela examina do ponto de vista das determinações transcendentais: *"... materia circa quam est sunt omnia – unde et dicitur esse de omnibus, quia est circa ens secundum omnem sui differentiam, secundum differentes divisiones entis, scilicet ens potentia, ens actu, ens unum et multa, ens substantia et accidens, et huiusmodi – materia vero de qua intentio, est ens actu unum, quod est substantia prima, a qua omnia dependent"*[6].

II. O sistema da Metafísica

A Teologia dos filósofos e a Ontologia – na acepção moderna e neoescolástica – são objeto de um tratamento sistemático e orgânico muito digno de reparo. Compreende praticamente toda a primeira parte do primeiro livro, ou seja, cerca de 400 páginas da edição crítica. Obviamente, não se há de esperar que uma obra teológica silencie sobre a revelação; por outro lado, não deixa de causar forte impressão pela maneira em que procura abrir um máximo de espaço à razão natural. A seguir, traçaremos o mais fielmente possível o arcabouço da Metafísica segundo a *Summa*. Divide-se em seis tratados:

Tratado Primeiro: Das determinações essenciais de Deus

É muito significativo que a *Summa* aborde a realidade (*essentialitas*) de Deus a partir da sua necessidade. Alexandre aduz cinco provas da necessidade de Deus: a primeira parte as de-

---

5. I, n. 1; t. I, p. 2b.
6. I, n. 3; t. I, p. 7.

terminações disjuntivas transcendentais do ser, o que lhe permite concluir para um *Ens a se*. A segunda mostra a necessidade de uma causa primeira. A terceira e a quarta, inspiradas em Santo Anselmo, conduzem à necessidade de uma verdade e bondade suprema, e a quinta, enfim, leva à necessidade de um Ser supremo que transcende todos os outros seres.

Em seguida, e sempre a partir da necessidade, a *Summa* demonstra a imutabilidade e a simplicidade divinas.

Tratado Segundo: Da imensidade de Deus

Tomando por base, quase sempre, o conceito da necessidade, a *Summa* prova que Deus é imenso em si mesmo, e por isso infinito; que, por conseguinte, Deus não pode ser compreendido pela razão humana; que Deus, em razão de sua ilimitação local, está presente em toda a parte; e, finalmente, que Deus é imensurável na duração, ou eterno.

Tratado Terceiro: Da unidade, da verdade e da bondade divinas

Os dois tratados precedentes poderiam ser compreendidos sob a denominação de Teologia negativa, porquanto neles se enuncia, em substância, o que Deus não é. Doravante a *Summa* se ocupa com a Teologia afirmativa, ou melhor, analógica – isto é, com os atributos divinos predicados primariamente de Deus, e secundariamente das criaturas, pois é nisto que consiste a predicação analógica. Só agora a *Summa* entra numa ampla exposição da *Ontologia*. Partindo do conceito do ser e da doutrina da analogia, desenvolve as determinações transcendentais do *unum*, do *verum* e do *bonum* (juntamente com o *pulchrum*) e dos seus contrários, particularmente do *falsum* e do *malum*. O *ser* (*ens* ou *entitas*) tem um significado absoluto; o *ser-um* (*unum*) lhe ajunta o significado de indivisão; o *ser-verdadeiro* (*verum*), o da indivisão entre o sujeito e sua essência; o *ser-bom* (*bonum*) acrescenta a ambos a indivisão da realização da possibilidade do sujeito[7]. A ideia do *bem* ocupa indiscutivelmente o lugar central.

Tratado Quarto: Do poder de Deus

Nesta parte se discutem, pormenorizadamente, o conceito, as propriedades e os limites do poder de Deus, bem como a possibilidade da sua comunicação às criaturas. É digno de se notar que, segundo frisa a *Summa*, o poder de Deus, considerado em si mesmo, é ilimitado; limitada é apenas a sua manifestação, isto é, o seu exercício[8]. Até mesmo a distinção, tão amplamente utilizada em época posterior, entre poder absoluto e poder ordenado, com suas múltiplas aplicações, já se encontra aqui: "*De potentia ergo absoluta posset damnare Petrum et salvare Judam; de potentia vero ordinata secundum praeordinationem et retributionem secundum merita, non posset*"[9].

Tratado Quinto: Da vontade de Deus

Se o poder divino diz respeito à unidade e à causalidade eficiente de Deus, e a ciência divina à sua verdade e à causalidade exemplar, a vontade divina, por seu turno, relacio-

---

7. I, n. 88; t. I, p. 140.
8. Cf. I, n. 142; t. I, p. 221.
9. I, n. 141; t. I, p. 220.

na-se à divina bondade e à causalidade final. Este tratado se distingue dos outros pelo predomínio do ponto de vista teológico. Sob o aspecto filosófico, as exposições mais dignas de nota são as que versam sobre a essência da vontade de Deus, a causalidade, e o problema da Teodiceia.

Eis aí, em grandes traços, a estrutura da Metafísica da *Summa*. Representa incontestavelmente uma obra-mestra de composição. Não sabemos até que ponto deva ser atribuída a Alexandre, a seus colaboradores, ou às fontes. Em qualquer hipótese, é certo que a Escola Franciscana da primeira metade do século XIII dispunha de uma bem pensada síntese da Metafísica.

Apreciação

A importância de Alexandre parece estar principalmente no fato de haver ele assegurado à sua Ordem uma cadeira permanente na Universidade de Paris. Ademais, a sua personalidade e doutrina atuaram como ponto de cristalização e convergência para as forças jovens e ainda dispersas da Ordem, inaugurando aos poucos uma orientação uniforme, que irá culminar em São Boaventura. De suma importância foi o fato de Alexandre, e, por meio dele, os colaboradores da *Summa*, não haverem assumido uma atitude meramente negativa para com a grande avalanche de novas ideias filosóficas; antes pelo contrário, souberam se utilizar em escala surpreendentemente copiosa do acervo ideológico árabe e aristotélico, o qual foi por eles organicamente incorporado no patrimônio cultural do cristianismo.

Da beleza

Respondeo, secundum Augustinum, in 83 Quaestion.: Cum bonum dicatur dupliciter, honestum et utile, honestum dicitur quod propter se expetendum est, utile vero quod ad aliud referendum est. Honestatem autem voco intelligibilem pulchritudinem, quam nos spiritualem proprie dicimus; utilitatem vero divinam providentiam. Quapropter, quamquam multa sint pulcra visibilia, quae minus proprie honesta appellantur, ipsa tamen pulcritudo, ex qua pulcra sunt quaecumque pulcra sunt, nullo modo est visibilis. Item, multa sunt utilia visibilia; ipsa tamen utilitas, ex qua nobis prosunt, quam divinam providentiam dicimus, visibilis non est. Ex quo patet quod bonum, secundum quod dicitur honestum, idem est pulcro, quamvis bonum, quod dicitur utile, non idem. Differunt tamen: nam

Visto que o bem, segundo Santo Agostinho (83 quest., q. 30), comporta um duplo sentido, a saber, o de honesto e útil, segue-se que a designação de bem honesto cabe àquele que é aspirado por si mesmo, e a de bem útil, ao que se deve referir a outro. Por honestidade entendo a beleza suprassensível que denominamos propriamente espiritual; por utilidade entendo a Providência Divina. Por isso, embora muitas coisas visíveis sejam belas, se bem que não lhes chamemos propriamente honestas, contudo, a beleza como tal, de que todas as coisas belas derivam sua beleza, é inteiramente invisível. De maneira semelhante, muitas coisas visíveis são úteis; a própria utilidade, porém, pela qual elas se tornam úteis para nós, e que denominamos Divina Providência, não é visível.

pulcrum dicit dispositionem boni secundum quod est placitum apprehensioni, bonum vero respicit dispositionem secundum quam delectat affectionem; et sic differunt secundum intentionem causae finalis. – Item in intentione causae efficientis: bonum respicit quod fluit a causa secundum indistinctionem; pulcrum vero, quod fluit a causa secundum distinctionem. Unde Dionysius: "Bonum primum decor dicitur, quia ab eo omnibus entibus proprius decor impartitur". –

Item, in ratione causae exemplaris simili modo: bonum dicit exemplar ad convenientiam, inquantum finis est velut ars et regula operanti ad unum terminum. Unde Dionysius, De divinis nominibus: "Lux intelligibilis dicitur bonum"; et sequitur: "Intellectualia et rationalia omnia colligens et conglomerans: etenim, sicut ignorantia divisiva est errantium, sic intelligibilis lucis praesentia collectiva est et unitiva illuminatorum, et etiam conversiva ad vere ens". Pulcrum vere dicit ipsum exemplar, in quantum ars ad distinctionem et harmoniam differentium. Unde dicit Dionysius, quod "est exemplar secundum quod omnia distinguuntur".

Ad secundum dicendum quod illud Augustini definit pulcritudinem visibilem sive corporalem; tamen dicitur de pulcritudine corporali sensibili, in quantum ducit ad intelligibilem sive spiritualem. Sicut enim "pulcritudo corporum est ex congruentia compositionis partium", ita pulcritudo animarum ex convenientia virium et ordinatione potenciarum, et pulcritudo in divinis ex ordine sacro divinarum personaram, qua una persona non ab alia, a qua alia per generationem, a quibus tertia per processionem.

Summa fratris Alexandri, 1, n. 103; t. 1, p. 162s.

Por onde se vê que o bem, enquanto se diz honesto, é idêntico ao belo, não porém enquanto se diz útil. Ainda assim há entre eles uma distinção. Com efeito, o belo significa uma aptidão do bem, pela qual este agrada à apreensão; o bem, porém, diz relação à sua aptidão para deleitar o afeto. Tal é a sua diferença do ponto de vista da causalidade final.

Do ponto de vista da causa eficiente o bem significa aquilo que flui indivisamente (isto é, com plena realização de sua potencialidade) da causa; o belo, porém, significa aquilo que provém divisamente (em partes) da causa. Por isso lemos em Dionísio que "o primeiro bem se chama ornato, por comunicar a todos os seres o ornato que lhes convém".

Também do ponto de vista da causalidade exemplar há uma distinção semelhante. O bem se denomina exemplar em atenção à conformidade (entre agente e fim), no sentido de o fim ser uma como arte e regra para quem opera em vista de um certo objetivo. Por isso escreve Dionísio no livro *Sobre os Nomes Divinos*: "A luz suprassensível é chamada o bem", e "ela reúne e conglutina todos os seres intelectuais e racionais; pois como a ignorância separa os que erram, assim a presença da luz suprassensível tem o efeito de ligar e unir os iluminados, como também o de encaminhá-los para o verdadeiro ser". O belo, por sua vez, chama-se exemplar enquanto constitui a arte da distinção e da harmonização de coisas distintas. Por isso lemos em Dionísio que o belo "é o protótipo pelo qual todas as coisas se distinguem".

Quanto ao segundo ponto, diremos que as palavras de Agostinho definem a beleza visível ou corporal. Entretanto, elas se referem à beleza corporal ou sensível enquanto conducente à beleza suprassensível e espiritual. Pois como "a beleza dos corpos provém da composição harmoniosa das partes", assim a beleza das almas se origina da harmonia e da ordem entre as potências. Em Deus, a beleza provém da ordem sagrada entre as Pessoas divinas, em virtude da qual a primeira não provém de outra, dela provindo uma segunda por geração, e de ambas uma terceira por processão.

§ 2. São Boaventura, Doctor Seraphicus

O copioso acervo de ideias compilado e sistematizado segundo critérios mais ou menos extrínsecos por Alexandre e seus discípulos e colaboradores, tais como João de la Rochelle, Odo Rigaud e outros, irá servir de base para a clássica síntese de São Boaventura. A obra do Seráfico Doutor assinala o ponto culminante da Escola Franciscana dos meados do século XIII. Nesta grande síntese, conquanto independente em si mesma, transparece de modo incisivo a influência do aristotelismo árabe de inspiração neoplatônica. De outro lado, a obra de Boaventura denuncia também um influxo direto do Estagirita, e, não por último, a mão orientadora de Santo Agostinho.

Vida – Boaventura (João Fidanza) nasceu em Bagnorea, perto de Viterbo, em 1221. Ainda jovem, veio a Paris, sendo promovido a Mestre em artes em 1242. No ano seguinte se fez franciscano, provavelmente em Paris, e começou a cursar Teologia sob a direção de Alexandre de Hales, João de la Rochelle, João de Parma, Odo Rigaud e Guilherme de Middletown. Conquistados os graus de bacharel bíblico em 1248, e de bacharel sentenciário em 1250, principiou a comentar as Sentenças (na seguinte ordem: I, II, IV, III). Sua promoção a Mestre em Teologia se deu, verossimilmente, em 1253. Por esse tempo os adversários das Ordens mendicantes, liderados por Guilherme de S. Amour, começaram a se insurgir contra os franciscanos e dominicanos, contestando-lhes o direito de lecionar na Universidade. Todavia, a intervenção papal não tardou a pôr termo à oposição (definitivamente em outubro de 1257). Em consequência, Santo Tomás e São Boaventura foram confirmados simultaneamente como mestres em Teologia. Entrementes, porém, São Boaventura fora eleito Ministro Geral da Ordem, sendo forçado, assim, a renunciar definitivamente às atividades acadêmicas. Dedicou-se de corpo e alma às funções de seu elevado cargo. A prudência e a clarividência com que as desempenhou mereceram-lhe o título de segundo fundador da Ordem Franciscana. Em 1272 Gregório X conferiu-lhe a dignidade de cardeal e bispo de Albano. Representou um papel decisivo no concílio de Lyon, onde, por sua afabilidade e mansidão, granjeou a admiração e a veneração de todos, e nomeadamente dos gregos. Tendo adoecido pelo término do concílio, veio a falecer no dia 15 de julho de 1274. Em 1482 Sisto IV elevou-o à honra dos altares. Em 1587 foi proclamado Doutor da Igreja.

Obras – Suas obras completas estão reunidas na clássica edição de Quaracchi: "Doctoris Seraphici S. Bonaventurae... Opera Omnia... editio studio et cura PP. Collegii a S. Bonaventura ad Claras Aquas (Quaracchi)", t. I-X, 1882-1902.

Dentre seus numerosos escritos merecem ser salientados:

1. *Commentarii in quatuor libros Sententiarum Petri Lombardi* (t. I-IV), compostos de 1248 a 1255. No juízo de Grabmann este comentário constitui "talvez o mais notável dos comentários sobre as Sentenças da Alta Escolástica, do ângulo de vista do seu conteúdo"[10].

2. *Quaestiones disputatae de scientia Christi* e *De mysterio Trinitatis* (t. V). Obras de grande importância para a teoria do conhecimento e a Teodiceia, respectivamente.

3. *Breviloquium* (t.V; e uma ed. minor: Tria opuscula). "Uma verdadeira joia" (Scheeben). É um compêndio de Teologia em sete capítulos: De Trinitate, De creatura mundi, De corruptela peccati, De incarnatione Verbi, De gratia Spiritus Sancti, De medicina sacramenta-

---

10. Geschichte der katholischen Theologie. 1933, p. 67.

li, De statu finalis iudicii. Este opúsculo representa uma tentativa original de deduzir todas as verdades do Primeiro Princípio e de construir uma Teologia *do alto*.

4. *Itinerarium mentis in Deum* (outubro de 1259; t. V e uma ed. minor). Um escrito místico em que a ciência é posta a serviço da mística; conduz à união por meio de seis degraus ou etapas.

5. *Collationes in Hexaemeron* (t. V). Esta obra existe apenas em forma de reportação, isto é, de notas tomadas pelos ouvintes. Um segundo "Reportatum" foi editado por Delorme (Quaracchi, 1934, Bibliotheca Franciscana Scholastica medii aevi, t. VIII). Estas colações foram pronunciadas no inverno de 1273 e ficaram incompletas. Versam sobre as iluminações de Deus, enquadradas numa interpretação simbólica da obra dos seis dias.

Edições avulsas – Tria opuscula (Breviloquium, Itinerarium, De reductione artium). 4 ed. Quaracchi, 1925; S.B. opera theologica selecta [contendo o comentário sobre as Sentenças em formato menor e sem os escólios]. Quaracchi, 1934ss. ROSENMÖLLER, B. *Philosophia S. Bonaventurae*. Aschendorf, 1933. BOEHNER, Ph. *Saint Bonaventure's Itinerarium Mentis in Deum* [com introdução, versão e comentário em língua inglesa]. S. Bonaventure, N.Y.: The Franciscan Institute, S. Bonaventure University, 1956. *Itinerário do Cosmo ao Omega*. São Boaventura e Teilhard de Chardin, ed. preparada por J. Jerkovic. Petrópolis, RJ: Vozes, 1968. RIBEIRO, Ilídio de Sousa. *São Boaventura*: Redução das ciências à Teologia. Coimbra: Atlântida, 1948. PP. AMORÓS, Fr. León; APERRIBAY, Fr. Bernardo & OROMÍ, Fr. Miguel. *Obras de San Buenaventura* [ed. em latim e castelhano, com introduções e anotações], 6 tomos. Madri: Biblioteca de Autores Cristianos (B.A.C.), 1945-1949.

Literatura – GILSON, E. *La philosophie de saint Bonaventure*. [Etudes de philosophie médiévale t. 4. Paris: Vrin, 1924].

I. Itinerário

Não obstante a dívida inegável de Boaventura para com a tradição e os contemporâneos, com os quais manteve animado intercâmbio, o sentido essencial da sua obra só se revela a partir do contexto interno da mesma. Desacertado seria, por exemplo, o interpretá-la exclusivamente em função da obra de Santo Tomás. Não há dúvida de que ambas se encontram radicadas na mesma fé e permanecem fiéis à mesma norma; contudo, o espírito que as anima as encaminha para veredas próprias e distintas. Ao passo que Santo Tomás, com uma audácia tida como temerária por seus coevos, incorpora o aristotelismo no mundo das ideias cristãs, São Boaventura empreende uma ampla tentativa de renovação e sistematização no espírito de Santo Agostinho.

1. A sabedoria como objetivo da Filosofia

a) Platão e Aristóteles – Era inevitável que São Boaventura ficasse intimamente alheio ao aristotelismo puro. É claro que não deixou de admirar *o Filósofo*; mas a sua admiração visa apenas o mestre das ciências, cuja pátria e domínio é o mundo visível cá embaixo.

Aristóteles diz muitas coisas verdadeiras sobre este mundo, onde sua autoridade é incontestável. Bem diverso é o caso de Platão. Boaventura o preza como mestre da sabedoria, porque o seu olhar permanece voltado para as regiões superiores. Nisso está sua força, mas também sua fraqueza. Ao invés, a síntese feliz de Aristóteles e Platão é Agostinho, em cuja pessoa a ciência se alia com a sabedoria:

"Platão é justamente censurado por Aristóteles por haver limitado todo conhecimento certo ao mundo espiritual ou ideal; não certamente por haver afirmado a existência de Ideias ou razões eternas – pois nisso é louvado por Agostinho –, mas por ter desprezado o mundo dos sentidos, e por ter querido coarctar toda certeza àquelas Ideias. Com tal afirmação quis assegurar aparentemente o caminho da sabedoria traçado segundo as razões eternas, mas ao mesmo tempo obstruiu o caminho da ciência que leva pelas razões criadas. Este é o caminho assegurado por Aristóteles, que, porém, desprezou aqueloutro. E assim parece que, entre os filósofos, Platão recebeu a palavra da sabedoria, e Aristóteles a da ciência. Aquele considerou de preferência as coisas superiores, e este as inferiores. Ambas as palavras, porém, a da sabedoria e da ciência, foram outorgadas pelo Espírito Santo a Agostinho"[11].

Por essa razão Boaventura prefere seguir Agostinho, propondo ao estudo humano o ideal da sabedoria, sem contudo sacrificar-lhe a ciência.

b) A Sabedoria – O Doutor Seráfico distingue quatro espécies de sabedoria.

Em primeiro lugar, e de modo muito geral, a sabedoria designa o saber acerca das coisas humanas e divinas; sob este aspecto ela coincide com a filosofia. Numa acepção menos geral, a sabedoria denota um conhecimento mais elevado, *cognitio sublimis*, a saber, o que possuímos das coisas eternas. Neste sentido ela se opõe à ciência, que só atende às coisas criadas. No sentido próprio da palavra, porém, chamamos de sabedoria o conhecimento de Deus pela *pietas* ou religiosidade, baseada na fé, na esperança e na caridade. Mas também esta definição não exprime ainda o conceito boaventuriano *propriissimamente* dito da sabedoria. Pois esta abrange uma região ainda mais elevada: a da mística. Por sabedoria entendemos, pois, "um conhecimento experimental de Deus (*cognitio Dei experimentalis*), um saborear da doçura de Deus".

Portanto, a sabedoria é aquela apreensão ou contato imediato com Deus, "que principia no conhecimento e remata no amor, *secundum quod ipse gustus vel saporatio est experimentalis boni et dulcis cognitio*". "Pois o modo mais perfeito do conhecimento de Deus consiste na experiência de sua doçura: esta é muito mais sublime, nobre e deliciosa do que a arguição argumentativa"[12]. *O ideal boaventuriano da sabedoria vem a culminar na contemplação e na degustação mística*; para Boaventura, os termos *Sapientia, Charitas, Pax, Ecstasis, Excessus mentalis* são perfeitamente sinônimos.

---

11. Christus unus omnium Magister 18s.; t. 5, p. 572.
12. III Sent. 35, un. 1 e ad 5; t. 3, p. 774s.

c) Ciência e Sabedoria – A meta final de toda aspiração terrena é o amor de Deus na sabedoria. Segundo Boaventura, o caminho para este ideal percorre a totalidade do saber; à filosofia e à teologia cabe organizá-lo, com o auxílio da revelação, num sistema onicompreensivo de um saber santo.

Como todo místico genuíno, Boaventura teve de enfrentar o problema da função da ciência. Como resolvê-lo? Pela repulsa violenta e apressada? Ao franciscano, o problema devia afigurar-se duplamente embaraçoso, visto que São Francisco não palmilhara o caminho da ciência, e mesmo o desprezara persistentemente, pelo menos em relação à sua pessoa. Deveriam os seus seguidores se ater à mesma norma? Na polêmica em torno desta questão, São Boaventura opta pelo valor da ciência, por se tratar de uma *tarefa sagrada e religiosa* de sua Ordem. Os Dominicanos e os Franciscanos ocupam, na hierarquia terrestre da Igreja, um lugar correspondente ao do coro dos Querubins na hierarquia celeste. A ambas incumbe, por isso, a missão de cultivar a ciência. A diferença entre as duas Ordens está em que os dominicanos *principaliter intendunt speculationi... et postea unctioni*, ao passo que os franciscanos se dedicam "*principaliter unctioni et postea speculationi. Et utinam iste amor vel unctio non recedat a Cherubim*"[13].

Por essa razão Boaventura deseja que todas as ciências sejam postas a serviço do amor. Eis uma ideia em que o nosso mestre não se cansa de insistir, chegando mesmo a lhe dedicar um opúsculo especial intitulado *De reductione artium ad Theologiam*. Após enumerar as várias ciências e lhes indicar as relações para com a Teologia, conclui: "E este há de ser o fruto de todas as ciências que, por meio delas, se edifique a fé, seja Deus glorificado, se reformem os costumes, se desfrutem as consolações provenientes da união de Deus e da alma, que se efetua pela caridade, para a qual converge todo o intento da Sagrada Escritura, e, por conseguinte, toda a iluminação que descende do alto. Sem ela (a caridade) todo conhecimento é vão"[14].

2. Filosofia e Teologia

Do exposto se depreende que no sistema de São Boaventura a Filosofia só pode ter uma finalidade: a de conduzir o homem para Deus. O que só lhe é possível sob a condição de se subordinar conscientemente à Teologia e de se deixar guiar por ela.

a) Secundada pela fé, a Filosofia aspira ao saber amorável – A alma foi criada para um dia contemplar a Deus, o Bem infinito, e nele repousar. Pela fé a alma possui, já nesta vida, um conhecimento seguro, conquanto imperfeito, deste Bem supremo. Esta fé é inabalável e produz uma convicção mais profunda do que qualquer outro conhecimento terreno. *Por isso a fé o ponto de partida para todo conhecimento, inclusive para o conhecimento filosófico:* "*ordo enim est, ut inchoetur a stabilitate fidei*". Todavia, não devemos deter-nos na fé, *senão que devemos avançar ao entendimento, a fim de chegarmos à contemplação mística*. Por isso Boa-

---

13. Collationes in Hexaemeron 22, 21; t. 5, p. 440.
14. Ibid., 26; t. 5, p. 325.

ventura acrescenta, logo a seguir: "*et procedatur per serenitatem rationis, ut perveniatur ad suavitatem contemplationis*"[15].

De feito, a própria fé inclui um elemento que nos concita à especulação, a saber: o amor. Pois a segurança com que o crente adere à verdade se baseia no ato de fé emitido por amor: nele participam o coração e todo o homem interior[16]. Ora, é precisamente esta caridade que instiga a razão. Pois aquele que crê por amor deseja abraçar com todas as forças da alma o objeto de sua fé, e penetrá-lo com a razão: "*Miro enim modo anima delectatur in intelligendo quod perfecta fide credit*"[17]. E assim a filosofia nasce de uma exigência do coração, que aspira a uma compreensão aprofundada do objeto da fé.

b) Nem por isso se advoga uma confusão dos domínios da Filosofia e da Teologia – Muito ao contrário, pois Boaventura distingue nitidamente as duas ordens. A seu ver, como ao de todos os escolásticos, a filosofia é um saber adquirido exclusivamente pela razão, o qual nos conduz a um conhecimento naturalmente certo: "*Philosophia quidem agit de rebus ut sunt in natura seu in anima secundum notitiam naturaliter insitam vel etiam acquisitam*"[18]. Em oposição à certeza da fé, a certeza filosófica assenta numa intuição racional e distinta da verdade: "*Veritatis ut scrutabilis notitia certa*"[19]. Um conhecimento certo, tal como o possuímos dos primeiros princípios, exclui toda possibilidade de dúvida. Não só isso: a negação de tais verdades é inteiramente inconcebível[20]. Este saber seguro acerca dos princípios deve ser ampliado pela razão por meio da investigação das coisas naturais. O objetivo da filosofia é coligir e coordenar todo o saber, quer seja inato ou adquirido pelos meios naturais da razão.

c) Entretanto, São Boaventura se opõe a uma separação prática entre Filosofia e Teologia – E isso, primeiramente, no interesse da própria filosofia. É verdade que esta, por ser uma luz de origem divina, não pode, de per si, induzir em erro. Mas, em consequência da corrupção pelo pecado original, a luz da razão se obnubilou a ponto de o homem não poder fugir ao erro sem uma ajuda superior. A filosofia aristotélica é o exemplo típico de uma filosofia elaborada com inteira independência da fé. Restringindo-se conscientemente a uma explicação natural do mundo sensível, e rejeitando as Ideias – o elo intermediário entre Deus e o mundo –, era inevitável que ela incorresse no erro. A consequência foi toda uma série de desacertos gravíssimos: a negação da Providência, o fatalismo, a doutrina da eternidade do mundo, da unidade do intelecto e a negação de uma retribuição no além[21]. Conquanto alguns outros filósofos, tais como Platão e os neoplatônicos, tivessem evitado os referidos erros, contudo também eles não ficaram isentos de erro, por terem carecido da luz da fé[22]. *Seu vício básico foi a ignorância do pecado original.* Por haverem ignorado a enfermidade, não lhes foi possível lhe encontrar remédio[23]. E assim os filósofos puros se parecem às avestruzes que, embora provi-

---

15. Christus unus omnium Magister, Sermo IV, 15; t. 5, p. 571.
16. III Sent. 23, 1, 4; t. 3, p. 481.
17. I Sent. prooem. 2; t. I, p. 11.
18. Breviloquium, prol. 3, 2; t. 5. p. 205.
19. De donis Spiritus Sancti IV, 5; t. 5, p. 474.
20. III Sent. I, 4; t. 3, p. 481.
21. In: Hexaemeron VI, 2-4; t. 5, p. 361.
22. Ibid., VII, 3; p. 365s.
23. Ibid., 8; p. 366.

das de penas, não se servem delas para voar, mas só para correr. Unicamente a fé nos preserva do erro e nos capacita a alçarmos voo às alturas[24].

d) A Filosofia como grau místico – Sujeitando-se à fé, acolhendo-lhe a luz superior e deixando-se orientar por ela, a filosofia depara o caminho certo e vem a ser um degrau no retorno do homem para Deus. Torna-se parte de um grande organismo. Perdendo embora o seu valor autônomo, ela assume, em compensação, um significado ainda maior para o homem: *"Philosophica scientia via est ad alias scientias"*[25]. De sorte que a filosofia não deve ser mais do que um ponto de transição. Situa-se entre a fé pura e a Teologia; esta, por sua vez, medeia entre a filosofia e o dom da sabedoria ou contemplação, que irá culminar na luz da glória. Na concepção boaventuriana do mundo, as ciências são simples estações numa longa viagem: a peregrinação da alma para Deus[26].

Boaventura desenrola o teor da Metafísica desde uma confissão íntima do ser humano: "Senhor, de ti, o Altíssimo, procedi; a ti, o Altíssimo, retorno, por ti, Altíssimo". Eis aí todo o conteúdo da Metafísica: *"et haec est tota nostra metaphysica: de emanatione, de exemplaritate, de consummatione, scilicet illuminari per rádios spirituales et reduci ad summum"*[27]. A *Emanação* trata do mundo criado por Deus; a *Exemplaridade* versa sobre Deus enquanto arquétipo da criação; a *Consumação* ou *Redução* se ocupa de Deus enquanto fim último dos espíritos criados que, tocados por sua luz, retornam à pátria.

II. A emanação

1. A criação como princípio do tempo

Deus criou o mundo do nada. Esta proposição adquire uma clareza imediata para a razão, tão logo que esta verifica a existência de Deus por via de redução. Incontinenti surge a espinhosa questão filosófica do *quando* da criação. *O mundo foi criado por Deus no tempo, e não desde a eternidade. Pois o conceito de um mundo criado do nada e existente ab aeterno contém, para São Boaventura, tão grosseira contradição, que não pode conceber que algum filósofo, por medíocre que fosse, possa ter afirmado semelhante coisa*[28]. Não obstante, passa a corroborar com diversos argumentos a tese do começo temporal do mundo (cf. o que se segue com os contra-argumentos de Santo Tomás, cap. V, § 3,2).

a) É impossível acrescentar ao infinito – Na suposição de não ter tido começo, o mundo já percorreu um tempo infinito. Ora, cada novo dia acrescenta nova unidade ao número infinito de dias percorridos. Logo, a infinidade dos dias, ou seja: a eternidade, é passível de aumento. O que é contraditório. Se se objeta a isso que a infinidade dos dias existe apenas em relação

---

24. Ibid., 12; p. 367.
25. De donis Spiritus Sancti IV, 12; t. 5, p. 476.
26. Ibid., IV, 3; p. 474.
27. In: Hexaemeron I, 17; t. 5, p. 332.
28. II Sent. 1, 1, 2; t. 2, p. 22.

ao passado, mas que para o presente ela é finita, responderemos que isto importa em novas contradições. Pois é óbvio que naquele passado houve infinitas revoluções solares (vale dizer, anos); ora, para cada revolução solar temos doze revoluções lunares, ou seja, doze vezes mais; logo, temos um infinito maior que outro infinito. O que é impossível[29].

b) Um número infinito não comporta uma sequência ordenada – Toda ordem pressupõe um começo, um meio e um fim. Logo, se não há começo, não há ordem. Se não tiveram começo, as revoluções astrais não podem formar uma sucessão ordenada; logo, não podem preceder nem se suceder umas às outras. Mas isto é falso; logo, deve haver um começo. A objeção de Aristóteles, que manda distinguir entre séries acidentalmente ordenadas (por exemplo a geração do filho não depende imediatamente da geração do pai) e séries essencialmente ordenadas (exemplo: um bastão é movido imediatamente pela mão), é perfeitamente inútil. Pois a concepção boaventuriana do mundo implica uma história universal, e, com ela, uma ordem do tempo (a que chama de *pulcherrimum carmen*, de belíssimo poema[30]): "*Si dicas quod statum ordinis non est necesse ponere, nisi in his quae ordinantur secundum ordinem causalitatis, quia in causis necessario est status, quaero, quare non in aliis*"? Ora, segundo Aristóteles sempre houve seres vivos sobre a terra. Dir-se-á, porventura, que jamais houve um primeiro ser vivo[31]?

c) É impossível atravessar o infinito – Se o mundo passou por um número infinito de revoluções, ele não poderia ter chegado à revolução atual. Dir-se-á que o mundo dispôs para isso de um tempo infinito, e portanto pôde muito bem alcançar a presente revolução. Ao que o Doutor Seráfico replica: Pelo menos um dia teria de preceder infinitamente (pela interposição de uma infinidade de dias) ao dia de hoje. Suposto isso, perguntaremos se o dia imediatamente seguinte àquele dista igualmente por um número infinito de dias; a mesma pergunta ocorre quanto ao dia consecutivo, e assim por diante. Se chegarmos a uma distância finita, então também o dia anterior dista finitamente. Se todos distam infinitamente, então todos têm igual distância (do dia de hoje), ficando excluída toda e qualquer espécie de sucessão[32].

Boaventura não desconhece a opinião contrária de Aristóteles. Nem poderia ser outra a tese do Estagirita, porquanto o conceito da criação, como ato livre de Deus, lhe era totalmente desconhecido. Seus argumentos em favor da eternidade do mundo só têm valor no sentido de mostrarem a contradição contida na tese que reduz o começo do mundo a uma causa que age necessariamente (*secundum naturam*)[33].

2. O mundo dos corpos e dos seres vivos

a) O mundo dos corpos – Para explicar a natureza dos corpos, Boaventura recorre à *metafísica da luz* da Escola de Oxford.

Os princípios estruturais dos corpos são a matéria e a forma luminosa. Quanto maior a quantidade de luz contida num corpo, tanto mais elevado é o seu lugar na or-

---

29. Ibid., fund. 1; p. 20s.
30. Breviloquium, prol. 2; t. 5, p. 204b.
31. II Sent. I, 1, 2; fundam. 2; p. 21
32. Ibid., fund. 3, p. 21.
33. Ibid., p. 23a.

dem geral da natureza[34]. A luz é o princípio ativo universal, de modo que as atividades dos corpos procedem de uma força inerente à sua própria substancialidade. Primeiramente, a luz forma o ser substancial dos elementos. Sob a influência da luz originam-se unidades superiores dotadas de novas formas: os mistos (*mixta*) ou minerais, que por sua vez compõem as formas superiores dos *complexionata*, isto é, das plantas, dos animais e dos corpos humanos[35].

Por toda a natureza deparamos a irradiação substancial da fonte luminosa. Esta irradiação é imperceptível, visto não ser uma propriedade acidental e sensível. Nos seres inferiores a sua presença se manifesta unicamente por seus múltiplos efeitos. Penetra até as profundezas da terra e preside à formação dos corpos minerais[36]. Por sua pureza e semelhança com o espírito vital, que dispõe a matéria para a recepção da vida, a luz atua como elo de ligação entre corpo e alma, ocasiona a geração animal e eduz as almas vegetativas e sensitivas da potência da matéria. Penetra até as operações cognoscitivas inferiores e as põe em ato[37]. Em suma, neste mundo sublunar nada escapa à influência da luz.

b) As *rationes seminales* como princípios germinais dos seres vivos. Aos corpos materiais se sobrelevam os seres vivos – Segundo São Boaventura, as suas formas se encontram literalmente na potência da matéria. Para Santo Tomás esta fórmula significa apenas que a matéria, enquanto matéria, não possui forma alguma, e que nela uma forma pode ser gerada por outra; na opinião de Boaventura ela denota, ao contrário, que *a matéria contém germes de formas, os quais são ativados e desenvolvidos por influências externas*. A matéria de Santo Tomás é como um espelho apto para transmitir a luz; a de São Boaventura é comparável a um campo em que as sementes aguardam a germinação. Este fator potencial na matéria não é nem a matéria nem a forma, mas um princípio contendo em estado virtual o que será a forma em estado atual. Sua natureza consiste em poder-ser-forma: "*illud potest esse forma et fit forma sicut globus rosae fit rosa*"[38]. Estas potencialidades são algo de universal, não no sentido em que este é objeto da Lógica, e sim da Física. Em contraposição à universalidade lógica, poder-se-ia denominá-la uma universalidade essencial, ou, melhor, radical. Esta não compete às essências já completas em si, e portanto predicáveis de seres individuais, mas àqueles seres ainda indeterminados que constituem um germe real, o qual contém em si as raízes de vários outros seres[39].

Eis como se deu a criação do mundo vivo. No princípio Deus criou a matéria, profusamente dotada de todas as virtualidades. Cumulada de todos os germes das formas vivas, ela representa um *seminarium inditum*, uma sementeira lançada à terra. Na obra da separação, des-

---

34. II Sent. 13, 2, 2; t. 2, p. 320.
35. Cf. Itinerarium II, 2; t. 5, p. 300.
36. II Sent. 13, 3, 2; t, 2, p. 328.
37. Ibid.; cf. 15,1,3 ad opp. 2; p. 379 e 381; *Breviloquium* II, 3-4; t. 5, p. 220s.
38. II Sent. 7, 2, 2; t. 2, p. 198.
39. II Sent. 18, 1, 3; t. 2, p. 441.

crita no primeiro capítulo do Gênesis, estas potencialidades se converteram em realidade. Contudo, a possibilidade e a atualidade não são duas essências diversas, mas apenas graus ontológicos distintos da essência. *Desta forma São Boaventura exclui toda aparência de força criativa dos seres naturais:* "*Haec igitur est summa positionis, quod agens creatum nullam quidditatem, nec substantialem, nec accidentalem omnino producit, sed entem sub una dispositione facit esse sub alia*"[40].

Ainda hoje os princípios germinais obedecem à seguinte evolução: em primeiro lugar nasce, na matéria, uma forma elementar, apta a receber a forma do misto. Dela se origina, sob a influência da luz, uma forma unificadora (*forma complexionati corporis*) do corpo organizado, em que o princípio germinal atinge o seu pleno desenvolvimento. Sempre, porém, se trata de um despertar de virtualidades latentes[41].

O princípio germinal não é apenas o elo inicial da evolução; é também seu termo final: a forma evoluída torna a se dissolver nele. *Em consequência do vir a ser e do deixar de ser, o princípio germinal permanece sempre de algum modo incompleto.* Uma vez atingida a forma mais perfeita, esta não tarda em perder sua força e em volver ao princípio germinal. Assim, por exemplo, os elementos reunidos na forma do misto podem desligar-se desta aliança; e os próprios elementos podem recolher suas formas e reverter ao estado de inatividade. De sorte que todas as formas regressam ao repositório da natureza, até que novas forças venham despertar e atualizar o princípio germinal. Nada perece, nada de novo se cria; antes, todas as coisas se desdobram e recolhem num processo ininterrupto de transformação, que só terá fim quando a Deus aprouver[42].

3. A alma humana

a) A matéria espiritual – Preocupado em manter rigorosa distinção entre a alma e Deus, bem como entre ela e o mundo material, Boaventura ressalta não só a criação da alma *ex nihilo*, como a sua composição de matéria e forma. Há (segundo Agostinho e Boécio) apenas dois modos possíveis de existência: a existência por si e a existência por outro. O que existe por si *é* aquilo que é; *não recebe* o entendimento, senão que *é* seu entendimento; *não recebe* vida, mas *é* a vida. O que existe por outro, ao contrário, *tem* entendimento e vida, mas não é entendimento e vida; em outros termos: recebe-os de fora. Ora, para poder recebê-los, é-lhe necessário um princípio receptivo, a saber, a matéria. *Tudo o que foi criado, ou seja, tudo quanto não é o Ser, deve necessariamente possuir uma matéria para se tornar apto a receber o seu ser.*

Além das potências necessárias para dar vida ao corpo e apreender o mundo externo, a alma dispõe do poder de exercer operações ou atividades internas; logo, também a alma deve possuir uma matéria espiritual interna, que a torne capaz de desenvolvimento e receptividade. A alma não é sua vida; além do princípio doador da vida, deve haver nela um princípio receptor da vida: a matéria. É por isso que Boécio escreve: "*Forma vero, quae est sine materia, non poterit esse subiectum*"[43].

---

40. II Sent. 7, 2, 2, 1, ad 6.; t. 2, p. 199.
41. II Sent. 18, 1, 3: t. 2, p. 442.
42. IV Sent. 43, 1, 4; t. 4, p. 888.
43. II Sent. 17, 1, 2, fund. 6; t. 2, p. 414; BOÉCIO. De trinitate, t. 64, c. 1250.

Demais, a composição de matéria e forma é o meio mais simples para fundamentar a substancialidade da alma, isto é, a sua capacidade de autossubsistência e de autonomia[44].

b) O princípio de individuação – Como se explica que a alma, embora constituída de uma forma universal e de uma matéria também universal, venha a ser uma entidade individual? Ao contrário de Santo Tomás, São Boaventura se recusa terminantemente a derivar a individualidade da matéria. A seu juízo, o ser-indivíduo representa algo de soberanamente valioso e sublime, pelo que *faz coincidir a individualidade com a substancialidade, derivando-a da união da forma com a matéria*: "*Individuatio autem est ex principiorum indivisione et appropriatione; ipsa enim rei principia, dum coniunguntur, invicem se appropriant et faciunt individuum*". À substância individual se juntam, a seguir, os acidentes de número, tempo e espaço[45]. Repugna às almas cristãs o se satisfazer com a individualidade acidental, que lhes é atribuída pelo aristotelismo puro; pois Cristo não deu sua vida pela espécie, mas por cada homem individual.

A análise da natureza da *personalidade* serve para projetar nova luz sobre o valor do indivíduo. O ser-pessoa acresce ao ser-indivíduo. Todos os seres realmente existentes são indivíduos, mas só os seres dotados de razão constituem pessoas. Como tais, possuem uma *dignidade* de primazia entre todas as naturezas criadas, além de estarem ordenadas imediatamente para Deus. Por isso a personalidade não se explica pela união de qualquer matéria a qualquer forma; já a forma deve revestir uma genuína dignidade: "*Personalis autem discretio dicit singularitatem et dignitatem*". A singularidade, ou o ser-indivíduo, deriva da união de matéria e forma: "*Sed dignitatem dicit principaliter ratione formae*"[46]. Por essa razão a personalidade não pode ser algo de negativo. É verdade que a *incomunicabilidade* faz parte de sua natureza; entretanto, esta determinação negativa é, no fundo, uma *posição* ou determinação positiva, a saber, aquela mesma dignidade singular. Podemos, pois, definir a pessoa como uma dignidade outorgada à substância pela forma, e imediatamente inerente no sujeito: "*Proprietas dignitatis incommunicabiliter existens in hypostasi*"[47].

Em todo o vasto domínio da natureza não há nada mais sublime que a pessoa; e esta aparece no reino da natureza, toda a vez que uma alma racional vem informar um corpo. Individualmente criada por Deus, cada alma é uma imagem de Deus, remida pelo preço do seu sangue da culpa original, penetrada pelas múltiplas ramificações da graça, que é a imagem e semelhança de Deus em nós. Enquanto o averroísmo recusa aos homens toda razão de ser por si mesmos e como indivíduos, e por isso explica a sua sucessão no tempo pela incapacidade de realizar simultaneamente toda a espécie, o filósofo cristão encontra um motivo mais profundo

---

44. Ibid., p. 145.
45. II Sent. 3, 1, 2, 2; t. 2, p. 106.
46. II Sent. 3, 1, 2, 3; t. 2, p. 110.
47. Ibid.

para este fato. *A razão principal da multiplicação das almas é a manifestação da bondade divina.* E esta bondade refulge com tanto maior claridade quanto mais numerosas são as almas às quais Deus possa prodigalizar seus dons: *"Principalis ratio est ad manifestationem bonitatis divinae; et haec praecipue est in animabus, quae multae sunt, ut eis distribuatur gratiarum Dei multiformitas, et compleatur illius supernae civitatis integritas et numerositas"*[48]. Uma outra razão é *o amor recíproco entre os homens;* pois a convivência de muitos homens, unânimes na aspiração ao bem, é uma fonte singular de alegria: *"quia amor caritatis exsultat in multitudine bonae societatis"*[49].

c) A substância da alma e suas potências – A alma foi criada à imagem da SS. Trindade. Como distinguimos três Pessoas num só Deus, assim cumpre salvaguardar a unidade da substância anímica, não obstante a distinção das potências. Estribado em Agostinho, São Boaventura ensina que as potências, tais como o intelecto, a vontade e a memória, não são simplesmente idênticas à alma e por isso não se distinguem apenas segundo os objetos visados pela alma em suas operações; por outro lado, cumpre não apartá-las do ser da alma, a ponto de poderem ser chamadas acidentes reais da substância anímica.

Em rigor, as potências têm a essência da substância. Por isso não podem diferir à maneira das essências, quer entre si, quer da substância; tampouco são inteiramente idênticas à substância. Enquanto potências, são distintas; enquanto faculdades de uma só substância, porém, são idênticas: *"Potentiae animae nec adeo sunt idem animae, sicut eius principia essentialia (*matéria e forma*), nec adeo diversae, ut cedant in aliud genus, sicut accidentia, sed in genere substantiae sunt per reductionem"*[50]. Quer dizer: é suficiente que a alma seja alma, isto é, substância espiritual e autoconsciente, para poder recordar-se de si mesma, para se conhecer e se amar. Podemos, pois, considerar as potências como redutíveis ao gênero da substância anímica, e consubstanciais a ela. Procedem imediatamente dela, ou, com outras palavras, não são a alma, nem algo diverso dela. As potências são os rebentos (*promotiones*) imediatos da substância[51].

d) A imortalidade da alma – Boaventura afirma, com todos os escolásticos, que a alma é criada imediatamente por Deus, e isto a modo de substância concreta, que difere de homem para homem, não só em número, como em qualidade, segundo a vontade de Deus e em consonância com seu respectivo corpo[52].

Composta de matéria e forma, a alma não pode ser imortal à maneira de uma substância simples. *A imortalidade lhe compete, antes de mais nada, em razão de sua dignidade.*

Criada à semelhança de Deus, a alma traz impressa em si a imagem de Deus, e por isso não pode estar votada ao aniquilamento. Que há de mais dessemelhante a Deus que o ser tran-

---

48. II Sent. 18, 2, 3, ad 3; t. 2, p. 447.
49. II Sent. 3, 1, 2, ad 2; t. 2, p. 104.
50. II Sent. 24, 1, 2, 1; t. 2, p. 560.
51. II Sent. 24, 1, 2, 1 ad 8: p. 562b.
52. II Sent. 32, dub. 6; t. 2, p. 777.

sitório? Mas a matéria da alma não é indigna de sua forma. A perfeição da forma reflete sobre a matéria, enobrecendo-a. Por sua união a uma forma, que, graças à sua excelsa dignidade, mereceu que Deus dotasse a alma inteira com a graça de sua imagem, a matéria é tão veementemente atraída e tão intimamente unida à forma, que sua aspiração pela forma se encontra plenamente satisfeita e saciada. E por não querer dissociar o que foi tão perfeitamente vinculado, Deus conserva a alma no ser pelo mesmo ato de amor com que lho outorgou[53].

Enfim, e sobretudo, a imortalidade é uma exigência do próprio destino da alma. Há no homem uma tendência para a felicidade, a qual o faz aspirar ao absoluto, e, conseguintemente, à perpetuidade. Ora, não há felicidade na posse de um bem amissível ou de duração incerta. Por isso a alma humana não será feliz, se não a supormos capaz de atingir um estado em que a posse do bem a que naturalmente aspira lhe seja assegurado de maneira inamissível. Donde a exigência da imortalidade[54].

III. A exemplaridade

O segundo tema principal da metafísica de São Boaventura versa sobre Deus enquanto arquétipo da criação. É o domínio boaventuriano por excelência.

1. As Ideias

a) Deus, o manancial das Ideias – Deus é espírito puro e verdade suprema. Ora, um ser cuja essência é conhecimento e cuja substância é totalmente inteligível, há de forçosamente se conhecer a si mesmo. E visto que seu intelecto coincide com sua inteligibilidade, Deus se conhece perfeitamente e apreende simultaneamente, e num só ato, a totalidade do seu ser.

No conhecimento humano, a percepção de qualquer objeto significa um acréscimo e um enriquecimento para o espírito. Ao contrário, o ato em que Deus se conhece é idêntico ao sujeito conhecente e ao objeto conhecido. Deste fato singular decorre uma relação sem paralelo: um sujeito pensante que no ato cognitivo se retrata a si mesmo sob todos os seus aspectos e em sua totalidade. *Este autoconhecimento de Deus pode, por isso, denominar-se a sua semelhança (similitudo).* Contrariamente a todas as semelhanças e imagens que adquirimos em nossa experiência cotidiana, este retrato divino não se afasta em nada do seu protótipo, salvo no sentido de reapresentá-lo e *presentificá-lo* a si mesmo. Por se originar de Deus, exprime tudo o que Ele é, tudo o que sabe, tudo o que pode: é o *Verbo* de Deus[55].

Desde a eternidade o Pai gerou um Filho que é sua idêntica imagem. Pensando-se, produziu uma expressão de si mesmo. E esta expressão não se estende apenas ao próprio ser infinito, mas a tudo quanto Ele se propõe fazer, e mesmo a tudo que lhe é possível fazer: pois é nisto que consiste a plenitude do seu ser.

---

53. II Sent. 19, 1,1; t. 2, p. 460.
54. Ibid.
55. In Hexaêmeron III, 4; t. 5, p. 343.

Logo, o ato cognoscitivo e expressivo deve exprimir, simultaneamente com a plenitude do Ser divino, todo o ser possível e real; do contrário não seria uma imagem perfeita do Ser divino. Por onde se vê que o Verbo ou Logos encerra em si, necessariamente, os arquétipos de todas as imitações possíveis de Deus, quaisquer que sejam seus graus de perfeição. *Desta forma o Verbo vem a ser a autoexpressão de Deus e a imagem ou exemplar de todas as coisas.* É comparável à ideia em que o artista se representa suas obras futuras; e deste ponto de vista podemos chamar-lhe *Ars aeterna*, a arte eterna do Pai, e o meio pelo qual Ele produz todas as coisas[56].

b) As Ideias como expressão ativa de Deus – Que significa o termo *Verbo*, aplicado a Deus? O verbo, ou a palavra, supõe um ato cognoscitivo. No momento em que o entendimento conhece um objeto, ele engendra ou *concebe* uma representação desse objeto. *O ato de conhecimento é fecundo, é generativo.* Antes do ato, há o intelecto e o objeto; depois dele, há o intelecto, o objeto e o conceito (*conceptus*) do objeto. Este conceito é uma imagem representativa, pois todo conhecer é uma assimilação: o intelecto se assemelha ao objeto, revestindo-lhe momentaneamente a forma, e retratando-a com nitidez.

É isso que Boaventura tem em mente ao escrever: *"ratio in Deo est summe expressiva"*[57]. No *Hexaêmeron*, depois de desenvolver a imagem da força generativa e conceptiva do intelecto divino, ele tira a audaciosa conclusão: *"In sapientia aeterna est ratio foecunditatis ad concipiendum, producendum et pariendum quidquid est de universitate legum; omnes enim rationes exemplares concipiuntur ab aeterno in vulva aeternae sapientiae"*[58]. E assim Boaventura afasta o ato ideativo da esfera das relações meramente objetivas – a concepção preferida de Santo Tomás –, abrindo um caminho novo, em que se realça mais nitidamente a atividade espiritual, generativa e genuinamente artística de Deus, e, por conseguinte, se faz maior justiça à sua atividade criadora.

c) A distinção das Ideias – As Ideias em Deus são idênticas ao *Verbo*, pelo que não podem diferir realmente umas das outras. Não obstante, a nossa razão é capaz de distingui-las. Elas ocupam uma como posição intermédia entre o Deus conhecente e as coisas conhecidas: *"Respectum medium inter cognoscens et cognitum"*[59]. *Consideradas em si mesmas, e como "expressões" divinas de coisas diferentes, as Ideias são realmente idênticas; mas em relação às coisas, que de certo modo as refletem, elas adquirem certa distinção.* Portanto, a distinção não se introduz no que elas são, mas no que conotam (*connotant*, ibid.), ou seja, nas coisas criadas de acordo com elas. Por onde se explica, outrossim, que se possa introduzir uma certa ordem na infinidade das

---

56. In Hexaêmeron I, 13; t. 5, p. 331.
57. I Sent. 35, un. 1; t. 1, p. 601.
58. In Hexaêmeron XX, 5; t. 5, p. 426.
59. I Sent. 35, un. 3; t. 1, p. 608.

Ideias divinas, não obstante a sua identidade real em Deus. Esta ordem decorre das coisas criadas ou a serem criadas: *"In ideis non est ordo ad invicem nec secundum rem, nec secundum rationem, sed tantum ad ideata"*⁶⁰.

2. A analogia como norma estrutural da criação

a) Graus de analogia – O tema dos vestígios (*vestigia*) e da imagem de Deus na criação era familiar aos escolásticos. Com São Boaventura, ele se expande numa visão oni-inclusiva do cosmos, culminando numa valoração positiva de criação, animada por aquela ternura espontânea, tão característica do amor de um São Francisco para com a natureza.

Há vários graus de semelhança com Deus, à proporção que as criaturas o representam. *A sombra (umbra) é uma representação distante e indistinta de Deus; o vestígio (vestigium) é uma representação ainda distante, mas já distinta; a imagem (imago) é um retrato próximo e distinto.* Desta primeira distinção deflui esta outra: uma criatura é *sombra* de Deus em virtude daquelas propriedades do seu ser que, de um modo muito geral, pressupõem a Divindade como causa; é *vestígio* de Deus pelas qualidades que se referem a uma determinada ação causal divina, a saber: à ação exemplar, eficiente e final. A *imagem*, enfim, é aquela propriedade da criatura, pela qual esta tem a Deus não apenas como causa, mas como objeto. Esta última relação se encontra exclusivamente na criatura racional. Também os conhecimentos ocasionados por estas analogias se distinguem de várias maneiras. Enquanto *sombra*, a criatura nos conduz ao conhecimento das propriedades divinas que convêm de igual modo às três Pessoas divinas, tais como o ser, a vida, a espiritualidade. Enquanto *vestígio*, ela nos conduz aos atributos que, embora comuns a todas as Pessoas, são contudo apropriados mais particularmente a uma ou outra; por exemplo, o poder é apropriado ao Pai, a sabedoria ao Filho e a bondade ao Espírito Santo. Enquanto *imagem*, a criatura nos faz conhecer os atributos que convêm exclusivamente a uma Pessoa divina, isto é, à Paternidade, à Filiação e à Espiração. Todas estas relações analógicas são mais ou menos compatíveis entre si. Quem possui o mais, possui também o menos. As criaturas espirituais são imagens de Deus, porque têm Deus por objeto; concomitantemente, porém, são também vestígios e sombras. Ao contrário, as criaturas materiais são meros vestígios e sombras da Divindade⁶¹.

b) A analogia como lei essencial da criação – O pensamento de Boaventura é totalmente *trinitário*. Em toda a parte vê reluzir vestígios e imagens da SS. Trindade, graças à estrutura trinitária que Deus imprimiu ao mundo. *Por isso a essência profunda da criatura só nos é acessível à luz do exemplarismo, ou da relação analógica entre Deus e sua criação.*

Assim, por exemplo, todo ser é determinado por sua essência, e toda essência finita consta de três princípios: a matéria, a forma e a composição desta matéria com esta forma. A razão disso está no caráter prototípico de Deus. "O que primeiro se nos depara em Deus é sua unidade na trindade das pessoas: um princípio original ou fundamento do ser, como a matéria: a se-

---

60. Ibid., 6 e ad 2; p. 613.
61. I Sent. 3,1,1, 2, fund. 4; t. 1, p. 72. Breviloquium II, 12,1; t. 5, p. 230.

guir, um complemento essencial e formal (*formale complementum*) deste princípio original; e, enfim – como na união da forma com a matéria –, um ligame que une o princípio original ao complemento essencial: o Pai é o princípio original, o Filho é imagem, e o Espírito Santo é o amor ou ligame por antonomásia"[62]. O mesmo ocorre com a alma. Neste domínio Boaventura recolhe as especulações trinitárias da psicologia agostiniana.

c) A analogia como norma de interpretação das coisas – Para Boaventura toda a criação é uma vasta urdidura de analogias.

Por isso o verdadeiro significado do mundo não se manifesta ao cientista, que não atende senão aos vestígios externos e, por assim dizer, contempla apenas a superfície das coisas. Aquele que se detém na beleza exterior das criaturas trilha, na verdade, um caminho errado (*via deviationis*). Sem dúvida, o pesquisador descobrirá numerosas propriedades interessantes das coisas; mas o verdadeiro discernimento do mundo só se lhe abrirá no momento em que, à luz superior da analogia, tornar a descobrir os vestígios do Criador Trino e Uno. Esta compreensão era fácil ao homem no alvorecer da criação. Após o pecado, porém, o livro da criação se lhe tornou ilegível, e sua escrita como que se lhe apagou[63]. Sua situação é comparável à de quem depara com um livro escrito em grego ou hebraico: nada mais vê que os sinais; e, embora retenha a capacidade de examiná-los – e nisto consiste precisamente a Física aristotélica, como obra de uma razão atuando apenas em sua forma ofuscada pelo pecado –, não logra lhes perceber o verdadeiro significado. Para o entendimento esclarecido pela luz da fé, porém, a escritura da natureza readquire algo de sua nitidez original, e o mundo se lhe transforma num espelho irradiante de luz: "*et sic patet quod totus mundus est sicut unum speculum plenum luminibus praestantibus divinam sapientiam, et sicut carbo effundens lucem*"[64].

Visto deste ângulo, o mundo volta a ser uma verdadeira estrada-real que encaminha o homem diretamente para Deus, suposto que atenda aos sinais que se perfilam ao longo do caminho, e que lhe apontam, sem exceção, o rumo ao alto. Este caminho, inteiramente inspirado em São Francisco, São Boaventura no-lo delineia no seu famoso *Itinerarium mentis in Deum*.

IV. A redução

O retorno da alma para Deus se efetua pela iluminação. De Deus, o Pai das luzes, desce a luz que irá conduzir-nos às alturas divinas. Percebemo-la no conhecimento; a jornada de retorno, porém, não é possível senão pela graça e na graça. Trataremos, logo a seguir, deste retorno da alma para Deus, na medida em que ele se realiza mediante o conhecimento.

---

62. In Hexaêmeron II, 23; t. 5, p. 340.
63. In Hexaêmeron XIII, 12; t. 5, p. 389s.
64. In Hexaêmeron II, 27; t. 5, p. 340.

1. O conhecimento sensível

Pelas faculdades sensitivas, o homem tem acesso ao mundo corporal. Como se disse mais acima, todo corpo se compõe de matéria e de luz. A forma da luz engendra, ininterruptamente, uma forma em torno de si, a qual – na qualidade de espécie transmitida pelo meio ambiente (por exemplo pelo ar) – possibilita a percepção do corpo.

a) A atividade no conhecimento sensível – Fiel seguidor de Agostinho, São Boaventura advoga a opinião de que o inferior é incapaz de atuar no superior. Como explicar, nesta suposição, o conhecimento do mundo corporal? Situando uma das funções da alma no nível da sensibilidade, de modo a poder sofrer a ação dos estímulos sensoriais. *Tão logo a potência sensitiva experimenta uma impressão, ela reage ativamente.*

É claro que a alma não pode extrair de si mesma o conteúdo da sensação – neste ponto Boaventura abandona Santo Agostinho em favor de Aristóteles –, mas ela pode muito bem julgá-lo. Este ato *judicativo* se realiza segundo certas normas superiores, as leis eternas em Deus. Pois em toda percepção, além de verificarmos que algo é preto ou branco etc., indagamos também a razão pela qual as coisas despertam o nosso agrado. Logo, já no simples ato de percepção resplandece a luz essencial da beleza eterna, ilimitada e absoluta, modelada sobre as Ideias eternas de Deus: "*Excellentiori autem modo et immediatiori diiudicatio ducit nos in aeternam veritatem certius speculandam*"[65]. Portanto, já no conhecimento sensível o homem se mostra superior ao animal; pois em virtude da reação ativa, presente na percepção, o conhecimento sensível vem a ser uma atividade da própria alma racional. Com efeito, a potência sensitiva não é um acidente real da alma; por isso é a alma inteira que coopera na percepção[66].

b) O sentido comum – Os sentidos particulares confluem no sentido comum. É principalmente nele que deparamos aquela capacidade de julgamento pelo qual podemos comparar umas às outras as sensações particulares. O sentido comum nos adverte, outrossim, de que estamos percebendo atualmente. Nele se manifesta, pois, uma vez mais, a energia cognitiva superior da alma. É comparável a um tronco que se ramifica nas faculdades sensitivas particulares. Por seu intermédio, uma verdadeira torrente espiritual se transmite até as operações mais humildes dos sentidos, enriquecendo-as e as completando[67].

c) No sentido interno deparamos a *memória*, onde se conservam as espécies sensíveis ou imagens deixadas pela percepção, depois de julgadas e caracterizadas. Na memória elas levam até certo ponto uma existência própria. Recolhidas pelo sentido comum, são confiadas à imaginação (*vis imaginaria*), à fantasia e à memória sensitiva[68]. A par e acima desta memória mais passiva há uma memória ativa, capaz de uma

---

65. Itinerarium II, 6 e 9: t. 5, p. 301.
66. Cf. IV Sent. 50, 2, 1, 1; t. 4, p. 1046.
67. IV Sent. 12, I, dub. 1; t. 4, p. 286.
68. II Sent. 8, 2 e 3; t. 2, p. 229.

reminiscência propriamente dita, ou seja, da força de evocar, por um ato consciente, e de trazer à consciência, as espécies depositadas ou guardadas pela imaginação na memória sensitiva[69].

2. O conhecimento intelectual

O processo cognitivo não termina com a recepção das espécies na memória passiva. Para que ele possa alcançar seu objetivo é necessário que a espécie sensível, existente na alma como representação, se transforme em espécie inteligível. Para explicar o processo São Boaventura recorre à teoria aristotélica da abstração, com sua distinção entre intelecto agente e intelecto possível; entretanto, não deixa de desenvolvê-la à sua maneira.

a) Intelecto agente e intelecto possível – Entre um e outro vige, em certo sentido, a mesma diferença que há entre a forma e a matéria. Todavia, Boaventura não concebe o intelecto agente como pura atualidade, nem o intelecto possível como pura potencialidade. Ambos cooperam de maneira a que a pontencialidade de um e a atualidade de outro se complementem, por assim dizer, uma à outra. *No ato cognitivo o intelecto possível se volta para a imagem representativo-sensitiva, para dela receber, pela força abstrativa do intelecto agente, a imagem cognitiva espiritual, ou o conceito.* Por seu turno, o intelecto agente não pode atuar, ou conhecer, sem a assistência do intelecto possível, visto necessitar da espécie presente no intelecto possível. De sorte que os dois intelectos são apenas dois aspectos funcionais distintos no interior de uma mesma substância, e duas facetas diferentes de uma só atividade, a saber, da operação cognoscitiva[70].

b) A origem do saber humano – Cumpre distinguir entre o conhecimento do mundo sensível e o do mundo espiritual. *O conhecimento das coisas sensíveis pressupõe necessariamente a experiência externa.* Deste ângulo de vista Aristóteles está com a razão ao designar a alma humana, no primeiro momento de sua existência, como uma *tabula rasa*, em que ainda não há nada escrito[71]. É também com o auxílio da experiência sensível que formulamos os princípios lógicos supremos. Todavia, estes não se originam dos dados sensíveis, e por isso podem dizer-se inatos, em certo sentido. Assim como a visão necessita de dois fatores, a saber: de um objeto presente e da luz que o torna visível, assim se deve admitir em nós uma luz natural inata, a saber: uma faculdade intelectual, em que se manifestam os primeiros princípios por ocasião da experiência dos objetos sensíveis. *Logo, sem o conhecimento sensível não conheceríamos nem sequer os primeiros princípios; contudo, estes não se originam da experiência externa*[72].

---

69. II Sent. 7, 21, 2; t. 2, p. 193.
70. Ibid., 24, 1, 2, 4 e ad 5; t. 2, p. 569s.
71. Ibid., 3, 2, 2, 1, fund. 5; t. 2, p. 118.
72. De donis Spiritus Sancti VIII, 13; t. 5, p. 496.

O mesmo já não se pode afirmar dos princípios do ser puramente espiritual, pois que ali o objeto está imediatamente presente à alma, sendo suficiente a experiência interna da alma para a formulação dos mesmos. *O homem conhece imediatamente a sua vida anímica e pode conhecer, por experiência imediata, os primeiros princípios morais, as virtudes, e especialmente a Deus*[73].

3. A teoria da iluminação

Em São Boaventura a teoria agostiniana da iluminação toma plena consciência de si mesma e recebe sua mais rigorosa aplicação.

a) Deus como princípio da verdade – A verdade do conhecimento se funda na verdade do ser. É por sua essência que um ser é o que é. Tomada absolutamente, a essência deve ser posta por um ato cogitativo que a tenha ideado. Este ser, posto pelo pensamento e *concebido* pelo pensamento (no sentido rigoroso da expressão), é o que constitui a verdade. Portanto, em seu sentido original, a verdade só pode ser determinada a partir do ser por excelência que é Deus: "*Omnia enim vera sunt et nata sunt se exprimere per expressionem illius summi luminis; quod si cessaret influere, cetera desinerent esse vera*"[74].

Por conseguinte, toda verdade é determinada por um elemento ontológico e um ato cogitativo, inclusivamente o *nosso* conhecimento da verdade. Com a única diferença de que não é o nosso ato de pensar que determina o ser, senão que aquele se orienta por este; é o que vem expresso na definição clássica da verdade "*Adaequatio intellectus et rei*"[75]. Por isso a verdade se desvanece na mesma medida em que falece o ser que a fundamenta, ou o conceito que o exprime. *Causa derradeira de todo ser, é de se supor que Deus seja igualmente a causa do nosso conhecimento, a ponto de, sem Ele, tornar-se impossível qualquer conhecimento da verdade.* Esta exigência já vem implícita na primeira condição do conhecimento. Pois um saber seguro pressupõe a presença de um objeto imutável. Ora, tal objeto não se encontra nas coisas mutáveis, nem tampouco em nosso espírito, sujeito, também ele, a numerosas modificações. Logo, não resta senão o ser presente na mente divina. Portanto, para apreender uma verdade última e imutável, é mister penetrar de algum modo até o fundamento derradeiro de toda verdade: "*Si ergo ad plenam cognitionem fit recursus ad veritatem omnino immutabilem et stabilem et ad lucem omnino infallibilem, necesse est, quod in huiusmodi cognitione recurratur ad artem supernam ut ad lucem et veritatem: lucem, inquam, dantem infallibilitatem scienti, et veritatem dantem immutabilitatem scibili*"[76]. Se este contato fosse meramente externo, e se realizasse à maneira do concurso divino ordinário, ele não passaria de um simples influxo divino, insuficiente para arrancar o nosso pensar de sua contingência. Em todo conhecimento absolutamente certo, deparamos com algo de imutável, necessário e eterno. E, no entanto, o nosso conhecimento é contingente. Logo, há em nosso pensar algo que o transcende. Ora, só Deus e a Verdade são superiores ao nosso espírito. Por conseguinte, nós julgamos as coisas de acordo com

---

73. II Sent. 39, 1, 2; t. 2, p. 904.
74. I Sent. 8, 1, 1, 1, ad 4 et 7e ad 4; t. 1, p. 151s.
75. Breviloquium VI, 8, 2; t. 5, p. 273.
76. De scientia Christi 4; t. 5, p. 23b.

certas leis que não são de nossa autoria, mas às quais temos de sujeitar-nos, e que até nos julgam a nós. Simples viajores e peregrinos, atingimos, contudo, o eterno; seres limitados e finitos, entramos em contato com o infinito. *Impossível analisar o conhecimento, sem depararmos nele um elemento provindo do alto, visto não possuirmos em nosso ser a razão suficiente daquelas propriedades que conferem aos nossos juízos o caráter de verdades necessárias e absolutamente válidas*[77].

b) Como se dá este contato do espírito cognoscente com Deus, o fundamento de toda a verdade? O influxo especial de Deus, respectivamente das *rationes aeternae* deve entender-se da maneira seguinte. As *razões eternas* não são intuídas diretamente por nós, senão que cooperam na produção do ato cognitivo.

Em primeiro lugar, cabe-lhe uma função *reguladora*: "*Ad certitudinalem cognitionem necessario requiritur ratio aeterna ut regulans*". Quer dizer: compete-lhes possibilitar-nos o conhecimento da verdade, forçando o nosso conhecer sempre incerto e vacilante a se submeter a uma norma diretriz. A imutabilidade da essência divina confere a certos conhecimentos um caráter transcendental de necessidade. Desta forma o conhecimento humano se entrosa à necessidade daquele ato eterno pelo qual Deus, conhecendo-se, engendra sua própria imagem e todas as suas participações possíveis.

Em segundo lugar, elas exercem uma influência *motriz*: "*Ut regulans et motiva*". As razões eternas em Deus recolhem e ordenam as nossas múltiplas experiências sensíveis, referindo-as a um centro fixo, a saber: aos primeiros princípios, quer simples, quer compostos, tais como os da ciência e da moralidade[78]. *Por conseguinte, as razões eternas ou a luz eterna atuam unicamente por sua presença, e não à maneira de objetos imediatamente conhecidos*. Por isso a posição de Boaventura é totalmente alheia ao ontologismo, que, aliás, é expressamente rejeitado. As razões eternas são para o pensamento um simples objeto fontal, *obiectum fontanum*, cuja presença é necessária, sim, mas que nem por isso é percebido diretamente em si mesmo; antes, é apreendido por uma espécie de cointuição (*contuitus*). Na cointuição a existência de uma causa não intuída é conhecida imediatamente em seu efeito, contrariamente ao que ocorre na intuição. Embora atue imediatamente sobre o espírito, a luz divina não é intuída de maneira imediata. Em si mesma, esta luz nos permanece inacessível na vida presente, até mesmo na visão mística, que se realiza pela caridade, e por isso recebe a designação de *douta ignorância*: "*Haec lux est inaccessibilis, et tamen proxima animae etiam plus quam ipsa sibi. Est etiam inalligabilis et tamen summe intima*"[79].

c) A *resolutio plena* – Até aqui vimos analisando o ato cognitivo de maneira preponderantemente apriorística, ao mesmo tempo que lhe assinalamos as condições. Pois bem: ao examinarmos um juízo de caráter necessário e imutável, verificamos que, num tal juízo, sempre devemos dar com a fonte da verdade em Deus, suposto que a nossa reflexão (sobre o juízo) seja levada a termo. Boaventura denomina esta reflexão de *resolutio plena*. *Resolver ou reduzir (reductio!) a verdade de um juízo signifi-*

---

77. Ibid.; cf. os Fundamenta p. 17ss.
78. In Hexaêmeron II, 9; t. 5, p. 338.
79. In Hexaêmeron XII, 11; t. 5, p. 386. A conceituação da *douta ignorância* condiz inteiramente com a de Nicolau de Cusa. Cf. Breviloquium V, 6; t. 5, p. 260.

ca, pois, retraçá-la de condição em condição, até o seu fundamento último. Toda a vez que realiza esta redução completa, o entendimento se dá conta de que a sua necessidade vai ter diretamente à necessidade divina: *"in iudicando deliberativa nostra pertingit ad divinas leges, si plena resolutione resolvit"*[80]. É claro que, mesmo sem esta redução, é possível obter uma evidência ou certeza imediata. Todavia, há grande diferença entre a simples constatação de um fato e a sua justificação.

d) A ideia do ser oferece o melhor exemplo para a compreensão desta doutrina

O entendimento humano apreende todos os objetos sob o conceito do ser; não há outra maneira de concebê-los. Esta necessidade nos cientifica de que estamos, aqui, diante de um princípio primeiro. De fato, não só a totalidade dos objetos, como todas as ideias, são por nós subordinadas a esta uma ideia suprema do ser. Ela não é apreendida por intermédio de qualquer outra ideia, ao passo que todas as outras são apreendidas por meio dela. O que não é conhecido como ser existente, é-o, pelo menos, como ser possível. O próprio não ser se apresenta ao pensamento como carência de ser, e não é concebível senão como *fuga* do ser: *in plena fuga esse*. E assim o ser pode denominar-se, com razão, o princípio supremo do entendimento, visto ser apreendido desde o primeiro ato cogitativo, no sentido da *resolutio plena*: *Esse igitur est, quod primo cadit in intellectu*. Este princípio supremo explica todo o ser concreto finito, sem contudo ser explicado por este. Por isso o ser, apreendido como princípio, é anterior a toda limitação, ao não ser, à contingência e à mutabilidade. Necessário e infalível em si mesmo, este primeiro conceito já nos defronta com a ideia do Ser absoluto. Pelo que Boaventura pode acrescentar, desde já: *et illud esse est quod est purus actus*. Nesta altura, a necessidade da redução judicativa até Deus se nos impõe numa espécie de evidência imediata. É, pois, o próprio Deus – não enquanto Ideia, mas como ser e pelo ser –, que por sua ação normativa e motiva determina a formação da ideia do ser no entendimento, a partir da qual Deus se nos torna imediatamente cognoscível. "Causa pasmo, pois, a cegueira do intelecto, que não atende àquilo que vê primeiro, e sem o que nada pode conhecer"[81]!

4. O conhecimento de Deus

As *três vias* pelas quais Boaventura demonstra a existência de Deus devem ser entendidas contra o fundo de sua teoria do conhecimento que, afinal, não é senão um único grande argumento da existência de Deus. A primeira via parte do autoconhecimento, a segunda do mundo externo, e a terceira, da *ratio Anselmi*.

a) Primeira via – A rigor, a existência de Deus não necessita de demonstração, porquanto, no dizer do Damasceno, a ideia de Deus está impressa na própria natureza do homem.

Ao volver o olhar para o nosso interior, verificamos haver ali uma aspiração natural pela *sabedoria*; ora, não há sabedoria mais desejável que a sabedoria eterna; logo, todo amor à sabedoria é inato ao homem. Pois não se pode amar o que se ignora; logo, o homem deve trazer em sua própria natureza um saber acerca da existência da sabedoria eterna, isto é, de Deus. – O

---

80. Itinerarium III, 4; t. 5, p. 304s.
81. Itinerarium V, 3 e 4;. t. 5, p. 308s.

mesmo deve dizer-se de nossa *tendência para a felicidade*, que permaneceria incompreensível sem algum conhecimento prévio do seu objeto, a saber, do Sumo Bem. – Outro tanto ocorre com a nossa *sede de paz*, porquanto a paz da criatura racional só pode estar num ser imutável e eterno. Visto que tal sede de paz pressupõe um conhecimento do seu objeto, é mister que a noção de um ser imutável e eterno haja sido inoculada à própria natureza do espírito racional[82]. Estes dados anímicos, cuja presença é inexplicável salvo por algo de absoluto, pressupõem que a alma possa apreender-se imediatamente a si mesma. E ela o pode, pois, enquanto ser espiritual, a alma está presente a si mesma e é cognoscível por si mesma. No seu mais íntimo, porém, encontra-se a moradia de Deus, que está mais próximo à sua imagem, que é a alma, do que ela a si própria: *"sed Deus praesentissimus est ipsi animae et se ipso cognoscibilis: ergo inserta est ipsi animae notitia Dei sui"*[83].

b) Segunda via – Se Deus é realmente a causa das coisas, devemos poder inferir-lhe a existência a partir dos efeitos. Esta via condiz plenamente com a nossa natureza sensitivo-espiritual.

As coisas são manifestamente imperfeitas e finitas, e, consequentemente, causadas. O que nos permite estabelecer as seguintes conclusões. Se há um ser produzido, há também um ser primeiro; pois o efeito supõe a causa. Se há um ser por outro, relacionado a outro, e para outro, então há um ser por si mesmo, correspondente a si mesmo, e para si mesmo. Se há um ser composto, há um ser simples, a que o composto deve sua existência; pois composição é carência de simplicidade. Se há um ser misto, deve haver um ser puro; pois nenhum ser criado é puro. Se há um ser em movimento, deve haver um ser imóvel; pois todo movimento depende de algo imóvel: a mobilidade da mão, da imobilidade do braço; a mobilidade do braço, da imobilidade do ombro etc. Se há um ser relativo, deve haver um ser absoluto; pois toda criatura se subordina a um determinado conceito genérico; ora, o que representa apenas um gênero do ser não pode dar-se o ser; donde a exigência de um ser absoluto, do qual todos os outros recebem o ser. Nesta ordem de ideias, *Boaventura aduz nada menos que dez determinações, cuja explicação derradeira se encontra exclusivamente na Causa Primeira ou Deus*[84].

Ao longo destas provas o Doutor Seráfico se inspira simplesmente na vivência franciscana da presença de Deus no mundo da natureza. Convida-nos a assistir ao longo desfile das criaturas, cada uma das quais proclama, a seu modo, a existência de um Deus. O que lhe interessa não é tanto a fineza técnica e metódica da argumentação quanto a abundância irresistível do material probatório fornecido pela natureza: *"Omne verum, quod clamat omnis creatura, est verum indubitabile: sed Deum esse clamat omnis creatura, ergo..."*[85]

c) Terceira via – Se partirmos da ideia de Deus, veremos que sua existência é nada menos que imediatamente evidente. Para apreender a evidência de um primeiro

---

82. De mysterio Trinitatis I, 1, 6-8; t. 5, p. 46.
83. Ibid., 10; p. 46.
84. Ibid., 1, 1,11-20; t. 5, p. 46s.
85. Ibid., 10; p. 46.

princípio é suficiente que lhe compreendamos os conceitos, visto que o predicado está contido no sujeito. O mesmo ocorre com a proposição: Deus existe. Pois Deus, ou a Verdade suprema, é o próprio ser, a ponto de não se poder conceber outro maior. Logo, não pode não ser. Tanta é a necessidade interna do ser divino, que lhe percebemos o reflexo em nosso próprio pensar. *O juízo, Deus existe, participa imediatamente da necessidade do teor do juízo:* "*Tanta est veritas divini esse, quod cum assensu non potest cogitari non esse*". No juízo, Deus existe, o predicado está incluso no sujeito: "*Praedicatum enim clauditur in subiecto*"[86]. Donde resulta, imediatamente, a simples fórmula: "*Si Deus Deus est, Deus est*"[87].

O progresso decisivo da formulação boaventuriana sobre a de Santo Anselmo está em que o Doutor Seráfico incorpora a Ratio Anselmi *na prova agostiniana pela verdade.* A verdade não só é idêntica com Deus, senão que toda verdade parcial pressupõe a existência de uma verdade absoluta, da qual depende. Basta, pois, afirmar uma verdade parcial para afirmar, simultaneamente, a existência de Deus[88]. Isto se esclarece ainda melhor quando atendemos à verdade como tal. Se lhe negássemos a existência, declarando que a verdade não existe, sempre seria verdade que a verdade não existe; e se isto fosse verdade, haveria pelo menos uma verdade; e se há uma verdade, é porque existe uma verdade primeira. É impossível, pois, negar a existência da verdade ou de Deus, sem afirmá-la no mesmo juízo[89]. Pela verdade Deus está imediatamente presente à alma. Poderá ela negá-lo em nome da mesma verdade? Todos os conhecimentos lhe vêm pela luz da verdade: poderá ela, em nome desta luz, afirmar a não existência da luz? "*Lux animae veritas est; haec lux nescit occasum. Ita enim fortiter irradiat super animam, ut etiam non possit cogitari non esse, nec exprimi, quin homo sibi contradicat*"[90].

Apreciação

O Seráfico Doutor se alinha, incontestavelmente, entre as figuras mais simpáticas do século XIII, e mesmo de toda a história da filosofia. Como nenhuma outra, a sua filosofia visa abranger, conscientemente, o homem integral. Ora, o homem não é apenas intelecto ou vontade. É também, e sobretudo, um ser dotado de viva sensibilidade. O caráter peculiar do pensamento filosófico e teológico de Boaventura vem muito bem expresso numa passagem do *Itinerarium mentis in Deum*, onde se pede ao leitor: "*ne... credat, quod sibi sufficiat lectio sine unctione, speculatio sine devotione, investigatio sine admiratione, circumspectio sine exsultatione, industria sine pietate, scientia sine caritate, intelligentia sine humilitate, studium absque divina gratia, spe-*

---

86. I Sent. 8, 1, 1, 2; t. I, p. 155.
87. De Mysterio Trinitatis I, 1, 29; t. 5, p. 48.
88. I Sent. 8, 1, 1, 2; t. 1, p. 155.
89. Ibid.
90. In Hexaêmeron IV, 1; t. 5, p. 349.

culum absque sapientia divinitus inspirata"[91]. Boaventura representa a síntese por excelência do homem e do espírito medieval, onde o ardor místico se coaduna com a força especulativa do pensamento, ou, na expressão do próprio Boaventura, onde a *unção* e a *especulação* se complementam num todo harmonioso.

A par desta influência perene e intemporal, a que nenhum leitor assíduo do Doutor Seráfico poderia subtrair-se, cumpre lhe ressaltar a influência histórica propriamente dita. Discípulo de Alexandre de Hales, São Boaventura inicia, por sua vez, uma grande Escola, notável por sua abundância em pensadores eminentes e originais.

Mencionaremos apenas os mais importantes: Mateus de Aquasparta (1235/1240-1302; textos: *De humanae cognitionis ratione*, Anecd. q. S. Bonav. et nonnull. discip. Quaracchi, 1883) que aperfeiçoou e aprofundou mormente a teoria boaventuriana do conhecimento; Rogério Marston (-1303?), adversário intransigente de Aristóteles e do Aquinate (*Quaestiones disputatae*. Quaracchi, 1932); João Peckham (1240-1292), posteriormente arcebispo de Cantuária, celebrizou-se não só por sua oposição a Santo Tomás, como também pela composição de uma *Perspectiva*, amplamente utilizada até os tempos modernos (*Quaestiones tract. de Anima*, ed. H. Spettmann, Beitraege Baeumker, Bd. 19, Heft 5-6); Pedro João Olivi (1247-1298), igualmente um opositor decidido de Santo Tomás; notável por suas argutas e penetrantes análises psicológicas; imputou-se-lhe certa doutrina aristotélica sobre a relação entre alma e corpo, a qual foi condenada pelo Concílio de Vienne (*Quaestiones in secundum librum Sententiarum*, em 3 tomos. Quaracchi: ed. B. Jansen, 1922-1926).

A eternidade de Deus e sua imagem no homem

Dicendum, quod divinum esse est aeternum, eo ipso quod simplex et infinitum. – Quia enim infinitum est, ideo caret principio et fine; nam si alterum horum haberet, utique ilia parte haberet terminationem et limitationem et ita non esset immensitatis summae. Quia vero simplex est, caret priori et posteriori, quae necessario inducunt diversitatem et aliquam compositionem. Summa igitur simplicitas ponit omnimodam simultatem; summa vero immensitas omnimodam interminabilitatem; quae duo simul iuncta constituunt aeternitatem. Nihil enim aliud est aeternitas nisi "vitae possessio interminabilis et tota simul"; et quia in nullo alio est simul haec duo reperire, scilicet immensitatem et simplicitatem, nisi in solo Deo: ideo aeternitatis conditio non potest communicari alicui alii a Deo.

Cumpre dizer que o ser divino é eterno, precisamente por ser Ele simples e infinito. – Pois, com o ser infinito, não tem princípio nem fim. Caso tivesse ou um ou outro, tocar-lhe-ia um termo e um limite por aquela parte, e assim não seria sumamente imenso. Sendo simples, porém, ele carece de anterioridade e de posterioridade, que necessariamente trazem certa diversidade e composição. Logo, a suma simplicidade importa em simultaneidade onímoda, e a suma imensidade, em interminabilidade total; junta e simultaneamente, ambas perfazem a eternidade. Pois eternidade outra coisa não é senão "a posse ilimitada e totalmente simultânea da vida". E visto que ambas, isto é, a imensidade e a simplicidade, não se encontram simultaneamente em nenhum outro, salvo em Deus, por isso o atributo da eternidade não pode pertencer a ninguém fora de Deus.

---

91. Prol. 4; t. 5, p. 296.

Rursus, quia haec duo sunt supra nostram imaginationem et aestimationem; ideo aeternitatis duratio a nullo sane potest intelligi, nisi omni imaginatione postposita. Haec igitur duo simul iungantur, ut intelligatur divini esse duratio infinitissima et simplicissima, et per hoc permanentia vera, carens inchoatione et interpolatione, sive dilatione et divisione, sive terminatione, et prorsus carens omnino omni successione.

In creaturis vero, licet non possit omnino simile inveniri propter eius defectum, invenitur tamen aliquod cum aliquo defectu, quod quidem, illo defectu per intellectum circumscripto, manuducit ad intelligendam aeternitatem in esse divino. Hoc autem adverti aliquo modo potest et in imagine et in vestigio. In anima namque, quae est Dei imago, est memoria praeteritorum, intelligentia praesentium et praevidentia futurorum; et haec quidem simul sunt in anima, ita quod in anima, quae est substantia spiritualis, simul colliguntur et coniunguntur quae per diversa tempora succedunt; quia tamen ipsa limitata est et aliquid accipit a re extra, deficit ab illa simultate perfecta. Deus autem nihil prorsus accipit nec aliquo modo habet limitari; et ideo omnia sibi ut praesentia necessarium est intelligi, et hoc sine principio et fine; et hoc est intelligere aeternitatem.

In tempore vero, quod est aeternitatis vestigium, est praesens, praeteritum et futurum, ita quod illud quod fuit futurum postea fit praesens et demum praeteritum, quia radicatur super esse mutabile et fluidum sive super ipsum motum. Si igitur praesens intelligatur radicari super esse immutabile et fixum, quod nec habet initium nec terminum, illud intelligetur aeternum.

Demais, como uma e outra ultrapassam a nossa imaginação e estimação, a duração da eternidade não pode ser corretamente entendida, a menos que se exclua inteiramente a imaginação. Portanto, é mister combinar as duas coisas para se compreender a duração infinitíssima e simplicíssima do ser divino, e por ela a sua verdadeira permanência, isenta de começo e de mudança, quer por aumento ou divisão ou terminação; livre, enfim, de toda e qualquer sucessão.

Ainda que nada se possa encontrar de inteiramente semelhante nas criaturas, devido à sua imperfeição, há contudo nelas alguma coisa que, embora algo imperfeita, encaminha à inteligência da eternidade no ser divino, sob a condição de que o intelecto prescinda daquela imperfeição. É o que se pode verificar de algum modo, tanto na imagem como no vestígio. Pois na alma, que é imagem de Deus, há uma recordação das coisas passadas, uma inteligência das presentes e uma previsão das futuras. E todas estas coisas estão simultaneamente na alma; de forma que na alma, que é uma substância espiritual, une-se e ajunta-se o que acontece sucessivamente e em tempos diversos. Todavia, por ser limitada e receber algo da realidade exterior, ela não atinge àquela simultaneidade perfeita. Deus, ao invés, não recebe absolutamente nada e não está sujeito a nenhuma limitação. Por isso é necessário entender todas as coisas como presentes a Ele, e isto sem princípio e sem fim. Só então se compreende a eternidade.

No tempo, porém, que é um vestígio da eternidade, há um passado, um presente e um futuro, de sorte que aquilo que antes era futuro se transforma depois em presente e, finalmente, em passado; e isto por estar ele arraigado no ser mutável e fluido, ou seja, no próprio movimento. Se, pois, entendemos o presente como radicado no ser imutável e fixo, que não tem nem início nem fim, concebemo-lo como eterno.

Et sic si quis recta consideratione a creaturis conscendat in Creatorem, auferendo quod est incompletionis et tenendo quod est complementi; venire poterit aliqualiter ad intelligendam aeternitatem esse divini, non tamen perfecte, quamdiu sumus in carne; quia dum hic vivimus, "nostrum intelligere non est sine continuo et tempore", ac per hoc valde elongatur ab aeternitate, nisi forte per donum speciale altius sublevetur; ut enim dicit Augustinus, "cum aliquid aeternum mente capimus, in hoc mundo non sumus".

De mysterio Trinitatis, 5, 1; t. 5, p. 89s.

Destarte, se alguém se eleva ao Criador pela reta consideração das criaturas, isto é, despojando-as do que representa imperfeição, e retendo o que inclui perfeição, poderá chegar a entender de algum modo a eternidade do ser divino, embora não perfeitamente, enquanto vivermos na carne; porque, enquanto vivemos aqui, "nosso conhecimento não se realiza independentemente do espaço e do tempo" (ARISTÓTELES. *De Memoria et Reminiscentia*, c. 1); por isso ele permanece muito distante da eternidade, a menos que, por um dom especial, lhe suceda ser elevado a maior altura; pois, como diz Agostinho, "quando compreendemos algo de eterno com a mente, já não nos encontramos neste mundo" (De Trinit. IV, 20, 28).

A iluminação moral da vontade

Dico ergo, quod illa lux aeterna est exemplar omnium, et quod mens elevata, ut mens aliorum nobilium philosophorum antiquorum, ad hoc pervenit. In illa ergo primo occurrunt animae exemplaria virtutum. "Absurdum enim est, ut dicit Plotinus, quod exemplaria aliarum rerum sint in Deo, et non exemplaria virtutum" (Ennead. pr. libr. II).

Apparent ergo primo in luce aeterna virtutes exemplares sive exemplaria virtutum, scilicet celsitudo puritatis, pulcritudo claritatis, fortitudo virtutis, rectitudo diffusionis; de quibus Philo, "disertissimus Iudaeorum", loquens ut philosophus. – Sapientiae septimo; Vapor est enim virtutis Dei et emanatio quaedam est claritatis omnipotentis Dei sincera; et ideo nihil inquinatum in eam incurrit; ecce celsitudo puritatis.

Candor est enim lucis aeternae et speculum sine macula Dei maiestatis et imago bonitatis illius. Et infra: Est enim haec speciosior sole, et super omnem dispositionem stellarum, luci comparata invenitur prior; ecce pulcritudo claritatis. Ubi enim est speculum et imago et candor, necessario est repraesentatio et pulcritudo. "Pulcritudo nihil aliud est quam aequalitas numerosa"; ibi autem sunt rationes numerosae ad unum reductae. Et quia est speciosissima, ideo attingit ubique propter suam munditiam.

Declaro, pois, que aquela luz eterna é o arquétipo de todas as coisas, e que a razão elevada, qual foi a de alguns nobres filósofos antigos, chegou-se até ali. Nela a alma depara, primeiramente, os protótipos das virtudes. "Pois, como diz Plotino, é absurdo que os modelos das outras coisas se encontrem em Deus, à exclusão dos modelos das virtudes".

Na luz eterna aparecem, pois, em primeiro plano, as virtudes-modelo ou os modelos das virtudes, a saber, a sublimidade da pureza, a beleza da claridade, a fortaleza da virtude, a retidão da distribuição. Sobre elas disserta Fílon, "o mais eloquente dos judeus", e fá-lo enquanto filósofo. – No sétimo capítulo da Sabedoria (v. 25) lemos: "Ela é uma exalação do poder de Deus e uma como pura emanação da claridade de Deus onipotente, e por isso não se pode encontrar nela a menor impureza". Eis aí a sublimidade da pureza.

"Ela é o clarão da luz eterna, e o espelho sem mácula da majestade de Deus, e a imagem da sua bondade". E mais adiante: "Ela é mais formosa do que o sol e do que todas as constelações das estrelas; comparada com a luz, ela vence". Eis a beleza da claridade. Pois onde há espelho, imagem e brilho, ali há necessariamente representação e beleza. "A beleza outra coisa não é senão a igualdade baseada no número"; ali, porém, as relações numéricas são reduzidas a uma coisa só. E por ser a mais bela de todas, ela tudo atinge graças à sua pureza.

Ex quo sequitur, quod sit fortissima; ideo dicitur: Sapientiam non vincit malitia. Attingit a fine usque ad finem fortiter; ecce fortitudo virtutis: attingit a summo vel supremo usque ad infimum, ab intrinseco usque ad extrinsecum, a primo usque ad ultimum, quia ubique est centrum suae potentiae: ideo virtus eius est infinita.

Et ex hac habet rectitudinem diffusionis; ecce iustitia; et ideo dicit: Disposuit omnia suaviter. – Et quia loquitur ut philosophus et amator sapientiae; ideo dicit: Hanc amavi et exquisivi a iuventute mea et quaesivi sponsam mihi eam assumere et amator factus sum formae illius; non solum propter se, sed quia ab illa in me consequenter fiunt consimiles proprietates. Unde statim post sequitur: Sobrietatem enim et prudentiam et iustitiam et virtutem docet, quibus utilius nihil est in vita hominibus.

Haec imprimuntur in anima per illam lucem exemplarem et descendunt in cognitivam, in affectivam, in operativam. Ex celsitudine puritatis imprimitur sinceritas temperantiae; ex pulcritudine claritatis serenitas prudentiae; ex fortitudine virtutis stabilitas constantiae; ex rectitudine diffusionis suavitas iustitiae. – Haec sunt quatuor virtutes exemplares, de quibus tota sacra Scriptura agit; et Aristoteles nihil de his sensit, sed antiqui et nobiles philosophi.

In Hexaêmeron Collationes 6, 6-10; t. 5, p. 361s.

Donde decorre que ela é a mais forte. Por isso diz a Escritura: "A malícia nada pode contra a sabedoria: atinge, pois, fortemente desde uma extremidade à outra". Eis a força da virtude. Ela atinge do mais elevado ou supremo ao ínfimo, do interior ao exterior, do primeiro ao último; pois o centro do seu poder está em toda a parte: por isso o seu poder é infinito.

Por consequência, ela possui a retidão da distribuição: eis a justiça. Por isso se diz: "Ela dispõe todas as coisas com suavidade". E, por falar como filósofo e amante da sabedoria, diz: "Eu a amei e busquei desde a minha juventude, e procurei tomá-la para mim como esposa, e fiquei enamorado da sua formosura"; não só em atenção a ela mesma, como pelas propriedades semelhantes que ela origina em mim. Por isso se diz, logo a seguir: "Ela ensina a temperança e a prudência, a justiça e a fortaleza, que são o que há de mais útil na vida dos homens".

Estas virtudes são impressas na alma por aquela luz exemplar, e descem para a faculdade cognitiva, a afetiva e a operativa. Pela sublimidade da pureza se imprime a sinceridade da temperança; pela beleza da claridade, a serenidade da prudência; pela fortaleza da virtude, a estabilidade da constância; pela retidão da distribuição, a suavidade da justiça. – São estas as quatro virtudes exemplares, das quais trata toda a Sagrada Escritura. Aristóteles nada soube a seu respeito; conheceram-nas, porém, os antigos e nobres filósofos.

CAPÍTULO V
SANTO TOMÁS DE AQUINO
Doctor communis

Numa exposição histórica da filosofia medieval, a obra e a importância de Santo Tomás devem ser encaradas, não à luz do triunfo posterior do tomismo, e sim, exclusivamente, no ambiente histórico do século XIII. Pois bem: o aristotelismo se corroborara a ponto de tornar necessária uma tomada de posição: ou seria posto a serviço da Teologia, ou, ao contrário, transformar-se-ia numa ameaça aos próprios fundamentos da visão cristã do mundo. Para facilitar a compreensão deste estado de coisas, faz-se mister um estudo sumário do movimento averroísta do século XIII.

O averroísmo latino – Não tardou muito que, a par da Dialética aristotélica, se começasse a ler e interpretar também, na Faculdade de Artes, as demais obras do Estagirita. O magistério era exercido por clérigos; nada mais natural, pois, que o ensino das Artes fosse ministrado em concerto íntimo com a teologia, e como preparação para ela. Por outro lado, era inevitável que se aspirasse a uma dissociação da teologia e à elaboração de uma filosofia autônoma e *separada*, capaz de atingir seus objetivos independentemente da teologia. Esta tendência se cristalizou em ritmo crescente no chamado movimento averroísta, que interpretava Aristóteles na mais estrita dependência de Averróis. Seu representante principal, além de Boécio de Dácia, foi *Siger de Brabante*.

Siger desvincula a filosofia da teologia, afirmando que, conquanto a Revelação contenha toda a verdade, não é necessário que se harmonize com a filosofia. Filosofar é, para Siger, "buscar o que pensaram os filósofos, e notadamente Aristóteles, ainda que, ocasionalmente, a doutrina do filósofo não concorde com a verdade... *quaerendo intentionem philosophorum in hoc magis quam veritatem, cum philosophice procedamus*"[1].

O certo é que, mediante argumentos naturais, Siger chegou a conclusões contrárias à fé. Contudo, *não inferiu daí a doutrina da dupla verdade*. Siger simplesmente não se interessou pela harmonia da fé com a ciência: "*Sed nihil ad nos nunc de Dei miraculis, cum de naturalibus naturaliter disseramus*". Eis alguns exemplos de tais proposições contrárias à fé: Deus não é a causa eficiente das coisas, mas apenas causa final. Não se pode atribuir a Deus a presciência de acontecimentos futuros contingentes, pois Aristóteles provou que tais acontecimentos, caso Deus pudesse prevê-los, tornar-se-iam necessários. O mundo é eterno; eternas são também as espécies terrestres, inclusivamente a espécie humana. Todos os acontecimentos se reiteram: um mundo sucede a outro, num

---

1. Cf. MANDONNET, P. & BRABANT, Siger de. Les Philosophes Belges. 2. ed., tt. VI-VII; 1911 e 1908: textos e referências: t. VI, p. 148ss. Cf. especialmente: STEENBERGHEN, F. van. Siger de Brabant d'après ses oeuvres inédites, em Les Phil. Belges, tt. XII-XIII, Lovaina, 1931-1942.

perpétuo retorno das coisas. Siger ensina, particularmente, a unidade do intelecto em todos os homens, o qual, embora presente por sua atividade nos homens individuais, situa-se acima deles, de modo a excluir a imortalidade pessoal.

Foi a Santo Tomás que coube a empresa histórica de retificar, num sentido cristão, este aristotelismo malsão que corria ao lado da teologia, sem correlação orgânica com ela, e de superá-lo de tal modo que, depois de depurado e organicamente integrado no edifício teológico, ele passasse a servir de fundamento seguro para a mesma teologia. O que deparamos em Santo Tomás não é, pois, um aristotelismo genuíno. Na explanação dos textos tomísticos importa não perder de vista que os termos e conceitos aristotélicos devem ser interpretados à luz do pensamento de Tomás, e não do de Aristóteles.

Vida – Filho do conde Landolfo de Aquino, nasceu Tomás entre 1224 e 1225 em Rocca Secca, no reino de Nápoles. De 1230 a 1239 foi educado no mosteiro de Montecassino pelo abade Sinibaldo, seu tio paterno. A seguir, estudou as artes liberais em Nápoles. Em 1244 entrou para a Ordem dominicana, à revelia da família. Despeitados, seus irmãos lhe armaram uma cilada no caminho a Paris, e o confinaram por vários meses ao cárcere. Restituído à liberdade por intervenção de sua irmã, retoma sua viagem a Paris, onde muito provavelmente teve como mestre a Santo Alberto Magno de 1245 a 1248. Acompanhou-o também para Colônia, onde ficou até 1252, ano em que retornou a Paris. Em 1257 obteve, juntamente com São Boaventura, o título de mestre, podendo, desde então, ensinar publicamente a teologia. Em 1259 participou do capítulo geral da Ordem em Valenciennes, sendo enviado, em seguida, à Itália, onde lecionou teologia na corte de Urbano IV e Clemente IV; por esse tempo compôs a *Summa contra Gentiles*. Foi igualmente na Itália que travou conhecimento com Guilherme de Moerbecke, exímio conhecedor do idioma grego, que lhe fornecia versões fidedignas de Aristóteles e outros filósofos helênicos. Após breve estadia em Roma, no ano de 1265, vamos reencontrá-lo em Viterbo. Por este tempo inicia a redação da *Summa theologica*. De 1269 a 1270 vive novamente em Paris, onde entra em luta aberta com o aristotelismo averroísta. Em 1273 assiste ao Capítulo da Ordem em Florença, sendo encarregado de instalar um Studium Generale em Nápoles. Pouco após, foi convocado por Gregório X ao Concílio de Lyon; mas veio a falecer durante a viagem, no convento dos Cistercienses, em Fossanova, a 7 de março de 1274. Ainda no leito de morte encontrou forças para expor aos monges o Cântico dos Cânticos.

Tudo leva a crer que Santo Tomás fosse possuidor de uma índole serena e concentrada. Por toda a vida seguiu um curso retilíneo e consistente, dedicando à ciência toda a sua imensa capacidade de trabalho. Sua alma, aberta a tudo o que é nobre, bom e verdadeiro, desconhecia por experiência própria os abismos da humana miséria. Sua obra revela grande otimismo, que se poderia chamar de singelo, na melhor acepção da palavra; cônscio embora da insuficiência do espírito humano em face de muitos mistérios impenetráveis, alimenta contudo uma confiança inabalável no caráter racional do ser e na disposição ordenada do mundo. Por isso a sua obra respira uma tranquilidade soberana, sem contudo lograr aquele contato vivo com a realidade, nem a fina sensibilidade, de um Santo Agostinho.

Obras:
I. *Comentário sobre as Sentenças* (1254-1256).
II. As Sumas:

1. *Summa theologica.* Consta de três partes, subdivididas em questões e artigos. A segunda parte compreende uma "Pars Prima" e uma "Pars Secunda"; por exemplo a citação "II/II" indica a *Secunda (pars) secundae (partis).* As duas primeiras partes datam dos anos de 1266-1272; a terceira, iniciada em 1272, ficou incompleta. Foi complementada (*Supplementum*) pelo companheiro e amigo fiel de Santo Tomás, Reginaldo de Piperno.
2. *Summa contra Gentes* (ou *Gentiles*). É uma exposição da fé cristã para o uso dos missionários. O autógrafo desta obra se conserva até hoje (1258-1264). Divide-se em quatro livros; os três primeiros tratam de verdades acessíveis à razão natural, e o quarto, das verdades de fé propriamente ditas.

III. *Questões.* De especial interesse, além das Quaestiones quodlibetales, são as *Quaestiones disputatae*, onde encontramos as exposições mais pormenorizadas e mais bem fundamentadas das doutrinas de Santo Tomás. São elas: De veritate; De potentia; De spiritualibus creaturis; De anima; De unione Verbi incarnati; De malo (1256 a 1269); De virtutibus in communi; De virtutibus cardinalibus; De correctione fraterna; De spe; De beatitudine (1269 a 1272).

IV. *Opúsculos filosóficos:* De occultis operationibus naturae; De principiis naturae; De mixtione elementorum; De motu cordis; De ente et essentia (1254 a 1256); De aeternitate mundi contra murmurantes (ca. 1270); De unitate intellectus contra Averroistas (1270); De substantiis separatis (depois de 1268); De quattuor oppositis; De propositionibus modalibus; De demonstratione; De fallaciis; De natura accidentis; De natura generis; De natura verbi intellectus; De differentiis verbi divini et humani; De natura materiae; De instantibus; De principio individuationis.

V. *Comentários sobre as obras de Aristóteles* (1268 a 1272), o *Liber de causis,* sobre Boécio e Dionísio Pseudo-Areopagita (*De divinis nominibus*).

VI. *Escritos filosófico-sociais:* De emptione et venditione (ca. 1262). De regimine principum ad regem Cypri. Só os livros I e II são de Santo Tomás, sendo o restante da pena de Tolomeo Lucca. De regimine Iudaeorum ad ducissam Brabantiae (1262).

Edições e traduções – Uma nova edição completa vem sendo feita em Roma pelos PP. Dominicanos: a Editio Leonina. Até agora apareceram: a Summa theologica (com o comentário do cardeal Caetano) e a Summa contra Gentiles.

Ambas as Sumas tiveram numerosas edições avulsas.

Há uma edição bilíngue da Suma Teológica, feita pela Faculdade de Filosofia Sedes Sapientiae, SP, 1944ss; tradução portuguesa do Prof. Alexandre Correia. – Outras edições facilmente acessíveis: Summa Theologica. Ed. bilíngue (latim e espanhol). Madri: B.A.C., 16 vols.; Summa Contra Gentiles. Ed. bilíngue, na mesma coleção; 2 vols.

Bibliografia – GILSON, E. *Le Thomisme.* 3. ed. [Etudes de phil. médiév., t.1]. Paris: [s.e.], 1927. MEYER, Hans. *Thomas von Aquin.* Bonn: [s.e.], 1938. AMEAL, João. *Santo Tomás de Aquino.* 3. ed. Porto: [s.e.], 1947. GRABMANN, Mons. Martinho. *A filosofia da cultura de Santo Tomás de Aquino.* Petrópolis: Vozes, 1946. – As melhores bibliografias são: MANDONNET, P. & DESTREZ, J. *Bibliographie Thomiste* [Bibliothèque Thomiste, t. I]. Kain (Bélgica): Le Saulchoir, 1921; e, principalmente: BOURKE, V.J. *Thomistic Bibliography 1920-1940.* Saint Louis: [s.e.], 1945.

§ 1. Filosofia e Teologia

Em consonância com as melhores tradições cristãs, Santo Tomás estabelece uma distinção nítida entre filosofia e teologia; por outro lado, reclama a colaboração estreita entre uma e outra. *Sua filosofia deve ser caracterizada como genuinamente cristã*, sendo fácil verificar, na obra de Aquinate, as notas distintivas de uma filosofia cristã, tais como as apontamos no início deste livro.

I. Distinção entre Filosofia e Teologia

Embora os pensadores cristãos de eras anteriores houvessem percebido claramente a distinção entre filosofia e teologia, contudo nem sempre procederam a uma delimitação exata entre as duas ordens, pelo menos no que concerne à exposição concreta de suas doutrinas. Com Santo Tomás se acentua a tendência para destacar as consequências práticas desta distinção, já teoreticamente reconhecida, entre os dois domínios. Todavia, a ideia de uma filosofia separada e totalmente autônoma lhe é tão alheia quanto aos outros grandes vultos da filosofia cristã.

1. A filosofia e a teologia diferem por sua finalidade. A teologia nos dá acesso às verdades necessárias à salvação; por isso Deus não nos revelou todas as verdades possíveis sobre as coisas. Por conseguinte, ao lado da ciência da revelação ou teologia, há lugar para uma ciência natural. Donde a possibilidade de uma filosofia, que investiga as coisas como objetos independentes de pesquisa. O teólogo, ao contrário, considera as coisas de um ângulo inteiramente diverso. Por exemplo, o fogo não o interessa enquanto fenômeno físico, mas como manifestação da grandeza de Deus: "*Et propter hoc etiam alia et alia circa creaturas et philosophus et fidelis considerant; philosophus namque considerat illa quae eis secundum naturam propriam conveniunt, sicut igni ferri sursum; fidelis autem ea solum considerat circa creaturas, quae eis conveniunt secundum quod sunt ad Deum relata, utpote quod sunt a Deo creata, quod sunt Deo subiecta et huiusmodi*"[2].

2. A filosofia e a teologia diferem por seus respectivos métodos. Embora haja problemas que interessam igualmente ao filósofo e ao teólogo, cada qual os trata de maneira distinta. *O filósofo tira seus argumentos das essências das coisas, ou seja, de suas causas próprias. O teólogo, ao contrário, parte sempre da Primeira causa ou de Deus*, servindo-se, principalmente, de três classes de argumentos: ora afirma uma verdade, baseando-se na autoridade da revelação divina; ora apela à glória infinita de Deus, cuja perfeição se trata de salvaguardar; ora se reporta ao poder infinito de Deus, que transcende os limites da ordem natural: "*Nam philosophus argumentum assumit ex propriis rerum causis; fidelis autem ex causa prima*"[3].

Tendo por objeto o estudo das criaturas em si mesmas, a filosofia não chega ao conhecimento de Deus senão a partir delas. *A filosofia começa pelas criaturas e termina com Deus. A*

---

2. Summa contra Gentiles II, 4.
3. Ibid.

teologia segue o caminho inverso, considerando as criaturas exclusivamente em sua relação para com Deus; parte de Deus e desce às criaturas. Destarte a teologia segue uma ordem mais perfeita em si mesma, por ser mais semelhante ao conhecimento divino: *"sic est perfectior, utpote Dei cognitione similior, qui seipsum cognoscens alia intuetur"*[4].

Santo Tomás aduz uma razão mais terminante para distinguir entre as duas ordens de conhecimento: *uma verdade clara e certamente conhecida deixa,* ipso facto, *de pertencer ao domínio da fé:* "*impossibile est quod de eodem sit fides et scientia*"[5]. Como lembra Agostinho, a fé visa precisamente àquilo que não está presente à razão, isto é, ao que lhe é inatingível. Por conseguinte, todo conhecimento racional, deduzido dos primeiros princípios, foge ao domínio da fé, porquanto se trata de objetos presentes ao entendimento, e por isso mesmo insuscetíveis de fé[6].

II. Cooperação entre Filosofia e Teologia

A despeito dessa diversidade essencial entre fé e ciência, ou melhor, entre teologia e filosofia, Santo Tomás está longe de advogar uma separação prática entre as duas esferas do saber. Ao contrário, demanda uma colaboração íntima entre elas.

1. Harmonia entre fé e ciência – O Aquinate deduz essa harmonia de um princípio assaz simples: a razão, como natureza criada por Deus, e a fé, como revelação do mesmo Deus, não podem se contradizer, visto procederem da mesma fonte da verdade. Mais exato seria dizer que uma e outra contradizem ao erro. Pois o que pertence à própria natureza da razão é forçosamente verdadeiro, a ponto de o seu contrário ser simplesmente impensável – haja vista o caso dos primeiros princípios. O mesmo vale de tudo quanto nos é assegurado pela revelação divina. Concordes no combate ao erro, a fé e a ciência devem ser igualmente unânimes no conhecimento da verdade.

Tal concordância pode elucidar-se também de maneira puramente filosófica, pela seguinte reflexão. Um mestre não pode comunicar ao discípulo senão o saber que ele próprio já possui. Ora, o conhecimento natural dos princípios deriva de Deus, Causa da Natureza. Logo, tais princípios estão contidos na sua sabedoria. Donde se conclui que tudo o que contraria tais princípios contradiz à divina sabedoria, e portanto não pode proceder de Deus. Daí a impossibilidade de qualquer espécie de contradição entre a razão e a revelação, ambas oriundas de um e o mesmo Deus[7].

2. Necessidade da fé para a razão – É óbvio que tanto as verdades necessárias à salvação, como as que fogem ao alcance da razão, devem ser aceitas pela fé. Mas, além destas, há certas outras verdades igualmente necessárias para nós – especialmente as que dizem referência a Deus – as quais, embora acessíveis à razão, devem

---

4. Ibid.
5. De Veritate 14, 9 e ad 6.
6. Ibid.
7. Summa contra Gentiles I, 7.

contudo ser cridas, pelo menos inicialmente; e isso por cinco razões, já arroladas por Moisés Maimônides:

1º) Porque o conhecimento de tais verdades é muito laborioso, devido à sua profundeza, dificuldade e caráter abstrato; 2º) porque na juventude o intelecto humano não se encontra suficientemente desenvolvido; 3º) porque a demonstração destas verdades pressupõe muitos conhecimentos que o homem *só* adquire paulatinamente; 4º) porque certas pessoas não têm o talento necessário para os estudos científicos; 5º) porque a luta pela existência e o cuidado das coisas externas absorvem a maior parte da energia humana. Por conseguinte, se os homens dependessem de provas racionais para a descoberta destas verdades, só alguns poucos, e estes a muito custo, lograriam atingi-las. É por isso que as recebemos antecipadamente pela fé, que, em consequência, deixa-se aclarar tanto mais facilmente pela razão[8].

Assim a fé nos fornece, de antemão, um certo número de soluções, das quais a razão pode assenhorear-se com seus próprios recursos. Santo Tomás se deixa conduzir conscientemente pela Revelação, e, orientado por ela, procura ultimar o seu sistema, dispensando-lhe progressivamente a assistência no domínio filosófico. À maneira do alpinista, ele recorre a um guia; mas nem por isso o panorama que descortina se torna menos verdadeiro.

3. O valor da filosofia para a teologia – A teologia se vê amplamente compensada pelos serviços prestados à filosofia. Antes de mais nada, a filosofia assegura os fundamentos da fé, e a defende contra toda a sorte de ataques. Além disso, ela patenteia a racionabilidade da fé e prova certos artigos de fé acessíveis a ela. Tais provas, porém, não devem ser conduzidas com leviandade. Santo Tomás nos previne expressamente contra os sofismas e elimina inexoravelmente do seu sistema os argumentos que se lhe afiguram menos sólidos, por exemplo, a prova anselmiana da existência de Deus. Tais argumentos, longe de desarmarem os inimigos da fé, servem apenas para confirmá-los no erro[9].

Ademais, o conhecimento das coisas naturais é de grande utilidade para a teologia, porquanto elas nos anunciam a sabedoria de Deus e nos concitam à admiração, à reverência e ao amor de Deus[10]. O conhecimento das criaturas é particularmente valioso, porque uma penetração mais profunda de sua essência nos preserva de muitos erros na Teodiceia. Aquele que possui um saber sólido acerca da natureza jamais cairá no erro, tão frequente entre os gentios, de identificá-la com Deus; tampouco irá atribuir-lhe propriedades divinas, incompatíveis com sua essência, tal como o poder de operar milagres; nem aderirá ao mecanicismo, exagerando a necessidade interna dos processos naturais, a ponto de subtraí-la a toda influência divina; e, enfim, aprenderá a determinar o seu verdadeiro lugar no conjunto do

---

8. De Veritate 14, 10.
9. Summa contra Gentiles I, 9.
10. Ibid.

universo, e, por conseguinte, deixará de subordinar o ser humano ao influxo necessitante dos astros, inconciliável com sua posição de rei da criação. Erram, pois, os que cuidam não haver necessidade de cultivar o estudo da natureza, desde que se tenha um conceito correto de Deus: "*Nam error circa creaturas redundat in falsam de Deo scientiam, et hominum mentes a Deo abducit in quem fides dirigere nititur, dum ipsas quibusdam aliis causis supponit*". Com certa animosidade, em que transparece a indignação contra os que se mostram hostis ao cultivo das ciências profanas – atitude que ele, a exemplo do seu mestre Alberto, tem por *diabólica* – Tomás conclui que aqueles que erram com relação às criaturas devem aguardar os castigos dos incréus; pois, como diz o salmista (27,5): "Porquanto não compreenderam as obras do Senhor ... tu os destruirás..."[11]

§ 2. Teodiceia

A própria estrutura do ser humano está a exigir que o seu conhecimento principie pelos sentidos, para, a partir deles, elevar-se ao suprassensível, e até à própria Divindade. Esta concepção do processo gnoseológico determina a posição tomista perante o problema de Deus. *Santo Tomás terá de repudiar toda argumentação apriorística, como também a que se baseia em dados anímicos, para reter apenas a que parte da realidade externa*. Neste assunto lhe é vedado seguir a Santo Agostinho ou a Santo Anselmo; sua orientação é essencialmente aristotélica[12]. Desta forma, Santo Tomás pretende fazer justiça ao caráter específico do homem; como ser sensitivo-corporal, este depende da experiência sensível para a aquisição de todo e qualquer saber. Inclusive o caminho que leva ao conhecimento de Deus deve passar pelas coisas sensíveis[13].

I. A existência de Deus (as quinque viae*)*

Os argumentos tomistas da existência de Deus vêm expostos, tanto na *Summa contra Gentiles* como na *Summa theologica*. Tecnicamente, a argumentação da Suma contra os Gentios é mais apurada e minuciosa; preferimos nos ater aqui à exposição mais concisa da Suma teológica (I, 2,3).

1. O argumento do primeiro motor – Esta é a "primeira via, que é a mais manifesta". É certo, e verificado pelos sentidos, que algo é movido neste mundo. Ora, tudo o que é movido é movido por outro; porque nada é movido senão enquanto está em potência relativamente àquilo a que é movido. Pois mover outra coisa não é senão levar alguma coisa da potência ao ato (ato = realidade). Ora, só uma coisa real pode levar algo da potência ao ato; assim, o calor realmente existente, ou o fogo, torna a madeira de cálido potencial em cálido atual, e dessa maneira a move e transforma. Pois

---

11. Summa contra Gentiles II, 3.
12. Cf. Summa contra Gentiles I, 10-11.
13. Cf. ibid., I, 12.

bem: é impossível estar em ato e em potência ao mesmo tempo e sob o mesmo ponto de vista, mas só sob pontos de vista diversos. Pois o cálido atual não pode simultaneamente ser cálido potencial, mas é frio em potência. Logo, e pela mesma razão, é impossível uma coisa ser motora e movida do mesmo ponto de vista e do mesmo modo, ou seja, é-lhe impossível se mover a si mesma. Por conseguinte, tudo o que é movido há de sê-lo por outro. Se, portanto, o motor é por sua vez movido, também ele deve ser movido por outro, e este por outro. Ora, não se pode proceder assim ao infinito, pois não haveria nenhum primeiro motor, e por conseguinte não haveria absolutamente nenhum motor; pois os motores segundos (ou subordinados) não movem senão enquanto são movidos pelo primeiro motor: como não move o báculo sem ser movido pela mão. Logo, é necessário chegar a um primeiro motor que não seja movido por nenhum outro, ao qual todos dão o nome de Deus.

Para facilitar a compreensão deste argumento, que – por meio de Alberto Magno e Moisés Maimônides – remonta a Aristóteles[14], cumpre notar que Santo Tomás o desenvolveu originariamente a partir do simples movimento local, ou seja, na base de dados físicos. Contudo, ele não se restringe à esfera física, podendo ser aplicado a qualquer gênero de mutação. Além disso, é preciso não perder de vista que a prova se apoia em movimentos essencialmente ordenados; donde a necessidade de se concluir para um concurso divino, no sentido de um impulso motor ininterrupto. À primeira vista, a identificação do primeiro motor com aquilo a que "*todos* dão o nome de Deus", não deixa de causar certa surpresa; todavia, ela será justificada mais adiante, com a dedução de outras propriedades essenciais de Deus, a partir do conceito do primeiro motor imóvel.

2. O argumento da primeira causa eficiente – Nas coisas sensíveis observamos uma ordem de causas eficientes. Entretanto, não concebemos – por impossível – que uma coisa seja causa eficiente de si própria; pois, já que a causa eficiente precede, pelo menos logicamente, ao efeito, a referida coisa deveria ser anterior a si mesma, o que é impossível. Mas é impossível se proceder até o infinito na série das causas eficientes, pois, em todas as causas eficientes ordenadas, a primeira é causa da média, e esta, da última, sejam as médias muitas ou uma só. E como, removida a causa, removido fica o efeito, logo, se nas causas eficientes não houver primeira, não haverá última nem média. Procedendo-se ao infinito nas causas eficientes, não haverá causa eficiente primeira, nem efeito último, nem causas eficientes intermédias. O que manifestamente é falso. Logo, é necessário admitir uma causa eficiente primeira, à qual todos dão o nome de Deus.

Para melhor elucidação deste argumento, que é de procedência aristotélica[15], e já fora delineado por Avicena, notemos que também aqui se trata de causas essencialmente ordenadas,

---

14. Física VIII, 5, 311 a, 4 e Metafísica XII, 6, 1071 b, 3.
15. Metafísica II, 2, 994a, 1.

onde uma depende da outra no seu ser-causa. Tal dependência não existe, por exemplo, na sucessão generativa (pai, filho etc.); Santo Tomás não nega a possibilidade de um regresso ao infinito em semelhante caso. Tratando-se, porém, de causas essencialmente ordenadas, a causa inferior não atua senão em dependência da causa superior; neste caso o regresso é impossível: *"Unde non est impossibile quod homo generetur ab homine in infinitum. Esset autem impossibile, si generatio huius hominis dependeret ab hoc homine, et a corpore elementari, et a sole, et sic in infinitum"*[16].

3. O argumento do existente necessário – Entre as coisas, encontramos algumas que podem ser e não ser, porquanto podem ser geradas e corrompidas, do que se segue que podem ser e não ser. Ora, é impossível que todas as coisas desta natureza existam sempre; pois o que pode não existir, alguma vez não existiu. Se, portanto, todas as coisas podem não existir, houve tempo em que nenhuma existia. Mas, se tal fosse o caso, ainda agora não existiria coisa alguma; pois o que não existe só pode começar a existir por uma coisa já existente. Ora, nenhum ente existindo, é impossível que algum comece a existir, e, portanto, também agora nada existiria. Logo, nem todos os seres são puramente possíveis, mas é forçoso que haja algo necessário. Ora, tudo o que é necessário, ou tem de fora a causa da sua necessidade ou não a tem. Mas não é possível proceder ao infinito nos seres necessários que têm uma causa de sua necessidade, como já se provou. Por onde é forçoso admitir um ser necessário por si mesmo, não tendo de fora a sua necessidade, antes, sendo a causa da necessidade dos outros: e a tal ser todos chamam Deus.

Neste argumento, que procede da contingência, Santo Tomás acompanha, ponto por ponto, o raciocínio de Moisés Maimônides. Não ocorre na *Summa contra Gentiles*. Notar que também esta prova deixa aberta a possibilidade de uma criação eterna do mundo: tanto o filósofo cristão como o judeu tencionam firmar sua argumentação num fundamento inabalável.

4. O argumento pelos graus do ser – Verificamos, nas coisas, um mais e um menos de verdade, de nobreza e de outras qualidades semelhantes. Ora, o mais e o menos não se dizem de coisas diversas senão enquanto estas se aproximam em proporção diversa de algo que contém o máximo deste ser; assim, o mais cálido é o que mais se aproxima do maximamente cálido. Há portanto algo verdadeiríssimo, ótimo e nobilíssimo e, por conseguinte, maximamente ser. Pois o que é maximamente verdadeiro é também maximamente ser[17]. Ora, o que é maximamente tal num gênero, é causa de tudo o que esse gênero compreende; assim o fogo, maximamente cálido, é causa de todos os cálidos (como se diz no mesmo livro de Aristóteles). Logo, há um ser que é causa do ser, da bondade e de toda e qualquer perfeição; e este ser se chama Deus.

---

16. Summa theologica I, 46, 2, ad 7.
17. ARISTÓTELES. Metafísica liv. II, text. 4.

Esta prova tem recebido as mais diversas interpretações. Cumpre não esquecer, porém, que Tomás não parte de uma simples ideia, e sim, de coisas concretas, fazendo culminar seus vários graus de perfeição num grau absoluto. O argumento assenta na ideia de que a totalidade do ser e das suas perfeições é uma participação de Deus; ou, por outros termos, ele supõe o exemplarismo tomista, que não se refere à ordem ideal, mas à ordem real: "*Cum ergo omnia, quae sunt, participent esse, et sunt per participationem entia, necesse est esse aliquid in cacumine omnium rerum, quod sit ipsum esse per suam essentiam, id est quod sua essentia sit suum esse; et hoc est Deus, qui est sufficientissima et dignissima et perfectissima causa totius esse, a quo omnia quae sunt, participant esse*"[18].

5. O argumento do governador supremo das coisas – Observamos que algumas coisas, carecentes de conhecimento, tais como os corpos naturais, operam em vista de um fim; o que se conclui do fato de operarem sempre ou quase sempre do mesmo modo, para conseguirem o que é ótimo. Donde resulta que chegam ao fim, não pelo acaso, mas pela intenção. Ora, o que não possui conhecimento só tende ao fim quando dirigido por algo conhecedor e inteligente, como a seta pelo arqueiro. Há, pois, algo inteligente pelo qual todas as coisas naturais se ordenam ao fim, e a que chamamos Deus.

Esta prova, segundo uma referência do próprio Santo Tomás, na *Summa contra Gentiles*, provém de João Damasceno.

Embora manifestamente diferentes, as cinco vias seguem uma linha diretriz uniforme. Em primeiro lugar, *todas elas partem de uma realidade concreta, verificável e sensível*, o que lhes dá um cunho essencialmente distinto de todos os argumentos genuinamente agostinianos, que partem preferentemente da experiência interna. A segunda característica está em que, *no fundo, todas empregam o princípio de causalidade*. É o elemento racional que se junta ao elemento empírico. Digno de reparo é o fato de todos os cincos argumentos – coisa aliás muito natural para um pensador medieval – *pressuporem um mundo hierarquicamente estruturado*: basta a verificação empírica de qualquer realidade intramundana para, mediante uma análise adequada, encetarmos com necessidade o itinerário para Deus; pois é impossível compreender cabalmente este mundo, sem admitir, acima dele, um princípio realmente existente e atuante, que lhe fundamente a existência e as atividades.

II. Propriedades de Deus

Deus é uma essência em três Pessoas, cuja obra é a criação. A existência de três Pessoas em Deus se subtrai à razão natural; todos os enunciados referentes a ela se baseiam exclusivamente na fé. A essência de Deus e sua relação ao mundo, porém, nos é acessível, até certo ponto. É verdade que não podemos definir a essência divina; para tanto seria preciso que soubéssemos indicar o gênero a que pertence, e a diferença es-

---

[18]. In Joannem evang. expos. prol.

pecífica que a determina. Visto nada haver acima de Deus, só nos resta enveredar pela via ascendente. Esta, porém, é essencialmente negativa.

1. Conhecimento negativo da essência divina – Santo Tomás o encadeia intimamente às provas da existência de Deus, e mormente à prova pelo movimento, que sempre lhe mereceu a preferência.

Sendo Deus o primeiro motor imóvel, segue-se, em primeiro lugar, a *sua absoluta independência do tempo*.

Para Santo Tomás, imobilidade significa imutabilidade. Ora, tudo quanto começa a existir ou cessa de existir, sofre por isso mesmo um movimento. Mas Deus é perfeitamente imutável. Logo, não pode ter começo nem fim; logo, é eterno[19].

Pela mesma razão, é necessário excluir toda potencialidade passiva do conceito de Deus.

Sendo Deus eterno, e não podendo não ser, é impossível haver nele algo em potência para não ser. Pois, como já se disse, ser possível significa poder existir e não existir. De forma que Deus poderia existir e não existir na medida da potencialidade nele contida; o que é inconciliável com sua eternidade: "*Deus autem secundum se non potest non esse, cum sit sempiternus; in Deo igitur non est potentia ad esse*"[20]. Em Deus não há potencialidade alguma, visto que nele toda potência se encontra em ato: Deus é atualidade pura, *actus purus*. Do exposto também decorre, de imediato, que Deus não pode conter matéria, posto que matéria significa, essencialmente, potencialidade. Logo, Deus é imaterial[21].

Em Deus não há composição, por carecer de matéria e de toda outra potencialidade passiva; logo Deus deve ser qualificado como absolutamente simples[22]. Donde se segue, em particular, *não haver espaço, em Deus, para uma composição de essência e existência*.

O que primeiro deparamos numa coisa é sua essência, e, se nada encontrarmos que se lhe ajunte à essência, segue-se que tal coisa *é* sua essência. Isto se dá exclusivamente em Deus[23]. Donde resulta imediatamente que Deus é Seu ser, pois do contrário Ele participaria do ser. Ora, é impossível que aquilo que só é por participação seja o ser primeiro, pois não se pode participar senão de algo anterior. Esta sublime verdade foi revelada por Deus a Moisés, quando este lhe indagou o nome. Respondeu-lhe o Senhor: "*Ego sum qui sum; sic dices filiis Israel: Qui est misit me ad vos*" (Ex 3,13-14). Desta sorte o próprio Deus nos fez saber que seu nome essencial é: "Aquele que é"[24].

---

19. Summa theologica I, 10, 2 e Summa contra Gentiles I, 15.
20. Summa contra Gentiles I, 16.
21. Ibid., 17.
22. Ibid., 18.
23. Ibid., 21.
24. Ibid., 22.

2. O conhecimento analógico de Deus – Embora devamos seguir, inicialmente, a via da negação, e afastar de Deus todo elemento criatural, o nosso espírito não se dá por satisfeito com este conhecimento negativo. Santo Tomás se deu conta de que um saber meramente negativo permanece estéril, redundando, praticamente, em agnosticismo. Não obstante, é-lhe impossível admitir que conheçamos a Deus tal como Ele é: um conhecimento desta natureza pressuporia uma contemplação direta da essência divina. Por isso ele afirma que, a par do conhecimento negativo, possuímos um saber analógico de Deus. Significa isto que todos os nomes não predicados explícita ou implicitamente de modo negativo, se lhe aplicam em sentido análogo. Com isto Santo Tomás deseja acentuar, de um lado, a distância infinita – e por isso intransponível mediante qualquer conceito – entre o ser criado e o ser divino, e de outro, justificar os enunciados positivos que de fato fazemos acerca de Deus.

Com sua doutrina da analogia, Santo Tomás se opõe à tradição iluminacionista. A analogia inclui semelhança e comparação. Ainda que haja uma diferença infinita entre Deus e a criatura, esta lhe imita de modo finito as perfeições infinitas. Segundo a doutrina da iluminação, o homem entra em contato imediato com Deus, a ponto de dispormos de uma dupla fonte para as nossas ideias e conceitos das perfeições divinas e criaturais, a saber: da iluminação divina e das próprias criaturas. Donde a possibilidade de uma comparação, mediante a qual certos predicados, por exemplo *ser, bom* etc., obtidos por iluminação, passam a ser enunciados em primeiro plano de Deus, e secundariamente das criaturas, isto é, segundo o modo em que os apreendemos a partir delas. Santo Tomás abandonou a doutrina da iluminação, mas reteve a doutrina da analogia que lhe corresponde. Isto teve como resultado algumas modificações importantes, mas também certas dificuldades. Exporemos sucintamente a doutrina de Santo Tomás, atendo-nos aos capítulos 29-35 do primeiro livro da *Summa contra Gentiles*.

a) As criaturas são semelhantes a Deus – As criaturas se assemelham a Deus por serem causadas por Ele, como vimos acima, na exposição da segunda via. A causa deve conter de algum modo os seus efeitos. Isto vale igualmente das causas equívocas, e portanto de Deus; Ele traz em si, de certa maneira, as perfeições das criaturas. De modo semelhante o sol, que é causa equívoca, traz em si as perfeições dos seus vários efeitos: gera o calor nos corpos terrestres, mas este calor engendrado não é da mesma espécie que o calor do próprio sol; há apenas uma semelhança entre eles. De forma que o sol é semelhante e dessemelhante aos seus efeitos: "*Ita etiam et Deus omnes perfectiones rebus tribuit, ac per hoc cum omnibus similitudinem habet et dissimulitudinem simul*"[25].

b) Nada é univocamente predicável de Deus e das criaturas – É precisamente a dessemelhança entre Deus e as criaturas, que – a despeito da semelhança há pouco descrita – exclui a predicação unívoca de uma mesma qualidade com relação a Deus e às criaturas. Pois Deus é causa equívoca, e por isso os seus efeitos são especificamente diversos dele. Esta diversidade específica exclui a predicação unívoca. O mesmo se prova pela consideração das várias modalidades de predicação unívoca. O que é predicado univocamente de vários seres é ou um gêne-

---

25. Summa contra Gentiles I, 29.

ro, ou uma espécie, ou uma diferença específica (*differentia*), ou uma propriedade essencial (*proprium*), ou uma propriedade acidental (*accidens*). Visto que nada do que vem expresso nestes predicados se aplica a Deus, que não entra em nenhum gênero e não se enquadra nas categorias, nada é predicável de Deus em sentido unívoco. Finalmente, também a simplicidade divina é incompatível com a predicação unívoca; pois o que é predicado univocamente de várias coisas deve ser mais simples do que elas, inclusive em seu conceito. Ora, nada pode ser mais simples que Deus. Destas e de outras razões se conclui que não há qualquer predicado univocamente aplicável a Deus e às criaturas[26].

c) Certos predicados não são enunciados de modo puramente equívoco de Deus – Para Santo Tomás, uma equivocação pura é um termo que, por simples casualidade, é empregado para designar coisas diversas; a identidade do nome não se baseia, pois, em nenhuma relação entre as próprias coisas. Ora, entre Deus e as coisas – como foi provado – há uma certa semelhança, e até mesmo entre as causas equívocas e seus efeitos. Se os nossos predicados acerca de Deus fossem puras equivocações, não teríamos nenhum conhecimento dele, e os nossos argumentos seriam inválidos: "*Adhuc, aequivocatio nominis processum argumentationis impedit. Si igitur nihil diceretur de Deo et creaturis nisi pure aequivoce, nulla argumentatio fieri posset procedendo de creaturis ad Deum; cuius contrarium patet ex omnibus loquentibus de divinis*"[27].

d) Os predicados positivos são enunciados analogicamente de Deus e das criaturas – Visto que os predicados positivos não se enunciam nem unívoca nem equivocamente de Deus, Santo Tomás conclui que devem ser enunciados analogicamente: "*Sic igitur ex dictis relinquitur quod ea quae de Deo et rebus aliis dicuntur, praedicantur neque univoce, neque aequivoce, sed analogice, hoc est, secundum ordinem vel respectum ad aliquod unum*"[28].

Todavia, Santo Tomás introduz uma distinção importante. Há uma predicação analógica, em que várias coisas são relacionadas a uma só; assim, por exemplo, dizemos que alguém é são porque tem saúde, ou que o pulso é indicativo de saúde, ou que a medicina é uma causa de saúde. Três coisas diversas são relacionadas a uma só e mesma coisa. Todavia, observa Tomás, este tipo de analogia não tem aplicação no caso em apreço. Pois Deus e as criaturas não se relacionam a outra coisa. Antes, há apenas uma relação entre duas coisas. Ora, não hesitamos em predicar o *ser* tanto da substância como do acidente, porquanto o acidente se relaciona à substância. No mesmo sentido predicamos o *ser* de Deus e das criaturas.

Entretanto, existe uma outra distinção na predicação de certos termos analógicos. Alguns são predicados primariamente daquilo que é anterior por natureza. Isto se dá, por exemplo, quando predicamos o *ser* de uma substância e de um acidente. O predicado *ser* compete primariamente à substância, tanto por natureza como na predicação. O mesmo não ocorre no caso de Deus e das criaturas. De certo, Deus é ser por natureza e no sentido absoluto da palavra, e portanto de modo primário, ao passo que as criaturas o são apenas secundariamente; em nosso conhecimento e em nossas predicações, porém, o ser compete primeiro às criaturas e se-

---

26. Ibid., cap. 32.
27. Ibid., cap. 33.
28. Ibid., cap. 34.

cundariamente a Deus; isto é, nós designamos a Deus segundo o ser que deparamos nas criaturas, e ao qual Ele é infinitamente superior; e por isso predicamos o *ser* analogicamente de Deus: "*Sic igitur, quia ex rebus aliis in Dei cognitionem pervenimus, res nominum de Deo et rebus aliis dictorum per prius est in Deo secundum suum modum, sed ratio nominis per posterius: unde et nominari dicitur a suis causatis*"[29].

Destarte se esclarece a posição de Santo Tomás com relação a este complicado problema. Todo termo comum, predicável de Deus e da criatura, compete primariamente às criaturas, e secundária ou analogicamente a Deus; pois não conhecemos a Deus senão por analogia com a criatura. É verdade que em tais enunciações empregamos um mesmo termo ou nome; contudo, a significação do termo se altera conforme a sua referência à criatura ou a Deus; pois com relação a Deus, ele sempre significa algo que transcende infinitamente a criatura. O que induziu Santo Tomás a formular a doutrina da analogia foi, em última análise, a sua preocupação de salientar a distância infinita entre Deus e a criatura; é esta a razão por que nos denega qualquer conceito apto a transpor tal distância.

§ 3. A Criação

Deus deu existência ao mundo por um ato livre. Este ato é de natureza espiritual, e pressupõe que Deus conheça aquilo que quer criar. E assim defrontamos, primeiramente, o problema das Ideias.

I. A doutrina das Ideias

1. As Ideias são os arquétipos das criaturas – Por Ideia se entende a forma das coisas, considerada como existente fora das próprias coisas. Ora, há duas razões que tornam possível a existência à parte da forma em apreço: ela pode existir como modelo, ou como princípio de conhecimento. Ambas estas razões nos constrangem a admitir a existência de Ideias em Deus. Toda atividade espiritual demanda um conhecimento prévio do seu efeito. Sabemos que a origem do mundo não se deve a um acaso cego, nem a um ato natural ou necessário, mas a um ato livre de Deus. Por conseguinte, há em Deus um intelecto, e, neste, uma forma, a cujo modelo Deus criou o mundo: *é a esta forma original no intelecto divino que damos o nome de Ideia*[30]. E visto que Deus conhece todos os detalhes do projeto a ser executado, é necessário que exista nele uma multiplicidade de Ideias: "*Sic igitur oportet quod in mente divina sint propriae rationes omnium rerum... Unde sequitur quod in mente divina sint plures ideae*"[31].

---

29. Ibid., cap. 34.
30. Summa theologica I, 15.
31. Ibid.

Estas Ideias não são meios de conhecimento, como no caso do homem. Nós outros formamos as ideias segundo o modelo das coisas; elas se juntam, pois, ao nosso entendimento, e é só por meio delas que apreendemos as coisas. Em Deus ocorre precisamente o inverso. Nele, as Ideias existem como arquétipos ou modelos originais das coisas; por outros termos, elas são, em Deus, *aquilo que* Ele conhece e *pelo que* Ele, como ser racional, cria suas obras.

2. As Ideias são idênticas à essência divina – O conhecimento de Deus visa primariamente a sua própria essência. Conhece-a não só em si mesma, como também na sua imitabilidade, isto é, enquanto ela pode ser imitada, de determinada maneira, pelas criaturas. Por isso as Ideias são idênticas com a divina essência, e não lhe comprometem, em absoluto, a simplicidade.

Cada criatura tem seu ser próprio; este ser, como já se disse, é apenas um modo determinado de participação na essência de Deus. Portanto, a Ideia de uma criatura significa, simplesmente, um modo particular de participação da essência divina. Deus tem a Ideia de uma criatura, enquanto conhece sua própria essência como imitável, e portanto participável por esta ou aquela criatura[32]. De sorte que o ser criatural, tomado em seu conteúdo espiritual e inteligível, coincide com a essência de Deus; ou mais exatamente: *enquanto ideia, a criatura outra coisa não é senão a própria essência criativa de Deus*[33]. E assim, sem detrimento de sua simplicidade, Deus é o originador imediato da multiplicidade das coisas. Provindas do Primeiro Ser, elas devem sua existência exclusivamente ao fato de toda sua essência, enquanto tal, derivar da essência de Deus: "*Omnis essentia derivatur ab essentia divina*"[34]. Pois virtualmente Deus é tudo (virtus = força e possibilidade); entretanto, esta *virtualidade* não implica a mais mínima passividade em Deus; antes ao contrário, ela significa que Ele, graças à sua perfeita atualidade, contém em si a razão suficiente para o ser análogo das coisas, no mesmo sentido em que o sol contém virtualmente o ser dos seus raios: "*Sicut sol radios suos emittit ad corporum illuminationem, ita divina bonitas radios suos, id est participationem sui diffundit ad rerum creationem*"[35]. Como o artista, assim Deus traz em si mesmo as obras que vai criar; neste sentido se pode dizer que elas dimanam de Deus: "*Emanatio creaturarum a Deo est sicut exitus artificiatorum ab artifice; unde sicut ab arte artificis effluunt formae artificiales in materia, ita etiam ab ideis in mente divina existentibus fluunt omnes formae et virtutes naturales*"[36].

II. O começo do mundo no tempo

Neste contexto deparamos a espinhosa questão do começo temporal do mundo. O Aquinate a enfrenta na pressuposição (já demonstrada) de que o mundo foi criado por Deus. Trata-se de averiguar, agora, se a ideia da criação implica o conceito de um começo temporal.

---

32. Summa theologica I, 15; De veritate 3, 1.
33. De potentia 3, 16, ad 24.
34. Summa contra Gentiles II, 15.
35. De veritate 3, 5, ad: Sed contra, e II Sent. prol.
36. II Sentent. 18, 1, 2.

Entre as proposições condenadas por Estêvão Tempier (1270) se encontra a seguinte: *Quod mundus est aeternus et quod nunquam fuit primus homo*. Santo Tomás sabe muito bem que Aristóteles ao menos não rejeita simplesmente esta proposição; procura guardar a maior fidelidade possível ao aristotelismo, traçando, ao mesmo tempo, uma linha divisória bem definida contra o averroísmo. *Por isso ele prova, inicialmente, a inconclusividade dos argumentos em favor da eternidade do mundo; e assim abre espaço para o dogma e se separa do averroísmo. Após isso, passa a mostrar que os argumentos favoráveis à temporalidade do mundo são igualmente inconclusivos; e assim abre lugar ao aristotelismo, distanciando-se do agostinismo.*

1. Refutação dos argumentos em prol da temporalidade do mundo – Os argumentos mais significativos são aqueles que impugnam a demonstrabilidade do caráter temporal da criação; dirigem-se contra os *murmurantes* nos arraiais da própria filosofia cristã. Neste ponto São Boaventura e Santo Tomás ocupam posições radicalmente contrárias, chegando a se notar até mesmo uma certa rispidez, de parte a parte. Apresentaremos, a seguir, as respostas de Santo Tomás às objeções de São Boaventura (cf. supra, cap. IV, n. II, 1).

À *primeira objeção* Santo Tomás responde declarando que o argumento é inconcludente; pois nada obsta a que a um infinito se acrescente algo na parte em que ele é finito: "*Ex hoc autem quod ponitur tempus aeternum, sequitur quod sit infinitum ex parte ante, sed finitum ex parte post: nam praesens est terminus praeteriti*".

À *segunda objeção* o Aquinate revida com a distinção – já alegada por São Boaventura – entre causas simultaneamente ativas (ex.: bastão – mão), onde um regresso ao infinito é impossível, e causas não simultaneamente ativas (ex.: o filho que gera independentemente do pai), onde um regresso ao infinito é admitido pelos que advogam a possibilidade de um mundo eterno: "*Haec autem infinitas accidit causis; accidit enim patri Socratis quod sit alterius filius; non autem accidit baculo, in quantum movet lapidem, quod sit motus a manu; movet enim in quantum est motus*".

À *terceira objeção* responde que, embora uma genuína infinidade de coisas simultaneamente existentes seja impossível, não o é, contudo, uma infinidade de seres sucessivos: "*nam infinitum, etsi non sit simul in actu, potest tamen esse in successione, quia sic quodlibet infinitum acceptum finitum est*". Logo, cada revolução celeste individual pode ser excedida, visto que ela mesma é finita. Se, porém, tomarmos todas as revoluções celestes simultaneamente, então – caso o mundo fosse eterno – não se poderia supor um primeiro movimento, nem tampouco uma transição do primeiro aos demais; pois para uma transição se requerem sempre dois termos. O que Tomás quer dizer é o seguinte: a infinidade, e, com ela, a impossibilidade de ser percorrida, só vale para o conjunto, mas não para as revoluções celestes individuais; pois, deste último ponto de vista, a distância entre não importa que dia e o dia de hoje é sempre finita: "*Quaecumque autem praeterita dies signetur, ab illa usque ad istam sunt finiti dies, qui pertransiri potuerunt. Obiectio autem procedit ac si, positis extremis, sint media infinita*"[37].

---

37. Summa theologica I, 46, 2, ad 6; para o conjunto da questão, cf. Summa contra Gentiles II, 38.

Santo Tomás se deu conta de que é difícil contestar esta objeção; uma vez aceita a imortalidade da alma – isto é, da forma do homem, a qual segundo Aristóteles e Averróis é mortal – e a existência ab aeterno de almas humanas, segue-se, obviamente, que há, agora, um número atualmente infinito de almas. Na *Summa contra Gentiles* (2,38), Santo Tomás se limita a indicar a maneira em que os partidários da eternidade do mundo procuram fugir à dificuldade. Na *Summa theologiae* (1,46,2 ab 8) arreda a objeção, fazendo notar que aquela impossibilidade só existe para criaturas do tipo da alma humana, mas não para a criatura como tal.

Consequentemente, o início temporal do mundo não pode ser assegurado com argumentos racionais. Sob este aspecto, a verdade em causa é comparável ao mistério da Trindade, que foge, também ele, ao alcance da razão, e só pode ser aceito pela fé. Santo Tomás faz questão de frisar este ponto: "*has autem rationes* (em prol do começo temporal do mundo), *quia usquequaque non de necessitate concludunt, licet probabilitatem habeant, sufficit tangere solum, ne videatur fides catholica in vanis rationibus constituta et non potius in solidissima Dei doctrina*"[38].

2. Posição histórica de Santo Tomás – Como se vê, Santo Tomás retém uma posição intermédia neste problema tão veementemente controvertido. Propugna pela possibilidade – e, baseado na fé, pelo fato – do início temporal do mundo; mas, em oposição aos *murmurantes*, admite também a possibilidade de um mundo eterno. Embora influenciado por seus predecessores, o Aquinate segue contudo um caminho próprio. *Moisés Maimônides*, cujas opiniões Santo Tomás tão frequentemente perfilha, julga impossível provar a criação do mundo; *Tomás*, ao contrário, sustenta a possibilidade de tal prova e cuida poder aduzir argumentos irrefutáveis em apoio da criação; *Alberto Magno*, por sua vez, vê na criação uma verdade de fé. Contudo, *Santo Tomás* torna a acompanhar a *Moisés Maimônides* na afirmação de que o começo temporal do mundo não é passível de demonstração; Santo Alberto, ao contrário, opina que, pressupondo-se a criação, o início do mundo no tempo pode ser rigorosamente demonstrado. *São Boaventura* está persuadido de que tanto a criação do mundo como o seu início no tempo são estritamente demonstráveis. *Duns Escoto* é o que mais se aproxima de Santo Tomás: mantém-se indeciso no que respeita à questão da possibilidade de uma criação *ab aeterno*.

III. A atividade das criaturas

Tanto o ser como a causalidade das criaturas têm sua origem em Deus. Surge, por conseguinte, a questão: até que ponto as criaturas são dependentes de Deus, e que espécie de autonomia lhes havemos de atribuir?

---

38. Summa contra Gentiles II, 38.

1. A dependência das criaturas para com Deus – Quando um arquiteto constrói uma casa, ele lhe dá a forma externa, mas não o ser; serve-se de materiais já existentes, dispondo-os numa determinada ordem. Uma vez terminada, a casa continua a existir independentemente dele. O mesmo ocorre com os seres da natureza. Um ser gera outro em virtude de uma forma que ele próprio recebeu de outro; apenas transmite a sua forma, sem poder outorgar o ser total. E o ser gerado, um filho, por exemplo, pode continuar existindo, mesmo que o progenitor já não viva. A relação entre Deus e suas criaturas, porém, é inteiramente diversa. Deus não causa apenas a forma das criaturas, mas todo o seu ser, e de modo tal que, se Deus se retraísse delas por um só instante, todas elas recairiam necessariamente no nada. Seria contraditório supor que Deus pudesse criar seres capazes de existir sem Ele[39].

Por isso Deus deve conservar continuamente as coisas no ser. Seu influxo conservador outra coisa não é senão a continuação do ato criador, e qualquer interrupção desta criação contínua importaria na aniquilação das coisas[40]. Esta influência conservadora de Deus se estende igualmente à causalidade das criaturas. *Visto não existirem senão em virtude do ser divino, as coisas não podem agir senão em virtude da causalidade divina.* Toda causalidade secundária pressupõe a causalidade primária de Deus: "*Causa autem actionis magis est id cuius virtute agitur, quam etiam illud quod agit, sicut principale agens magis agit quam instrumentum. Deus igitur principalius est causa cuiuslibet actionis quam etiam secundae causae agentes*"[41].

2. A atividade autônoma das criaturas – O que foi dito acima poderia despertar a impressão de que as criaturas carecem de toda virtude ativa própria. Com efeito, elas estão como que imersas no ser divino, e sua força causal quase se dissolve na energia ativa de Deus. Tomás não deixa de perceber tal perigo, e por isso muda bruscamente de curso. Atente-se aos títulos que encabeçam os capítulos 65 e 69 da Summa contra Gentiles, livro III: "Deus conserva as coisas no ser; Coisa alguma dá o ser, a menos que atue por virtude divina; Deus é a causa do operar em todos os operantes; Deus está em toda a parte e em todas as coisas". E, subitamente, segue-se um capítulo "Sobre a opinião daqueles que denegam a atividade própria às coisas da natureza". De início, o Aquinate parecia aproximar-se de um agostinismo extremo; agora, aparentemente, vemo-lo passar-se de corpo e alma para o aristotelismo e o naturalismo. Compreende-se, pois, que precisamente nos tempos modernos estas duas tendências dessem ensejo a interpretações contraditórias do tomismo.

Entretanto, aqui importa proceder com cautela. Também o agostinismo desconhece qualquer forma de ocasionalismo; logo, Deus não é causa única de tudo. De sorte que, na filosofia

---

39. Summa contra Gentiles II, 25.
40. Summa theologica I, 103, 3.
41. Summa contra Gentiles III, 67.

cristã, só pode haver questão de uma *diferença de tônica* no respeitante à atividade criatural. Para ressaltar melhor esta diferença, confrontaremos uma citação de Santo Tomás, o aristotélico, com uma passagem de São Boaventura, o agostinista. Diz o Aquinate: *"Detrahere actiones proprias rebus est divinae bonitati derogare"*. E o Doutor Seráfico: *"Unde quantumcumque aliquis det gratiae Dei, a pietate non recedit, etiamsi multa tribuendo gratiae Dei aliquid subtrahat potestati naturae vel libero arbitrio. Cum vero aliquid gratiae subtrahitur et naturae tribuitur quod est gratiae, ibi potest periculum intervenire"*[42]. Como se vê, Santo Tomás dá às coisas maior atividade própria do que o agostinismo está disposto a lhes atribuir. A seu ver, as próprias criaturas têm a faculdade de produzir as formas das coisas, inclusive as dos seres vivos; e na aquisição das virtudes naturais e do saber, elas não necessitam de uma iluminação no sentido de Agostinho. É ele mesmo que, em dada ocasião, chama a nossa atenção para esta diferença: *"In tribus eadem opinionum diversitas invenitur: scilicet in eductione formarum in esse, in acquisitione virtutum et in acquisitione formarum"*[43].

IV. A perfeição do mundo e o mal

O mundo foi criado para servir de reflexo à perfeição de Deus[44]. Nesta altura, deparamos o problema da perfeição do mundo e do porquê da existência do mal.

1. A perfeição do mundo – O ser das coisas individuais é determinado por suas respectivas formas. Estas, por sua vez, não passam, em última análise, de quantidades diferentes de perfeição. E por isso pode dizer-se, com Aristóteles, que as formas se assemelham aos números, nos quais as espécies variam pela adição ou subtração da unidade. Tendo expressado suas perfeições em seres *diversos*, e portanto em formas diferentes, era mister que Deus os criasse em graus diferentes de perfeição. Donde decorre, outrossim, *que os seres apresentam uma ordem hierárquica*. Como os elementos compostos são mais perfeitos que os elementos simples, assim também as plantas são mais perfeitas que os mistos (minerais), os animais que as plantas, e os homens que os outros animais. Nesta sequência, cada espécie ultrapassa a precedente em perfeição. *Ao querer a diversidade dos seres, Deus quis simultaneamente a perfeição do mundo em seu conjunto*[45].

Ao derivar os graus de perfeição da diversidade das coisas, Santo Tomás mostra ter em mente a perfeição do mundo em sua totalidade. Não é necessário, pois, que cada ser individual atinja o máximo possível de perfeição; o que se exige é que *todo o conjunto esteja tão bem balançado que as coisas individuais se encontrem devidamente proporcionadas*. E é precisamente por causa desta proporção que a perfeição de determinados seres, tomada em si mesma, deve ser medíocre, ou mesmo ínfima. O olho, por exemplo, é a parte mais nobre do corpo; mas

---

42. II Sent. 26, un. 2; t. 2, p. 635; Duns Escoto, ao contrário, torna a falar de uma *dignificação da natureza*.
43. De veritate 11,1; cf. De virtute, un. 8; cf. SÃO BOAVENTURA. II Sent. 7,2,2,2,1, ad 6; t. 2, p. 199.
44. Summa contra Gentiles II, 45.
45. Summa theologica I, 47, 2.

o corpo estaria mal disposto se todas as suas partes tivessem o mesmo grau de perfeição que o olho; pois as partes restantes têm, cada qual, sua função peculiar, que o olho, apesar de sua perfeição, não poderia desempenhar. E assim a própria desigualdade das partes deste mundo apregoa a excelência da sabedoria do seu arquiteto[46].

2. A imperfeição do mundo e o mal – Na escala da perfeição é mister distinguir principalmente dois graus: em certos seres a perfeição é perecível, enquanto que outros a possuem de maneira inamissível: há coisas corruptíveis e incorruptíveis. *A essência do mal consiste na deficiência de um determinado grau de perfeição, e, por conseguinte, na privação de um determinado bem.* De sorte que a mesma existência de seres transitórios implica a existência do mal[47]. Não só isso: em certo sentido, o próprio ser-criatura deve ser chamado um mal; pois o ser-criado-por-Deus não significa apenas um proceder de Deus, como também, do ponto de vista puramente metafísico, um descair de Deus: "*Nulla creatura recipit totam plenitudinem divinae bonitatis, quia perfectiones a Deo in creatura per modum cuiusdam descensus procedunt*"[48]. Toda criatura é necessariamente imperfeita, quando comparada à perfeição divina; mas esta imperfeição é apenas o reverso de sua perfeição.

O mal é uma privação. Não é nenhuma realidade

Tudo o que é digno de se apetecer constitui um bem; ora, toda natureza aspira à sua própria existência e perfeição; logo o ser e a perfeição constituem um bem para a respectiva natureza. Donde decorre que o contrário da perfeição e do ser, ou o mal, não tem perfeição nem ser. Pelo que o termo *mal* só pode significar a ausência do bem e do ser; pois o ser, enquanto ser, é um bem[49]. Por essa razão, o mal representa uma *realidade* puramente negativa, ou melhor, ele não é nem essência nem realidade. O mal se apresenta como privação de uma propriedade que a substância deveria possuir. O fato de o homem não possuir asas não é nenhum mal, porque a estrutura do corpo humano não comporta asas. Ao contrário, a carência de mãos seria um verdadeiro mal. *Por isso o mal é mais corretamente denominado uma privação, ou carência daquilo que deveria estar presente*[50].

Não obstante, o mal pressupõe um substrato positivo

Enquanto privação, o mal só pode ser uma negação inerente a uma substância: *Privatio est negatio in subiecto*. Por isso o único e verdadeiro substrato do mal é o bem[51]. Disto se infere, outrossim, não ser o mal capaz de absorver o bem; pois sem o ser, o próprio mal seria impossível. Logo, o bem permanece[52]. Não só isso: em derradeira análise, o bem é a causa do

---

46. Ibid.
47. Summa theologica I, 48, 2.
48. Summa contra Gentiles IV, 7.
49. Summa theologica I, 48, 1.
50. Summa contra Gentiles III, 6.
51. Ibid., 11.
52. Ibid., 12.

mal; pois sendo o mal uma privação na substância, é necessário lhe indigitar uma causa. Mas só um ser, e portanto um bem, pode ser causa[53].

Deus não é causa do mal

Quando algum ser, por sua ação, produz um mal, isto se deve ao fato de haver algum defeito ou privação em sua atividade. No agir divino, porém, não há a menor deficiência, graças à sua perfeição absoluta. Logo, o mal não pode ser reduzido a Deus como à sua causa. Não obstante, o mal, que consiste na corrupção de certos seres, deve ser reduzido a Deus num sentido bem determinado, isto é – como anteriormente apontamos –, em atenção à ordem do universo, a qual requer, inclusivamente, a existência de seres perecíveis[54]. Contudo, não podemos responsabilizar a Deus pelo mal, enquanto este implica uma defecção propriamente dita; Deus não causa senão o bem e o ser. Tomás recorre à comparação do coxo: o que lhe resta de movimento é causado pela virtude motora; a claudicação como tal, porém, se deve a um defeito da curvatura da perna. Semelhantemente, tudo o que há de ser na ação má se reduz a Deus como à sua causa; o que nela é deficiência ou mal, é efeito da causa segunda deficiente[55].

Na filosofia da natureza Santo Tomás se norteia quase exclusivamente pela física aristotélico-árabe, limitando-se a lhe imprimir uma direção cristã, onde isto lhe parece necessário. Enquanto física qualitativa, é inferior à física da luz de tipo matemático, ensinada na Escola de Oxford, e quase nada contribuiu para o desenvolvimento das ciências naturais. Por isso a preterimos, remetendo algumas referências ocasionais para a exposição da antropologia.

§ 4. O homem

O homem é o ponto de convergência de toda a criação. Nele se encerram, de algum modo, todas as coisas: *in homine quodammodo sunt omnia*. A razão lhe permite penetrar no mundo dos espíritos, as energias sensitivas lhe são comuns com os animais, as forças vitais com as plantas, e o corpo fá-lo se aproximar dos seres inanimados[56]. Como ser composto de todos os seres, o homem defronta a filosofia com um *problema peculiar: o de sua unidade*. A filosofia tomista o ataca cientemente, procurando solucioná-lo mediante conceitos aristotélicos, interpretados à luz do cristianismo.

I. A unidade do ser humano

O rigor com que o sistema tomista defende – quase até as raias do impossível – a unidade essencial do homem, não tem paralelo nos sistemas da filosofia cristã. Ao passo que a Escola Franciscana adere inflexivelmente à pluralidade das formas nas coisas, Santo Tomás admite apenas uma única forma em cada ser. Também o ser humano possui uma só forma, a alma, que constitui o homem, de maneira imediata, e

---

53. Ibid., 13.
54. Summa theologica I, 49, 2.
55. Ibid.; Summa contra Gentiles III, 10.
56. Summa theologica I, 96, 2.

sem a interposição de qualquer outra forma, a partir da pontencialidade absolutamente indeterminada da matéria.

1. A união substancial – A união entre corpo e alma deve ser constituída de maneira tal que os atos genuinamente humanos não pertençam apenas à alma, e sim ao homem, ou seja, ao composto. Por isso o homem consta unicamente da forma substancial e da matéria primeira. Pela mesma razão, o termo homem não deve ser enunciado com relação à alma ou ao corpo, mas tão somente com relação ao todo ou composto.

Para entender esta doutrina é preciso atender à *diferença entre união substancial e união acidental*. Acidental é a união que existe entre uma substância e seus acidentes ou propriedades, tais como o calor, o frio, a forma externa etc.; substancial é aquela que se origina da composição de uma forma com uma matéria[57]. A união acidental não passa, no fundo, da enxertia de uma entidade em outra, não havendo nelas nenhuma exigência natural de união mútua. A união substancial combina dois seres que, tomados em separado, são incompletos: só na união é que vêm a constituir seres completos. Por si mesmas, a matéria e a forma são incompletas, mas tão logo a forma atualiza a matéria, elas se tornam uma substância completa. A matéria primeira, como pura potencialidade que é, aspira a ser atualizada pela forma; do contrário, ela permanece matéria e não chega a se tornar corpo. Mas também a alma é um ser incompleto; seu grau de autonomia é demasiadamente imperfeito para poder expandir-se independentemente do corpo; e, uma vez separada deste, só torna a atingir sua perfeição natural após sua reunião com um corpo, o que lhe permite exercer suas atividades por meio de órgãos corporais[58].

2. A alma como princípio de atualização – É à alma, como forma substancial única, que o homem deve a totalidade do seu ser: o existir, o ser-corpo, a vida, a energia sensitiva, a racionalidade. Com efeito, *quanto mais elevada a forma, tanto mais ser ela contém virtualmente em si*.

Se, por exemplo, a forma do corpo inanimado pode conferir à matéria o ser e o ser corpo; se a forma vegetativa tem o poder de dar à matéria o ser, o ser corpo e a vida; e se a alma animal pode acrescentar a tudo isto a sensibilidade, segue-se que a alma humana poderá conferir à matéria primeira a soma total dos referidos graus do ser. Portanto, no momento em que a alma humana aparece num embrião que já tenha ultrapassado a fase vegetativa e atingido a fase sensitiva, ela absorve a forma existente, e por si só proporciona à matéria tudo quanto a forma anterior nela atualizara, mais a razão[59].

Qual é o sentido desta doutrina? Já vimos que os seres se diferenciam por seus graus de perfeição. As formas, respectivamente as espécies, diferem segundo a quantidade do ser em que participam; sob este aspecto, as formas são semelhantes aos números: sua essência se altera pela adição ou subtração de uma unidade. Segundo Aristóteles o vegetativo está contido no sensitivo, e este no intelectivo, assim como o triângulo está incluído no quadrado, e este no

---

57. Summa theologica I, 3, 7.
58. Summa theologica I, 90, 4.
59. Summa theologica I, 118, 2 ad 2.

pentágono; pois o pentágono possui tudo o que há no triângulo, e algo mais. Contudo, o que pertence ao triângulo não tem existência à parte no pentágono, uma vez que este não contém o triângulo em separado, mas apenas virtualmente. *Do mesmo modo a alma intelectiva contém virtualmente a alma sensitiva, visto possuir tudo quanto esta possui, e algo mais*; entretanto, as duas almas são inseparáveis[60].

Portanto, *uma* forma substancial – a saber, a alma racional ou o intelecto humano – é suficiente para constituir o homem em seu ser próprio, e para lhe conferir, a um tempo, o ser, a corporeidade, a vida, a sensibilidade e a racionalidade[61].

3. A individualização da alma pela matéria quantitativamente determinada – Enquanto forma, a alma racional deve ser trazida à existência concreta do ser individual pelo chamado princípio de individuação, sob pena de realizar *num só indivíduo* a essência da espécie inteira (como sucede nos anjos). Por conseguinte, tudo o que pertence à *essência do homem*, o que faz com que o homem seja homem, diflui do princípio formal ou da alma. Tudo aquilo que determina ulteriormente *o homem concreto*, mas sem pertencer à essência humana, é determinado pela matéria individual (*materia quantitate signata*). Se o homem fosse apenas a sua forma, não haveria diferenças individuais, e, por conseguinte, não haveria senão *um único* indivíduo. A pluralidade dos homens só se torna possível na base da matéria[62].

II. O lugar da alma no reino das formas

Santo Tomás se aparta decididamente da tradição ao recusar à alma, considerada em si mesma, uma substancialidade completa, e ao lhe repor a essência no ser-forma. Enquanto forma, a alma possui certas propriedades que a diferenciam das formas puras dos espíritos, bem como das formas dos outros seres vivos mais estreitamente ligados à matéria.

1. A alma é a ínfima forma espiritual – A alma é uma forma espiritual essencialmente apta a se unir a um corpo; ou, mais precisamente: é um princípio racional que necessita de um corpo para exercer suas operações próprias; por isso a alma, quando comparada ao anjo, representa um grau inferior de espiritualidade[63]. O ser do anjo se realiza perfeitamente num só indivíduo, em que a essência angélica se encontra plenamente atualizada; a alma é menos perfeita, e não pode conservar-se num só indivíduo, que, por sinal, é corruptível; e é por esta razão que existem muitas almas[64].

---

60. De spiritualibus creaturis, quaest. un. 3.
61. De Anima, quaest. un. 9.
62. Summa theologica I, 3, 3.
63. Summa theologica I, 75, 7, ad 3.
64. Summa contra Gentiles II, 93.

Conquanto não dependa da matéria para sua existência, a alma está profundamente enraizada na corporeidade, a ponto de permanecer incompleta sem o corpo: *"Si enim animae naturale est corpori uniri, esse sine corpore est sibi contra naturam, et sine corpore existens non habet suae naturae perfectionem"*[65]. A alma é o clarão mais distante e mais débil da luz intelectual que se irradia de Deus e atinge o seu limite ínfimo no homem, do mesmo modo que o ser sensível o alcança na matéria primeira: *"Anima enim nostra in genere intellectualium tenet ultimum locum, sicut materia prima in genere sensibilium"*[66]. Em suma, *a alma se situa na fronteira da criação espiritual e da corporal: "in confinio spiritualium et corporalium creaturarum"*[67].

2. A alma transcende as formas corporais – Embora intimamente unida ao corpo, a alma não se submerge nele. Com efeito, quanto mais eminente for a forma, tanto maior é seu domínio sobre a matéria, e tanto menos ela se deixa absorver por esta; tanto maior é também a sua capacidade de se sobrelevar à matéria em suas operações.

As formas elementares, que são inferiores a todas as outras, e estão muito próximas à matéria primeira, atuam exclusivamente sobre as qualidades ativas e passivas, como sucede na condensação e na rarefação. Os corpos mistos (minerais), que se compõem daqueles elementos, já nos defrontam com propriedades irredutíveis às formas elementares; assim, por exemplo, não é em virtude do calor ou do frio que o magnete atrai o ferro, e sim, porque participa da energia dos corpos celestes, aos quais ele deve sua forma particular e específica. Acima destas formas estão as almas vegetativas que não só se assemelham aos corpos celestes, como também aos motores das esferas celestes, pois também elas causam determinados movimentos. Ainda mais perfeitas são as almas animais, que se assemelham aos movedores dos céus também no conhecimento, por disporem da faculdade cognoscitiva sensitiva, dependente de órgãos corporais. As mais elevadas de todas, enfim, são as almas humanas, que se parecem com as substâncias espirituais no sentido de poderem conhecer o imaterial; mas se distinguem delas por terem de partir das coisas sensíveis.

Desta gradação resulta uma independência crescente com relação à matéria, a qual chega a certa altura na alma humana. A alma racional consegue transcender a matéria, e neste sentido não está presa à matéria; por outro lado, ela não é capaz de fazê-lo sem a ajuda da matéria, patenteando assim a sua dependência do ser corporal. Sem o corpo ela é incompleta: *"manifestum est quod complementum suae speciei esse non potest absque corporis unione"*[68]. Confirma-se assim, mais uma vez, a afirmação de que "a alma se situa na fronteira entre as substâncias corporais e espirituais"[69].

---

65. Summa theologica I, 118,3.
66. De veritate 10, 8.
67. Summa theologica I, 76, 2.
68. De Anima quaest. un. 1.
69. Ibid.

§ 5. Teoria do Conhecimento

Há no homem uma só forma substancial, e, por conseguinte, uma só alma, que é princípio da vida, da sensibilidade e do pensamento. Nestas três potências principais, que devem ser tidas como acidentes reais, isto é, como propriedades realmente e não apenas racional ou virtualmente distintas da alma[70], desenrola-se toda a vida humana. Preterindo a potência vegetativa, consideraremos, em primeiro lugar, o conhecimento sensitivo.

I. O conhecimento sensível

A faculdade sensitiva se encontra na origem de todo conhecimento. É ela que torna possível a atividade superior ou espiritual. Inicialmente, examinaremos sua estrutura, o que nos permitirá formar, desde logo, uma ideia de sua função. Na potência sensitiva distinguimos cinco graus possíveis de operação; todos eles devem estar presentes para que a faculdade sensitiva seja perfeita.

1. O sentido próprio – Sentidos próprios são todos os sentidos particulares, que possuem, cada qual, um objeto exclusivamente próprio. Cada sentido particular é influenciado de modo imediato pelo objeto sensível; isto se dá pela espécie, que procede do objeto material sob a forma de cor, de som etc.; esta espécie é recebida pelo respectivo sentido particular, que a percebe como forma imaterial. Quanto mais imaterial for a ação da espécie sobre um sentido particular, tanto mais elevada é sua posição na hierarquia dos sentidos. Assim obtemos a seguinte gradação: A sensação mais baixa é a do quente e do frio, do seco e do úmido (sentido do tato), a qual se efetua somente por contato imediato com o objeto, e de tal maneira que o sentido lhe assume imediatamente a forma, tornando-se quente ou frio. Logo acima está o sentido do gosto, onde a sensação já não tem o efeito de tornar a língua doce ou amarga; contudo, também este sentido é alterado imediatamente pelo objeto, pois a sensação gustativa só é possível pelo umedecimento da língua. Ainda mais distanciadas da matéria estão as sensações auditivas e olfativas. Aqui o órgão sensorial não sofre nenhuma alteração material; unicamente o objeto sensível (por exemplo o corpo que emite o odor) está sujeito à mudança; ou, ainda, o objeto sofre um simples movimento local, como sucede com os sons. Estes dois sentidos também percebem as distâncias, graças às mudanças materiais do objeto. O sentido mais elevado, porém, é o da visão, que não é influenciado por nenhuma alteração no objeto sensível, e que percebe tanto as substâncias perecíveis como certas substâncias imperecíveis (as estrelas!)[71].

2. O sentido comum – O sentido particular percebe exclusivamente as imagens sensíveis dos seus objetos próprios; dentro desta limitada esfera ele é capaz de discernir, por exemplo, o preto do branco; mas não consegue distinguir entre a cor e o gosto. Para julgar dos objetos referentes a sentidos diversos requer-se uma força superior aos sentidos particulares: o sentido comum. Sua função é perceber todas as impressões e, além disso, o próprio ato da sensação: *"Unde oportet ad sensum communem pertinere discretionis iudicium, ad quem referantur, si-*

---

70. Summa theologica I, 77, 1, ad 5.
71. Summa theologica I, 78, 3.

cut ad communem terminum, omnes apprehensiones sensuum; a quo etiam percipiantur actiones sensuum, sicut cum aliquis videt se videre"[72].

3. A imaginação ou fantasia – As espécies recebidas pelos sentidos próprios e pelo sentido comum têm de ser conservadas; pois, a par da apreensão das coisas sensíveis presentes, o ser sensitivo necessita percebê-las também quando ausentes. Donde a necessidade de outra faculdade, capaz de reter, com sua força representativa, as imagens das coisas sensíveis. Ao que parece, esta *imaginação* deve ser entendida como uma espécie de memória passiva[73].

4. Memória e reminiscência – Para uma percepção perfeita se requer, enfim, uma memória ativa, capaz de reapresentar ou evocar o que foi apreendido e conservado. No animal, o ato de rememoração se efetua sem esforço consciente; no homem, porém, ele se realiza deliberadamente, pelo que lhe atribuímos uma genuína reminiscência, em oposição à simples memória do animal[74].

5. Razão particular e intelecto passivo – A razão particular ou intelecto passivo, que visa as *intenções* individuais, faz as vezes do instinto no ser humano. O animal sabe instintivamente o que lhe é útil ou danoso: a ovelha foge instintivamente do lobo. O homem, porém, dispõe de uma faculdade primitiva de julgamento, que lhe permite constatar o que lhe é vantajoso ou nocivo. Esta potência se chama razão particular, porque os seus *juízos* sempre dizem respeito a situações e objetos concretos: "*in homine autem vis cogitativa, quae est collativa intentionum particularium: unde et ratio particularis dicitur*"[75].

Destarte, a análise da potência sensitiva nos conduz até ao limiar do intelecto.

II. O conhecimento intelectivo

1. Intelecto possível e intelecto agente – O intelecto humano se apresenta, num primeiro momento, como simples *possibilidade*, isto é, como destituído de todo conhecimento, e como apto a se tornar intelecto conhecente. Atentando para Deus, verificamos que nele toda possibilidade se encontra plenamente realizada (*actus purus*), o que lhe permite conhecer todas as coisas na plenitude do seu ser. Em Deus não há intelecto possível, pois Ele possui um saber atual acerca de todas as coisas. Um tal modo de conhecer é incompatível com o intelecto criado, e, por conseguinte, finito. Enquanto ser finito e participado, porém, o intelecto humano se abre para todo o conhecível; em outros termos, ele está em potência para com o inteligível. Ao conhecê-lo, o intelecto passa da potência para o ato.

Ora, existem vários graus de potencialidade. Há uma potência que nunca está sem ato, como acontece com a matéria dos corpos celestes. Há outra potência que pode estar privada do seu ato, e que precisa passar para o ato, a fim de adquiri-lo, como acontece com a matéria dos

---

72. Summa theologica I, 78, 4, ad 2.
73. Summa theologica I, 78, 4.
74. Ibid.
75. Ibid.

corpos terrestres suscetíveis de corrupção. À primeira ordem de potencialidade corresponde o conhecimento do anjo, e à segunda, o do homem. O conhecer angélico se aproxima de Deus, visto não ser adquirido, e sim comunicado por Deus; o conhecimento humano, ao contrário, precisa atualizar-se a si mesmo. Maximamente remoto da perfeição do intelecto divino, o nosso intelecto é potencial em relação aos inteligíveis, não só no sentido de se manter passivo em face deles, mas porque os inteligíveis não lhe pertencem por natureza. Segundo Aristóteles, a alma é uma como lousa em que nada está escrito, uma *tabula rasa*. De sorte que a passividade de nosso intelecto, bem como a necessidade de se admitir um intelecto possível, fundam-se na extrema imperfeição de nosso conhecimento[76].

A par do intelecto passivo, porém, é mister admitir uma *potência ativa*.

Pois, em razão da passividade do intelecto possível em relação aos inteligíveis, é necessário que aquele seja movido por estes, para que o conhecimento se torne possível. Ora, para ser movido, é preciso que ele exista, ou, em outras palavras, que esteja em ato. Além disso, ele deve ser ativo, visto que as formas das coisas naturais, que movem o intelecto, não existem à maneira de inteligíveis puros, mas estão imersas na matéria. É fácil ver que tais formas, existentes na matéria, não são imediatamente acessíveis ao espírito, por não serem inteligíveis senão em seu aspecto imaterial; pelo que precisam ser elevadas à imaterialidade e à inteligibilidade. O que não pode ser feito senão por um ser que já esteja, ele mesmo, em ato. Logo, é necessário atribuir ao intelecto humano também um princípio ativo, que atualize, numa apreensão espiritual atual, os elementos inteligíveis potencialmente contidos nas coisas sensíveis; tal é a função do intelecto agente[77].

2. Prioridade do conhecimento sensível – A fim de obter um conhecimento ou saber atual, o intelecto precisa voltar-se para as coisas sensíveis e se apropriar dos inteligíveis que nelas se contêm. *Só as coisas sensíveis são imediatamente acessíveis ao homem, não porém as realidades espirituais, como Deus ou os anjos*; de tais realidades ele possui apenas um saber abstrativo, adquirido com a ajuda da experiência sensível[78].

Por esse motivo Santo Tomás rejeita, de modo coerente, todo conhecimento apriorístico e puramente espiritual, cuja possibilidade é defendida, até certo ponto, pelo agostinismo (cf. texto anexo). As passagens da Escritura, aduzidas pelos agostinianos, são interpretadas por Santo Tomás como referentes à luz natural do intelecto, a qual nos é outorgada por Deus. Por natureza, a nossa potência cognoscitiva se encontra destituída de todo o saber. É verdade que os primeiros princípios, tão facilmente apreendidos por nosso espírito, podem ser tidos como "uma espécie de germen do saber em nós"[79]; contudo, o termo *germen* não significa, em absoluto, que já disponhamos destes princípios, antes mesmo de entrarmos em contato com o mundo sensível; significa apenas que podemos atingi-los imediatamente a partir da experiência sensível. O conhecimento dos primeiros princípios não é mais inato do que toda a complexa urdidura das conclusões que deles inferimos.

---

76. Summa theologica I, 79, 2.
77. Ibid. 79, 3.
78. De anima, un. 4.
79. Summa theologica I, 84, 5 e Summa contra Gentiles IV, 11.

Tomemos, por exemplo, o princípio de que o todo é maior que uma das partes. Conhecemo-lo imediatamente, desde que conheçamos o que é todo e o que é parte. Abandonado a si mesmo, e sem prévia experiência sensível, o nosso intelecto jamais conseguira formular tal princípio; pois lhe é necessário conhecer primeiro a definição do todo e da parte, conceitos estes que ele abstrai como algo inteligível das coisas materiais e sensíveis[80]. O mesmo se passa com as ideias do ser, da unidade etc., que são *"primae conceptiones intellectus, quae statim lumine intellectus agentis cognoscuntur per species a sensibilibus abstractas"*[81].

3. O processo do conhecimento. A abstração – O homem vive num mundo onde o universal não se lhe depara em estado puro: é-lhe necessário *extraí-lo*, e isto se faz pela *abstração*.

Reduzida a seus termos mais simples, a abstração consiste no seguinte: O intelecto agente inspeciona, nas coisas materiais, aquilo que as constitui em sua espécie própria, prescindindo daquilo que as caracteriza como individualidades. O primeiro elemento é o inteligível ou a forma, e o segundo é o material. Assim como podemos considerar a cor de uma fruta, sem tomar em conta as demais propriedades, como por exemplo a sua configuração, assim o intelecto pode considerar nos fantasmas da imaginação aquilo que constitui a essência de um homem ou de um cavalo ou de uma pedra, sem atender àquilo que diferencia os indivíduos dentro de uma determinada espécie.

A esta atividade isoladora do intelecto agente acresce uma atividade transformadora. O intelecto não se contenta com transferir para o seu interior a forma encontrada na espécie sensível. Para se tornar forma espiritual ou espécie inteligível do intelecto possível é necessário que a espécie sensível seja transformada e elevada à esfera espiritual; em suma, ela deve ser iluminada. Esta iluminação abstrai o que há de inteligível na espécie sensível, gerando assim no intelecto possível o conhecimento ou a espécie inteligível daquilo que vem representado nos fantasmas; tal iluminação, porém, atinge apenas o que há neles de essencial e de universal[82].

4. O conhecimento da alma e de Deus – Até mesmo para o conhecimento de sua própria alma o homem tem de se volver para as coisas sensíveis; vale dizer: ele não a conhece senão na medida em que se atualiza pelo conhecimento de si mesmo sob o influxo das espécies sensíveis[83]: *"Ex obiectu enim cognoscit suam operationem, per quam devenit ad cognitionem sui ipsius"*[84]. *A alma conhece, sucessivamente, o seu objeto, a sua atividade, e, afinal, a sua própria natureza: "Id quod primo cognoscitur ab intellectu humano, est huiusmodi obiectum (natura materialis rei); et secundario cognoscitur ipse actus quo cognoscitur obiectum; et per actum cognoscitur ipse intellectus, cuius est perfectio ipsum intelligere"*[85].

Daí decorre, logicamente, *a impossibilidade de um conhecimento imediato de Deus*. Constrangida a partir do conhecimento do mundo corporal, a alma jamais poderá elevar-se

---

80. Summa theologica I, II, 51, 1.
81. De veritate 11, 1.
82. Summa theologica I, 85, 1, ad 3 e 4.
83. Summa theologica I, 87, 1.
84. De anima, un. 3, ad 4.
85. Ibid., 3.

mais além do que lhe permite o conteúdo espiritual das coisas sensíveis que lhe servem como ponto de partida: *"Cognitio Dei quae ex mente humana accipi potest, non excedit illud genus cognitionis quod ex sensibilibus sumitur, cum et ipsa de seipsa cognoscit quid sit, per hoc quod naturas sensibilium intelligit"*[86]. Como clarão mais débil da espiritualidade, o homem é incapaz de intuir a realidade espiritual pura. Demasiadamente fraco para suportar tal intuição, ele se vê obrigado a tirar dos corpos e das coisas sensíveis todo o seu saber relativo às coisas espirituais[87].

III. O problema da verdade

A teoria tomista do conhecimento coloca o homem perante uma multidão de objetos, cuja finalidade primária é concitá-lo à atividade. O homem se conserva essencialmente passivo no seu conhecer. *E é nesta passividade do intelecto que se funda a confiança quase ilimitada de Santo Tomás na segurança do conhecimento das essências.*

1. A formação dos conceitos é um processo natural – Como tal, ela se subtrai ao arbítrio humano, e, consequentemente, ao erro. Pois no conceito o intelecto não exprime senão o inteligível, ou seja, aquilo que o objeto primeiro lhe imprimiu; logo, neste caso o intelecto não está sujeito ao erro, por se tratar de um processo natural. Ora, o objeto próprio do intelecto é a essência da coisa: *Quidditas (= quod quid est) autem rei est proprium obiectum intellectus*. Donde se segue, outrossim, que não erramos na apreensão imediata da essência, desde que este processo natural do conhecimento da essência não seja frustrado por causas externas. Em tal processo não há engano possível, tampouco como a vista não pode errar na percepção da cor, ou o ouvido na do som: *"unde sicut sensus sensibilium propriorum semper est verus, ita et intellectus in cognoscendo quod quid est"*[88]. De forma que, ao deparar um carvalho, o homem formará, de maneira imediata e natural, um conceito de árvore.

2. A verdade só existe no juízo – Toda verdade pressupõe uma reflexão, por mais elementar que seja. O conhecimento simples e direto, tal como há pouco o descrevemos, não pressupõe nenhuma atividade consciente e criativa da parte do intelecto. Para que a concordância com o objeto se faça conhecida, ou seja, para que ela se torne uma verdade para o espírito humano, é mister que o intelecto acrescente algo de si à realidade externa por ele adquirida e assimilada. Este aditamento se efetua quando o intelecto emite um juízo, como acontece nos enunciados: isto é um homem, isto é uma árvore. Desta feita o intelecto contribui algo de realmente novo, algo que existe exclusivamente nele. Não pode haver questão de verdade, salvo quando há concordância com o intelecto: a verdade é a *adaequatio rei et intellectus*. A palavra *adaequatio* exprime também o fato simples, mas importante, de que o problema da verdade não se põe senão após a separação do objeto e do intelecto, entre os quais se estabe-

---

86. Summa contra Gentiles III, 47.
87. Cf. Summa theologica I, 84, 7 ad 3.
88. De veritate 1, 12.

lece, a seguir, uma relação recíproca: *"Veri enim ratio consistit in adaequatione rei et intellectus; idem autem non adaequatur sibi ipsi, sed aequalitas diversorum est; unde ibi primo invenitur ratio veritatis in intellectu, ubi primo intellectus incipit aliquid proprium habere quod res extra animam non habet, sed aliquid ei correspondens, inter quae adaequatio attendi potest"*[89].

§ 6. Ética

Como todos os demais seres, o homem foi feito para um determinado fim. Contudo, além de tender a este fim, o homem é capaz de conhecê-lo. Como ser dotado de conhecimento espiritual e de tendência racional, o ser humano se insere no reino da moralidade.

I. Natureza do ato humano

Toda forma traz em si uma tendência natural a seu fim. Assim, o fogo, por sua natureza, tende para o alto, e a terra, para o centro do mundo. Esta tendência natural (*appetitus naturalis*), que retém o ínfimo lugar na ordem das tendências, caracteriza-se pela ordenação a um fim estritamente determinado. Nos seres dotados de conhecimento, porém, é preciso admitir uma tendência de ordem superior e correlativa à sua forma superior[90]. Há duas modalidades distintas de tendências acionadas pelo conhecimento. A tendência consequente à simples sensação, a qual é determinada pelo instinto no caso dos animais, chama-se tendência sensitiva (*appetitus sensitivus, sensualitas*); a que se segue ao conhecimento intelectual, porém, chama-se tendência racional (*appetitus intellectivus seu rationalis*): Esta é a vontade, ou potência apetitiva racional[91].

1. O objeto necessário da vontade é o bem em geral, ou a beatitude – Assim como o intelecto, por sua própria essência, adere necessariamente aos primeiros princípios, assim a vontade adere necessariamente e por sua mesma natureza, ao último fim, que é a beatitude: *"Necesse est quod sicut intellectus ex necessitate inhaeret primis principiis, ita voluntas ex necessitate inhaeret ultimo fini, qui est beatitudo"*[92].

Entretanto, a vontade não propende necessariamente senão para o bem em geral, o *"bonum secundum communem boni rationem"*[93], não, porém, para todos os bens particulares. Para compreendê-lo basta atender ao paralelismo entre o querer e o conhecer: há certas proposições, às quais o intelecto assente, sem reconhecê-las como conclusões necessárias dos primeiros princípios; tais são as proposições contingentes, que se podem negar sem incorrer em

---

89. De veritate 1, 3.
90. Summa theologica I, 80, 1.
91. Ibid., 81, 1.
92. Ibid., 82, 1.
93. Summa theologica I, 59, 4.

contradição interna. Há, porém, proposições necessárias, às quais o intelecto não pode negar o assentimento, por causa da consequência lógica interna das mesmas; contudo, o intelecto só se sente coagido a assentir depois de perceber aquela necessidade interna. O mesmo se passa com os bens acessíveis à vontade. Há certos bens particulares, cuja posse é dispensável para a felicidade perfeita; a tais bens a vontade não adere necessariamente. Há outros, porém, que têm conexão necessária com a felicidade; a estes o homem tem a obrigação de tender, não podendo negar-lhes o assentimento. Todavia, esta necessidade de direito nem sempre se realiza de fato. Pois é mister que primeiro se apreenda aquele nexo necessário entre o bem particular e a beatitude. Por isso o homem não adere necessariamente a Deus senão quando estiver de posse da visão clara do mesmo Deus: *"Sed tamen, antequam per certitudinem divinae visionis necessitas huiusmodi connexionis demonstretur, voluntas non ex necessitate Deo inhaeret, nec his quae sunt Dei. Sed voluntas videntis Deum per essentiam de necessitate inhaeret Deo, sicut nunc ex necessitate volumus esse beati"*[94].

Como se vê, a doutrina tomista da vontade encerra um elemento acentuadamente racional. Esta é também a razão pela qual o Aquinate concorda com Aristóteles em antepor o intelecto à vontade. É verdade que nesta vida o amor a Deus é superior ao conhecimento de Deus, visto que a vontade atinge o seu objeto de modo mais imediato que o entendimento. No céu, onde gozaremos da visão imediata de Deus, a superioridade competirá aos atos daquela potência que detém a primazia na hierarquia das potências anímicas; pois é ao intelecto que cabe traçar o caminho a ser seguido pelo amor, e, por conseguinte, pela vontade: *"Sed illud quod est prius simpliciter et secundum naturae ordinem, est perfectius... Et hoc modo intellectus est prior voluntate sicut motivum mobili"*[95].

2. O livre-arbítrio – Como princípio ativo a vontade move as diversas potências da alma, com exceção da vegetativa; em outros termos: a vontade é livre. A liberdade da vontade é uma das exigências mais elementares da filosofia, e portanto ela não pode ser negada. Se não houvesse vontade livre, os nossos atos careceriam *ipso facto* daquele caráter que os torna dignos de louvor ou de repreensão: já não poderia haver questão de moralidade. *Por isso a negação do livre-arbítrio deve ser contada entre as opiniões a-filosóficas*, por destruir os fundamentos de toda uma parte da filosofia: *"Huiusmodi autem opiniones quae destruunt principia alicuius partis philosophiae, dicuntur positiones extraneae, sicut nihil moveri, quod destruit principia scientiae naturalis"*[96]. Donde se segue que a negação do livre-arbítrio procede, ou de uma atitude leviana (*protervia*), ou de razões sofísticas[97].

A liberdade da vontade consiste na indeterminação em relação ao objeto, ao ato, bem como à ordenação para o fim:

O objeto. Embora a vontade queira necessariamente o fim último, ela permanece indeterminada e livre no que respeita aos objetos penúltimos, isto é, aos caminhos e aos meios que a conduzem àquele fim.

---

94. Summa theologica I, 82, 2.
95. Summa theologica I, 82, 3, ad 2 e o corpus.
96. De malo 6, un.
97. Ibid.

O ato. Também o ato não é determinado. Pois a vontade é livre para pôr ou deixar de pôr um ato, porquanto ela se move a si mesma, sem ser movida por qualquer outra coisa.

A ordenação ao fim. A vontade pode querer não só o que conduz de fato ao fim último, como ainda o que conduz apenas aparentemente a ele; esta possibilidade provém do fato de a vontade poder escolher entre os meios, ou, ainda, de poder formar uma opinião errônea acerca dos meios. Assim como o intelecto pode errar ao deduzir com aparente consequência lógica uma conclusão falsa de premissas verdadeiras, assim a vontade, que de per si aspira unicamente à sua felicidade, pode tender a uma beatitude aparente, que a razão ilusoriamente lhe propõe. É só neste sentido que a vontade pode tender ao mal[98].

3. A estrutura do ato humano – A estrutura do ato humano apresenta quatro graus distintos:

A intenção. Intenção significa a direção da vontade para uma finalidade: "*intentio, sicut ipsum nomen sonat, significat in aliud tendere*"[99]. Na intenção a vontade tende ao fim enquanto termo último do seu movimento, e, visto que ela quer necessariamente também os meios conducentes ao fim, segue-se que intende o fim e os meios num ato único[100].

O conselho. Após fixar a vista no fim a atingir, a vontade passa à escolha dos meios, ponderando-os mediante um ato de deliberação. Esta escolha não tem por objeto o necessário, e sim os singulares contingentes que, em virtude de sua variabilidade, são incertos. Entretanto, nesta deliberação e neste exame não se trata de determinar o fim, mas só os meios conducentes a ele: "*Unde cum consilium sit quaestio, de fine non est consilium, sed solum de his, quae sunt ad finem*". Todavia, o que é considerado fim de uma deliberação pode ser considerado meio em relação a outra, e assim por diante, até ao fim último, que não pode se tornar meio[101].

O consentimento. Por via de regra, o *conselho* ou a deliberação conduz à formulação de vários juízos, cada um dos quais nos apresenta a ação como desejável sob certo aspecto, fazendo reconhecer nela uma certa bondade. É para esta bondade que se volta a potência apetitiva, donde resulta uma experiência ou apreensão imediata da bondade: "*ipsa applicatio appetitivae virtutis ad rem, secundum quod ei inhaeret, accipit nomen sensus, quasi experientiam quandam sumens de re cui inhaeret, inquantum complacet sibi in ea. Unde (Sapient. 1,1) dicitur: Sentite de Domino in bonitate. Et secundum hoc consentire est actus appetitivae virtutis*"[102].

A eleição. Pelo consentimento as ações ou coisas propostas pelo conselho adquirem um valor subjetivo. O ato volitivo, porém, ainda não está completo. A última decisão se efetua pela eleição, a menos que se nos depare apenas *uma* possibilidade: neste caso a decisão coincide com o consentimento[103]. A eleição é um ato comum do intelecto e da vontade; mas esta cooperação se realiza de tal forma que o intelecto propõe, principalmente, o elemento material; à vontade compete uma função diretiva e especificativa: é ela que fornece o elemento formal. Por isso, a eleição deve ser denominada, substancialmente, um ato da vontade[104].

---

98. De veritate 22, 6.
99. Summa theologica I. II, 12, I.
100. Ibid., 3.
101. Ibid., 4, 1 e 2.
102. Ibid., 15, 1.
103. Ibid., 3, ad 3.
104. Summa theologica I, 83, 8 e I, II, 13, 1.

II. A moralidade do ato humano

1. Natureza da bondade moral – Na conceituação do ato humano é preciso distinguir o ato voluntário interior do ato voluntário exterior. O objeto do ato interior da vontade é o fim, e o objeto do ato exterior é a própria coisa para a qual se tende. *A bondade da ação procede, em última análise, do fim sobre o qual recai o ato interno e que se procura obter mediante o ato externo*[105].

Qual é o fim do ato interior? Segundo Dionísio, é bom para o homem o que é conforme à razão, e mau o que lhe é contrário. E, na verdade, o bem de uma coisa é o que lhe convém em razão de sua forma, e o mal, o que lhe contraria a ordem formal, e, por conseguinte, lhe põe em perigo o próprio ser. Sendo a alma racional a forma do homem, deve-se dizer bom o que é conveniente à razão, e mau, o que lhe repugna[106]. O que não é conveniente nem repugnante chama-se indiferente, isto é, nem bom nem mau, por exemplo, o ato de apanhar uma palha do chão[107].

De modo que, segundo Santo Tomás, a bondade de um ato depende do objeto do ato voluntário interior, e, por conseguinte, do fim proposto à vontade pela razão: "*ideo bonitas voluntatis dependet a ratione eo modo quo dependet ab obiecto*"[108]. *Se o fim deste ato voluntário for bom, bom é também o respectivo ato da vontade; se for mau, também este será mau. Em suma, a bondade do ato voluntário depende da reta ordenação do ato para o fim, ou da intenção:* "*Unde cum bonitas voluntatis dependet a bonitate voliti... necesse est quod dependeat ex intentione finis*"[109].

2. A virtude – A virtude se define como uma disposição ou inclinação (*habitus*) para agir conformemente à razão. Por onde, a virtude é uma perfeição do ato humano: "*Unde virtus humana, quae est habitus operativus, est bonus habitus*"[110]. Visto não ser puro intelecto, o homem necessita da reta disposição não só no pensar, como no querer. Isto nos conduz à distinção entre a virtude intelectual e a virtude volicional.

As virtudes intelectuais são quatro: o intelecto, a ciência, a sapiência e a prudência. Vige entre elas uma relação de interdependência interna, e se graduam da seguinte maneira. A *ciência*, enquanto hábito (disposição, possessão, aptidão) das conclusões dedutíveis dos princípios, depende do *intelecto*, que é o hábito dos princípios. Tanto a ciência como o intelecto dependem da *sapiência*, que encerra e domina a ambos, e julga convenientemente todas as coisas segundo as razões e princípios supremos: "*Convenienter iudicat et ordinat de omnibus, quia iudicium perfectum et universale haberi non potest, nisi per resolutionem ad primas causas*"[111]. A *prudência* já diz respeito ao domínio prático, pois não basta conhecer o que é reto: é

---

105. Summa theologica I, II, 18, 6.
106. Ibid., 5.
107. Ibid., 8.
108. Ibid., 19, 3.
109. Ibid., 7.
110. Summa theologica I, II, 55, 3.
111. Ibid., 57, 2 e ad 2.

necessário saber aplicá-lo às circunstâncias concretas, de modo a conduzir ao fim visado pela vontade: a prudência é a *"recta ratio agibilium"*[112].

As virtudes morais são três: a justiça, a temperança e a fortaleza.

A justiça regula o teor e a natureza dos atos externos; fá-lo exclusivamente do ponto de vista do que é devido, ou não, a outrem, e independentemente de quaisquer impressões pessoais ou disposições afetivas[113]; subdivide-se nas virtudes da religião, da piedade e da gratidão, mercê das quais atribuímos o que é devido, respectivamente, a Deus, aos pais e à pátria, aos benfeitores etc.[114]

A temperança, ao invés, regula a conduta interna do homem; refreia as paixões exageradamente impulsivas e precipitadas, subordinando-as à reta razão.

A fortaleza, por sua vez, refreia as paixões que embaraçam a ação, subordinando-as à reta razão.

Estas três virtudes morais, juntamente com a virtude intelectual da prudência, denominam-se virtudes cardeais. Regulam toda a conduta humana, na medida em que esta participa da vida racional. A razão é aperfeiçoada pela prudência, a vontade pela justiça, a parte concupiscível da alma pela temperança, e a parte irascível pela fortaleza[115].

III. As leis

Enquanto as virtudes regulam nossa vida interna, as leis visam nortear nossa vida externa.

1. Natureza da lei – Por lei se entende uma regra ou um preceito relativo às nossas ações. Ora, a norma suprema dos atos humanos é a razão. De forma que, em última análise, a lei se reduz à razão; é apenas uma formulação das exigências racionais[116]. Uma lei que não se baseasse na razão seria antes iniquidade que lei (*"magis esset iniquitas quam lex"*[117]).

O que é ordenado por lei deve servir sempre a um fim comum, e não ao fim do indivíduo enquanto tal. Sendo o fim dos atos humanos a beatitude, segue-se que também as leis, que são as normas daqueles atos, devem dizer respeito à beatitude. Visto, porém, que cada parte está ordenada a um todo como o imperfeito ao perfeito (o homem individual é parte de uma comunidade perfeita), é mister que a lei vise principalmente a felicidade comum e o bem-estar da coletividade. Donde o princípio: *"Omnis lex ad bonum commune ordinatur"*[118].

Como a lei diz respeito ao bem comum, é mister que ela emane da comunidade, ou de uma pessoa que legitimamente a representa: *"Et ideo condere legem vel pertinet ad totam multitudinem, vel pertinet ad personam publicam, quae totius multitudi-*

---

112. Ibid., 57, 5.
113. Ibid., 60, 3.
114. Ibid.
115. Ibid., 61, 2.
116. Summa theologica I, II, 90, 1.
117. Ibid., ad 3.
118. Ibid., 90, 2.

nis curam gerit"¹¹⁹. Donde a *definição da lei: "nihil aliud est lex quam dictamen practicae rationis in principe, qui gubernat aliquam communitatem perfectam"*¹²⁰.

2. As várias classes de lei – Já vimos que a lei visa sempre uma comunidade. Por isso devemos distinguir tantas leis quantas são as comunidades. A primeira e maior das comunidades é o mundo governado por Deus. Seu legislador supremo é Deus, norma derradeira e fim último de todas as coisas. Por isso a razão eterna do próprio Deus representa a lei suprema, a que chamamos de *lei eterna*¹²¹.

No homem e na humanidade esta lei eterna se manifesta por meio da natureza humana, que traz em si uma inclinação natural para seu verdadeiro e último fim, pela qual ela participa da própria razão eterna. A esta participação da razão divina, pela qual conhecemos de modo imediato as normas últimas do agir na comunidade, se dá o nome de *lei natural*. Esta lei natural outra coisa não é senão a soma das obrigações reconhecidas pela razão como sendo conformes à natureza. Tais são todos os princípios da moralidade; por exemplo, deve-se fazer o bem e evitar o mal. Esta é a lei suprema. Dela reflui o dever da autoconservação, da conservação da humanidade, da educação dos filhos. Da inclinação natural para a verdade decorre o dever de conhecermos a verdade, sobretudo a respeito de Deus; da inclinação natural para a vida em sociedade deriva imediatamente a obrigação de não ofender o próximo etc.¹²²

Pela lei natural o homem participa da lei divina, mas de um modo geral, isto é, mediante certos princípios comuns. À razão do legislador incumbe deduzir as disposições mais particulares, concernentes às sociedades humanas concretas. E estas disposições particulares se chamam *leis humanas*: *"et istae particulares dispositiones adinventae secundum rationem humanam dicuntur leges humanae"*¹²³.

Por essa dedução se vê que todas as leis derivam, em derradeira instância, de uma só e mesma fonte, a *lei eterna*, donde auferem sua validade: *"Unde omnes leges, inquantum participant de ratione recta, intantum derivantur a lege aeterna"*¹²⁴.

3. A sanção da lei: prêmio e castigo – Interpretaria mal o sentido da sanção quem a considerasse como algo de extrínseco à lei, ou seja, como algo que visa apenas forçar a vontade a observar a lei. Antes, ela decorre da própria natureza humana.

Para compreender este ponto, convém comparar o comportamento das coisas naturais com a conduta do homem. Tanto este como aquelas devem observar a ordem prescrita. Mas ao passo que no homem a observância da ordem depende do livre-arbítrio, as coisas naturais não possuem tal liberdade. A conservação e o bem dos seres da natureza se segue necessariamente da sua permanência na reta ordem natural; o apartamento desta ordem acarreta-lhes necessariamente a destruição e o mal. De modo semelhante a observância ou a transgressão da reta or-

---

119. Ibid., 3.
120. Ibid., 91, 1.
121. Ibid., 91, 1; cf. Summa contra Gentiles III, 115.
122. Ibid., 91, 2 e ad 2 e 94, 2.
123. Ibid., 91, 3.
124. Ibid., 93, 3.

dem por parte do homem deve ter como consequência um bem ou um mal; visto, porém, que o ato humano se diferencia da atividade natural graças à sua liberdade, as referidas consequências não ocorrem com necessidade natural, mas em consonância com a atividade humana, que é pessoal; por essa razão também as sanções devem revestir um caráter pessoal; em outros termos, devem provir do próprio legislador, em forma de recompensa pela observância da reta ordem, e de castigo pela sua transgressão[125].

E assim, longe de introduzir um fator heterônomo na conduta moral do homem, a sanção serve, ao contrário, para documentar-lhe o caráter ético.

Apreciação

Quem quer que se acerque de Santo Tomás com a necessária isenção de ânimo e com a preocupação exclusiva de lhe compreender a personalidade e a obra do ponto de vista de sua significação histórica, há de, forçosamente, reconhecê-lo como príncipe entre os príncipes da escolástica. Entre estes, o Aquinate sobressai como o arquiteto seguro que não hesita em escolher o terreno aristotélico, rejeitado por muitos dos seus contemporâneos, para nele erigir o seu imponente edifício teológico-filosófico-cristão. Santo Tomás se destaca dos outros escolásticos não tanto pela originalidade quanto pela ousadia e homogeneidade da construção. Santo Alberto Magno se lhe avantaja pela universalidade do saber, São Boaventura pelo ardor e a ternura do sentimento, Duns Escoto pelo rigor lógico. Santo Tomás supera a todos pela arte do seu estilo didático e pela clareza luminosa de sua clássica síntese.

Neste caráter solidamente homogêneo e sistemático de sua obra se encontra, possivelmente, a explicação para o fato de Santo Tomás ter tido apenas grandes comentadores, e de lhe haverem faltado os grandes discípulos, animados de semelhante espírito de progresso, de receptividade para os novos problemas, de respeito à liberdade de opinião, inclusive em relação ao próprio mestre, e capazes de elaborar uma síntese igualmente original entre filosofia e teologia. Neste sentido, o sistema tomista foi pouco frutuoso, do ponto de vista histórico. Visto não admitir ruptura, o sistema deixa pouco ou nenhum lugar para uma evolução vital ulterior. É aceito em sua totalidade ou desaparece como um todo, para tornar a surgir em bloco.

Visto de fora, o seu primeiro destino deve ser qualificado de malogro. A corrente conservadora – sob a liderança dos mestres franciscanos João Peckham, João Pedro Olivi, Rogério Marston etc., dos dominicanos Roberto Kilwardby, Arcebispo de Cantuária, e Pedro de Tarantaise, bem como de alguns representantes do clero secular, tais como Henrique de Gand e Estêvão Tempier, arcebispo de Paris – pronunciou-se contra várias doutrinas de Santo Tomás, e principalmente contra a tese da unicidade da forma do homem, julgando dever qualificá-las, pelo menos, de suspeitas[126]. Pouco após a condenação de algumas proposições tomistas por Estêvão Tempier apareceu um *Correctorium fratris Thomae*, da autoria de Guilherme de la

---

125. Summa contra Gentiles III, 140.
126. Cf. Chartularium, ed. Denifle, t. I, p. 548, n. 81 e n. 96 e 191; KILWARDBY, Roberto. Op. cit., p. 559, n. 7, 12, 16.

Mare, contendo uma análise crítica de 118 proposições colhidas dos escritos do Aquinate, e nomeadamente da *Summa*. A reação não se fez esperar. Apareceram cerca de cinco *Correctoria (Correptoria* ou *Defensoria) Corruptorii* (designação pejorativa para *Correctorii).* Um edito promulgado em 1282 interdizia aos franciscanos a leitura da *Summa*, a menos que tivessem à mão o *Correctorium* de Guilherme de la Mare.

Não obstante isso, a Escola de Santo Tomás pôde manter-se. Embora insignificante em seus inícios, e ofuscada pelo brilho dos mestres posteriores, ela soube guardar intacta a obra do mestre. Em 1278 a Ordem dominicana fez publicar um decreto erigindo a doutrina de Santo Tomás em norma oficial para todos os seus membros.

A atividade da causa segunda no conhecimento

Respondeo dicendum, quod in tribus eadem opinionum diversitas invenitur: scilicet in eductione formarum in esse; in acquisitione virtutum, et in acquisitione scientiarum.

Quidam enim dixerunt, formas sensibiles omnes esse ab extrinseco, quod est a substantia vel a forma separata, quam appellant datorem formarum vel intelligentiam agentem; et quod omnia inferiora agentia naturalia non sunt nisi sicut praeparantia materiam ad formae susceptionem. Similiter etiam Avicenna dicit in sua Metaphysica quod habitus honesti causa non est actio nostra; sed actio prohibet eius contrarium, et adaptat ad illum, ut accidat hic habitus a substantia perficiente animas hominum, quae est intelligentia agens, vel substantia ei consimilis. Similiter etiam ponunt, quod scientia non efficitur in nobis nisi ab agente separato; unde Avicenna ponit in II de Naturalibus, quod formae intelligibiles effluunt in mentem nostram ab intelligentia agente.

Quidam vero e contrario opinati sunt, scilicet quod omnia ista rebus essent indita, nec ab exteriori causam haberent, sed solummodo quod per exteriorem actionem manifestantur: posuerunt enim quidam, quod omnes formae naturales essent actu in materia latentes, et quod agens naturale nihil aliud facit quam extrahere eas de occulto in manifestum.

Respondo que em três pontos ocorre idêntica divergência de opiniões, a saber: quanto à edução das formas ao ser, quanto à aquisição das virtudes e quanto à aquisição das ciências.

Pois alguns afirmaram que as formas sensíveis se originam todas de fora, a saber, de uma substância ou forma separada (da matéria), a que dão o nome de doador das formas ou inteligência agente. Afirmam, além disso, que todos os agentes naturais inferiores outra coisa não fazem senão preparar a matéria para a recepção das formas. De modo semelhante diz Avicena em sua Metafísica que a nossa ação não é a causa do hábito da honestidade (i.é, das virtudes), mas que ela impede apenas o que é contrário a este hábito, preparando-lhe assim o terreno, para que ele lhe advenha mediante uma substância aperfeiçoadora das almas humanas, a saber, por uma inteligência agente ou outra substância semelhante. Afirmam igualmente que a ciência não se efetua em nós senão por um agente separado (o *Intellectus*). Por isso Avicena declara (no segundo livro *De Naturalibus*) que as formas inteligíveis defluem de uma inteligência agente para o nosso espírito.

Outros, porém, são de opinião contrária, e julgam que tudo isto é intrínseco às coisas; estas não o receberiam de uma causa externa, mas apenas o manifestariam por sua atividade exterior. Pois alguns asseguram que todas as formas naturais estão atualmente latentes na matéria, e que o agente natural outra coisa não faz senão extraí-las e trazê-las à luz a partir do seu estado de latência.

Similiter etiam aliqui posuerunt, quod habitus omnes virtutum nobis sunt inditi a natura; sed per exercitium operum removentur impedimenta, quibus praedicti habitus quasi occultantur; sicut per limationem aufertur rubigo, ut claritas ferri manifestetur. Similiter etiam aliqui dixerunt quod animae est omnium scientia concreata; et quod per huiusmodi doctrinam et huiusmodi scientiae exteriora adminicula nihil fit aliud nisi quod anima deducitur in recordationem vel considerationem eorum quae prius scivit; unde dicunt, quod addiscere nihil aliud est quam reminisci.

Utraque autem istarum opinionum est absque ratione. Prima enim opinio excludit causas propinquas, dum effectus omnes in inferioribus provenientes, solis causis primis attribuit, in quo derogatur ordini universi, qui ordine et connexione causarum contexitur; dum prima causa ex eminentia bonitatis suae rebus aliis confert non solum quod sint, sed etiam quod causae sint. Secunda etiam opinio in idem quasi inconveniens redit: cum enim removens prohibens non sit nisi movens per accidens, ut dicitur VIII Physic. (com. 32); si inferiora agentia nihil aliud faciunt quam producere de occulto in manifestum, removendo impedimenta, quibus formae et habitus virtutum et scientiarum occultabantur; sequitur quod omnia inferiora agentia non agant nisi per accidens.

Et ideo secundum doctrinam Aristotelis (I. Physic, com. 78) media via inter has duas tenenda est in omnibus praedictis. Formae enim naturales praeexistunt quidem in materia, non in actu, ut alii dicebant, sed in potentia solum, de qua in actum reducuntur per agens extrinsecum proximum, non solum per agens primum, ut alia opinio ponebat. Similiter etiam secundum ipsius sententiam in VI. Ethic. virtutum habitus ante earum consummationem praeexistunt in nobis in quibusdam naturalibus inclinationibus, quae sunt quaedam virtutum inchoationes, sed postea per exercitium operum adducuntur in debitam consummationem.

Semelhantemente alguns asseveram que todos os hábitos virtuosos nos são implantados pela natureza, mas que pelo exercício das obras se afastam os impedimentos que, por assim dizer, ocultam os referidos hábitos, do mesmo modo como pela limagem se remove a ferrugem, a fim de pôr à vista o brilho do ferro. Igualmente afirmaram alguns que a ciência de todas as coisas é conciada com a alma, e que o ensino e os demais recursos da ciência servem apenas para fazer com que a alma torne a recordar ou a atender às coisas já sabidas previamente; e por isso dizem que o aprendizado não passa de simples recordação.

Ambas estas opiniões, porém, carecem de fundamento. Pois a primeira exclui as causas próximas, ao atribuir exclusivamente às causas primeiras todos os efeitos que ocorrem nas coisas inferiores; o que significa uma derrogação à ordem do universo, que é uma contextura ordenada e concatenada de causas; porquanto a primeira causa, em sua excessiva bondade, confere às outras coisas não apenas o ser, como também o ser causa. A segunda opinião incorre num inconveniente quase idêntico: pois aquilo que afasta um obstáculo não move senão acidentalmente, como se diz no 8º livro da Física. De sorte que, se os agentes inferiores outra coisa não fazem senão trazer à luz o que estava latente, mediante a remoção dos impedimentos que ocultavam as formas e os hábitos das virtudes e do conhecimento, então todos os agentes inferiores agem só acidentalmente.

Por isso, segundo a doutrina de Aristóteles, importa seguir um caminho médio entre estas duas em todas as questões acima referidas. Pois as formas naturais preexistem na matéria, não em ato, como diziam alguns, mas só em potência, da qual são trazidas ao ato por um agente extrínseco próximo, e não exclusivamente pelo agente primeiro, como supunha a outra opinião. De modo semelhante, segundo a sentença do mesmo autor no 6º livro da Ética, também os hábitos virtuosos preexistem em nós anteriormente à sua consumação em forma de certas inclinações naturais, que são como que os inícios das virtudes, e que depois são levadas ao seu devido acabamento pela prática das obras.

Similiter etiam dicendum est de scientiae acquisitione; quod praeexistunt in nobis quaedam scientiarum semina, scilicet primae conceptiones intellectus, quae statim lumine intellectus agentis cognoscuntur per species a sensibilibus abstractas, sive sint complexa, ut dignitates, sive incomplexa, sicut ratio entis, et unius, et huiusmodi quae statim intellectus apprehendit. Ex istis autem principiis universalibus omnia principia sequuntur, sicut ex quibusdam rationibus seminalibus. Quando ergo ex istis universalibus cognitionibus mens educitur ut actu cognoscat particularia, quae prius in potentia et quasi in universali cognoscebantur, tunc aliquis dicitur scientiam acquirere.

Sicut ergo aliquis dupliciter sanatur, uno modo per operationem naturae tantum, alio modo a natura cum adminiculo medicinae; ita etiam est duplex modus acquirendi scientiam; unus quando naturalis ratio per se ipsam devenit in cognitionem ignotorum; et hic modus dicitur inventio; alius quando rationi naturali aliquis exterius adminiculatur, et hic modus dicitur disciplina. In his autem quae fiunt a natura et arte, eodem modo operatur ars, et per eadem media, quibus et natura. Sicut enim natura in eo qui ex frigida causa laborat, calefaciendo induceret sanitatem, ita et medicus; unde et ars dicitur imitari naturam. Similiter etiam contingit in scientiae acquisitione, quod eodem modo docens alium ad scientiam ignotorum deducit sicuti aliquid inveniendo deducit se ipsum in cognitionem ignoti.

Processus autem rationis pervenientis ad cognitionem ignoti in inveniendo est ut principia communia per se nota applicet ad determinatas materias, et inde procedat in aliquas particulares conclusiones, et ex his in alias; unde et secundum hoc unus alium docere dicitur, quod istum discursum rationis, quem in se facit ratione naturali, alteri exponit per signa; et sic ratio naturalis discipuli, per huiusmodi sibi proposita, sicut per quaedam instrumenta, pervenit in cognitionem ignotorum.

O mesmo se deve dizer da aquisição do saber. Preexistem em nós certos germes do saber, isto é, os conceitos supremos do intelecto, imediatamente conhecidos pela luz do intelecto agente, mediante as espécies abstraídas das coisas sensíveis, quer sejam compostos, como acontece com os primeiros princípios, quer simples, como ocorre com a noção do ser, do uno, e de outras semelhantes, que são apreendidas imediatamente pelo intelecto. Destes princípios universais derivam todos os princípios, como de suas razões seminais. Portanto, toda a vez que, a partir destes conhecimentos universais, o espírito chega a conhecer atualmente as coisas particulares que antes eram conhecidas em potência e como que universalmente, dir-se-á que alguém adquire um saber.

Assim como há uma dupla maneira de se curar: ou pela simples operação da natureza, ou pela natureza assistida pela medicina, assim também há dois modos de adquirir o saber: ora a razão natural chega por si mesma ao conhecimento das coisas desconhecidas – e neste caso temos o que se sói chamar uma invenção ou descoberta: ora a razão natural é auxiliada por outro e de fora – e a este processo se dá o nome de ensino. Pois bem: nas coisas produzidas pela natureza e pela arte, esta última atua de modo idêntico e com os mesmos meios que a natureza. Pois assim como a natureza restituiria a saúde por calefação a quem sofresse de uma causa "fria", assim procede também o médico. Por isso se diz que a arte imita a natureza. O mesmo se dá na aquisição do saber: o que ensina a outrem o conduz ao conhecimento de coisas desconhecidas do mesmo modo como se conduziria a si mesmo ao conhecimento de algo desconhecido por meio da invenção.

Eis o processo que a razão emprega para atingir ao conhecimento do desconhecido pela invenção: ela aplica os princípios comuns e autoevidentes a certos objetos, e a partir daí procede a certas conclusões particulares, e, destas, a outras. De maneira análoga se diz que alguém ensina a outrem quando, por meio de sinais, lhe expõe este processo da razão realizado em si próprio pela razão natural. E assim a razão natural do aluno, por meio destes (sinais) que lhe são propostos, chega ao conhecimento de coisas desconhecidas, como que se servindo de certos instrumentos.

Sicut ergo medicus dicitur causare sanitatem in infirmo natura operante, ita etiam homo dicitur causare scientiam in alio operatione rationis naturalis illius; et hoc est docere; unde unus homo alium docere dicitur, et eius esse magister. Et secundum hoc dicit Philosophus I. Posteriorum (com. 5), quod demonstratio est Syllogismus faciens scire.

Si autem aliquis alicui proponat ea quae in principiis per se notis non includuntur, vel includi non manifestantur; non faciet in eo scientiam, sed forte opinionem, vel fidem; quamvis etiam hoc aliquo modo ex principiis innatis causetur: ex ipsis enim principiis per se notis considerat, quod ea quae ex eis necessario consequuntur, sunt certitudinaliter tenenda; quae vero eis sunt contraria, totaliter respuenda; aliis autem assensum praebere potest vel non.

Huiusmodi autem rationis lumen, quo principia huiusmodi sunt nobis nota, est nobis a Deo inditum, quasi quaedam similitudo increatae veritatis in nobis resultantis. Unde cum omnis doctrina humana efficaciam habere non possit nisi ex virtute illius luminis; constat quod solus Deus est qui interius et principaliter docet, sicut natura interius etiam principaliter sanat; nihilominus tamen et sanare et docere proprie dicitur modo praedicto.

De veritate, quaestio 11, articulus 1.

Portanto, assim como se diz que o médico produz a saúde no enfermo pela operação da natureza, assim se diz que um homem causa o saber em outro pela operação da razão natural deste. E nisto consiste o ensino. E por isso se diz que um homem ensina a outro e é seu mestre. Neste sentido diz o Filósofo no 1º livro dos Analíticos Posteriores que a demonstração é um silogismo que conduz ao saber.

Mas se alguém propuser a outro alguma coisa não incluída nos princípios autoevidentes, ou não manifestamente incluído neles, este tal não produz nenhum saber naquele outro, mas, quando muito, uma opinião ou uma crença, embora também isto seja causado de algum modo a partir dos princípios inatos; pois é na base dos próprios princípios autoevidentes que ele julga dever reter com certeza o que deles necessariamente decorre, e rejeitar totalmente o que lhes é contrário; às outras coisas, porém, poderá prestar assentimento, ou não.

Esta luz da razão, pela qual estes princípios nos são conhecidos, foi-nos implantada por Deus, e é uma como semelhança da verdade incriada que refulge em nós. Visto, pois, que qualquer doutrina humana não pode ter eficácia senão em virtude daquela luz, consta que só Deus ensina interiormente e em primeiro lugar, assim como a natureza cura principalmente por sua ação interna. Contudo, é da maneira supramencionada que propriamente se fala em curar e ensinar.

CAPÍTULO VI
JOÃO DUNS ESCOTO
Doctor subtilis

A atividade intelectual continua a se intensificar em ritmo crescente no último quartel do século XIII. Os escritos aristotélicos, já agora disponíveis em sua totalidade, encontram-se nas mãos de todos os estudiosos. Igualmente familiares são as obras de Avicena e Averróis. Faz-se notar, aos poucos, a influência de uma nova Lógica; esta ciência recebera um impulso extraordinário graças às *Súmulas* de Pedro de Espanha (Papa João XXI, falecido em 1277), as quais viriam a ser o manual clássico desta disciplina. Não estamos, ainda, no período das escolas propriamente ditas. As lides de espírito se travam entre homens eminentes, e, até certo ponto, bastante independentes, entre os quais se destacam: Henrique de Gand, Egídio de Roma e Godofredo de Fontaines. É com eles, em maior escala do que com Santo Tomás e os outros escolásticos, que Duns Escoto irá terçar armas.

Egídio de Roma (1244-1316) fora discípulo de Santo Tomás, de quem propugna as doutrinas, dentro dos limites impostos pela condenação de 1277. Gozou de grande prestígio como professor, mas não pode ser considerado como pensador original. Ainda em tempo de sua vida a Ordem agostiniana, da qual era membro, consagrou-lhe a doutrina como norma oficial da Ordem. Com razão foi chamado um excelente expositor da filosofia e da teologia tomistas. Em seus numerosos escritos deu expressão mais nítida a algumas opiniões peculiares do Aquinate, por exemplo, à distinção real entre essência e existência. As críticas de Duns Escoto, e nomeadamente as de Ockham, visam mais a Egídio que a Santo Tomás.

Em *Godofredo de Fontaines* (m. 1306) deparamos um pensador bastante autônomo. Sua grande admiração por Santo Tomás não o impede de assumir muitas posições próprias e originais. Aristotélico cristão de orientação moderada, Godofredo rejeita a distinção real entre essência e existência, transfere o princípio de indivíduação da matéria para a forma e ensina o pluralismo das formas no ser humano. Duns Escoto faz numerosas referências críticas aos seus volumosos *Quodlibeta* (15 questões). O adversário principal de Godofredo é, porém, Henrique de Gand.

Henrique de Gand (Doctor solemnis, m. 1293) é, sem contestação, o mais eminente dos grandes mestres deste período. Adversário decidido do aristotelismo, inclusive em sua forma moderada, inspirou vida nova à corrente conservativa, mormente com sua grande *Summa* e seus *Quodlibeta*, ambos fortemente influenciados por Avicena. Henrique defende a doutrina da iluminação, fundamenta o argumento da existência de Deus no conceito analógico do ser, recusa-se a identificar as Ideias com a essência divina, atribuindo-lhes, ao contrário, a modalidade existencial de puras essências; rejeita a distinção real entre essência e existência e prepara as doutrinas da distinção formal e da forma da corporeidade. Na interpretação do conhecimento abandona a teoria da espécie. Estas e numerosas outras questões darão origem a uma série de debates críticos entre Duns Escoto e Henrique de Gand. Já se disse, e com boas razões, que para se obter uma interpretação correta de Duns Escoto é necessário ter à mão as obras de Henrique[1].

Na pessoa de Duns Escoto surge, enfim, o grande teólogo e filósofo que irá fundir a tradição da Universidade de Oxford com a de Paris. O Doutor Sutil assume uma posição declaradamente crítica em face dos seus predecessores imediatos; mas o seu objetivo é joeirar e construir. Espírito eminentemente lógico – a ponto de merecer a admiração do maior lógico da Idade Média, Guilherme Ockham, – Duns Escoto se mostra extremamente exigente em matéria de demonstração. Do ângulo de vista histórico, a sua obra é um início de ideias novas e decisivas.

Vida – As investigações de Longpré, Callebaut e Balic permitem estabelecer os seguintes dados biográficos. Nasceu João Duns Escoto em 1265 ou 1266 em Duns, no condado de Berwick (Escócia, donde o apelido *Scotus*). Frequentou a escola de Haddington. Em 1278/1279 foi admitido ao convento franciscano de Dumfries por seu tio, que desempenhava o oficio de guardião; em 1281 (com a idade de 15 anos portanto) recebeu o hábito franciscano. A 17 de março de 1291 foi ordenado sacerdote em Northampton. De 1293 a 1296 estudou em Paris. A seguir ensinou, em Cambridge e Oxford, de 1297 a 1301. De 1302 a 1303 encontra-se novamente em Paris, na capacidade de Bacharel Sentenciário; mas teve sua atividade violentamente interrompida quando, na luta entre Filipe, o Belo, e o Papa Bonifácio VIII, recusou aderir à causa do rei, que exigira de todos os clérigos uma subscrição de apoio. Forçado a deixar imediatamente a França, retornou à Inglaterra (Oxford). Mas já no ano seguinte pôde regressar a Paris. No dia 18 de novembro de 1304 o Ministro Geral, Gonsalo de Balboa, propôs a promoção de Duns Escoto para o Licenciado e o Magistério em Teologia. Em 1308 o mesmo Ministro Geral o enviou para Colônia, onde veio a falecer a 8 de novembro, com a idade de apenas 42 anos. Foi tumulado na Minoritenkirche da mesma cidade. No seu túmulo se lê o epitáfio: "*Scotia me genuit, Anglia me suscepit, Gallia me docuit, Colônia me tenet*".

Obras – Quanto à espinhosa questão da autenticidade seguimos, em substância, as investigações de E. Longpré, C. Balic etc.

1. *Obras filosóficas:*
Quaestiones super universalia Porphyrii, in librum praedicamentorum, in primum et secundum librum Perihermenias (seguido de: Quaestiones octo in duos libros Perihermenias), in libros Elenchorum.
Quaestiones super libros Aristotelis de Anima (de autenticidade muito provável).
Quaestiones subtilissimae in metaphysicam Aristotelis (9 livros autênticos; os dois últimos das edições são espúrios). Iniciados, provavelmente, depois da Ordinatio.
Tractatus de primo principio (ou: de primo omnium rerum principio). Nesta obra Duns Escoto procura – segundo o modelo do Proslogion de Santo Anselmo – tornar filosoficamente evidentes certas verdades referentes a Deus, já aceitas pela fé.

---

1. Cf. PAULUS, J. *Henri de Gand, essai sur les tendances de sa métaphysique*. Paris: [s.e.], 1938. Uma reprodução fotostática da *Summa* de Henrique de Gand foi publicada pelo The Franciscan Institute, St. Bonaventure, N.Y., Nauwelaerts, Lovaina, Schoeningh, Paderborn.

2. *Obras teológicas:*
Theoremata. Trata das proposições filosoficamente indemonstráveis (*de creditis*); o problema da autenticidade ainda não foi resolvido, o que se deve, sobretudo, à insegurança do texto das edições.

Opus Oxoniense ou *Ordinatio.* As edições que possuímos do comentário sobre as Sentenças não representam a redação destinada à publicidade pelo próprio Duns Escoto. A Ordinatio, que ficara inconclusa, foi completada por reportações de caráter diverso, e isto desde os manuscritos mais antigos. A este grupo pertencem também as *Additiones magnae* que servem de complemento ao texto original.

Reportata Parisiensia. Compiladas de reportações as mais variadas (ou seja, de notas, autenticadas, em parte, pelo próprio mestre).

Quodlibeta. Redigidos em Paris após a conquista do magistério.

Collationes. Parisienses e Oxonienses.

Quando encarado em pormenor, o problema do texto se torna ainda mais complicado, visto devermos distinguir entre as reportações de Paris e de Oxford (= lectura prima). As investigações ainda não foram concluídas.

Edições – A grande edição de *Wadding*, Lião, 1639, em 12 tomos; teve a colaboração de vários outros escotistas: Cavellus, Mauritius a Portu, Hiquaeus, Poncius.

Edição de *Vivès*, Paris, 1891-1895; trata-se de uma simples reimpressão da edição de Wadding, da qual, infelizmente, se omitiram os índices.

A nova e monumental edição crítica; até o presente apareceram oito volumes (Prólogo e 48 distinções do primeiro livro do *Oxoniense*, Prólogo e primeiras distinções da *Lectura Prima*), Roma, 1950-1966. Em nossas citações seguiremos o texto desta edição, na medida em que dele dispomos; ao mesmo tempo, porém, indicaremos sempre os números da edição de Wadding, os quais se encontram também na nova edição em tipo menor, à margem do texto.

O *De primo rerum principio* e os dois primeiros livros do *Oxoniense* foram impressos em formato menor pelos editores de Quaracchi (sem os escólios e comentários). O opúsculo *De primo rerum principio* existe, ademais, em duas edições críticas: na de Mariano Mueller, O.F.M., Herder, 1941, e na de Evan Roche, O.F.M., Saint Bonaventure, Nova York, 1949 (com tradução inglesa). Em 1960 a BAC deu início à publicação de uma edição bilíngue (em latim e espanhol) das *Obras del Doctor Subtil Juan Duns Escoto*. O primeiro tomo contém, além de uma *introducción general*, da autoria de Fr. Miguel Oromí, O.F.M., o Prólogo do Comentário de Oxford, as duas primeiras distinções do mesmo Comentário e o Tratado do Primeiro Princípio. Um segundo volume, saído em 1968, contém as *Quaestiones Quodlibetales*, traduzidas por Felix Alluntis, O.F.M.

Dispomos, ainda, de uma valiosa coletânea de textos, organizada pelo Pe. Déodat Marie de Basly em suas *Capitalia Opera B. Joannis Duns Scoti*: I. Praeparatio philosophica, 3. ed., Le Havre 1908; II. Synthesis theologica, 2. ed., Le Havre, 1911.

Uma compilação ainda mais completa de textos, dispostos segundo a ordem da Summa theologica de Santo Tomás, foi feita por Jerônimo de Montefortino; reedição: Quaracchi, 1903.

Bibliografia – Não dispomos, ainda, de uma monografia plenamente satisfatória sobre a filosofia de Duns Escoto. Por ora, a melhor introdução é a obra de LONGPRÉ, Ephrem, O.F.M. *La philosophie du B.J. Duns Scot*. Paris: [s.e.], 1924. A melhor iniciação à metafísica de Duns Escoto nos é oferecida por WOLTER, Allan, O.F.M. *The Transcendentals and their Function in the Metaphysics of Duns Scotus*. Saint Bonaventure, Nova York: [s.e], 1946.

GILSON, Etienne. *Jean Duns Scot. Introduction à ses positions fondamentales*. Paris: [s.e], 1952.

Resenhas bibliográficas: SMEETS, Uriel, O.F.M. *Lineamenta Bibliographiae Scotisticae* [pro manuscripto]. Roma, 1942, e, mais particularmente: MINGES, Parthenius, O.F.M. *Die skotistische Literatur des 20. Jahrhunderts* (Franziskanische Studien IV, 1917); SIMONIS, Estêvão, O.F.M. *De vita et operibus B. Ioannis Duns Scoti iuxta litteraturam ultimi decennii* (Antonianum III, 1928); GRAJEWSKI, Maurice, O.F.M. *Scotistic Bibliography of the last decade (1929-1939)* (Franciscan Studies Is. e s., 1949s.); SCHAEFER, Odulfus, O.F.M. *Bibliographia de vita, operibus et doctrina J. D. Scoti, saec. XIX-XX*. Roma, 1955.

Como Santo Tomás, assim Duns Escoto como que se oculta por trás de sua obra, e só raras vezes nos permite entrever um que outro traço de sua personalidade íntima. E quando isto acontece, ele se nos apresenta como um pensador apaixonadamente votado à verdade. Enfrenta os problemas por amor à verdade e por reverência ao divino; perscruta-os por todos os lados e investe impiedosamente contra todo argumento falacioso; seu modo de combater, porém, é sempre leal e cavalheiroso. Não é o prazer da crítica, e sim o amor à verdade que lhe guia a inteligência penetrante, que encontra sua perfeição derradeira na caridade. A fim de ilustrar estas características do seu pensamento, renunciaremos à tentativa de lhe expor a filosofia em forma *sistemática*; preferimos observá-las na discussão de alguns problemas fundamentais.

§ 1. Relação entre Teologia e Filosofia

Em todas as questões relativas ao problema *fé e ciência* Duns Escoto permanece fiel à tradição. Mas nem por isso a sua solução deixa de retratar os rasgos típicos de seu espírito. Passaram-se os tempos da indiscutida harmonia entre fé e ciência. Embora refutado, em princípio, por Santo Tomás, o averroísmo latino não fora superado definitivamente na universidade de Paris. *Por esta razão Duns Escoto torna a examinar, com rigor inexorável, as várias posições, acrescentando ao otimismo intelectualista de Santo Tomás e de outros pensadores as correções que se lhe afiguram necessárias.*

I. A necessidade da revelação

Eis o problema inicial formulado por Duns Escoto: Será necessária ao homem, no seu estado presente, uma doutrina sobrenaturalmente revelada e inatingível à luz natural do seu intelecto? Em primeiro lugar, verifica a ausência de uniformidade nas opiniões dos filósofos e dos teólogos: "*Et tenent philosophi perfectionem naturae, et negant perfectionem supernaturalem; theologi vero cognoscunt defectum naturae et necessitatem gratiae et perfectionem supernaturalem*"[2]. Após cuidadosa e acurada ponderação dos argumentos e contra-argumentos, conclui *que em nosso estado presente necessitamos de um tal auxílio sobrenatural*:

---

2. Oxoniense, Prologus, q. 1, n. 3.

1º) Por não possuirmos um conhecimento distinto de nosso verdadeiro fim.

Importa que a atividade humana seja determinada pelo conhecimento do fim. Ora, a história atesta que os filósofos erraram na determinação do fim derradeiro do homem, ou, pelo menos, permaneceram em dúvida em relação a ele[3]. Mas isto é apenas o indício de uma impossibilidade radical; pois em nossa experiência presente nada encontramos que nos permita concluir que a visão beatífica é nosso fim, ou que ela pode convir eternamente ao homem enquanto tal: *"Istas igitur et similes condiciones finis necessarium est nosse ad efficaciter inquirendum finem, et tamen ad eas non sufficit ratio naturalis; igitur requiritur supernaturaliter tradita"*[4].

2º) Por desconhecermos as três condições necessárias para a consecução deste fim.

Para podermos atingir o nosso fim é mister saber o modo de chegarmos a ele, quais os meios que a ele nos conduzem, e, enfim, se estes meios são realmente suficientes. Ora, a razão natural abandonada a si mesma é incapaz de tal conhecimento, porquanto a aceitação livre e gratuita das nossas boas obras por Deus é uma condição contingente, e portanto indemonstrável pela razão natural. Os filósofos chegaram a negar até mesmo a existência de todo ato contingente – isto é, livre – em Deus: *"Istud non est naturaliter scibile, ut videtur, quia hic etiam errabant philosophi, ponentes omnia quae sunt a Deo immediate esse ab eo necessario..."*[5]

3º) Pela impossibilidade de atingirmos, com a razão natural, o conhecimento do que há de mais valioso e necessário, a saber, de certas notas essenciais do mundo espiritual e da própria divindade.

Nosso conhecimento principia pela experiência sensível, como bem notou o Filósofo. Por isso o conhecimento humano não pode atingir senão aquelas propriedades das substâncias espirituais que de algum modo lhes são comuns com o mundo sensível, ou que podem ser eruídas a partir dos efeitos. Ora, os efeitos deixam a razão na dúvida, ou mesmo a induzem em erro. Por exemplo, o fato de a natureza divina ser comunicável a três Pessoas não pode ser eruído dos efeitos de Deus; o que não é de estranhar, visto que as criaturas não foram produzidas por Deus precisamente enquanto trino. O mesmo ocorre em relação às propriedades essenciais das outras substâncias espirituais. Como se vê pelas falsas doutrinas dos filósofos, os efeitos nos levam antes à eternidade e necessidade destas substâncias espirituais não divinas, do que à sua contingência e vir a ser. Demais, os filósofos parecem supor uma correspondência numérica entre as substâncias espirituais e as esferas celestes; e, além disso, elas seriam naturalmente bem-aventuradas e impecáveis: *"Quae omnia sunt absurda"*[6].

Cumpre entender corretamente a atitude de Duns Escoto em face deste árduo problema. Ele está longe de ser um cético ou um pessimista quanto ao valor da natureza humana, e particularmente quanto às forças da razão natural. Todavia, enquanto teólogo, recusa-se a ver na condição atual da nossa natureza e do nosso conhecimento o

---

[3]. Ibid., n. 7.
[4]. Ibid., n. 7.
[5]. Ibid., n. 8.
[6]. Ibid., n. 14.

único estado possível. Admite, integralmente, tudo quanto os filósofos dizem, com razão, ser atingível à inteligência humana. Mas nem por isso deixa de insistir nas limitações de nossa capacidade cognoscitiva. E, não obstante, Duns Escoto vai mais longe que os próprios filósofos, em atribuindo à natureza humana o que eles jamais ousaram atribuir-lhe, a saber, a possibilidade ou a capacidade de se elevar a uma perfeição superior: "*Et ultra, dico aliam eminentiorem posse recipi naturaliter. Igitur in hoc magis dignificatur natura, quam si suprema sibi possibilis poneretur illa naturalis; nec est mirum quod ad maiorem perfectionem sit capacitas passiva in aliqua natura quam eius causalitas activa se extendat*"[7].

II. Teologia e Metafísica

Para melhor elucidação do que foi dito, estabeleçamos um confronto entre aquilo que a teologia e a metafísica nos têm a dizer sobre Deus.

1. A Teologia

Duns Escoto distingue entre uma *teologia em si* e uma *teologia em nós* (*theologia in se* e *theologia in nobis* ou *nostra*).

Explicando, o Doutor Sutil faz notar que é preciso discriminar, de modo geral, entre um *conhecimento em si* e um *conhecimento em nós*. *Conhecimento em si* é aquele que atinge o seu objeto na medida exata em que este pode manifestar-se a um entendimento proporcionado. *Conhecimento em nós* é o que pode ser alcançado por nosso entendimento. Teologia em si é, pois, o conhecimento atingível por um intelecto proporcionado ao objeto teológico, ao passo que a nossa teologia é o conhecimento acessível ao nosso intelecto limitado[8].

Duns Escoto distingue, além disso, a teologia das verdades necessárias da teologia das verdades contingentes. A primeira abrange as verdades relativas a Deus considerado em si mesmo; a segunda trata das verdades sobre Deus em sua relação ao mundo[9].

O conceito supremo (*primum subiectum*) da teologia em si, referente às verdades necessárias, é Deus, enquanto conhecido como esta essência concreta. Um tal saber nos é denegado. O conceito supremo da nossa teologia, ao contrário, é o do ser infinito.

Visto não termos um conhecimento imediato de Deus, devemos apreendê-lo mediante um conceito supletório, que faça as vezes do conceito concreto *desta* essência. Este conceito supletório se compõe de conceitos comuns, a saber, do conceito do *ser* e do conceito do *infinito*, e deriva sua evidência, não do objeto, mas de outra parte, nem de uma visão imediata, mas da autoridade e do pensar discursivo: "*Theologia nostra est habitus non habens evidentiam ex obiecto; et etiam illa quae est in nobis de theologicis necessariis non magis ut in nobis habet*

---

7. Ibid., n. 25.
8. Oxoniense, Prologus q. 2, n. 4.
9. Ibid., n. 6.

evidentiam ex obiectu cognito quam illa quae est de contingentibus; igitur theologiae nostrae ut nostra est non oportet dare nisi obiectum primum notum, de quo immediate cognoscantur primae veritates. Illud primum est ens infinitum, quia iste est conceptus perfectissimus quem possumus habere de illo quod est in se primum subiectum..."[10]

2. A Metafísica

Duns Escoto chama a atenção para as divergências que reinam entre os filósofos quanto ao objeto supremo da metafísica. Segundo Avicena este objeto é o ser, segundo Averróis, ao invés, tal objeto é Deus. Duns opta pela posição de Avicena: "*Dico quod Avicena – cui contradixit Commentator – bene dixit, et Commentator male*"[11]. Qual a razão desta preferência? É que Avicena, enquanto teólogo e enquanto metafísico, lhe parece mais satisfatório que Averróis. Duas são as razões principais que militam em favor de Avicena e que se situam dentro das fronteiras da filosofia aristotélica:

Primeiro: Se Deus fosse o objeto supremo da metafísica, ou, no presente caso, o sujeito, cujas propriedades lhe cumpre demonstrar, seria necessário que a "existência deste objeto fosse provada por outra ciência, posto que nenhuma ciência demonstra a existência do seu próprio objeto. Esta outra ciência – e Averróis efetivamente o afirma – não pode ser outra que a física; de sorte que a metafísica se subordinaria à física[12].

Segundo: A metafísica é muito mais competente para demonstrar a existência de Deus do que a física ou filosofia da natureza. Esta nos conduz a um primeiro motor imóvel a partir da análise do movimento. A metafísica, ao contrário, principia pela análise do ser e de seus atributos, para se elevar a um ser necessário e primeiro. E assim a metafísica não só demonstra algo mais sobre Deus do que a física, mas algo mais perfeito[13].

É óbvio que tal posição satisfaz o teólogo. Pois a metafísica se avizinha mais daquele conceito supremo em que o teólogo cristão deve basear seus enunciados sobre Deus: "*Item perfectior conceptus de Deo possibilis Physico est primum movens, possibilis autem Metaphysico est primum ens; secundus est perfectior, tum quia absolutus, tum quia requirit perfectionem infinitam: nam primum perfectissimum. Sed si enti non repugnet infinitas, non est perfectissimum, quod non est infinitum...*"[14]

3. A distância entre o conhecimento teológico e metafísico de Deus

Para esclarecer a diferença entre estes dois conhecimentos faz-se mister recordar as distinções supramencionadas.

---

10. Ibid., n. 12.
11. Ibid., Prol. q. 1 lat. n. 21.
12. Ibid.
13. Ibid.
14. Lib. VI, q. 4, 1.

Em primeiro lugar, há uma demarcação absoluta entre a teologia em si por um lado, e a nossa teologia juntamente com a metafísica por outro. Aquela trata de Deus em sua singularidade absoluta, isto é, desta essência concreta: *"Theologia (scil.: ut in se) est de Deo sub ratione qua scilicet est haec essentia"*[15]; a nossa teologia e a metafísica, porém, tratam de Deus mediante conceitos comuns; em outros termos, o mesmo Deus é apreendido *confusamente* (confuse).

Entre a nossa teologia e a metafísica há esta diferença: a nossa teologia trata de Deus enquanto ser infinito, que é a noção mais perfeita de Deus que podemos atingir; a metafísica trata do ser como tal, para se elevar ao conceito do ser primeiro, que encerra o conceito do ser infinito. Nesta altura, porém, a metafísica tem que se deter, cedendo à teologia a tarefa de preencher o conceito assim obtido com a plenitude das verdades reveladas sobre Deus.

Com esta demarcação rigorosa entre o conhecimento metafísico e o conhecimento teológico de Deus, Duns Escoto visa, obviamente, o averroísmo. Eis algumas das proposições condenadas em 1277: *"Quod nihil est credendum, nisi per se notum, vel ex per se notis possit declarari; quod non est excellentior status quam vacare philosophiae; quod sapientes mundi sunt philosophi tantum"*[16]. Do ponto de vista histórico, a posição de Duns Escoto deve ser interpretada como uma tentativa enérgica para persuadir os filósofos de sua própria insuficiência, para atalhar os excessos do averroísmo e assegurar à fé e à teologia o lugar que um racionalismo exagerado lhes contestava. De forma que a atitude crítica de Duns Escoto se justifica pela preocupação de represar a penetração descomedida do elemento racionalista, inclusivamente no domínio teológico, e de defender os direitos da teologia positiva – isto é, da *Theologia contingentium* –, cuja aceitação deve basear-se na palavra de Deus. *Sua filosofia é mais crítica, porque sua teologia é mais bíblica.*

4. A Metafísica cristã

O que ficou exposto permite compreender o porquê da composição do *De primo principio*. Inicialmente, Duns Escoto enumera uma longa série de verdades que se subtraem ao alcance da razão, tais como a onipotência, a imensidade e a onipresença de Deus; igualmente a verdade, a justiça, a misericórdia e a providência divinas. A discussão destes problemas pertence a outro tratado. São verdades de fé. *O objetivo do* De primo principio, *ao contrário, é uma reflexão sobre verdades da razão*. Quererá isto dizer que ali se trata de um conhecimento metafísico puramente natural? *No presente caso, Duns Escoto procede exatamente como Santo Anselmo*, cuja obra evidentemente lhe serviu de modelo. Como Anselmo, Duns Escoto principia o seu trabalho com uma oração, pedindo a Deus que lhe dê forças para compreender aquilo que já aceita pela fé. Trata-se, pois, de uma meditação metafísica sobre o conteúdo da nossa fé. Escoto tenciona averiguar a força da razão em face da fé, e determinar até que ponto ela é capaz de penetrar no domínio desta mesma fé, que sabemos ser inexaurível pelos meios da razão, visto que o *verum esse* de Deus lhe permanece oculto.

---

15. Ibid., Prol. q. 2 lat. n. 11.
16. Chartularium, ed. Denifle t. I, art. 37, 40, 154, p. 545 e 552.

De forma que o tratado pressupõe a fé, não, é claro, como princípio de dedução, mas como objeto de investigação[17].

§ 2. O conhecimento

Duns Escoto insiste na *atividade do intelecto*. Neste ponto ele acompanha Santo Agostinho, conquanto em muitos outros a sua posição se avizinhe mais de Aristóteles. Todo conhecimento pressupõe a presença de um objeto conhecível; contudo, o intelecto não lhe recebe a impressão de maneira passiva, senão que, na presença do objeto, e à semelhança do sol, o intelecto engendra o conhecimento em virtude de sua ilimitada energia ativa: *"propter illimitationem virtutis activae, sicut sol est indeterminatus ad multa generandum"*[18].

I. Conhecimento intuitivo e abstrativo
O conhecimento do singular

Sob o influxo provável de Henrique de Gand e da tradição da Escola Franciscana, Duns Scoto dá princípio a um rompimento decisivo com a teoria aristotélica do conhecimento. A preferência aristotélica pelo universal sobre o singular jamais pôde satisfazer-lhe o sentimento cristão. Por este motivo introduz a distinção, posteriormente adotada por quase todas as escolas, entre conhecimento intuitivo e conhecimento abstrativo.

1. O conhecimento abstrativo prescinde ou abstrai da existência e presença do objeto, para lhe apreender unicamente a essência mediante uma imagem cognoscitiva (*species*). O conhecimento intuitivo, ao contrário, visa o objeto enquanto existente e presente; apreende-o de modo imediato, sem a intervenção de qualquer imagem: *"Primam voco abstractivam, quae est ipsius quidditatis secundum quod abstrahitur ab existentia actuali et non existentia. Secundam, scilicet quae est quidditatis rei secundum eius existentiam actualem, vel quae est praesentis secundum talem existentiam, voco cognitionem intuitivam, non prout intuitiva distinguitur contra discursivam, quia sic aliqua abstractiva esset intuitiva, sed simpliciter intuitiva, eo modo quo dicimur intueri rem, sicut est in se"*[19].

De sorte que o conhecimento intuitivo nos capacita a entrar em contato imediato com a própria coisa. Esta modalidade de conhecimento é exigida, não apenas por motivos de ordem natural, como ainda pelo nosso fim último, tal como este nos vem manifestado pela revelação. Pois o objeto de nossa esperança é a intuição de Deus *face a face*, tal qual Ele é em si mesmo: *"Non expectamus cognitionem de Deo, qualis posset haberi de ipso non existente vel non praesente per essentiam, sed expectamus intuitivam, quae dicitur facie ad faciem..."*[20].

2. Não há dúvida que Duns Escoto ensina o conhecimento do singular e o valor deste conhecimento. Todavia, importa entender corretamente tal doutrina.

---

17. Oxoniense, Prologus q. 1, n. 26.
18. Oxoniense I, d. 3, q. 7, n. 39.
19. Oxoniense II, d. 3, q. 9, n. 6.
20. Ibid., n. 7.

Um exame atento das *Quaestiones Subtilissimae* sobre a Metafísica nos leva à conclusão de que, tomada em absoluto, a coisa singular é cognoscível, e isto em sua singularidade; pois, como veremos mais adiante, a singularidade ou *haecceitas* é uma determinação positiva que torna a coisa singular precisamente esta coisa singular; como determinação positiva ela contribui para a realidade, e, por conseguinte, para a cognoscibilidade[21]. No estado presente de peregrinos, porém, o nosso entendimento não está em condições de atingir a coisa singular em sua singularidade ou *haecceitas*. É inegável que possuímos um conhecimento imediato da existência da coisa singular, bem como da natureza comum singularizada e dos seus acidentes; não obstante, seríamos incapazes de distinguir entre duas coisas inteiramente iguais em todos os seus aspectos, isto é, entre duas coisas que se assemelhassem perfeitamente em sua natureza comum e em todos os acidentes, e diferissem exclusivamente pela determinação positiva da singularidade (*haecceitas*)[22].

De qualquer maneira, o Doutor Sutil rejeita a degradação platônica da coisa individual. Pela mesma razão que a individualidade é uma perfeição, o conhecimento do ser individual é também algo de perfeito: "*Singulare cognoscere non est imperfectionis; quia hoc convenit intellectui divino; non tamen est tanta perfectio, quod tantum sibi conveniat, sed etiam aliis*"[23].

II. A abstração

A doutrina da abstração, como tantas outras doutrinas escotistas, evidencia a influência decisiva de Avicena. Ao filósofo árabe Duns Escoto deve, designadamente, a doutrina sobre a natureza comum.

1. A natureza comum como pressuposto da abstração – A natureza de uma coisa é anterior à sua singularidade e universalidade. Assim, a natureza de um homem, ou a humanidade, quando tomada em si mesma, não é algo universal, nem algo singular; antes, ela se mantém indiferente, tanto para a universalidade (do conceito), como para a singularidade (da coisa individual). No objeto concreto ela existe como natureza individual; ao entendimento cabe convertê-la em natureza universal mediante a abstração[24]. *É na base desta natureza comum que os objetos de nossa experiência vêm a constituir uma unidade.* Mas esta unidade não é uma unidade conceptual no sentido de uma universalidade lógica; tampouco é unidade numérica, e sim, *unidade de essência*[25]. Esta unidade da natureza comum se confronta ao intelecto na percepção sensível.

2. O processo da abstração – A abstração não é, pois, uma universalização do singular, posto que o intelecto não parte de uma natureza singular, e sim, da natureza comum. *Não há "des-singularização" seguida de universalização (como em Santo*

---

21. Quaestiones Subtilissimae VII, q. 15, n. 4.
22. Ibid., n. 6.
23. Oxoniense II, d. 3, q. 11, n. 9.
24. Quaestiones Subtilissimae I, q. 6, n. 6.
25. Ibid.

Tomás); antes, o intelecto procede da indeterminação da natureza comum para a indeterminação da natureza universal ou conceito universal.

Esta transição não pode ser o efeito da imagem presente na fantasia, pois esta imagem carece do caráter de indeterminação próprio ao universal; tampouco ela se efetua no *intelecto possível*, porque este se encontra simplesmente em potência; logo, é o intelecto agente que é responsável pelo processo: "*Intellectus igitur agens, concurrens aliquo modo cum natura indeterminata ex se est causa integra factiva obiecti in intellectu possibili secundum completam indeterminationem universalis*"[26]. Por conseguinte, não se deve ver no *fantasma* a causa do conhecimento abstrativo; ele é apenas causa parcial, e, além disso, subordinada. Ambas as causas – objeto e intelecto – são requeridas para o conhecimento. Não quer isso dizer que as duas causas sejam iguais em dignidade, ou que uma dependa da outra em sua causalidade eficiente, e sim, que ambas devem atuar *em conjunto*; mas nesta ação conjugada é o intelecto que constitui o fator propriamente ativo. Para lançar alguma luz sobre esta relação Duns Escoto se reporta ao processo da geração: o intelecto é comparável ao pai, e o objeto à mãe[27].

III. O valor do conhecimento humano

Duns Escoto concorda com Santo Tomás em rejeitar a clássica doutrina agostiniana da iluminação. É sua firme convicção que Deus dotou o entendimento humano de uma força ilimitada que, à semelhança do sol, o capacita a iluminar ativamente tudo quanto entra em seu domínio. Em oposição ao ceticismo, ele prova, especificamente, a nossa capacidade de obter um saber certo acerca dos primeiros princípios e de suas conclusões, bem como dos objetos da experiência e dos nossos próprios atos psíquicos.

1. A certeza dos primeiros princípios – Os primeiros princípios são apreendidos de modo imediato, visto repousarem numa relação de identidade conhecida pelo intelecto, em consequência da apreensão e composição dos termos[28].

Mas poder-se-á sustentar esta afirmativa, mesmo no caso de os sentidos se iludirem? Para obviar a esta dificuldade, Duns Escoto apela para a atividade do intelecto: "*Intellectus non habet sensus pro causa, sed tantum pro occasione*". Embora os termos se originem da experiência sensível, isto é, de fora, não é em virtude desta experiência externa que o intelecto assente à composição dos termos, e sim, por sua própria virtude; é o que ocorre, por exemplo, com a proposição: *O todo é maior que sua parte*. Em outros juízos, ao contrário, o assentimento se baseia exclusivamente nos sentidos, por exemplo, na proposição: *Sócrates é branco*. A diferença entre os juízos deste tipo e os primeiros princípios é evidente: "*Intellectus virtute sui et istorum terminorum assentiet indubitanter isti complexioni (omne totum est maius sua parte), et non tantum quia vidit terminos coniunctos in re*". Duns Escoto acrescenta: "E ainda que houvesse erro em todos os sentidos de que recebemos tais conceitos, ou – e isto seria uma ilusão ainda pior –, mesmo que alguns sentidos errassem e outros não, o intelecto não se iludiria com relação a tais princípios". Basta que o intelecto disponha de termos. Até mesmo um indivíduo privado do sentido da vista, a quem as representações sensíveis de preto e de branco fos-

---

26. Quaestiones Subtilissimae VII, q. 18. n. 8.
27. Quodlibet 15, n. 10.
28. Oxoniense I, d. 3, q. 4, n. 7.

sem impressas milagrosamente, poderia formar, a partir delas, os conceitos de preto e de branco, e, consequentemente, a proposição: O branco não é preto[29].

2. O valor da experiência sensível – Embora a experiência sensível não possa abranger todos os casos particulares de um dado fenômeno, um observador perito pode concluir para a totalidade dos casos, a partir de um número limitado de casos individuais; sua conclusão se baseia no princípio: "*Quidquid evenit ut in pluribus ab aliqua causa non libera, est effectus naturalis illius causae*". A verdade das proposições e explicações assim descobertas não depende da experiência sensível, mas daquele mesmo princípio supremo que rege tal experiência: "*Quae propositio nota est intellectui, licet accepisset terminos eius a sensu errante*"[30].

Por vezes, uma lei descoberta empiricamente com a ajuda deste princípio pode converter-se em dedução. Por exemplo: verifico, indutivamente, que a lua se obscurece; no eclipse, a terra se interpõe entre a lua e o sol, logo, a causa do eclipse é a terra opaca. Transformada em demonstração *propter quid*, esta conclusão reveste a fórmula seguinte: Todo corpo opaco situado entre o sol e a lua tem o efeito de escurecer a lua; a terra é um corpo opaco; logo, ela é causa do eclipse[31].

Frequentemente, porém, a experiência só nos permite constatar os fatos, sem que nos seja possível lhes apontar um princípio de explicação. Tal é, por exemplo, o fato de as ervas de uma dada espécie serem *frias* (no sentido da medicina antiga!). O princípio supramencionado nos permite enunciar esta propriedade de todos os indivíduos da mesma espécie; mas a razão deste fato nos permanece desconhecida[32].

3. O conhecimento de nossos atos psíquicos – Os atos psíquicos são apreendidos com certeza imediata pelo sujeito que os experimenta. Por exemplo, sei que estou acordado; e meu conhecimento deste fato é tão imediato quanto o de um primeiro princípio: "*De actibus nostris, dico quod est certitudo de multis eorum sicut de primis et per se notis*". À objeção de que isto é impossível, por tratar-se de fatos contingentes, Duns Escoto responde que não é permissível regredir ao infinito na ordem contingente: "*non est processus in infinitum in contingentibus*". Não me é possível duvidar dos meus atos: tamanha é a certeza com que os verifico. Posso errar sobre *aquilo que* ouço, compreendo etc., mas não há erro possível quanto ao *fato de que* estou ouvindo ou compreendendo[33].

§ 3. A fundamentação da Metafísica

Pode dizer-se, com razão, que o interesse pela metafísica retém o lugar central na obra filosófica de Duns Escoto. Mais que nenhum outro escolástico, o Doutor sutil forceja por baseá-la em alicerces seguros e por arquitetá-la consoante as exigências

---

29. Ibid., n. 8.
30. Ibid., n. 9.
31. Ibid.
32. Ibid.
33. Ibid., n. 10.

da teoria aristotélica das ciências. A metafísica é a primeira e mais elevada das ciências da realidade enquanto tal. Por isso urge esclarecer, de começo, o próprio conceito do real, ou do ser.

I. O primeiro objeto da metafísica é o ser em sua generalidade

A fim de fugir a um fácil equívoco, importa distinguir entre o objeto de nosso intelecto por um lado, e o conceito que serve de base para os enunciados metafísicos por outro.

1. O ser em sua generalidade, quer material ou imaterial, quer real ou possível, é o objeto primeiro e exaustivo do intelecto.

Em outros termos, em virtude de sua natureza, o nosso intelecto se encontra aberto para a totalidade do ser: é-lhe possível conhecer todo o ente. Contrariamente à doutrina aristotélico-tomista, segundo a qual a essência das coisas materiais constitui o objeto essencial e adequado do intelecto, Duns Escoto afirma, com Avicena, que nosso intelecto é por sua natureza ilimitado: *"Nihil potest adaequari intellectui nostro ex natura potentiae in ratione primi obiecti, nisi communissimum"*[34]. Assim como a vontade pode querer tudo o que de algum modo se lhe apresenta como um bem, assim o intelecto pode conhecer tudo o que é verdadeiro[35].

Contudo, esta tese exige, desde logo, uma certa restrição. Com efeito, no presente estado de peregrinação terrena nosso intelecto não pode ser posto em movimento senão por objetos materiais: *"Tamen ei pro statu isto adaequatur in ratione motivi quidditas rei sensibilis, et pro isto statu non naturaliter intelliget alia quae non continentur sub isto primo motivo"*[36].

Todavia, embora seja verdade que nosso intelecto deve ser movido por objetos materiais, não se deve concluir daí que o conceito do ser, assim obtido, seja válido apenas com relação às coisas sensíveis. Não há dúvida que nosso conhecimento principia por tais coisas; mas a virtude ativa do intelecto nos permite elaborar um conceito do ser que transcende o seu ponto de partida. E é precisamente este conceito do ser, despertado pelas coisas sensíveis, e formado pelo intelecto, que irá servir de base para a nossa metafísica. Ainda que o ser imaterial não nos seja dado imediatamente, podemos contudo atingi-lo neste conceito do ser: *"Ad illud de idolo formato, bene verum est, quod inde incipit cognitio; sed ultra progreditur ad non habentia idola, respuens idola"*[37].

2. O conceito metafísico do ser é unívoco

Muitos equívocos teriam sido evitados se a doutrina de Duns Escoto sobre a univocidade do *ser* tivesse sido exposta em terminologia correta. *Ser* é um termo, um conceito, que é predicável de toda a realidade ou de todo o ente. O termo é unívoco;

---

34. Oxoniense I, d. 3, q. 3, n. 24.
35. Oxoniense IV, d. 50, q. 6, n. 5.
36. Oxoniense I, d. 3, q. 3, n. 24.
37. Quaestiones Subtilissimae I, q. 3, n. 21.

não o são, porém, as coisas. É um conceito real e não lógico, visto ser predicado, não de conceitos, mas de coisas; é um conceito enunciado *in quid* (a modo de uma essência) e não *in quale* (a modo de uma propriedade) de cada coisa, porquanto designa as coisas como tais, e não em suas propriedades. Segundo Duns Escoto, este conceito real e absoluto do ser é unívoco, por designar todo ente como tal, sem qualquer determinação ulterior: *"Dico quod non tantum in conceptu analogo conceptui creaturae concipitur Deus, scilicet qui omnino sit alius ab illo qui de creatura dicitur, sed in conceptu aliquo univoco sibi et creaturae"*[38].

Os adversários de Duns Escoto rejeitam tal univocidade, visto que, segundo eles, o ser não é concebível independentemente das suas determinações modais de finidade ou infinidade, de necessidade ou contingência etc. É precisamente contra esta assertiva que se dirige a doutrina do Doutor Sutil. Com efeito, diz ele, eu posso estar certo de que algo é um ser, sem saber se é finito ou infinito; logo, tenho um conceito mais simples que o ser finito e o ser infinito, e anterior a eles. E, o que é mais, se os nossos argumentos não se baseassem num e mesmo conceito, o nosso conhecimento de Deus – que deve partir, forçosamente, do ser criatural – se tornaria impossível, visto que não cessaríamos de operar com equivocações. O nosso saber natural acerca de Deus, e bem assim a metafísica enquanto ciência transcendental, exigem a univocação: *"Sed intellectus cognoscit aliquid sub ratione communiore quam sit ratio imaginabilis, quia cognoscit aliquid sub ratione entis in communi, alioquin metaphysica nulla esset scientia intellectui nostro"*[39].

II. Os transcendentais

O significado e a extensão das predicações unívocas se aclaram pela doutrina dos transcendentais. Por não se subordinar a nenhuma categoria, o ser se situa para além das categorias, vale dizer, da classificação da realidade criatural; numa palavra, o ser é transcendente. Transcendente é também tudo o que pode ser predicado do ser como tal. Com isto Duns Escoto alarga a esfera dos transcendentais, estendendo-a a todos os enunciados não atingidos pela distinção do ser em finito e infinito: *"Quidquid convenit enti inquantum est indifferens ad infinitum et finitum, convenit ei prius quam dividatur in genera, et ita est transcendens"*[40]. – A metafísica é a ciência dos transcendentais: *"Igitur necesse est esse aliquam scientiam universalem, quae per se consideret illa transcendentia, et hanc scientiam Metaphysicam vocamus"*[41].

1. As várias espécies de transcendentais

Podem distinguir-se pelo menos três classes de transcendentais, além do próprio conceito do ser, a saber: os predicados conversíveis com o ser, os transcendentais disjuntivos e as perfeições puras.

---

38. Oxoniense I, d. 3, q. 2, n. 5.
39. Oxoniense I, d. 3, q. 3, n. 3; cf. os argumentos: ibid., n. 6-9.
40. Oxoniense II, d. 1, q. 4, n. 15.
41. Quaestiones Subtilissimae prol. n. 5.

As *passiones entis convertibiles cum ente* são as conhecidas determinações supremas do ser: o *uno*, o *verdadeiro*, o *bom* e o *belo*. Podem ser predicados de todo ente, e por isso têm a mesma extensão que o conceito *ser*.

Os transcendentais disjuntivos, ou *passiones entis disiunctae*, são determinações predicáveis, em pares, de todo ser; e isto de modo tal, que ou uma ou outra parte da disjunção sempre se verifica. Duns Escoto menciona, entre outros, os transcendentais disjuntivos *finito ou infinito, necessário ou contingente, absoluto ou relativo, dependente ou independente, simples ou composto, substância ou acidente* etc. Quanto a estes transcendentais vale o seguinte: da existência do menos perfeito pode-se concluir para a existência do mais perfeito, mas não vice-versa: *"In passionibus autem disiunctis, licet illud totum disiunctum non possit demonstrari de ente, tamen communiter supposito illo extremo quod est minus nobile de aliquo ente, potest concludi aliud extremum quod est nobilius de alio ente, sicut sequitur: si aliquod ens est finitum, ergo aliquod ens est infinitum..."*[42] É fácil perceber que estes transcendentais, como também os seguintes, são de suma importância para o desenvolvimento de uma metafísica científica.

Há uma terceira classe de transcendentais, que igualmente se sobrelevam às categorias, quando tomados em sua essência pura; chamam-se também perfeições puras (*perfectiones simpliciter*), visto se tratar de perfeições que por sua própria natureza não comportam quaisquer imperfeições. A natureza humana e o pensamento raciocinativo são perfeições, mas limitadas por natureza, e coarctadas ao ser finito. A sabedoria, ao contrário, é uma perfeição pura, porque sua natureza não implica nenhuma imperfeição, podendo ser tanto finita como infinita. É infinita em Deus e finita na criatura[43].

2. Conceitos metafísicos perfeitos e imperfeitos

Como o conceito do ser, assim os conceitos das perfeições puras são unívocos. Adquirimo-los pela observação de certas perfeições criaturais, por exemplo, da sabedoria, e pela subsequente eliminação de toda imperfeição que lhe inere na ordem criatural, o que se faz fixando a atenção exclusivamente na sua *formalis ratio*, ou sua essência em si. Sob este aspecto formal o conceito pode ser predicado univocamente da criatura e de Deus, vindo a formar, assim, o traço de união entre a criatura e Deus[44]. Todavia, estes conceitos das perfeições puras não são, ainda, os conceitos mais perfeitos. Uma noção perfeita deve incluir, também, a respectiva modalidade.

Quando apreendemos uma perfeição pura, ou o ser, sem sua modalidade, prescindimos de algo que é dado necessariamente na realidade, pois um dado ser ou uma dada sabedoria é, necessariamente, ou finita ou infinita. Por isso o conceito unívoco simples atinge só imperfeitamente o seu objeto. Para obter um conceito perfeito de algum objeto é mister apreendê-lo num conceito composto, que inclua também a respectiva modalidade: *"Quando intelligitur aliqua realitas cum modo intrinseco suo, ille conceptus non est ita simpliciter simplex, quin possit concipi illa realitas absque modo illo, sed tunc est conceptus imperfectus illius rei; potest etiam concipi sub illo modo, et tunc est conceptus perfectus illius rei"*[45]. Tais conceitos, encerrando as essências puras, como também o ser, com sua determinação modal mais preci-

---

42. Oxoniense I, d. 39, q. un., n. 13.
43. Oxoniense I, d. 8, q. 3, n. 18.
44. Oxoniense I, d. 3, q. 2, n. 10.
45. Oxoniense I, d. 8, q. 3, n. 27.

sa, são conceitos essenciais próprios (*conceptus proprii*). As determinações modais não são perfeições ontológicas novas, senão que fixam a modalidade ontológica peculiar ou o grau de perfeição, determinando assim univocamente o ente do qual podem ser predicadas. Embora Duns Escoto admita uma distinção formal entre as várias perfeições, visto serem apreendidas como conteúdos diferentes, ele não a admite com relação às determinações modais, porque estas nada acrescentam à realidade ou ao conteúdo ontológico (*non ut distinctio realitatis et realitatis, sed ut distinctio realitatis et modi proprii et intrinseci eiusdem*)[46].

Com isso está traçado o caminho da metafísica. A partir da experiência cumpre-nos elaborar as determinações mais gerais do ser, as quais, graças à sua universalidade, se estendem muito além do seu ponto de partida. Sua finalidade é demonstrar a existência de Deus por um conceito próprio a Ele, o que se torna possível por meio dos transcendentais, e particularmente pelo conceito do ser, pelas disjunções transcendentais e pelas perfeições puras.

§ 4. As provas da existência de Deus

Duns Escoto formula o problema da existência de Deus de um modo assaz característico. Ao invés de perguntar, como Santo Tomás, se Deus existe, ele questiona: *Há, no domínio dos seres, um infinito realmente existente* (*Utrum in entibus sit aliquid actu existens infinitum*[47])?

A própria maneira de formular a questão entremostra a afinidade do pensamento escotista com o anselmiano. Não obstante, o Doutor Sutil não segue pura e simplesmente a Santo Anselmo. *A proposição: "Existe um ser infinito", ou: "Deus existe" não é reconhecida por ele como autoevidente; por isso Duns Escoto nega que tal proposição dispense toda prova ulterior.* Com efeito, nada nos permite afirmar que tal proposição, tomada ao pé da letra, seja evidente em virtude da simples apreensão dos seus termos: ou lhe assentimos pela fé, ou temos de demonstrá-la[48]. Além do mais, não consta absolutamente, e *a priori*, que este conceito, que não é simples, não seja contraditório, e, consequentemente, que seus elementos sejam componíveis[49]. Não dispomos de um conceito da essência divina, o qual, apreendido em sua simplicidade, nos capacite a perceber, de imediato, a necessidade da existência de Deus. Donde se segue que, embora verdadeiro, o argumento de Santo Anselmo não é evidente em si mesmo: "*haec est vera, sed non per se nota*"[50]; afirma algo verdadeiro, mas não possui valor demonstrativo. Só nos resta, pois, a demonstração *a posteriori*, a partir das criaturas, ou dos efeitos de Deus: "*De ente infinito sic non potest demonstrari esse demonstratione propter quid quantum ad nos, licet ex natura terminorum propositio est demonstrabilis propter quid. Sed quantum ad nos bene propositio est demonstrabilis demonstratione quia ex creaturis*"[51].

Importa delinear cuidadosamente as fases do argumento pelo qual um entendimento finito pretende chegar à afirmação da existência de um ser infinito. Pois não é

---

46. Ibid.
47. Oxoniense I, d. 2, q. 2.
48. Ibid., q. 2, n. 5.
49. Ibid.
50. Reportata Parisiensia. I, d. 3, q. 2.
51. Oxoniense I, d. 2, q. 2, n. 10.

permissível passar imediatamente da contemplação das criaturas para a existência de um Deus infinito. Certos aspectos deste pélago infinito de substância, que é Deus, nos são mais dificilmente acessíveis do que outros. Suas propriedades absolutas, tais como a Inteligência infinita, a Vontade infinita etc., são menos fáceis de atingir a partir das criaturas do que aquelas que se relacionam diretamente com estas. Temos que começar, pois, com demonstrar estas propriedades relativas do Ser infinito; só então poderemos provar a própria existência do Ser Infinito. As propriedades divinas relativas às criaturas são três: causalidade eficiente, causalidade final e eminência[52].

Cumpre não perder de vista que Duns Escoto visa um objetivo bem determinado: demonstrar a existência do Deus cristão, que é infinito, e, por conseguinte, único. Seu propósito é *demonstrar* (*demonstrare*); por isso ele deve partir de proposições necessárias e evidentes: assim o exige a teoria aristotélica da demonstração. Cada passo do processo demonstrativo deve ser rigorosamente controlado pelas regras da Lógica. Por essa razão a demonstração propriamente dita se processa em várias etapas. Demonstra-se, primeiro, que na ordem da causalidade eficiente, da causalidade final e da eminência há um ser primeiro que existe por si mesmo e, portanto, é necessário. A seguir, demonstra-se que estas três primazias devem coincidir num só ser. A esta altura sabemos apenas que há uma natureza suprema que se encontra no princípio daquelas três ordens; resta saber se é da essência desta natureza o se realizar num só indivíduo. A unicidade se prova pela demonstração da infinidade, a partir da vontade e do intelecto de Deus; da infinidade se deduz a unicidade.

I. Demonstração de um ser primeiro na ordem da causalidade eficiente, da causalidade final e da eminência

Cada um destes três pontos é demonstrado mediante três *conclusões*. A primeira conclusão estabelece a *possibilidade* de um ser primeiro em cada uma das três ordens; a segunda mostra que em nenhuma das três ordens o ser primeiro *pode* estar subordinado a outro, ou ser segundo a outro; e, finalmente, a terceira conclusão estabelece que tal ser *deve existir realmente*.

1. A existência de um ser primeiro na ordem da causalidade eficiente

Primeira conclusão: É possível haver uma causa eficiente absolutamente primeira que não é produzida por nenhuma outra, nem deriva sua eficiência de outra causa eficiente: "*Prima autem conclusio istarum novem est ista, quod aliquod effectivum sit simpliciter primum ita quod nec sit effectibile, nec virtute alterius a se effectivum*"[53].

Duns Escoto prova esta conclusão a partir da proposição: Algum ser é efetível (*Aliquod ens est effectibile*). Ele observa expressamente que seria possível partir, também, da proposi-

---

52. Ibid., n. 10 e 11.
53. Oxoniense I, d. 2, q. 2-2, n. 11.

ção: Algum ser é produzido (*Aliquod ens est effectum*)[54]; entretanto, esta proposição é contingente, e, como se sabe, as regras da teoria aristotélica da demonstração proíbem o uso de tais proposições. No intuito de dar uma demonstração rigorosa, Duns Escoto opta pela primeira proposição, que é necessária e evidente; pois aquilo que é efetuado é necessariamente efetível.

Eis a argumentação de Duns Escoto: Algum ser é efetível. Ora, o que é efetíivel só pode sê-lo ou por si mesmo, ou pelo nada, ou por outro ser. É óbvio que não pode efetuar-se pelo nada, pois o que nada é, nada causa; nem por si mesmo, pois é impossível que alguma coisa se cause a si própria. Logo, deve efetuar-se por outro, que é sua causa eficiente. Chamemos este outro de A. Se A é primeiro no sentido absoluto do termo, a conclusão já está provada. Se não é a causa primeira, forçoso é que seja causa segunda (*posterius effectivum*), visto ser efetível por outro ou agir em virtude de outro. Chamemos este outro de B. Com relação a B devemos formular as mesmas perguntas que já pusemos com relação a A. E assim, ou retrocederemos ao infinito (*in infinitum*), ou nos deteremos num primeiro a que nada é anterior. Ora, numa ordem ascensional deste gênero, a infinidade é impossível. Logo, é necessário haver um primeiro[55].

O valor demonstrativo do argumento se torna claro assim que atendermos à distinção entre as *causas essencialmente ordenadas e as causas acidentalmente ordenadas*. Estas duas classes de causas diferem entre si sob três aspectos. Nas causas essencialmente ordenadas, a causa segunda depende da causa primeira para poder causar: a segunda não causa senão em virtude da primeira. Nas causas acidentalmente ordenadas, a causa segunda recebe sua existência da primeira, não porém sua atividade causal. – Em segundo lugar, nas causas essencialmente ordenadas, a própria causalidade não é de ordem ou natureza idêntica; a causa primeira exerce uma causalidade distinta da segunda; a causa superior sempre é mais perfeita que a inferior. – Em terceiro lugar, as causas essencialmente ordenadas devem agir simultaneamente; não assim as causas acidentalmente ordenadas[56].

Na base destas distinções podemos demonstrar o seguinte:

a) Uma infinidade de causas essencialmente ordenadas é impossível – Pois os efeitos essencialmente ordenados são causados em sua totalidade; e, por conseguinte, esta é produzida por uma causa diferente, pois, do contrário, ela seria causa de si própria. Efetivamente, todo o conjunto das coisas dependentes é dependente, de sorte que a totalidade não depende de nenhuma delas em particular. Pelo que deve haver uma causa exterior à totalidade. – Em segundo lugar, na suposição de um regresso ao infinito, teríamos um número infinito e simultâneo de causas atualmente existentes – visto se tratar, por suposição, de causas essencialmente ordenadas, que devem agir simultaneamente; o que não é admitido por nenhum filósofo. – Em terceiro lugar, como observa Aristóteles, o anterior é o que está mais próximo do primeiro; ora, onde não há uma causa primeira, não pode haver nenhuma causa essencialmente anterior ou posterior. – Em quarto lugar, na ordem causal em questão, a causa superior é mais perfeita. Por conseguinte, o que é infinitamente superior em sua ação causal é infinitamente mais perfeito; logo, deve possuir uma atividade causal infinitamente perfeita; e por esta razão não causa em virtude de outra causa; pois toda causa que age em virtude de outra, age imperfeitamente, por depender dela em sua atividade causal. – Em quinto lugar, a capacidade de produzir um efeito não implica necessariamente nenhuma imperfeição; e por isso nada impede que algum

---

54. Cf. ibid., n. 15.
55. Ibid., n. 11.
56. Ibid., n. 12.

ser a possua sem qualquer imperfeição. Se, porém, nenhum ser a possuísse independentemente de outro anterior, nenhum a possuiria sem imperfeição. Portanto, a causalidade eficiente independente pode inerir a alguma natureza, que é simplesmente primeira. Logo, uma causalidade eficiente absolutamente primeira é possível. Este resultado é inteiramente suficiente para o fim que visamos. *Pois, uma vez demonstrada a possibilidade ou não contraditoriedade do primeiro eficiente, segue-se* – como veremos mais adiante – *que ele existe realmente*[57].

b) Uma infinidade de causas acidentalmente ordenadas é impossível sem se apoiar na causalidade essencial – Suponhamos uma infinidade de causas acidentalmente ordenadas; obviamente, uma tal infinidade não pode ser simultânea: as causas devem existir sucessivamente, uma após a outra; pois a causa de cada membro particular é independente da causalidade dos membros anteriores, podendo agir mesmo que a causa anterior já tenha cessado de existir. Por exemplo, o filho pode gerar, estando o pai vivo ou morto. A sucessão temporal é, pois, um fator essencial neste gênero de causas. Ora, uma tal infinidade de causas acidentalmente ordenadas seria impossível, se não fosse prolongada ou perpetuada por uma natureza infinitamente permanente, da qual depende a totalidade da série e cada parte dela. Este outro fator permanente, porém, não pode fazer parte da própria sucessão, visto que a relação entre coisas sucessivas é invariavelmente a mesma; antes, ele deve ser essencialmente anterior, uma vez que cada membro particular depende dele; ademais, ele deve pertencer a outra ordem, diversa daquela a que pertence a causa imediatamente anterior, que, como vimos, é sempre um membro da própria sucessão[58].

c) Embora se negasse a ordem essencial, ainda assim uma infinidade de causas seria impossível – Com efeito, na primeira prova ficou assentado que coisa alguma é produzida pelo nada. Donde se segue que há alguma natureza eficiente. Se os princípios eficientes ativos não são essencialmente ordenados, esta natureza não causa em virtude de outra. E mesmo que se suponha causada em algum caso particular, não será causada em outro: será primeira; e com isso temos a prova de que há pelo menos uma natureza incausada. Pois, na suposição de ser causada em todos os casos particulares, incorreríamos em contradição: teríamos uma ordem causal acidental sem ordem essencial a outra natureza[59].

Segunda conclusão: Se é possível haver uma causa eficiente absolutamente primeira, esta é, por isso mesmo, incausável. *"Secunda conclusio de primo effectivo est ista, quod simpliciter primum effectivum est incausabile"*[60].

Nesta conclusão se afirma que tal causa eficiente primeira é incausável com relação a todos os quatro gêneros de causa propostos por Aristóteles. Já demonstramos que ela não depende de nenhuma causa eficiente ulterior; independe também de toda causa final, posto que a causa final não motiva a causa eficiente senão em sentido figurado; ora, no presente caso não há lugar para nenhuma causalidade eficiente. Com a eliminação das causas externas ficam excluídas, igualmente, as internas, a saber: as causas material e formal, visto pressuporem aquelas[61].

---

57. Ibid., n. 14.
58. Ibid., n. 15.
59. Ibid.
60. Ibid., n. 16.
61. Ibid.

Terceira conclusão: Existe, na realidade, um ser primeiro capaz de exercer atividade causal eficiente; há, pois, uma natureza verdadeira e atualmente existente, capaz de exercer tal atividade: "*Tertia conclusio de primo effectivo est ista: primum effectivum est in actu exsistens et aliqua natura vere exsistens actualiter sic est effectiva*"[62].

"Prova: Aquilo a cuja natureza repugna ser produzido por outro, pode existir por si mesmo, suposto que possa existir; ora, à natureza da causa eficiente absolutamente primeira repugna existir por outro, como se vê pela segunda conclusão; ademais, ela pode existir, como se depreende da primeira conclusão... Logo, uma causa eficiente absolutamente primeira pode existir por si mesma. O que não existe por si mesmo não *pode* existir por si mesmo; pois, do contrário, um ser não existente traria alguma coisa à existência, o que é impossível; além do mais, em tal caso ele seria causa de si mesmo, e portanto deixaria de ser absolutamente incausável. – Esta última conclusão, a saber, a existência da primeira causa eficiente, também pode ser estabelecida de outra maneira; com efeito, seria inconveniente que o universo carecesse do supremo grau possível do ser". A seguir, Duns Escoto torna a resumir a sua argumentação: "*Primum effectivum non tantum est prius aliis, sed quo prius aliud esse includit contradictionem, sic in quantum primum exsistit. Probatur ut praecedens; nam in ratione talis primi maxime includitur incausabile, probatur ex secunda; ergo si potest esse (quia non contradicit entitati, ut probatur ex prima), sequitur quod potest esse a se, et ita est a se*"[63]. Em outras palavras: da possibilidade real, da primazia e da incausabilidade do ser primeiro se segue necessariamente a sua existência. Com a expressão *possibilidade real* intentamos frisar que não se trata de uma simples não contraditoriedade lógica, mas de uma não contraditoriedade baseada no fato real primitivo: *aliquid est effectum* (algo é causado); como vimos, este fato constitui o ponto de partida do argumento, sob a forma de um enunciado necessário na ordem da possibilidade.

2. O argumento pela causalidade final – Uma vez demonstrada a existência de Deus como causa eficiente é possível lhe demonstrar a existência como causa final.

Duns Escoto torna a aduzir três conclusões a partir da possibilidade.

1º *Algum fim é absolutamente primeiro* (*Aliquod finitivum est simpliciter primum*), isto é, não pode estar ordenado a outro fim ulterior. A primazia da causa final se prova da mesma maneira que a da causa eficiente[64].

2º *O primeiro fim é incausável* (*Primum finitivum est incausabile*), pela simples razão de ser *infinível*, ou seja, por não ser ordenável a nenhum outro fim: do contrário não seria primeiro na ordem da finalidade. Donde se segue que não pode ter causa eficiente. Pois tudo o que causa por si mesmo (*agens per se*) causa em vista de um fim; ora, o que não tem causa eficiente não pode ser efeito e, por conseguinte, não pode ter um fim em vista do qual pudesse ser produzido[65].

3º *O primeiro fim existe realmente* e há uma natureza atualmente existente a que compete aquela primazia (*Primum finitivum est actu exsistens et alicui naturae actu exsistenti convenit illa primitas*); em outros termos: tal primazia pertence a uma natureza necessariamente existente. As razões são as mesmas que serviram para provar a terceira conclusão do argumento

---

62. Ibid.
63. Ibid., n. 16.
64. Ibid., n. 17.
65. Ibid.

pela eficiência: Se a primeira causa final é possível, ela deve existir realmente, visto haver contradição em lhe derivar a existência de outro[66].

3. O argumento pela eminência – Até aqui se demonstrou a existência de Deus a partir da causalidade extrínseca, isto é, enquanto causa extrínseca do conjunto dos seus efeitos. Resta demonstrar-lhe a existência pela perfeição e eminência do seu ser. Também aqui Duns Escoto apresenta três conclusões:

1ª) *Alguma natureza eminente é simplesmente primeira em perfeição.* Esta afirmativa vale para a ordem essencial, pois, segundo Aristóteles, as formas são comparáveis aos números. Destarte se exclui o regresso ao infinito, como ficou exposto no argumento da primeira causa eficiente.

2ª) *A natureza mais eminente é incausável.* Esta conclusão decorre do fato, já demonstrado, de que a primeira natureza não pode ser ordenada a outro fim, pois o que se ordena a um fim é excedido por este em bondade (*nam finibile excellitur a fine in bonitate*) e, por conseguinte, em perfeição. Não sendo ordenada a um fim, a primeira natureza não tem causa de espécie alguma[67].

3ª) *A natureza suprema realmente existe.* Isto se depreende das razões já indicadas, pois a possibilidade de tal perfeição suprema exige sua existência real, já que não pode ser efetuada por outro.

II. Demonstração da unidade essencial das três primeiras naturezas

Duns Escoto não se satisfaz com a demonstração da existência de uma primeira causa eficiente, de um primeiro fim e de uma natureza suprema. Procura provar a coincidência destas três primazias numa só natureza. Isto não lhe causa maior dificuldade, visto que na tríplice argumentação acima já teve oportunidade de se referir à identidade da primeira causa final com a primeira causa eficiente e com a natureza suprema. Donde se conclui que a natureza suprema é idêntica também à primeira causa eficiente. Duns Escoto aduz um argumento bem característico. Entre a primeira natureza e seus efeitos há uma relação de diversidade, porque aquela não é da mesma ordem que estes. Ela é superior às criaturas, e transcendente a elas. Em linguagem escolástica: Deus não é causa unívoca das criaturas: "*Primum efficiens non est univocum respectu illarum naturarum effectarum, sed aequivocum*". Donde se segue que a primeira causa eficiente é mais elevada e mais sublime que todas as outras causas eficientes. O que nos permite concluir, sem mais, que a primeira causa eficiente é, igualmente, a natureza mais eminente: "*primum efficiens est eminentissimum*"[68].

Todavia, nem assim o espírito arguto do Doutor Sutil se dá por satisfeito. Já demonstrou que a primeira causa eficiente é também o primeiro fim e o ser mais eminente. Mas não seria possível haver diversas espécies de causas eficientes primeiras, como, por exemplo, Deus e mais as Inteligências dos filósofos? Seu objetivo seguinte será, pois, demonstrar que é impossível haver mais do que uma espécie, ou natureza,

---

66. Ibid.
67. Ibid., n. 18.
68. Ibid.

ou essência primeira: "*ostendo, quod illa triplex primitas uni soli naturae convenit ita quod non pluribus naturis differentibus specie vel quidditative*"[69].

Apenas delinearemos a prova. Em primeiro lugar, Duns Escoto estabelece a *necessidade* da existência da primeira causa eficiente, que é simultaneamente a primeira causa final e o ser mais eminente; a necessidade decorre do fato de ela existir por si mesma (*a se*). A seguir, propõe os três argumentos principais, que conduzem às conclusões seguintes: A existência de duas naturezas necessárias é impossível; igualmente impossível é a existência de duas naturezas supremas ou eminentíssimas no universo; e, afinal, é impossível que o universo esteja ordenado para dois fins supremos. Enfim, há um argumento comum às três primazias, a saber: é impossível que uma e a mesma coisa (A) dependa total e simultaneamente de duas outras (B e C); caso contrário, A dependeria de tal modo de B que a remoção de C não envolveria nenhuma diminuição daquela dependência: A continuaria dependendo exatamente como se C continuasse presente; em outras palavras, A não depende em nada de C. Ora, tal é precisamente o gênero de dependência que vigora entre o universo e a primeira causa eficiente, o primeiro fim e o ser mais eminente: "*Ergo nullae duae naturae possunt esse primo terminantia alia entia secundum illam triplicem dependentiam. Praecise igitur est aliqua una natura terminans entia secundum illam triplicem dependentiam, et ita habens istam triplicem primitatem*"[70].

E assim fica demonstrada a impossibilidade de mais de uma espécie ou natureza, da qual se pudesse dizer que é causa eficiente primeira, causa final primeira e ser eminentíssimo. Questiona-se agora se esta espécie ou natureza se realiza num só ou em vários indivíduos.

III. Demonstração da infinidade da natureza suprema

Só agora Duns Escoto está seguro de haver preparado suficientemente o terreno para demonstrar a existência de um ser infinito, e para efetuar, assim, a transição da metafísica para a teologia. Contudo, ele continua a proceder com um máximo de cautela. Antes de mais nada, trata de assentar firmemente as duas pressuposições do argumento, a saber, a presença de um intelecto e de uma vontade no ser supremo.

1. A natureza suprema é intelecto e vontade

A primeira causa eficiente que, como vimos, é a natureza suprema, deve possuir intelecto e vontade.

Os seres da natureza só atuam em atenção a fins desconhecidos deles; ora, sendo a sua atividade necessária, é mister sejam determinados por um agente independente, que conhece e ama aqueles fins.

A existência de um intelecto e de uma vontade na primeira causa resultam, principalmente, do fato de algo ser causado contingentemente. Se a causa primeira operasse exclusivamente por necessidade natural, tudo ocorreria com a mesma necessidade natural; logo, se algo sucede, não por necessidade natural, mas contingentemente, é preciso que também a primeira causa – da qual depende a atividade causal das causas segundas – cause contingentemente. Ora, a vontade é a única fonte de ativida-

---

69. Ibid., n. 11.
70. Ibid., n. 19.

de contingente: *"Nullum est principium contingenter operandi nisi voluntas vel aliquid concomitans voluntatem, quia quodlibet aliud agit ex necessitate naturae, et ita non contingenter"*[71]. Logo, a primeira causa deve possuir uma vontade, e, por isso mesmo, um intelecto.

Pois bem: o intelecto e a vontade da primeira causa não se distinguem de sua essência; são idênticos à primeira natureza.

Esta identidade se prova, primeiramente, em relação à vontade. A causa final precede a causa eficiente, posto que o fim serve de estímulo para a atividade causal; logo, a causa final é simplesmente primeira. Ora, a causalidade do primeiro fim consiste em estimular a primeira causa eficiente à maneira de um objeto amado; em outras palavras, a primeira causa eficiente ama o primeiro fim. Logo, o amor da primeira causa eficiente ao primeiro fim é inteiramente incausável; como tal, ele existe necessariamente (*et ita ex se necesse esse*), e, por conseguinte, é idêntico à primeira natureza[72].

Deste argumento, e de outros similares, se deduz que também o conhecimento da primeira natureza deve ser idêntico a ela mesma, pois o querer pressupõe o conhecer. Portanto, como o amor a si própria, assim também o autoconhecimento existe de si mesmo e necessariamente na primeira natureza. Ademais, o conhecimento, que antecede o amor, está mais próximo à natureza, donde se segue que o intelecto é idêntico àquela natureza: *"Et si est intelligere propinquius illi naturae quam velle, ideo sequitur ulterius quod intellectus sit idem illi naturae..."*[73]

O conhecer e o querer referentes a quaisquer outros seres diferentes desta natureza não podem ser acidentais à primeira natureza; também isto decorre imediatamente da identidade do conhecer com a natureza suprema[74].

O intelecto do primeiro ser tem um conhecimento eterno, distinto e necessário de tudo o que pode ser conhecido, e este conhecimento é naturalmente anterior à existência real destas coisas em si mesmas.

Com efeito, enquanto intelecto, o primeiro ser está aberto a todo o inteligível, tal como o é também o nosso; e, visto ser ele necessário e idêntico à primeira natureza, deve conhecer atual e realmente tudo o que lhe é cognoscível, e este conhecimento deve ser idêntico à primeira natureza. E sendo que tal conhecimento é necessário, em oposição à contingência de tudo quanto difere dele, é mister que seja por natureza anterior a todo ser contingente. – À mesma conclusão se chega pela reflexão seguinte: Deus é o artista supremo; como tal deve conhecer clara e distintamente todas as coisas que irá produzir, e isto, antes mesmo de produzi-las; do contrário, o seu modo de operar seria imperfeito; e, sendo o seu conhecer a medida do seu operar, Deus deve ter um conhecimento distinto de tudo quanto pode criar[75].

---

71. Ibid., n. 20.
72. Ibid., n. 22.
73. Ibid.
74. Ibid., n. 23.
75. Ibid., n. 24.

2. A natureza suprema é um ser infinito

A partir destas pressuposições é possível demonstrar a infinidade da natureza suprema. Ainda uma vez, Duns Escoto segue as três vias que o conduziram, de início, a uma primeira causa eficiente, a uma primeira causa final e a uma natureza suprema, porém com a diferença de que a primeira via irá bifurcar-se, dando lugar a quatro argumentos ao invés de três.

Antes de entrarmos na exposição das provas, porém, cumpre indagar o significado do termo *infinito* em Duns Escoto. Segundo ele, aceita-se comumente (*vulgariter*) a seguinte definição: *"Infinitum est quod aliquod finitum datum secundum nullam habitudinem finitam praecise excedit, sed ultra omnem talem habitudinem assignabilem adhuc excedit"*[76]. Em outras palavras, infinito é aquilo que excede qualquer dado finito, e, isto, não em medida finita, mas além de toda medida finita determinável. É neste sentido que dizemos que a natureza do primeiro ser não conhece limites no ser, mas que, na expressão de João Damasceno, ela é um oceano infinito e ilimitado de substância[77].

O primeiro argumento assenta na ideia aristotélica de que um movimento infinito pressupõe uma energia infinita. Não lhe sendo possível admitir a eternidade do mundo, Duns Escoto tenta uma formulação algo diferente da de Aristóteles. Ei-la: A primeira causa eficiente deve possuir toda a energia ativa das causas possíveis, a ela subordinadas, e algo mais, porquanto numa série de causas essencialmente ordenadas, a causa naturalmente anterior deve ser mais perfeita que as demais; portanto, ela deve exceder todas as outras energias causais possíveis; mas estas são suscetíveis de continuidade infinita no tempo; logo, a primeira causa deve possuir esta energia temporalmente infinita de modo unitário e simultâneo: *"Sed quod simul habet in virtute infinitum effectum, est infinitum"*[78].

Duns Escoto faz notar que esta prova estabelece a existência de um poder infinito, não, porém, a onipotência divina na acepção teológica do termo. A onipotência, em sentido teológico (*"omnipotens dicitur qui potest in omnem effectum immediate et in quodcumque possibile, hoc est in quodcumque quod non ex se est necessarium, nec includit in se contradictionem"*[79]), é indemonstrável[80].

O segundo argumento parte do conhecimento divino. Deus conhece clara e distintamente todas as coisas criáveis. Ora, as coisas inteligíveis (*intelligibilia*) e possíveis são infinitas em número; e sendo necessário que todas elas estejam atual e simultaneamente presentes ao intelecto que tudo conhece, segue-se que este deve ser infinito. Ora, a primeira causa eficiente possui um tal intelecto, e este é idêntico à sua natureza. Seguem-se algumas outras considerações, visando justificar as várias fases da argumentação[81].

O terceiro argumento deriva da causalidade final. Nossa vontade sempre tem a capacidade de querer e amar algo superior a qualquer bem finito e limitado, assim como nosso inte-

---

76. Ibid., n. 31.
77. Cf. Quodlibet 5, n. 4.
78. Oxoniense I, d. 2, q. 2, n. 25; cf. n. 26-28.
79. Ibid., d. 42, q. un., n. 2.
80. Ibid., d. 2, q. 2, n. 27.
81. Ibid., n. 30.

lecto pode conhecer coisas sempre mais elevadas. E, o que é mais, temos uma inclinação natural para amar o mais perfeitamente possível o bem infinito; parece, pois, que experimentamos o bem infinito por um ato de amor. Não só isso: nossa vontade parece não poder encontrar repouso perfeito em nenhum outro ser. Ora, se a infinidade fosse incompatível com o objeto do nosso amor, a nossa vontade deveria experimentar uma aversão natural por ele, assim como ela detesta naturalmente o não ser[82].

O quarto argumento se funda na eminência do ser supremo. A infinidade não repugna ao ser supremo; logo, o ser eminentíssimo é também o ser infinito. Um ser a que não repugna ser intensivamente infinito não seria sumamente perfeito se não fosse realmente infinito: *"Cui non repugnat infinitum esse intensive, illud non est summe perfectum nisi sit infinitum, quia si est finitum potest excedi vel excelli, quia infinitum esse sibi non repugnat; enti non repugnat infinitas; ergo perfectissimum ens est infinitum"*[83]. *O ponto decisivo é o de saber se a infinidade não repugna ao ser, e, por conseguinte, se o conceito do ser infinito é possível*. A prova da não repugnância ou não contraditoriedade não pode ser feita *a priori*. Todavia, é possível aduzir *razões de congruência* (*suadetur*), deriváveis da definição da infinidade e do conceito do ser, bem como do fato de o ser, enquanto tal, não implicar necessariamente a finitude (como modo intrínseco); donde se pode concluir que a infinidade não lhe repugna, e, por conseguinte, que o conceito do ser infinito é possível. Ora, se o ser infinito é possível, ele existe na realidade[84].

Ademais, o nosso intelecto não só não percebe nenhuma contradição no conceito de um ser infinito, mas até descobre nele o mais perfeito de todos os objetos conhecíveis. Se houvesse contradição no conceito do ser infinito, o nosso entendimento infalivelmente a perceberia: *"Mirum est autem, si nulli intellectui talis contradictio patens fiat circa primum eius obiectum, cum discordia in sono ita faciliter offendat auditum"*[85].

Revisão do argumento anselmiano. Neste contexto, isto é, no meio da prova da infinidade do bem supremo, Duns Escoto intercala o argumento anselmiano, mas só depois de expungi-lo de certos defeitos, ou de *retocá-lo* (colorare).

Santo Anselmo omitiu a prova da não contraditoriedade do ser em comparação ao qual não se pode conceber outro maior. Duns Escoto, por sua vez, parte da proposição: *"Deus est, quo cognito sine contradictione, maius cogitari non potest sine contradictione"*. Isto posto, o argumento de Santo Anselmo assume a seguinte forma: *Antes de tudo, argumenta-se com relação ao ser quiditativo ou essencial* (*esse quidditativum*). Este ser é o *summum cogitabile*, isto é, aquilo em que o intelecto encontra plena satisfação (*in tali cogitabili summe quiescit intellectus*). De sorte que o *máximo pensável* apresenta o caráter do objeto primeiro e mais elevado do intelecto.

Poder-se-á dizer outro tanto do ser de existência (*esse exsistentiae*)? Nada nos impede de fazê-lo, pois o máximo pensável não pode estar apenas na inteligência; do contrário ele poderia existir (por não conter contradição) e não existir (por estar só no intelecto), visto que lhe repugna ser produzido por qualquer outra causa, como se demonstrou mais acima; pois é de sua essência existir exclusivamente por si mesmo. É claro, pois, que em qualquer caso aquilo que existe na realidade é um *maius cogitabile*; com efeito, aquilo que *só* existe em pensamento não

---

82. Ibid., n. 31.
83. Ibid.
84. Ibid.
85. Ibid., n. 32.

pode ser ainda o máximo pensável, pois que neste caso não existiria necessariamente. Logo, a existência real nada acrescenta à essência, isto é, não a torna maior; antes, esta essência é o *máximo* precisamente por dever existir *necessariamente*: "*Non est autem hoc sic intelligendum, quod idem si cogitetur, per hoc sit maius cogitabile, si exsistat; sed omni quod est in intellectu tantum, est maius aliquod quod exsistit*"[86].

E assim chegamos ao termo da prova. Deixamos demonstrado que "existe entre os seres um ser simplesmente primeiro pela tríplice primazia da eficiência, da finalidade e da eminência; e este ser triplamente primeiro é infinito; logo existe, na realidade, um ser infinito". "*Et istud est perfectissimum conceptibile et conceptus perfectissimus, absolutus, quem possumus habere de Deo naturaliter, quod sit infinitus*"[87]. E assim fica demonstrada a existência do Deus cristão. Está lançada a ponte entre a metafísica e a teologia cristã. Duns Escoto finaliza com uma série de argumentos visando provar a unicidade deste Deus cristão. Notemos, apenas, que estes argumentos assentam na infinidade de Deus[88].

§ 5. Algumas outras doutrinas principais

Por meio de todo o sistema do Doutor Sutil podem observar-se os traços característicos do pensamento escotista, com sua atitude crítica, seu método rigorosamente racional e sua fundamentação empírica. Antes de iniciarmos esta breve exposição de algumas de suas doutrinas principais sobre psicologia, cosmologia e ética, cumpre lembrar que também aqui Duns Escoto continua a aplicar uma medida quase excessiva de argúcia intelectual.

I. As criaturas

1. As Ideias – Na doutrina escotista das Ideias, a tônica recai na atividade divina. Não há dúvida que Deus conhece todas as coisas por meio de sua essência; mas não se deve concluir daí para a preexistência *ab-aeterno* dos protótipos ou exemplares de todas as coisas passíveis de existência.

Duns Escoto apresenta a seguinte análise do ato único e simples da ideação, tomando como exemplo a ideia da pedra. Primeiramente, Deus conhece sua essência simplesmente em si mesma; num segundo momento, Ele produz a essência (*esse intelligibile*) da pedra, e conhece a pedra; de sorte que há na pedra conhecida uma relação para o conhecimento divino, mas não vice-versa: o conhecimento divino não depende da essência conhecida da pedra, mas a essência conhecida da pedra depende do conhecimento divino. Num terceiro momento, o intelecto divino pode comparar seu conhecimento a qualquer ser inteligível, inclusive à sua própria essência, e esta comparação dá origem a uma relação de razão. Num quarto momento, o intelecto divino como que reflete sobre esta relação de razão, podendo conhecê-la. Por onde se vê que as essências conhecidas são anteriores à sua relação para com o ser divino[89].

---

86. Ibid.
87. Ibid., n. 34.
88. Cf. Oxoniense I, d. 2, q. 3.
89. Oxoniense I, d. 35, q. un., n. 10.

Como causa criadora e inteligente de todos os seres, *Deus deve possuir uma ideia particular e condizente com o ser próprio de cada um deles:* "*Ergo singula propriis rationibus format*". Estas ideias, por exemplo a pedra enquanto conhecida por Deus, estão eternamente em Deus, embora sejam produzidas pelo conhecimento. E por estarem em Deus, como conhecimentos de objetos criáveis, elas estão nele como o conhecido no conhecente, por um ato do intelecto divino[90]. Por isso é inútil sairmos à procura de relações entre a essência divina e as coisas, para lhes aplicar o nome de ideias; antes, a ideia é o próprio objeto que Deus conhece com a intenção de criá-lo: "*Non oportet laborare circa relationes aliquas formaliter sive in essentia ut obiectum, sive in essentia ut est ratio, sive in essentia ut divinum intelligere, quae relationes dicantur ideae; imo ipsum obiectum cognitum est idea secundum istud*"[91].

2. A matéria – Duns Escoto rejeita a concepção tomista da matéria. Para Santo Tomás a matéria é pura potencialidade, ou seja, *pura* possibilidade para a recepção da forma. Duns Escoto objeta que a redução da matéria à potencialidade pura equivale a reduzi-la ao nada[92]. É possível emitir toda uma série de enunciados positivos com relação à matéria; por exemplo: ela é um princípio da natureza; é causa; é substrato de mudanças substanciais; é criada e conhecida por Deus. Donde se segue que ela deve ter algum ser; pois enquanto princípio e causa do ser (isto é, do composto) é necessário que ela tenha algum ser próprio, e portanto uma certa atualidade: "*si esset nihil vel non ens, dependeret ens a nihilo vel non ente, quod est impossibile*"[93]. Teremos que descrevê-la, pois, como uma realidade diferente da forma, como um ser positivo no âmbito do possível, o qual, embora seja incognoscível ao intelecto humano, não o é, contudo, para Deus; é algo que, em sentido absoluto, pode existir sem forma[94].

3. A individualidade – Na opinião de Duns Escoto a substância material é individual em razão de uma *entidade positiva*, que determina a natureza comum, tornando-a singular[95]. Esta *entidade* determina o indivíduo, assim como a forma determina a espécie, e lhe dá a mais rigorosa unidade possível; *contudo, esta determinação não se realiza pela adição de uma nova essência à forma específica, mas pela redução da última forma – isto é, da espécie – à sua última realidade, ou ao indivíduo:* "*numquam sumitur a forma addita, sed praecise ab ultima realitate formae*". Se a entidade em questão acrescentasse uma nova forma à essência, o ser se transformaria, e, com ele, a própria espécie; sua única função é realizar o ser específico como ser individual[96]. Por isso a singularidade é irredutível a um fator comum; tampouco nos é possível formar dela um conceito quiditativo, visto que ela não acrescenta nenhuma entidade quidita-

---

90. Ibid., n. 12.
91. Ibid., n. 13.
92. Oxoniense II, d. 12, q. 1, n. 2.
93. Ibid., n. 11.
94. Ibid., e n. 16 e 20; cf. tb.: q. 2, n. 7.
95. Oxoniense II, d. 3, q. 6, n. 9.
96. Ibid., n. 13.

2. A vontade de Deus como norma da moralidade – A expressão de Duns Escoto: *"voluntas sua (sc. Dei) est prima regula"*[109] tem dado lugar a muitos mal-entendidos. O que ele quer dizer é que Deus não quer as coisas por serem boas, mas que elas são boas porque Deus as quer e ama: *"omne aliud a Deo ideo est bonum, quia a Deo volitum et non e converso"*[110]. Com isso não se afirma que o domínio da ética depende do arbítrio incondicional de Deus, visto que a vontade divina tem de se orientar pelas normas lógicas, e sobretudo pela própria essência divina enquanto conhecida[111]. Por conseguinte, conquanto Deus pudesse ter imposto uma lei moral diferente relativamente aos preceitos da segunda tábua do Decálogo, pois que estes governam as relações entre as criaturas – é-lhe impossível, contudo, modificar os dois primeiros mandamentos, que derivam, em derradeira análise, de sua própria essência[112].

3. *Affectio commodi et iustitiae* – Existem duas modalidades de valor: o *"bonum honesti"* e o *"bonum commodi"*. O *bonum honesti* importa, em si mesmo, um valor objetivo. O *bonum commodi* (ou *delectabile*), ao contrário, é uma fonte de prazer e de satisfação para o sujeito. É verdade que Aristóteles distingue ainda um *bonum utile*; mas este se reduz às duas espécies de bens já mencionadas, não chegando a constituir uma classe à parte. O *bonum commodi* mais elevado é a beatitude, que contém necessariamente o valor do bem honesto; o *bonum honesti* mais elevado é a caridade que, por seu turno, encerra necessariamente o *bonum commodi*, ainda que um e outro fundamente uma bondade diferente[113].

Consoante estes dois valores, a alma, ou, mais precisamente, a vontade, pode ser afetada de dois modos diferentes; e isto nos leva a distinguir uma dupla afecção (*affectio*) na vontade: a *affectio commodi*, que inclina a vontade natural e precipuamente à satisfação subjetiva (ao *commodum*), e a *affectio iustitiae* (*amicitiae*), pela qual, ao contrário, a vontade se inclina à afirmação suprema do valor objetivo. *Ambas as afecções só encontram seu fim último em Deus, por meio de um contato imediato com Ele:* "Voluntas habet duas affectiones, et utraque attingit Deum immediate, scilicet affectionem iustitiae, qua per actum amicitiae tendit in Deum immediate ut est bonum in se; et affectionem commodi, quae per actum concupiscentiae tendit in Deum, ut est bonum huic: et uterque actus potest esse ordinatus"[114].

---

109. Oxoniense IV, d. 46, q. 1, n. 6.
110. Oxoniense III, d. 19, q. un., n. 7.
111. Reportata II, d. 27, q. 2, n. 9.
112. Oxoniense III, d. 37, q. un., n. 5.
113. Oxoniense IV, d. 46, q. 4, n. 4
114. Oxoniense III, d. 16, q. un., n. 26.

4. Caridade e sabedoria – Se a *affectio commodi* visa satisfazer nossa tendência natural à felicidade, a genuína liberdade se manifesta no amor desinteressado dos valores, o qual se sobreleva àquela tendência egocêntrica, orientando-a e moderando-a: "*Illa igitur affectio iustitiae, quae est prima moderatrix affectionis commodi, et quantum ad hoc, quod non oportet voluntatem actu appetere illud ad quod inclinat affectio commodi, nec etiam summe appetere, illa inquam affectio iustitiae est libertas innata voluntati, quia ipsa est prima moderatrix affectionis*"[115]. Desta forma a vontade culmina no mais elevado e puro amor aos valores; e este, longe de suprimir ou até excluir o elemento afetivo, tem a função de norteá-lo e de encaminhá-lo para o bem supremo. Mas o ato pelo qual o homem entra no pleno gozo de um valor é precedido de um ato de degustação daquele valor. E esta degustação, consistente na entrega pura ao valor derradeiro, é a caridade ou sabedoria. Sabedoria e caridade são, para Duns Escoto, uma só e mesma coisa. "*Sapientia enim est caritas; est enim habitus, quo sapit habenti illud obiectum, quod est in se sapiendum, quo scilicet placet mihi bonum eius in se et illud volo mihi, et per hoc spes datur intelligi (como virtude da affectio commodi). Sapientia enim est, qua sapit mihi Deus in se, et qua sapit mihi ut bonum: nam qui sapit, et saporem in se approbat et sibi appetit*"[116]. A doutrina de Duns Escoto culmina neste ato de sabedoria, nesta entrega integral do homem a Deus apreendido como o supremo valor. Assim o amor à sabedoria vem rematar a contemplação de Deus, que pouco valeria sem aquele: "*Parum valeret contemplari Deum, nisi contemplando diligeretur*"[117].

Apreciação

Para obter uma apreciação justa do Doutor Sutil é preciso renunciar aos preconceitos, e lhe aferir a obra pelos padrões do século XIII e pela própria doutrina deste príncipe da Escolástica. Deste ângulo a obra de Duns Escoto representa um esforço autônomo em demanda de uma nova síntese. *A feição mais característica de sua obra não é a crítica – por inegável que seja a sua presença –, e sim a delineação de um novo sistema da teologia e da filosofia, o qual, retendo embora os elementos essenciais da tradição, organiza-os contudo numa nova estrutura.* Esta nova síntese não se explica por qualquer atitude reacionária, nem tampouco pelo ciúme da realização brilhante de um Santo Tomás; antes, foi a escolha de um plano de construção inteiramente diferente que induziu o franciscano escocês a pôr em evidência, mediante uma nova interpretação, toda a plenitude e riqueza espiritual do cristianismo. A exemplo dos demais escolásticos, Duns Escoto alicerça a sua empresa no legado tradicional. Mauritius a Portu, um dos mais exímios conhecedores da filosofia e da teologia escotistas, nos dá a conhecer as fontes principais do mestre: "*Favet namque Avicennae inter philosophos ubique, nisi sit contra fidem, et Augustino inter doctores catholicos, et Paulo inter Apostolos, et Ioanni inter Evangelistas; et nimirum, quia teste Boetio,*

---

115. Oxoniense II, d. 6, q. 2, n. 8.
116. Reportata III, d. 34, q. un., n. 11.
117. Reportata III, d. 18, q. 3, n. 15.

omnis similitudo appetenda est"[118]. Por certo, não foram unicam[ente as] críticas do Doutor Sutil que conseguiram impressionar tão prof[undamente os] contemporâneos, a ponto de despertar um renovado interesse pela c[rítica e pela ex-] posição ele procura ater-se o mais estritamente possível às regras da [lógica. Ma-] is deixa de levar em conta todas as tentativas sérias para a solução [dos problemas,] donde o caráter acentuadamente lógico e histórico de sua exposiçã[o. Admitindo] *que a anima de princípio a fim é a caridade, como fim ético supre[mo]*, [a doutrina de] Santo Tomás culmina no ideal da *visio* beatificante; a de um São B[oaventura, Doutor] Escoto, no amor que se ateia na visão. Mas, enquanto o Doutor Será[fico vê a realiza-] ção perfeita do seu ideal no ardor candente da caridade e na doçura in[tima da con-] templação, o Doutor Sutil busca-o na entrega amorosa da vontade ao [Deus] contemplado na vida concreta e infinita da Trindade santa.

Metafísica orante

Domine Deus noster! Plurimas perfectiones a Philosophis de Te notas, possunt Catholici utique concludere ex praedictis. Tu primum efficiens. Tu finis ultimus. Tu supremus in perfectione, cuncta transcendens. Tu penitus incausatus, ideo ingenerabilis, et incorruptibilis, immo impossibilis non esse, quia ex te necesse esse; ideoque aeternus, quia interminabilitatem durationis simul habens sine potentia ad successionem: quia nulla successio potest esse, nisi vel in continue causato, aut saltem in essendo ab alio dependente: quae dependentia longe est a necessario ex se in essendo.

Tu vivis vita nobilissima, quia intelligens et volens. Tu beatus, immo essentialiter beatitudo, quia tu es comprehensio Tui ipsius. Tu visio Tui clara et dilectio iucundissima, et licet in Te solo beatus et Tibi summe sufficias, Tu tamen omne intelligibile simul actu intelligis. Tu omne causabile simul contingenter et libere potes velle et volendo causare: verissime ergo es infinitae potentiae.

Senhor, nosso Deus! Mui[tas per-] feições, conhecidas aos fíló[sofos, tam-] bém os católicos deduzir do [que já foi di-] to. Tu és o primeiro eficien[te. Tu és o] fim. Tu és soberano em perfeiç[ão, transcendes] todas as coisas. És inteiramen[te incausado,] por isso ingenerável e incorrup[tível. És] absolutamente impossível que [não exista, já] és necessário por ti mesmo. E [és eterno. Tu] possuis simultaneamente a in[teira] duração, sem qualquer poss[ibilidade de suces-] são. Pois não pode haver duraç[ão alguma] que é continuamente causado, [ou que,] pelo menos, depende de outr[o, e essa] dependência, porém, é inteira[mente alheia ao] que existe necessariamente p[or si.]

Tu vives de uma vida nob[ilíssima, pois] és inteligente e volente. És bem[-aventurado, ou] antes, és essencialmente bem-a[venturança,] que és a compreensão de ti [mesmo. Tens a] visão de ti mesmo e amor jucu[ndíssimo. Em-] bora sejas feliz em ti só, e suma[mente bastes] a ti mesmo, conheces todo o [inteligível] simultaneamente. Tu podes que[rer livremen-] do, podes causar tudo o que é [li-] vremente causável: teu pode[r é su-] mamente infinito.

---

118. Annot. in IV Metaph. q. 1; ed. Wadding. t. 4, p. 581.

...hensibilis, infinitus: nam nihil ...itum; nihil potentiae infinitae ...supremum in entibus, nec finis ...; nec per se exsistens simplex ... Tu es in fine simplicita-...bens re distinctas, nullas re-... tua habens realiter non eas-	Tu és incompreensível e infinito. Pois nenhum ser onisciente é finito; nem é finito o que tem poder infinito; tampouco é finito o Supremo entre os seres ou o fim último; não é finito o ser completamente simples e existente por si mesmo. Tu és o ápice da simplicidade, pois não tens partes realmente distintas, e em tua essência não tens quaisquer realidades que não fossem realmente idênticas.
...quantitas, nullum accidens po-... ideo es secundum accidentia ...ut Te in essentia Tua immuta-...ius iam expressi. Tu solus sim-...ctus, non perfectus angelus vel ...ctum ens, cui nihil deest enti-...cui inesse. Non potest omnis ...maliter inesse, sed potest in ...vel eminenter haberi, quomo-...s, qui es supremum entium, immo ... infinitum.	Não há em ti nem quantidade nem acidente. E por isso não és mutável em qualquer aspecto acidental, como já mostrei seres imutável em tua essência. Tu só és simplesmente perfeito; não és anjo nem corpo perfeito, mas o Ser perfeito; não te falta nenhuma entidade capaz de se encontrar num ser. É impossível que todas as perfeições se encontrem formalmente em algum ser; podem, contudo, encontrar-se formal ou eminentemente nalgum ser; e é assim que elas estão em ti, ó Deus, que és o supremo dos seres, e o único infinito entre eles.
...sine termino, bonitatis tuae ra-...ime communicans, ad quem ... singula suo modo recurrunt ut ... finem. Tu es intelligibilis sub ...ione intelligibili. Tu es Tuo in-...ns. Tu solus es Veritas prima; ... est quod apparet, falsum est; ...bi ratio apparendi; quia si sola ...et sibi ratio apparendi, appare-...t. Tibi nihil aliud est ratio appa-...nia apparent in Tua essen-...us apparente; ac per hoc nihil ...t ratio apparendi.	Tu és bom sem limite e liberalíssimo em comunicar os raios da tua bondade. A ti, amabilíssimo, todos os seres regressam a seu modo, como a seu último fim. És perfeitissimamente inteligível. Tu estás presente ao teu intelecto. Só Tu és a primeira verdade; pois o que não é o que parece ser é falso; logo, a razão da sua aparência é algo diferente dele, pois se a única razão da sua aparência fosse a sua natureza, ele apareceria tal qual é. Quanto a ti, nenhum outro é a razão do aparecer, pois tudo te aparece em tua essência, que primeiramente te aparece a ti mesmo. E, por isso, nada de posterior a ti é a razão do aparecer.
...m essentia omne intelligibile ...ua ratione intelligibilis est intel-...ns. Tu es igitur praeclarissima ... infallibilis, et veritatem om-...n certissime comprehendens. ...uae in Te apparent, ideo Tibi ... fallant, quia in Te apparent; ... apparendi non prohibet pro-... ostensi per ipsam Tuo intellec-...u visus fallitur, quando extra-...prohibet illud, quod est, appare-... Tuo intellectu; immo Tua es-... quodlibet in Te relucens ex ...na claritate secundum pro-... paret.	Naquela essência, dizia eu, todo o inteligível está presente ao teu intelecto sob a mais perfeita razão de sua inteligibilidade. Tu és, pois, a verdade preclaríssima, a verdade infalível, e compreendes com soberana certeza a verdade de todo inteligível. Pois as outras coisas que em ti aparecem, não te aparecem para te enganar, porque em ti aparecem; este modo de aparecer não impede que a razão própria do que é mostrado por ele apareça ao teu intelecto. A nossa vista se engana quando a aparência de algo estranho impede que aquilo que é apareça. Isto não sucede no teu intelecto; antes, quando a tua essência aparece, tudo o que em ti radia de sua perfeitíssima claridade, aparece segundo a sua própria razão.

De veritate Tua, et ideis in Te, non est opus amplius pertractare propter propositum meum exsequendum. Multa de ideis dicuntur, quibus tamen numquam dictis, immo nec nominatis ideis, non minus de Tua perfectione sciretur. Hoc constat, quia Tua essentia est perfecta ratio cognoscendi quodcumque cognoscibile, sub quacumque ratione cognoscibilis. Appellet ideam qui vult; hic non intendo circa graecum illud et Platonicum vocabulum immorari.

Praeter praedicta de Te, a philosophis probata, saepe catholici Te laudant omnipotentem, immensum, ubique praesentem, iustum, et misericordem, cunctis creaturis et specialiter intelligibilibus providentem, quae ad tractatum alium proximum differentur. In hoc quippe tractatu tentavi videre quomodo Metaphysica de Te dicta ratione naturali aliqualiter concludantur. In sequenti ponentur credibilia, quibus vel ad quorum assensum, ratio captivatur; quae tamen eo sunt catholicis certiora, quo non intellectui nostro caecutienti, et in plurimis vacillanti, sed Tuae solidissimae veritati firmiter innituntur.

Não há mister me alongar sobre a tua verdade, nem sobre as tuas ideias, para levar a cabo o meu intento. Muitas coisas se dizem a respeito das ideias; e, no entanto, mesmo que tais coisas nunca tivessem sido ditas, e, o que é mais, ainda que não se mencionassem as ideias, nem por isso a tua perfeição seria menos conhecida. Efetivamente: a tua essência é a razão perfeita do conhecimento de todo o conhecível, qualquer que seja o seu modo de cognoscibilidade. Quem quiser que lhe dê o nome de ideia; não pretendo me deter aqui na discussão desses vocábulos grego e platônico.

Além das coisas que acabamos de dizer de ti, e que são provadas pelos filósofos, os católicos soem proclamar-te Onipotente, Imenso, Onipresente, Justo e Misericordioso, próvido para todas as criaturas, especialmente as espirituais, pontos estes que relego para o tratado seguinte. Pois no presente tratado procurei examinar como os atributos metafísicos de ti predicados podem deduzir-se, de algum modo, pela razão natural. No tratado seguinte estudarei as verdades de fé, às quais, ou pelo assenso às quais, a razão se dá por cativa; verdades estas tanto mais certas para os católicos quanto não se fundam em nosso entendimento, pouco menos que cego, e quase sempre vacilante, senão que se baseiam firmemente na tua verdade solidíssima.

De primo principio, cap. 4, n. 26-37.

CAPÍTULO VII
MESTRE ECKHART

Vários fatos atestam a vitalidade pujante da filosofia cristã na transição do século XIII para o século XIV. Assistimos não apenas a um desdobramento ininterrupto do esforço especulativo a serviço da interpretação do patrimônio espiritual do cristianismo, como ao despertar da mística especulativa, notadamente em terras germânicas. Seria errado ver neste fato uma simples reação contra o escolasticismo da época; uma oposição consciente deste gênero só a encontraremos em Nicolau de Cusa. *Antes pelo contrário: a chamada mística alemã, pelo menos no que tange ao seu representante mais típico, Mestre Eckhart, guarda um contato íntimo com a filosofia e a teologia escolásticas, e particularmente com a doutrina de Santo Tomás e de Alberto Magno.* Todavia, este contato não explica, por si só, o despertar súbito do misticismo, devendo-se ressaltar, outrossim, o influxo das ideias neoplatônicas, tornadas acessíveis em parte por Alberto Magno e pelos árabes, e em parte por Dionísio Pseudo-Areopagita, Máximo o Confessor, e Scoto Erígena. Com este duplo cabedal de ideias, o escolástico e o neoplatônico, Mestre Eckhart elabora uma nova síntese, que revela vários traços distintivos do espírito germânico: a profundeza afetiva, o ardor especulativo e uma consequência radical no pensar. As peculiaridades da forma literária visam relevar, conscientemente, a insuficiência da linguagem para exprimir as últimas profundezas da experiência mística.

Vida – Filho de pais nobres, João Eckhart nasceu em 1260 em Hochheim, perto de Gotha. Entrou para a ordem dominicana, que lhe confiou o cargo de prior no convento de Erfurt (1298). Formou-se mestre de teologia em Paris. Pouco após, foi eleito Provincial da Saxônia, e em 1307, Vigário-Geral da Boêmia. Como tal, teve de visitar os conventos da região; foi por ocasião destas visitas, sobretudo aos mosteiros das monjas, que pronunciou grande parte dos seus célebres sermões. Em 1311 se tornou Provincial da Alemanha Superior. Algum tempo depois vamos reencontrá-lo em Paris; em 1314 regressou para Colônia, onde passou o resto da vida. Entrementes haviam surgido vários adversários das suas ideias, tanto no seio de sua ordem como entre os franciscanos. Na opinião deles, as doutrinas de Eckhart deviam ser qualificadas, no mínimo, como *malsonantes*. Em consequência disso, o arcebispo de Colônia, Henrique de Virneburg, mandou instaurar um processo. Eckhart se defendeu e apelou para o papa. Mas veio a falecer em 1327, antes da publicação da bula condenatória (27 de março de 1329). Parece não haver dúvidas quanto à ortodoxia subjetiva de Eckhart.

Obras – À presente exposição interessam principalmente as obras l
Infelizmente só um número reduzido de fragmentos das mesmas se conse
Opus tripartitum (alguns poucos fragmentos; para a disposição da obra e
título, cf. mais abaixo).
Quaestiones Parisienses.
Obra apologética (ed. Daniels, nos *Beitraege* de Baeumker 23,5, e 1
d'histoire dictrinale et littéraire du Moyen Âge, I, 1926/27). Théry traz refe
rizadas às fontes alemãs no tocante às proposições contestadas pelos adver
Os escritos mais importantes em idioma alemão são os *Sermões*, conse
reportações, isto é, de notas tomadas pelos ouvintes.

Edições – Não possuímos, ainda, uma edição crítica. Para os escritos em
utilizamos, em geral, a edição de Pfeiffer (Deutsche Mystiker des 14. Jah
1857; reimpresso em 1906).
Em data mais recente, apareceram duas edições críticas simultâneas:
1. Magistri Eckardi opera latina, editio Instituti S. Sabinae in urbe, I
2. Meister Eckhart, die deutschen und lateinischen Werke, herausge
der deutschen Forschungsgemeinschaft, Stuttgart-Berlin, W. Kohlhamm

Na exposição da doutrina de Eckhart, ainda que se trate de uma
ção, será preciso atender mais às intenções do que a uma interpretaç
pressões do grande místico. Cumpre interpretar-lhe a doutrina à lu
que Eckhart se encontra profundamente radicado, e não a partir de
moderna e radicalmente diversa. A seguir, tentaremos expor algu
sobre Deus e o homem, atendo-nos sempre à sua originalíssima d

§ 1. Deus

Na sua teodiceia, Eckhart procura focalizar, principalmente, a
Deus sobre todo ser humano e criado. A sublimidade inefável de Γ
dra em nenhuma categoria. Contudo, dispomos de dois conceitos,
uma certa aproximação à Divindade: o inteligir (*intelligere*) e o se

I. O conhecimento como razão ontológica de D

Deus não conhece porque é, mas é porque conhece: "*Non ita
ut quia sit intelligat, sed quia intelligit, ideo est, ita quod Deus es
ligere, et est ipsum intelligere fundamentum ipsius esse*". É por iss
gelista, assim inicia o seu Prólogo: "No começo era o Verbo, e o
Deus", e não: No começo era o Ser, e o Ser estava com Deus[1].

1. O Ser como coisa criável (*res criabilis*) – A recusa de
(*esse*) o fundamento ontológico de Deus se torna mais compre
ção do já citado Prólogo Joanino: Todas as coisas foram feitas pelo

---

1. Quaestiones. Parisienses. ed. Meiner p. 3, 8s.

...ser divino. Logo, o ser não compete senão àquilo que foi feito ...rroborado pelo *Liber de causis: Prima rerum creatarum est esse*. ...deparamos um ser, estamos na presença de algo criado: *Esse ergo ...bilis*. Visto não haver em Deus nenhum ser (criável), Ele é Inte-... Conhecimento e Entendimento: "*Ideo enim Deus, qui est creator ... intellectus et intelligere, et non ens vel esse*"².

pureza do ser (*puritas essendi*) – Se o ser é posterior ao saber e ... segue-se que aquilo que é Deus é superior ao ser; pois Deus é de-...nhecimento puro (*totum intelligere*³). Em consequência disso, a ...ser, é totalmente exterior a Deus; por outras palavras, Deus está ...do, ou, o que vem a ser o mesmo, Deus está isento do ser. Deus ... (*puritas essendi*) e não se pode designá-lo com nenhum nome ... É ele próprio que o insinua, ao dizer de si: *Eu sou quem sou*. "Se ... alguém que deseja ficar oculto e se recusa a declinar o nome: ...derá: eu sou quem sou. Assim também Deus falou de si mesmo ...que nele se encontra a imunidade do ser (*puritas essendi*): Eu ... não diz simplesmente: *Eu sou*, mas acrescenta: *quem sou*. Por ...ão possui o ser, a menos que queiras dar a esta mesma pureza o

...do ser como afirmação – Em denegando o ser a Deus, Eckhart ...que Deus é algo superior ao ser: *est aliquid altius ente*. E é só por ... por ser mais que o ser, que Deus pode dar o ser⁵. Como se vê, ... inteiramente pela linha de pensamento de Dionísio, o Pseu-...negações *vêm a ser as afirmações mais verdadeiras e incisivas*: ...*lum Damascenum habent in Deo superabundantiam affirmatio-*... sua pureza, plenitude e perfeição, Deus tem uma existência mais ...*plius et latius*); nele, tudo está presente de antemão, e por isso ... de todas as coisas. Esta é a superabundância do ser que Deus quis ... uma determinação qualquer, Ele preferiu chamar-se simples-...*sum*⁷.

II. Deus como a plenitude do ser

Dado que a negação do ser assume um significado positivo quando aplicada a Deus, uma antítese dialética permite a Eckhart determiná-lo também como o ser, para mostrar que Deus transcende todas as determinações. Esta determinação de Deus como o ser se encontra no fragmento do prólogo ao *Opus tripartitum*.

O intuito de Eckhart, na passagem em questão, é deparar ao leitor um exemplo do plano da obra inteira, o que lhe dá ensejo para iniciá-lo mais a fundo na sua teodiceia. A obra abrangerá três partes principais, sendo que a primeira irá tratar de proposições de caráter geral, a segunda de problemas vários (*quaestiones*) e a terceira de explanações da Sagrada Escritura, obtidas à luz das proposições e questões já ventiladas. De acordo com isso, a própria introdução contém, primeiro, uma proposição, seguida pela discussão de um problema e de uma interpretação da Escritura[8].

Estabelecida a determinação negativa de Deus, passamos à sua determinação positiva. Nas considerações precedentes manifestou-se-nos a transcendência absoluta de Deus; a seguir, averiguaremos sua imanência íntima nas criaturas.

1. Proposição: Deus é o ser: *esse est Deus* – Se fosse distinto de Deus, o ser não seria predicável dele, nem se poderia afirmar que Deus existe. Pois como lhe seria possível ser, e ser algo, e não obstante diferir do ser? Mas, se Deus é, e não obstante diferisse do ser, seguir-se-ia, evidentemente, que Ele seria por algo outro que não o ser. Por isso Deus e o ser devem ser idênticos. *Ademais, se Deus não fosse idêntico ao ser, dever-se-ia postular uma causa que lhe fosse anterior e o produzisse*[9].

Também enquanto *Criador* das coisas é necessário que Deus seja o ser. Pois se Deus diferisse do ser, e se tudo o que é, é pelo ser, então as coisas evidentemente não teriam seu ser de Deus. Logo, Deus não seria Criador. Entretanto, é certo que todas as coisas derivam seu ser do próprio ser, assim como todas as coisas brancas são brancas pela brancura: "*Constat autem, quod omnia habent esse ab ipso esse, sicut omnia sunt alba ab albedine. Igitur, si esse est aliud a Deo, creator erit aliud quam Deus*"[10]. Neste caso, porém, as coisas poderiam ser sem Deus. Ainda mais: ou Deus seria o nada – caso o ser lhe fosse estranho –, ou Ele teria o ser graças a uma causa superior a Ele, a qual seria Deus para o próprio Deus: "*Et illud esset ipsi Deo Deus et omnium Deus*"[11].

2. Problema: Deus existe? Visto haver identidade entre Deus e o ser, é fácil solucionar a questão de sua existência. Eckhart recorre à doutrina platônica da Methexis. A proposição: *Se Deus não existe; só há o nada*, é válida. Esta proposição decorre imediatamente do exposto; pois se o ser é nada, não há ser: isto é, só há o nada, assim

---

8. Ed. Meiner, p. 4, 16s.
9. Ibid., p. 12.
10. Ibid.
11. Ibid., p. 13.

como nada haveria de branco se não fora a brancura. Dado que o ser é idêntico a Deus, nada há se Deus não é. Em vista disso a proposição *Deus é* vem a ser uma simples tautologia[12]. *Deus deve existir, porque a existência pertence à sua essência.* A definição do círculo, como a do homem, é válida para sempre. Ora, a existência pertence indubitavelmente à essência e à definição de Deus: "*Sed esse est essentia Dei sive Deus. Igitur Deum esse, verum aeternum est. Igitur Deus est*"[13].

3. Explicação do texto bíblico: "No princípio criou Deus o Céu e a Terra" – Tanto as proposições como as soluções dos problemas são aplicadas, agora, à exposição do texto sagrado. Da proposição: "*In principio creavit Deus caelum et terram*" Eckhart consegue deduzir as quatro proposições seguintes:

a) Creatio est collatio esse – Criar significa comunicar o ser. Eckhart salienta a desnecessidade de se acrescentar: do nada; pois antes do ser só há o nada. Como o branco não pode ser comunicado senão pela brancura, assim o ser não pode ser comunicado senão pelo Ser, isto é, por Deus. "*Igitur Deus et ipse solus, cum sit esse, creat sive creavit*"[14].

b) Creavit in principio, id est in seipso – Em Eckhart, o sentido primário do termo *principium* não é o de começo temporal, e sim o de *fundamento*. Sendo Deus o fundamento de todas as coisas, e havendo Ele criado tudo no fundamento que é Ele mesmo, como nos atesta a Escritura, segue-se que Deus causa ou faz em si mesmo tudo o que causa ou faz; pois tudo o que Deus causasse fora de si, estaria fora do ser, e, por conseguinte, não seria ser. Por isso não se deve imaginar que a relação de Deus para com suas criaturas consista em haver Deus lançado as criaturas para longe de si, e em havê-las criado fora de si, nalgum vácuo ou espaço infinito. O nada nada pode receber: "*Creavit ergo Deus omnia, non ut starent extra se aut iuxta se et praeter se ad modum aliorum artificum, sed vocavit ex nihilo, ex non-esse scilicet, ad esse, quod invenirent et acciperent et haberent in se*"[15].

c) Creavit in praeterito, et tamen semper est in principio creationis et creare incipit – Como vimos, a par da acepção de fundamento, o termo *principium* comporta o sentido de *começo temporal*. Baseado nesta dupla acepção, Eckhart se põe a jogar espirituosamente com os dois conceitos. Visto que tudo foi criado no princípio, isto é, no ser, é necessário que tudo haja sido criado no princípio, isto é, no começo. E é por se encontrar simultaneamente no começo que a obra divina permanece nova. Sempre nasce e sempre vem a ser, sempre nasceu e sempre veio a ser: "*Quod enim est in principio et cuius finis principium, semper oritur, semper nascitur, semper natum est*"[16].

d) Creatio et omne opus Dei in ipso principio creationis mox simul est perfectum et terminatum – Se é verdade que a criatura está sempre em devir, também é verdade que ela está sempre perfeita. Pois em Deus o princípio coincide com o fim. Por isso é necessário que a

---

12. Ibid., p. 13, 10s.
13. Ibid., p. 14, 1ss.
14. Ibid., p. 15, 6s.
15. Ibid., p. 16, 12s.
16. Ibid., p. 16, 12s.

alma entra em contato imediato com a vida trinitária. Em sua apologia[26] Eckhart esclarece muitos pontos sucetíveis de interpretação errônea, os quais haviam sido introduzidos no sermão por ignorância e fanatismo: "É verdade que Deus entra no entendimento à maneira e sob o véu do verdadeiro, e na vontade à maneira e sob o véu do bem; por sua essência nua, porém, que ultrapassa toda denominação, Ele entra e penetra na própria essência nua da alma, que carece, também ela, de nome próprio, e é superior à inteligência e à vontade, posto que ela é a essência com relação às suas potências. *E esta é a cidadela em que Jesus entra antes pelo ser do que pelo obrar (o conhecer e o amar), conferindo à alma, pela graça, o ser divino e deiforme*; pois a graça concerne a essência e o ser, segundo a palavra: Pela graça de Deus sou o que sou".

Desta forma o intelecto humano está em contato imediato com a divindade, mormente no ponto mais central e mais profundo de sua essência; é portador de vida divina, que ele – por um mistério incompreensível – é capaz de atingir: a alma humana é apta a conceber a Deus, e por isso é *virgem*; e ao mesmo tempo ela está prenhe de Deus, que lhe realiza a disposição receptiva; por isso a alma é simultaneamente *mulher*. Assim Eckhart explica o verso proemial do seu sermão: "Nosso Senhor Jesus Cristo entrou num castelo e foi recebido por uma virgem que era mulher"[27].

3. A centelha da alma como participação de Deus – Diante do que ficou exposto, surge a pergunta se esta centelha, enquanto fundamento da alma, é porventura o próprio Deus. É indubitável que Eckhart lhe atribui certos predicados divinos, tais como a eternidade, a inefabilidade, a simplicidade; entretanto, não se pode dizer ao certo se ele os toma como atributos de Deus. Em todo o caso, na sua oração apologética, pronunciada em Colônia, Eckhart estabelece uma distinção rigorosa entre o intelecto divino e a profundeza da alma, que é algo de criado.

Eis a explicação do mestre: "Algo há no mundo, de natureza tal que, se a alma o fora em sua totalidade, ela seria incriada. É o que considerei, e ainda continuo a considerar como certo, e no mesmo sentido em que o fazem os meus doutos colegas, a saber: se a alma fosse essencialmente intelecto (*si anima esset intellectus essentialiter*). Nunca, porém, tenho dito... haver algo na alma que pertence à alma e que é criado e incriável. Pois neste caso a alma seria um conglomerado de elementos criados e incriados. O que tenho escrito e ensinado é o contrário disso"[28].

O que Eckhart quer dizer é que na alma há algo criado, a saber, o intelecto. Se a alma fosse inteiramente intelecto, e se a sua essência fosse *puro intelecto*, ela seria incriada: "*Quod si ipsa esset purus intellectus, qualis est solus Deus, esset increata, nec esset anima*"[29]. *Logo, a alma não possui o intelecto em forma absoluta, mas em forma atenuada; é criada segundo o intelecto essencial de Deus, do qual participa*, assim como o branco participa da brancura como tal. Donde se segue que: "*Falsum est quod aliqua petia vel pars animae sit increabilis. Sed verum est quod anima sit intellectiva ad imaginem Dei et* genus Dei"[30].

4. A centelha da alma como participação da vida trinitária – Em suas últimas profundezas, a alma se abre imediatamente à Divindade. Deus lhe é mais próximo do que ela própria, consoante a expressão de Santo Agostinho. Esta proximidade e intimidade exclui toda separação ou divisão; posto que qualquer divisão ou separação teria como consequência apartar o

---

26. Théry, p. 258.
27. Ed. Quint, Pred. 2, p. 24, 4ss.
28. Denifle, Archiv für Litteratur und Kirchengeschichte des Mittelalters, 1886, Bd. II, p. 631s.
29. Théry, p. 214, 8.
30. Ibid.

homem do próprio ser e reduzi-lo ao nada: "*omnis distinctus a Deo, distinctus est ab esse, a quo immediate est omne esse*"[31]. *Deus está presente em seu ser vivo à essência mais íntima da alma, onde desdobra toda a riqueza de sua vida trinitária.* Nela o Pai gera ininterruptamente o Filho no Espírito Santo[32].

II. O retorno da alma para Deus

Do exposto, é fácil deduzir o itinerário da alma para Deus. *Ele deverá passar, forçosamente, pelo fundamento da alma, isto é, de fora para dentro, no sentido agostiniano da expressão; da razão inferior ele conduz à razão superior, e, nesta, à centelha da alma, para alcançar, finalmente, a luz incriada da própria Divindade.* Visto que a alma tende ao incriado, ela deve abandonar totalmente as coisas criadas.

1. A via negativa da pobreza – Graças à sua participação íntima da Divindade, a alma jamais pode apartar-se de Deus[33]. Contudo, ela se priva da posse de Deus na medida em que se apega a si própria e se locupleta de si mesma; ao contrário, a alma que se arrima a Deus vem a se unir com o que há nela de mais profundo. *A condição básica desta união é que o homem se convença de que as coisas, tomadas em si mesmas, nada são.* Desconhecer esta verdade equivale a negar e a blasfemar a Deus, e até mesmo a repudiá-lo. Pois é de Deus que as coisas derivam todo o seu ser. Por si mesmas nada seriam[34]. Por isso as alegrias que buscamos fora de Deus só produzem amargura e tristeza na alma. É preciso que ela se despoje de tudo. Aquele que atinge esta renúncia perfeita se encontra num estado de perfeita pobreza perante Deus; nada mais deseja, nada mais pode, nada mais possui, nada mais sabe: penetra na caligem mística do não saber[35].

2. A via positiva da divinização – Pela renúncia perfeita a si mesma e a toda realidade criatural, a alma dá lugar ao divino: diviniza-se na proporção em que deixa de ser ela mesma; *todavia, esta divinização – não deificação – é obra da graça*[36]. Quando Deus confere esta graça da união se acende o amor do Espírito na alma: amor carismático que, segundo o mestre das Sentenças – a quem Eckhart apela expressamente –, outra coisa não é senão o próprio Espírito Santo[37].

---

31. Théry, p. 263, 55.
32. Ed. Quint, p. 40, 4ss.
33. Pfeiffer, p. 412, 30ss.
34. Théry, p. 248, 43.
35. Pfeiffer, p. 13.
36. Pfeiffer, p. 185, 2ss.
37. Cf. Théry, p. 259, 53.

Hinc est quod nos in quantum sumus filii multi sive distincti, non sumus heredes regni, sed in quantum sumus ab ipso, per ipsum et ipso filio, secundum illud: "si filius vos liberaverit veri liberi eritis", Ioh. 8 et 17: "ego in eis, et tu in me, ut sint consummati in unum". Non est ergo putandum quod alius sit filius quo Christus eius est filius, et alius quo nos nominamur et sumus filii dei, sed id ipsum et is ipse qui Christus filius est naturaliter genitus, nos filii dei sumus analogice cui coherendo, utpote herenti, coheredes sumus. Nec est putandum quasi ipse filius dei, deus sit aliquid extrinsecum sive distans a nobis ad quod analogemur sicut est imago obiecta speculis, sed ipse utpote deus indivisus et unicus per essentiam intimus est, et "proximus unicuique nostrum, in ipso vivimus, movemur et sumus", Act. 17.

Por isso somos herdeiros do reino, não enquanto somos filhos numerosos e distintos, e sim enquanto somos dele, por Ele, e enquanto estamos no próprio Filho, consoante a palavra: "Se o Filho vos tornar livres, sereis verdadeiramente livres (*liberi* = filhos!)", e: "eu neles e tu em mim, para que sejam perfeitamente um". Não se deve julgar, pois, que haja um filho pelo qual Cristo é filho, e outro pelo qual nós nos chamamos e somos filhos de Deus; antes, somos filhos de Deus em sentido analógico, enquanto somos aquilo mesmo e aquele mesmo que, sendo Cristo, é Filho gerado por natureza. E se aderirmos Àquele que adere a Deus, também seremos co-herdeiros (*co-herentes*). Tampouco se deve pensar que, enquanto Deus, o próprio Filho de Deus seja algo extrínseco ou distante de nós, e que a relação analógica para com Ele seja como a de uma imagem refletida por espelhos; antes, como Deus indiviso e único, Ele está intimamente unido conosco por sua essência e "muito perto de cada um de nós, pois nele vivemos, nos movemos e somos".

Ed. Théry, Archives d'hist. doctr. et litt. du moyen âge, I (1926/27), p. 266-268.

PARTE III
A ESCOLÁSTICA POSTERIOR

Se o século XIII é dominado pelas grandes sínteses, no século XIV é a crítica que vem reivindicar os seus direitos. O exame das posições fundamentais e a revisão do patrimônio herdado, já iniciados por Duns Escoto, vão assumindo uma importância sempre crescente na obra dos seus sucessores. É claro que a filosofia *clássica* do século XIII não desaparece de todo. Sobrevive no âmbito mais restrito das escolas. Um número mais ou menos considerável de discípulos permanece fiel a um São Boaventura, a um Alberto Magno, a Santo Tomás e a Duns Escoto; sua importância, porém, é diminuta. Os melhores espíritos se voltam para novas ideias e novas orientações.

Estamos no início da era burguesa. As questões de ordem prática passam a ocupar o primeiro plano. Descobre-se o valor do individual, cujos direitos começam a ser reconhecidos tanto na ciência, como na economia e na política. Várias grandes catástrofes abalam o sentimento de segurança em que se comprazera o continente europeu. Lembramos, entre outras, a peste negra e a invasão do mar na Holanda setentrional. O evento mais trágico, e quiçá o mais assolador de todos, porém, foi a grande derrota político-eclesiástica do papado. Preparada por Filipe, o Belo, e precipitada por Luís da Baviera, ela se patenteia com toda a clareza no exílio de Avinhão, terminando por abalar profundamente a autoridade da Santa Sé. A consequência é o cisma ocidental, que tem por efeito uma desorientação completa dos espíritos. A Renascença, com seu culto do prazer estético e seu gosto por uma cultura desaparecida, desata cada vez mais os vínculos da vida e do pensamento medievais com a Antiguidade.

É sobre este fundo político-cultural que devemos entender o surgimento do que se convencionou chamar de nominalismo.

Edições – As obras filosóficas de Ockham ou permanecem inéditas, ou, salvo algumas exceções, não são acessíveis senão em edições antigas. Citaremos a *Ordinatio* e a *Reportatio* pela edição de Lião (1495) e os *Quodlibeta* pela de Estrasburgo (1491). A edição da *Summa Logicae* foi iniciada por Philotheus Boehner (2 vols. S. Bonaventure, N.Y., 1952). Da nova edição crítica das obras completas de Ockham apareceu, até agora, apenas um volume: Venerabilis Inceptoris Guillelmi de Ockham *Scriptum in Librum Primam Sententiarum. Ordinatio. Prologus et distinctio prima*. Edidit G. Gál, O.F.M. adlaborante S. Brown, O.F.M. (Guillelmi de Ockham Opera philosophica et theologica, vol. I). The Franciscan Institute, St. Bonaventure, N.Y., 1967.

Bibliografia – Uma excelente bibliografia ockhamista foi compilada por R. Guelluy, em *Philosophie et Théologie chez Guillaume d'Ockham*. Louvain-Paris, 1947, p. 11-24. Sobre o problema da autenticidade das obras de Ockham, cf. BOEHNER, Philotheus, O.F.M. *The Tractatus de Successivis Attributed to Ockham*. Edited with a study on the Life and Works of Ockham, S. Bonaventure, N.Y., 1944. Para uma boa introdução à Lógica, cf.: MOODY, E. *The Logic of William Ockham*. Londres: Sheed and Ward, 1935; à teoria do conhecimento: HOCHSTETTER, E. *Studien zur Metaphysik und Erkenntnislehre Wilhelms von Ockham*. Berlin: Walter de Gruyter, 1927; à filosofia política: BAUDRY, L. *Guillaume d'Occam, sa vie, ses oeuvres, ses idées sociales et politiques*. Vol. I. Paris: Vrin, 1950.

§ 1. Teoria do conhecimento

Guilherme de Ockham é extremamente exigente em matéria de demonstração. No terreno da filosofia, não merece a qualificação de saber seguro senão o que é percebido com evidência, ou o que é dedutível de verdades imediatamente evidentes. A estas exigências se alia um domínio insuperado da Lógica, a que Ockham deu um impulso decisivo, e uma predileção decidida pela coisa individual, pela experiência e pela observação. Em sua filosofia se percebe o sopro de um espírito novo, disposto a empreender uma revisão crítica, objetiva e cabal do patrimônio doutrinal recebido dos predecessores imediatos.

I. A base empírica do conhecimento

Possuímos um saber evidente quando a evidência de um juízo decorre mediata ou imediatamente do conhecimento dos termos que o compõem: "*Notitia evidens est cognitio alicuius veri complexi ex notitia terminorum incomplexa immediate vel mediate nata causari sufficienter*"[4]. É, pois, aos termos dos nossos juízos que devemos voltar a atenção, pois é neles que se encontra a razão suficiente de sua evidência. Muitos juízos são suficientemente evidentes e reconhecíveis como necessariamente verdadeiros pelo mero conhecimento dos seus termos; trata-se das verdades conhecidas por si mesmas (*propositiones per se notae*). Para a evidência de juízos contingentes, porém, não basta o simples conhecimento dos termos. E isto nos leva a uma distinção importante.

---

4. Ordinatio prol. q. 1, D.

1. Conhecimento intuitivo e abstrativo (*cognitio intuitiva et abstractiva*). O conhecimento abstrativo não se realiza necessariamente por meio de conceitos universais; antes, é um simples saber a respeito de um objeto qualquer. Tal é, por exemplo, o saber que tenho a respeito de Sócrates, suposto que se trate apenas deste saber, que, aliás, não pode servir de fundamento para o juízo evidente: Sócrates existe, ou: Sócrates está aqui. Em outras palavras, o conhecimento abstrativo prescinde da existência e da presença do objeto conhecido. Por si só, um conhecimento abstrativo nunca nos poderá assegurar da existência de um fato contingente: "*Abstractiva autem est illa, virtute cuius de re contingenti non potest sciri evidenter, utrum sit vel non sit*"[5]. O saber intuitivo, ao contrário, nos dá um conhecimento imediato do objeto, fundamentando assim um juízo evidente: Tal coisa existe ou não existe, está presente ou não está presente etc.: "*Notitia intuitiva rei est talis notitia, virtute cuius potest sciri, utrum res sit vel non*"[6].

Todavia, cumpre evitar todo mal-entendido no tocante a este conhecimento intuitivo ou a esta visão imediata do objeto. Não se trata de um conhecimento ou intuição essencialmente sensível; tampouco a evidência do juízo se baseia numa percepção puramente sensitiva. Pois um ato de percepção sensível não pode constituir, por si só, a causa próxima e imediata de um ato judicativo intelectual[7]. Antes, podemos ter simultaneamente um conhecimento intuitivo intelectual dos objetos percebidos intuitivamente pelos sentidos; e só esta intuição intelectual é suficiente para um juízo evidente, ainda que ela não exista, de fato, sem a intuição sensível, ao menos em nosso estado presente de peregrinos[8].

2. A primazia do conhecimento do singular – Segundo o modo de ver aristotélico, o intelecto não possui um conhecimento direto do singular, mas só do universal; Ockham, ao contrário, baseia o nosso conhecimento intelectual no singular. Pois o conhecer intuitivo deve preceder ao abstrativo, e só ele pode servir de fundamento para a nossa cultura científica.

Quando vejo um corpo branco, a visão direta do corpo e da cor branca inerente a ele me permite estabelecer um nexo imediatamente evidente entre os dois termos *branco* e *corpo*: *O corpo é branco*. De tais conhecimentos imediatos de coisas individuais é que deriva todo nosso saber experimental: "*Et illa erit intuitiva. Et illa est notitia, a qua incipit notitia experimentalis...*"[9]; com efeito, é a partir da coisa individual que podemos formular aqueles termos e proposições gerais que constituem a base das nossas ciências: "*Et ista cognitio est causa propositionis universalis, quae est principium artis et scientiae*"[10]. Isto não quer dizer, porém, que devamos partir exclusivamente de coisas individuais e de fatos singulares acessíveis à percepção sensível. Sem dúvida, os sentidos são necessários, visto que, na vida presente, o

---

5. Ibid., Z.
6. Ibid.
7. Ibid., U.
8. Ibid., Y.
9. Ordinatio prol. q. 1, Z.
10. Reportatio II, q. 15, G.

além do estritamente necessário à explicação dos fatos, adotou a chamada teoria da intelecção (*intellectio*). Segundo esta teoria, o universal outra coisa não é senão o pensamento (real) pelo qual as coisas são pensadas; o universal é, pois, um acidente da alma. Enquanto coisa espiritual e real, ele é singular; enquanto predicável de muitos, é universal: "*Et secundum istam opinionem debet dici, quod quodlibet universale et genus generalissimum est vere res singularis existens res determinati generis, est tamen universalis per praedicationem non pro se sed pro rebus, quas significat*"[19].

Por onde se vê que Guilherme é injustamente acusado de nominalismo ou, ainda, de ceticismo. Segundo ele, o ser conceptual não se reduz a simples palavras, arbitrariamente aplicadas às coisas; os conceitos são conhecimentos da realidade e se baseiam na realidade – não, certamente, numa substância universal, e sim nas coisas individuais. Pelo que a sua doutrina deve ser chamada de conceptualismo realista.

3. A objetividade do conhecimento é assegurada pela passividade do intelecto

Basta ao intelecto se confrontar com um objeto, para nele se produzir um conhecimento deste[20]. Igualmente os conhecimentos ou conceitos universais são produzidos naturalmente, e sem a intervenção da vontade: "*Ad aliud dico, quod universalia et intentiones secundae causantur naturaliter sine omni activitate intellectus et voluntatis a notitiis incomplexis terminorum*"[21].

No intuito de tornar ainda mais segura esta objetividade do conhecimento, Ockham repudia tudo o que poderia interpor-se entre o intelecto e seu objeto, mormente as chamadas espécies, concebidas como meios de conhecimento. Dado que o objeto e o intelecto são inteiramente suficientes para originar o conhecimento, tais meios se tornam supérfluos. Aplica-se aqui o princípio geral: "*Posito activo sufficiente et passivo et ipsis approximatis, potest poni effectus sine omni alio*"[22].

§ 2. Teodiceia

A teologia natural de Ockham é muitas vezes tachada de ceticismo, de agnosticismo e de fideísmo. Todavia, não pode haver a menor dúvida acerca de sua convicção, frequentemente expressa, de que é possível adquirir um conhecimento seguro, posto que limitado, sobre Deus. Assim, podemos saber, com segurança, que Deus existe, e que Ele possui determinadas propriedades.

I. A cognoscibilidade de Deus

1. No estado em que vivemos não nos é dado conhecer a Deus num conceito simples e exclusivamente próprio a Ele – Todos os nossos conhecimentos se reduzem, em derradeira análise, a algum saber intuitivo, que sabemos ser um conheci-

---

19. Ibid., q. 8, T (Q).
20. Ordinatio d. I, q. 3, N.
21. Reportatio II, q. 25, O.
22. Ibid., O.

mento imediato do respectivo objeto. Ora, é claro que um tal saber intuitivo de Deus permanece-nos inacessível enquanto dependemos das nossas energias naturais. Juntamente com o saber intuitivo, ou imediatamente subsequente a ele, temos um conhecimento abstrativo do mesmo objeto ou fato individual – conhecimento esse, não menos imediatamente próprio do objeto e não menos simples que o conhecimento intuitivo. Também esta espécie de conhecimento (*notitia simplex et propria* ou *conceptus simplex et proprius*) nos é vedada em relação a Deus. Nem mesmo a partir da criatura podemos atingir a Deus por este modo; pois do conhecimento individual de uma criatura, o qual é apenas intuitivo ou abstrativo-singular, jamais poderemos ascender ao conhecimento singular de outro ser. No domínio do conhecimento simples, e referente a um só objeto, a primazia do conhecimento intuitivo é absoluta. O que não é conhecido intuitivamente não pode ser conhecido por um conceito singular abstrativo correspondente: "*Deus non potest concipi a nobis pro statu isto in aliquo conceptu simplici proprio sibi*"[23].

2. É possível conhecer a Deus mediante conceitos comuns e simples, univocamente predicáveis de Deus e das criaturas[24] – Pois sem termos unívocos, idênticos em sua formulação verbal e em sua significação, não há conhecimento possível de Deus: "*Pro univocatione nescio nisi tantum unam rationem in cuius virtute omnes aliae rationes tenent, et est ista: Omnes concedunt quod aliquam notitiam incomplexam habemus de Deo pro statu isto, et etiam de substantia creata materiali et immateriali*"[25].

Portanto, o problema que se põe aos que não desejam se render a um agnosticismo absoluto não é o da possibilidade de conceitos univocamente predicáveis de Deus e das criaturas, mas apenas o da maneira em que tais conceitos podem ser predicados univocamente. É óbvio que não se pode tratar, no presente caso, de uma *univocação real* ou comunhão no ser entre Deus e as criaturas, em vista da distância infinita que os separa. Por esta razão devemos rejeitar toda univocação concebida como comunidade no ser; esta, aliás, é a única forma de univocidade rejeitada pelos santos, não porém a comunidade de ordem conceptual, sem a qual todo conhecimento de Deus se torna radicalmente impossível[26]. A distância infinita entre as criaturas e Deus é transponível por meio de conceitos reais, desde que sejam suficientemente formais para se manterem indiferentes com relação às modalidades.

3. Podemos formar um conceito exclusivamente próprio, porém composto, de Deus – "Podemos abstrair das coisas um conceito do ser, o qual é comum a Deus e às demais coisas. De modo semelhante pode-se abstrair um conceito de sabedoria que é rigorosamente comum à sabedoria criada e à incriada. Semelhantemente, pode-se abstrair um conceito de bondade rigorosamente comum à bondade criada e à incriada... E todos estes conceitos, quando tomados em conjunto, não podem aplicar-se

---

23. Ordinatio d. 2, q. 9, P: cf. d. 3, q. 2.
24. Ibid., O.
25. Reportatio III, q. 9, R.
26. Ibid.

sumariamente insinuado – deveria existir um número infinito de deuses. Ockham acrescenta: "*Haec ratio est probabilis, quamvis non demonstret sufficienter*"[33].

III. O conhecimento e a vontade de Deus

1. O conhecimento divino – Segundo Ockham, a existência de um intelecto divino pode demonstrar-se rigorosamente, e mesmo *a priori*. Pois o conhecer decorre do conceito de um ser supremo a modo de uma consequência formal[34]. Contudo, não há demonstração estrita de que Deus conheça algo fora de si mesmo, ainda que não faltem razões moralmente convincentes[35].

Deus é o Criador do mundo; e visto que, na expressão de Santo Agostinho, Ele é um *rationabiliter operans*, devemos admitir que Ele possui as ideias das criaturas. Estas ideias não são a própria essência divina, nem puros produtos mentais, mas, sim, as próprias coisas a serem criadas, enquanto conhecidas por Deus: "*Ipsa creatura est idea*"; pois é pelo conhecimento intuitivo das coisas criáveis que Deus pode produzi-las no ser[36]. Pela mesma razão não há ideias universais em Deus, mas apenas ideias de coisas individuais: "*Ideae sunt primo singularium et non sunt specierum, quia ipsa singularia sola sunt extra producibilia et nulla alia*"[37]. E visto que nada há que possa determinar esta *ideação* das coisas, segue-se que Deus a realiza com absoluta liberdade. Deus é absolutamente criativo no seu agir, e não imitativo, como o são, afinal de contas, todos os artistas humanos[38].

2. A vontade e a onipotência divinas – O problema aventado por Ockham visa menos a existência de uma vontade em Deus do que a liberdade desta vontade. Ciente de que todos os filósofos se pronunciaram contra a liberdade de Deus, Ockham está convencido da impossibilidade de se avançar qualquer argumento a que um gentio não pudesse responder[39]. Não obstante isso, ele crê poder aduzir uma razão (*persuasio*) moralmente convincente; baseia-se ela no poder soberano de Deus, para o qual não existem obstáculos, e em virtude do qual Deus pode produzir infinitas coisas; entretanto, Deus só produz, de fato, algumas coisas determinadas; o que implica a escolha livre[40].

Tampouco se pode demonstrar que Deus é onipotente, pois isto prossuporia a demonstração da infinidade, a qual nos é vedada. Ockham admite a onipotência de Deus exclusivamente por razões teológicas, e é só enquanto teólogo que utiliza o seu famoso princípio da onipotência.

Já o processo da *ideação* fora desligado da essência divina e da sua necessidade. Com isso Ockham abre um espaço infinito para a onipotência divina, e fundamenta a contingência in-

---

33. Ordinatio d. 2, q. 10, P.
34. Ordinatio d. 35, q. 1, D.
35. Ibid., q. 2, D.
36. Ibid., q. 5, E.
37. Ibid., G.
38. Ibid., F e P.
39. Reportatio II, q. 4, E.
40. Ibid.

trínseca e essencial da criatura. No âmbito criatural não há lugar para qualquer *necessidade das essências*, à qual Deus tivesse que se sujeitar. Antes, as essências são ideadas por Deus, e livremente intencionadas e criadas por Ele. Entretanto, seria errôneo interpretar esta liberdade no sentido de um arbítrio puro e simples, como infelizmente se tem feito não raras vezes. Pois também em Deus há uma certa obrigação moral; mas esta não lhe vem da criatura, e sim dele próprio, exclusivamente. *De potentia absoluta*, Deus pode tudo o que é logicamente possível, ou seja, tudo o que não inclui contradição lógica; *de potentia ordinata,* Deus pode tudo o que não é contrário à sua vontade positiva e racional[41]. Como se vê, o poder absoluto de Deus é tomado como verdadeiramente absoluto, isto é, sem atender às demais propriedades divinas; não se considera senão a contraditoriedade lógica; trata-se, pois, de um conceito hipotético. Apesar disto, o conceito é importante para o princípio da onipotência, tantas vezes invocado por Ockham. Ele o utiliza, não como filósofo, mas como teólogo. Nas mãos do teólogo, tal princípio exerce uma como função reguladora contra toda sorte de necessitarismo e contra toda coarctação do poder de Deus, baseada na ordem factual das relações intramundanas, e não na necessidade puramente lógica. Pois o que não é logicamente necessário poderia ser diferente do que é, e o que não contém contradição lógica não pode ser qualificado como absolutamente impossível. Por isso é possível – ainda que tal não suceda em nosso estado atual de peregrinos – termos um conhecimento intuitivo de algo não existente; pois o próprio Deus possui um tal conhecimento imediato de coisas que não existem, mas que são possíveis: logo, um tal conhecimento deve ser possível; e é na base deste conhecimento intuitivo que Deus sabe, de modo evidente, que aquelas coisas não existem[42]. De maneira semelhante, e pelo mesmo princípio, Ockham procura mostrar, principalmente em teologia, os limites do possível e a extensão do absolutamente necessário. Trata-se, pois, de uma tentativa de elaborar uma metafísica e uma teologia contendo enunciados verdadeiros, sem levar em conta este nosso mundo atual ou o plano atual de salvação.

§ 3. Algumas outras doutrinas principais

I. O hilemorfismo como teoria física

Guilherme retém a teoria aristotélica do hilemorfismo, mas só depois de expungi-la de todos os aspectos metafísicos e lógicos. A forma não é uma natureza universal nem uma natureza comum; antes, é aquilo que na qualidade de princípio constitutivo concreto forma a matéria concreta: *"Quidditates sunt particulares partes particularium"*[43]. A forma é uma parte física, e não específica, do composto; também a matéria constitui uma parte física e positiva do composto. Por esta razão a matéria não pode ser pura potencialidade: como a forma, ela é um dado físico real e cognoscível como tal: *"Mirabile enim esset, ex quo materia est res aliqua positiva, si non posset apprehendi ab aliqua potentia"*[44].

---

41. Cf. texto anexo, Quodlibeta 6, 1.
42. Ordinatio Prol. q. 1, BB e HH.
43. I Sent. d. 2, q. 7, PP.
44. II Sent. q. 15, CC.

É óbvio que nesta interpretação do hilemorfismo não há lugar para um princípio de individuação. Para Ockham, cada coisa existente é, de per si, uma coisa individual. *Por isso não há sentido em se buscar uma causa da individuação; antes deve-se indagar a causa da universalidade ou generalidade conceptual: "Nec est quaerenda aliqua causa individuationis, nisi forte causae extrinsecae et intrinsecae quando individuum est compositum, sed magis esset quaerenda causa, quomodo possibile est aliquid esse commune et universale"*[45].

II. O homem

O que constitui o homem em seu ser particular é a alma intelectiva. Guilherme não duvida da existência desta alma, nem tampouco de que ela seja a forma do corpo. Todavia, não está persuadido de que possamos demonstrar esta verdade com razões naturais; admitimo-la exclusivamente pela fé.

Ockham descobre duas dificuldades principais na prova comumente aduzida em favor de uma forma intelectiva no homem. Em primeiro lugar, seria possível emitir um ato intelectual, ainda que a alma intelectiva não fosse forma do corpo. Portanto, mesmo se a alma não passasse de um motor do corpo, sem ser sua forma, poder-se-ia afirmar que o homem conhece mediante a alma intelectiva. – A segunda dificuldade está em não podermos verificar em nós qualquer ato puramente imaterial, procedente de uma forma imaterial em nós. Por isso não podemos provar com a só razão natural que a alma é uma substância imaterial. É verdade que a razão natural pode levar o filósofo a atribuir os atos cogitativos e volitivos a uma forma em que ele reconheceria evidentemente a forma do corpo; *entretanto, ele não a teria por imperecível nem por inextensa: "tamen talis diceret quod esset forma extensa et corruptibilis et generabilis"*. Donde se segue que nós, por vermos na alma *intelectiva* a forma do homem, nos sintamos mais autorizados a considerá-la como a forma do corpo: *"Si vero ponatur, sicut ponimus secundum veritatem, quod anima intellectiva, quae est forma immaterialis et incorruptibilis, sit in nobis et quod per eam intelligamus, tunc rationabilius est ponere ipsam fore formam corporis quam quod sit solum motor"*[46].

Desta forma intelectiva Guilherme distingue a alma sensitiva como forma realmente distinta; a alma sensitiva está intimamente ligada à vida do corpo, com a qual também perece: "In homine praeter animam intellectivam est ponere aliam formam, scilicet sensitivam, super quam potest agens naturale corrumpendo et producendo"[47]. E finalmente, *como terceira forma do composto humano, Guilherme admite a forma da corporeidade.* Pois no homem morto perdura o mesmo ser corporal que ele tivera em vida. Ockham acrescenta um argumento facilmente compreensível: sem a forma da corporeidade, os corpos mortos dos Santos já não seriam idênticos aos corpos vivos deles, e por conseguinte não deveriam ser venerados: *"Et ideo magis concordat cum fide ecclesiae ponere distinctionem inter istas formas quam unitatem"*[48].

---

45. I Sent. d. 2, q. 6, P.
46. Quodlibeta 1, 10.
47. II Sent. q. 22, H.
48. Quodlibeta 2, qq. 11-12.

Guilherme repulsa qualquer distinção entre as potências da alma intelectiva. As várias funções, mormente as do pensar e do querer, são exercidas por uma e a mesma alma, e não há razão para dividi-la, quer real ou formalmente, em outras tantas potências[49].

III. A vontade de Deus como fonte da moralidade

A norma suprema da doutrina de Ockham é o princípio da onipotência. Isto se patenteia, também, na sua ética. A norma derradeira da moralidade de um ato não pode encontrar-se fora de Deus; e, sobretudo, não pode encontrar-se fora da vontade divina. *O que Deus quer é bom porque Deus o quer*: *"Voluntas divina non indiget aliquo dirigente, quia illa est prima regula directiva et non potest male agere"*[50].

Para compreender esta asserção, é necessário lembrar que, para Guilherme, a vontade não significa algo de distinto em Deus, senão que é idêntica à mesma essência divina: *"Nulla penitus est distinctio inter essentiam et voluntatem, nec inter intellectum et voluntatem"*[51]. Tão logo que a vontade divina visa a um objeto outro que a própria essência de Deus, ou seja: tão logo que se inicia o domínio do contingente e do criado, principia também o domínio da liberdade divina. Ora, como vimos anteriormente, a criação das coisas é precedida por sua *excogitação* e criação no intelecto divino sob a forma de conteúdos mentais. *Este pensar ideativo de Deus é também a norma das essências, e portanto, do agir das criaturas, visto que a vontade de Deus se conforma ao seu conhecimento*. Mas Deus é um ser que age racionalmente; logo, também o seu querer é um querer racional: *"(Deus) dicitur rationabiliter operans"*[52]. Portanto o seu intelecto é a norma orientadora da Sua vontade[53].

Por isso a liberdade divina não é puramente arbitrária. Há uma *obrigatoriedade* em Deus; Ele não pode querer, nem portanto prescrever, o que envolve contradição. *De potentia ordinata* Deus pode tudo o que não contradiz à sua vontade *positiva*. E esta vontade positiva de Deus é um querer racional e ordenado, visto que em Deus a vontade é idêntica à razão.

Por conseguinte, se Guilherme afirma, por exemplo, que *de potentia Dei* seria possível que Deus aniquilasse uma criatura que lhe serviu fielmente, ele se refere àquela não contraditoriedade interna do agir hipotético de Deus; seu intuito é frisar o mais enfaticamente possível a soberania absoluta de Deus, sem negar, com isso, a justiça e a caridade divinas. Ockham quer atalhar o racionalismo excessivo, que transforma, com demasiada precipitação, as razões de congruência em razões de necessidade: *"Sicut Deus creat creaturam quamlibet ex mera voluntate sua, potest facere de creatura quidquid sibi placet. Sicut enim si diligeret Deum et faceret omnia opera Deo accepta, potest eum Deus annihilare sine aliqua iniuria; et ratio est, quia Deus nullius est debitor, et ideo ex hoc quod Deus facit aliquid, iuste factum est. Exemplum: Christus numquam peccavit et tamen fuit punitus gravissime usque ad mortem"*[54].

---

49. II Sent. q. 24, K.
50. III Sent. q. 13, B.
51. I Sent. d. 45, q. 1, C.
52. I Sent. d. 35, q. 5, P.
53. Cf. I Sent. d. 35, q. 6, K.
54. IV Sent. q. 9, E.

Demais, quando se afirma que Deus pode ordenar que o odiemos, isto significa, em primeiro lugar, que tal ordem não contém contradição; pois se fosse contraditória, ninguém, nem mesmo Lúcifer, seria capaz de proferi-la, visto que uma contradição não é passível de existência. E, além disso, não se deve esquecer que há uma norma suprema e absoluta de moralidade, que o homem jamais deve violar, e da qual não pode haver dispensa, a saber, a obrigação de cumprir a vontade de Deus, ou – o que vem a dar no mesmo – o dever de amar a Deus. Neste sentido, o ato de amor a Deus permanece sempre moralmente bom em sua essência, e nunca pode ser moralmente mau. Portanto – para exprimi-lo na forma mais mitigada –, se Deus ordenasse a um homem de não amá-lo, teríamos a seguinte situação: Se este homem, desobedecendo a Deus, o amasse, ele não o amaria e o amaria ao mesmo tempo, o que é impossível; se obedecesse a Deus e não o amasse, ele amaria a Deus e não o amaria, o que é igualmente impossível. Tal homem se encontraria, pois, numa absoluta *perplexidade* ética, e estaria impossibilitado de agir. E assim permanece válida a afirmação de que o ato de amor jamais pode ser eticamente mau: "*Nam ille actus est sic virtuosus, quod non potest esse vitiosus. Nec potest ille actus causari a voluntate creata nisi sit virtuosus: Tum quia quilibet pro loco et tempore obligatur diligere Deum super omnia, et per consequens ille actus non potest esse vitiosus; tum quia ille actus est primus omnium actuum bonorum*"[55].

Do exposto se vê que a ética de Ockham está longe de ser uma simples imposição de um querer cego, a que a vontade humana deve conformar-se; é certo, porém, que *ela implica uma ancoragem mais forte da moralidade na esfera pessoal,* ao invés de baseá-la na esfera anônima da *recta ratio* ou da natureza, e do agir conforme à natureza.

IV. A política

Em oposição às reivindicações desmedidas do poder temporal e do poder eclesiástico, representadas por Marsílio de Pádua de um lado, e pelos curialistas de outro, Ockham adere, em sua política, a uma corrente absolutamente moderada, e – segundo consta de uma série de pesquisas recentes – ortodoxa, pelo menos em suas linhas gerais. Ambos os poderes, o papal e o imperial, são autônomos em suas respectivas esferas; mas os dois poderes devem colaborar para o bem comum. Com Dante, Guilherme nutria o ideal de uma monarquia universal: "O verdadeiro zelador do bem comum é aquele, e só aquele, que deseja e se esforça, na medida que lho permite a sua posição, para que todo o mundo se sujeite a um só monarca"[56].

Apreciação

Ao formar um juízo sobre Guilherme de Ockham, o historiador da filosofia medieval não deveria basear-se na errada atitude político-eclesiástica do franciscano inglês, mas na análise objetiva de sua obra, que denuncia, a cada passo, o seu amor sin-

---

55. Quodlibeta 3, 13.
56. Breviloquium, lib. 4, c. 13; ed. Baudry, p. 126.

cero à verdade, o seu agudo tino crítico e o seu interesse pela realidade. Sua filosofia mereceria antes ser estudada que injuriada. No âmbito da fé, o *Venerabilis Inceptor* permanece fiel à tradição; em todas as questões filosóficas, porém, ele defende a causa da liberdade. Na sua doutrina sobre os universais Ockham desenvolve uma genuína *psicologia do conhecimento*, e nisso a sua epistemologia se destaca da dos seus predecessores, que se haviam limitado, em substância, a elaborar uma metafísica abstrata do conhecimento. Sob este aspecto ele prenuncia os tempos modernos. *Pela eliminação dos universais, Ockham despovoa a natureza de todas as entidades míticas, tornando-a ao mesmo tempo mais sóbria e mais interessante; doravante, o pesquisador irá ocupar-se, não já com o universal invisível, mas com a coisa individual, visível e imediatamente verificável.* Foi de Ockham que a época das ciências naturais e sua nova atitude perante a natureza derivou sua justificação teorética. Esta é também uma explicação possível para o fato de ter sido precisamente nos círculos nominalistas que o interesse pela Física tomou tão poderoso incremento.

O poder ordenado e o poder absoluto de Deus

Circa primum dico quod quaedam Deus potest facere de potentia ordinata et quaedam de potentia absoluta. Haec distinctio non est sic intelligenda quod in Deo realiter sint duae potentiae, quarum una sit ordinata, alia absoluta, quia unica est potentia in Deo ad extra quae omni modo est ipse Deus. Nec sic est intelligenda, quod aliqua potest Deus ordinate facere, et alia potest absolute et non ordinate, quia Deus nihil potest facere inordinate.

Sed est sic intelligenda, quod posse aliquid aliquando accipitur secundum leges ordinatas et institutas a Deo, et illa Deus dicitur posse facere de potentia ordinata. Aliter accipitur posse pro posse facere omne illud quod non includit contradictionem fieri, sive Deus ordinavit se hoc facturum sive non. Quia Deus multa potest facere, quae non vult facere secundum Magistrum libri I. Sententiarum dist. 43. Et illa dicitur posse de potentia absoluta. Sicut Papa non potest aliquid secundum iuris statuta ab eo quae tamen absolute potest.

Quanto ao primeiro ponto, digo que Deus pode atuar com poder ordenado ou com poder absoluto. Esta distinção não significa a existência, em Deus, de dois poderes reais, um dos quais fosse ordenado e o outro, absoluto; pois em Deus há um só poder *para fora*, que é inteiramente idêntico ao próprio Deus. Tampouco se deve entender que Deus possa fazer certas coisas ordenadamente, e outras absoluta e desordenadamente, porque Deus nada pode fazer desordenadamente.

Eis o sentido em que se deve entender aquela distinção: Às vezes a expressão *poder algo* significa: *segundo as leis ordenadas e instituídas por Deus*; e destas coisas se diz que Deus pode fazê-las com poder ordenado. Outras vezes *poder* significa *poder fazer tudo o que não implica contradição*, quer Deus tenha decidido fazê-lo, quer não. Pois Deus pode fazer muitas coisas que não quer fazer, como diz o Mestre (Pedro Lombardo) na 43ª distinção do 1º livro das Sentenças. E destas coisas se diz que Deus *pode fazê-las com poder absoluto.* Também o papa não pode fazer certas coisas em vista das leis por ele estatuídas; absolutamente falando, porém, ele pode fazê-las.

Ista distincto probatur per dictum Salvatoris Johannis 3: Nisi quis renatus fuerit ex aqua et Spiritu Sancto non potest intrare in regnum Dei. Cum enim Deus sit aequalis potentiae nunc sicut prius et aliquando aliqui introierunt in regnum Dei sine baptismo, sicut patet de pueris circumcisis tempore legis defunctis ante quam haberent usum rationis; ergo et nunc est possibile. Sed illud quod tunc erat possibile secundum leges tunc institutas, nunc non est possibile secundum legem nunc institutam, licet absolute sit possibile.

Quodlibet 6, q. 1.

A prova e a justificação desta distinção se encontra na palavra do Salvador (Jo 3): Quem não renascer da água e do Espírito Santo não pode entrar no reino de Deus. Ora, Deus possui, hoje, o mesmo poder que outrora; e outrora certos homens entraram no reino sem batismo, como consta dos meninos circuncidados no tempo da Lei, e falecidos antes de obterem o uso da razão; logo, ainda agora tal coisa é possível. Mas o que era possível naquele tempo, segundo as leis então em vigor, já não é possível agora, segundo a lei atualmente vigorante, embora seja possível, absolutamente falando.

A rejeição do aevum

Sic ergo dico quod in angelis non est mensura extensionis, quia in eis non est quantitas molis quae tali mensura mensuratur nec perfectionis, ita quod angelus unus sit mensura perfectionis aliorum angelorum. Sed sic potest dici Deus mensura perfectionis omnium angelorum, si per cognitionem Dei et creaturarum potest cognosci quod una sit perfectior, quia plus accedit ad perfectionem Dei quam alia. Et aliter non, sicut dictum est. Et ideo si esset aliquis angelus, qui sic se haberet ad alios angelos, ille posset dici mensura perfectionis angelorum.

Afirmo, pois, que os anjos carecem de toda medida de extensão, visto não haver neles nenhuma massa quantitativa, suscetível de ser avaliada com tal medida; tampouco há neles uma grandeza de perfeição, pela qual um anjo pudesse servir como medida da perfeição dos outros anjos. Mas Deus pode ser chamado a medida da perfeição de todos os anjos, se pelo conhecimento de Deus e das criaturas se puder verificar que uma é mais perfeita por se aproximar mais do que a outra da perfeição de Deus. E não em outro sentido, como já ficou dito muitas vezes. Portanto, se existisse um anjo que se encontrasse em tal relação para com os outros anjos, ele poderia ser chamado a medida da perfeição dos anjos.

Sed loquendo de mensura multitudinis, ilia potest poni in angelo. Et hoc per unitatem vel in conceptu vel in re, licet non per aliquod determinate, sicut supra dictum est in aliis quaestionibus.

Há, todavia uma medida aplicável ao anjo, a saber, a medida de multidão. E isto em razão de uma unidade conceptual ou real, posto que não em virtude de algum fator determinado, como já se disse acima, nas outras questões.

Sed loquendo de mensura durations, sic dico: Quod angeli mensurantur per tempus et non per aevum, nihil est. Nec est illud verum de virtute sermonis, Deus mensuratur aeternitate, quia est omnino immensus, quia non mensuratur per creaturam aliquam ut certum est, nec per essentiam suam, quia mensura et mensuratum debent distingui realiter ut supra dictum est.

In Sentent. 1. II, q. 13, F-G.

Com referência à medida de duração, digo o seguinte. Os anjos são medidos pelo tempo, e não pelo *aevum* (= eternidade criada), pela simples razão de que o *aevum* é inexistente. Nem sequer a expressão: *Deus é medido pela eternidade* é verdadeira no sentido literal, visto que Ele é totalmente imenso; com efeito, é certo que Deus não é medido, nem por qualquer criatura, nem por sua essência, pois que a medida e aquilo que é medido devem distinguir-se realmente, como ficou dito atrás.

CAPÍTULO II
AS CORRENTES FILOSÓFICAS DOS SÉCULOS XIV E XV

Com o ockhamismo a filosofia medieval atinge uma plenitude que sua história ulterior não conseguirá ultrapassar. Entramos agora para a época das grandes escolas. Depois do extraordinário progresso do pensamento cristão, ou, mais exatamente, depois da obra titânica de aprofundamento e dilatação do seu espaço vital, levada a termo pelas grandes figuras da Alta Escolástica até Guilherme de Ockham, inicia-se um período de fadiga intelectual. Já não há, quase, quem se aventure a explorar domínios propriamente novos. Em vista disso, limitamo-nos a delinear, panoramicamente, as correntes mais representativas desta época. Cumpre salientar, porém, que a Escolástica Posterior constitui um setor ainda pouco explorado da história do pensamento, sendo possível, e mesmo provável, que futuramente se lhe atribua uma valoração mais positiva. Para informações mais pormenorizadas, cf. UEBERWEG-GEYER & GRABMANN, M. *Geschichte der katholischen Theologie*, p. 92-122; 151-154; 161-172.

A escola mais importante é a nominalista, que conta numerosos seguidores, mormente entre o clero secular. A seu lado sobrevive, quase intacto, o averroísmo latino, oriundo de Pádua. Também as escolas de Santo Tomás e de Duns Escoto tomam novo impulso, principalmente no seio das ordens mendicantes.

§ 1. A Escola dos Nominales

Enquanto os adeptos de Santo Tomás, de Duns Escoto etc., os quais se consideravam os continuadores fiéis da tradição do século XIII, recebiam – de acordo com sua orientação – a denominação de *Reales* (defensores da realidade dos universais nas coisas) ou *Antiqui*, os nominalistas eram chamados *Nominales* ou *Moderni*. Aqueles seguiam a *Via antiqua*, estes, a *Via moderna*.

A *via moderna* ou a corrente dos *nominales*, que não se deve designar simplesmente como ockhamismo, não demorou em se fixar definitivamente na universidade de Paris, bem como em quase todas as universidades da Europa. Sucedia, por vezes, que as próprias autoridades civis se intrometessem nas tempestuosas lutas entre as várias correntes, auxiliando ora uma ora outra a conquistar a supremacia absoluta, ou, pelo menos, a lhes garantir a igualdade de direitos. Igualmente as rivalidades nacionais exerceram uma influência ocasional neste sentido; em Praga, por exemplo, os *nominais* ortodoxos foram desalojados pelos *reales* de orientação hussita. Em todo o caso, a via moderna apresenta um maior número de pensadores independentes, que não se sentiam comprometidos com nenhuma tradição de escola.

Entre os que indubitavelmente sofreram a influência imediata de Ockham devemos citar o franciscano inglês *Adão Wodham* (m. 1358), a quem Ockham parece haver dedicado a sua Lógica; entretanto, Wodham critica repetidas vezes as doutrinas do mestre; igualmente o dominicano inglês *Roberto Holkot* (m. 1349), cujo radicalismo excede em muito o de Ockham.

Gregório de Rimini (m. 1358), superior geral da Ordem dos Eremitas de Santo Agostinho, faz prevalecer em sua Ordem um nominalismo de cunho próprio; inspira-se, frequentemente, em Santo Agostinho.

Nicolau de Autrecourt (m. ca. 1350) representa um nominalismo radical; dá mostras de um ceticismo extremo em face de todas as afirmações não fundamentadas na percepção sensível. Abandona o conceito aristotélico da matéria e opta pelo atomismo. Aproxima-se perigosamente do averroísmo na questão das relações entre fé e razão. Recusa se sujeitar a qualquer autoridade humana. Não é a interpretação de textos aristotélicos, nem a cega adesão a eles que conduzirão ao progresso da ciência, mas unicamente a orientação pelas coisas e pelo que podemos apreender com certeza mediante os cinco sentidos e a experiência interna.

Pedro de Ailiy (1350-1420), cardeal de Cambrai (*Dominus Cameracensis*), ao contrário, torna a se aproximar de Ockham; contudo, exacerba-lhe as doutrinas de modo radical e manifesta tendências céticas.

Seu discípulo **Gerson** (1363-1419), enfastiado com as inúteis controvérsias escolares, dedica-se de preferência à mística.

Gabriel Biel (m. 1495), o organizador da universidade de Tubinga, pode ser considerado como o último ockhamista propriamente dito; no seu comentário às Sentenças ou *Collectorium* segue a doutrina de Ockham, não só em sua substância, mas ao pé da letra.

No que concerne à Lógica e à Física merecem destacados, nomeadamente, os três nominalistas João Buridano, Alberto de Saxe e Nicolau de Oresme.

João Buridano (nasc. em Bethune, antes de 1300; reitor da Universidade de Paris em 1327; falecido depois de 1358). Mostra pouco interesse pelas especulações teológicas. Empenha-se principalmente em arredar da Física as abstrações aristotélicas, já banidas da Metafísica por Guilherme de Ockham. Ao passo que Guilherme explicava o movimento da pedra, declarando que esta se move e continua em movimento enquanto não encontrar um obstáculo, Buridano recorre à teoria de um antigo comentarista. Segundo esta teoria, a pedra arremessada pela mão se move em virtude de um ímpeto recebido da mão (donde a *teoria do ímpeto*). O ímpeto comunicado ao corpo em movimento depende da rapidez do impulso e da massa do corpo movido. Buridano também emprega a teoria do ímpeto para explicar o movimento dos astros. Destarte as Inteligências Motoras se tornam supérfluas, sendo suficiente um impulso inicial por parte de Deus. Estas antecipações de ideias físicas modernas influenciaram inclusivamente a Galileu.

Alberto de Saxe (discípulo de Buridano; reitor da Universidade de Paris em 1357; primeiro reitor da Universidade de Viena; falecido em 1390). Sua contribuição mais importante para a ciência física se relaciona ao *problema da gravitação*. Alberto distingue entre um centro matemático e um centro físico, os quais não são necessariamente idênticos. Com relação à Terra, isto significa que *o centro da Terra não coincide com o centro de gravidade do mundo*. Todas as partes da Terra e todos os corpos ponderáveis tendem a fazer do seu centro de gravidade o centro do mundo inteiro. Alberto examinou, além disso, a velocidade da queda dos corpos; sua conclusão é que a velocidade cresce proporcionalmente ao espaço percorrido; e, embora ponderasse também a possibilidade de a velocidade crescer em proporção ao tempo, não chegou, contudo, a formular uma conclusão definitiva a este respeito.

Nicolau de Oresme (em Paris no ano de 1348; mestre de Teologia em 1362; bispo de Lisieux em 1377; falecido a 11 de julho de 1382). Nicolau foi um sábio, na verdadeira acepção do termo, e possuidor de vasta cultura. Escreveu tanto em latim como em francês e verteu algumas obras aristotélicas para o vernáculo. Interessou-se principalmente pelos problemas da astronomia. Devemos-lhe *três grandes descobertas. Estabeleceu com toda a clareza desejável a lei da queda do corpo, reconheceu o movimento diurno da Terra e concebeu a ideia de uma geometria analítica. Nicolau é o precursor direto de Copérnico*. Na dissertação *Traité du Ciel et du Monde* afirma explicitamente não ser possível demonstrar, quer pela experiência, quer pela observação, que só o Céu, e não a Terra, está sujeito a um movimento diurno; tampouco tal afirmação pode ser inferida pela razão; e, a seguir, apresenta várias razões de probabilidade em favor de um movimento diurno da Terra, e não do Céu. É verdade que a teoria da rotação da Terra já era conhecida antes de Nicolau, pois tanto Alberto de Saxe como Francisco de Mayronis atestam que no tempo deles houve quem a propusesse. Contudo, é em Nicolau que deparamos pela vez primeira uma afirmação positiva da teoria, seguida de uma fundamentação pormenorizada.

§ 2. O averroísmo

A despeito da enérgica oposição e das repetidas condenações sofridas no correr do século XIII, o averroísmo não deixou de ganhar terreno. Seu lugar de refúgio era a cidade de Pádua, onde os discípulos de Siger de Brabante continuaram a lhe dedicar uma fidelidade a toda prova. Os averroístas superaram os próprios teólogos em sua resistência contra toda espécie de inovação em matéria de Física. Hostilizavam sobretudo o nominalismo. Como se vê, os averroístas não foram os mais progressistas, mas antes os mais conservadores dentre os filósofos da época. *As objurgatórias comumente lançadas contra o aristotelismo intransigente dos escolásticos atingem menos a estes do que aos seguidores de Siger*, com sua tediosa insistência nas suas teses fundamentais, em flagrante antagonismo não apenas com o dogma, mas com a própria razão. A tudo isto acresce ainda, entre os averroístas posteriores, um certo ceticismo em face das verdades da fé; o representante mais notável desta atitude se nos depara em João de Janduno.

João de Janduno (fal. em 1328; adversário do papa e asilado na corte de Luís da Baviera) não admite, por princípio, senão duas fontes do saber: a razão e a experiência. Na realidade, estas duas pretensas fontes do conhecimento se identificam à filosofia de Averróis, em quem João vê o amigo mais perfeito e o paladino por excelência da verdade filosófica. Mostra pouco interesse pela verdade teológica, chegando quase a menosprezá-la. Limita-se a constatar as contradições entre a razão e a revelação; não só se abstém de removê-las, como até se confessa expressamente incapaz para tanto. Por este motivo o averroísmo de João deve considerar-se como o precursor do racionalismo e do liberalismo modernos.

Segundo parece, o averroísmo foi introduzido em Pádua por *Pedro Albano* (1250-1315). Desde então esta cidade conta com uma tradição averroísta ininterrupta. De Pedro Albano parece descender também o averroísmo cristão do século XV, cujo representante mais conspícuo é *Caetano de Thiena* (m. 1465). Desde o início do século XVI, porém, o averroísmo de Pádua começa a adotar aquelas mesmas atitudes mesquinhas que já reinavam, há algum tempo, entre os averroístas de Paris. Só a Física de um Galileu, e uma série de longas e exasperadas polêmicas, seriam capazes de impor a estes homens *da razão e da experiência* uma Física baseada na razão e na experiência.

§ 3. As escolas clássicas

Como era natural, o declínio da energia especulativa nos séculos XIV e XV condicionou o aparecimento de toda uma geração de comentaristas e autores de compêndios. Não obstante a escassa originalidade destes autores, deparamos com algumas realizações notáveis, mormente em direção a uma sistematização ulterior do patrimônio doutrinal da Escolástica.

I. *A escola tomista*

Por determinação de vários capítulos gerais (Milão, 1278; Paris, 1268; Saragoça, 1309) os lentes da Ordem dominicana viram-se obrigados a adotar a doutrina de Santo Tomás; mais tarde este preceito iria ser acrescido até mesmo de um compromisso juramentado. Em consequência disso – e apesar de toda oposição, que não tardou a ser vencida –, a Ordem se encontrou munida, desde cedo, de uma doutrina uniforme e compacta, e animada, mais do que qualquer outra, do princípio da mais absoluta exclusividade. A seguir citamos alguns nomes dentre os numerosos tomistas, cujos escritos em grande parte ainda permanecem inéditos.

João Quidort (Dormiens, m. 1306) é, segundo Grabmann, a personalidade mais saliente e erudita da antiga escola tomista de Paris.

Hervaeus Natalis (Hervé Nédelléc, m. 1323) foi Mestre Geral da Ordem dominicana. Empenhou-se pela canonização de Santo Tomás e lhe defendeu a doutrina contra Henrique de Gand e Durando de S. Porciano, mormente na obra intitulada *Defensio doctrinae fr. Thomae.*

Tomás de Sutton (fal. depois de 1350) "pertence aos representantes mais claros e multiformes da antiga escola tomista" (Grabmann); é, provavelmente, o autor do *Liber propugnatorius contra Ioannem Scotum.*

O verdadeiro florescimento da escola tomista, porém, começou no século XV. Dentre o grande número de tomistas, cuja força reside na interpretação e nos comentários aos escritos de Santo Tomás, mencionemos: *João Capreolo* (1380-1444), o *princeps thomistarum; Francisco de Vitoria* (fal. 1546), o fundador da escola tomista espanhola, e seus discípulos *Domingos Soto* (fal. 1560) e *Melchior Cano* (fal. 1560). E, enfim, o comendador por excelência de Santo Tomás, *Caetano* (fal. 1534).

Para concluir, mencionemos ainda os nomes de Egídio Romano e de Dionísio Cartusiano que, no mínino, se avizinham da escola tomista.

Egídio Romano (fal. 1316) segue, na doutrina filosófica das distinções, quase exclusivamente a Santo Tomás. Nem por isso deixou de transmitir à escola de sua ordem (os Eremitas de Santo Agostinho) valiosos elementos da antiga escola franciscana e do agostinismo em geral. Como autor político-eclesiástico defendeu a soberania absoluta do Papa em sua obra *De ecclesiastica sive de summi pontificis potestate.* Outra obra importante de Egídio é *De regimine principum,* muito difundida na Idade Média, e traduzida em quase todas as línguas europeias.

Dionísio Cartusiano (Doctor extaticus, fal. 1471 em Roermund). À sua infinita diligência e extraordinária erudição devemos uma vasta coleção das opiniões dos corifeus da Alta Escolástica. Suas obras, que compreendem 42 volumes em quarto, e sobretudo o seu comentário às Sentenças, constituem a melhor fonte de informações acerca das opiniões dos escolásticos do século XIII e das suas doutrinas sobre o problema da distinção.

II. A escola escotista

Em contraposição aos dominicanos, os franciscanos hesitaram longamente na escolha de um chefe de escola. Só em 1593 o capítulo geral de Valadolid erigiu o ensinamento de Duns Escoto em doutrina da Ordem. Contudo, já no século XIV deparamos uma escola escotista bastante numerosa e extremamente coesa, com muitos representantes dentro e fora da ordem. Também aqui citamos apenas alguns poucos nomes (cf. BERTONI, A. *Le bienheureux Jean Duns Scot,* sa vie, sa doctrine, ses disciples. Levanto, 1917, p. 433-465).

Antônio Andréa (fal. 1320) é o autor de uma *Expositio in Metaphysicam* que foi atribuída, por longo tempo, a Duns Escoto.

Francisco de Mayronis (Doctor illuminatus, fal. 1325) elaborou, entre outras, a doutrina da distinção formal. Seu comentário sobre as Sentenças (*Conflatus*) gozou de grande fama, sendo amplamente difundido.

Pedro Tartareto, reitor da Universidade de Paris em 1490, compôs vários comentários sobre as Súmulas de Pedro de Espanha (é em Tartareto que se encontra a primeira referência à *pons asinorum*, atribuída a Buridano), e sobre as obras de Duns Escoto.

Alguns outros comentaristas afamados são: *Francisco Liqueto* (Lychetus, fal. 1520) e, principalmente, o irlandês *Maurício a Portu* (fal. 1520).

Um pensador mais independente, ainda que decisivamente influenciado por Duns Escoto, é o matemático, filósofo e teólogo *Tomás Bradwardine* (Doctor profundus, arcebispo de Cantuária, fal. 1349). Seguindo no encalce de Roberto Grosseteste, dedicou-se conscientemente a cultivar a herança da escola franciscana de Oxford, juntamente com a de Agostinho, de Anselmo e a do neoplatonismo da escola de Chartres.

CAPÍTULO III
NICOLAU DE CUSA

No término da Idade Média se destaca uma última grande figura de pensador, que em mais de um aspecto retém uma posição verdadeiramente singular. O processo de fossilização vai-se acentuando sempre mais na totalidade das escolas. Terminam por polemizar, com argumentos quase sempre idênticos, em torno de problemas obsoletos. E tudo isso num latim que iria provocar a derisão dos humanistas. Em teologia prevalece o elemento lógico de uma filosofia formalizada, que se move num mundo de fórmulas abstratas, e quase sem contato fecundo com os problemas do tempo e da vida concreta. A esta escolástica *dos aristotélicos* se contrapõe com plena consciência o derradeiro dos grandes pensadores medievais, Nicolau de Cusa.

Vida – Nicolau, cujo cognome é Chryffs ou Krebs, nasceu em Cues sobre o Mosela em 1401. Estudou em Deventer (com os Irmãos da Vida Comum), Heidelberg (1416) e Pádua (1418-1423), onde conheceu o cardeal-Legado Cesarini, seu futuro amigo e protetor. A princípio Nicolau se interessou principalmente pela ciência do Direito, mas estudou também com grande fervor as ciências naturais. Após a promoção, e havendo perdido seu primeiro processo, voltou-se inteiramente para a teologia; ordenou-se sacerdote em 1430. Em 1432 o encontramos no Concílio de Basileia, onde adere ao partido conciliar. Todavia, ao se efetuar a ruptura aberta e ao se iniciar a luta contra Eugênio IV, Nicolau se colocou ao lado do papa. Em 1438 participou da delegação enviada à corte imperial grega, visando a reunião das Igrejas grega e romana. Na viagem de retorno recebeu a inspiração de sua obra mestra *De docta ignorantia*. Como legado pontifício na Alemanha, empenhou-se ativamente pela defesa dos direitos papais e pela reforma da Igreja junto às dietas de Mogúncia, de Nueremberga e de Francforte. Em 1450 foi nomeado bispo e cardeal de Brixen por Nicolau V, como também visitador e reformador dos conventos da Alemanha. Suas funções envolveram-no em contendas políticas com o arquiduque Sigismundo, do Tirol; chegou mesmo a ser encarcerado. Faleceu longe da sua diocese, em Todi na Umbria, aos 11 de agosto de 1464. Seu túmulo se encontra na Igreja de São Pedro in Vincoli em Roma.

Dotado de índole gentil e delicada, Nicolau se prestava antes à contemplação e ao recolhimento do que às lutas políticas. É possível que este traço do seu caráter seja responsável também por sua aparente incoerência de atitudes no Concílio de Basileia. Seus objetivos foram sempre a conciliação e a paz; seu ideal se resumia no desejo de promover uma verdadeira *concordantia catholica*, sobre a qual soube discorrer com grande eloquência. Sua biblioteca, que ainda se conserva em Cues, denota-lhe a grandeza de espírito.

Obras (seleção) – *De docta ignorantia* (em três livros; cf., mais adiante, a sinopse do seu conteúdo), 1440.

De coniecturis (em dois livros), uma contraparte ao "De docta ignorantia"; trata principalmente da inexatidão do conhecimento humano (1440).

Apologia doctae ignorantiae discipuli ad discipulum. Composta pelo próprio Nicolau (o diálogo entre o discípulo e o autor é uma ficção literária) contra as investidas de João Wenck, em 1449.

Outras obras vêm citadas sob as epígrafes: "Edições".

Edições – Última edição crítica, ainda incompleta: *Nicolai de Cusa opera omnia* iussu et auctoritate Academiae Litterarum Heidelbergensis ad codicum fidem edita, Lipsia, Felix Meiner. Até a presente data apareceram: Vol. I: De docta ignorantia libri tres; ed. de E. Hoffmann e R. Klibansky, 1932; Vol. II: Apologia doctae ignorantiae, editado por R. Klibansky, 1932; Vol. V: Idiota de sapientia, de mente, de staticis experimentis, edit. por L. Baur, 1937; Vol. XI/1: De beryllo, edit. por L. Baur, 1940; Vol. XIII: Directio speculantis seu de non aliud, edit. por L. Baur e P. Wilpert, 1944; Vol. XIV: De concordantia catholica, edit. por G. Kallen, Liber 1 et 2, 1939-1941.

Informações sobre edições mais antigas: De docta ignorantia (Hoffmann-Klibansky), p. 29.

Traduções – *De la docte ignorance,* trad. francesa de L. Moulinier. Alcan: Paris, 1930. *Of Learned Ignorance,* trad. inglesa de Germain Heron, O.F.M. Londres: [s.e.], 1954.

Bibliografia – À guisa de introdução ao estudo de Nicolau de Cusa se recomendam: MENNICKEN, P. *Nikolaus von Kues.* Hellerau: J. Hegner, 1932; GANDILLAC, M. de. *La philosophie de Nicolas de Cues.* Paris: [s.e.], 1941.

§ 1. De docta ignorantia

A obra-mestra do Cusano é, sem contestação, *De docta ignorantia.* A fim de dar uma ideia geral da obra, e de acautelar o leitor contra uma interpretação errônea do seu sentido, importa examinar, antes de mais nada, o que o autor entende por *douta ignorância.*

I. A douta ignorância

Qual será o sentido desta obra de Nicolau? As poucas indicações que nela encontramos não bastam para dar uma resposta cabal a esta pergunta. É na *Apologia doctae ignorantiae,* composta em réplica aos ataques violentos de João Wenck, que vamos encontrar uma exposição pormenorizada sobre a verdadeira significação da *douta ignorância.*

1. O sentido socrático da douta ignorância – Nicolau faz sua a máxima socrática: Eu sei que nada sei. É verdade que os adversários de Sócrates afirmam saber alguma coisa; na realidade, porém, nada sabem. Sócrates, ao contrário, sabe que nada sabe. De forma que ambos têm algo em comum: a ignorância. E, no entanto, há uma diferença entre o não saber de Sócrates e o dos seus adversários. Onde estará esta diferença? O Cusano responde que *há entre eles a mesma relação que existe entre alguém que conhece o sol de vista e o cego que não o conhece de experiência própria.*

Um cego pode ter ouvido dizer muitas coisas sobre a luz do sol e sua claridade insuportável; talvez até creia saber algo sobre a luz solar, pelo que lhe contaram; de fato, porém, o seu conhecimento a este respeito é nulo. *"Videns vero de solis claritate, quanta sit interrogatus, respondet se ignorare et hic ignorantiae scientiam habet, quia, cum lux solo visu attingatur, experifur solis claritatem visum excellere"*[1]. Portanto, a diferença entre aquele que desconhece a sua ignorância e aquele que a conhece está em que o primeiro nada sabe, porque lida apenas com palavras, sem atingir a própria realidade do objeto; ao passo que o segundo se dá conta da deficiência das suas palavras, por haver atingido a realidade do objeto e por reconhecer sua total impotência perante ela.

O indivíduo inconsciente de sua ignorância se limita a repisar fórmulas sem vida; adere cegamente à tradição da sua escola, crendo ser teólogo só por saber *falar* como os outros costumam falar, embora faleça da menor vivência do verdadeiro sentido das fórmulas que emprega. Aquele que reconhece a sua ignorância e insuficiência perante a realidade última sabe, pelo menos, que deve silenciar: *"Versantur enim paene omnes, qui theologiae studio se conferunt, circa positivas quasdam traditiones et earum formas, et tunc se putant theologos esse, quando sic sciunt loqui uti alii, quos sibi constituerunt auctores; et non habent scientiam ignorantiae lucis illius inaccessibilis, in qua non sunt ullae tenebrae. Sed qui per doctam ignorantiam de auditu ad visum mentis transferuntur, illi certiori experimento scientiam ignorantiae se gaudent attigisse"*[2].

2. O sentido místico da douta ignorância – No exposto já se anuncia um novo tema da douta ignorância. Que é aquilo que nos conduz a este contato vivo com a realidade divina? Não será o intelecto raciocinante: *"Logica igitur atque omnis philosophica inquisitio nondum ad visionem venit"*[3]. A ciência inventada com vistas às disputações escolásticas e outras formas de logomaquia visa apenas vitórias verbais; enche-se de vaidade e se alonga daquela outra ciência que corre em busca de Deus, nossa verdadeira paz. *Esta outra ciência da douta ignorância é a teologia mística, que nos põe em contato com Deus:* "*Mystica theologia ducit ad vacationem et silentium, ubi est visio, quae nobis conceditur, invisibilis Dei*"[4]. Tal contato com a verdade absoluta só nos é dado num arrebatamento (*raptus*!) subitâneo, assim como o olho corporal só instantaneamente pode mirar o brilho do sol que não apreendemos[5].

Com esta concepção, o Cusano se associa à torrente mística que, mormente desde os tempos de Dionísio, vem banhando os domínios da teologia cristã. Nicolau sabe que suas ideias se afinam com as do Areopagita, conquanto declare não haver derivado dele a ideia da douta ignorância[6]. Como Dionísio, e a exemplo de Moisés, dispõe-se também ele a penetrar na caligem da divindade à mão da douta ignorância: *"Tunc enim reperitur Deus, quando omnia linquuntur; et haec tenebra est lux in Domino. Et in illa tam docta ignorantia acceditur propius*

---

1. Apologia doctae ignorantiae p. 2, 20ss.
2. Ibid., p. 2, 24ss.
3. Ibid., p. 14, 24.
4. Ibid., p. 7, 25ss.
5. Ibid., p. 12, 4s.
6. Ibid., p. 12, 19s.

ad ipsum uti omnes sapientes et ante et post Dionysium conati sunt"[7]. Dentre estas grandes autoridades do Cusano se destacam: Máximo o Confessor, Hugo de São Vítor, Roberto Grosseteste, João Scotígena (Erígena) e o Abbas Vercellensis (Tomás Gallus); todos eles escreveram comentários sobre a teologia mística[8].

3. A douta ignorância como método – O sentido socrático e místico irá servir de base para o método da douta ignorância, que domina e caracteriza a obra de Nicolau. O nosso saber conceptual é sempre mais ou menos superficial e sofre de uma falta radical de exatidão[9]. *O método de que dispomos para nos acercar da verdade das coisas intramundanas e supramundanas é meramente aproximativo; cumpre pois não perder de vista que a realidade última permanece inacessível aos nossos conceitos.*

Todo progresso no conhecimento da verdade se efetua a partir do certo para o incerto, do conhecido para o desconhecido, mediante *conclusões proporcionais*. O conhecimento certo serve de base proporcional para aquilo que ignoramos: "*Omnes autem investigantes in comparatione praesuppositi certi proportionabiliter incertum indicant; comparativa igitur est omnis inquisitio, medio proportionis utens*". Se a comparação for fácil e clara, em razão da afinidade entre o certo e o desconhecido, a potência judicativa atingirá prontamente a conclusão; se, ao contrário, houver um grande número de elementos intermédios, a conclusão analógica se torna mais difícil. E visto não ser finito o número dos elos intermediários entre um dado finito e o infinito, este nos queda essencialmente desconhecido: "*propter quod infinitum ut infinitum, cum omnem proportionem aufugiat, ignotum est*"[10].

O fim último do nosso saber, ao qual nos guindamos laboriosamente mediante a proporção e em particular pelas analogias matemáticas, será pois forçosamente um não saber, mas um não saber ciente e consciente, um não saber convencido de que o objeto proporcionalmente conhecido se perde na caligem do infinito. É a este conhecimento que o cardeal tenciona conduzir o seu leitor, pela dialética singular das reflexões matemáticas; sua intenção é partir do que é seguro, principalmente na matemática, para nos dar a perceber que, elevado a uma proporção infinita, o próprio dado matemático se torna incompreensivel.

II. Exposição sumária do "De docta ignorantia"

Divide-se a obra principal do Cusano em três livros, cujo conteúdo passamos a expor em forma de esboço. A teodiceia, objeto do primeiro livro, será tratada mais detidamente no 2º parágrafo.

1. Livro primeiro: Deus – A grandeza absoluta, que só pode existir como unidade, coincide com o mínimo, devendo ser qualificada como a coincidência dos opostos. Neste máximo deve haver, a par da unidade, a igualdade e o ligame, e, por conseguinte, uma triunidade. A co-

---

7. Ibid., p. 20, 2s.
8. Ibid.
9. Cf. texto anexo.
10. De docta ignorantia I, 1; p. 5, 14ss.

incidência dos opostos, que permanece essencialmente inconcebível, pode ser elucidada, até certo ponto, por meio de analogias matemáticas. E assim chegamos a vislumbrar que em Deus se encontra, em ato, toda a realidade, e isto em forma infinita, assim como todas as figuras geométricas coincidem e atingem sua perfeição na linha reta infinita. Contudo, tais imagens matemáticas não nos devem iludir sobre a incompreensibilidade essencial de Deus. É verdade que as religiões formulam enunciados positivos sobre Deus, como, aliás, não poderiam deixar de fazer; todavia, elas apreendem apenas a relação de Deus para com a criatura, e não o ser de Deus em si. Por esta razão a teologia afirmativa requer necessariamente a teologia negativa da douta ignorância, como se vê em Dionísio.

2. Livro segundo: O universo – À unidade primeira se opõe uma segunda unidade que, conquanto não seja uma unidade absoluta ou unidade de simplicidade, é contudo uma unidade na multiplicidade, a saber, o universo. Este universo (ou *totalidade*) deriva de modo inteiramente incompreensível da unidade absoluta, que tudo encerra em si e que apenas *desdobra* o que nela se contém de maneira absolutamente simples. E visto que este desdobramento do Absoluto no universo se efetua exclusivamente dentro de limites específicos e de maneira concreta, é-nos permissível concluir que o universo constitui um efeito do Absoluto, e que é possível redescobrir neste mundo a imagem do Máximo. Com efeito, neste mundo tudo está em todos (*quodlibet in quolibet*), pois Deus é tudo em todas as coisas, e todas as coisas estão nele. Segue-se, ademais, que o universo deve existir, não como unidade absoluta à maneira de Deus, mas como unidade derivada, que é caracterizada pelo número dez. Além disso, o mundo deve traduzir uma estrutura trinitária, e constituir, ele mesmo, uma trindade que se manifesta na potencialidade da matéria, na atualização da matéria pela forma e na força unificadora do movimento natural, tendente à união amorosa. Todavia, neste mundo assim unido, onde coisa alguma pode existir sem a outra, as coisas são contudo tão diversas que nenhuma delas é perfeitamente igual a outra. Pela mesma razão não pode haver um ponto fixo e imóvel no centro do mundo; antes, este coincide com a circunferência e com os limites do mundo. Tampouco a Terra pode ser imóvel ou ocupar o centro do mundo, como a esfera das estrelas fixas não pode ser o limite do mundo. Enfim, depois de dissertar sobre as características da Terra, que ele diz ser um astro entre outros astros, Nicolau finaliza com uma alusão à disposição admirável dos elementos, a qual se deve ao fato de Deus haver criado o mundo de acordo com as leis da aritmética, da geometria, da música e da astronomia.

3. Livro terceiro: O Cristo – O abismo infinito que medeia entre o máximo absoluto e o ser das coisas, confinado nos limites do específico e do categorial, é franqueado no Cristo, que reúne em si o absoluto e o concreto, e que é por isso mesmo o máximo absoluto e concreto. Ápice de toda a ordem criatural, ponto de convergência do máximo e do mínimo, da soberana sublimidade e do sumo rebaixamento, plenitude da perfeição do universo, Cristo é o medianeiro pelo qual, unicamente, o homem chega à união com a Divindade. Se nos acercarmos de Cristo com as devidas disposições penetraremos, com Ele, naquela escuridão misteriosa, onde sabemos encontrar-se a montanha mística onde é bom se demorar. Dali cumpre ao homem se aproximar gradualmente, pela ascensão mística, da absoluta espiritualidade de Deus. Visto, porém, que a plenitude da igualdade com o Homem-Deus é inatingível ao homem individual, embora guiado pela fé, mister se faz a união de muitos no Corpo de Cristo, que é a Igreja. Quanto maior for esta união, tanto mais íntima será sua coincidência com o ápice do universo, que é Cristo, e, por Ele, com Deus.

§ 2. Deus como o Máximo

Nada mais apto, para nos dar uma ideia exata das especulações do Cusano, do que acompanhá-lo através de sua Teodiceia, exposta no primeiro livro da *Docta ignorantia*.

I. Deus como o máximo e o mínimo

1. A coincidência do máximo com o mínimo – Se por máximo entendermos aquilo que é tudo o que pode ser e tudo o que de qualquer modo é suscetível de ser, ou seja, o que contém em si a realização de toda possibilidade imaginável, de modo a se encontrar em ato absoluto, forçosamente se há de excluir dele, em virtude de sua própria definição, toda e qualquer forma de possibilidade. Logo, não pode ser maior do que é. Pela mesma razão não pode ser menor, porquanto possui tudo, e é tudo aquilo que pode ser; por isso lhe é totalmente impossível ser menor. Ora, o mínimo é aquilo que não pode ser menor do que é (*quo minus esse non potest*). E visto que o máximo não pode ser menor, ele coincide com o mínimo[11].

A fim de esclarecer esta coincidência, o Cusano faz uso de uma experiência mental de tipo matemático. Contraia-se o máximo e o mínimo à simples quantidade; isto é, extraia-se do gênero máximo-mínimo a espécie de quantidade. A quantidade máxima é maximamente grande (*maxima quantitas est maxime magna*); a quantidade mínima é maximamente pequena (*minima quantitas est maxime parva*). Se, agora, tornarmos a prescindir da quantidade – que, aliás, não passa de uma espécie no domínio do máximo e mínimo –, e subtrairmos o *grande* e o *pequeno*, a equação restante será: *Maximum est maximum* e *Minimum est maximum* logo, ambos coincidem.

Disso decorre que os opostos *máximo e mínimo*, enquanto opostos, não convêm senão às coisas cujo ser é suscetível de um *mais* e de um *menos*, ou seja, às coisas que mutuamente se excedem. *O máximo absoluto, ao contrário, é superior a toda oposição: ele contém os opostos, não em oposição, mas em coincidência*. Donde deflui, outrossim, que ele se encontra acima de toda afirmação e de toda negação, pois nele a afirmação e a negação coincidem; dele se pode dizer que é e que não é. Esta coincidência é incompreensível ao nosso entendimento, por pertencer, propriamente, ao âmbito da ignorância: "*Supra omnem igitur rationis discursum incomprehensibiliter absolutam maximitatem videmus infinitam esse, cui nihil opponitur, cum qua minimum coincidit*"[12].

2. A unicidade do máximo – *Na série numérica não há um máximo absoluto; se o houvesse, a própria ordem cósmica se tornaria problemática.*

Sem o número, que por sua mesma natureza comporta um *mais* ou um *menos*, seria impossível haver distinção, ou ordem, ou comparação, ou relação, ou harmonia; impossível seria também a própria multiplicidade das coisas. Demais, é impossível que as coisas deste mundo

---

11. De docta ignorantia I, 4; p. 10, 11ss.
12. Ibid., I. 4; p. 11, 16s.

existam em número infinito; embora o seu modo de existência seja o melhor possível dos que são conciliáveis com sua essência (*et quoniam omnia sunt eo meliori modo, quo esse possunt*[13]), contudo, este modo de existência é essencialmente inseparável da multiplicidade. Com efeito, se o número fosse realmente infinito, isto é, se existisse um número atualmente máximo (*maximus actu*), ele coincidiria com o mínimo, como já se provou. Em outros termos, não haveria número algum: "*In idem enim redit numerum infinitum esse et minimum esse*".

Na série numérica há um mínimo, a saber: a unidade (unitas*)*. Pois a ausência deste fundamento da série numérica tornaria impossível não só a ordem, como o próprio número. Pois bem: o máximo coincide com esta unidade, que outra coisa não é senão o mínimo: "*Et quoniam unitati minus esse nequit, erit unitas minimum simpliciter, quod cum maximo coincidit per statim ostensa*".

Todavia, a unidade que coincide com o máximo não pode pertencer à categoria do número. Visto que todo número comporta um *mais* ou um *menos*, nenhum número pode ser mínimo ou máximo. A unidade não é, pois, um número, senão que, enquanto mínimo, é o princípio (*Principium* no sentido de começo e origem!) de todo número, e enquanto máximo, é o fim último de todo número: "*est igitur unitas absoluta, cui nihil opponitur, ipsa absoluta maximitas, quae est Deus benedictus*"[14].

A unidade é pois um atributo da divindade: eis a conclusão necessária de nossa análise. É claro que esta unidade não deve ser confundida com o número enquanto ser de razão; antes, ela é um ser real que se encontra na origem de todos os outros seres: "*Nam uti numerus, qui ens rationis est fabricatum per nostram comparativam discretionem, praesupponit necessario unitatem pro tali numeri principio, ut sine eo impossibile sit numerum esse: ita rerum pluralitates ab hac infinita unitate descendentes ad ipsam se habent, ut sine ipsa esse nequeant; quomodo enim essent sine esse?*"[15]. Há uma íntima relação ontológica entre a unidade e o ser. Para o Cusano, a palavra *unitas* deriva do termo grego "ὤν": "*Unitas dicitur quasi* ὤντας *ab* ὤν *Graeco, quod Latine ens dicitur; et est unitas quasi entitas*"[16].

3. A estrutura trinitária do máximo – O máximo é necessariamente triúno e eterno, como já ensinava Pitágoras. Pois *unidade implica eternidade*. O tempo envolve a mutabilidade, e por conseguinte, a possibilidade para a diversidade ou alteridade (*alteritas*). Por isso a alteridade, como o número, está subordinada à unidade; o máximo, ao contrário, é anterior a todo número, e portanto transcende todo o tempo; logo, ele é eterno.

Igualdade implica eternidade. A desigualdade é posterior à igualdade; ora, a desigualdade e a alteridade existem simultaneamente, pois uma é inconcebível sem a outra. Logo, a igualdade é anterior à alteridade, e, portanto, ao tempo; logo, a igualdade é eterna.

---

13. Cf. ibid., II, 1; p. 65, 6s.
14. Ibid., I, 5; p. 11ss.
15. Ibid., p. 13, 6ss.
16. Ibid., I, 8; p. 17, 6s.

União implica eternidade. Pois a união (*connexio*) ou é a própria unidade, ou é causada por ela; a dualidade (*binarius*), ao contrário, ou é divisão, ou é causada por ela. Ora, a unidade é anterior à dualidade; logo, também a união é anterior à dualidade, e isto em virtude da eternidade que, como vimos, é anterior à alteridade; logo, também a união é eterna.

É impossível haver outros eternos que não estes três, posto que só eles convêm na unidade; toda determinação ulterior introduziria a multiplicidade na unidade, rompendo assim a unidade do máximo: "*Hinc unitas, aequalitas et connexio sunt unum. Et haec est illa trina unitas, quam Pythagoras omnium philosophorum primus, Italiae et Graeciae decus, docuit adorandum*"[17].

II. Meditações matemáticas sobre o máximo

1. A deficiência das imagens matemáticas

Terminadas as especulações sobre o máximo e o mínimo – inclusivamente sobre a geração do Filho e a processão do Espírito Santo – o Cusano nos convida a fazer um esforço para apreender com um simples olhar aquela unidade na trindade, e, por conseguinte, para descartar (*evomere* = cuspir fora!) todas as imagens da fantasia e todas as operações do pensamento: "*Hinc constat, quomodo evomere omnia imaginabilia et rationabilia necesse est Philosophiam, quae unitatem maximam non nisi trinam simplicissima intellectione voluerit comprehendere*"[18]. De modo particular é preciso prescindir de todas as representações matemáticas, pois no máximo a linha, a superfície, o círculo e a esfera coincidem[19].

Se acatarmos esta advertência, podemos usar das coisas sensíveis, e em particular dos conhecimentos matemáticos como ponto de partida para penetrar nos mistérios de Deus. Segundo a declaração inicial do Cusano, o nosso saber parte daquilo que é seguro e tem alguma proporção com o desconhecido. Ora, nada é mais seguro que a matemática. Por isso Nicolau se propõe seguir o exemplo dos antigos filósofos, e aplicar certas considerações matemáticas às coisas divinas[20]. Contudo, ele frisa expressamente o caráter simbólico destas meditações[21]. Nem poderia ser de outro modo, visto que operamos exclusivamente com proporções, que permanecem tão distantes da imagem (i. é., do Logos) e da proporção original, que sua dessemelhança com a imagem original ou protótipo continua a ser infinitamente grande, ao passo que a imagem de Deus (o Logos) é igual ao exemplar absoluto[22].

No curso destas reflexões cumpre não perder de vista que por meio delas intentaremos penetrar numa região situada acima e além das matemáticas. Faremos uso de figuras matemá-

---

17. Ibid., I, 7; p. 14-16.
18. Ibid., I, 10; p. 21, 11ss.
19. Ibid., p. 21, 16s.
20. Ibid., p. 23.
21. Ibid., p. 24, 15.
22. Ibid., p. 22.

ticas finitas, e – embora isto implique contradição – converteremos estas figuras finitas em proporções infinitas, e, o que é mais, em proporções realmente infinitas; ao mesmo tempo eliminaremos todos os conteúdos representativos, diligenciando por apreender o Absolutíssimo em sua infinidade e simplicidade: *"Et tunc nostra ignorantia incomprehensibiliter docebitur, quomodo de altissimo rectius et verius sit nobis in aenigmate laborantibus sentiendum"*[23].

2. Exemplos de meditações matemáticas

Se houvesse uma linha infinita, esta seria uma reta, um triângulo, um círculo e uma esfera; todas as figuras matemáticas coincidiriam nela. O mesmo sucederia com uma esfera infinita: ela seria círculo, triângulo e linha; da mesma forma o triângulo infinito ou o círculo infinito seriam idênticos às demais figuras.

Primeiramente é evidente que a linha infinita é reta, como se vê pela seguinte reflexão. O diâmetro do círculo é uma linha reta, e a circunferência é uma linha curva, maior que o diâmetro. Na medida em que se prolonga o diâmetro do círculo, a curvatura da circunferência decresce; em outras palavras, ela se aproxima sempre mais da linha reta. Pois bem: suponha-se um círculo máximo, ou seja, o maior círculo possível, e se terá uma linha com a mínima curvatura possível, ou seja, uma linha maximamente reta: *"Coincidit igitur cum maximo minimum, ita ut ad oculum videatur necessarium esse, quod maxima linea sit recta maxime et minime curva"*[24].

Em segundo lugar, a linha infinita é também um triângulo. Para prová-lo, o Cusano supõe demonstradas as seguintes proposições: (1) Não é possível haver mais de um máximo e infinito. (2) Um dos lados do triângulo é menor que a soma dos dois outros. Suponha-se, agora, que um dos lados de um triângulo seja infinitamente longo: é evidente que os dois outros lados não podem ser menores. Ora, é impossível haver vários infinitos; logo, as duas outras retas devem estar contidas naquela única reta infinita. E assim temos uma imagem da trindade: da unidade na trindade e da trindade na unidade: *"Transcendenter intelligis triangulum infinitum ex pluribus lineis componi non posse, licet sit maximus verissimus triangulus, incompositus et simplicissimus; et quia verissimus triangulus, qui sine tribus lineis esse nequit, erit necessarium ipsam unicam infinitam lineam esse tres et tres esse unam simplicissimam"*[25].

De modo semelhante o Cusano demonstra que, no infinito, o triângulo coincide com o círculo e com a esfera, a qual, por sua vez, torna a coincidir com a linha[26].

III. Deus como "complicatio" e "explicatio" das coisas

As especulações e analogias matemáticas deixaram claro que a linha infinita é a atualização infinita de tudo quanto se encontra em potência na linha finita. O mesmo ocorre com o máximo: ele contém todo o ser e toda a possibilidade de modo atual e em forma infinita: *"Quidquid enim possibile est, hoc est actu ipsum maximum maxime; non ut ex possibili est, sed ut maxime est"*[27].

---

23. Ibid., p. 24, 23ss.
24. Ibid., I, 13; p. 26, 9s.
25. Ibid., I, 14; p. 28, 4ss.
26. Ibid., 15; p. 29.
27. Ibid., I, 16; p. 30, 12s.

1. Deus como *complicatio* das coisas – Tudo o que há em Deus deve revestir uma forma soberanamente perfeita e acabada; donde se segue que Deus, como ser absolutamente simples, é a mais simples de todas as essências, e que Ele contém em si tudo o que há de positivo no ser[28].

O mínimo coincide com o máximo numa região onde toda oposição se anula, dando lugar a uma unidade perfeita de todos os contrastes; em outras palavras, *a unidade encerra todas as coisas*: "*Unitas igitur infinita est omnium complicatio; hoc quidem dicit unitas, quae unit omnia*"[29]. Ora, esta simplicidade é absoluta, e portanto absolutamente simples; logo, todas as coisas coincidem na absoluta simplicidade de Deus[30]. Daí decorre, outrossim, que o conteúdo essencial das coisas se encontra em Deus apenas como razão (*ratio*), exemplar ou ideia; e esta ideia é idêntica à própria essência divina; a aparente multiplicidade das ideias provém de fora, porque as coisas em sua multiplicidade refletem a unidade[31]. Nesta unidade da essência divina, incompreensível ao intelecto e atingível apenas pela ignorância, encerram-se todas as essências, não a modo de diversidade ou oposição, mas de absoluta simplicidade e identidade: "*Quis enim intelligere possit unitatem infinitam per infinitum omnem oppositionem antecedentem, ubi omnia absque compositione sunt in simplicitate unitas complicata, ubi non est aliud vel diversum, ubi homo non differt a leone et caelum non differt a terra, et tamen verissime ibi sunt ipsum, non secundum finitatem suam, sed complicite ipsamet unitas maxima?*"[32]

Para esclarecer esta relação, o Cusano recorre, mais uma vez, a uma analogia matemática. Suponhamos uma esfera infinita. Numa esfera infinita ou máxima o centro é igual ao diâmetro e ao perímetro; logo, ele é igual também às três linhas máximas – longitude, latitude e profundidade – que convergem no centro. Por isso o centro é aquilo que elas são, a saber: longitude, latitude e profundidade, em forma circular e totalmente simples. E nesta esfera infinita cada linha, cada triângulo e cada círculo é igual ao centro, de modo que o centro é anterior a toda latitude, longitude e profundidade, das quais ele é ao mesmo tempo o fim e o meio. De modo semelhante, o máximo está em ato de maneira absolutamente simples: "*Et sicut sphaera est actus lineae, trianguli et circuli, ita maximum est omnium actus. Quare omnis actualis existentia ab ipso habet, quidquid actualitatis existit, et omnis existentia pro tanto existit actu, pro quanto in ipso infinito actu est. Et hinc maximum est forma formarum et forma essendi sive maxima actualis entitas*"[33].

2. Deus como *explicatio* das coisas – Assim como os números se encerram na unidade, assim todas as coisas se encerram na unidade absoluta; e assim como a unidade numérica se desdobra nos números, assim a unidade absoluta se desdobra nas coisas. Na base de todos os números se encontra a unidade; do mesmo modo em todo existente se nos depara o máximo. O ponto é a unidade da quantidade: nele tudo se encerra ou *complica*, e seu primeiro desdobramento ou *explicação* é a linha. O repouso é

---

28. Ibid., p. 32, 3ss.
29. Ibid., II, 3; p. 69, 9s.
30. Ibid., I, 24; p. 49, 11ss.
31. Ibid., I, 17; p. 33.
32. Ibid., I, 24; p. 49, 14ss.
33. Ibid., I, 23; p. 46, 16ss.

a unidade do movimento (*qui est quies seriatim ordinata!*). O movimento é o desdobramento ou *explicação* do repouso, em que se encerra ou *complica* todo movimento. Todos os tempos estão compreendidos na presença, a diversidade está compreendida na identidade, a desigualdade na igualdade, as divisões ou distinções na simplicidade. Por conseguinte, tudo o que existe de multiplicidade, de movimento, de temporalidade, de diversidade, de desigualdade e de distinção nas coisas não é senão o desdobramento de sua perfeição em Deus, ou a existência contingente das perfeições infinitas de Deus na criatura: *"Deus ergo est omnia complicans in hoc, quod omnia in eo; est omnia explicans in hoc, quod ipse in omnibus"*[34].

Notemos que o Cusano não diz que as coisas são Deus, embora estejam em Deus e não sejam sequer concebíveis sem Deus; mas a *explicatio* acrescenta ao ser supratemporal e absoluto a existência concreta e criatural das coisas, diferenciando-as essencialmente de Deus.

Apreciação

Na pessoa de Nicolau de Cusa a filosofia cristã do século XV tenta romper, pela derradeira vez, com o racionalismo e o formalismo que caracterizam a orientação rígida e unilateral das escolas. Em contraste com a tradição aristotélica de quase todas as escolas, o Cusano reverte à herança neoplatônica, à escola de Chartres, a Dionísio Pseudo-Areopagita, a Escoto Erígena e à mística alemã. Suas exposições, a despeito de certas aparências panteísticas, admitem uma interpretação genuinamente teísta. E algumas observações ocasionais do Cusano não deixam a menor dúvida de que esta é a única interpretação correta de sua doutrina. Avessa a uma separação estrita da teologia, a filosofia do Cusano reveste um aspecto fundamentalmente místico.

A verdade absoluta é incompreensível

Quoniam ex se manifestum est infiniti ad finitum proportionem non esse est et ex hoc clarissimum, quod, ubi est reperire excedens et excessum, non deveniri ad maximum simpliciter cum excedentia et excessa finita sint. Maximum vero tale necessario est infinitum. Dato igitur quocumque, quod non sit ipsum maximum simpliciter, dabile maius esse manifestum est.

Sendo evidente que não há proporção entre o infinito e o finito, é igualmente evidente que ali onde se encontra um *mais* ou um *menos* não se chega ao simplesmente máximo, pois que as coisas suscetíveis de um *mais* ou de um *menos* são finitas, ao passo que o máximo é necessariamente infinito. Dando-se, pois, qualquer coisa que não seja o próprio máximo simples, é manifesto que se pode dar outra maior.

---

34. Ibid., II, 3; p. 10, 17ss.

Et quoniam aequalitatem reperimus gradualem, ut aequalius uni sit quam alteri secundum convenientiam genericam, specificam, localem, influentialem et temporalem cum similibus: patet non posse aut duo aut plura adeo similia et aequalia reperiri, quin adhuc in infinitum similiora esse possint. Hinc mensura et mensuratum, quantumcumque aequalia, semper differentia remanebunt.

Non potest igitur finitus intellectus rerum veritatem per similitudinem praecise attingere. Veritas enim non est nec plus nec minus, in quodam indivisibili consistens, quam omne non ipsum verum existens praecise mensurare non potest; sicut nec circulum, cuius esse in quodam indivisibili consistit, non-circulus. Intellectus igitur, qui non est veritas, numquam veritatem adeo praecise comprehendit, quin per infinitum praecisius comprehendi possit, habens se ad veritatem sicut polygonia ad circulum, quae quanto inscripta plurium angulorum fuerit, tanto similior circulo, numquam tamen efficitur aequalis, etiam si angulos in infinitum multiplicaveris, nisi in identitatem cum circulo se resolvat.

Patet igitur de vero nos non aliud scire quam quod ipsum praecise, uti est, scimus incomprehensibile, veritate se habente ut absolutissima necessitate, quae nec plus aut minus esse potest quam est, et nostro intellectu ut possibilitate. Quidditas ergo rerum, quae est entium veritas, in sua puritate inattingibilis est et per omnes philosophos investigata, sed per neminem, uti est, reperta; et quanto in hac ignorantia profundius docti fuerimus, tanto magis ipsam accedimus veritatem.

E sendo que a igualdade só se encontra em graus determinados, de modo que uma coisa se iguala mais a esta do que àquela, conforme a conveniência e diferença genérica, específica, local, de influência ou de tempo para com seus semelhantes, é evidente que não podem se encontrar duas ou mais coisas a tal ponto semelhantes ou iguais, que não possam ser ainda infinitamente mais semelhantes. Logo, por mais iguais que sejam a medida e a coisa medida, elas permanecerão diferentes para sempre.

Por esta razão, o entendimento finito não pode atingir a verdade precisa das coisas mediante a semelhança. Indivisível por natureza, a verdade exclui o *mais* e o *menos*, de tal forma que nada senão a própria verdade pode ser a medida precisa da verdade, assim como o círculo não pode ser medido senão pelo próprio círculo, por serem sua natureza uno e indivisível. Por isso o entendimento, que não é a verdade, jamais compreende a verdade com tanta precisão, que ela não pudesse ser compreendida com uma precisão infinitamente maior. O entendimento está para com a verdade como o polígono está para com o círculo: quanto maior for o número de ângulos inscritos no polígono, tanto mais semelhante ele será ao círculo; nunca, porém, chegará a ser igual a ele, mesmo que se lhe multiplicassem os ângulos ao infinito – a não ser que coincida com o círculo.

É evidente, pois, que tudo o que sabemos sobre a verdade tomada precisamente como tal, é que ela nos é incompreensível, visto que a verdade, que não pode ser nem mais nem menos do que é, é a mais absoluta necessidade, ao passo que o nosso intelecto, em contraste, é possibilidade. De forma que a quididade das coisas, que é a verdade ontológica, é inatingível em sua pureza, e, embora investigada por todos os filósofos, não foi encontrada por nenhum deles em sua verdadeira realidade. Quanto mais profundamente nos instruirmos nesta lição da ignorância, tanto mais nos aproximaremos da própria verdade.

De docta ignorantia, Lib. I, cap. 3; ed. Hoffmann-Klibansky, p. 8s.

CONCLUSÃO

As numerosas pesquisas históricas dos últimos decênios têm servido para ampliar e aprofundar de maneira impressionante os nossos conhecimentos da filosofia cristã. Todavia, o estado atual destes ainda não permite emitir um juízo definitivo sobre a sua originalidade, nem lhe avaliar o influxo sobre a filosofia e a cultura modernas. Não obstante isso, já dispomos de informações suficientes para estabelecer a inconsistência de certos preconceitos que continuam a persistir, com singular tenacidade, mormente nos meios ainda não familiarizados com a filosofia cristã.

1. A filosofia cristã não é uma simples repetição da filosofia antiga – Isto não quer dizer que ela nada deva à ciência grega. Muito ao contrário: Platão, Aristóteles e os neoplatônicos são os pedagogos dos pensadores cristãos, nos quais sobrevivem, na melhor acepção da palavra. No domínio da razão natural, os filósofos cristãos se consideravam, de modo mais ou menos consciente, como herdeiros legítimos do patrimônio ideológico dos Antigos, e como seus únicos continuadores autorizados. Jamais nutriam a ambição de criar uma filosofia rigorosamente nova ou inteiramente diferente. Contudo, a sua filosofia é algo mais do que mera ressurreição ou revivescência da filosofia antiga: é uma continuação *viva e vital* da mesma. Na filosofia cristã o legado cultural grego sobrevive em forma orgânica. Isto se deve, de um lado, a um processo orgânico-vital de intussuscepção, assimilação e elaboração, e, de outro, a um processo de cristianização, mediante um trabalho assíduo de eliminação e de remodelação.

Os elementos para este gigantesco processo de assimilação derivam, em substância, da filosofia greco-árabe; como o princípio vital informa a matéria, assim esta massa de ideias é informada e animada pela fé cristã e pela visão cristã da vida, que a transformam num conjunto novo e harmônico. Entre estas ideias cristãs que atuam como tantos fermentos cumpre ressaltar: o conceito cristão de Deus, a representação cristã do homem como unidade natural de corpo e alma, a ideia cristã da deficiência do homem natural e decaído, e, finalmente, a esperança cristã da elevação do homem a um estado de perfeição superior. Por isso o Deus da Suma Teológica de um Santo Tomás – a despeito de sua roupagem conceptual aristotélica – representa algo inteiramente diverso do Primeiro Motor: além e acima disto, Ele é um Deus de amor e o abonador por excelência das normas éticas. E por isso a ética cristã, a despeito dos múltiplos elementos estoicos nela incorporados, e não obstante os numerosos comentários à Ética de Aristóteles, é muito mais do que uma sistematização da antiga sabedoria da vida, já que ela tem por escopo a vida eterna e como remate a caridade, que outra coisa não é senão o amor a Deus. Uma revista completa da problemática da filosofia cristã nos depararia, a cada passo, com tais transposições de pontos de vista, e com semelhantes processos evolutivos, inspirados pelo espírito cristão[1].

---

1. Cf. GILSON, E. L'esprit de la philosophie medieval. 2 vols. Paris: [s.e.], 1931/1932.

2. A filosofia cristã não se resume em inúteis contendas de escola – Seria erro crasso responsabilizar a filosofia cristã em sua totalidade, ou a filosofia escolástica em particular, por certas manifestações de decadência entre os epígonos da Escolástica Posterior, onde, diga-se de passagem, também há exceções notáveis. Basta relancear os pensadores que acabamos de estudar para se reconhecer nesta acusação, não apenas um preconceito, mas uma calúnia grotesca. Um cotejo entre os períodos de florescimento da filosofia patrística e escolástica de um lado, e os pontos altos da filosofia moderna de outro, mostra à evidência que a primeira nada fica a dever à segunda. É verdade que a filosofia cristã tem suas escolas, como as houve em todos os tempos; teve-as até mais florescentes do que qualquer outro período filosófico. O que não é necessariamente uma desvantagem, pois seria injusto associar, indistintamente, ao termo *escola* a ideia de degenerescência. Não há dúvida que a aderência a determinada escola pode turvar a visão da verdade, como de fato sucedeu, com frequência, no correr da história. Por outro lado, a história da filosofia cristã, inclusive a da Alta Escolástica, registra outros tantos exemplos pelos quais se vê que, mesmo no seio das escolas, a reverência à verdade termina por levar a palma sobre as imposições escolares. Aliás, mesmo a adesão a uma escola pode constituir genuíno tributo à verdade; pois tal adesão pode denotar o propósito de se associar ao cortejo de um grande espírito, de preferência a ceder aos caprichos de uma especulação pretensamente livre e independente. Seja como for, as tradições escolares preservaram a filosofia cristã daquele radicalismo descomedido, que se julga no dever de derrubar tudo quanto se construiu no passado, para erigir, sobre as ruínas, um edifício filosófico inteiramente novo.

3. A filosofia cristã é mais do que uma apologia da fé – O problema das relações entre a ciência e a fé se depara, inevitavelmente, a todo cultor da filosofia cristã. Grande parte dos seus labores filosóficos se consomem na conciliação da revelação sobrenatural com as aquisições da razão. Mais ainda: pode-se afirmar que quase todos os problemas são encarados, de uma maneira ou de outra, pelo prisma da fé; entretanto, a tendência apologética é apenas o reverso do aprofundamento dos problemas. Com efeito, seria absurdo atribuir a mero interesse apologético as numerosas discussões de problemas da filosofia da natureza, às quais devemos indubitavelmente as origens, e quiçá a própria nascença da moderna visão do mundo; outro tanto se pode dizer do inegável progresso da Lógica nos séculos XII e XIV. O imenso influxo que a filosofia cristã exerceu sobre o Ocidente e sobre o nosso tempo seria inexplicável se ela não tivesse sido algo mais que um simples meio de defesa.

4. A filosofia cristã não é uma criação forçada ou artificial da Igreja – Foi só relativamente tarde que a autoridade eclesiástica começou a se interessar pela *serva* da teologia. Como se vê pela própria história, foi só raríssimas vezes que o influxo desta autoridade exerceu papel decisivo. Toda intervenção puramente externa se revela impotente em face do desenvolvimento vivo das ideias. Foi por esta razão que a Igreja, de preferência a limitar o âmbito dos estudos, sempre manifestou grande empenho em fomentá-los. Exemplo clássico da liberdade interna da filosofia cristã é a vitória do aristotelismo no século XIII, que, por sinal, foi obra de um santo. A filosofia cristã enveredou por um caminho próprio, não porque a Igreja lho prescrevesse, mas porque ela mesma, incrementada em ampla escala pela Igreja, logrou encontrá-lo por seus próprios esforços. A Igreja pôde renunciar tanto mais tranquilamente à tutela sobre a filosofia, quanto esta sempre dispôs de líderes bastante influentes para assegurar o triunfo da *sã* doutrina. Na verdade, um dos maiores títulos de glória da filosofia cristã é o fato de haverem os seus representantes mais conspícuos sabido unir em suas pessoas o ideal da santidade ao fulgor da ciência.

Se nos sentimos na obrigação de defender a filosofia cristã contra os preconceitos, tão injustificados quanto persistentes, que acabamos de discutir, *nem por isso iremos cair no extremo oposto dos que nela avistam a culminância absoluta e intransponível da filosofia*. O domínio da verdade é vasto, e nem mesmo a filosofia cristã, como criação humana que é, pode considerar-se imune ao erro; pois ela não é filosofia senão na medida em que representa uma obra genuinamente humana, e não um dom divino. Todos os grandes clássicos da filosofia tiveram viva consciência de suas próprias limitações. Sem dúvida, seriam eles os primeiros a repudiar toda tentativa de endeusamento de suas doutrinas como radicalmente incompatível com a sábia moderação que transluz, a cada passo, em suas obras. A história da filosofia cristã nos sugere a maneira mais eficaz de enfrentar os grandes problemas filosóficos: em contato vivo e constante com a ciência e a cultura contemporâneas. Apesar de se orientar pela fé, o pensador cristão trata de resguardar a liberdade indispensável à genuína filosofia, em oposição às restrições artificiais impostas pelos compromissos de escola, condicionados, frequentemente, por fatores de ordem irracional.

ÍNDICE ONOMÁSTICO

Abelardo 229, 249, 283, 295-316, 318, 322, 326, 329, 331, 334, 356, 363
Abdul Melek, califa 126
Adão de Marsh 381
Adão Parvipontanus 295
Adão Wodham 553
Adelardo de Bath 318, 378
Adeodato 141, 143
Adriano IV 326
Agostinho, S. 13, 16, 22, 27, 30, 48
Aguirre y Respaldiza 377
Alarico 141
Alberto de Saxe 553s.
Alberto Magno 114, 213, 319, 362, 376, 380, 384, 394-413, 448, 453s., 463, 482, 521, 553
Alcuíno 228
Alexandre (aluno de Clemente) 33
Alexandre de Afrodísias 215, 349
Alexandre de Hales 373, 380, 398, 414-420, 443
Alexandre de Jerusalém 49
Alfano A. de, arcebispo de Salerno 106
Alfarabi 350, 354s.
Algazel (Al-Gazâli) 350, 354
Alhazen 387
Almagesto 396
Amalrico de Bène 361
Ambrósio, S. 87, 139, 144, 246
Ameal, João 449
Amônio Sacas 48s., 55, 109, 111, 114, 127, 349
Amores, León 422
Anselmo, S. 16, 193, 203, 212, 250, 254-275, 295, 301s., 346, 363, 418, 440, 442, 452s., 489, 494, 502
Anselmo de Besate 251
Anselmo de Laon 306s.
Antônio Andréa 556
Aperribay, B. 422
Apolinário, bispo de Laodiceia 107
Apolófanes 55
Aristides de Atenas 26
Aristóteles 14-16, 21, 42s., 88, 107, 109s., 114, 127, 145, 210, 214, 216-218, 222, 235, 237, 249, 252, 259, 295, 299, 304, 306, 310, 315, 319, 321, 324, 327, 329-332, 349-351, 357, 359-361, 363s., 368s., 372s., 375, 378, 383-385, 389, 391, 395-398, 400-403, 409s., 421-423, 425-427, 435, 437, 443, 445s., 447s., 454s., 462s., 465, 469, 473, 477, 484, 487, 495, 505-507, 510, 514s., 538, 570s.
Arquesilau 151
Atenágoras 26
Avempace (Ibn Badja) 351
Averróis (Ibn Roschd) 350, 351-353, 355, 360, 363, 369, 383s., 398, 447, 463, 487, 493, 539, 554

Avicebron (Salomão Ibn Gebirol) 353-355, 360, 404
Avicena (Ibn Sinâ) 350s., 354s., 360, 382, 389, 391, 398, 400, 409s., 454, 483, 487, 493, 499, 518

Bacon, Francisco 377
Bacon, Rogério 203, 361, 376-393, 398
Balic 488
Bardenhewer, O. 31
Basílides 33, 66
Basílio Magno 79s., 86-92
Baudry, L. 536, 548
Bäumker, Cl. 325, 353, 396, 399, 443, 522
Baur, L. 364, 376, 558
Bento, S. 251, 254
Berengário de Tours 249
Bergson 225
Bernardo de Claraval 75, 104, 283-294, 308, 318, 346s., 530
Bernardo de Chartres 318s., 330, 333
Bertoni, S. 556
Binkowski, J. 515
Birkenmayer 360
Boaventura, S. 15, 19, 203, 272, 293, 346, 362, 375, 398, 414, 419, 421-446, 462s., 465, 482, 518, 526, 530, 533
Boécio 209-222, 249, 259, 297, 305, 319s., 322, 327, 329s., 338, 360, 383, 396, 404, 406, 429, 449
Boécio de Dácia 447
Boehner, Ph. 422, 536
Bonifácio VIII 488
Borgnet, Ed. A. 395s.
Bourke, V.J. 449
Brewer 377, 393, 398s.
Bridges, H. 376
Brown, S. 536
Burgúndio de Pisa 126, 129
Burkhard, H.J. 106

Caetano, Cardeal 449, 555
Caetano de Thiena 555
Cairemon 55
Calcídio 219, 325
Callebaut 488
Carlomano 227
Carlos Magno 227s.
Carlos o Calvo 228, 230
Carnéades 151
Carpócrates 33
Cavellus 489
Cayré 51
Celestino II 316
Celso 26, 49s., 54-56, 60
Cesarini, legado 557
Cícero 143, 148, 151, 198, 326s., 329, 385, 391
Cipriano 136, 172
Clarenbaldo de Arras 322

Clemente IV 376s., 448
Clemente de Alexandria 33-48, 50s., 55s., 59, 67
Comte, A. 22
Constantino o Africano 318
Copérnico 554
Cornuto 55
Correia, Al. 449
Cousin 295s., 306, 314
Crowley, Th. 377
Crescêncio o cínico 26
Crisipo 151
Crônio 55

Daguillon, Ed. 412
Daniels 267s., 522
Dante 17, 123, 276, 293, 351, 548
David de Dinant 361
Décio Imperador 49
Delorme 422
Demétrio, bispo 48
Demócrito 87
Denifle 357, 482, 494, 528
Destrez, J. 449
Dídimo 80
Diógenes, Laércio 397
Dionísio Cartusiano 555s.
Dionísio Pseudo-Areopagita 19, 86, 115-125, 128, 229s., 233, 237s., 241s., 247s., 347, 364, 409, 420, 449, 479, 521, 523, 559-561, 567
Dioscórides 349
Domingos, S. 394
Domingos Gundissalino 353, 355
Domingos Soto 55
Donato 251
Doucet, V. 414s.
Duhem 220
Dümmler, E. 250
Duns Escoto, João 19, 85, 203, 271, 273, 362, 463, 465, 482, 487-520, 533, 538s., 542s., 552, 556
Durando de S. Porciano 534s., 555

Eckhart, Mestre 362, 521-532
Egídio de Roma 487, 555s.
Ehrle 11
Elias, Frei O.F.M. 358
Emélia, mãe de Basílio Magno 86
Endres 276
Epicuro 38s., 83, 97, 145
Epifânio 49, 127
Erasmo de Roterdão 31, 338
Estêvão Tempier 462, 482
Euclides 349, 396
Eugênio III 283
Eugênio IV 557

Eunômio 80, 109
Eusébio 26, 33, 48, 55, 62, 87
Eustátio 87
Evódio 152-154, 157, 181

Fausto de Mileve 147
Filipe o Belo 488
Filo 18, 33, 38, 44, 53, 58s., 445
Flávio Josefo 383
Fotino 34
Francisco de Assis 414, 424, 434s.
Francisco de Mayronis 554, 556
Francisco de Vitória 555
Francisco Liqueto 556
Frederico Barbarrossa 106
Friedlein, G. 210
Fronto de Cirta 26
Fulberto de Cartres 318

Gabriel Biel 553
Gál, G. 536
Galeno 109, 114, 349, 400
Galileu Galilei 553, 555
Gandillac, M. de 558
Gaufrido de Chartres 322
Gaunilo 255, 267-269
Gellius 379
Gerardo de Cambrai 363
Gerardo de Cremona 354s.
Gerberto de Aurillac 249, 318
Gerson 553
Geyer 295, 297, 299s., 303
Gilberto de la Porrée 209, 283, 318-322, 330, 359
Gilson, E. 284, 335, 422, 449, 490, 571
Godofredo de Fontaines 487
Godofredo de S. Vítor 217
Gonsalo de Balboa 488
Gottschalk 230
Grabmann, M. 319, 421, 449, 552, 555
Grajewski, M. 490
Gregório Magno 124, 347
Gregório IX 356-358, 361, 414
Gregório X 421, 448
Gregório, irmão de Basílio Magno 86
Gregório de Nazianzo 16, 79, 80-86, 87, 128
Gregório de Nissa 79, 90, 92-105, 106s., 111, 113s., 123, 243, 247, 403
Gregório de Rimini 553
Gregório o Taumaturgo 49, 55
Grosseteste, Roberto 126, 363-376, 382, 386, 556, 560
Guelluy, R. 536
Guido de Castello 316
Guilherme II 255

Guilherme de Auvergne 360, 382
Guilherme de Auxerre 360s.
Guilherme de Champeaux 296-299, 334
Guilherme de Moerbecke 448
Guilherme de S.-Amour 394, 421
Guilherme de Middletown 421
Guilherme de la Mare 482s.

Harnack 45
Hauréau, B. 217, 322, 325
Hegel 22
Heloísa 296, 307
Henquinet, Fr. 414
Henrique II, da Inglaterra 326, 363
Henrique de Gand 19, 203, 362, 482, 487s., 495, 534, 555
Henrique de Virneburg 521
Heráclito 18, 30
Hermolaus, Barbarus 319
Heron de Alexandria 349
Hervaeus, Natalis 555
Heysse, Alban 319
Hilduíno 229
Hincmar 230
Hipócrates 400
Hiquaeus 489
Hochstetter, E. 536
Hoffmann, E. 558, 569
Holzinger, C. 106
Honório de Autun 276
Honório III 247, 358
Hoppe, H. 131
Hugo de São Vítor 247, 281s., 334-348, 560
Humboldt, Alexandre de 91
Hurter 255

Inocêncio II 283
Inocêncio III 356-358
Inocêncio IV 361
Inocêncio VI 356
Isidoro de Sevilha 279-281

Jäger Werner 93
Jammy, Ed. 394
Jansen, B. 443
Jansen, W. 322
Jercovic, J. 422
Jerônimo 49, 70, 72s., 74, 310
João XXI (Pedro de Espanha) 487
João XXII 535
João IV, patriarca de Jerusalém 126
João Burgúndio 106
João Buridano 553, 556

João Capréolo 555
João Damasceno 82s., 85, 114, 126-129, 440, 456, 510, 523
João de Espanha 355
João de Janduno 554
João de la Rochelle 414s., 421
João de Parma 421
João de Salesbury 316, 318-320, 326-333, 356
João Lutterell 535
João Peckham 375, 443, 482
João Pedro Olivi 482
João Quidort 555
João Scoto Erígena 229-248, 276
João Wenck 558
Jordano, Cronista 357
Jordão da Saxônia 394
Joscelino 330
Juliano Apóstata 26
Justino 11, 25-32, 35s., 39, 56, 314

Kallen, G. 558
Kant 225, 263, 266
Klibansky 558, 569
Koetschau, P. 49s.
Koyré 255
Kroymann, A. 131

Lactâncio 172
Landgraf, A.M. 306
Landolfo de Aquino 448
Lanfranco 254s.
Leão III, Papa 227
Leibniz 319, 372
Leidrado 228
Leônidas, pai de Orígenes 48
Little 377, 392
Longpré 488
Lottin 395
Luciano de Samósata 26
Luís IX 414
Luís da Baviera 535, 554
Luís o Piedoso 229

Macrina, irmã de Basílio Magno 86, 92, 97s.
Macróbio 325
Maimônides, Moisés 352s., 452, 455, 463
Malebranche 203
Mandonnet 447, 449
Manés 143, 160, 167
Marcião 66, 131
Marco Aurélio 26
Mário Vitorino 210
Marsílio de Padua 548

Martin 131
Martinho I 124
Mateus de Aquasparta 443
Maurício de Espanha 361
Mauritius a Portu 489
Máximo o Confessor 124, 230, 247, 521, 560
Meiner, F. 522, 527
Meiser, C. 210
Melchior Cano 555
Metódio 64
Miguel Scoto 354
Mills, R.V. 283
Minges, Partênio 490, 514
Moderato 55
Mônica 139s., 142
Moody, E. 536
Muckle 126
Mueller, Mariano 489

Nemésio de Emesa 106-114, 128, 403
Nicolau V 557
Nicolau de Autrecourt 553
Nicolau de Cusa 324, 439, 521, 530, 557-569
Nicolau de Oresme 553s.
Nicômaco 55
Numênio 55, 109, 180

Ockham, Guilherme 15, 269, 301, 362, 487s., 534-553
Odo Rigaud 421
Oliveira Santos, J. 141, 187, 208
Opiano 82
Optato 172
Orígenes 34, 48-80, 82, 85, 87s., 95, 101, 104, 111, 113, 247, 310
Oromí, Miguel 422

Paes Leme, O. 141, 199s.
Pangerl 396
Panteno 33
Pascal, B. 203
Paulo, S. 19-22, 25, 29, 36, 38, 44, 51, 72, 104, 108, 115, 132, 142, 167, 192, 289s., 308-310, 384, 518
Paulo de Aquileia 228
Paulus, J. 488
Pedro Albano 555
Pedro Auréolo 301, 534, 539
Pedro Damião 250-253
Pedro de Ailly 553
Pedro de Corbeil 360
Pedro de Espanha (João XXI) 487, 556
Pedro de Maricourt 376
Pedro de Pisa 228
Pedro de Tarantaise 482
Pedro, irmão de Basílio Magno 86

Pedro João Olivi 443
Pedro Lombardo 128s., 306, 316, 360, 415, 529, 535, 549
Pedro o Venerável 308
Pedro Tartareto 556
Pepino o Breve 227
Pfeiffer 522, 529
Pina, Ambrósio de 141, 187, 208
Pitágoras 335, 563s.
Platão 13-15, 27, 29s., 36, 45, 55s., 81s., 107, 109, 111, 114, 133, 151, 163s., 175, 182, 210, 213s., 216, 220, 222, 247, 263, 298s., 314, 318, 324, 330, 332, 367, 397, 400-403, 422s., 425, 520, 570
Plotino 13, 48, 107, 109, 151, 164, 167, 184, 193, 247, 445
Poncius 489
Porfírio 55, 111, 127, 164, 210, 214, 249, 295, 297, 304, 327, 330, 349, 382, 555
Portalié 184
Possídio 139
Prisciano 359

Quadrato 26
Quint 526, 530

Rabano Mauro 279-281
Raimundo, arcebispo de Toledo 354
Rand, E.K. 230
Reginaldo de Piperno 449
Reifferscheid 131
Reiners 307
Ricardo de São Vítor 347
Roberto de Courçon 358, 360
Roberto de Melun 326
Roberto Holkot 553
Roberto Kilwardy 482
Rodolfo de Laon 318
Rogério Marston 443, 482
Roscelino 296, 306s., 329
Rosenmöller, B. 422
Rufino 49, 61, 70, 85

Schaefer, O. 490
Scheeben, J.-M. 412
Scheler 225
Schmitt, F.S. 255
Scoto Erígena 75, 104, 378, 521, 560, 567
Sêneca 148, 389, 391
Sexto Empírico 108
Siger de Brabante 357, 447, 554
Sigismundo, arquiduque 557
Silvestre II 249, 319
Simonis, E. 490
Sinibaldo, abade 448
Sixto IV 421
Smeets, Uriel 490

Sócrates 29-31, 55, 133, 298s., 339, 385, 397, 537, 558
Sorano, médico 134
Sousa Ribeiro, I. de 422
Spettmann, H. 443
Spinosa, B. 354
Stadler, Ed. 396, 399
Staehlin, O. 34, 67
Steele 377
Stiglmayer 124
Stölzle, R. 296

Taciano 26
Tales de Mileto 383
Teilhard de Chardin, P. 422
Temístio 349
Teoctisto de Cesareia 49
Teodorico de Chartres 318, 322-325
Teodorico, imperador 209
Teófanes 126
Teófilo de Alexandria 26
Teofrasto 349
Tertuliano 26, 57, 130-138, 251
Théry 522, 527-529, 532
Tolomeo Lucca 449
Tomás Becket 326
Tomás Bradwardine 556
Tomás de Aquino 19, 114, 209, 225, 353s., 362, 395, 401, 411, 421s., 426, 428, 430, 433, 443, 447-486, 490, 497, 502, 513, 517s., 521, 527, 533, 552, 555, 570
Tomás de Chantimpré 397
Tomás de Sutton 555
Tomás Gallus 560
Tomás, prior de S. Vítor 334
Traube, L. 230

Ueberweg-Geyer 530, 532
Ulrico de Estrasburgo 411
Urbano IV 361, 448

Valente, imperador 92
Valentino 66
Valter de Mauritânia 330
van Steenberghen, F. 447
Varrão 168
Vitorino 172
Valério, bispo de Hipona 140
Vergílio 196
Vernet 334
Vinfrido 228
von Loe, P. 396

Wadding 489, 518
Williams, W. 283

Wilpert, P. 558
Wissowa, G. 131

Xenócrates 109

Zenon 151

ÍNDICE GERAL

Sumário, 9

INTRODUÇÃO

§ 1. Conceito de filosofia cristã, 11
  I. Propriedades essenciais da filosofia cristã, 11
  II. Notas características da filosofia cristã, 13
§ 2. A filosofia cristã e a Sagrada Escritura, 14
  I. O conceito de Deus, 15
  II. A doutrina do Logos, 19
  III. A doutrina da sabedoria, 20

LIVRO I
HISTÓRIA DA FILOSOFIA PATRÍSTICA
Parte I: *A Filosofia Helênico-Patrística*

Capítulo I: Justino, filósofo e mártir, 25
  § 1. A experiência filosófica de Justino, 26
  § 2. O Logos na filosofia pagã, 29
     Texto: As desilusões de Justino, 31

Capítulo II: A Escola de Alexandria, 33
  A. Clemente de Alexandria, 33
     § 1. O problema filosófico, 35
        I. A justificação da filosofia, 35
        II. Relações entre a fé e a filosofia, 38
        III. O gnóstico cristão, 39
     § 2. Doutrinas filosóficas, 42
        I. A dúvida, 42
        II. Teodiceia, 43
           Texto: A apatia gnóstica, 46

  B. Orígenes, 48
     § 1. O sistema da teologia cristã, 50
        I. Exposição sumária do *De Principiis*, 50
        II. O objetivo da obra, 51
        III. O método, 52
        IV. Orígenes e a filosofia grega, 54
     § 2. Deus, 56
        I. A unicidade de Deus, 56
        II. Imaterialidade e espiritualidade de Deus, 57

III. A transcendência de Deus, 58
IV. A onipotência de Deus, 60
§ 3. O mundo, 61
   I. O Logos como verdade original do mundo, 61
   II. A criação do mundo a partir do nada, 61
   III. A eternidade da criação, 63
   IV. A perfeição do mundo, 65
§ 4. O mundo dos espíritos, 66
   I. O problema: A desigualdade dos espíritos, 66
   II. Solução: O abuso do livre-arbítrio, 66
   III. A hierarquia das criaturas racionais, 69
§ 5. O drama cósmico das criaturas racionais, 71
   I. A apostasia das criaturas racionais, 71
   II. O retorno das criaturas racionais, 72
   Textos: Os pontos seguros e os pontos duvidosos em matéria de fé, 76

Capítulo III: Os três grandes capadócios, 79
   A. Gregório de Nazianzo, 80
      Teodiceia, 80
      I. A cognoscibilidade de Deus, 81
      II. Nosso conhecimento da existência de Deus, 82
      III. O conhecimento negativo de Deus, 83
      IV. O ser como verdadeiro nome de Deus, 84
      Texto: O homem e a filosofia, 86

   B. Basílio Magno, 86
      A cosmovisão de Basílio, 87
      I. A criação do mundo, 87
      II. As criaturas consideradas em particular, 89
      Texto: Descrição da natureza, 91

   C. Gregório de Nissa, 92
      Antropologia, 93
      I. O homem como ser composto de corpo e alma, 93
      II. O Nous do homem, 97
      III. O homem como imagem de Deus, 100
      Texto: Da linguagem humana, 104

Capítulo IV: Nemésio de Emesa, 106
      Antropologia, 106
      I. O homem, 106
      II. A alma, 109
      III. O livre-arbítrio, 112
      Texto: Da dignidade do homem, 114

Capítulo V: Dionísio Pseudo-Areopagita, 115
  § 1. Deus, 116
    I. As três vias para o conhecimento de Deus, 116
    II. Os nomes divinos, 117
    III. A Divindade indistinta como fonte das distinções, 118
  § 2. A hierarquia, 120
    I. A hierarquia como estado, 120
    II. A hierarquia como função, 121
  § 3. O retorno da alma para Deus, 122
    I. Como se efetua este retorno?, 123
    II. A alma atinge a meta final, 123
      Texto: O conhecimento de Deus pela fé reverente, 124

Capítulo VI: João Damasceno, 126
    O sistemático, 126
    Texto: O conhecimento, 129

                        Parte II: *A filosofia da Patrística Latina*
Capítulo I: Tertuliano, 130
  § 1. Tradição e filosofia, 131
    I. O tradicionalismo de Tertuliano, 131
    II. A condenação da filosofia, 133
  § 2. Ideias filosóficas, 134
      Texto: A condenação da filosofia, 136

Capítulo II: Santo Agostinho, o Mestre do Ocidente, 139
  A. A emancipação filosófica de Agostinho, 142
    § 1. A vivência filosófica de Agostinho, 142
    § 2. Sua emancipação, 144
      I. Renúncia ao racionalismo, 144
      II. Renúncia ao materialismo, 145
      III. Renúncia ao ceticismo, 147

  B. Em busca de Deus, 151
    § 1. A prova da existência de Deus, 152
      I. Os preâmbulos da prova, 152
      II. O ponto de partida da prova, 153
      III. As fases da prova da existência de Deus, 154
      IV. Características da prova agostiniana, 157
    § 2. A doutrina do conhecimento e da iluminação, 157
      I. O conhecimento sensível, 158
      II. Pensamento e Verdade, 161

§ 3. A função do amor na busca de Deus, 164
  I. A inquietação da alma em busca de Deus, 165
  II. A sabedoria cristã, 168

C. O universo, 172
  § 1. O Deus Criador, 172
    I. Deus, 172
    II. O Criador, 174
  § 2. As criaturas, 176
    I. As criaturas em geral, 176
    II. O homem, 179
  § 3. O retorno da criatura para Deus, 184
    I. A analogia divina nas criaturas, 184
    II. O retorno para Deus, 186

D. A ordem moral e social, 187
  § 1. A ordem moral, 188
    I. Amor e caridade, 188
    II. Livre-arbítrio e liberdade, 191
    III. A ordem da caridade, 193
  § 2. A ordem social: o Estado de Deus, 195
    I. O amor como fundamento da comunidade social, 195
    II. O Estado de Deus e o Estado do demônio, 197
    III. A história da humanidade é a história das relações entre o Estado de Deus e o Estado do demônio, 200
      Texto: O reflexo do eterno na beleza criada, 204
      Do sentido da história, 205
      O entendimento (Metafísica) e o amor (Ética) à busca de Deus, 207

Capítulo III: Boécio, 209
  § 1. A filosofia e as ciências, 210
  § 2. O intelectível: Deus, 212
  § 3. O inteligível, 213
    I. A alma, 213
    II. O conhecimento e o universal, 214
    III. Vontade e liberdade, 217
  § 4. O natural, 218
    I. A Providência e o destino, 219
    II. A estrutura do ser criado, 220
      Texto: A imagem da Filosofia, 222

LIVRO II
HISTÓRIA DA FILOSOFIA ESCOLÁSTICA

Introdução, 225

Parte I: *A Primeira Escolástica*

Introdução: A renascença carolíngia, 227

Capítulo I: João Scoto Erígena, 229
- § 1. Método e sistema, 230
  - I. Fé e razão, 230
  - II. Divisão e análise, 238
  - III. A estrutura da filosofia, 233
- § 2. Deus e a divisão da natureza, 235
  - I. A divisão da natureza, 236
  - II. A natureza divina, 237
  - III. As Ideias: Natura creata et creans, 238
  - IV. As criaturas: Natura creata non creans, 240
- § 3. O homem e o retorno de todas as coisas para Deus, 242
  - I. A queda do homem, 242
  - II. O retorno para Deus, 244
    - Texto: As criaturas são luz, 247

Capítulo II: Dialéticos e antidialéticos do século XI, 249
- § 1. Anselmo de Besate, o Dialético, 250
- § 2. Pedro Damião, o Antidialético, 250

Capítulo III: Santo Anselmo de Cantuária, o Pai da Escolástica, 254
- § 1. Fé e Razão, 256
  - I. A precedência da fé sobre a razão, 256
  - II. A necessidade da inteligência para a fé, 256
- § 2. A verdade como retidão, 258
  - I. As várias espécies de verdade, 258
  - II. Deus, a própria retidão e a medida soberana da verdade, 260
- § 3. As provas da existência de Deus, 261
  - I. As provas do Monologium, 261
  - II. O argumento do Proslógion, 263
- § 4. Relações entre Deus e o mundo, 269
  - I. Deus como Criador do mundo, 270
  - II. A onipresença de Deus no espaço e no tempo, 272
    - Texto: Contra os Dialéticos, 274

Capítulo IV: A imagem medieval do mundo, 276
- § 1. O universo, 276
  - I. Os elementos, 277
  - II. A estrutura do universo, 277

§ 2. A natureza, 279
§ 3. A História, 281

Capítulo V: São Bernardo de Claraval. Doctor Mellifluus, 283
  § 1. O homem, 284
    I. O homem como imagem e semelhança de Deus, 284
    II. Perda e recuperação da semelhança divina, 285
  § 2. A liberdade, 286
    I. O livre-arbítrio, 286
    II. Liberdade e servidão, 288
  § 3. O amor, 290
    I. Aberrações do amor, 290
    II. A cura do amor, 291
    Texto: A união do homem com Deus, 293

Capítulo VI: Pedro Abelardo, 295
  § 1. O Lógico, 296
    I. O universal não é uma coisa, 298
    II. O universal é um nome ou um "sermo", 300
    III. Formação e validade dos universais, 303
    IV. Solução dos problemas de Porfírio, 304
  § 2. O Teólogo, 306
    I. O método teológico, 308
    II. O problema da moralidade, 311
    III. Humanismo cristão, 314
    Texto: Defesa da dialética, 316

Capítulo VII: A Escola de Chartres, 318
  § 1. Gilberto de la Porrée, 318
    O problema metafísico dos universais, 319
    I. Fundamentação metafísica, 319
    II. A conformidade como fundamento dos universais, 320
    Texto: A matéria e seu conceito comum, 321
  § 2. Teodorico de Chartres, 322
    Filosofia da Natureza, 322
    Texto: Onipotência e unidade de Deus, 325
  § 3. João de Salisbury, 326
    O "Acadêmico", 326
    I. A sabedoria acadêmica, 327
    II. A dialética como crítica, 327
    III. O problema dos universais, 329
    Texto: Da veneranda autoridade dos antigos, 333

Capítulo VIII: Hugo de São Vítor, 334
  § 1. A teoria da ciência, 335
    I. A sabedoria, 335
    II. As fontes das ciências filosóficas, 335
    III. A classificação das ciências, 338
  § 2. O conhecimento de Deus, 340
    I. O conhecimento da existência de Deus, 340
    II. A unidade de Deus, 341
  § 3. O homem, 342
    I. A posição do homem, 342
    II. O homem como ser físico-psíquico, 343
    III. A tarefa moral do homem, 344
      Texto: O problema do amor desinteressado, 347

Parte II: *A alta escolástica*
Capítulo I: As causas do novo florescimento científico, 349
  § 1. A influência da filosofia oriental, 349
    I. A filosofia greco-árabe, 349
    II. A filosofia judaica, 353
    III. Penetração da filosofia oriental no Ocidente, 354
  § 2. A fundação das universidades, 355
    I. Motivos do florescimento da Universidade de Paris, 356
    II. A política universitária papal, 357
    III. A organização do ensino, 358
  § 3. A influência da filosofia aristotélica, 359
    I. O acolhimento do aristotelismo, 360
    II. A atitude da Igreja perante Aristóteles, 360

Capítulo II: A Escola de Oxford, 363
  § 1. Roberto Grosseteste, 363
    I. O mundo, 364
    II. A metafísica da luz, 370
      Texto: Aristóteles, o filósofo pagão, 375
  § 2. Rogério Bacon. Doctor mirabilis, 376
    I. O reformador, 377
    II. O tradicionalista, 381
    III. O pensador sistemático, 384
      Texto: As maravilhas da inventiva humana, 392

Capítulo III: Alberto Magno. Doctor universalis, 394
  § 1. A obra, 395
    I. O Enciclopedista, 395
    II. O Autor, 397
    III. O Biólogo, 399

IV. O Filósofo, 400
§ 2. A Psicologia de Alberto, 402
   I. Definição da alma, 402
   II. A substancialidade da alma, 404
   III. Relações entre a alma e suas potências, 406
   IV. A alma humana como intelecto, 409
      Texto: A divinização do intelecto, 412

Capítulo IV: A escola franciscana de Paris, 414
§ 1. Alexandre de Hales. Doctor Irrefragabilis, 414
   A Metafísica da Summa fratris Alexandri, 415
   I. Natureza e essência da Metafísica, 415
   II. O sistema da Metafísica, 417
      Texto: Da beleza, 419
§ 2. São Boaventura. Doctor Seraphicus, 421
   I. Itinerário, 422
   II. A emanação, 426
   III. A exemplaridade, 432
   IV. A redução, 435
      Texto: A eternidade de Deus e sua imagem no homem, 443
      A iluminação moral da vontade, 445

Capítulo V: Santo Tomás de Aquino. Doctor communis, 447
§ 1. Filosofia e Teologia, 449
   I. Distinção entre Filosofia e Teologia, 450
   II. Cooperação entre Filosofia e Teologia, 451
§ 2. Teodiceia, 453
   I. A existência de Deus (as *quinque viae*), 453
   II. Propriedades de Deus, 456
§ 3. A Criação, 460
   I. A doutrina das Ideias, 460
   II. O começo do mundo no tempo, 461
   III. A atividade das criaturas, 463
   IV. A perfeição do mundo e o mal, 465
§ 4. O homem, 467
   I. A unidade do ser humano, 467
   II. O lugar da alma no reino das formas, 469
§ 5. Teoria do Conhecimento, 471
   I. O conhecimento sensível, 472
   II. O conhecimento intelectivo, 472
   III. O problema da verdade, 475
§ 6. Ética, 476
   I. Natureza do ato humano, 476
   II. A moralidade do ato humano, 479

III. As leis, 480
Texto: A atividade da causa segunda no conhecimento, 483

Capítulo VI: João Duns Escoto. Doctor subtilis, 487
§ 1. Relação entre Teologia e Filosofia, 490
  I. A necessidade da revelação, 490
  II. Teologia e Metafísica, 492
§ 2. O conhecimento, 495
  I. Conhecimento intuitivo e abstrativo. O conhecimento do singular, 495
  II. A abstração, 496
  III. O valor do conhecimento humano, 497
§ 3. A fundamentação da Metafísica, 498
  I. O primeiro objeto da metafísica é o ser um sua generalidade, 499
  II. Os transcendentais, 500
§ 4. As provas da existência de Deus, 502
  I. Demonstração de um ser primeiro na ordem da causalidade eficiente, da causalidade final e da eminência, 503
  II. Demonstração da unidade essencial das três primeiras naturezas, 507
  III. Demonstração da infinidade da natureza suprema, 508
§ 5. Algumas outras doutrinas principais, 512
  I. As criaturas, 512
  II. Da Psicologia, 514
  III. Da Ética, 515
  Texto: Metafísica orante, 518

Capítulo VII: Mestre Eckhart, 521
§ 1. Deus, 522
  I. O conhecimento como razão ontológica de Deus 522
  II. Deus como a plenitude do ser, 524
  III. As Ideias e o Verbo Divino, 526
§ 2. O homem, 527
  I. A centelha da alma, 527
  II. O retorno da alma para Deus 529
  Texto: A unificação do homem com Deus. A Apologia de Eckhart, 530

Parte III: *A Escolástica Posterior*
Capítulo 1: Guilherme de Ockham. Inceptor venerabilis, 534
§ 1. Teoria do conhecimento, 536
  I. A base empírica do conhecimento, 536
  II. Natureza e valor do conceito universal, 538
§ 2. Teodiceia, 540
  I. A cognoscibilidade de Deus, 540
  II. A existência de Deus, 542
  III. O conhecimento e a vontade de Deus, 544

§ 3. Algumas outras doutrinas principais, 545
   I. O hilemorfismo como teoria física, 545
   II. O homem, 546
   III. A vontade de Deus como fonte da moralidade, 547
   IV. A política, 548
      Texto: O poder ordenado e o poder absoluto de Deus, 549
      A rejeição do aevum, 550

Capítulo II: As correntes filosóficas dos séculos XIV e XV, 552
  § 1. A Escola dos Nominales, 552
  § 2. O averroísmo, 554
  § 3. As escolas clássicas, 555
    I. A escola tomista, 555
    II. A escola escotista, 556

Capítulo 111: Nicolau de Cusa, 557
  § 1. De docta ignorantia, 558
    I. A douta ignorância, 558
    II. Exposição sumária do "De docta ignorantia", 560
  § 2. Deus como o Máximo, 562
    I. Deus como o máximo e o mínimo, 562
    II. Meditações matemáticas sobre o máximo, 564
    III. Deus como "complicatio" e "explicatio" das coisas, 565
      Texto: A verdade absoluta é incompreensível, 567

Conclusão, 569

Índice onomástico, 573